Die Ukraine entdecken

Zwischen den Karpaten und dem Schwarzen Meer

Aufgezeichnet von Evelyn Scheer und Gert Schmidt

Für Anatolij Romanovič Pogrebinskij

Trescher
Reihe Reisen

8., überarbeitete Auflage 2004

Reinhardtstraße 9
10117 Berlin
www.trescherverlag.de
post@trescherverlag.de

ISBN 3-89794-060-4

Herausgegeben von Sabine Fach und Bernd Schwenkros
Lektorat: Sabine Fach, Annette Helmrich von Elgott
Karten: Bernd Schwenkros
Reihenentwurf: Robert Schumann
Satz und Bildbearbeitung: Tom Schülke
Titelfoto: Wostok, Berlin
Fotos: Evelyn Scheer, Berlin; Gert Schmidt, Halsbrücke; Frieder Monzer, Potsdam (S. 129, 197, 199, 207); Hans Christian Heinz, L'viv (S. 175, 176, 180, 183, 184, 187, 188, 194); Annette Helmrich von Elgott, Berlin (S. 282, 317, 334); Anne-Maria Glende, Berlin (S. 298); Eva-Maria Muth, Freiburg (S. 440, 441, 476, 478, 486); Dagmar Köck et al., Heidelberg (S. 473, 475)

Alle Angaben in diesem Buch wurden sorgfältig recherchiert und überprüft, trotzdem kann für die Richtigkeit keine Gewähr übernommen werden. Hinweise und Informationen unserer Leserinnen und Leser nimmt der Verlag gerne entgegen. Bitte schreiben oder mailen Sie an die oben genannte Adresse.

Gedruckt auf chlorfrei gebleichtem Papier
Printed in Germany

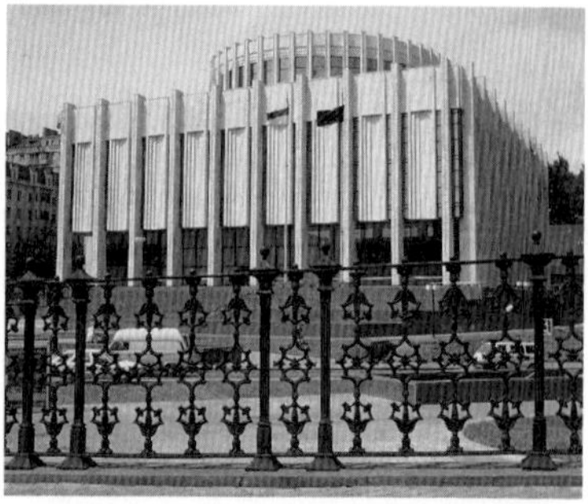

Vorwort

›Reisen sollte nur ein Mensch, der sich ständig überraschen lassen will.‹
Oskar Maria Graf in ›Reise nach Sowjetrußland‹, 1934

Die Ukraine ist nach Rußland der zweitgrößte Staat Europas. Von Berlin bis nach L'viv sind es weniger als 1000 Kilometer, weniger als nach Paris. Und doch scheint die Ukraine unendlich weit weg zu sein. Das Land wird in Medien, Politik und Wissenschaft kaum wahrgenommen. So weiß man hierzulande wenig über das 48-Millionen-Volk und sein Land. Dabei gehört die Ukraine zu den Gründungsmitgliedern der Vereinten Nationen. Seit dem Beitritt Polens zur Europäischen Union am 1. Mai 2004 grenzt die Ukraine unmittelbar an die EU. Wie sich das auf das Leben der Menschen vor allem in der Westukraine auswirken wird, ist derzeit noch ungewiß

Die Ukraine ist ein Land im Umbruch. Wer das Land bereist, wird immer wieder, zu seiner Verblüffung, mit der reichen Vergangenheit konfrontiert und eine verwirrend bunte Gegenwart erleben.

L'viv ist das pulsierende Herz Galiziens, der Schmelztiegel unterschiedlicher Nationalliteraturen- und kulturen, Kiev wird seit dem Mittelalter ›Mutter der russischen Städte‹ genannt. Die unterschiedliche Entwicklung dieser beiden Städte liegt in der Geschichte begründet und kann in besonderem Maße das Spannungs-

Fischverkauf unter freiem Himmel

verhältnis zwischen West- und Ostukraine verdeutlichen. Aber auch die anderen Städte und Landschaften der Ukraine überraschen jede auf ihre Art: Černivci in der Bukowina, eine ›Gegend, in der Menschen und Bücher lebten‹ (Paul Celan), die waldreichen Karpaten mit ihren romantischen Dörfern, die grenzenlose Weite des Dnepr, die Steppen nördlich des Schwarzen Meeres und das weltoffene Odessa. Seit dem Mittelalter wohnten in der Ukraine zahlreiche nichtukrainische Ethnien, die die Kultur und Geschichte des Landes prägten. Es waren Russen, Polen, Juden, Armenier, Deutsche und Griechen. Auch auf ihre Spuren möchten wir uns begeben.

Die Ukraine ist für unsere Begriffe von ungeheurer Ausdehnung, und Unzulänglichkeiten gehören zum Charme dieses Landes. Ärger über Mängel, die oft auch Mißverständnisse sind, bleiben nicht aus und erfordern Verständnis, Geduld und Rücksichtnahme auf landesübliche Gepflogenheiten.

Wir haben uns um einen vorsichtigen Zugang zu den Problemen der Gegenwart bemüht, ist doch ein Reiseführer – bei aller Sorge um Sachlichkeit – auch ein verborgen subjektiver Reisebericht, eine Auswahl an Themen, Orten, Reflexionen, die nicht immer leichtgefallen ist.

Wir bitten um Verständnis, wenn aufgrund der Schnellebigkeit und der Veränderungen, die die Ukraine ergriffen haben, einige Informationen schneller als absehbar veralten, ein Café aus unerfindlichen Gründen plötzlich geschlossen hat, oder eine Kirche, an der gestern noch gebaut wurde, heute geöffnet ist.

Die Autoren und der Verlag sind um so mehr für Hinweise und konstruktive Vorschläge dankbar.

Für viele ist eine Reise in die Ukraine eine Fahrt in eine unbekannte Fremde, in der anscheinend niemand war, von der keine Vorstellungen herrschen. Doch wer komfortlosen Urlaub nicht scheut und seine Reise durchdacht vorbereitet, wird mit offenen Augen und viel Verständnis reizvolle und weniger ansehnliche Seiten der Ukraine erleben. Das Land erlebt eine stürmische, entbehrungsreiche Zeit auf der Suche nach neuer Identität. Mit Angst, aber auch hoffnungsvoller Neugierde schauen die Ukrainer in den morgigen Tag. Wer sie begleiten möchte, ist herzlich eingeladen.

Evelyn Scheer, Gert Schmidt

Hinweise zur Benutzung des Reisebuches

Das vorliegende Reisebuch möchte dazu beitragen, ein nahezu unbekanntes Land dem deutschsprachigen Leser näherzubringen. Ob als Anregung oder Reisegefährte – es ist sowohl für Individualtouristen als auch für Reisegruppen gedacht, wobei es nicht beansprucht, vollständig zu sein.

Im ersten Teil sollen allgemeine Informationen eine Annäherung an Land und Leute ermöglichen. Dieser Teil ist ausführlicher gehalten als sonst in Reiseführern üblich, da in Westeuropa kaum Informationen über die Ukraine erhältlich sind. Den Annäherungsteil beschließt ein deutsch-ukrainisch-russischer Sprachführer. In diesem Buch wird die wissenschaftliche Transliteration der ukrainischen Eigennamen verwendet, da nur sie eine Rückübertragung ins Kyrillische ermöglicht. Bei der Schreibweise von Orts- und Personennamen wird in der Regel die ukrainische Form verwendet, mit der Ausnahme von russischen, polnischen oder deutschen Bezeichnungen wie Kiev, Dnepr oder Odessa, die sich im Deutschen eingebürgert haben.

Die folgenden Abschnitte sind einzelnen Städten und Regionen gewidmet. Die Städtebeschreibungen zu Kiev und L'viv sind besonders ausführlich. Für beide Städte werden nach einer Einführung und praktischen Tips einzelne Stadtteile beschrieben und Anregungen für Ausflüge in die Umgebung gegeben. Die Orientierung in den Städten und in den einzelnen Stadtteilen wird durch Stadtpläne erleichtert. Die Straßennamen sind in den Karten in kyrillischer und lateinischer Umschrift angegeben. Auch in den Beschreibungen werden die Straßenbezeichnungen sowohl in ukrainisch als auch in lateinischer Umschrift aufgeführt.

Praktische Reisetips beschließen das Buch. Preise für Hotelübernachtungen oder Fahrkarten werden in Euro angegeben, um somit eine Vorstellung vom Preisniveau in der Ukraine zu erhalten, ohne auf die Inflation Rücksicht nehmen zu müssen. Die Telefonvorwahlen zu den einzelnen Städten finden sich in den Reisetips unter dem Stichwort ›Post‹

In einem Anhang sind weiterführende Literaturhinweise sowie ein Glossar zu finden.

Zeichenerklärung

Allgemeine Informationen

Post, Telefon

Flughafen

Busbahnhof

Bahnhof

Informationen für Autofahrer

Passagierhafen

Hotels, Übernachtungsmöglichkeiten

Restaurants, Cafés

Museen, Galerien, Ausstellungen

Theater, Kino- und Konzerthäuser

Einkaufen

Camping

Ärztliche Hilfe

Häufig verwendete Abkürzungen:

вул. вулиця (Straße)
vul. vúlycja

пл. площа (Platz)
pl. plóšča

пр. проспект (Prospekt)
pr. prospekt

бул. бульвар (Boulevard)
bul. bul'var

св. свати (heilig)
sv. svaty

»Ich werde innehalten, lange lauschen, / wie der August über mein Land zieht. / Noch ist über dem Strom die Schwüle greifbar, / die Schafgarbe bringt mir die Steppe nah. / Die Weide neigt sich bis zur Erde, / die roten Malven sind verblaßt… / Es rollt bereits die Distelkugel / hinter des Sommers heißer Spur…«

Lina Kostenko

Annäherung an die Ukraine

Geschichte der Ukraine

›Nationen sterben nicht am Infarkt.
Zuerst verschlägt es ihnen die Sprache.‹
Lina Kostenko

Die Ukraine ist nach Rußland der zweitgrößte Staat Europas, ein Land von der Größe Frankreichs, in dem 48 Millionen Menschen leben. Die Geschichte der Ukraine ist jedoch nicht die des heutigen Staates Ukraine, sondern eines Gebietes, das, mit kurzen Ausnahmen, keinen eigenen Staat bildete. Ukraine bedeutet Grenzland. Am Rande der Steppen nördlich des Schwarzen Meeres bildete das Land zunächst eine Grenze zwischen der seßhaften und der nomadischen Zivilisation, der christlichen Welt der Slawen und der islamischen Welt der Turko-Tataren. Über lange Perioden ihrer Geschichte war die Ukraine auf mehrere Herrschafts- und Kulturräume aufgeteilt. Die wichtigsten Staaten waren das Großfürstentum Litauen, das Königreich Polen, das Russische Reich, das Habsburger Reich und im 20. Jahrhundert Polen und die Sowjetunion. Vor allem die Zugehörigkeit großer Teile der Ukraine zu Polen und Rußland, die Vermischung der kulturellen Einflüsse aus dem katholischen Westen und dem orthodoxen Osten, haben die Eigenart des Landes geprägt. Immer wieder übernahm die Ukraine durch ihre Grenzlage eine Vermittlerrolle zwischen Ost und West. Seit dem 16. Jahrhundert wurden große Teile der ukrainischen Oberschicht polonisiert, seit dem 18. Jahrhundert russifiziert. Der Verlust ihrer politischen und sozialen Elite stellte immer wieder ein Grundproblem in der Geschichte der Ukraine dar. Die Entwicklung einer ukrainischen Literatursprache und Hochkultur wurde mehrmals unterbrochen.

Der junge Nationalstaat, der erst 1991 seine Unabhängigkeit erklärt hat, steht vor dem Problem, auf keine ganzheitliche Nationalkultur zurückgreifen zu können. Um so mehr wird versucht, an all das anzuknüpfen, was einem eigenen Nationalgefühl Rechnung trägt. In der Unabhängigkeitserklärung vom August 1991 wird auf eine tausendjährige staatliche Tradition verwiesen: das Kiever Reich des 10. bis 13. Jahrhunderts, das Fürstentum Galizien-Wolhynien des 13. und 14. Jahrhunderts, das Hetmanat der Dnepr-Kosaken im 17. Jahrhundert, das Hetmanat von 1918 und die Ukrainische Volksrepublik 1918–1920. Nach Meinung ukrainischer Nationalisten ist die Ukraine sogar älter als Rußland, während sich viele Russen noch immer nicht damit abgefunden haben, daß die Ukraine ein unabhängiger und gleichberechtigter Staat in Europa ist.

In der Kontroverse zwischen Russen und Ukrainern um das Erbe des Kiever Reiches spielen unter anderem die Begriffe ›Ukraina‹ und ›Ukrainer‹ zur Bezeichnung des Landes und seiner Bewohner eine Rolle. Die nebeneinander stehenden

Bezeichnungen Ukraine, Kleinrußland und Ruthenien, und entsprechend für die Bevölkerung Ukrainer, Kleinrussen und Rutheni, wurden in der Vergangenheit stark von politischen Zielen und nationalen Emotionen bestimmt. Das erste Mal tauchte der Begriff ›Ukraina‹ in Chroniken des 12./13. Jahrhunderts als Bezeichnung für Grenzgebiete des Kiever Reiches auf. Die ostslawische Bevölkerung bezeichnete sich jedoch bis ins 17. Jahrhundert hinein mit dem Begriff ›Rus'‹, der schon für die Bevölkerung des Kiever Reiches üblich gewesen war. Der Begriff ›Rus'‹ wurde von Polen und Ausländern oft in lateinischer Form als Rutheni verwandt. Nach der lateinischen Form wurden die Ukrainer im Habsburger Reich Deutsch-Ruthenen genannt. Die Gebiete des Hetmanats der Dnepr-Kosaken nannte man seit ihrer Angliederung an das Russische Reich Kleinrußland. Diese spätere offizielle Bezeichnung für die Ukraine wurde spätestens im 19. Jahrhundert von den Ukrainern als herabsetzend empfunden. Ursprünglich stammte der Name Kleinrußland aus dem kirchlichen Bereich. Der Patriarch von Konstantinopel bezeichnete im 14. Jahrhundert die Diözesen im Südwesten als ›kleine Rus'‹, im Gegensatz zu denen der großen Rus' im Nordosten.

Weite Teile der Ukraine gehören ebenso wie Polen und Rußland zur osteuropäischen Tiefebene. Die Grenzen sind weitgehend offen. Eine Ausnahme bilden die Karpaten im Westen und die Pryp'jat'-Sümpfe im Nordwesten. Ansonsten fehlen der Ukraine natürliche Grenzen, was ein Eindringen fremder Mächte erleichterte, die die Ukraine nicht als eigenständiges Land, sondern als Grenzland ihres eigenen Staates betrachteten.

»Für die Freiheit der Ukraine«

Eine wichtige Rolle in der Geschichte der Ukraine bildeten die Flüsse. Der wichtigste Fluß der Ukraine, der Dnepr (ukr. Dnipro), teilt das Territorium der Ukraine in zwei Hälften, so daß zwischen der linksufrigen und der rechtsufrigen Ukraine unterschieden wird. Der Dnepr war seit dem Mittelalter als Handelsweg zwischen der Ostsee und dem Schwarzen Meer, ›von den Warägern zu den Griechen‹, von großer Bedeutung. Parallel zum Dnepr verlaufen die Flüsse Südlicher Bug und Dnistr, die ebenfalls in das Schwarze Meer münden. Sie bilden wichtige Verkehrswege, von denen aus die Erschließung des Landes stattfand. Im Osten mündet der Donec in den Don und bildet somit einen Wasserweg zum Asovschen Meer. Der Westliche Bug verbindet über die Weichsel Teile der Westukraine mit der Ostsee.

Die Ukraine wird allgemein in fünf Teilregionen unterteilt, die auf die geographischen Gegebenheiten und historischen Besonderheiten zurückzuführen sind: das zentrale Gebiet um Kiev zu beiden Seiten des Dnepr; die Sloboda-Ukraine um Charkiv im Norden und das Donecbecken im Süden; die südliche Ukraine mit den Steppengebieten nördlich des Schwarzen Meeres; die in die Regionen Galizien, Nordbukowina und Westpodolien unterteilte Westukraine; und im Südwesten die Karpatenukraine.

Die Ukraine verfügt über natürliche Reichtümer – Bodenschätze, fruchtbare Böden und ein mildes Klima. Von Bedeutung sind die Steinkohlelager im Donecbecken und die Eisenerzvorkommen im Süden des Landes. Galizien war ein wichtiger Standort der Salz- und Erdölgewinnung, der seine Bedeutung jedoch verloren hat. Mehr als die Hälfte des Territoriums der Ukraine ist von Schwarzerdeböden bedeckt. Nur im Nordwesten überwiegen wenig fruchtbare Podsolböden und Sümpfe. Das kontinentale Klima ist erheblich milder als in Rußland, die Vegetationsperioden sind länger und begünstigen vor allem den Getreideanbau.

Die ostslawische Landnahme

Die Urheimat der Slawen wird nördlich der Karpaten zwischen Weichsel, Dvina und Oberem Dnepr vermutet. Im Verlaufe der slawischen Wanderbewegung seit dem 6./7. Jahrhundert drangen Ostslawen in Gebiete der heutigen Ukraine und des heutigen Rußlands ein. Sie schlossen sich zu Stämmen zusammen und gründeten befestigte Siedlungen. Schon die älteste Chronik der Rus', die ›Erzählung der vergangenen Jahre‹ (1113), die nach ihrem Verfasser, einem Mönch des Kiever Höhlenklosters, Nestorchronik genannt wird, berichtet von der ostslawischen Landnahme. Die Nestorchronik erwähnt Stämme und deren Siedlungsgebiet in der ersten Hälfte des 9. Jahrhunderts, ohne jedoch Aussagen über Lebensweise,

Sitten und Gewohnheiten der frühen Ostslawen zu treffen, so daß über die soziale und politische Ordnung der damaligen Zeit wenig bekannt ist.

Seit dem späten 8. Jahrhundert drangen Waräger aus dem germanischen Skandinavien nach Nordrußland vor. Es handelte sich hauptsächlich um bewaffnete Fernkaufleute, deren Ziele Konstantinopel und die Reichtümer des Orients waren.

Aus der Radziwill-Chronik: slawische und warägische Gesandte machen einander ihre Aufwartung

Ukrainomanie – Berlins neueste Mode

Manchmal wird eine Nation modern. Griechen und Polen und Russen waren es eine Zeitlang. Nun sind es die Ukrainer.

Die Ukrainer, von denen man bei uns und im übrigen Westen nicht viel mehr weiß, als daß sie irgendwo zwischen Kaukasus und Karpaten wohnen, in einem Land, das Steppen und Sümpfe hat (...)

Im übrigen sind ›Ukrainer‹ eines jener Völker, von denen man nicht bestimmt sagen kann, ob sie nur Menschenfresser oder gar auch Analphabeten sind. Ihrer Abstammung nach sicher ›Russen und dergleichen‹, ihrem Glaubensbekenntnis nach urkatholische Heiden mit bartumwalltem Priestertum aus Gold, Myrrhen und Weihrauch.

Diese Operettenbegriffe von Land und Volk sind zu verführerisch. Die Polen sind schon zu verwestlicht, auch von den Griechen weiß man bereits Genaueres, seitdem Mitteleuropa erfahren hat, daß auch griechische Könige von Affen gebissen werden können wie Filmschauspielerinnen. Rußland ist durch die zahlreichen deutschen Auswanderer und Kriegsgefangenen bereits ein heimischer Begriff, für Varieté und Operette also nicht mehr zu gebrauchen. Bleibt die ›Ukraine‹.

(...)

Berlin schwelgt in groteskem Operetten-Ukrainertum. Jede Melodie von irgendwelcher slawischen Klangfarbe ist ›ukrainisch‹. Zu dieser Mode haben freilich die echten Ukrainer selbst den Anlaß gegeben, und zwar durch den ukrainischen Sängerchor, der hier, wie in mehreren europäischen Großstädten, einige Male mit riesengroßem Erfolg aufgetreten ist und der Konjunktur selbst einen ›Tip‹ gegeben hat, wie aus einem nationalen und politischen Begriff Geld zu machen wäre. Außerdem bewirken die Zustände im Osten Europas eine Auswanderung von Russen und Ukrainern und Polen nach dem Westen, wo sie alte ›Ukrainer‹ sind, weil ›ukrainisch‹ eben Mode geworden ist.

(...)

Im Eispalast, dessen Ballett vorzüglich geschult ist und in dem wirklich künstlerische Leistungen zustande kommen, werden ›Die roten Schuhe‹, eine Ballettpantomime, getanzt. Es soll eine ukrainische Legende sein. Die Kulissenkirche im Hintergrund ist nicht ukrainisch (also griechisch-katholisch), sondern russisch, also orthodox. Die Heldin des Balletts trägt den russischen Kopfschmuck – Ukrainerinnen tragen nur Blumen im Haar, weiße Blusen mit blauroten Ornamenten an den Ärmeln und Rändern, niemals seidene, goldbetreßte Jacken. (...) Die ukrainischen Bäuerinnen tragen

Wandbild in Čerkasy

kurze Stiefel, niemals weiße Tanzschuhe.
(…)
Das ukrainische Ballett Glazeroffs ist ukrainisch, tut aber noch ukrainischer und tanzt – mit Messern, wie Indianer tanzen. Es sind ganz famose Tänzer aus Kiev, die sich verpflichtet fühlen, den ›wilden Mann‹ zu spielen vor einem westlichen Publikum, dem eine Kolomejka zu zahm ist für das hohe Entree. Ukrainer haben in ihrem Leben nicht mit Messern im Munde getanzt.
Die ukrainische Volkskunst ist eine ganz eigene, mit stark ausgeprägten nationalen Kennzeichen, und hat weder mit der russischen noch mit der polnischen oder tatarischen etwas gemein. Interessant aber ist das Phänomen als solches: daß eine Nation, sobald sie ihre staatliche Selbständigkeit verliert, in den Operetten und Varietés zu herrschen beginnt.
Berlin, das Barometer westlicher Operettenmode, zeigt andauernd auf ›Ukrainertum‹.

Josef Roth
in: Neue Berliner Zeitung – 12-Uhr-Blatt, 13. Dezember 1920

Auf dem ›Weg von den Warägern zu den Griechen‹ drangen sie, dem Lauf der Dvina folgend, über die Flußsysteme der Volga und des Dnepr ins Landesinnere. Dabei spielten sie eine maßgebende Rolle bei der Herausbildung eines Herrschaftsgebildes zwischen den Zentren Kiev und Novgorod, die 881 vom warägischen Rjurikidenfürsten erstmalig territorial vereinigt wurden.

Die Bedeutung der Waräger für das erste ostslawische ›Staatsgebilde‹ spiegelt sich in der Bezeichnung ›Rus'‹/›Rußland‹ (russkaja zemlja – russisches Land) wieder. Nach der Überquerung des Meeres traten die ankommenden Waräger zunächst mit finnischen Stämmen, die im Norden Rußlands siedelten, in Kontakt und wurden von diesen ›Ruotsi‹, also Schweden oder ›vom Meer Herübergekommene‹, genannt. Von den Ostslawen wurde diese Bezeichnung übernommen. Sie übertrug sich allmählich auf das gesamte Volk und das Land Rus'. Von einer warägischen ›Staatsgründung‹, wie es der Verfasser der Nestorchronik glaubhaft machen will, kann allerdings nicht die Rede sein. Die ›Mutter‹ aller russischen Städte wurde nicht das im Norden gelegene und strategisch wichtige Novgorod, sondern Kiev, das den Zugang zum Süden, nach Konstantinopel, bildete.

Das Kiever Reich

Als verkehrsgünstiger Stützpunkt des Fernhandels entwickelte sich Kiev zum Herrschaftszentrum des entstehenden Kiever Reiches, das in lockerer Gliederung die gewaltige Ländermasse des durch Laub- und Mischwälder charakterisierten stumpfen Dreiecks zwischen östlicher Ostsee, Okamündung und Karpatenbogen umschloß.

Im Jahre 988 führte Fürst Vladimir (962–1015), der im 13. Jahrhundert heiliggesprochen wurde, das Christentum byzantinischer Prägung ein. Die Annahme des griechisch-orthodoxen Christentums in Dogma, Kultus, Kirchenlehre, Kirchenrecht und Verfassung hat das kulturelle Schicksal des Ostslawentums in vielfältiger Weise geprägt. Die herrschaftsstützende Lehre der Kirche, daß alle Obrigkeit von Gott sei, festigte die Stellung des Fürsten von Kiev im Innern außerordentlich. Durch die Annahme des Christentums wurde das Prestige des Fürsten gesteigert und das Kiever Reich mit den übrigen christlichen Völkern auf eine Stufe gehoben. Besonders während der Tatarenherrschaft wurde das Zusammenwachsen der ostslawischen Stämme durch den einigenden Glauben vorangetrieben. Gleichzeitig grenzte sich das Kiever Reich durch die Annahme des Christentums griechisch-orthodoxer Prägung vom abendländischen Westen ab. Tatsächlich führte die religiöse Grenze zu einer weitgehenden kulturellen und politischen Isolation Rußlands, die erst im 17. Jahrhundert zu schwinden begann.

Vladimir vermochte es, seine Herrschaft zu festigen, wichtige Verkehrswege zu erschließen und die Tributherrschaft Kievs auszudehnen. Unter seinem Sohn Jaroslav dem Weisen (1019–1054) erreichte das Kiever Reich seinen Höhepunkt. 1037 wurde der Bau der Sophienkathedrale in Kiev nach dem Vorbild der Hagia Sophia in Konstantinopel begonnen. Im selben Jahr wurde der erste russische Metropolit, Iliaron, eingesetzt. Aus der Herrschaftszeit Jaroslav des Weisen stammt die erste russische Rechtskodifikation, die ›russkaja pravda‹, eine anschauliche Quelle der rechtlichen, sozialen und wirtschaftlichen Verhältnisse im Kiever Reich. Sie hatte wesentlichen Einfluß auf nachfolgende Gesetzesbücher.

Kleidung eines Kiever Fürsten im 12. Jahrhundert

Aufgrund eigener Erfahrungen im blutigen Kampf um die Herrschaft bemühte sich Jaroslav der Weise um eine Nachfolgeregelung. Er führte das Seniorat ein, eine Thronfolgeordnung, bei der nicht der älteste Sohn dem Vater, sondern der nächstälteste Bruder des Vaters auf den Thron folgte. Nach dem Tod von Jaroslavs Vater Vladimir dem Heiligen im Jahre 1015 waren nämlich unter den Söhnen blutige Kämpfe um die Alleinherrschaft in Kiev entbrannt. Zunächst übernahm Svjatopolk die Macht in Kiev, ohne dafür den Mord an seinen Brüdern Boris und Gleb zu scheuen. Boris und Gleb wurden später als erste russische Nationalheilige gewürdigt, hatten sie doch dem Bruder keinen Widerstand geleistet, sondern sich als Märtyrer ihren christlichen Glauben bewahrt. Auch Jaroslav der Weise (978–1054) war in die Zwistigkeiten verwickelt und konnte erst 1036 nach langem Kampf die Alleinherrschaft in Kiev antreten. Mit dem Seniorat, der neuen Erbfolgeregelung, wollte er erneuten Zwistigkeiten vorbeugen.

Doch auch das Seniorat konnte Thronfolgestreitigkeiten nicht beseitigen, sondern führte zu Onkel-Neffen-Konflikten. Auf dem Fürstentag von Ljubeč 1097 wurde das Seniorat in das Vatererbe nach dem Grundsatz, »daß ein jeder in seinem Vatererbe herrsche«, umgewandelt, ohne daß es gelang, Fürstenfehden auszuschließen. Auch Vladimir Monomach (1113–1125), unter dem das Kiever Reich einen letzten Höhepunkt erreichte, konnte das Auseinanderfallen des Reiches zwar verzögern, nicht aber verhindern.

Galizien-Wolhynien

Die endgültige Zersplitterung des Kiever Reiches in Teilfürstentümer führte neben Novgorod im Norden zur Herausbildung neuer Machtzentren: im Nordosten das Fürstentum Vladimir-Suzdal' und im Südwesten das galizisch-wolhynische Fürstentum (ukr. Halyč'-Volin').

Eine erste herrschaftliche Vereinigung der beiden Regionen Wolhynien und Galizien erfolgte 1199 durch den wolhynischen Fürsten Roman Mstislavič (1160–1205). Seine Bemühungen, Galizien und Wolhynien unter einer Herrschaft zu vereinen, wurden nach seinem Tod von seinem Sohn Danylo Romanovyč (1201–1264) fortgesetzt.

Die Region Galizien-Wolhynien bildete ein Bindeglied für den Fernhandel von Ost- nach Mitteleuropa und von der Ostsee zum Schwarzen Meer. Vor allem die Städte spielten als Umschlagplätze eine bedeutende Rolle. Schon sehr früh wurde im Zusammenhang mit dem Salzhandel die städtische Siedlung Halyč im Paterikon des Kiever Höhlenklosters erwähnt. Im 13. Jahrhundert wurden neue Städte gegründet. Zu den bedeutendsten Stadtgründungen gehörte L'viv (1256). In den Städten siedelten sich deutsche Kaufleute und Handwerker und aus den steppennahen östlichen Gebieten Ostslawen, Juden und Armenier an, die von Danylo Romanovyč und seinen Nachfolgern ins Land gerufen wurden. Schon nach kurzer Zeit stellten sie einen bedeutenden Teil der städtischen Oberschicht in Wolhynien-Galizien, in dem sich schon relativ früh spezifische innere Strukturen herausbildeten, die für die Geschichte der Ukraine von Bedeutung waren. Im Unterschied zu anderen russischen Fürstentümern, in denen die Fürsten die Zentralgewalt ausübten, profilierte sich hier eine mächtige Bojarenschicht, gegen die sich die fürstliche Gewalt behaupten mußte. Die Bojaren (Angehörige des nichtfürstlichen Adels) waren letztendlich ebenso wie die anderen russischen Fürsten mitverantwortlich für den politischen Zerfall Galizien-Wolhyniens seit dem ausgehenden 13. Jahrhundert.

Die Herrschaftszeit Danylo Romanovyč prägte eine erfolgreiche Westpolitik. Die vielfältigen Kontakte nach Westen zogen aber auch immer wieder Konflikte mit den westlichen Nachbarn nach sich, vor allem mit Polen und Ungarn, die wiederholt Anspruch auf Gebiete des Fürstentums erhoben.

Noch bevor Danylo Romanovyč Galizien-Wolhynien vereinen konnte, waren auch die südlichen Gebiete der Rus' der Eroberung durch die Tataren (1240) anheimgefallen. Zunächst kam es während der mongolisch-tatarischen Herrschaft zu keinen wesentlichen Veränderungen in der politischen, sozialen und kirchlichen Ordnung der Rus'. Ganz im Gegenteil bedeutete die lockere Fremdherrschaft für Galizien-Wolhynien einen Schutz gegenüber Polen und Ungarn, wo man das weitere Vordringen der Mongolen nach Mittel- und Westeuropa befürchtete. Ein gescheiterter Kreuzzug 1254 provozierte jedoch eine größere Abhängigkeit Galizien-Wolhyniens von den Tataren und schwächte die machtpolitische Position des Fürstentums gegenüber seinen westlichen Nachbarn.

Im 14. Jahrhundert geriet das Fürstentum immer mehr in die Auseinandersetzungen zwischen Polen und Litauen um die Aufteilung Galizien-Wolhyniens. Spätestens 1370 fielen ganz Wolhynien sowie Ostpodolien an Litauen. Die übrigen Länder Galizien-Wolhyniens wurden 1387 Polen angeschlossen. Galizien sollte mehr als vier Jahrhunderte, bis zur ersten Teilung, bei Polen bleiben. Mit dem Anschluß an Polen-Litauen begann eine Sonderentwicklung der ehemaligen südwestrussischen Fürstentümer.

Polen-Litauen

Das Großfürstentum Litauen war in der ersten Hälfte des 13. Jahrhunderts entstanden. Einhundert Jahre später erfaßte es mehr als die Hälfte des politisch zersplitterten und durch den Mongolensturm zusätzlich geschwächten Kiever Reiches. Es erstreckte sich von der Ostsee bis zum Schwarzen Meer und war während des 14. Jahrhunderts die stärkste Macht im östlichen Europa. Das Großfürstentum Litauen bildete ein lockeres Vielvölkerreich, in dem die Mehrheit der Bevölkerung orthodoxe Ostslawen waren. Die im Kiever Reich tradierten rechtlichen, sozialen und kulturellen Strukturen erfuhren durch den Übergang in den litauischen Herrschaftsbereich kaum Veränderungen; sie prägten vielmehr die Kultur Litauens, in dem zeitweise das Ostslawische als Kanzleisprache und das Kirchenslawische als Literatursprache übernommen wurden. Auch der orthodoxe Glaube wurde von den heidnischen Litauern toleriert.

Im 14. Jahrhundert gelangten Teile des Fürstentums Galizien-Wolhynien an das Königreich Polen. Auch hier war man zunächst um den Erhalt der bestehenden Herrschafts-, Verwaltungs- und Rechtsordnung bemüht. Auch die Stellung der orthodoxen Kirche wurde zunächst nicht angetastet. Allerdings gelangten nur Katholiken in den Genuß adliger Privilegien. Im Laufe des 15. Jahrhunderts trat deshalb fast der gesamte höhere Adel Galiziens zum römisch-katholischen Glauben über, was einer Polonisierung und Katholisierung des orthodoxen Adels gleichkam.

1385 schloß der litauische Großfürst Jagiello in der Union von Krevo ein Bündnis mit Polen. Er ließ sich taufen, heiratete die polnische Thronerbin Jadwiga und erhielt die polnische Königskrone. Die Personalunion von Krevo hatte für die orthodoxe Bevölkerung einschneidende Folgen. Zwar sollte wiederum der Status quo erhalten bleiben, doch in der Folge wurden die Orthodoxen schlechter gestellt als die katholischen Litauer und Polen. Auch im Großfürstentum Litauen, in dem die Mehrheit der Ukrainer lebten, traten vermehrt orthodoxe Adlige zum Katholizismus über.

Im 14. Jahrhundert wurde Moskau nach Kiev und Vladimir zur großfürstlichen Residenz. Im Zuge der Sammlung des russischen Landes beanspruchten die Moskauer Herrscher alle ostslawischen Territorien des Großfürstentums

Leopold Levyckyj, ›Frau mit Körben‹, 1930

Litauen. Unter dem Eindruck der Moskauer Offensive im Livländischen Krieg (1558–1582/83), bei dem Rußland und das Litauische Großfürstentum zeitweilig die Hauptwidersacher waren, mußte Litauen der Union von Lublin mit Polen zustimmen. Die Realunion von Lublin (1569) bildete für die Geschichte der Ukraine eine deutliche Zäsur. Die ukrainischen Länder wurden nun direkt dem Königreich Polen unterstellt und die kulturelle und religiöse Integration des ukrainischen in den polnischen Adel beschleunigt. Es bildete sich eine tiefe Kluft zwischen dem privilegierten katholischen Adel und den orthodox gebliebenen ukrainischen Grundschichten.

Mit der Ausweitung der Rechte des Adels wurden die Freizügigkeit und die Besitzrechte der Bauern weiter eingeschränkt. Gegen Ende des 16. Jahrhunderts wurde Landflucht zu einer Massenerscheinung. Die Bauern flüchteten vor allem in die südöstlichen Steppen- und Grenzgebiete, in das unbesiedelte ›wilde Feld‹ am mittleren Dnepr, das seit der Mitte des 15. Jahrhunderts durch die Krimtataren kontrolliert und in Folge entvölkert worden war. In den Steppen nördlich des Schwarzen Meeres begann sich eine weitgehend unabhängige Gesellschaft, das Kosakentum, herauszubilden. Nach der Union von Lublin wurden polnischen Großgrundbesitzern weite Ländereien in der Ukraine verliehen. Als deren Verwalter stellten die Polen meist Juden an, die den abhängigen Bauern als Unterdrücker direkt gegenüberstanden und gegen die sich verstärkt der Unmut der Bauern richtete. Spätestens im Aufstand unter Chmel'nyc'kyj fand der Haß der unterdrückten Bauern gegen die mit der Kolonisation nach Osten gezogenen Juden in Progromen seinen Ausdruck. Aber auch polnische, deutsche und rumänische Bauern siedelten sich, von Westen kommend, in den nun von Polen beherrschten Gebieten an. Sie brachten ein neues Siedlungsrecht in die ukrainischen Länder, das das Gewohnheitsrecht der ostslawischen Dorfgemeinschaften ablöste und neuen Zündstoff für Aufstände und die Flucht in das ›wilde Feld‹, zu den Kosaken, bot.

In den Städten der Ukraine wurde vom 14. Jahrhundert an, nach mitteleuropäischen Vorbild, das Magdeburger Recht eingeführt, das wesentlich zur Entwicklung der Städte beitrug und im Moskauer Reich nur in Novgorod und Pskov existierte. Das Magdeburger Recht garantierte die Selbstverwaltung und eine unabhängige Gerichtsbarkeit. Ein Magistrat wachte über den Handel, die Einhaltung der Maße und Gewichte und erhob Steuern.

Die orthodoxe Kirche in der Ukraine mußte im Laufe des 16. Jahrhunderts Rückschläge hinnehmen. Sie verfügte in der Ukraine über keinen weltlichen Patron. Im Moskauer Reich hielt der Zar seine schützende Hand über die orthodoxe Kirche, in Polen verteidigte der König im Rahmen der Gegenreformation die katholische Kirche. In der Ukraine hingegen stagnierte das kirchliche Leben. Es gab kaum Ansätze zu einer inneren Erneuerung. Tradition und Ritualisierung standen im Vordergrund. Auf eine Konfrontation mit Katholizismus und Protestantismus war die orthodoxe Kirche in der Ukraine nicht vorbereitet. Mit der Union von Brest 1596 wurde der Versuch unternommen, die orthodoxe Bevölkerung für den Katholizismus zu missionieren. In der Union unterstellten sich große Teile der ukrainischen Orthodoxie dem Papst. Allerdings verfügte die Union von Brest über wenig Rückhalt in der Bevölkerung. Letztendlich war sie das Werk einiger weniger Bischöfe. Es kam auch nicht zu der versprochenen Gleichstellung von Katholiken und Unierten. Eine wirkliche Erneuerung der orthodoxen Kirche in der Ukraine ging von den Bruderschaften aus, die seit der Mitte des 16. Jahrhunderts

Wandteppich mit den Wappen Polens und Litauens, um 1560

entstanden waren. Sie pflegten nicht nur alte Traditionen, sondern integrierten vor allem auch neues, westliches Gedankengut. Sie führten eine bewußte Auseinandersetzung mit anderen Konfessionen. Vor allem der Name Petro Mohylas, Abt des Kiever Höhlenklosters und seit 1633 Metropolit von Kiev, stand für die geistige Erneuerung in der orthodoxen Kirche in der Ukraine.

Das Kosakentum und der Chmel'nyc'kyj-Aufstand

Der Begriff ›Kosake‹ stammt aus dem Turko-Tatarischen und meint ›freie Krieger‹. Zunächst waren es Tataren, die seit dem 15. Jahrhundert im Dienste verschiedener Herrscher Aufgaben an der Steppengrenze erfüllten. Im Laufe des 16. Jahrhunderts schlossen sich den tatarischen Kosaken immer mehr ukrainische und russische Bauern an. Sie flohen vor der Leibeigenschaft und dem wachsenden Druck des Adels. Aber auch Stadtbewohner und Angehörige des niederen Adels suchten Zuflucht bei den Kosaken. Diese lebten in lockeren Wirtschafts- und Selbstverteidigungsverbänden, die sich durch militärische Disziplin, aber auch das Mitbestimmungsrecht jedes Einzelnen auszeichneten. Die Kosaken schützten das Grenzland und leisteten auf diese Weise dem litauischen Reich einen willkommenen Verteidigungsbeitrag, was der Großfürst mit Privilegien honorierte. Die Bevölkerung im Grenzland war von Abgaben befreit, durfte Land besitzen und Branntwein herstellen; alles Vergünstigungen, die seit 1596 allein dem Adel vorbehalten waren.

Das Leben der Grenzlandgesellschaft veränderte sich nach der Union von Lublin durch die verstärkte adlige Landnahme. Das bisher lockere Sozialgefüge wurde durch herrschaftliche Strukturen abgelöst. Das im Grenzland praktizierte Nutzungsrecht an Grund und Boden wurde durch das Eigentumsrecht ersetzt. Diese Veränderungen wurden von der ansässigen Bevölkerung als aus Polen kommend abgelehnt. Die Spannungen verstärkten sich und entluden sich vor allem in den 1620er Jahren in Aufständen. Der Widerstand richtete sich in erster Linie gegen die Auflösung der gewohnten Gesellschaftsordnung und wurde von den Kosaken unterstützt.

Seit der zweiten Hälfte des 16. Jahrhunderts verstärkte die polnische Adelsrepublik die Kontrolle über die Kosaken. Es wurden sogenannte Register organisiert, in denen eine beschränkte Anzahl von Kosaken dauernd diente. Die Registerkosaken wurden vom polnischen König mit Privilegien ausgestattet und den freien Kosaken bevorzugt. Neben den Registerkosaken gab es auch noch die Söldnerkosaken, die nur über die Dauer eines Kriegszuges dienten. Sie verfügten über weitreichende Selbstbestimmungsrechte. Nach dem Krieg verloren sie diese Rechte und wurden wieder ihrer alten adligen Obrigkeit überantwortet. Oft blieben die Söldnerheere jedoch zusammen und verstärkten das ohnehin wachsende soziale Unruhepotential im Grenzland.

1648 brach der größte Kosakenaufstand aus. Er leitete den Niedergang des polnischen Reiches als osteuropäische Großmacht ein. Die Ursachen des Aufstandes sind in der Willkür der Adelsgesellschaft gegenüber den Kosaken und in den Problemen innerhalb der Organisation der Registerkosaken zu suchen. Veranlaßt wurde der Aufstand jedoch durch das Einzelschicksal von Bohdan Chmel'nyc'kyj (1595–1657). Dieser war adliger Herkunft, besaß Grund und Boden im Grenzland und hatte eine katholische Erziehung genossen. Vor allem seine Bildung ermöglichte ihm einen Aufstieg im Registerkosakenheer. Chmel'nyc'kyj galt als treuer Gefolgsmann des polnischen Königs, bis ein anderer sich sein Gut gewaltsam aneignete. Als seine Klagen beim König keinen Widerhall fanden, zog er sich in die Steppe zurück und scharte eine Reihe unzufriedener Kosaken um sich. Der Unmut der Kosaken richtete sich in erster Linie gegen den polnischen Adel, weniger gegen

Bohdan Chmel'nyc'kyj auf einem Aquarell von S. Vasyl'kovskyj

den König. Im Grenzland schloß sich die Bevölkerung den aufständischen Kosaken an. Sie organisierte sich militärisch gegen die heranrückenden polnischen Truppen. Die Kosaken, mit Chmel'nyc'kyj an der Spitze, verbanden sich mit den Krimtataren. Gemeinsam brachten sie den polnischen Truppen schwere Niederlagen bei. Im Grenzland wurden die Adligen ihrer Positionen beraubt und ihre Verwalter, meist Juden, verjagt oder getötet.

Die Judenpogrome während des Chmel'nyc'kyj-Aufstandes gehören zu einem der dunkelsten Kapitel ukrainischer Geschichte. Im Verlauf der adligen Landnahme in der Ukraine im 16./17. Jahrhundert hatten viele Juden ihren Siedlungsschwerpunkt von den Gebieten Westpolens nach Osten und Südosten verlagert. Die Judenfeindlichkeit der Aufständischen, die durch den steigenden Anteil der bäuerlichen Bevölkerung am Aufstand hervorgerufen wurde, widersprach der traditionellen Toleranz der Kosaken. Die Bauern machten die mit den polnischen Grundbesitzern in der Ukraine in Erscheinung getretenen Juden für die sich wandelnden gesellschaftlichen Verhältnisse verantwortlich.

Chmel'nyc'kyj bemühte sich, den Aufstand nicht erlahmen zu lassen und sich an dessen Spitze zu behaupten. Im Dezember 1648 hielt er feierlich in Kiev Einzug. Er wurde vom Metropoliten begleitet und ließ sich vom Volk als ›Befreier‹ feiern. Die Lage der Aufständischen veränderte sich erst in der Schlacht von Zboriv im August 1649. Die auf kosakischer Seite kämpfenden Tataren hatten unerwartet ihre Neutralität erklärt, so daß sich nun zwei relativ gleichstarke Heere gegenüberstanden. Chmel'nyc'kyj mußte sich zu Verhandlungen bereit erklären und schloß wahrscheinlich unter dem Druck der Tataren den Vertrag von Zboriv. Dieser Vertrag legte den Grundstein für die politische Vertretung der Ukraine durch die Kosaken.

Das ukrainische Grenzland stellte nun ein eigenständiges Element in der polnischen Adelsrepublik dar. Der Vertrag von Zboriv garantierte eine vereinbarte

Stärke der Registertruppen und verbannte die polnische Armee aus den Verwaltungsbezirken Kiev, Braclav und Černihiv. Dem orthodoxen Metropoliten wurde ein Sitz im polnischen Senat versprochen. Dennoch rief der Vetrag bei der ukrainischen Bevölkerung große Unzufriedenheit hervor. Die meisten Bauern mußten in die Knechtschaft zurück, ihre soziale Lage hatte sich nicht geändert. Der Vertrag von Zboriv war zwar ein Sieg der Kosaken und der ukrainischen Adligen, aber er konnte letztendlich weder von der polnischen noch von der kosakischen Obrigkeit durchgesetzt werden.

Die militärischen Auseinandersetzungen gingen weiter und Chmel'nyc'kyj war gezwungen, neue Bündnispartner zu suchen. Seit Sommer 1648 suchten die Kosaken in Moskau Unterstützung. Zunächst verhielt sich Moskau jedoch zurückhaltend und lehnte jede Einmischung in den polnisch-kosakischen Konflikt ab, vor allem, um erneute Auseinandersetzungen mit der polnischen Krone zu vermeiden. Erst seit 1650 nahm sich der Zar der ukrainischen Frage an und ließ durch seine Gesandten Verhandlungen mit den Kosaken aufnehmen. Sie führten zur promoskauischen Eidesleistung der Kosaken im Vertrag von Perejaslav 1654. Der Vertrag markierte den Übergang der Ukraine von der polnischen zur russischen Herrschaft und bildete eine Zäsur in der Geschichte der Ukraine. Er wurde nach zähen Unterhandlungen in Perejaslav, einer Stadt südlich von Kiev, geschlossen. Doch auch die Partner des Vertrages von Perejaslav, der Moskauer Zar und die kosakische Führung, hielten sich nicht an die getroffenen Abmachungen.

In den beiden folgenden Jahrzehnten war die Ukraine ständiger Kriegsschauplatz. Eine wichtige Folge war die Teilung der Ukraine in mehrere Herrschaftszentren. Die linksufrige Ukraine unterstellte sich Moskau und konnte ihre Eigenstaatlichkeit bis zur Herrschaftszeit Katharinas II. (1729–1796) aufrechterhalten. Die Westukraine wurde nach dem Frieden von Andrusovo (1667) dem polnischen Königreich angegliedert. Nur am südlichen Rand der Steppe konnten kosakische Organisationen ihr Eigenleben fortführen. Ein letzter Versuch, daß von Chmel'nyc'kyj geschaffene Hetmanat wieder zu vereinigen, ging am Ende des 17. Jahrhunderts vom Hetman Ivan Mazepa (1644–1709) aus.

Die Ukraine im 18. Jahrhundert

Rußland und Polen hatten die Ukraine untereinander aufgeteilt. Ohne Hinzuziehung von ukrainischen Vertretern wurde 1667 im Vertrag von Andrusovo die bestehende Teilung besiegelt. Rußland kontrollierte das linksufrige Hetmanat, das Gebiet der Zaporožer Kosaken und die im Russischen Reich gelegene Sloboda-Ukraine. Polen beherrschte das Land westlich des Dnepr und die stärker in das Königreich integrierten westukrainischen Gebiete von Galizien, Cholm und

Podlachien. Die ungarische Karpaten-Ukraine gehörte jetzt zum Habsburger Reich und die nördliche Bukowina zum Fürstentum Moldau, das sich unter der Oberherrschaft des Osmanischen Reiches befand. Die ukrainischen Gebiete gehörten also nicht nur verschiedenen politischen Staaten an, sondern unterlagen auch unterschiedlichen kulturellen Einflüßen.

1687 wurde Ivan Mazepa zum Hetman der linksufrigen Ukraine gewählt. Ivan Mazepa stammte aus dem ukrainischen Adel. Er studierte an der Kiever Akademie und am Warschauer Jesuitenkollegium. Als Hetman verteidigte er eifrig die ukrainischen Interessen, förderte die orthodoxe Kultur und ließ zahlreiche Kirchen im sogenannten Mazepa- oder Kosakenbarock errichten. Das Hetmanat erlebte eine letzte wirtschaftliche und kulturelle Blütezeit. Gleichzeitig bemühte sich Mazepa um gute Beziehungen zu Moskau. Mit Peter I. (1672–1725) hatte in Moskau ein Zar die politische Bühne betreten, der sein Land durch Reformen und absolutistische Machtausübung zu einem modernen Staat nach europäischem Vorbild entwickeln wollte – ebenso wie Mazepa die Ukraine.

Der Nordische Krieg (1700–1721) mit Schweden auf der einen Seite und Dänemark, Polen-Sachsen und Rußland auf der anderen verwickelte die Ukraine als Bündnispartner Rußlands in einen Konflikt, der die eigenen Belange nicht berührte. Die Kosaken wurden für die Interessen des russischen Zaren aufgeboten. Währenddessen drohte der polnische König, als schwedischer Verbündeter in die Ukraine einzufallen. Mazepa wandte sich an Peter I. um Hilfe. Doch dieser versagte jede Unterstützung, obwohl ihn der Vertrag von Perejaslav dazu verpflichtete. Darauf hin verbündete sich Mazepa mit dem schwedischen König Karl XII. (1682–1719). Dieser zog im Herbst 1708 in die Ukraine ein. Am 28. Juni 1709 fand die entscheidende Schlacht bei Poltava statt, in der Peter I. das schwedisch-ukrainische Heer besiegte. In der Folge wurde die Integration des Hetmanats in das Russische Reich vorangetrieben. Die kosakische Selbstverwaltung wurde allmählich eingeschränkt, 1722 das ›Kleinrussische Kollegium‹ eingerichtet und somit die Kontrolle über das Hetmanat verstärkt.

Die Zentralisierungs- und Expansionspolitik Peters I. wurde von Katharina II. fortgesetzt. Sie lehnte eine ukrainische Autonomie strikt ab: »Diese Provinzen sollten russifiziert werden (…) Diese Aufgabe wird leicht sein, wenn weise Männer zu Gouverneuren ernannt werden. Wenn die Hetmane aus Kleinrußland beseitigt sein werden, soll jede Anstrengung unternommen werden, sie und ihr Zeitalter aus dem Gedächtnis zu tilgen.« Nach dem russischen Sieg über das Osmanische Reich 1775 wurde noch im selben Jahr die Zaporožer Sič, der selbständige Staat der Kosaken am Dnepr, abgeschafft und 1783 das Kosakenheer aufgelöst. Rußland hatte die Kontrolle über die Steppengebiete nördlich des Schwarzen Meeres übernommen.

1781 wurde die russische Verwaltungsreform auf die linksufrige Ukraine übertragen, die nun eine unter vielen russischen Regionen bildete. Die traditionellen

Strukturen des Hetmanats wurden zerstört. Diese Entwicklung war jedoch nur durch die Zusammenarbeit mit den Angehörigen der kosakischen Oberschicht möglich, denen Rußland Privilegien gewährte. Viele Ukrainer wurden in den russischen Adelsstand aufgenommen und traten in der Folge in den Dienst des russischen Staates. Das brachte eine kulturelle Assimilation mit sich, wie sie schon einmal im polnisch-litauischen Staat verlaufen war. Der Aufstieg der Kosakenelite in den russischen Adel vollzog sich auf Kosten der ukrainischen Bauern, deren soziale und rechtliche Lage sich zusehends verschlechterte. Im Jahre 1783 wurde die russische Form der Leibeigenschaft eingeführt, die Bauern durften unter keinen Umständen ihre Wohn- und Arbeitsstätte verlassen.

Das Königreich Polen-Litauen stand seit 1717 unter russischem Protektorat. Auch hier war die ukrainische Oberschicht polonisiert und katholisiert und damit

Kosake in einer volkstümlichen Darstellung

auch konfessionell von den meist leibeigenen Bauern getrennt. Die sozialen Spannungen entluden sich im 18. Jahrhundert in den großen Hajdamakenaufständen. Das Wort Hajdamaken stammt aus dem Türkischen und bezeichnet ukrainische Widerstandskämpfer. Diese verteidigten den orthodoxen Glauben und die Interessen des Volkes. Meist waren es ehemalige Kosaken oder orthodoxe Bauern, die in den Wäldern lebten. Die Hajdamakenaufstände 1734, 1750 und 1768 richteten sich vorwiegend gegen die polnischen Gutsbesitzer und deren jüdische Verwalter. Die Hajdamaken verlangten die Abschaffung der Leibeigenschaft, die Gleichberechtigung der Orthodoxen und die Wiedererrichtung der alten Kosakenfreiheit. Der letzte Hajdamaken-Aufstand im Jahr 1768 wurde von russischen Truppen niedergeschlagen. Katharina II., die sich zunehmend in die Angelegenheiten der polnischen Adelsrepublik einmischte, befürchtete, daß die Unruhen auf die linksufrige Ukraine übergreifen könnten.

Nach den drei Teilungen von 1772, 1793 und 1795 hörte Polen auf zu existieren. Die Ukrainer in Galizien gerieten 1772 unter österreichische Herrschaft. Alle nördlich und östlich der neuen österreichischen Länder gelegenen ukrainischen Gebiete wurden bis 1795 Rußland angegliedert. Bis 1918 fand die Geschichte der Ukraine innerhalb dieser beiden Reiche statt.

Die südliche Ukraine wurde, im offiziellen Sprachgebrauch als Neurußland bezeichnet, kolonisiert und besiedelt. Der russische Staat lockte viele Bauern mit dem Versprechen von Privilegien nach Neurußland. Ausländische Kolonisten aus verschiedenen Ländern folgten dem Ruf, unter ihnen auch eine große Gruppe Mennoniten, die schon seit etwa 1780 aus Westpreußen eingewandert waren. Aber auch viele Leibeigene und Staatsbauern wanderten aus der Ukraine und Rußland nach Süden.

Gleichzeitig wurden viele Städte in Neurußland gegründet, 1783 Ekaterinoslav, das heutige Dnipropetrovs'k, 1794 die Hafenstadt Odessa.

Erwachender ukrainischer Nationalstolz

Anfang des 19. Jahrhunderts wuchs das Interesse für die ukrainische Kultur, Geschichte und Sprache. 1798 erschien die ›Eneida‹ von Ivan Kotljarevs'kyj (1769–1838), das erste literarische Werk in ukrainischer Umgangssprache. Weitere belletristische Werke in ukrainischer Sprache folgten. Außerdem wurde damit begonnen, ukrainische Volkslieder und Kosakenepen zu sammeln.

Gleichzeitig fand liberales westeuropäisches Gedankengut schnell Verbreitung. Ausdruck dafür war die Bildung von Geheimbünden. Berühmtheit erlangte die ›Bruderschaft der Heiligen Kyrill und Method‹. Viele ihrer Mitglieder gehörten zur 1834 neu gegründeten Kiever Universität. Sie war das Sammelbecken der

Bild des ukrainischen Nationaldichters Taras Ševčenko im Dovženko-Museum in Sosnycja

ukrainischen Intelligenz. Nach dem Dekabristenaufstand (1825) in Petersburg und noch mehr nach dem polnischen Aufstand (1831) begann unter der Regierung des Zaren Nikolaj I. (1796–1855) eine Zeit der stärkeren Reaktion: unter dem Motto ›ein Glaube (die Orthodoxie), eine Gewalt (der Zar) und ein volksverbundener Patriotismus‹, gemeint war der russische, wurde eine Verfolgung und Behinderung alles Andersartigen eingeleitet. 1839 wurde die unierte Kirche als nicht mehr existent erklärt.

Nach liberaleren Jahren unter Zar Alexander II. (1818–1881), in denen zum Beispiel die, wenn auch unzureichende Bauernreform durchgesetzt wurde (1861 Aufhebung der Leibeigenschaft), kam es bald zu einem erneuten antiukrainischen Umschwung der Zarenpolitik. Die auflebende ukrainische Kultur und Kunst wurde durch das Verbot der ukrainischen Schriftsprache schwer getroffen. Weder ukrainisches Theater, noch ukrainische Literatur waren erlaubt. Dennoch wirkten eine Anzahl von ukrainischen Gesellschaften. Erst 1905 wurde die Zensur der ukrainischen Sprache wieder aufgehoben.

Im österreichischen Galizien wurde im Jahre 1848 die Leibeigenschaft abgeschafft. Die Reformen garantierten bürgerliche Grundrechte, die auch für die Juden galten. Die Ukrainer Galiziens erhielten politische Gleichberechtigung mit den anderen Nationalitäten. Die ukrainische Nationalbewegung in Galizien erstarkte und wurde bis zum Beginn des 20. Jahrhunderts eine Massenbewegung. Im Vordergrund standen kulturelle Aktivitäten: Literarische Zeitschriften in ukrainischer Sprache wurden herausgegeben, nationale Organisationen wurden begründet. Wichtigster Träger der Nationalbewegung in Galizien war die unierte Kirche. An der Lemberger Universität wurde 1894 ein Lehrstuhl für ukrainische Geschichte eingerichtet.

Die Bauernreformen, sowohl in Rußland als auch im Habsburger Reich, betrafen den größten Teil der Ukrainer unmittelbar, wenn man bedenkt, daß Ende des 19. Jahrhunderts über 85 Prozent der Ukrainer Rußlands und über 90 Prozent der Ruthenen des Habsburger Reiches Bauern waren. Trotzdem konnte auch die Abschaffung der Leibeigenschaft die Probleme der Ukraine, vor allem die wirtschaftlichen und politischen, nicht lösen. Die industrielle Entwicklung der Ukraine vollzog sich weitgehend ohne Beteiligung der Ukrainer. Bergbau und Schwerindustrie im Süden der Ukraine wurden von Ausländern kontrolliert. Die Industriearbeiter waren fast nie Ukrainer, sondern vor allem Russen, die aus den unterschiedlichsten Regionen Rußlands kamen. Ukrainer, die in die Städte zogen und als Industriearbeiter eine Beschäftigung fanden, wurden zu einem beträchtlichen Teil russifiziert.

Durch die verstärkte Industrialisierung begann sich in der zweiten Hälfte des 19. Jahrhunderts ein Proletariat herauszubilden. Es kam zu Streiks der Arbeiter und zu Bauernunruhen. Denn die Bauern waren zwar de facto frei, mußten aber ihr Land von den Gutsbesitzern teuer abkaufen. Die revolutionäre Stimmung erreichte 1905 ihren Höhepunkt. Die zaristische Regierung mußte gleichzeitig die Mißerfolge im russisch-japanischen Krieg und die Unzufriedenheit in der Armee hinnehmen. Generalstreiks legten den Transport und die Versorgung lahm, die Revolution erfaßte alle Bevölkerungsschichten. Anarchistische, sozialdemokratische und kommunistische Parteien hatten auch in der Ukraine starken Zulauf. Trotz starker Repressionen konnten die Aufstände nur langsam eingedämmt werden. Noch 1906 und 1907 kam es zu Streiks und Aktionen. Nach der Wahl zur Duma wurde diese schon nach 72 Tagen wieder aufgelöst, erst die dritte konnte die volle Amtsperiode arbeiten.

In dieser Zeit der Reaktion, die mit dem Namen des Ministerpräsidenten Stolypin (1862–1911) verbunden ist, konnten jedoch auch einige wenige Forderungen durchgesetzt werden. Stolypin versuchte die Situation auf dem Lande grundlegend zu ändern. Seine Agrarreform von 1906 ermöglichte den Bauern, Eigentümer des Bodens zu werden. In der Ukraine zeigte diese Reform den größten Erfolg. Die zunehmende Differenzierung brachte bis zum Ersten Weltkrieg einen Aufschwung im ländlichen Gewerbe und in der Produktion von Nahrungsmitteln. Stolypin setzte aber auch eine streng zentralistische Politik durch, und dem anfangs zu verzeichnenden Aufschwung der ukrainischen Kultur wurde schnell ein Ende bereitet.

Krieg, Bürgerkrieg und Revolution

Der Erste Weltkrieg führte zum Zusammenbruch beider Imperien, des russischen Zarenreiches und des Habsburger Reiches, zu denen die Ukraine seit dem 18. Jahrhundert gehörte. Die Ukrainer gerieten im Verlauf des Krieges in die Auseinandersetzungen der Großmächte und auch in den Jahren zwischen 1917 und 1921 standen sie im Brennpunkt des russischen Bürgerkriegs und internationaler Konflikte. Die Bolschewiki, die Weißen, die Interventionstruppen der Entente, die Deutschen und Polen – alle versuchten, die Ukraine in dieser bewegten Zeit für ihre eigenen Machtinteressen zu instrumentalisieren. Nach einer kurzen Zeit der Unabhängigkeit war die Ukraine seit 1920 wieder Bestandteil fremder Staaten: der Sowjetunion, Polens, Rumäniens und der Tschechoslowakei.

Nach der Februarrevolution 1917 wurde in Kiev die sogenannte Zentralrada begründet. Zum Präsidenten dieses Gremiums wurde der Historiker M. Hruševs'kyj (1866–1934) gewählt. Die Rada sollte zunächst alle politischen Kräfte der Ukraine zusammenfassen und autonome Strukturen schaffen. In den nächsten Wochen wurde ein Generalsekretariat der Rada eingerichtet, das unter der Leitung des Schriftstellers Vynnyčenko (1880–1951) Regierungsfunktionen ausübte. Am 10. Juni erklärte sie die Autonomie der Ukraine. Aufgrund der Kriegshandlungen und des geringen Rückhalts auf dem Lande war die Macht der Zentralrada letztlich auf Kiev und Umgebung beschränkt. Auch die zahlreich in der Ukraine lebenden Nichtukrainer standen der ukrainisch-nationalen Sache skeptisch gegenüber. In Charkiv übernahmen die Räte der Bolschewiki die Macht. Es entstanden in der Ukraine auf diese Weise zwei Machtzentren. Die Bolschewiki konnten mit dem Dekret über Land und Frieden in der Ukraine große Bevölkerungsschichten gewinnen. Vorübergehend arbeiteten Bolschewiki und die ukrainische Zentralrada sogar zusammen, um die Truppen der provisorischen russischen Regierung aus Kiev zu vertreiben.

Das Hruševs'kyj-Denkmal in Kiev

Am 11. Februar 1918 wurde Kiev das erste Mal von den Bolschewiki eingenommen. Am 1. März 1918 besetzten die Mittelmächte Kiev und setzten die Zentralrada wieder ein. Als Gegenleistung forderten sie Lebensmittellieferungen. Doch schon am 29. April 1918 wurde die Rada von der deutschen Militärverwaltung zur Durchsetzung ihrer Interessen abgesetzt und eine von Deutschland

»Haltet den revolutionären Schritt, der Feind wacht unermüdlich mit.« Ein Plakat von Anatolyj Petryc'kyj aus dem Jahre 1919

protegierte Regierung unter Pavlo Skoropads'kyj (1873–1945) eingesetzt. Diese neue Regierung wurde jedoch von den Bauern wegen der zwangsweisen Getreidelieferungen nach Deutschland abgelehnt. Skoropads'kyj gelang es aber auch, einige Bereiche des öffentlichen Lebens zu ukrainisieren und eine gewisse Eigenständigkeit zu demonstrieren. Besonders auf dem Gebiet der Nationalkultur und im Bildungswesen konnte er in seiner kurzen Regierungszeit Beachtliches erreichen.

Im Süden hatte der Anarchist Nestor I. Machno (1889–1934) eine Aufstandsbewegung entfacht und eine anarchistische Republik gegründet, die großen Zulauf von Bauern hatte, aber letztlich von allen bekämpft wurde. Hauptgegner der bäuerlich-anarchistischen Aufstandsbewegung waren die ›Weißen‹, aber auch jeder, der sich ihnen in den Weg stellte. Ebenso willkürlich gestalteten sich die Kontakte der Aufständischen. So lieferten sie sich mit den Bolschewiki erbitterte Kämpfe, aber es gab auch Perioden, in denen sie mit den Bolschewiki zusammenarbeiteten.

Im Dezember 1918 übernahm ein Direktorium der ukrainischen Volksrepublik mit Volodymyr Vynnyčenko an der Spitze die Regierung. Sie war damit die vierte Regierung der Ukraine im Jahre 1918. Das Direktorium betrieb eine nationalsozialistische Politik. Der Gebrauch der russischen Sprache wurde untersagt. Am 22. Januar 1919 wurde die Vereinigung der Ukrainischen Nationalrepublik verkündet. Damit wurden zwei Teile zusammengeschlossen, die wenig Gemeinsames aufwiesen. Im Unterschied zur Ostukraine verfügte die galizische Bevölkerung über ein politisches und nationales Selbstbewußtsein, das sich durch die ständigen Auseinandersetzungen mit den gesellschaftlich dominierenden Polen herausgebildet hatte und durch die unierte Kirche gestärkt wurde.

Im Jahr 1919 wurde die Ukraine Hauptschauplatz des Bürgerkriegs, in dessen Verlauf sich die Bolschewiki und antirevolutionäre weiße Truppen gegenüberstanden. In Kiev fand mehrmals ein Machtwechsel statt zwischen den Bolschewiki, der russischen Freiwilligenarmee unter dem weißen General Denikin, die von der Entente unterstützt wurde, und Streitkräften des Direktoriums mit dem Oberbefehlshaber Symon Petljura (1879–1926), die durch polnische Truppen unter Józef Piłsudski (1867–1935) verstärkt wurden. Im Juni 1920 konnten die Bolschewiki endgültig die Macht in Kiev übernehmen. Im Friedensvertrag von Riga erkannte Polen am 18. März 1921 nunmehr die Sowjetukraine völkerrechtlich an.

Die Sowjetukraine

Nach dem Weltkrieg und dem Bürgerkrieg befand sich die ukrainische Wirtschaft in einem katastrophalen Zustand. Die Industrie war weitgehend zerstört, die Landwirtschaft zusammengebrochen. Der freie Handel mit Getreide wurde verboten und Zwangsablieferungen aller landwirtschaftlichen Produkte angeordnet.

Das führte schließlich 1921 zu einer Hungersnot, die etwa eine Million Menschen das Leben kostete. Lenin führte 1921 die Neue Ökonomische Politik ein, eine Wirtschafts- und Sozialpolitik, die die wirtschaftliche, soziale und politische Krise des Landes überwinden helfen sollte. Sie führte in der Ukraine zu einem wirtschaftlichen Aufschwung. Begleitet wurde Lenins Politik von einer flexiblen Nationalitätenpolitik. Den administrativen Rahmen bildete die Ukrainische Sowjetrepublik, die zunächst ein souveräner Staat war. Im Dezember 1922 wurde die Ukrainische Sowjetrepublik zusammen mit der Russischen, der Weißrussischen und Transkaukasischen Republik zur Union der Sowjetrepubliken zusammengeschlossen. Bis 1934 war Charkiv die Hauptstadt der Ukrainischen Sowjetrepublik, dann Kiev.

Die sowjetische Nationalitätenpolitik war von einer Ukrainisierung begleitet. Kaderpositionen wurden mit einheimischen Kräften besetzt, die ukrainische Sprache und Kultur wurden gefördert. Das Ukrainische wurde erstmals als Schrift- und Amtssprache offiziell anerkannt. Doch Ende der 20er Jahre entschloß sich die Regierung in Moskau zu einer radikalen Neuorientierung ihrer Politik. Industrialisierung und Zwangskollektivierung wurden zu den neuen Schlagworten der Politik. Durch die forcierte Industrialisierung entwickelte sich die südliche Ukraine zu einer modernen Industrieregion. Durch die Zwangskollektivierungen konnten die Getreidelieferungen effizienter organisiert und kontrolliert werden. Gleichzeitig wurde jedoch die traditionelle wirtschaftliche und soziale Ordnung zerstört. Die gewaltsamen Kollektivierungen und wiederholten Dürren führten in den 30er Jahren zu Hungersnöten, die in den Jahren 1932 und 1933 in der Ukraine vier bis sechs Millionen Tote forderten.

1933 wurden von der Moskauer Partei- und Staatsführung ›Säuberungen‹ unter der ukrainischen Elite eingeleitet und vermehrt russische Kader in der Ukraine eingesetzt. Ihren Höhepunkt erreichten die ›Säuberungen‹, wie überall in der Sowjetunion, in den Jahren 1937/38. Die gesamte Partei- und Staatsführung wurde, zum Teil mehrmals, ausgewechselt. Die Folgen waren für die Ukraine verheerend, fast die gesamte ukrainische politische, wirtschaftliche und kulturelle Elite wurde umgebracht oder in Straflager gesteckt. Die entstandenen Lücken wurden durch Russen gefüllt, die Ukrainisierung durch eine Russifizierungspolitik ersetzt. Im März 1938 wurde die russische Sprache zum Pflichtfach an den Schulen und Universitäten der Ukraine erklärt.

Am 23. August 1939 wurde zwischen Deutschland und der Sowjetunion ein Abkommen geschlossen, das die Aufteilung Polens vorsah. Sowjetische Truppen besetzten daraufhin direkt nach Beginn des Zweiten Weltkrieges am 1. September 1939 Ost-Galizien, West-Wolhynien und die übrigen Gebiete Ostpolens. Ein Jahr später wurde Rumänien gezwungen, die nördliche Bukowina und Bessarabien abzutreten. Die neuen Gebiete wurden in das Sowjetsystem integriert, was zunächst viele Ukrainer als Verbesserung ihrer Lage empfanden. Im Juni 1941 erfolgte der deutsche Angriff auf die Sowjetunion. Bis November 1941 wurde praktisch die gesamte Ukraine von deutschen und im Südwesten von rumänischen Truppen besetzt.

Die deutsche Eroberung weckte zunächst bei Teilen der ukrainischen Bevölkerung Hoffnung auf eine Besserung der Lage. Besonders die nationalistische Intelligenz erwartete von den Deutschen die nationale Befreiung und Unabhän-

Kiev, Denkmal für die Opfer der Hungersnot in den 30er Jahren

gigkeit. So kam es, daß die deutsche Wehrmacht bisweilen freundlich empfangen wurde. Doch die Deutschen dachten nicht daran, einen ukrainischen Staat zuzulassen. Der Ukraine war die Rolle einer Kolonie zugedacht, die zugunsten der deutschen Kriegswirtschaft ausgebeutet werden sollte. Außerdem wurden über eine Million Ukrainerinnen und Ukrainer als Zwangsarbeiter nach Deutschland

Das Kiever Denkmal zu Ehren des Großen Vaterländischen Krieges

deportiert. Die Eroberungs- und Vernichtungspolitik der Deutschen bedeutete das Ende der ukrainischen Juden. Sie wurden planmäßig ermordet, wobei sich an den Pogromen auch Ukrainer beteiligten. Allein in der Schlucht Babyn Jar bei Kiev wurden am 29. und 30. September 1941 etwa 30 000 Juden ermordet.

Bis Oktober 1944 konnte die Rote Armee wieder alle ukrainischen Gebiete zurückerobern. Auf der Konferenz von Jalta im Februar 1945 war die Curzon-Linie als sowjetische Westgrenze festgelegt worden. In den Jahren 1944–1946 wurden ›ethnische Säuberungen‹ durchgeführt. Etwa eine Million Polen wurden vorwiegend in die ehemals deutschen Gebiete im Westen Polens angesiedelt, etwa eine halbe Million Ukrainer kamen aus Polen in die Westukraine. Damit hatte die Ukraine ihren polyethnischen Charakter verloren. Die einzige nichtukrainische Gruppe blieben die Russen. Auf der Konferenz von Jalta erreichte Stalin auch die Anerkennung der Ukraine und Weißrußlands als selbständige Staaten mit Sitz und Stimme in den Vereinten Nationen. Damit verfügte die Sowjetunion über drei Stimmen in der UNO.

Nach dem Krieg begann wie auch in den anderen vom Krieg betroffenen Ländern der wirtschaftliche Wiederaufbau. Besonders gefördert wurde die Schwerindustrie im Süden der Ukraine. Nach Stalins Tod 1953 begann in der Sowjetunion eine liberalere Nationalitätenpolitik, die den Ukrainern einen größeren kulturellen Freiraum ermöglichte.

Die politische Landschaft

Schon Ende der 80er Jahre, während der Perestroika, gründeten sich in der Ukraine erste Parteien und politische Bewegungen. Nach der Unabhängigkeitserklärung 1991 schossen wie in allen postsowjetischen Ländern auch in der Ukraine zahlreiche Parteien wie Pilze aus dem Boden. Das Spektrum der Parteien war sehr vielfältig und bunt, doch die meisten hatten keine deutlich ausgeprägte Ideologie beziehungsweise Programmatik vorzuweisen. Nach den Parlamentswahlen 1998 und den Präsidentenwahlen 1999, bei denen Amtsinhaber Kučma im zweiten Wahlgang als Sieger hervorging, wird um so mehr deutlich, daß sich das ukrainische Parteiensystem noch nicht stabilisiert hat. Viele Parteien haben keine klaren Orientierungspunkte für ihr praktisches Verhalten. Ihre Stellung in der politischen Landschaft wird maßgeblich von ihren Finanzierungsquellen bestimmt.

Große Teile der Bevölkerung haben sich an die neuen Verhältnisse angepaßt. Sie sind davon überzeugt, daß die Macht real der Mafia, den kriminellen Strukturen und korrupten Beamten gehört. Nach der Aufbruchstimmung, die Anfang der 90er Jahre die Menschen ergriffen hatte, herrscht heute Niedergeschlagenheit und Ratlosigkeit. Das extrem niedrige Vertrauen in Regierung und Parlament wird von einem offensichtlich zunehmenden Ruf nach einer ›starken Hand‹ begleitet. Sie soll das Land zusammenhalten, politische und soziale Stabilität garantieren und zwischen Moskau und dem Westen die Unabhängigkeit des Landes stärken.

Auf der Krim und im von Russen dominierten Osten mit dem Kohlebecken Doneck und dem Rüstungszentrum Dnipropetrovs'k wird der Ruf nach einer stärkeren Anbindung an Rußland laut. Vor allem nach dem Nato-Luftkrieg gegen das slawische Bruderland Serbien mißtraut man dem Westen. Die griechisch-katholische, national gesinnte Westukraine mit dem Mittelpunkt L'viv will sich im Gegensatz dazu dem Westen öffnen. Jahrhundertelang gehörte die galizische Hauptstadt L'viv zu Polen, dann zur Doppelmonarchie Österreich-Ungarn, bis sie durch den Hitler-Stalin-Pakt an Moskau ausgeliefert wurde. Hier entstand auch die Freiheitsbewegung ›Ruch‹, die sich aus dem Helsinki-Kreis heraus bildete und die Unabhängigkeitsbestrebungen forciert hat. Doch mittlerweile hat die in kleinere Gruppen gespaltene Bewegung sehr an Popularität eingebüßt und ihren legendären Vorsitzenden und Gründer Čornovil verloren, der im März 1999 bei einem Autounfall starb.

Langjährigen Sprengstoff zwischen Rußland und der Ukraine lieferte die Halbinsel Krim, auf der etwa 1,6 Millionen Russen und nur etwa 600 000 Ukrainer leben. Die Krim war erst 1954 von Rußland an die Ukraine abgetreten worden; als ein Geschenk Chruščevs (1894–1971) aus Anlaß des 300jährigem Jubiläums des ›Vertrages von Perejaslav‹. Die Rechtmäßigkeit dieses Aktes wurde vom russischen Parlament 1992 angezweifelt. Am 31. Mai 1997 verpflichteten sich nach langjährigen angespannten Verhandlungen in Kiev der russische Präsident Jelzin und sein ukrainischer Kollege Kučma zur gegenseitigen Anerkennung der Grenzen und zum Gewaltverzicht. Damit erkennt Moskau auch die Zugehörigkeit der Krim und des Schwarzmeerhafens Sevastopol' zur Ukraine an. Außerdem wurde die Aufteilung der früheren sowjetischen Schwarzmeerflotte und die weitere Nutzung militärischer Stützpunkte durch Rußland auf der Krim geregelt.

Am 31. Oktober 1999 fanden in der Ukraine Präsidentschaftswahlen statt. Im zweiten Wahlgang konnte der amtierende Präsident Leonid Kučma gegen Petro Symonenko als Sieger hervorgehen. Der ehemalige Generaldirektor einer Raketenfabrik Leonid Kučma, geboren 1940, ist in der Bürokratie der Brežnev-Zeit aufgestiegen. Kučma hat sich stets für eine Entspannung der russisch-ukrainischen Beziehungen eingesetzt und gilt zugleich als Garant der Westorientierung des Landes. In seinem engeren Umfeld sorgten Korruption und Unterschlagungen wiederholt für Spekulationen. Der Chef der Kommunistischen Partei KPU, Petro Symonenko, Jahrgang 1954, gilt als erklärter Reformgegner. Er propagiert den wirtschaftlichen Wiederanschluß an Rußland und zählt vor allem auf die Wähler im industriellen Osten. Einer der ärgsten Gegner Kučmas um das höchste Amt im Staate war Oleksandr Moros, der Chef der Sozialistischen Partei (SP). Er wurde 1944 geboren und studierte an der Ukrainischen Landwirtschaftsakademie. Er war Mitglied der Kommunistischen Partei und übernahm nach deren Verbot den Vorsitz der Sozialistischen Partei. Von 1994 bis 1998 war er Vorsitzender des ukrainischen Parlaments. Sein Reformprogramm sieht unter anderem die Bekämpfung der Korruption, Schaffung attraktiver Bedingungen für ausländische Investoren und Stabilität in der Gesetzgebung vor.

Von den Präsidentschaftskandidaten sagt man der Chefin der Progressiven Sozialistischen Partei (PPS) Natalja Vitrenko nach, daß sie die Probleme der breiten Masse des Volkes am besten auf den Punkt bringe. Sie wurde 1951 geboren, studierte Volkswirtschaft und war danach als Hochschullehrerin tätig. Sie trat 1974 der kommunistischen Partei bei, nach deren Verbot schloss sie sich der Sozialistischen Partei (SP) an. 1995 wurde sie als SP-Abgeordnete ins Parlament gewählt. 1996 gründete sie ihre eigene Partei, die radikale Progressive Sozialistische Partei, für die sie 1998 erneut ins Parlament einzog. Für die linksradikale Politikerin ist die

Das Büro der Kommunistischen Partei in Černihiv

›Rätedemokratie‹ das politische Ideal. Sie kann ein Wirtschaftsprogramm vorweisen, dem schlüssige Analysen zugrunde liegen. Vitrenko fordert ein Ende der Zusammenarbeit mit IWF oder Weltbank. Allerdings wird der Wahlkampf Vitrenkos als populistisch bezeichnet.

Im Vorfeld der Wahlen wurde mit zwei Handgranaten auf die PPR-Chefin ein Anschlag verübt, bei dem dreißig Menschen verletzt wurden. Bei der Suche nach den Tätern schlugen oppositionelle Kreise vor, diese im Umfeld des Präsidenten zu suchen. Ihm hatte man schon seit langem Wahlmanipulation vorgeworfen. Einschüchterungskampagnen gegen regierungskritische Journalisten, Drohungen, Behinderungen und behördliche Schikanen machten eine freie Wahlberichterstattung nahezu unmöglich. Viele Oppositionspolitiker verglichen die Maßnahmen mit der Situation in Weißrußland, wo Aleksandr Lukašenko 1996 mehrere freie Presseorgane verboten hatte, um regierungskritische Stimmen zum Schweigen zu bringen.

Nach der Wiederwahl Kučmas zum Präsidenten der Ukraine muß er seine Wahlversprechen einlösen und vor allem die lang verschleppte Wirtschaftsreform ankurbeln. Das bedeutet an erster Stelle, das Vertrauen der internationalen Investoren und Kreditgeber für die Ukraine zurückzugewinnen. Aber er muß auch den Forderungen des Westens nachkommen, die er aufgrund der Wahlen vernachlässigt hat. Dazu gehörte auch die Abschaffung der Todesstrafe, die Ende 1999, nach dem Wahlkampf, erfolgte. Im ersten Halbjahr 1996 wurden in der Ukraine nach Zahlen des Europarates 89 Todesstrafen vollstreckt. Doch große Teile der ukrainischen Bevölkerung waren gegen die Abschaffung der Todesstrafe. ›Stabilität

Eine von zahlreichen Demonstrationen auf dem Chreščatyk in Kiev

Der Dreizahn auf einem Wandbild

und Frieden‹ versprachen Kučmas Wahlslogans, doch ob er die Erwartungen der Bevölkerung und dem Ruf nach einer ›starken Hand‹ erfüllen kann, ist eher zu bezweifeln.

Nationale Symbolik der Ukraine

Das wichtigste ukrainische Zeichen ist der Tryzub, der Dreizahn. Die aktuell verwendete Form bezieht sich auf eine zu Zeiten Vladimirs verwendete Form. Der Dreizahn war das Hoheitszeichen der Herrscherfamilie der Kiever Rus' und dann des Moskauer Reiches. Es findet sich in verschiedenen Formen auf mittelalterlichen Bauten, Siegeln und Münzen. Die Frage, ob es sich um eine Waffe, einen Anker oder ein Kreuz handelt, wird noch immer diskutiert. Als ein Symbol der ukrainischen Eigenständigkeit wurde der Dreizahn 1918 zum Staatswappen der Ukrainischen Volksrepublik erklärt. 1992 wurde er durch Beschluß des ukrainischen Parlaments als nationales Hoheitszeichen bestätigt.

Allerdings begegnen viele Ukrainer dem traditionsreichen Dreizahn im Staatswappen mit gemischten Gefühlen. Der Dreizahn stellt für sie nicht nur eine Verbindung zum Kiever Reich dar, sondern auch zu der historisch viel jüngeren nationalistischen Bandera-Bewegung, die sich mit dem Dreizahn schmückte. Bandera hatte die Bildung einer ukrainischen Legion veranlaßt, die von der deutschen Wehrmacht in der Westukraine ausgebildet wurde. Ebenso umstritten ist im großen Staatswappen das Symbol des Löwen, der im Zweiten Weltkrieg das Emblem der SS-Division ›Galizien‹ war.

Der Entwurf für das neue große Staatswappen ist im Historischen Museum in Kiev ausgestellt. Im Zentrum des dreigeteilten großen Staatswappens befindet sich der goldene Dreizahn auf blauem Schild. Daneben sind auf der einen Seite ein dem Dreizahn zugewandter Löwe abgebildet und auf der anderen Seite ein Kosake, der eine Muskete über die linke Schulter gelegt hat. Der Löwe war, in Anknüpfung an westliche Traditionen, seit dem 12./13. Jahrhundert das Stadtwappen von L'viv. Die Abbildung des Kosaken wird auf den Hetman Razumovs'kyj zurückgeführt. Als letzter Hetman zu Zeiten Katharinas II. konnte dieser dem ukrainischen Hetmanat noch einmal eine größere Autonomie im Russischen Reich sichern. Den oberen Abschluß des Wappens bildet eine Krone. Noch einmal wird auf die enge Verknüpfung des ukrainischen Staates mit dem Kiever Reich hingedeutet. Die Symbolik des Wappens wird ergänzt durch eine Devise: Freiheit, Einheit und Wohlstand. Freiheit steht für die kosakische Tradition; Einheit für die Zeit der Kiever Rus', als alle heutigen Gebiete der Ukraine vereint waren; Wohlstand für die westlichen Traditionen der Ukraine. Der Entwurf des großen Staatswappens der Ukraine zeigt sehr deutlich das Bemühen, westliche und östliche Traditionen zu vereinen. Allerdings werden dabei regionale Traditionen wie beispielsweise die der Tataren oder der Karpato-Ukrainer vernachlässigt.

Ebenfalls 1992 erklärte das Parlament der Ukraine die blau-gelbe Flagge zur Nationalflagge der Ukraine. Blau-gelb waren im 12./13. Jahrhundert die heraldischen Farben des Fürstentums Galizien-Wolhynien: Gelb als Symbol der Sonne, der Macht und Gerechtigkeit; Blau als Symbol der Treue und des Himmels. Immer wieder wurden die Farben blau-gelb auch volkstümlich als blauer Himmel über den gelben Weizenfeldern der Ukraine interpretiert.

Die wirtschaftliche Situation

Mit der Unabhängigkeitserklärung im Jahre 1991 hat die Ukraine im wirtschaftlichen Bereich ein zunächst eher zuversichtlich stimmendes Erbe angetreten. Die Ukraine galt lange Zeit als die Kornkammer der Sowjetunion. Sie besaß ein solides Industriepotential mit leistungsstarken Unternehmen und das weltweit drittgrößte Nukleararsenal. Doch seit der Unabhängigkeitserklärung sind Agrar- und Industrieproduktion stark rückläufig. Die Ukraine steckt in einer tiefen Wirt-

Straßenhändler in Kiev

schaftskrise, und eine grundlegende Änderung dieser Situation scheint nicht in Aussicht. Auch die Verschuldungslage der Ukraine ist äußerst angespannt. Immer wieder war das Land auf die Unterstützung durch den IWF und die Weltbank angewiesen. Mittlerweile ist die Ukraine so tief verschuldet, daß sie im ersten Halbjahr des Jahres 1998 etwa 90 Prozent ihrer Staatseinnahmen für die Abzahlung der Schulden und Zinsen verwenden mußte.

Die russische Finanz- und Wirtschaftskrise im August 1998 hat auch die Ukraine schwer getroffen, sind doch beide Länder traditionell wirtschaftlich eng miteinander verflochten. Nicht umsonst heißt es: »Wenn es heute in Moskau regnet, dann werden morgen die Dächer in Kiev leck sein.« Doch die Ursachen der eigenen wirtschaftlichen Misere können nicht nur auf die russische Krise zurückgeführt werden, so wie es verantwortliche Organe gern propagieren.

In den Jahren seit der Unabhängigkeitserklärung hat es die Ukraine versäumt, Reformen ernsthaft anzugehen. Der Privatisierungsprozess wurde mangelhaft und inkonsequent durchgeführt. Das zeigt sich vor allem in Bereichen, die noch am ehesten eine Chance hätten, das Interesse in- und ausländischer Investoren auf sich zu ziehen, wie einige Chemiebetriebe, Betreibergesellschaften des Öl- und Gasnetzes, Spirituosenhersteller oder die staatliche Telefongesellschaft. Die Preise für die zu erwerbenden Anteile wurden offensichtlich viel zu hoch angesetzt. Darüber hinaus sind die rechtlichen Rahmenbedingungen unübersichtlich und häufigen

Exportschlager Sport

Zu den osteuropäischen Sportlern, die das Geschehen in Europa und im Weltmaßstab beeinflussen, gehören auch Ukrainer. So hat zum Beispiel der Stabhochspringer Sergej Bubka als Weltmeister und Olympiasieger auf die Ukraine aufmerksam gemacht. Seit Andrej Ševčenkos Wechsel zum AC Mailand wissen viele Fußballfans wieder, wo Kiev liegt und daß die legendäre Dynamomannschaft immer noch für Überraschungen gut ist. In vielen deutschen Hand-, Fuß- und Volleyballmannschaften spielen Sportlerinnen und Sportler aus der Ukraine.

Die bekanntesten Sportler aus der Ukraine sind ohne Zweifel Vladimir und Vitalij Kličko. Die Boxerbrüder Kličko kämpfen für den Hamburger Boxstall ›Universum‹ und gewinnen hierzulande immer mehr an Prestige. Die Imageberater wollten anfangs den Bekanntheitsgrad der Brüder dadurch steigern, sie als feiste Bösewichte aus dem Osten darzustellen. Aber die Boxer eigneten sich nicht für diese Rolle. Sie kommen aus gutem Hause – der Vater ist General. Die Kindheit sah aus wie bei unzähligen sowjetischen Offiziersfamilien: sie waren nie länger als ein Jahr an einem Ort. Kirgisien, Kasachstan, Usbekistan, Rußland, Litauen und die Tschechoslowakei waren Stationen ihres Lebens. Trotzdem haben sie eine starke Bindung an ihre ukrainische Heimat, wo sie wie Nationalhelden verehrt werden, denn der Sport ist eine der wenigen Möglichkeiten, das Land mit einer positiven Besetzung in die Köpfe der Menschen zu bringen. Vitalij Kličko hatte den Kievern versprochen, den Weltmeistergürtel in die Ukraine zu bringen. Im Sommer 1999 war es soweit, als er den Weltmeistertitel der WBO (World Box Organisation) errang. Dem jüngeren Vladimir wird noch größeres Boxtalent nachgesagt. Die beiden hünenhaften Sportler sind jung, 24 und 28 Jahre, zwei Meter groß und kräftig. Beide kämpfen in derselben Gewichtsklasse, mußten der Mutter jedoch versprechen, niemals gegeneinander anzutreten. Vitalij promovierte im Frühjahr 2000 mit einem Thema der Sportförderung, und auch hier hat Vladimir vor, seinem älteren Bruder nachzufolgen. Die Kličkos entsprechen also nicht dem üblichen Boxerklischee vom dumpfen Draufgänger, sie geben kluge Interviews und sind wohl eher der ›Traum jeder Schwiegermutter‹, so jedenfalls ihr Promoter.

Der Weg des schlagkräftigen Duos ist mit K.-o.-Siegen gepflastert. Die Brüder wirken unzertrennlich; jeder sekundiert bei den Kämpfen des anderen aus der Ringecke. Als Vorbild seit Kindesbeinen nennen sie Muhammad Ali. Man wird von ihnen sicherlich noch hören.

Schwankungen unterworfen. Die Korruption ist weit verbreitet, die Inflationsrate lag 2001 bei 6,1 Prozent, und die Gryvnja bildet keine stabile Währung. Somit bietet die Ukraine keine besonders günstigen Investitionsbedingungen. Internationale Unternehmen engagieren sich nur sehr vorsichtig. Um so mehr bemüht man sich in der Ukraine, ausländische Investoren durch Steuervergünstigungen und die Gründung von Sonderwirtschaftszonen anzulocken.

In den letzten Jahren haben sich die industriellen Strukturen in der Ukraine stark verändert. Vor allem die Grundstoffindustrien wie Energieerzeugung, Kohlegewinnung und Stahlindustrie haben an Bedeutung gewonnen. Allerdings ist die Grundstoffindustrie in der relativ energie- und rohstoffarmen Ukraine von Importen abhängig. Deshalb wird es für die Ukraine mittelfristig unabdingbar sein, sich auf die verarbeitenden Industriezweige zu spezialisieren. Eine Branche, die in den letzten Jahren Erfolge aufweisen kann, ist die Lebensmittelindustrie. Immer mehr ukrainische Produkte verdrängen importierte Waren aus den Lebensmittelregalen. Der Aufschwung der Lebensmittelbranche hängt sicherlich mit der zügigen Privatisierung in diesem Bereich zusammen. Allerdings ist die Lebensmittelindustrie von der überwiegend mit Verlusten arbeitenden Landwirtschaft abhängig. In den staatlichen landwirtschaftlichen Betrieben wurden jahrelang Strukturreformen und Modernisierungsinvestitionen versäumt. Dabei ist die Hälfte der Landesfläche von fruchtbaren Schwarzerdeböden bedeckt, und auch das kontinentale Klima begünstigt gute Ernten.

Letztendlich haben die Menschen in der Ukraine die Lasten der schlechten Wirtschaftspolitik zu tragen. Der durchschnittliche Monatslohn lag Ende 2002 bei 60 Euro, viele v or allem Rentner haben weit weniger Geld zur Verfügung. Löhne und Gehälter werden nur selten pünktlich, manchmal gar nicht ausgezahlt. Offiziell sind die Arbeitslosenzahlen gering, es gibt aber eine sehr hohe verdeckte Arbeitslosigkeit. Nach inoffiziellen Schätzungen beträgt diese bis zu 40 Prozent. Für die betroffenen ›Zwangsurlauber‹ ist die Sicherung des Einkommens meist nur über Kleinhandel möglich.

Ein anderer Ausweg ist die Arbeitsemigration ins Ausland. Das betrifft auch viele Wissenschaftler, die in ihrem Land keine Perspektiven sehen. Sie haben das Land bereits verlassen oder sind im Begriff, es zu tun. Im Ausland suchen sie lukrative Jobs und bessere Karrierechancen. Meist erfolgreich, denn in der Sowjetunion ausgebildete Wissenschaftler haben gute Chancen auf westeuropäischen oder amerikanischen Arbeitsmärkten. Vor allem Mathematiker, Physiker und Computerspezialisten sind begehrt. Allerdings könnte, längerfristig gesehen, der ›Brain Drain‹, der Verlust von wissenschaftlichem Personal durch Abwanderung, zu einer intellektuellen Degradierung des Landes führen.

Angesichts nicht gezahlter Löhne und Renten, einer hohen Arbeitslosigkeit und Preissteigerungen können viele Menschen in der Ukraine nur durch die

Gemüsemarkt am Straßenrand

Bewirtschaftung ihrer Gärten überleben. In der Datscha, dem kleinen Landhaus, verbringen viele Ukrainer ihre Wochenenden und den Sommer und bauen Obst und Gemüse für den eigenen Bedarf an. Denn die Hoffnung auf eine Verbesserung ihrer Situation haben die meisten Menschen schon längst verloren.

Umwelt

Noch vor einem halben Jahrhundert war die ökologische Situation in der Ukraine mehr als zufriedenstellend. Die reichen Vorkommen an Bodenschätzen und die großen Wasser-Reservoirs, vor allem aber die überaus fruchtbaren Böden waren günstige Voraussetzungen für eine gedeihliche wirtschaftliche Entwicklung. Doch die jahrzehntelange rücksichtslose und willkürliche Ausbeutung dieser Ressourcen und die damit verbundene Mißwirtschaft haben die Ukraine, ehemals ›Kornkammer der Sowjetunion‹, mittlerweile an den Rand einer ökologischen Krise gebracht. Mit der Mißwirtschaft einher gingen Vergehen, ja geradezu Verbrechen an der Umwelt, die in der Katastrophe von Tschernobyl (ukr. Čornobyl') gipfelten. Durch die Geheimhaltung seitens der Behörden und der sowjetischen Regierung

Der Reaktorunfall in Tschernobyl und seine Folgen

Im April 1986 wurde Tschernobyl über Nacht weltbekannt: als Ort des GAU, des ›Größten Anzunehmenden Unfalls‹ in einem Atomkraftwerk. In der Nacht vom 25. zum 26. April wurde am Block 4 vor dem Abstellen des Reaktors zu Wartungsarbeiten ein Experiment durchgeführt. Zu untersuchen war, wie lange sich die Turbinen weiterdrehen, wenn die Dampfzufuhr abgesperrt ist. Der während des Experiments von Hand gesteuerte Reaktor geriet außer Kontrolle. Innerhalb von Sekunden stieg die Leistung um das Tausendfache an. Zwei Explosionen rissen das Betondach auf, und es brach Feuer aus. Die Brennstäbe begannen zu schmelzen. Durch die unvorstellbare Hitze bedingt, stiegen über 500 verschiedene radioaktive Elemente und Verbindungen kilometerweit auf und wurden durch Wind in entfernte Gebiete getragen. Die betriebseigene und die örtliche Feuerwehr begannen ohne Masken und Schutzanzüge, in einem beispiellosen Einsatz die Brände zu löschen. Unter den Feuerwehrleuten waren auch die ersten Opfer zu beklagen. Innerhalb von 12 Tagen wurden über 10 000 Tonnen Sand, Ton, Blei und Bor von Hubschraubern aus abgeworfen, um das Feuer einzudämmen.

Das wahre Ausmaß der Katastrophe wurde anfangs von der Werksleitung und den Behörden heruntergespielt und vertuscht. Erst 32 Stunden nach dem Unglück wurden die 49 000 Menschen der nur vier Kilometer vom Atomkraftwerk gelegenen Stadt Pryp'jat' evakuiert. Diese Maßnahmen erfolgten dennoch überstürzt, ungeplant und unter Irreführung der Betroffenen, denen gesagt wurde, daß sie nach drei Tagen zurückkehren könnten.

Weiterreichende Evakuierungen erfolgten gar erst nach neun Tagen. Rund um das Kernkraftwerk zog man einen Kreis von 30 Kilometer Radius. In dieser ›Zone‹ wird für einige Generationen kein normales menschliches Leben möglich sein.

Die drei anderen Reaktorblöcke wurden weiterbetrieben und die ursprünglich geplante Stillegung im Herbst 1993 vom Parlament verschoben, da die ›Energiesituation der Ukraine‹ dies nicht zulasse.

Ende 2000 erfolgte die endgültige Stilllegung. Einige Tausend Beschäftigte sind noch im Kraftwerk tätig und werden täglich in die abgesperrte Zone gefahren.

Das Ausmaß der Schäden ist noch nicht zu überblicken. Es gibt eine Vielzahl von Szenarien, deren Einschätzungen zum Teil sehr stark differieren. So liegen die Schätzungen der Todesopfer zwischen

10 000 und 125 000. Ärzte konstatieren an Kindern eine als ›Tschernobyl-Aids‹ bezeichnete Immunschwäche. Genetische Veränderungen, Krebs- und Schilddrüsenerkrankungen treten verstärkt auf. Die Menschen, die in den verseuchten Gebieten leben müssen, erhalten finanzielle Unterstützung. Diese wird im Volksmund als ›Sarggeld‹ bezeichnet. In der 30-Kilometer-Zone leben mittlerweile wieder einige hundert, zumeist alte Menschen, die in ihre Heimatdörfer zurückkehrten und, abgeschnitten von der Außenwelt, in vertrauter Umgebung leben möchten.

Eine im März 1989 veröffentlichte Karte weist mehr als 200 000 Quadratkilometer in der Ukraine, Weißrußland und Rußland als verseucht aus, dort leben etwa 230 000 Menschen. Die Wetterlage zum Zeitpunkt der Katastrophe führte zu einem Transport der radioaktiven Partikel bis nach Skandinavien und Westeuropa – neben Polen und der Slowakei waren vor allem Rumänien, Österreich und Südwestdeutschland betroffen.

Kiev liegt etwa 100 Kilometer südlich von Tschernobyl. Viele Evakuierte erhielten in den Neubaugebieten Wohnungen. Für den Touristen, der Kiev und Umgebung besucht, besteht keine unmittelbare Gefahr, denn die radioaktive ›Hintergrundstrahlung‹ liegt deutlich unter den Grenzwerten. Černihiv an der Desna ist ebenfalls nicht stark belastet. Zu meiden sind dagegen die Gebiete nördlich von Kiev am Dnepr, beispielsweise der Dneprstausee, und selbstverständlich die ohnehin gesperrte Zone.

Der Verzehr von Pilzen und Wildfrüchten aus der Kiever Umgebung ist nicht zu empfehlen. In Kiev selbst wird auch Obst und Gemüse von weit entfernten Gebieten angeboten, zum Beispiel Äpfel von der Krim.

Für Touristen, die sich nur für wenige Wochen oder Monate in Kiev aufhalten und auf unbelastete Lebensmittel zurückgreifen können und nicht das Obst und Gemüse aus den Datschas in der Umgebung essen müssen, wie viele Bewohner Kievs, wird von offiziellen deutschen Stellen keine Gefährdung gesehen.

Mittlerweile entwickelt sich sogar eine Art Tourismus in das stillgelegte Kernkraftwerk. Journalisten, Wissenschaftler und auch Privatpersonen besuchen die geisterhafte Sperrzone und werden auch bis an den ›Sarkophag‹ herangeführt.

wurde rasches und effektives Eingreifen verhindert, so daß die Schäden weitaus größer als vermutet und auch in den nächsten Jahren und Jahrzehnten nicht wieder gutzumachen sind. Die Katastrophe von Tschernobyl ist zu einer nationalen Tragödie geworden. Das Ausmaß der Schäden und der langfristigen Folgen dieses Super-GAU sind auch trotz der Nachforschungen der letzten Jahre noch nicht absehbar.

Zur Zeit hält die Ukraine unter den GUS-Staaten den traurigen Rekord an ausgelaugten Bodenflächen. Über die Hälfte der Gesamtbodenfläche sind ohne den Einsatz von Düngemitteln und Pestiziden überhaupt nicht mehr nutzbar, in der Westukraine sind bis zu 40 Prozent der Gesamtfläche damit überbelastet. Jährlich werden zum Bearbeiten fünf Millionen Tonnen Mineraldünger und 18 000 Tonnen Pestizide und andere chemische Stoffe verbraucht. Auch die Flüsse sind zum großen Teil verseucht.

Im November 1988 wurden Hunderte von Kindern unterschiedlicher Altersgruppen im Raum Černivci von einer unbekannten Krankheit befallen. Offiziell hieß es, dies seien Auswirkungen der Autoabgase, womit geschickt der Schwarze Peter der gesamten Bevölkerung zugeschoben wurde. Der offiziellen Erklärung schenkten aber nur wenige Glauben. Die meisten sahen die Ursache der Krankheit in der Luft- und Wasserverschmutzung durch die mangelhafte Entsorgung der Industrieabfälle.

Auf Regierungsebene werden seit der Unabhängigkeitserklärung der Ukrainischen Republik Schritte unternommen, um die Umwelt zu schützen. So wurde im Juni 1991 ein Umweltschutzgesetz verabschiedet. Das ehemalige Staatskomitee für Umweltschutz wurde in ein Ministerium umbenannt, das neben dem neuen Namen auch mehr Kontrollmöglichkeiten über die Einhaltung der Gesetze hat. Das Ministerium darf danach Betrieben, die gegen das Umweltschutzgesetz verstoßen, Geldstrafen auferlegen oder sie sogar schließen. Im gleichen Zeitraum entstanden das Nationale Ökologie-Zentrum und das Institut der Unabhängigen Ökologie-Experten. Die Umweltschützer in der Ukraine sehen sich angesichts der Lage gigantischen Aufgaben gegenüber. Aber sie erhalten immer mehr Zulauf.

Kirche und Religion

Ebenso wie die Geschichte der Ukraine ist die Entwicklung der Kirchen und ihre Vielzahl oft verwirrend und schwer nachzuvollziehen.

Die größte Kirche ist die orthodoxe mit circa 35 Millionen Gläubigen. In der Ukraine gibt es allerdings drei Richtungen. Zwei konkurrierende ›autokephale‹ orthodoxe Kirchen (UAOK) mit zwei Patriarchen stehen der legitimierten ukrainisch-orthodoxen Kirche (UOK) unter dem Patriarchat in Moskau gegenüber.

In der Maria-Entschlafens-Kirche in Cherson

Dabei werden die beiden ersten von keiner orthodoxen Landeskirche anerkannt, und ihre Sakramente werden als ungültig betrachtet. Die UOK bekam ihre autonomen Rechte 1990 eingeräumt und wird durch den Metropoliten Volodymyr in Kiev, mit Sitz im Höhlenkloster, vertreten.

Die Autokephalie-Bestrebungen gehen auf das Revolutionsjahr 1917 zurück. Während auch damals die obere Kirchenhierarchie und die Bevölkerung eher abwartend waren, engagierten sich einige Priester für eine unabhängige Kirche. Nach langen innerkirchlichen Kämpfen konnte am 9. Mai 1919 in der Garnisonskirche in Kiev die erste ukrainische Liturgie abgehalten werden. Die Autokephalen machten sich die Trennung zwischen Staat und Kirche zunutze, ließen sich behördlich registrieren und Kirchen zuweisen. Im September 1921 wurde der Oberpriester Lipkovskyj zum Oberhaupt der UAOK (ukrainische autokephale orthodoxe Kirche) gewählt. Die Weihe erfolgte dabei durch gegenseitiges Handauflegen und nicht, wie vorgeschrieben, durch andere Bischöfe. Daher rührt die Bezeichnung ›Samosvjaty‹, ›Selbstweiher‹, und die Nichtanerkennung durch andere Kirchen. Die Messe und die Predigten fanden erstmals in ukrainischer Sprache statt.

Ende der 20er Jahre wurden durch die Aktivitäten des Verbandes der ›Gottlosen‹, einer atheistischen revolutionären Gruppierung, viele Kirchen einer anderen Verwendung zugeführt oder zerstört. Unter der Verfolgung der Priester und Gläubigen hatte die UAOK besonders zu leiden. Mit der Besetzung durch die Deutschen erhielt die autokephale Kirche im Zweiten Weltkrieg wieder Auftrieb. Neue Bischöfe wurden geweiht und Pfarreien gegründet. Mit dem Rückzug der deutschen Wehrmacht wanderte die Hierarchie der autokephalen Kirche über Deutschland in die USA und nach Kanada aus. Nach der Erlangung der Unabhängigkeit der Ukraine kam es auch zu einem Wiederaufleben der UAOK. Zum Patriarchen wurde 1993 Dmytro gewählt.

Zusätzlich entstand auf Betreiben des Metropoliten Filaret die ukrainisch-orthodoxe Kirche/Patriarchat Kiev; Filaret war bis 1991 Metropolit der russisch-orthodoxen Kirche für die Diözese ›Kiev und die ganze Ukraine‹ und wurde von der Moskauer Bischofssynode wegen moralischer Verfehlungen aller Ämter enthoben. Er versuchte zuerst, in der ›alten‹ UAOK Fuß zu fassen, und gründete später die UOK/KP.

Der Kampf gegen die ›moskautreue‹ Kirche und die Diskussionen um die Abgrenzung werden heute weniger in aller Öffentlichkeit geführt, sondern ergeben sich oft mehr aus der Verbindung der UAOK mit den nationalistischen Gruppierungen, zum Beispiel der ›Ukrainisch-Nationalen Selbstverteidigung‹ (UNSO). Diese geht gegen alles ›Antiukrainische‹ vor, also auch gegen die ›moskauhörige Patriarchatskirche‹. Die Kirchenfrage und das Tauziehen um Gläubige wird dadurch zum Politikum, daß Kravčuk, der erste Präsident nach der Unabhängigkeit von der Sowjetunion, stets Filaret und seine ›autokephalen‹ Bestrebungen unterstützte und der derzeitige Präsident Leonid Kučma die kanonische UOK. Bisheriger Höhepunkt war der Skandal um das Begräbnis des Patriarchen Volodymyr (Romanjuk) im Juli 1995. Die Anhänger Filarets – Kravčuk an der Spitze – brachten den Leichnam zur Sophienkathedrale – abgesprochen und erlaubt war der Bajkovo-Friedhof. Es kam zu Ausschreitungen zwischen Polizei, UNSO-Leuten und Zivilisten. Schließlich wurde der Tote unter dem Fußweg vor den Toren der Kathedrale begraben.

In der Ukraine ist außerdem die katholische Kirche vertreten, und zwar in den zwei Glaubensrichtungen römisch-katholisch und griechisch-katholisch. Letztere wird auch als byzantinisch-ukrainische oder als unierte Kirche bezeichnet. Beide Richtungen unterstehen dem Papst, haben aber eigene Bischöfe und eine eigene Liturgie. Traditionell sind die katholischen Kirchen vor allem in der Westukraine vorherrschend. In letzter Zeit bekamen die Kirchen wieder Zulauf und ›kämpfen‹ um Gläubige. Der Vatikan sieht den Osten als Missionsgebiet und entsendet polnische Priester in die Ukraine. Das ist in Anbetracht der Geschichte und des ökumenischen Gedankens natürlich brisant und stößt teilweise bei der Bevölkerung auch auf Ablehnung.

Geschichte der kirchlichen Union

Reisende stoßen in der Westukraine auf das Phänomen der unierten Kirche. Diese Glaubensrichtung zwischen orthodoxer und katholischer Kirche – wie ist sie entstanden? 1054 kam es zum Schisma, der Kirchenspaltung zwischen Ostkirche und lateinischer Papstkirche. Es gab schon von jeher Versuche, diese Spaltung wieder zu überwinden und über eine Union zu einer starken geeinten Kirche zu kommen.

1396 wurde auf einem Treffen des polnischen Königs Jagiello mit dem Metropoliten Camblak über eine Union gesprochen und Einigung erzielt. Aber genau wie später auch nach dem Konzil in Konstanz 1418 blieben diese Versuche der Union ohne Widerhall bei der Bevölkerung. 1439 wurde auf dem Konzil in Florenz die Union der Ost- und Westkirche offiziell proklamiert. Isidor, der Metropolit von Kiev und der ganzen Rus', schloß sich der Union an und sah darin die Schaffung einer geeinten Kirche. Vor allem die adlige Oberschicht hoffte, durch die Union eine Annäherung an den katholischen polnischen Staat zu erreichen. Die orthodo-

Portalfresko im Kloster Počajiv

xen Volksmassen begegneten diesem Beschluß mit Desinteresse, die polnische Geistlichkeit dagegen mit Feindseligkeit. In der zweiten Hälfte des 16. Jahrhunderts kam es zu zahlreichen, teils polemischen Auseinandersetzungen zwischen Befürwortern und Gegnern der Union. Die orthodoxe Kirche befand sich zu dieser Zeit in einem desolaten Zustand. Die Geistlichkeit war meist ungebildet, Kirchengüter und Klöster wurden an weltliche Herrscher vergeben, die die Kostbarkeiten oft verkauften und sich nicht um den Zustand der Gebäude und Gemeinden kümmerten. Kirchen und Pfarreien waren käuflich. In der Folge entstanden vereinzelt Bruderschaften, die sich nicht nur für die Kirchengebäude, sondern auch für die Bildung und soziale Hilfe in den orthodoxen Gemeinden einsetzten.

Einige ukrainische Bischöfe einigten sich in Geheimverhandlungen auf die Anerkennung der päpstlichen Gewalt. 1595 legten Abgesandte dieser Bischöfe in Rom ein Glaubensbekenntnis mit Anerkennung des Papstes ab. Die Ostkirche wurde daraufhin feierlich in die Gemeinschaft der römischen Kirche aufgenommen. Dieser eigenmächtige Schritt der Bischöfe stieß in der Ukraine auf Widerspruch. Im Oktober 1596 wurde in Brest eine Synode einberufen. Orthodoxe und Unierte (Anhänger der papsttreuen Bischöfe) berieten getrennt – somit gab es eigentlich zwei Synoden. Jede belegte die Bischöfe der Gegenseite mit Kirchenbann. Der polnische König bestätigte die Beschlüsse der Unionssynode, der Patriarch die der orthodoxen. Es standen sich eine orthodoxe Mehrheit an Gläubigen mit nur zwei Bischöfen und eine unierte Minderheit mit Metropolit und fünf Bischöfen gegenüber. Nun gab es drei Kirchen, die katholische, die orthodoxe und die unierte.

Die Unierten waren enttäuscht, da es nicht zur erhofften Zusammenarbeit mit der katholischen Kirche kam. Die polnische Geistlichkeit erkannte die unierte Kirche nicht an, und sie wurde in Polen ebenso wie die orthodoxe nur geduldet. Die Gegensätze wurden bei der Übernahme des von Papst Gregor XIII. 1582 eingeführten Gregorianischen Kalenders deutlich. Die orthodoxe Kirche nahm den neuen Kalender nicht an und orthodoxe Bauern wurden von den polnischen Gutsbesitzern gezwungen, an den ›alten‹ Feiertagen zu arbeiten.

Der Metropolit Graf A. Šeptyc'kyj (1865–1944) hat dann in seiner Amtszeit die Kirche reformiert und versucht, der Union die Bedeutung einer ukrainischen Nationalkirche zu verschaffen. Während des Zweiten Weltkrieges gab es enge Verbindungen zu den nationalistischen Organisationen wie OUN (Organisation Ukrainischer Nationalisten) und UPA (Ukrainische Aufstandsarmee). Nach dem Krieg wurde die Kirche mit dem Vorwurf der Kollaboration mit den Deutschen unter Druck gesetzt, viele Priester wanderten aus oder wurden inhaftiert. So auch der Metropolit J. Slypyj: Er verbrachte viele Jahre im Lager, konnte 1963 die UdSSR verlassen und war bis zu seinem Tode 1984 Metropolit der ukrainischen unierten Kirche in Rom. 1993 wurde sein Leichnam in die Georgskathedrale nach L'viv umgebettet.

Hochzeit in Poltava

Die unierte Kirche in der Ukraine selbst wurde 1946 aufgelöst, ihre Anhänger verfolgt. Vor wenigen Jahren erstand sie wieder und erlebt augenblicklich vor allem in der Westukraine einen starken Zulauf. 1993 gab es bereits wieder fünf Millionen Gläubige und über 1000 Priester.

Jüdisches Leben in der Ukraine

von Andrej Jendrusch

Die Ukraine gilt als bedeutendstes Zentrum jüdischen Lebens innerhalb der einstigen UdSSR. Mitte der 90er Jahre lebten hier eine Viertel Million Juden (1989 waren es noch eine halbe Million), das sind 30 Prozent aller Juden der ehemaligen UdSSR. Ihre Zahl ist, wie in den meisten anderen osteuropäischen Ländern, auf Grund von Auswanderungen stark rückläufig. Heutige Zentren jüdischen Lebens sind Kiev, Charkiv, Odessa, L'viv und Dnipropetrovs'k.

Jüdische Ansiedlungen existierten schon zur Zeit des Chasarenreiches am Dnepr-Ufer und in der Ost- und Südukraine sowie auf der Krim. Die ältesten jüdischen Gemeinden entstanden im 12. Jahrhundert zunächst im Westen, in Wolhynien und Ostgalizien. Sie nahmen jüdische Einwanderer aus Deutschland und Böhmen auf, die vor den Pestverfolgungen Mitte des 14. Jahrhunderts

Zuflucht suchten. Nicht zuletzt durch die Gewogenheit des polnischen Adels wurde die polnisch-litauisch regierte Ukraine im 16. und 17. Jahrhundert zu einem ökonomischen und kulturellen Zentrum jüdischen Lebens. Die Zahl der Gemeinden wuchs von 25 während des 14. Jahrhunderts auf 80 im Jahre 1764. Nach den drei Teilungen Polens, Ende des 18. Jahrhunderts, gerieten Zehntausende Juden fortan unter russische Herrschaft.

Ohne den vagen Schutz der Großmächte zu leben, bedeutete oft genug ein Leben am Abgrund. Jüdische Handwerker, Verwalter des polnischen Grundbesitzers oder städtische Händler zählten Adlige, Offiziere und den katholischen Klerus zu ihren Kunden. Dennoch waren sie auf Gedeih und Verderb den ukrainischen Bauern, rebellierenden Kosaken und griechisch-orthodoxen Nachbarn ausgeliefert, denen die Juden in erster Linie als fremd, andersgläubig und zudem als Vertraute der verhaßten polnischen Pans galten.

Als der ukrainische Kosakenhetman Bohdan Chmel'nyc'kyj 1648 bis 1654 den ukrainischen Befreiungskrieg gegen die polnische Adelshoheit anführte, hielt er sich denn auch vor allem an einheimischen Juden schadlos und ließ – bei dem wohl größten Massaker vor dem Holocaust – Hunderttausend von ihnen erschlagen. Fast sämtliche jüdischen Gemeinden der Ukraine wurden damals liquidiert. Es folgten die mit Plünderung und Mord an Handwerkern und Kleinhändlern einhergehenden Judenverfolgungen der Hajdamaken im 18. Jahrhundert. Beide Erhebungen wurden von der Nationalbewegung bald heroisiert und gaben dem ukrainischen Judenhass neue Nahrung. Man warf den Juden ihren wachsenden ökonomischen Einfluß, später ihre Propagierung der russischen Sprache und Kultur vor, die man als Akt der Kollaboration mit dem Regime in Moskau wertete.

Unter den Verfolgten hingegen wuchs der soziale Zusammenhalt. Die durchlittenen Massaker und Leiden führten zu starker religiöser Verinnerlichung. Messianische Heilserwartung nach den Chmel'nyc'kyj-Pogromen ebnete dem Shabbetianismus (nach Shabbetai Zwi 1626–1676) den Weg, während Hajdamakenpogrome und Blutbeschuldigungen den Pseudomessias Jakob Frank (1726–1791) hervorbrachten. Später breitete sich die vom Baal Schem Tow (d. i. Israel ben Elieser 1700–1760) begründete, diesseitsgewandte chassidische Volksbewegung rasch über die ganze Ukraine aus.

Nach den Pogromen von 1881 und 1882 entstanden die Hibbat Zion als Bindeglied zwischen den zionistischen Vorläufern und dem Beginn des politischen Zionismus um Theodor Herzl; der Bilu, eine Gemeinschaft, die sich für die Auswanderung nach Palästina einsetzte, aber auch die von Jakob Gordin initiierte ›Duchovno-biblejskoe bratstvo‹ (Geistig-biblische Brüderschaft), die für eine religiöse Rückbesinnung des Judentums eintrat. Bei der ersten Volkszählung in Russland (1897) lebten 1927268 Juden in den Regionen der heutigen Ukraine, ihre Zahl machte 9,2 Prozent der Gesamtbevölkerung aus.

Die Ukraine darf als Heimstatt der klassischen und modernen jiddischen Literatur angesehen werden. Hier lebten und wirkten Scholem Alejchem (d. i. Schalom Rabinovič 1859–1916), der mit seinem Kasrilevke den jüdischen Städtchen um Kiev ein unvergängliches Denkmal setzte, und sein Zeitgenosse, der nicht minder populäre Liedermacher Mark Varšavskyj. Hier entstand unter der Ägide von David Bergelson und Dem Nister der sogenannte ›Kiever Literatenkreis‹, zu dem David Hofstein, Lejb Kvitko und Perez Markisch zählten.

Als der Ansiedlungsrayon, das heißt das Gebiet, in dem Juden siedeln durften, durch die Revolution 1917 abgeschafft wurde, verließen 300 000 Juden die Ukraine, um in andere Regionen des Sowjetstaates überzusiedeln. Machte ihre Anzahl 1926 noch 5,4 Prozent der Gesamtbevölkerung und 22 Prozent der Landbevölkerung der Ukraine aus, so sank diese auf 4,1 Prozent und 11,7 Prozent im Jahre 1939.

Die kurze Periode der ukrainischen Unabhängigkeit vom März 1917 bis zum August 1920 führte zur Verabschiedung eines Gleichstellungsgesetzes und zu einer gewissen politisch-kulturellen Liberalisierung. Die Juden waren mit 50 Delegierten im ukrainischen Nationalkongress vertreten. Im Juli 1917 wurde ein Sekretariat für jüdische Angelegenheiten, kurz darauf ein jüdisches Ministerium (unter Moses Silberfarb) sowie ein jüdischer Nationalrat gegründet. Derlei Organisationen und Einrichtungen erwiesen sich indes als sehr kurzlebig. Bereits im Juli 1918 wurde die Autonomie erneut abgeschafft und das jüdische Ministerium aufgelöst. In den Bürgerkriegspogromen (1919) ließ der Hetman Symon Petljura erneut über 100 000 Juden ermorden, ebensoviel wie in den Tagen Chmel'nyc'kyjs.

In den ersten knapp zwanzig Jahren der Sowjetregierung erblühte in Kiev, L'viv und Odessa dennoch ein reiches jüdisches Geistesleben. Neben entsprechenden Schulen und Institutionen wurde 1926 auch eine Abteilung für Jüdische Kultur an der Akademie der Wissenschaften eingerichtet. Als wenige Jahre später sämtliche jüdische Institutionen einschließlich der Bibliothe-

Die Ruine der Synagoge in L'viv

ken und Archive aufgelöst wurden, hörte eine der wichtigsten Kulturregionen des 20. Jahrhunderts auf zu existieren.

Tragische Berühmtheit während des Zweiten Weltkriegs erlangte die Schlucht von Babyn Jar, die über die Ukraine hinaus zum Synonym der Shoah wurde. Hier ermordeten deutsche Faschisten in der Nacht vom 29. auf den 30. September 1941 weit über hunderttausend Zivilisten, darunter allein 33 771 Juden.

Nach dem Kriege kehrten die geflohenen ukrainischen Juden zum Teil zurück. Aber die Bedingungen für eine Religionsausübung unter Stalin waren schlecht, die letzte Synagoge in Charkiv wurde zum Beispiel 1948 geschlossen, der Rabbiner in ein Arbeitslager deportiert. Latenter Antisemitismus und Benachteiligungen im Arbeitsleben erschwerten das Leben. Die Volkszählung von 1959 (Ostgalizien, die Nordbukowina sowie die Transkarpaten waren der Ukraine angeschlossen worden) wies 840 319 Juden in der Ukraine aus, das waren zwei Prozent der Gesamtbevölkerung. 80 Prozent von ihnen bezeichneten Russisch, 17 Prozent Jiddisch und nur drei Prozent Ukrainisch als ihre Muttersprache. Als in der Chruščev-Ära junge ukrainische Intellektuelle für mehr Bürgerrechte und nationale Freiheiten eintraten, verwiesen sie erstmals auch auf den ukrainischen Holocaust. Seit 1969 wurde es einzelnen jüdischen Familien aus Charkiv, Kiev und Odessa gestattet, die UdSSR zu verlassen und nach Israel zu übersiedeln.

Mit der am 24. August 1991 erklärten Unabhängigkeit der Ukraine ist die Situation der Juden nicht durchweg einfacher geworden, doch gibt es durchaus auch ukrainische Nationalbewegungen wie ›Ruch‹, die zum Teil eine positive Haltung gegenüber den Juden einnehmen und sie gesellschaftlich zu integrieren suchen. Offiziell jedoch wird nun Petljura als Nationalheld betrachtet, der das Land in den wenigen Jahren seiner Unabhängigkeit nach dem Ersten Weltkrieg führte. Seine Verantwortung für die Pogrome wird von ukrainischer Seite häufig geleugnet, wohingegen der jiddische Schriftsteller Schalom Schwarzbard, der Petljura für seine Bluttaten in Paris ermordete, als Agent des sowjetischen Geheimdienstes denunziert wird.

Heute finden sich in der Ukraine wieder zahlreiche jüdische Organisationen, jüdische Zeitschriften (›Vozrožden'e‹, ›Evreskije vesti‹, ›Jehupez‹ und ›Chadashot‹ in Kiev oder die jiddischsprachige ›Mameloschn‹ in Odessa) und Verlage, die jiddische Kinderbücher, Gedichtbände oder Lehrmaterialien publizieren. Es gibt jüdische Klubs und Kulturzentren, ein reges religiöses Gemeindeleben, jüdische Akademien und Theater (›Masl-Tow‹ in Kiev und ›Maska‹ in L'viv), jüdische Chöre und Kindergruppen (›Ora‹ und ›Svanit‹), hier leben und arbeiten Literaten wie Josef Burg aus Černivci oder Alexander Lisen aus L'viv sowie Dutzende Ensembles und Solointerpreten, die sich der Bewahrung und Verbreitung jüdischer Folklore verschrieben haben.

Auch auf offiziell politischer Ebene gibt es positive Entwicklungen; im April 1994 unterzeichneten die Akademie der Wissenschaften der Ukraine und Israel ein Kooperationsabkommen, 1995 besuchte der israelische Premierminister Jitzchak Rabin das Land.

Die Kunst des Reisens

Wer das erste Mal in die Ukraine fährt, hat das Gefühl, sich innerlich darauf einstellen zu wollen. Spätestens nach der Visabeschaffung ist klar, daß ein Sprung ins Fremde bevorsteht, die Annäherung an eine unbekannte Kultur, die sich nicht nur im Bild der Dörfer und Städte, sondern vor allem auch im Alltagsleben ausgeprägt hat. Die Ukraine ist kein Land des bequemen Reisens, und gerade Individualtouristen treffen oft auf unerwartete Schwierigkeiten. Später kann man oft lachend davon erzählen: von der Verzweiflung auf einem Bahnhof, wenn man eine unfreundliche Auskunft erhalten hat und sich nicht traut, ein zweites Mal nachzufragen. Von der Wut auf die Allmacht der Busfahrer. Von der Ignoranz der Verkäuferinnen, die erst nach einer Viertelstunde fragen, ob man etwas möchte. Groteske Situationen sind Alltag. Die meisten Erfahrungen muß sicher jeder selbst machen, und Eindrücke wie Unfreundlichkeit und Ignoranz, aber auch Gastfreundschaft und Unkompliziertheit sind nicht zu verallgemeinern. Hier sollen einige vorbereitende Hinweise gegeben werden, die vor allem die Reise- und Orientierungsmöglichkeiten betreffen.

Unterwegs mit Bus und Bahn

Wer ohne Auto reist und auf öffentliche Verbindungen angewiesen ist, um von einer Stadt in die andere zu kommen, sollte sich mit einiger Geduld wappnen. Zur Festlegung der Reiseroute sollte man wissen, daß das Verkehrsnetz stark zentralisiert ist. Städte, die nur einen Katzensprung voneinander entfernt liegen, sind oft nicht direkt durch öffentliche Verkehrsmittel miteinander verbunden. So kann es passieren, daß man einen ganzen Tag braucht, um zunächst in die nächstgrößere Stadt zu fahren und von dort dann das eigentliche Reiseziel zu erreichen. Gerade in kleineren Städten sind Auskünfte oft nur für den entsprechenden Bahnhof oder Busbahnhof zu erhalten; es ist selten möglich, sich eine Verbindung über mehrere Städte geben zu lassen. Überhaupt werden Auskünfte an den Schaltern meist nur sehr kurz und unwillig gegeben.

Busfahrten sind nach der električka, den Vorortzügen, die billigste und am häufigsten genutzte Möglichkeit, weite Strecken zu überwinden. Die Karten sollte man lieber einen Tag vorher kaufen. Wer sich für einen Transitbus entschieden hat, der bereits aus einer anderen Stadt kommt, muß rechtzeitig da sein; die Karten werden bei Ankunft des Busses (auch am Schalter) verkauft, entsprechend der Zahl der freien Plätze. Größeres Gepäck in den Bussen ist ein Problem oder zumindest eine Unsicherheit. Am Schalter wird meist darauf verwiesen, daß die Bezahlung im Bus geregelt wird. Das sieht dann so aus, daß man von der Gnade oder Ungnade des Busfahrers abhängt. Denn eigentlich zahlt niemand, und alle warten darauf, daß der Busfahrer wortlos das schmutzige Fach unterhalb des Busses öffnet, wo man sich dann abmühen kann, die Sachen irgendwie zu verstauen. Wenn er plötzlich doch fragt, muß man zum Schalter hasten und noch schnell ungefähr die Hälfte des Fahrpreises nachzahlen. Die Busse halten oft auch außerplanmäßig in einem kleinen Dorf oder auf ein Zeichen hin mitten auf der Landstraße; bezahlt wird dann im Bus. Alles ist möglich und alles funktioniert nach unausgesprochenen Regeln. Die Hierarchien und Machtpositionen, die dadurch entstehen, werden in Kauf genommen.

Bei den Fahrplänen sollte man auf die Einschränkungen achten. Busse und Züge fahren täglich, nur an geraden oder an ungeraden Tagen oder nur an bestimmten Wochentagen. In den Bussen unterscheiden sich oft die Fahrpreise an den geraden und ungeraden Tagen, da verschiedene Busunternehmen eingesetzt werden. Auf den Bahnhöfen gibt es meist Gepäckaufbewahrungen – Schließfächer und eine Stelle für Großgepäck –, so daß man sich in Ruhe nach einer Unterkunft umsehen und erste Eindrücke in der Stadt sammeln kann. Bezahlt wird an einer speziellen Kasse; hier erhält man zwei Münzen für das Schließfach, die zweite wird zum Aufschließen benötigt.

Trolleybusse sind ein verbreitetes Transportmittel

Auf der Suche nach einer Bleibe

Wer ein wenig risikofreudig ist und dem Zufall folgen möchte, muß sich in Hotels nicht unbedingt vorher anmelden. Zimmer sind eigentlich immer frei, und die für die Landesverhältnisse recht teuren Hotels sind häufig unterbelegt. Sie entsprechen in ihrem Komfort nicht den von Ausländern verlangten Preisen, haben aber in ihrer Einrichtung häufig einen eigenen Reiz. Manche Hotels dürfen keine ausländischen Gäste aufnehmen. In manchen kleineren Städten ist die touristische Infrastruktur völlig zusammengebrochen, so daß man sich überlegen sollte, eine größere Stadt als Ausgangspunkt für Entdeckungsreisen zu wählen.

Eine andere Variante sind die ›kimnata materi ta dytyny‹ (кімната матері та дитини), die auf allen größeren Bahnhöfen zu finden sind. Sie bieten Ruhe für Stunden, die Möglichkeit, das Gepäck abzustellen und in den Genuß einer Dusche zu kommen, sind aber auch für längere Aufenthalte offen. Von der Bezeichnung ›kimnata materi ta dytyny‹ – Zimmer für Mutter und Kind – sollte man sich nicht abschrecken lassen; lange Zeit hatten sie vor allem diese Bestimmung. Was ursprünglich eher einer Bahnhofsmission glich, hat sich auf vielen Bahnhöfen in ein Service-Angebot mit sehr ausdifferenzierten Preisen für jede einzelne Leistung entwickelt. Ausländische Reisende zahlen auch hier in der Regel höhere Preise.

Mittlerweile gibt es auch Privatvermietungen, allerdings sind Sprachkenntnisse erforderlich, um herauszubekommen, wo und zu welchen Konditionen man Zimmer mieten kann..

Unterwegs in den Straßen

Die Orientierung in den Städten wird durch die zentrale Organisation der Straßen und Plätze in den meisten Fällen erleichtert, so daß man zu bestimmten Orten immer wieder zurückfindet oder sich durchfragen kann. Einige Straßen sind in den letzten Jahren umbenannt worden, aber in kleineren Städten beschränken sich die Umbenennungen oft auf ein oder zwei Hauptstraßen. Die Häuser sind einheitlich numeriert: auf der einen Straßenseite die ungeraden, auf der anderen die geraden Zahlen. Unbefestigte Straßen, die in den Reiseberichten der Vergangenheit oft die Verwunderung europäischer Reisender hervorriefen, gibt es nicht mehr so

Naive Malerei in Čerkasy
Kunsthandwerk in Odessa
Milchladen in Poltava
Volksfest in Užhorod

Молоко

Dorfstraße in Sosnycja

viele. Aber ein Umstand macht die Straßen in Schlechtwetterzeiten auch heute noch zu unsicherem Terrain: Die Abflußrohre enden einen halben Meter über dem Fußweg, so daß sich das Regenwasser in Fluten über die Fahrbahn ergießt und erst dort seinen Weg in die Kanalisation findet.

Die Fahrbahn zu überqueren, ist auf befahrenen Straßen zu allen Zeiten eine Kunst, die gleichzeitig Vorsicht und Entschiedenheit erfordert. Wer abwartend am Straßenrand steht, wird nie die andere Seite erreichen. Rücksichtsvolle Autofahrer scheint es nicht zu geben. Und wenn wirklich mal einer hält, ruft das eher Erstaunen als Dank hervor. Eine Abbiegeregel kennt man hier nicht, und auch auf Zebrastreifen sollte man sich nicht verlassen. Allerdings hilft es durchaus, die Straße entschlossen zu betreten. Die beste Lösung sind jedoch Unterführungen, die an großen Straßen meistens zu finden sind.

Wer öffentliche Verkehrsmittel wählt, muß vor allem wissen, wie die Bezahlung geregelt ist. Hier gibt es sehr unterschiedliche Varianten. In einigen Städten gibt es an den Haltestellen Kassenhäuschen. Oft verkaufen die Fahrer die Fahrkarten im 10er-Pack, was bedeutet, daß man die entsprechende Summe bereithal-

Straßenverkauf in Odessa
Orthodoxe Hochzeitsfeier
Auf dem Gipfel der Hoverla in den Karpaten; Holzkirche in Jaremča
Blick auf die Hoverla

ten sollte und am besten gleich vorn einsteigt. An der nächsten Haltestelle kann man dann an das Fensterchen klopfen und um Fahrscheine bitten. Manchmal sieht man noch Geldscheine von Hand zu Hand nach vorn wandern, und auf dem gleichen Weg kommen dann die Fahrkarten zurück. Gleiches geschieht mit den Fahrscheinen auf dem Weg zum Entwerter. Häufig ist die Bitte zu hören, das labberige Stück Papier doch weiterzureichen und zu entwerten. Das ist manchmal keine so leichte Aufgabe, da die Entwerter urige, alte Mechanismen haben, die entweder Geschick oder Kraft erfordern.

Viele kleinere Städte leisten sich Schaffner, die den ganzen Tag mitfahren, die Fahrkarten kontrollieren und verkaufen. Die meisten gehen nach jeder Station von Fahrgast zu Fahrgast, man muß also nicht unbedingt auf sie zugehen, es reicht, das Geld bereitzuhalten und einfach eine Karte zu verlangen. Den ganzen Tag in den lauten, schmutzigen Bussen oder Bahnen zu fahren, in denen die Sicht nach außen oft durch dreckige oder vereiste Fensterscheiben versperrt ist, ist keine besonders angenehme Aufgabe, und Mißlaunigkeit oder Gleichgültigkeit sollte hier nicht verwundern. Die Arbeit wird fast nur von Frauen verrichtet, und es kommt häufig vor, daß Fahrgäste sich einfach weigern zu zahlen. Manchmal bleiben die Schaffnerinnen an Haltestellen auch einfach auf ihren speziell gekennzeichneten Plätzen sitzen.

Wer mit dem Taxi fahren möchte, sollte die offiziell als Taxis ausgewiesenen Autos vorziehen. Es gibt gerade in Großstädten sehr viele Schwarztaxis oder Autofahrer, die auf dem Heimweg noch schnell einen kleinen Umweg fahren und sich etwas Geld verdienen. Hier sollte man vor dem Einsteigen genau über Preis und Ziel verhandeln.

Die nötigen Gryvnja

Der Geldumtausch ist in allen Banken möglich. Mit der Annahme von Reiseschecks tut man sich dagegen oft schwer. Kreditkarten werden nur von größeren Hotels und Geschäften akzeptiert. EC-Kartenautomaten gibt es nur sehr vereinzelt. In allen größeren Orten gibt es zudem zahlreiche Wechselstellen, so daß es unnötig ist, auf der Straße zu tauschen.

Museumsbesuche

Auch in Museen wird einmal monatlich ein Sanitärtag durchgeführt, meist am ersten oder letzten Montag beziehungsweise Freitag im Monat. Die Museumskassen schließen in der Regel eine Stunde vor Ende der Öffnungszeit. In den mehr touristisch ausgerichteten Städten sind die Preisunterschiede für Ausländer oft

Wechselstube in Kiev

verblüffend. Ärgerlich ist dann oft, daß die Museen auf ausländische Besucher gar nicht eingestellt und die Beschriftungen nur auf ukrainisch oder russisch sind. Ein Besuch lohnt sich meist trotzdem, und die Museumsangestellten sind häufig sehr entgegenkommend und engagiert.

Der Samovar kocht – das bedeutet: Bleib!

Wer sich bisher nur über unfreundliche Busfahrer und Schalterbeamte geärgert und auf der Straße in abweisende, beschäftigte Gesichter geblickt hat, wird überrascht sein, wenn er plötzlich an einem Küchentisch sitzt, der Samovar leise singt und alle Köstlichkeiten des Hauses aufgetragen werden. Die ukrainische Gastfreundschaft ist sprichwörtlich, und der Samovar kocht fast immer. Doch die Entdeckung des privaten Lebens sei jedem selbst überlassen – das Erlernen der Kunst der Küchengespräche, des Wodkatrinkens, der Saunariten, der Distanzlosigkeit, des Neinsagens.

Die ukrainische Küche

Die typisch ukrainische Küche bildete sich ziemlich spät heraus, etwa im 18. Jahrhundert. Ursache dafür war die Zugehörigkeit verschiedener Gebiete der Ukraine zu verschiedenen Staaten. So war die ukrainische Küche lange Zeit schwer von der ihr verwandten polnischen und weißrussischen Küche zu trennen. Der wechselvolle Lauf der Geschichte beeinflußte auch das Kochen im ukrainischen Land. Von den Turkvölkern wurde das Anrösten und das Anbraten von Zutaten in heißem Öl übernommen, von der deutschen Küche das Zerkleinern der Speisezutaten, was in der ukrainischen Küche zu den unterschiedlichen klopsähnlichen Gerichten führte.

Im Kontrast zu den östlichen Küchen wird mehr Schweinefleisch verwendet. Aus Protest gegen die Andersgläubigen, die Mohammedaner, kultivierten die ukrainischen Kosaken im 16. bis 18. Jahrhundert den Genuß und Gebrauch von Schweinespeck. Speck, ob grün, gesalzen, gekocht, geräuchert oder gebraten, ist eine der beliebtesten und häufigsten Speisegrundlagen. Eier werden nicht nur als selbständiges Gericht, sondern mehr noch als unerläßliche Zutat für Mehlspeisen, Süßspeisen und Eierteigwaren gebraucht. Charakteristisch ist die Vielfalt an Teigwaren. Bekannt sind Galuški und Vareniki, Nationalgerichte aus hefelosem Teig, die mit den unterschiedlichsten Füllungen angeboten werden.

Obwohl oft und viel Fleisch auf den Teller kommt, fehlt bei keinem Menü das Gemüse. Serviert werden einheimische Gemüse – alles, was im eigenen Garten

Das Grenzwunder

Spätestens an der ukrainischen Grenze gibt es erstaunte Blicke, wenn der eigene Waggon auf einmal in der Luft hängt. Alle Wagen des Zuges werden gehoben, meist hydraulisch, bekommen einen neuen Untersatz und werden wieder auf die Erde gestellt. Der neue Untersatz entspricht der Schienenweite der Ukraine von 1520 Millimetern. In Westeuropa fahren die Bahnen auf einer Schienenbreite von 1435 Milimetern, was der alten Postkutschenspurweite entspricht. Das Umspannen der Waggons ist sehr zeitaufwendig, jedoch ist es kaum möglich, das gesamte Schienennetz der Ukraine oder Westeuropas umzuändern. Die erste russische Eisenbahn befuhr 1837 die 25 Kilometer lange Strecke von Sankt Petersburg nach Carskoe Selo. Mit der Planung und dem Bau der Bahn war der österreichische Ingenieur Franz Anton von Gerstner beauftragt. Jener hatte sich mehrmals in England aufgehalten, wo gerade gestritten wurde, welche Spurbreite die beste sei. Gerstner entschied, für die erste russische Strecke eine Spurweite von sechs Fuß (1829 Millimeter) zu verwenden. Doch ähnlich wie in Deutschland die Strecke von Nürnberg nach Fürth wurde die Bahn von Sankt Petersburg nach Carskoe Selo nicht zum Ursprung eines landesweiten Streckennetzes. Kernstück des russischen Eisenbahnnetzes wurde dann die doppelgleisige Fernbahnstrecke von Sankt Petersburg nach Moskau mit der zur russischen Norm gewordenen Spurbreite von fünf Fuß.

Wechsel des Fahrgestelles an der ukrainischen Grenze

angebaut werden kann. Bei uns fast in Vergessenheit geraten oder von exotischem Gemüse aus dem Treibhaus verdrängt sind Kohl und Kürbis, die in der Ukraine sehr viel gegessen werden. Königin der Gemüse ist jedoch die Rote Bete. Ab dem 18. Jahrhundert hielt auch die Kartoffel Einzug ins Land. Unterschiedliche Pflanzenöle, vor allem aber Sonnenblumenöl, fanden von alters her neben tierischen Fetten in der ukrainischen Küche Verwendung.

Dem Zucker, den unsereins vermeidet, wird reichlich zugesprochen. Zu Kaffee oder Tee gehört immer ein Schwung des weißen Goldes. Lange Zeit gab es Zucker nur auf Marken, so daß sein ideeller Wert sehr gestiegen ist, obwohl er jetzt immer zu haben ist.

Werbeplakat in Kiev

Wie jede Küche mit reicher historischer Vergangenheit ist die ukrainische Küche stark regional gefärbt. So unterscheidet sich die westukrainische Küche spürbar von der ostukrainischen. Der in der Ukraine sehr beliebte Boršč weist eine Vielzahl von Varianten auf, die häufig die Bezeichnung der Gegend tragen, aus der sie stammen. Untrennbarer Bestandteil eines jeden Boršč ist die bereits erwähnte Rote Bete. Sie wird getrennt vom anderen Gemüse geschmort und vorher mit Zitronensaft beträufelt, damit die rote Farbe erhalten bleibt. Zur Erzielung des eigentümlichen Geschmacks werden die meisten Arten von Boršč nicht nur mit Wasser, sondern mit dem Saft sauer eingelegter Roter Bete oder mit Kwaß-Ansatz zubereitet. Wer also Appetit bekommen hat oder nach der Reise nicht mehr verzichten kann, dem sei das folgende Boršč-Rezept empfohlen.

Kiever Boršč

250 g Rindfleisch,
250 g Hammelfleisch,
1/4 Kopf Weißkohl,
4 Kartoffeln,
1 große rote Rübe,
1/2 l Rote-Rüben-Kwaß,
2 Eßl. gekochte Bohnen,
2 saure Äpfel,
2 bis 3 Tomaten,
2 Eßl. Öl,
1 Eßl. fein geschnittener Speck,
1 bis 2 Zwiebeln,
1 Möhre,
1 Petersilienwurzel,
1 Teel. gehacktes Sellerielaub,
3 Lorbeerblätter,
3 Pimentkörner,
1/4 Teel. scharfer Paprika,
Knoblauch.

Rindfleisch in siedendes Wasser legen, mit Rote-Rüben-Kwaß auffüllen und Brühe zubereiten. Danach die folgenden Zutaten gesondert schmoren: rote Rüben mit kleingeschnittener Hammelbrust; Tomaten in Öl; Zwiebeln, Möhre und Petersilienwurzel. Anschließend in der Brühe Kohl und Kartoffeln halbgar werden lassen, die geschmorten Gemüse zugeben, weitere 10 bis 15 Minuten kochen lassen, die gekochten Bohnen unterziehen und die gehackte Petersilie sowie gehackten Knoblauch nach Geschmack zugeben. Ist der Boršč dann noch nicht sauer genug, kann man noch ein Glas Kwaß von roten Rüben zugießen.

Kwaß aus roten Rüben und Brot

500 g Schwarzbrot,
1 1/2 l Wasser,
6 rote Rüben.

Ein Besuch beim ukrainischen Metzger ist nichts für zarte Gemüter

Das Schwarzbrot in Stücke schneiden, warmes, abgekochtes Wasser auffüllen, geschälte und gewürfelte rote Rüben dazugeben, zwei Tage lang stehenlassen (tagsüber an der Sonne, nachts an einem warmen Ort), öfters umrühren. Am dritten Tag durchseihen und verwenden.

Die ukrainische Sprache

Das Ukrainische ist eine slawische Sprache. Der slawische Sprachstamm gehört zur indogermanischen Sprachfamilie. Er gliedert sich in drei Gruppen: eine südslawische, eine westslawische und eine ostslawische. Die ukrainische Sprache gehört mit dem Russischen und Weißrussischen zur ostslawischen Gruppe. Im Kiever Reich wurde Ostslawisch gesprochen und Kirchenslawisch geschrieben. Im 13. Jahrhundert wurde die gemeinsame Entwicklung der Ostslawen durch die Mongolenherrschaft erstmals unterbrochen. Im 14. Jahrhundert entstand das litauisch-polnische Großfürstentum und ein Großteil der Ukraine wurde politisch von den übrigen ostslawischen Gebieten getrennt. In dieser Zeit machten sich auch erste sprachliche Sonderentwicklungen bemerkbar. Allmählich entstanden drei ostslawische Sprachen: das Russische, das Weißrussische und das Ukrainische. Bis dahin hatte der Terminus ›russisch‹ nach dem Namen Rus' die im gesamten Kiever Reich gesprochene Sprache bezeichnet. Seit dem 14. Jahrhundert bekam diese Bezeichnung für die ostslawische Sprache einen neuen Inhalt. Er bezeichnete nunmehr nur noch die Sprache der Russen und nicht mehr die aller Ostslawen.

Im Großfürstentum Polen-Litauen kam es durch Einfluß des Polnischen und anderer westeuropäischer Sprachen bald zu wesentlichen Veränderungen des ostslawischen Idioms. Nach der Union von Lublin (1569) verstärkten sich die sozialen und nationalen Spannungen. Seit 1565 organisierten die Jesuiten eine massive katholische Propaganda, als Gegengewicht bildete das ukrainische Bürgertum Bruderschaften. Eigene Schulen wurden ins Leben gerufen, das Kirchenslawische das Banner der Bewegung. Ende des 16. Jahrhunderts wurde von Lehrern der orthodoxen Bruderschaftsschule in Lemberg eine erste kirchenslawische Grammatik verfaßt. Durch Vermittlung der auf ukrainischen und weißrussischen Gebieten entstandenen kirchenslawischen Grammatiken drangen Elemente der ukrainischen Aussprache des Kirchenslawischen in die Moskauer Hochsprache ein. Aber auch westeuropäische Kulturelemente wurden durch die Ukrainer an die Moskoviter weitergegeben.

Im literarischen Bereich brachten in Polen geborene Ukrainer jenen Stil nach Moskau, den man oft als ›Barockstil‹ bezeichnet. Im zaristischen Rußland wurde die Existenz einer eigenständigen ukrainischen Literatursprache geleugnet. Es gäbe nur einen ›kleinrussischen‹ Dialekt der ›großen‹ russischen Sprache. Die Sprache der ›Kleinrussen‹, das Ukrainische, galt als primitiv und häßlich. Es wurde zwar in den Dörfern gesprochen, vom städtischen Bürgertum und der Oberschicht aber allenfalls mit Spott bedacht. 1876 wurde die ukrainische Sprache verboten. Bis 1905 konnte kein Buch, kein wissenschaftlicher Aufsatz, keine Zeitschrift in ukrainischer Sprache veröffentlicht werden. Auch in der sowjetischen Zeit wurde der Kurs der Russifizierung verstärkt. Der Gebrauch des Ukrainischen in den Schulen und in der staatlichen Verwaltung wurde begrenzt. Erst nach der Unabhängigkeitserklärung 1991 konnte sich die ukrainische Sprache in den Schulen, im Staatsapparat, in der Armee, in den Massenmedien durchsetzen. In der Ukraine sind viele Menschen sowohl mit dem Ukrainischen als auch mit dem Russischen vertraut.

Kyrill und Method in einer Darstellung der Radziwill-Chronik

Das kyrillische Alphabet

Das kyrillische Alphabet entstand am Anfang des 10. Jahrhunderts, als die heutigen Unterschiede zwischen den einzelnen slawischen Sprachen (Polnisch, Tschechisch, Slowakisch, Bulgarisch, Russisch und anderen ostslawischen Sprachen) noch nicht bestanden und eine Verständigung untereinander problemlos möglich war. Die Schaffung einer Schrift, die sich an die in den slawischen Völkern gesprochene Sprache anlehnte, stand in enger Verbindung mit der Christianisierung der einzelnen Länder.

Auf die Bitte Fürst Rastislavs schickte Kaiser Michael III. die beiden Brüder Kyrill (um 827 – 869) und Method (um 815 – 885) ins Großmährische Reich, um dort eine selbständige Kirchenorganisation aufzubauen. Die beiden hochgebildeten Patriziersöhne stammten aus der Gegend um Saloniki und waren mit einem altbulgarischen Dialekt vertraut. Für die Missionierungsarbeit in Mähren schuf Kyrill das glagolitische Alphabet (slawisch ›glagol‹ – ›Wort‹). Die Glagolica, der vermutlich die griechische Minuskelschrift und verschiedene astronomische und chemische Symbole wie auch orientalische Schriftzeichen zugrunde lagen, war dem slawischen Lautsystem vorzüglich angepaßt. Die Brüder übersetzten die wichtigsten Kirchenbücher, bildeten Schüler aus und führten die slawische Liturgie in den Gottesdienst ein.

Die als ›Slawenapostel‹ in die Geschichte eingegangenen Brüder gerieten bald in Konflikt mit der Papstkirche, da sie für die Ebenbürtigkeit der slawischen Sprache mit dem Griechischen, Lateinischen und Hebräischen eintraten und das Recht der slawischen Völker auf eine in ihrer Sprache abgehaltene Liturgie verteidigten. Nach dem Tod Kyrills und Methods wurden ihre Schüler aus Mähren vertrieben und gingen nach Bulgarien. Dort entstand das nach Kyrill benannte kyrillische Alphabet, das hauptsächlich auf den griechischen Großbuchstaben und den aus der Glagolica übernommenen Zeichen für die slawischen Zischlaute basierte. Das Altbulgarische (auch Altslawisch oder Altkirchenslawisch genannt) bildete die Grundlage für die Schriftsprache in Bulgarien, in der 988 christianisierten Kiever Rus' und in Serbien. In Rußland wird das kyrillische Alphabet, abgesehen von einigen 1709 durch Peter I. und 1917 durch die Sowjetmacht vorgenommenen Veränderungen, bis heute verwendet. Auch das Ukrainische benutzt das kyrillische Alphabet, allerdings weichen einige Buchstaben vom russischen Kyrillisch ab.

Da eine Orientierung ohne Kenntnis der kyrillischen Buchstaben schwer möglich ist, werden in den Texten die Namen von Straßen, Plätzen und Sehenswürdigkeiten sowohl in der Umschrift (beziehungsweise deutschen Benennung) als auch auf Ukrainisch angegeben. In den Stadtplänen werden die ukrainischen Bezeichnungen verwendet. Die Umschrift orientiert sich an der in der wissenschaftlichen Literatur üblichen Transliteration. Nur bei Eigennamen, die auch im deutschen Sprachgebrauch bekannt sind, wurde die gängige Umschreibung vorgezogen.

Nachfolgend eine kleine Liste von Eigennamen, in der die gängigen Umschreibungen der wissenschaftlichen Transliteration gegenübergestellt werden:

Gorbatschow	Gorbačëv
Tschechow	Čechov
Trotzki	Trockij
Dnepr	Dnipro
Kiew/Kiev	Kyjiv
Tschernobyl	Čornobyl'
Tschaikowski	Čajkovskij
Gogol	Gogol'

Sprachführer

Die Übersetzungen werden sowohl ins Ukrainische als auch ins Russische angegeben, denn Touristen werden mit beiden Sprachen konfrontiert. Vor allem in der Ostukraine sprechen viele Menschen russisch. Aber es zählt zu den wahrgenommenen Souveränitätsrechten der jungen Ukraine, das Russische aus dem öffentlichen Leben mehr und mehr zu verdrängen.

Ukrainische Transliteration

kyrillisch	lateinisch	Aussprache
А, а	a	›a‹ in Vater
Б, б	b	›b‹ in Ball
В, в	v	›w‹ in Wasser
Г, г	h	›h‹ in Hose (immer hörbar)
Г', г'	g	›g‹ in gut
Д, д	d	›d‹ in Dom
Е, е	e	›e‹ in Bett (halboffen)
Є, є	je	›je‹ in jemand
Ж, ж	ž	stimmhaftes ›sch‹ wie in Garage oder Journal
З, з	z	›s‹ in Rose (stimmhaft)
И, и	y	›e‹ in Gesang (halboffen)
І, і	i	›i‹ in Mine
Ї, ї	ji	›ji‹ in jiddisch
Й, й	j	vor a, o, e und u wie ›j‹ in Maja; nach a, o, e, u und y kürzer, wie ›i‹ in Mai
К, к	k	›k‹ in Karte
Л, л	l	›l‹ in Lampe
М, м	m	›m‹ in Mutter
Н, н	n	›n‹ in Nase
О, о	o	›o‹ in Sommer (offen)
П, п	p	›p‹ in Post
Р, р	r	rollendes Zungenspitzen-r wie im Italienischen
С, с	s	›s‹ wie in was
Т, т	t	›t‹ in Tante
У, у	u	›u‹ in Mut
Ф, ф	f	›f‹ in Feder

Х, х	ch	vor a, o, e, u ein ach-Laut wie in Bach; vor i ein ich-Laut wie in China
Ц, ц	c	›z‹ in Zebra
Ч, ч	č	›tsch‹ in deutsch (stimmlos)
Ш, ш	š	›sch‹ in Schule (stimmlos)
Щ, щ	šč	›schtsch‹ (stimmlos)
Ю, ю	ju	›ju‹ in Juni
Я, я	ja	›ja‹ in Jasmin
Ь	'	vorangehender Mitlaut wird weicher ausgesprochen

Russische Transliteration

kyrillisch	lateinisch	Aussprache
А, а	a	›a‹ in Vater
Б, б	b	›b‹ in Ball
В, в	v	›w‹ in Wasser
Г, г	g	›g‹ in gut
Д, д	d	›d‹ in Dom
Е, е	e	›je‹ in jeder
ё	ë	›jo‹ nach ж, ч, und щ wie in offen, sonst wie Joch
Ж, ж	ž	stimmhaftes ›sch‹ wie in Garage oder Journal
З, з	z	›s‹ in Rose (stimmhaft)
И, и	i	›i‹ in Mine
Й, й	j	kurzes i wie in Mai
К, к	k	›k‹ in Karte
Л, л	l	›l‹ in Lampe
М, м	m	›m‹ in Mutter
Н, н	n	›n‹ in Nase (stimmlos)
О, о	o	›o‹ in Sommer (offen)
П, п	p	›p‹ in Post
Р, р	r	rollendes Zungenspitzen-r wie im Italienischen
С, с	s	›s‹ wie in was
Т, т	t	›t‹ in Tante
У, у	u	›u‹ in Mut
Ф, ф	f	›f‹ in Feder
Х, х	ch	vor a, o, e, u ein ach-Laut wie in Bach vor i ein ich-Laut wie in China
Ц, ц	c	›z‹ in Zebra

Ч, ч	č	›tsch‹ in Kutsche
Ш, ш	š	›sch‹ in Schule
Щ, щ	šč	›schtsch‹ (stimmlos)
Ъ		vorangehender Mitlaut wird härter ausgesprochen
Ы, ы	y	zwischen ›i‹ und ›y‹ in Fisch
Ь	'	vorangehender Mitlaut wird weicher ausgesprochen
Э, э	ė	›e‹ in Erbe
Ю, ю	ju	›ju‹ in Juni
Я, я	ja	›ja‹ in Jasmin

Begrüßungsformeln

deutsch
ukrainisch ´ Betonungszeichen
russisch ´ Betonungszeichen

Guten Morgen!
Доброго ранку! Dóbroho ránku!
Доброе утро! Dóbroe útro!

Guten Tag!
Добрий день! Dóbryj den'!
Добрый день! Dóbryj den'!

Guten Abend!
Добрий вечір! Dóbryj véčir!
Добрый вечер! Dóbryj véčer!

Gute Nacht!
Добраніч! Dobránič!
Спокойной ночи! Spokójnoj nóči!

Sei gegrüßt!
Привіт! Pryvít!
Привет! Privét!

Seien Sie gegrüßt!/Seid gegrüßt!
Здрастуйте! Zdrástujte!
Здравствуйте! Zdrávstvujte!

Wie heißt Du/Sie?

Як тебе/вас звуть?	Jak tebé/vas zvut'?
Как тебя/вас зовут?	Kak tebjá/vas zovút?

Ich heiße…

Мене звуть…	Mené zvut'…
Меня зовут…	Menjá zovút…

Herr…

пан	pan
господин	gospodín

Frau…

пані	páni
госпожа	gospoža

Danke!

Дякую!	Djákuju!
Спасибо!	Spasíbo!

Bitte!

Будь ласка!	Bud' láska!
Пожалуйста!	Požálujsta!

Ja

Так	tak
Да	da

Nein

Ні	ni
Нет	net

Ich verstehe nicht

Я не розумію!	Ja ne rozumíju!
Я не понимаю!	Ja ne ponimáju!

Sprechen Sie deutsch/englisch?

Ви розмовляете по німецькому /англійському?	Vy rozmovljáete po niméc'komu /anhlíjs'komu?
Вы говорите по-немецки/по-английски?	Vy govoríte po-nemécki/po-anglíjski?

Zeitangaben

Wie spät ist es?
Котра година? Kótra hodýna?
Который час? Kotóryj čas?

heute
сьогодні s'ohódni
сегодня segódnja

morgen
завтра závtra
завтра závtra

übermorgen
післязавтра pisljazávtra
послезавтра poslezávtra

gestern
вчора včóra
вчера včerá

vorgestern
позавчора pózavčora
позавчера pozavčerá

Stunde
година hodýna
час čas

am Morgen
ранком ránkom
утром útrom

am Abend
ввечері vvéčeri
вечером véčerom

die Nacht
ніч nič

ночь	noč

Woche

тиждень	týžden'
неделя	nedélja

Wochentage

Montag

понеділок	ponedílok
понедельник	ponedél'nik

Dienstag

вівторок	vivtórok
вторник	vtórnik

Mittwoch

середа	seredá
среда	sredá

Donnerstag

четвер	četvér
четверг	četvérg

Freitag

п'ятниця	p'játnycja
пятница	pjátnica

Sonnabend

субота	subóta
суббота	subbóta

Sonntag

неділя	nedílja
воскресенье	voskresén'e

Monat

місяць	mísjac'
месяц	mésjac

Ortsangaben

wo
де — de
где — gde

rechts
праворуч — pravóruč
справа — správa

links
ліворуч — livóruč
слева — sléva

geradeaus
прямо — prjámo
прямо — prjámo

hier
тут — tut
здесь — zdes'

dort
там — tam
там — tam

Wo ist…
Де знаходиться? — De znachódyt'sja…?
Где находится? — Gde nachóditsja…?

Bank
банк — bank
банк — bank

Brücke
міст — mist
мост — most

Eingang
вхід — vchid

вход	vchod
Ausgang	
вихід	výchid
выход	východ
Geschäft	
магазин	mahazýn
магазин	magazín
Kaufhaus	
універмаг	univermáh
универмаг	univermág
Kirche	
церква	cérkva
церковь	cérkov'
Kloster	
монастир	monastýr
монастырь	monastýr'
Postamt	
поштамт	poštámt
почтамт	počtámt
Platz	
площа	plóšča
площадь	plóščad'
Straße	
вулиця	vúlycja
улица	úlica
Tankstelle	
автозаправна станція	avtozaprávna stáncija
автозаправочная станция	avtozaprávočnaja stáncija
Toilette	
туалет	tualét

туалет tualét

Mann
чоловік Abk.:Ч čolovík
мужчина Abk.:М mužčína

Frau
жінка Abk.:ж žínka
женщина Abk.:ж žénščina

Reise

Bahnhof
вокзал vokzál
вокзал vokzál

Zug
потяг/поїзд potjáh/pójizd
поезд póezd

Fahrkarte
квиток kvytók
билет bilét

Haltestelle
зупинка zupýnka
остановка ostanóvka

Abfahrt
відправлення vidprávlennja
отправление otpravlénie

Ankunft
прибуття prybuttjá
прибытие pribýtie

Verspätung
спізнення spíznennja
опоздание opozdánie

Bus

автобус	avtóbus
автобус	avtóbus

Straßenbahn

трамвай	tramváj
трамвай	tramváj

U-Bahn

метро	metró
метро	metró

Vorortzüge

приміські поїзди	prymis'kí pojizdý
пригородные поезда	prígorodnye poezdá

Flugplatz

аеропорт	aeropórt
аэропорт	aeropórt

Essen und Trinken

Restaurant

ресторан	restorán
ресторан	restorán

Frühstück

сніданок	snidánok
завтрак	závtrak

Mittagessen

обід	obíd
обед	obéd

Abendessen

вечеря	večérja
ужин	úžin

Speisekarte

меню	menjú
меню	menjú

Vorspeisen

закуски	zakúsky
закуски	zakúski

warme Speisen

гарячі страви	harjáči stravy
горячие блюда	gorjáčie bljúda

kalte Speisen

холодні страви	cholódni strávy
холодные блюда	cholódnye bljúda

Dessert

десерт	desért
десерт	desért

Fisch

риба	rýba
рыба	rýba

Fleisch

м'ясо	m'jáso
мясо	mjáso

Rindfleisch

яловичина	jálovyčyna
говядина	govjádina

Schweinefleisch

свинина	svynýna
свинина	svinína

Käse

сир	syr
сыр	syr

Obst

фрукти	frúkty
фрукты	frúkty

Gemüse

овочі	óvoči
овощи	óvošči

Brot

хліб	chlib
хлеб	chleb

Saft

сік	sik
сок	sok

Mineralwasser

мінеральна вода	minerál'na vodá
минеральная вода	minerál'naja vodá

Tee

чай	čaj
чай	čaj

Kaffee

кава	káva
кофе	kófe

Wein

вино	vynó
вино	vinó

Bier

пиво	pývo
пиво	pívo

Gesundheit

Arzt

лікар	líkar
врач	vrač

Zahnarzt

зубний лікар	zubnýj likar
зубной врач	zubnój vrač

Krankenhaus

лікарня	likárnja
больница	bol'níca

Apotheke

аптека	aptéka
аптека	aptéka

Medikamente

медикамент	medykamént
лекарство	lekárstvo

Zahlen

eins

один	odýn
один	odín

zwei

два	dva
два	dva

drei

три	try
три	tri

vier

чотири	čotýry
четыре	četyre

fünf

п'ять	p'jat'
пять	pjat'

sechs

шість	šist'
шесть	šest'

sieben

сім	sim
семь	sem'

acht

вісім	vísim
восемь	vósem'

neun

дев'ять	dév'jat'
девять	dévjat'

zehn

десять	désjat'
десять	désjat'

elf

одинадцять	odýnadcjat'
одиннадцать	odínnadcat'

zwölf

дванадцять	dvanádcjat'
двенадцать	dvenádcat'

dreizehn

тринадцять	trynádcjat'
тринадцать	trinádcat'

vierzehn

чотирнадцять	čotýrnadcjat'
четырнадцать	četýrnadcat'

fünfzehn

п'ятнадцять	pjatnádcjat'
пятнадцать	pjatnádcat'

sechzehn

шістнадцять	šistnádcjat'
шестнадцать	šestnádcat'

siebzehn

сімнадцять	simnádcjat'
семьнадцать	sem'nádcat'

achtzehn

вісімнадцять	visimnádcjat'
восемьнадцать	vosem'nádcat'

neunzehn

дев'ятнадцять	devjatnádcjat'
девятнадцать	devjatnádcat'

zwanzig

двадцять	dvádcjat'
двадцать	dvádcat'

einhundert

сто	sto
сто	sto

eintausend

тисяча	týsjača
тысяча	týsjača

»Die Erde in Ostgalizien ist schwarz und saftig und sieht immer etwas schläfrig aus, wie eine riesige fette Kuh, die dasteht und sich gutmütig melken läßt. So schenkt die ostgalizische Erde dankbar und vertausendfacht alles zurück, was man in sie hineintut…«

Alexander Granach, ›Da geht ein Mensch‹

Die Westukraine

Westukraine ist kein geographisch festgefügter Begriff, sondern man faßt die ukrainischen Gebiete, die im vorigen Jahrhundert zu Österreich-Ungarn gehörten, darunter zusammen. Dazu gehören Ostwolhynien, Ostgalizien, die Nordbukowina und die Transkarpaten. Diese Namen stehen für Verwaltungs- oder Herrschaftsgebiete und haben sich im Laufe der Zeit herausgebildet. Außerdem existieren geographische Namen wie Polessje und Podolien, die sich auf bestimmte Landschaften beziehen und nur zum Teil mit den oben genannten Verwaltungsbezeichnungen zusammenfallen. Polessje ist das an ›Wäldern reiche‹ Tiefland im Norden der Ukraine. Die Landschaft ist von Sümpfen, Seen, Wiesen, Wäldern und den Flußgebieten des Pryp'jat und der Desna geprägt. Es haben sich nur wenige Städte und kaum Industriestandorte herausbilden können. Podolien ist von den Karpaten ein ganzes Stück entfernt, heißt aber ›Land am Fuße des Gebirges‹. Eingegrenzt wird es vom Dnistr und dem Südlichen Bug. Die Landschaft wird durch eine etwa 300 bis 500 Meter hohe Platte mit tief eingeschnittenen Tälern geformt.

Galizien

»Ostgalizische Erde ist verschwenderisch und reich. Sie hat fettes Öl, gelben Tabak, bleischweres Getreide, alte verträumte Wälder und Flüsse und Seen und vor allem schöne, gesunde Menschen: Ukrainer, Polen, Juden. Alle drei sehen sich ähnlich, trotz verschiedener Sitten und Gebräuche. Der ostgalizische Mensch ist schwerfällig, gutmütig, ein bißchen faul und fruchtbar wie seine Erde.« So beschreibt Alexander Granach Galizien in seinem Buch ›Da geht ein Mensch. Roman eines Lebens‹.

Das nach seiner ersten Hauptstadt Halyč benannte Fürstentum Galizien war nur im 11. Jahrhundert für kurze Zeit selbständig. Danach gehörte es zuerst zu Ungarn, später zu Polen. Bei der Teilung Polens 1772 kam das Gebiet an die österreichische Krone. Nun wurde die Bezeichnung Galizien allerdings für alle Gebiete verwendet, die 1772 an Österreich fielen. Galizien erstreckte sich damals von Krakau bis nach Ivano-Frankivs'k (damals Stanislau), im Süden bis zu den Karpaten und etwa bis 100 Kilometer nördlich von L'viv.

Galizien war nicht nur am weitesten von Wien entfernt, es stand auch in zivilisatorischer Hinsicht weit hinter der Hauptstadt und den anderen Landesteilen zurück. Im Kronland Galizien und Lodomerien (österreichische Bezeichnung für Wolhynien) konnte sich eine ganz eigene Atmosphäre herausbilden, die vor allem durch die Verschiedenheit der Kulturen der dort lebenden Völkerschaften geprägt war. Diese lebten zwar weitgehend friedlich zusammen, aber es gab eine

Holztransport in den Karpaten

ausgeprägte Hierachie. Die herrschende Schicht bildeten Polen und später Deutsche. Ukrainer und vor allem Juden wurden zum Teil stark benachteiligt. Bereits seit Anfang des 13. Jahrhunderts gab es eine deutsche Minderheit, die allerdings im Laufe der Zeit polonisiert wurde. Unter österreichischer Herrschaft kam es zu mehreren planmäßigen Ansiedlungen von Bauern aus dem süddeutschen Raum. Der jüdische Bevölkerungsanteil lag zum Teil über zehn Prozent. Die rechtliche und wirtschaftliche Lage der Juden war aber eher schlecht. Die Verarmung nahm mit der beginnenden Industrialisierung ungeahnte Ausmaße an.

Während der österreichischen Herrschaft wurden die Ukrainer als Ruthenen bezeichnet. Da hier keine antiukrainische Zensur herrschte, konnten ukrainische Schriften verlegt und Bräuche gepflegt werden. Das ukrainische Nationalbewußtsein und der Nationalstolz entwickelten sich auch dank einer kleinen Schicht ukrainischer Bürger und Künstler. Hervorzuheben ist auch die Rolle der unierten Kirche bei der Herausbildung der ukrainischen Intellektuellen im 18. und 19. Jahrhundert.

Die Industrie war in Galizien immer sehr schwach entwickelt, kleinere Gewerbe- und Handwerksbetriebe bildeten neben der Landwirtschaft die typischen Erwerbsmöglichkeiten. Auch zu Zeiten der Habsburger Monarchie blieb Galizien ein rückständiger Landesteil, obwohl Bildungswesen, Kultur und Wissenschaft einen gewissen Aufschwung nehmen konnten.

Alte Holzkirche in den Karpaten

Offiziell hörte nach dem Zerfall der Monarchie auch Galizien auf zu bestehen. Bis 1939 existierte es de facto mit seiner Multinationalität im polnischen Staat weiter. Nach den Zusatzabkommen des Hitler-Stalin Paktes nahm die Sowjetunion Ostgalizien in Besitz. Viele Andersdenkende wurden verhaftet, verschleppt und ermordet. Zu den Opfern zählten vor allem polnische Intellektuelle und Juden. 1941 erfolgte der Einmarsch der deutschen Wehrmacht. In den folgenden Kriegs- und Nachkriegsjahren wurde das alte Galizien endgültig zerstört. Mit der Vernichtung der Juden in Galizien und der Zerstörung der meisten Synagogen wurde der ostjüdischen Kultur der Garaus gemacht.

Mit der Aussiedlung der Deutschen verschwand ein weiterer Bevölkungsteil nahezu vollständig. Nach dem Krieg kam es zur Teilung Galiziens, der Westteil gehörte nun zu Polen. Damit gingen weitere Bevölkerungsaussiedlungen einher. Aus dem polnischen Teil wurden Ukrainer ausgesiedelt. Viele Polen zogen dagegen von Ost nach West über die Grenze. Im sowjetischen Teil Galiziens wurden in den Nachkriegsjahren viele Menschen neu angesiedelt, meist Ukrainer aus der Ostukraine und Russen, die aus der ganzen Sowjetunion kamen. Wer Galizien sucht, muß sich auf Spurensuche begeben, nur manches ist erhalten, vieles wurde überdeckt und blieb lange unbeachtet. In vielen literarischen Zeugnissen lebt das alte Galizien bis heute fort, in der Realität wird man nur Relikte finden – aber auch diese wollen bewahrt und weitergegeben werden.

L'viv – L'vov – Lemberg

L'viv war wie kaum eine andere Stadt den Wechselbädern der Geschichte ausgesetzt. Schon in der Vielzahl der Namen ist dies abzulesen: die ukrainische Bezeichnung ist L'viv (Львів), die russische L'vov (Львов), und aus der österreichischen Zeit stammt der Name Lemberg. Der Zauber dieser alten Handelsmetropole liegt in der Verschmelzung der verschiedenen Kulturen begründet. Einen Hauptteil der Bevölkerung bildeten in der Vergangenheit Polen und Juden, erst im Verlaufe des 20. Jahrhunderts kamen mehr und mehr Ukrainer und Russen hinzu. Im Zweiten Weltkrieg, als L'viv zum ›Generalgouvernement‹ gehörte, gab es auch hier Arbeitslager und ein Ghetto für Juden. Innerhalb weniger Monate fielen 136 000 Juden der Stadt dem Holocaust zum Opfer. Heute leben nur wenige Tausend jüdische Bürger in der Stadt. Nach dem Krieg – unter sowjetischer Herrschaft – begann eine rege Bautätigkeit und Industrialisierung. Die Bevölkerungszahl wuchs von 320 000 (1939) auf 830 000 (1999).

Die Architektur der Innenstadt ist durch die vergangenen Jahrhunderte geprägt und im wesentlichen erhalten geblieben. Wenngleich durch ungenügende Denkmalpflege den Restauratoren heute reichlich Arbeit geblieben ist, ist es beeindruckend, durch ein Stadtzentrum zu wandeln, das seit dem letzten Jahrhundert kaum verändert wurde. Touristen können hier eine Vielzahl von Sehenswürdigkeiten auf engstem Raum bestaunen. Kirchen, repräsentative Bürgerhäuser, schöne Parkanlagen und enge Straßen machen die Atmosphäre dieser Stadt aus, die Besucher immer wieder in ihren Bann zieht. Das historische Zentrum der Stadt wurde in die Liste des UNESCO-Weltkulturerbes aufgenommen.

Geschichte der Stadt

Reste erster slawischer Siedlungen aus dem 10. Jahrhundert sind an den Hängen des Hügels ›Hohes Schloß‹ gefunden worden. Danylo Romanovyč, der wolhynische Fürst, ließ an dieser Stelle später eine Festung als Bollwerk gegen die Mongolen bauen. Die sich entwickelnde Stadt wurde nach Lev, dem Sohn des Fürsten, benannt und fand in Chroniken 1256 erstmals Erwähnung. Wie auch andere Städte der Rus' bestand L'viv damals aus drei Teilen: der Festung, der befestigten Stadt im Halbkreis um die Festung und der unbefestigten Vorstadt. Um den heutigen Staryj Rynok, den Alten Markt, entfaltete sich ein reges Handelsleben unter der Regie der autonomen Bürgerschaft, die 1356 das Recht der städtischen Selbstverwaltung, das sogenannte Magdeburger Stadtrecht, zugesprochen bekam.

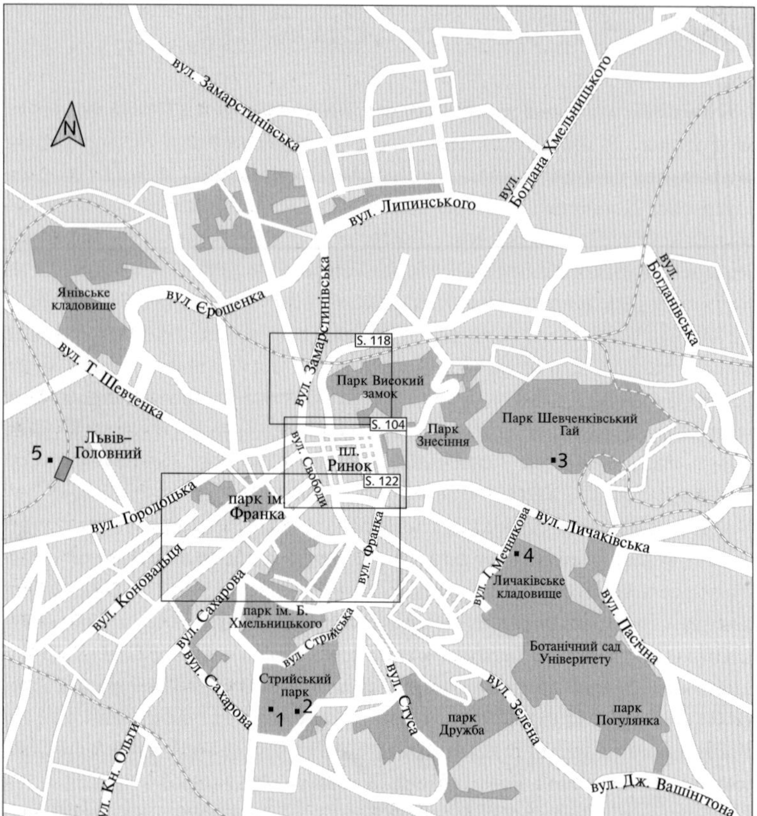

L'viv, Übersicht

Legende

1 Stryjs'kyj-Park (Стрийський парк)
2 Ivan-Franko-Museum (музей Івана Франка)
3 Volksarchitekturmuseum (музей народної архітектури та побуту)
4 Lyčakivs'ke-Friedhof (Личаківський Цвинтар)
5 Bahnhof (вокзал)
6 Busbahnhof (автовокзал)

Mit dem Niedergang des wolhynischen Fürstentums geriet die Stadt L'viv 1387 endgültig unter polnische Herrschaft, nachdem es auch schon zuvor polnische Annektionsversuche gegeben hatte. Im 15. und 16. Jahrhundert war L'viv ein bedeutendes wirtschaftliches und kulturelles Zentrum. Neben Polen und Deutschen, die die Oberschicht bildeten, lebten Ukrainer, Juden und Armenier in der Stadt. Allerdings gab es keine Gleichberechtigung, den Juden und Armeniern wurde beispielsweise der Zutritt zu den Handwerkszünften verwehrt. Das Stadtzentrum verlagerte sich zum jetzigen pl. Rynok (Marktplatz), und eine regelmäßige rechteckige Anlage entstand. Die neue Stadt hatte eine 1700 Meter lange Befestigungsanlage, deren Reste heute noch zu sehen sind.

Als das Kosakenheer unter Bohdan Chmel'nyc'kyj 1665 L'viv belagerte, kaufte die jüdische Bevölkerung für 60 000 polnische Gulden die Stadt frei. Von Plünderungen, Zerstörungen und Pogromen blieb die Stadt somit verschont. Während des Nordischen Krieges wurde L'viv 1704 von den Schweden auf Befehl Karls VII. eingenommen und gebrandschatzt. Nach der ersten Teilung Polens 1772 fiel das heruntergekommene Provinzstädtchen an Österreich und wurde Hauptstadt und Verwaltungszentrum von Galizien und Lodomerien. Eine Blütezeit erlebte das österreichische Lemberg allerdings erst am Ende des 19. Jahrhunderts. Die alten Festungsmauern wurden geschliffen, die Wassergräben zugeschüttet und ein repräsentativer Boulevard angelegt – der pr. Svobody. Lemberg war nach Wien, Budapest und Prag die viertgrößte Stadt der Habsburger Monarchie. Neben einer großen kulturellen Vielfalt gab es aber auch zunehmende nationale Gegensätze, insbesondere zwischen Polen und Ukrainern.

Nach dem Zerfall der Habsburger Monarchie 1918 befand sich in L'viv für fast ein Jahr der Sitz der Regierung der Westukrainischen Volksrepublik. Schließlich eroberten polnische Truppen 1919 die Stadt, und sie wurde wieder ein Teil Polens. Aufgrund des Hitler-Stalin-Paktes fielen die polnischen Ostgebiete an die Sowjetunion, und im September 1939 marschierte die Rote Armee ein. 1941, kurz nach dem Überfall der deutschen Wehrmacht auf die UdSSR, wurde L'viv zur Hauptstadt des ›Distrikts Galizien‹ im deutschen ›Generalgouvernement‹ erklärt. Neben der Vernichtung der jüdischen Bevölkerung kam es auch zu zahlreichen Hinrichtungen unter der polnischen Intelligenz. Im Juli 1944 eroberten die sowjetischen Truppen die Stadt zurück. Nach dem Krieg wurden Teile der polnischen Bevölkerung ausgesiedelt, und so hat die Stadt insgesamt etwa 80 Prozent der Vorkriegsbewohner verloren.

In den folgenden Jahren entstanden in L'viv viele neue Industriebetriebe, und die Bevölkerungszahl nahm stark zu. Ukrainer und Russen aus allen Teilen der Sowjetunion kamen in die Stadt. Trotz der Möglichkeit der freieren Entfaltung der ukrainischen Nationalkultur und der nicht zu verleugnenden Fortschritte in vielen Lebensbereichen, beispielsweise im Bildungwesen, stand die Mehrheit der Bevölkerung dem Sowjetsystem eher ablehnend gegenüber, und national-ukrainisches Gedankengut fand weite Verbreitung.

Heute befindet sich die Stadt auf der Suche nach der eigenen Identität. Die Zeiten, in denen von L'viv, der heimlichen ukrainischen Hauptstadt, Impulse für die nationale Unabhängigkeit ausgingen, sind vorbei. Die große Politik wird wieder

Efeubewachsenes Haus in der Altstadt von L'viv

in Kiev gemacht. Aber als Brücke nach Mittel- und Westeuropa und Vermittlerin zwischen Neuem und Altem könnte L'viv wieder von der ›Randstadt‹ zu einem Kristallisationspunkt werden.

Die Altstadt

Die Altstadt von L'viv vermag auf den Besucher einen besonderen Reiz auszuüben. Nach einem verheerenden Stadtbrand von 1527 entstand innerhalb der ehemaligen Befestigungsmauern nach einem regelmäßigen Bebauungsgrundriß ein städtisches Kleinod mit interessanten Sehenswürdigkeiten.

Den Mittelpunkt bildet der weiträumige pl. Rynok (пл. Ринок) mit dem spätklassizistischen Rathaus. Dieses dominante Gebäude wurde in den Jahren von 1827 bis 1835 errichtet, nachdem der Turm des oftmals erweiterten Vorgängerbaus eingefallen war. Die neue vierflüglige, recht schlichte Anlage wird durch den 65 Meter hohen Turm zu einem Wahrzeichen. Die vier Springbrunnen an den Ecken des Platzes mit den Figuren von Neptun, Adonis, Diana und Amphitrite stammen aus dem Jahre 1793 und sind beliebte Treffpunkte. Auffallend sind aber vor allem die schmucken Bürgerhäuser. Alle Baustile von Renaissance über Barock bis zu Klassizismus und Jugendstil sind vertreten.

Das sogenannte ›Schwarze Haus‹ (pl. Rynok 4) fällt durch die reich gegliederte Fassade auf, es wurde eine sogenannte Diamantquaderstruktur genutzt. Der ursprünglich helle Kalkstein ist im Laufe der Zeit stark nachgedunkelt und verhalf dem Haus so zu dem ungewöhnlichen Namen. Die Tür und die Fenster im Erdgeschoß sind mit Arkanthus- und Weinrebenornamenten umrahmt. Das Relief über der Tür stellt Maria mit dem Kinde dar, und der Fensterschmuck wird von Heiligenfiguren bekrönt, eine davon, der heilige Martin, war der Schutzherr des damaligen Hauseigentümers. Der obere Abschluß der Fassade wird durch kleine Säulen und Voluten gebildet. Keller und Erdgeschoß stammen aus dem 15. Jahrhundert, der Rest aus dem 16. Jahrhundert. Auch die Innenräume sind eindrucksvoll gestaltet. Besonders bemerkenswert sind die Ornamente an Fenstern und Türen. Im Jahre 1993 wurde mit einer umfangreichen Rekonstruktion begonnen.

Das Kornjakt-Haus (pl. Rynok 6) fällt durch seine Größe auf. Der Kaufmann Kornjakt hatte dem polnischen König über eine Ebbe in den Staatsfinanzen hinweggeholfen und bekam deshalb die Erlaubnis, auf zwei Grundstücken zu bauen. Als Architekt konnte der Italiener Paolo Dominici, genannt Pawel Römer, gewonnen werden. Auf diesen Architekten gehen viele Renaissancegebäude in L'viv zurück. Der Name Kornjakt blieb mit dem Haus verbunden, auch wenn der Besitzer wechselte – Anfang des 17. Jahrhunderts kam es in den Besitz von Jakub

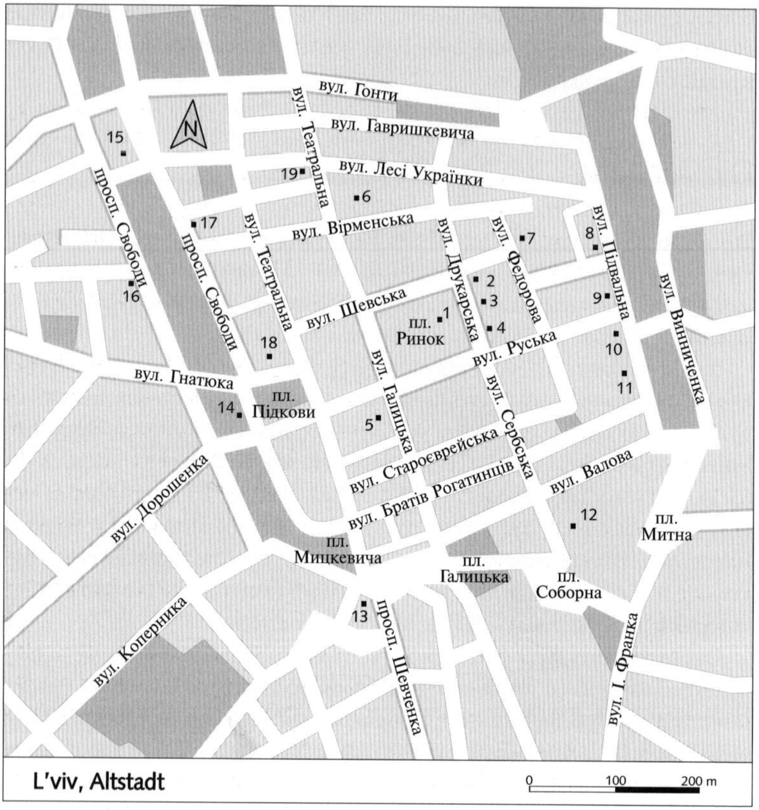

L'viv, Altstadt

Legende

1 Rathaus (Ратуша)
2 Schwarzes Haus (Чорна Кам'яниця)
3 Kornjakt-Haus (Палац Корнякта)
4 Palast der Lubomirski (Палац Любомирських)
5 Marienkathedrale (Латинський кафедральний собор)
6 Armenische Kirche (Вірменський собор)
7 Dominikanerkirche (Домініканський собор)
8 Königliches Waffenarsenal (Королівський арсенал)
9 Maria-Entschlafens-Kirche (Ансамбель успенської церкви)
10 ›Dnister‹-Haus (Будинок ›Дністер‹)
11 Städtisches Waffenarsenal (Міський арсенал)
12 Bernhardinerkloster (Бернадинський монастир)
13 Hotel ›Žorž‹ (готель ›Жорж‹)
14 Ševčenko-Denkmal (Пам'ятник Шевченка)
15 Opernhaus (Театр опери та балету)

Sobieski, dem Vater des späteren polnischen Königs Jan Sobieski. Deshalb wird das Anwesen auch als Königspalast bezeichnet. Die ursprüngliche Bausubstanz stammt von 1580, im 18. und 19. Jahrhundert wurden größere Umbauten vorgenommen. Über die gesamte Fassade hinweg baute man einen Balkon und eine vierte, unvollendet gebliebene Etage. Der obere Abschluß, die Attika, ist wieder mit Obelisken, Fischen und Ritterfiguren geschmückt. Der Innenhof wirkt wegen der offenen Arkadengalerien sehr reizvoll, im Sommer finden hier mitunter Konzerte statt, und ein Café lädt zum Verweilen ein. Im Erdgeschoß befindet sich das Geschäft ›Gotische Halle‹ mit einer Auswahl an Büchern, Souvenirs und Kunstgegenständen. Man sollte unbedingt einen Blick auf die Kreuzrippengewölbe der Decken werfen.

Im ›Palast der Lubomirski‹, dem Eckgebäude (pl. Rynok 10) zur vul. Rus'ka (вул. Руська) befindet sich ein Möbelmuseum. Zu sehen ist eine umfangreiche Sammlung von Stilmöbeln aus dem 15. bis 19. Jahrhundert sowie Glas und Porzellan aus dieser Zeit. Das Gebäude wurde durch den Architekten Jan de Witte 1763 anstelle mehrerer kleiner Häuser errichtet. Namhafte Bildhauer wirkten an der Ausgestaltung des repräsentativen Eckgebäudes mit. Von 1772 bis 1821 befand sich hier die Residenz des österreichischen Gouverneurs von Galizien. Das Restaurant ›Pid Levom‹ (Під Левом – ›Unter dem Löwen‹) ist eine Gaststätte mit langer Tradition (pl. Rynok 18).

An der Westseite fällt besonders ein reichgeschmücktes Haus auf (pl. Rynok 28). Nur dieses Gebäude ist im Renaissancestil erhalten, die rote Fassadenfarbe bildet einen schönen Gegensatz zu den schwarzen, mit Säulen und Skulpturen verzierten Fenstereinrahmungen.

Von der Südwestecke des Marktplatzes sind es nur wenige Schritte bis zur lateinischen Marienkathedrale. Sie wird von der römisch-katholischen Gemeinde – und das ist in L'viv vor allem der polnische Bevölkerungsteil – genutzt. Die Kirche ist eines der wenigen gotischen Baudenkmale der Stadt. Der Bau wurde 1360 nach Plänen des Architekten Peter Stecher begonnen, die Vollendung oblag 1478–1481 den Baumeistern J. Gromm und A. Rabisch. Nach einem Brand 1527 konnte die Kirche aus Geldmangel nicht sofort wieder aufgebaut werden, und so haben verschiedene Stile ihre Spuren hinterlassen. Weithin sichtbar ist der 65 Meter hohe Turm mit der barocken Haube. Im gotischen Innenraum fallen besonders der

16 Museum für Ethnographie und Kunstgewerbe (Музей етнографії та художнього промислу)
17 Nationalmuseum (Національний музей)
18 Jesuitenkirche (Костьол Єзуїтів)
19 Verklärungskirche (Преображенський собор)

Renaissance-Haus am Marktplatz

langgestreckte Chorraum und die farbigen Fenster aus dem vorigen Jahrhundert auf.

Kunsthistorisch interessant sind auch die zwei zum Gebäudeensemble gehörenden Kapellen. An der nördlichen Langseite des Kirchengebäudes befindet sich die Kampian-Kapelle aus dem 16. Jahrhundert. Der Stifter war der reiche L'viver Handelsherr und Bürgermeister Martin Kampian. Der quadratische Bau mit einem Kreuzgratgewölbe besitzt eine eindrucksvolle Außenfassade. In den drei Bogennischen sind drei Reliefs mit den Motiven Kreuzabnahme, Auferstehung und Christus als Gärtner zu sehen. Die drei Medaillons im oberen Gesims sollen die Treue (ein Hund auf einem Sarg), die Vergänglichkeit des menschlichen Lebens (Vogel und Vase) und die Unsterblichkeit (Phönix über einer Urne) symbolisieren.

Die Boim-Kapelle ist an der entgegengesetzten Ecke der Kathedrale an ein Nachbarhaus angebaut. Diese Kapelle diente als Familiengruft für einen Handelsherrn ungarischer Herkunft: Georg Boim, seine Frau Jadwiga, sein Sohn Paul und weitere elf Familienmitglieder sind hier begraben. Dieses wunderbare Renaissancewerk wurde 1609 von dem Architekten A. Bemer geschaffen, die Plastiken stammen von Jan Pfister aus Breslau. Die Westfassade (Eingangsseite) ist wie ein Ikonostas aufgebaut, Skulpturen der Apostel und Propheten sind in architektonische Details wie Halbsäulen, Kapitelle und Gesimse eingebunden. An der Nordseite ist das Relief ›Georg der Drachenkämpfer‹ zu sehen, und die Ostseite ist mit den Porträts der Stifter geschmückt. Auf der Kuppel vor dem Kreuz sitzt ein nachdenklicher Christus im Garten von Gethsemane. Der Innenraum erhält seine Wirkung durch die hohe Kuppel, die als Kassettendecke mit Rosetten als Verzierung ausgeführt ist. In den Kassetten sind jeweils Reliefs mit figürlichen Darstellungen zu sehen, in der unteren Reihe sind Personen aus dem Alten Testament abgebildet, in der mittleren Reihe Christus und Engeldarstellungen und in der oberen Reihe Wappen und Embleme. Der Altar nimmt die gesamte Wandseite ein und ist mit Reliefs und Plastiken förmlich überladen. Insgesamt gibt die reichverzierte Boim-Kapelle einen guten Einblick in die Kunstfertigkeit und die Vorstellungswelt der Bürger, Künstler und Handwerker der damaligen Zeit.

An der langen Westseite des Marktplatzes in Richtung Norden entlanggehend, kommt man zur vul. Krakivs'ka (вул. Краківська) und trifft dort als erste Querstraße auf die vul. Virmens'ka (вул. Вірменська) – die armenische Gasse. In L'viv gab es seit dem 14. Jahrhundert Armenier, die zusammen in dieser Straße lebten. Sie hatten einen guten Ruf als Kaufleute und Handwerker. In der ruhigen Gasse haben sich viele kleine interessante Details erhalten, so sollte man unbedingt die Häuser Nr. 21 und 23 anschauen. Letzteres ist als Haus der vier Jahreszeiten bekannt. Frühling, Sommer, Herbst und Winter werden durch Reliefdarstellungen aus dem Alltagsleben verdeutlicht. Weiterhin sind Chronos mit der Sanduhr und die Tierkreiszeichen zu sehen. Am Sackgassenende (vul. Virmens'ka 35) befindet sich eine Verkaufsgalerie und ein Antiquitätenhandel. In der Galerie werden bevorzugt moderne Kustwerke und Installationen gezeigt.

Vom Ensemble der armenischen Kirche fällt als erstes der Glockenturm aus dem Jahre 1571 durch die besondere Gestaltung auf – die vier Ecken sind als Säulen mit aufgesetzten Türmchen ausgeführt. Durch den Torbogen am Turm kommt man auf den Innenhof und kann dort einen Blick auf die alten Grabsteine mit armenischen Inschriften und einen Holzaltar werfen. Die ältesten Grabsteine sind immerhin über 600 Jahre alt. Der Holzaltar mit der Golgatha-Szene ist direkt an das Nachbarhaus angebaut und geht auf die Mitte des 18. Jahrhunderts zurück. Die armenische Kathedrale wurde 1363 errichtet und in der Folgezeit häufig umgebaut. Die Kreuzkuppelkirche bekam drei Apsiden, die für die russische Baukunst typisch sind. Im 17. Jahrhundert wurde das Gebäude katholisiert und erhielt ein Langschiff und eine barocke Inneneinrichtung. Der Eingang in die in den letzten Jahren restaurierte Kirche befindet sich in der vul. Teatral'naja.

Wenn man ein kurzes Stück auf der vul. Drukars'ka (вул. Друкарська) entlanggeht, erreicht man an der Ecke zum Marktplatz eine alte, seit 1735 betriebene Apotheke, die heute gleichzeitig als Museum eingerichtet ist. Man kann alte Waagen, Tiegel, Arzneibücher und vieles mehr bestaunen. Das Gewölbe ist mit Ornamenten und Symbolen wie Feuer, Wasser, Luft und Erde als die vier Grundelemente bemalt.

Vor der Apotheke stehend, sieht man schon die barocke Dominikanerkirche mit ihrer mächtigen Kuppel (pl. Muzejna 1/пл. Музейна). Links neben der Kirche befindet sich die unscheinbar wirkende Abtei aus dem 16. Jahrhundert, darin war zu sowjetischen Zeiten ein Museum für Atheismus untergebracht. Nach einer Überarbeitung und einem Namenswechsel kann man jetzt das Museum für Religionund die Kirche selbst besichtigen. Sie wurde in der Zeit von 1745 bis 1764 nach Plänen des Ingenieurs Jan de Witte errichtet. Ein Kreuz bildet den Grundriß, darüber erhebt sich die beeindruckende Kuppel, und Besucher sehen sich einem interessant gestalteten Portalgiebel gegenüber. Die Plastiken am Gesims wurden von Sebastian Fössinger geschaffen und gehören wegen ihrer ausdrucksvollen Gestaltung zu den besten Beispielen der L'viver Bildhauerei des 18. Jahrhunderts. Der Hauptaltar ist vom selben Künstler. Den Altarbereich schmücken überlebensgroße Plastiken von Johannes dem Täufer, den Aposteln Petrus und Paulus und dem Evangelisten Lukas, die M. Polejovskij zugeschrieben werden. Der Innenraum ist ganz auf die Wirkung der hohen und lichtdurchfluteten Kuppel hin konzipiert.

Bemerkenswert sind weiterhin die wertvollen Grabsteine, dabei sei vor allem auf das klassizistische Marmorgrabmal der Gräfin Julia Dunin-Borkovska hingewiesen, das vom dänischen Bildhauer B. Torwaldsen 1811 in Rom geschaffen

Die Kampian-Kapelle an der Nordseite der lateinischen Kathedrale

Löwenskulptur vor dem Rathaus

wurde, und auf die Gedenkstele für den polnischen Maler Artur Grottger (1837–1867). Wegen der guten Akustik finden in der Kirche häufig Konzerte statt.

Wenn man rechts an der Kirche vorbeigeht, kommt man zur ehemaligen Stadtbefestigung. Unmittelbar hinter der Kirche in der vul. Pidval'na (вул. Підвальна) steht das Königliche Waffenarsenal. Der Komplex stammt aus dem Jahre 1639. Neben der barocken Grundstruktur sind schon einige klassizistische Elemente zu erkennen. Jetzt ist das Regionalarchiv darin untergebracht. Vor dem Gebäude steht seit 1977 ein Denkmal für Ivan Fedoriv, einen Buchdrucker, der Mitte des 16. Jahrhunderts die erste Druckwerkstatt in L'viv einrichtete.

Bis zum Ende des 18. Jahrhunderts befanden sich hier die Befestigungsanlagen. Der Name der nun entstandenen Straße – Wallstraße (vul. Pidval'na) – erinnert noch daran. Oberhalb der Straße steht ein kleiner runder Turm – der Pulverturm aus dem Jahre 1554. Die Mauern sind immerhin zweieinhalb Meter dick, und das Gebäude macht einen wehrhaften Eindruck. Hier war das Schießpulver und die Munition gelagert. Diese Zeiten sind vorüber, den Eingang schmücken nun zwei schlafende Löwen und der Turm beherbergt den Architektenverband.

Nur wenige Schritte entfernt stößt man auf den Gebäudekomplex der Maria-Entschlafens-Kirche (Uspens'kij-Kirche), der aus der Hauptkirche, der Dreiheiligenkapelle und dem 66 Meter hohen Kornjaktaturm besteht. Der Turm war Symbol einer Brüderschaft (Stavropihijc'kyj Bratstvo) der orthodoxen Bürger und Handwerker der Stadt. Ziel dieser Vereinigung war es, die Erziehung und Kultur zu fördern, deshalb wurden Bibliotheken, Schulen und Druckereien unterhalten. Außerdem wurde der Bau dieser Kirche gefördert.

Der ursprünglich dreigeschossige Glockenturm von 1573 wurde ein Jahrhundert später aufgestockt und mit gedrehten Obelisken geschmückt. Der langgestreckte Turm mit den einfachen toskanischen Pilastern steht im Kontrast zur gedrungenen dreikuppligen Hauptkirche. Diese wurde 1591 an der Stelle einer kleineren Kirche erbaut. Deren Innenraum wird durch zwei Paar toskanische Säulen, die die Gewölbe tragen, in drei Schiffe geteilt. Den Abschluß nach Osten bildet eine halbrunde Apsis, am entgegengesetzten Ende ist der sogenannte Babinez – hier standen die Frauen während des Gottesdienstes – mit Empore zu finden. Die Kuppeln mit dem dekorativen Rosettenschmuck und das von oben einfallende Licht geben dem Kirchenraum einen relativ hellen und weiträumigen Charakter. Der Ikonostas ist sehr alt, er stammt aus dem Jahre 1630. Die Bleiglasfenster dagegen wurden in den zwanziger Jahren dieses Jahrhunderts geschaffen und geben geschichtliche Szenen wieder.

Im rechten Winkel zur Hauptkirche steht die Kapelle der Drei Heiligen. Etwa zur gleichen Zeit erbaut, werden hier die Gliederungen wie bei der Maria-Entschlafens-Kirche wiederholt. Das Innere ist reich mit Stuck verziert, auch hier fallen die drei Kuppeln mit ihrer Goldbemalung besonders auf. Der Eindruck von Raumgröße wird vom breiteren Mittelteil unterstützt. Das Eingangsportal mit den Pflanzenornamenten und der gehämmerten Metalltür ist ein beliebtes Fotomotiv. Genutzt werden die Kirchengebäude von der ukrainisch-autokephalen-orthodoxen Gemeinde (UAOK).

Auf der anderen Straßenseite der vul. Rus'ka (вул. Руська) findet man mit dem Haus der Versicherungsgesellschaft ›Dnister‹ ein besonders schönes Beispiel für den ukrainischen Jugendstil. Die Genossenschaftsbank und Selbsthilfeorganisation der benachteiligten ukrainischen Bevölkerung beauftragte den Architekten und Fabrikanten Ivan Levynskyj 1905 mit dem Bau eines repräsentativen Gebäudes. Levynskyj griff teilweise auf Motive der Volkskunst zurück und ließ zum Beispiel Ornamente aus Keramik anbringen. Das Dach wird von einem Turm geschmückt, der einer ukrainischen Holzkirche nachempfunden ist. Der Architekt verhalf damit der verdrängten ukrainischen Kultur in diesem von Österreichern und Polen beherrschten Landesteil zu neuem Ausdruck. Im Erdgeschoß wurden kleine Läden an die in dieser Straße wohnenden Ukrainer zu erschwinglichen Preisen vermietet, und in den Obergeschossen fanden neben den Büroräumen auch noch Wohnungen und ein öffentlicher Sportsaal Platz. Heute sind hier eine medizinische Bibliothek und eine Poliklinik untergebracht.

Das Haus der Versicherungsgesellschaft ›Dnister‹

Das Nachbargebäude auf der vul. Pidval'na ist das Städtische Waffenarsenal aus dem Jahre 1555. Dieser festungsartige Bau mit den mächtigen Mauern und zu Schießscharten verengten Fenstern wurde vom Geld der Bürger erbaut. Ursprünglich gehörten noch zwei Türme zum Gebäude, einer davon war die Wohnung des städtischen Scharfrichters. Später diente der Bau als Kornspeicher, Gießerei und Gefängnis, nach einer umfangreichen Restaurierung ist hier seit 1981 ein Museum für alte Waffen untergebracht.

Westlich vom Waffenarsenal beginnt die vul. Starojevrejs'ka (вул. Староєврейська), was soviel wie alte jüdische Straße heißt. Der Vorsitzende der jüdischen Gemeinde Isaac Nachman baute 1582 neben seinem Haus eine Synagoge, die später die ›Goldene Rose‹ genannt wurde (Nr. 37). Neben gotischen Elementen waren Renaissanceverzierungen und eine wertvolle Inneneinrichtung die Merkmale dieser Synagoge. Während der Nazi-Okkupation kam es zur vollständigen Zerstörung des Gebäudes, nur Reste der Fundamente sind erhalten. Seit einigen Jahren gibt es eine Gedenktafel für die ›Goldene Rose‹.

Am südlichen Ende der vul. Pidval'na sind die Gebäude des Bernhardinerklosters zu finden. Auffallend sind die Befestigungsanlagen mit dem Glynjans'ki-Turm. Bei Restaurierungsarbeiten in den 70er Jahren wurde auch das verschüttete Steinmauerwerk mit dem Eingangstor wieder freigelegt. Die Befestigungsanlagen waren notwendig, weil das Kloster vor der Stadtmauer lag. Die Kirche sv. Andrija weist mit der Eingangsseite zum pl. Vozz'jednannja (пл. Воззьєднання) und gehört nun zur unierten Kirche. Der Komplex wurde im ersten Drittel des 17. Jahrhunderts unter der künstlerischen Leitung von Paul dem Römer (Paolo Dominici) begonnen und später von anderen fortgeführt. An der Giebelfassade ist gut der Übergang von der Renaissance zu barocken Bauauffassungen zu erkennen. Auf schlichten Mauern folgt ein manieristischer Fassadenabschluß mit vielen Verzierungen und Statuen von Maria, den Aposteln Peter und Andreas und anderen Ordensheiligen. 15 Holzaltäre und wertvolle Fresken sind im Inneren der Kirche zu finden. Der 38 Meter hohe Turm trägt eine Barockhaube. Vor dem Kirchengebäude erinnert eine Säule an die Verteidigung der Stadt gegen die Armee des Bohdan Chmel'nyc'kyj. Ein Mönch – Jan von Dukla – organisierte die Verteidigung. Im Klosterhof sind am Brunnen Szenen seines Lebens dargestellt. Schon 1460 gab es an dieser Stelle ein Kloster des Bernhardinerordens.

Das Bernhardinerkloster hinter sich lassend, kommt man auf die vul. Valova (вул. Валова). Am Eckhaus zur vul. Galyc'ka (вул. Галицька) sind Reliefs mit menschlichen Darstellungen von 1909 zu sehen. In dieser Spätzeit des Jugendstil waren kräftige, arbeitende Männer beliebtes Darstellungsobjekt. Nur wenige Schritte weiter betritt man den pl. Mickevyča (пл. Міцкевича) mit dem 1905 eingeweihten Denkmal für den polnischen Dichter Adam Mickiewicz. An der südlichen Ecke des dreieckigen Platzes beginnt der pr. Ševčenka (пр. Шевченка). Dort

Die städtischen Befestigungsanlagen mit dem Pulverturm

befindet sich das Hotel ›Žorž‹ – ›Georg‹, das 1901 nach Plänen der Wiener Architekten H. Helmer und F. Fellner erbaut wurde.

Von hier aus sei auch ein Bummel entlang des pr. Ševčenka empfohlen. Der breite Prospekt mit seinem grünen Mittelstreifen ist von Geschäften gesäumt und strahlt Ruhe und Geschäftigkeit zugleich aus. Hier ist in den letzten Jahren mit einigem Aufwand die Bausubstanz wiederhergerichtet worden.

Nach Norden zu kommt man dagegen auf den pl. Svobody (пл. Свободи – Platz der Freiheit). Gemächlich entlangschlendernd kann man die bunte Atmosphäre der Stadt erleben: hier geschäftiges Treiben auf den breiten Fußwegen, daneben alte und neue Eleganz am ›Grandhotel‹; auf den Bänken der Grünanlagen Domino spielende Rentner, an der ›speaker's corner‹ heftige politische Debatten und Verkauf von nationalistischen Symbolen aller Art. Von Süden kommend, stößt man als erstes auf den Brunnen der Muttergottes – nach der Legende ist sie die Patronin der Bürger der Stadt. Der Steinbrunnen mit Skulptur wurde 1904

Das am Ende des 19. Jahrhunderts erbaute Opernhaus

errichtet und 1997 restauriert. Das nächste Denkmal wurde 1992 errichtet und ist dem ukrainischen Nationaldichter Taras Ševčenko gewidmet. Vor der überlebensgroßen Figur sind immer frische Blumen zu finden – Ausdruck der Verehrung für einen Dichter, der das ukrainische Nationalgefühl in Worte faßte. Die zwölf Meter hohe Stele neben dem Denkmal symbolisiert die Welle der nationalen Erneuerung.

Vom nördlichen Ende der Anlagen grüßt die Fassade des Opernhauses. Mit dem Bau dieses Gebäudes wurde am Ende des 19. Jahrhunderts ein neues Zeitalter eingeläutet – das der modernen Industriemetropole. Der alte Stadtgraben wurde zugeschüttet, die darin fließende Poltva in ein unterirdisches Betonbett verlegt und der heutige Boulevard gebaut. Ein repräsentatives Musiktheater im Neo-Renaissance-Stil plazierte man zwischen den Fahrbahnen des Boulevards. Der polnische Architekt Z. Gorgolevski, von der Berliner Bauakademie kommend, wurde für dieses Projekt heftig kritisiert. Der vorausgesagte Einsturz des Operngebäudes blieb allerdings zum Glück aus.

Der Haupteingang besteht aus drei Portalen, darüber erstreckt sich eine Loggia mit korinthischen Säulen. In den Nischen sind die allegorischen Figuren für ›Komödie‹ und ›Tragödie‹ zu sehen. Der ukrainische Bildhauer P. Vijtovyč schuf die mythologischen Szenen am Giebelfeld und die in den Himmel ragenden Plastiken ›Ruhmesgöttin‹, ›Poesie‹ und ›Musik‹. Die Innenarchitektur ist ebenfalls sehr schmuckvoll und farbig. Verschiedene Marmorarten, Stuckornamente und Malereien geben den Räumen ein elegantes und prachtvolles Aussehen.

Auf einige repräsentative Gebäude auf dem pr. Svobody sei noch hingewiesen. An der Ecke zur vul. Gnatjuka befindet sich das Museum für Ethnographie und Kunstgewerbe der Ukraine (pr. Svobody 15). Kurz vor der Jahrhundertwende nach Plänen des Lemberger Architekten J. Zacharievicz im Neo-Renaissance-Stil errichtet, zeugt es vom Wohlstand des aufstrebenden galizischen Bürgertums und beherbergte früher die ›Galizische Sparkasse‹. Nun kann man Alltags- und Arbeitsgegenstände sowie Kunsthandwerkliches der ethnischen Gruppen der Westukraine bewundern. Buntbemalte Ostereier, farbige Ofenkacheln und geblasenes Glas geben einen Eindruck vom Geschick und der Kreativität ihrer Schöpfer. Das gegenüberliegende Eckgebäude nimmt die architektonische Formensprache des Museums auf, dominiert aber durch Kühle und Wucht; es ist die 1912 errichtete Prager Kreditbank, jetzt ›Prominvestbank‹.

Schräg gegenüber steht am pr. Svobody 20 ein weiteres Museum. Das 1898 als Gewerbemuseum errichtete Gebäude wurde 1950 zur ›L'viver Filiale des Zentralen Lenin-Museums‹ umfunktioniert. Als im September 1990 die Leninbüste vor der Oper weichen mußte, wurde auch das Museum geschlossen und einer Umgestaltung unterzogen. Als Bestandteil des Ukrainischen Nationalmuseums öffnet es nun seine Pforten. Es sind wechselnde Kunstausstellungen zu sehen.

Im ›Wiener Café‹ (pr. Svobody 14) kann man sich erholen und aus allerlei Süßigkeiten das Angenehmste aussuchen. Man versucht die Wiener Kaffeehauskultur wieder in die Stadt zu holen und tut das mit einigem Geschick. Besonders begehrt sind im Sommer die Plätze im Freien.

Über den pl. Pidkovy (пл. Підкови) führt der Weg zurück ins Stadtinnere. Ein kleines Denkmal erinnert an den Sičkosaken Ivan Pidkova, der im Befreiungskampf der Ukraine eine große Rolle spielte und schließlich 1578 in L'viv hingerichtet wurde. Rechter Hand steht ein einstöckiges Gebäude, in dem jetzt ein Café zu finden ist. Früher befand sich in diesem frühklassizistischen Bau von 1829 die Hauptwache.

Links vom Platz steht die leider geschlossene Peter-und-Pauls-Kirche des Jesuitenordens. Im Zuge der Gegenreformation entfaltete dieser Orden seine umfangreichen Aktivitäten und baute große und prachtvolle Kirchen. Dieses von 1610 bis 1630 errichtete Gotteshaus ist noch der Renaissance verpflichtet, wirkt allerdings aufgrund der vielen Skulpturen und Verzierungen etwas überladen. Der Architekt Giacopo Briano kam direkt aus Italien in die Stadt und brachte bereits die sich entwickelnde Auffassung des Barock mit. Nach einem Brand 1734 wurden im Inneren aufwendige Freskenmalereien ausgeführt. Heute dient das Gebäude als Lager der Bibliothek der Nationalen Akademie der Wissenschaften der Ukraine. Der einhundert Meter hohe Turm – der höchste L'vivs – war Anfang des 19. Jahrhunderts bereits so baufällig, daß er abgerissen werden mußte. Nebenan befindet sich das Jesuitenkolleg, hier lernte auch der spätere Hetman Chmel'nyc'kyj, woran eine Gedenktafel neben dem Eingang erinnert. Heute ist hier eine Schule untergebracht.

Das Denkmal für den Kosaken Ivan Pidkova

Wenn man die vul. Teatral'na weiter bis zur vul. Lesi Ukrajinky (вул. Лесі Українки) geht, trifft man auf einen freien Platz, auf dem Andenken, Antiquitäten und Malereien verkauft werden. Rechts davon, Richtung armenische Gasse steht die Preobraženskij-Kirche (Verklärungskirche). Das in neuem Weiß erstrahlende Bauwerk mit der grünen Kuppel ist weithin sichtbar – aber nicht besonders alt. Die Kirche wurde in den Jahren 1878 bis 1898 an der Stelle eines Klosters erbaut. Bemerkenswert ist die farbenfrohe und reiche Innenausstattung. Im Oktober 1989 wurde diese Kirche als erste L'vivs von der wiedererstandenen unierten Kirche in Besitz genommen.

Die nördliche Vorstadt

Der Staryj Rynok (пл. Старий Ринок – Alter Marktplatz) war vom 13. Jahrhundert an für mehrere Jahrhunderte das Zentrum der Stadt. An der heutigen vul. Chmel'nyc'koho (вул. Хмельницького), dem Beginn der Verbindungsstraße nach Wolhynien und Kiev, und rund um den Marktplatz sollen im 13. Jahrhundert bereits 15 Kirchen existiert haben. Einige sind, wenn auch teilweise mit großen Veränderungen, erhalten geblieben.

Die wahrscheinlich älteste ist die Kirche ›Johannes der Täufer‹ an der Ostseite des Staryj Rynok. Sie stammt aus dem Jahre 1260 und soll für Konstanze, die Frau des Fürsten Lev, erbaut worden sein. Es gab zahllose Umbauten, das jetzige

Die Johanneskirche

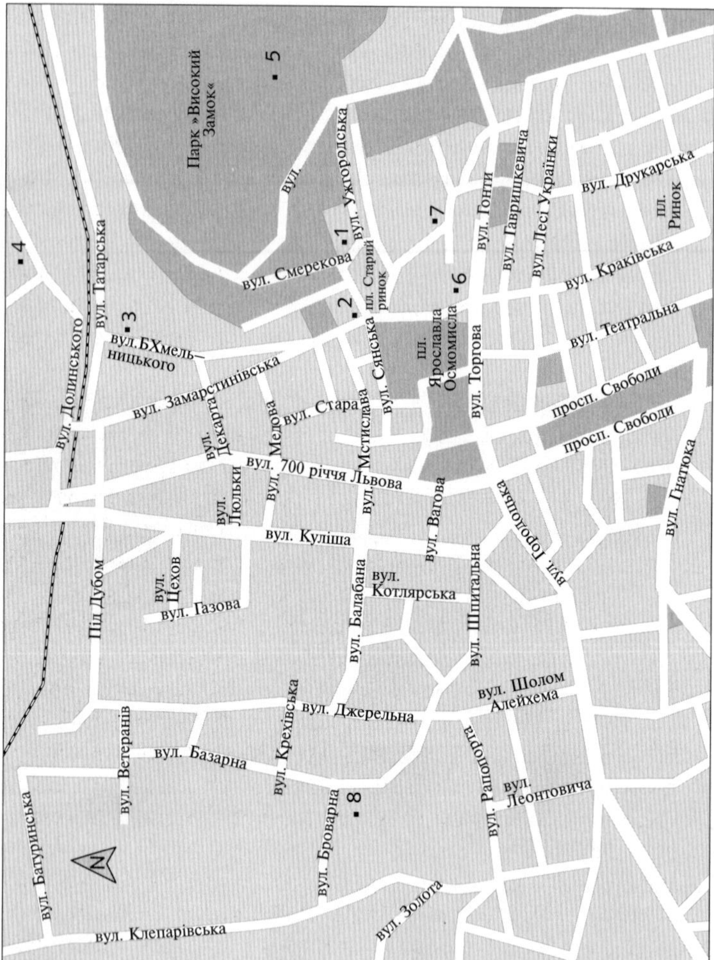

L'viv, nördliche Vorstadt

Legende

1 Johanneskirche (Костьол Івана Хрестителя)

2 Nikolauskirche (церква св. Миколая)

3 Onufri-Kirche (церква св. Онуфрія)

4 P'jatnyc'ka-Kirche (П'ятницька церква)

5 Schloßberg (Високий замок)

6 Maria-Schnee-Kirche (Костьол Марії Сніжної)

7 Abtei der Benidiktinernonnen (Монастир Бенедиктинок)

8 Zentralmarkt (Krakauer Markt)

Erscheinungsbild soll dem Original nahe kommen, stammt aber aus dem Jahre 1886. Heute dient das Gebäude als Museum und gehört zur Gemäldegalerie. Im Vorgarten sind interessante moderne Plastiken zu bewundern.

An der Nordseite des Platzes befindet sich die Nikolauskirche; die Hofkirche des Fürsten stand bereits Ende des 13. Jahrhunderts an dieser Stelle. Die schmucklosen Außenwände und die kleinen Fenster weisen auf die Schutzfunktion dieser Kirche im Belagerungsfall hin. Das Gotteshaus ist als Kreuzkuppelbau mit drei Apsiden ausgeführt. Andere Anbauten stammen aus dem 17. und 18. Jahrhundert, die Ikonen der Kapellen sind etwa 300 Jahre alt und der Ikonostas etwa 80 Jahre. Die Kirche stellt wegen der alten Kalksteinmauern an den Apsiden und der Aufteilung der Innenräume eines der besten Werke der galizischen Architektur des 13. Jahrhunderts dar.

Vor dem Zweiten Weltkrieg wurde der alte Marktplatz von dem jüdischen Tempel, der größten Synagoge der Stadt, geprägt. Das gewaltige, von einer großen Kuppel überwölbte Gebäude war 1843 errichtet worden. Die sogenannte Žovkva-Vorstadt wandelte sich im Laufe der Jahrhunderte zu einem mehrheitlich von Juden bewohntem Gebiet. Fast alle Zeugnisse, wie die Große Synagoge und der Friedhof, sind zerstört worden. Die frühere chassidische Synagoge am pl. sv. Teodora (пл. св. Теодора) fungiert heute als Zentrum der jüdischen Kultur.

Die heutige Onufri-Kirche in der vul. Chmel'nyc'koho 36 entstand 1550. Aber schon seit dem 13. Jahrhundert hatte hier eine Holzkirche gestanden, später kam ein Kloster des Basiliusordens hinzu. Dies alles fiel einem Brand zum Opfer. Das heutige Aussehen der Kirche wurde durch zahlreiche Umbauten in den letzten 200 Jahren geprägt. Auf dem Kirchhof ist ein Denkmal für Ivan Fedoriv zu sehen; der erste Buchdrucker auf ukrainischem Boden wurde 1583 hier beigesetzt. Seine Druckwerkstatt befand sich in der Innenstadt neben der Maria-Entschlafens-Kirche.

Um zur P'jatnyc'ka-Kirche zu gelangen, benutzt man den Fußgängertunnel unter den Bahngleisen und geht die verlängerte vul. Chmel'nyc'koho weiter. Auf der rechten Straßenseite, am ursprünglichen Eingang zum Ghetto, steht seit 1992 ein Denkmal für die jüdischen Opfer des Faschismus. Fast die gesamte jüdische Bevölkerung L'vivs wurde umgebracht, nur sehr wenige konnten überleben.

Nach wenigen hundert Metern ist der Turm der gedrungen wirkenden P'jatnyc'ka-Kirche zu sehen. Auf den Grundmauern älterer Bauwerke, wahrscheinlich aus dem Ende des 13. Jahrhunderts, stellt die 1643 errichtete Kirche ein Beispiel der kulturellen Beziehungen zu Moldawien dar. Der moldawische Fürst Lupul gab Geld für den Bau, und Herrscher von dort sind in der Kirche beigesetzt. An der Straßenseite der Außenmauer ist ein moldawisches Wappen zu sehen – ein Büffelkopf mit Krone, Sonne und Mond. Der Bau hat ein Schiff und ein polygonale Apsis sowie zwei kleine Kapellen. Der geschnitzte Ikonostas von 1644 ist durch eine Renaissance-Säulenordung gegliedert und enthält 70 Ikonen. Bemerkenswert sind vor allem die Passionsikonen von F. Senkovič, einem bedeutenden Vertreter der ukrainischen Malerei.

Vom Staryj Rynok aus kann man den Schloßberg ersteigen, auf dem einst das alte Schloß des Fürsten Danylo Romanovyč stand. In der zweiten Hälfte des 14. Jahrhunderts ließ der polnische König Kasimir III. eine neue Burg – das Hohe Schloß – erbauen. Durch häufige Belagerungen und Brände zerstört, wurde die Anlage mehrmals aufgebaut und verändert, Ende des 18. Jahrhunderts wurde sie demontiert. Heute sind leider nur noch kärgliche Mauerreste erhalten. Ein Park und der Fernsehturm sind auf dem Gipfel des Hügels zu finden, aber der Aufstieg lohnt sich vor allem wegen des Rundblicks auf die Stadt und die Umgebung. Die Altstadt mit der interessanten Silhouette ist ebenso zu sehen wie die Vorstadt mit der Georgskirche und die Neubausiedlungen am Stadtrand.

Zurückgekehrt zum Staryj Rynok, kann man auf dem Weg ins Stadtzentrum noch einen Blick auf zwei kleinere Bauwerke werfen. Oberhalb der vul. Gonty (вул. Гонти), gegenüber dem Puppentheater, steht die neoromanische Maria-Schnee-Kirche aus dem 19. Jahrhundert. Schon im 14. Jahrhundert wurde an dieser Stelle eine Vorläuferkirche von deutschen Siedlern erbaut. Zweihundert Meter weiter findet man an der vul. Vičeva (вул. Вічева), die etwas versteckt liegende Kirche und Abtei der Benediktinernonnen aus dem 16. Jahrhundert, welche ebenfalls von dem italienischen Renaissancearchitekten Pawel Römer entworfen wurden. Angenehm wirkt der kleine grüne Innenhof und der schöne Renaissanceturm. Die Anlage war früher von einer Verteidigungsmauer umgeben, denn sie lag außerhalb der städtischen Befestigungsanlagen.

Im Nationalmuseum in der vul. Drahomanova

Vor allem an den Markttagen Mittwoch und Sonnabend sollte man dem zentralen Markt, auch Krakauer Markt genannt, einen Besuch abstatten. Der Weg dorthin führt entlang der vul. Špytal'na (вул. Спитальна) durch das alte jüdische Viertel zur vul. Bazarna (вул. Базарна). Am Eckgebäude vul. Špytal'na/vul. Kotljars'ka ist eine moderne Gedenktafel für Scholem Alejchem (1859–1916) angebracht, der 1906 in diesem Haus lebte. Der Krakauer Markt beginnt nach der vul. Rappoporta (вул. Раппопорта) auf der linken Seite der vul. Bazarna und erstreckt sich auf dem Gelände des alten jüdischen Friedhofs, der während des Zweiten Weltkrieges zerstört wurde. Buntes Treiben beherrscht die Marktszenerie, von Blumen über Lebensmittel bis zu Elektronikbauteilen gibt es alles zu kaufen.

Südlich vom Markt in der vul. Rappoporta erkennt man an der großen Kuppel das alte jüdische Krankenhaus, die jetzige Frauenklinik. Das Anfang des 20. Jahrhunderts im maurischen Stil erbaute Gebäude strahlt Exotik aus. Die Fassaden sind mit farbig glasierten Ziegeln und orientalischen Ornamenten gestaltet, und auch die große Kuppel erzielt mit farbigen Dachziegeln eine besondere Wirkung.

Die westliche Vorstadt

Vom Stadtzentrum aus gelangt man mit der Straßenbahn 4 zum Stryjs'kyj-Park (Station vul. Parkova – вул. Паркова). Der wenige Meter von der Haltestelle gelegene Haupteingang ist mit Arkaden geschmückt. Der Park umfaßt 58 Hektar und wurde bereits in den ersten Jahrzehnten des 19. Jahrhunderts angelegt. Der städtische Gartenarchitekt Arnold Rehring hatte großen Anteil an der Gestaltung dieser Anlage. Neben exotischen Gewächsen wie Ginkgo-, Tulpen- und Essigbäumen gibt es eine Vielzahl einheimischer Sträucher und Bäume. Das natürliche hügelige Landschaftsrelief wurde bei der Parkgestaltung gut einbezogen. Ein künstlicher See, von Blumenrabatten umgeben, liegt im unteren Teil. Weiter oben steht die Orangerie mit tropischen und subtropischen Pflanzen. Im Waldterrain sind Ruinen errichtet worden, um eine romantische Stimmung zu schaffen.

Über den Ausgang zur vul. Stryjs'ka erreicht man den neueren Chmel'nyc'kyj-Park. Einen Eindruck von der monumentalen sowjetischen Denkmalarchitektur bekommen Besucher am Ruhmesmonument für die Sowjetarmee. Eine 13 Meter hohe Stele, eine überlebensgroße Gruppenplastik mit Soldat und traumwandelnder ›Mutter Heimat‹ und sechs gewaltige Reliefs gehören zum Ensemble, das die Denkmalsstürmerei der vergangenen Jahre wohl nur wegen seiner Größe überlebt hat.

In der vul. I. Franka (вул. Ивана Франка), auf der anderen Seite des Stryjs'kyj-Parks, befindet sich in dem Haus, in dem der ukrainische Schriftsteller Ivan Franko (1856–1916) seine letzten Lebensjahre verbrachte, ein Museum. In dieser

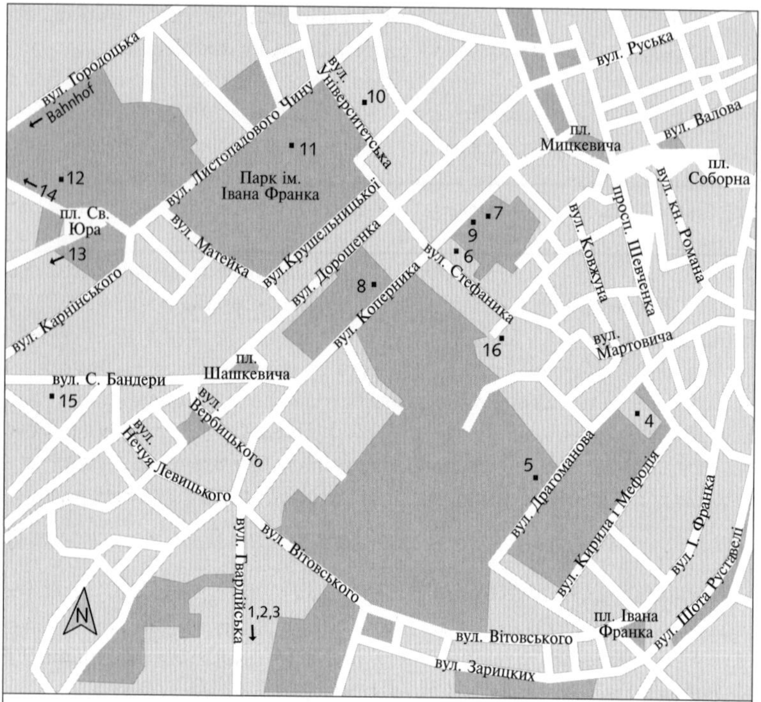

L'viv, westliche Vorstadt

Legende

1 Stryjs'kyj-Park (Стрийський парк, siehe Übersichtsplan)

2 Chmel'nyc'kyj-Park (парк Хмельницького, siehe Übersichtsplan)

3 Ivan-Franko-Museum (музей Івана Франка, siehe Übersichtsplan)

4 Michaelskirche (церква св. Михаїла)

5 Museum für Ukrainische Kunst (Nationalmuseum) (Національний музей)

6 Gemäldegalerie (Картинна галерея)

7 Potoc'kyj-Palast (Палац Потоцьких)

8 ›Rusalka-Dnistrova‹-Museum (Музей Русалки Дністрової)

9 Universität (університет)

10 Palast der Künste (Палац мистецтв)

11 Ivan-Franko-Park (Парк І. Франка)

12 Georgskathedrale (собор св. Юра)

13 Sankt-Elisabeth-Kirche (церква св. Єлизавети)

14 Bahnhof (вокзал)

15 Polytechnische Universität (Львівська Політехніка)

16 Café ›Kupol‹

Gedenkstätte kann man sich anhand der Wohnungseinrichtung des Dichters ein Bild von dessen Leben verschaffen. Franko war nicht nur Dichter, sondern auch ein engagierter Publizist und Übersetzer. Nach seinen Studien in L'viv und Wien betätigte er sich politisch und wurde mehrmals verhaftet. Für das nationale Selbstverständnis bedeutungsvoll sind seine Übersetzungen von englischen und deutschen Klassikern ins Ukrainische. Darüber hinaus hat er durch seine Übertragungen vom Ukrainischen ins Deutsche beispielsweise Ševčenko einem breiteren Publikum zugänglich gemacht.

In der Villa nebenan befindet sich eine Ausstellung mit Fotos, Dokumenten und Werken Frankos. In diesem Gebäude lebte eigentlich der Historiker M. Hruševs'kyj, mit dem Franko eine enge Freundschaft verband. Eine Büste vor dem Haus erinnert jetzt an den Geschichtsprofessor der L'viver Universität und späteren Vorsitzenden der ersten ukrainischen Regierung, der Zentralrada.

Wieder im Stadtzentrum angekommen, soll der Rundgang am südlichen Ende des pr. Ševčenka weitergehen. Hier am Beginn der vul. Drahomanova (вул. Драгоманова) steht seit 1993 ein Denkmal für Hruševs'kyj. Das erste Gebäude auf der linken Seite ist die reich ausgestattete Barockkirche des heiligen Michael, Sitz des Bischofs der orthodoxen Kirche.

Die vul. Drahomanova ist eine ruhige, leicht bergan steigende Villenstraße; fast an ihrem Ende befindet sich das Museum für Ukrainische Kunst (Nr. 42) mit einer großen Ikonensammlung aus dem 14. bis 18. Jahrhundert sowie ukrainischer bildender Kunst aus dem 19. und 20. Jahrhundert.

Für Kunstliebhaber empfehlenswert ist auch ein Besuch in der Gemäldegalerie in der vul. Stefanyka 3 (вул. Стефаника). Von der vul. Drahomanova zweigt die vul. Hlibova ab, die schließlich in die vul. Stefanyka übergeht, der Fußweg zwischen beiden Museen führt durch angenehme Wohnviertel, die noch aus der Zeit der österreichischen Herrschaft stammen. Kurz bevor man die Gemäldesammlung erreicht, besteht die Möglichkeit, sich im Café ›Kupol‹ in der vul. Čajkovs'koho 37 (вул. Чайковського) zu stärken. Dieses sehr empfehlenswerte Restaurant kann mit einer guten Küche und einer angenehmen Atmosphäre aufwarten. Mit einem Sammelsurium alter Dinge wird der Charme der ›alten guten Zeit‹ beschworen.

Den größten Teil der Sammlung in der Galerie macht die westeuropäische Kunst aus. Zu sehen sind eine große Sammlung italienischer Werke aus dem 14. bis 18. Jahrhundert und Gemälde deutscher, holländischer, spanischer, österreichischer und polnischer Maler. Einige Räume sind der modernen ukrainischen Kunst vorbehalten. Gegenüber der Gemäldegalerie befindet sich die Universitätsbibliothek im Ossolineum.

In der vul. Kopernika 15 (вул. Коперніка) ist der Potoc'kyj-Palast zu finden. Der hinter hohen Metallzäunen liegende Palast dient heute als Residenz der ukrainischen Regierung. Der imposante Komplex entstand 1889 nach einem französischem Projekt. Die beeindruckende Innenausstattung ist leider nicht zu besichtigen. Der 1996 neu errichtete Palast der Künste steht im beabsichtigtem Gegensatz zum Nachbarbauwerk. Hier regiert eine kühle Funktionalität, die etwas trutzig wirkt. Nur einige neoklassische Elemente lockern die Gestaltung etwas auf. Hier sind wechselnde Kunstausstellungen zu sehen (vul. Kopernika 17). Gegenüber, in der vul. Kopernika 20 verbrachte Leopold von Sacher-Masoch (1836–1895) seine Kindheit. Der später in den Ritterstand erhobene Schriftsteller gilt als

Die ehemalige Villa von Hruševs'kyj beherbergt eine Ivan-Franko-Ausstellung

Begründer der deutschsprachigen Literatur Galiziens. Er schrieb Romane mit pessimistischen Darstellungen des Familienlebens und wurde (allerdings ohne sein Zutun) namensgebend für den Masochismus.

Im Glockenturm der Heiliggeistkirche (vul. Kopernika 40) befindet sich das ›Rusalka-Dnistrova‹-Museum. Die Kirche selbst wurde im Weltkrieg durch Bomben zerstört, wahrscheinlich sollte eigentlich das nahegelegene Post- und Telegrafenamt getroffen werden. ›Rusalka Dnistrova‹ ist eine Liedersammlung und das erste Buch mit kyrillischen Buchstaben und in ukrainischer Umgangssprache. Mit dem Untertitel ›Ruthenische Volkslieder‹ erschien es 1837 in Budapest. Der Übersetzer und Schriftsteller Markijan Šaškevyč war der Herausgeber der Liedersammlung – neben dem Museum steht sein Denkmal.

Wenn man der vul. Stefanyka weiter nach Norden folgt, gelangt man zur Universität. Im jetzigen Hauptgebäude war bis 1919 das galizische Parlament untergebracht. Der Entwurf für diesen 1877 begonnenen Bau stammt von J. Hochberger. Die Allegorien neben dem Eingang stellen die ›Erziehung‹ (links) und die ›Arbeit‹ (rechts) dar. Über der Attika thront die Darstellung der ›Beschützer des Geistes von Galizien‹. Diese überlebensgroßen Plastiken sowie schlanke ionische Säulen verleihen dem neoklassizistischen Bauwerk einen repräsentativen Charakter. Auch die Eingangshalle ist einige Blicke wert – großzügige Treppenaufgänge, erlesener Steinfußboden und neoklassizistische Säulen geben dem Foyer etwas Erhabenes. Der fremde Besucher sollte sich nicht wundern, wenn er sofort vom Pförtner nach dem Weg gefragt wird – Pförtner gehören in der Ukraine noch zum unverzichtbaren Personal.

Gegenüber dem Gebäude lädt eine Grünanlage zum Verweilen und Erholen ein. Am unteren Ende der Anlage steht ein gewaltiges Denkmal für Ivan Franko. Der nach ihm benannte Park wurde bereits im 17. Jahrhundert durch die Jesuiten nach italienischer Mode angelegt. Seit 1779 ist er der Öffentlichkeit zugänglich. Einige Bauten, so auch die erhaltene Dorian-Rotunde, errichtete man für die Unterhaltung der Bürger. Heute ist der Park eine kleine grüne Insel mit vielen alten Bäumen. Am oberen Ende des leicht ansteigenden Parks steht das Hotel ›Dnister‹ – ein Blickfang, aber sicher keine architektonische Meisterleistung. Die an der südlichen Längsseite des Parks liegende vul. Krušel'nyc'koji (вул. Крушельницькоï) dagegen hat zumindest eine architektonische Besonderheit – eine vollständig erhaltene Zeile von Neorenaissance-Wohnhäusern. Hier war immer eine bessere Wohngegend. Das Haus Nr. 1 gehörte z. B. ab 1900 der Familie Buber. Leon Reich war ein aktiver Kämpfer für den Zionismus – er lebte und starb hier.

Der Weg führt bergauf zu einem städtebaulich dominierenden Bauwerk, der Georgskathedrale (sobor sv. Jura). Dank der günstigen Lage auf einem Hügel ist dieses imposante Bauwerk weithin zu sehen. Die Georgskathedrale zählt zu den bedeutendsten Rokokokirchen. Vom Platz des heiligen Georg, dem pl. Svjatoho

Jura (пл. Святого Юра), führt der Weg durch zwei Tore. Nun eröffnet sich der Blick auf das Bauensemble. Links erhebt sich die Kathedrale mit den Nebengebäuden, und rechts steht das Haus des Metropoliten. Aus der Geschichte ist überliefert, daß an dieser markanten Stelle schon seit 1280 eine Holzkirche stand. Mit dem Bau der heutigen Kirche wurde 1744 nach den Entwürfen des deutschstämmigen Architekten Bernhard Merettin begonnen. Nach dessen Tod vollendete Sebastian Fössinger 1768 die Kathedrale und die Nebengebäude.

Faszinierend ist die reich verzierte Hauptfassade: Zwei hohe Pfeiler neben dem Eingang ziehen den Blick nach oben zum Ziergiebel, der mit der Skulptur ›Der heilige Georg im Kampf mit dem Drachen‹ abschließt. Diese und die Heiligenstatuen von Anastassi und Lew schuf der begabte Bildhauer M. Pinsel. Der dreischiffige Innenraum wird durch das imposante Hauptschiff mit dem Gewölbesystem und der

Das Portal der Universität

barocken Ausstattung geprägt. Die Kathedrale war bis zum Verbot der unierten Kirche 1946 Sitz ihrer Metropoliten. Seit der Neuformierung der ukrainisch-unierten Kirche wird dieses Gotteshaus wieder von der Gemeinde genutzt.

Weiter stadtauswärts, am Beginn der zum Bahnhof führenden vul. Černivec'ka (вул. Чернівецька), steht die Sankt-Elisabeth-Kirche (cerkva sv. Elisabety). Der Einweihung dieser neogotischen Kirche wohnte 1912 sogar der österreichische Kaiser Franz Josef I. bei. Denn der Anlaß für ihren Bau war der tragische Tod der österreichischen Kaiserin Elisabeth. Unter dem Namen Kirche der Heiligen Olga und Elisabeth dient sie jetzt der unierten Gemeinde als Gotteshaus. In sowjetischen Zeiten befand sich hier ein Warenlager der Schokoladenfabrik, nun erstrahlt sie in neuem Glanz.

Von hier ist es nicht mehr weit bis zum Bahnhof der Stadt. L'viv ist ein Verkehrsknotenpunkt und besitzt ein repräsentatives Bahnhofsgebäude. In den Jahren 1899 bis 1903 – also einer Zeit, in der die Bahnhöfe die Kathedralen des Fortschritts waren – entstand das recht beeindruckende Bauwerk. Das langgestreckte ›Querschiff‹ bilden die Bahnsteige. Das Zentrum bildet die Eingangshalle mit neuer auskragender Überdachung, überlebensgroßen Figuren, die Handel und Arbeit darstellen, und der Kuppel. Für Touristen wichtig sind vor allem die internationalen Kassen in der zweiten Etage – hier müssen die Fahrkarten ins Ausland erstanden werden, und das leider oft im Wortsinn.

Auf eines der bedeutendsten Neorenaissance-Gebäude sei noch hingewiesen, auf die Polytechnische Universität in der vul. Bandera 12 (вул. Бандера). Es entstand 1874–1877 nach dem Projekt des Architekten J. Zachariewicz. Das Gebäude hat beträchtliche Ausmaße und umfaßt mehrere Seitenflügel und Innenhöfe. Bemerkenswert sind vor allem die große Eingangshalle mit Lichthof und reichem ornamentalem Schmuck und die Aula. Hier zieht die schön gegliederte Kassettendecke und der Bilderzyklus die Blicke auf sich. Besonders stolz ist man auf die Bibliothek. Riesige Bücherschränke sind mit Holzskulpturen verziert und schaffen eine faustische Atmosphäre.

Lyčakivs'ke-Friedhof und Architekturmuseum

Im Osten von L'viv, in der vul. Mečnykova (вул. Мечникова, siehe Übersichtskarte) befindet sich der Haupteingang zum alten Lyčakivs'ke-Friedhof (Личаківський Цвинтар). Am bequemsten fährt man mit der Straßenbahn 7 aus dem Stadtzentrum hierher – aussteigen muß man an der Station vul. Pekars'ka (вул. Пекарська). Im 16. Jahrhundert wurden hier, weit vor den Toren der Stadt, die Toten der Pestepidemien beigesetzt, und seit 1786 wurde der Friedhof als städtische Begräbnisstätte genutzt. Seit 1975 werden nur noch in Ausnahmefällen Tote auf diesem

Friedhof beigesetzt. Es lohnt sich, durch das Gelände zu spazieren, denn man findet nicht nur Gräber bedeutender Persönlichkeiten, sondern auch eine Vielzahl schöner Werke einheimischer Steinmetze und Bildhauer. Auf über 42 Hektar gibt es mehr als 300 000 Gräber.

Der Friedhof ist ein Abbild der jüngeren Stadtgeschichte: Gräber von Österreichern und Deutschen aus dem letzten Jahrhundert, daneben viele alte und neuere polnische sowie ukrainische Grabstätten. Die bekannteste hier beigesetzte Persönlichkeit ist zweifellos der Schriftsteller Ivan Franko. Das Grabmal ist leicht zu finden – vom Haupteingang die große Allee rechts wenige Meter bergan – und zeigt vor dem Hintergrund eines Granitfelsens einen Steinbrucharbeiter: ›Großer Steinbrucharbeiter‹, so wurde der Dichter zu seinen Lebzeiten nach dem Titel eines von ihm verfaßten Gedichtes genannt. Der hochverehrte Dichter starb nach langer und schwerer Krankheit am 28. Mai 1916 in L'viv, seinem Sarg folgten Tausende von Menschen. Er starb nach vielen persönlichen Schicksalschlägen – seine Hände waren gelähmt, und er konnte nicht mehr schreiben, sondern mußte seine Schriften diktieren.

Das Grabmal von Ivan Franko auf dem Lyčakivs'ke-Friedhof

Wenn man diese Hauptallee weiter geht, kommt man am Ende zur Gedenkstätte für die polnischen Teilnehmer des ukrainisch-polnischen Krieges von 1919, welches nach den Zerstörungen in der Sowjetzeit wiederhergestellt wurde. Außerdem gab es auf dem Friedhof Gräber aus dem Ersten Weltkrieg; über 3500 Österreicher und mehr als 500 Deutsche waren hier begraben, ihre Grabstätten überlebten jedoch die Sowjetherrschaft nicht.

Vom Friedhof ist es ein schöner Spaziergang zum Museum für Volksarchitektur und Lebensweise (музей народної архітектури та побуту), das im Ševčenkivs'kyj-Wäldchen liegt. Man kann natürlich auch vom Stadtzentrum aus mit dem Bus (Linien 7, 10 und 20) sowie mit der Straßenbahn (Linien 2 und 7) jeweils bis zur Haltestelle vul. Mečnykova fahren. Den Hinweisschildern folgend, ist noch ein kleiner Anstieg zu absolvieren, am besten entlang der vul. Nyzyns'ka (вул. Низинська), und nach wenigen hundert Metern umfängt einen die Stille des großzügig angelegten Parks. Das Wäldchen wurde früher Kaiserwald genannt – in Erinnerung an den Besuch des österreichischen Kaisers im Jahre 1780.

Seit 1971 existiert nun das Museum mit über 120 Gebäuden. Die Bauernhäuser, Ställe, Mühlen und Kirchen stammen aus dem 18. bis 20. Jahrhundert und wurden aus der gesamten Westukraine zusammengetragen. Beachtenswert sind die Bauten aus den Karpatenregionen, namentlich die der Bojken, Lemken und Huzulen. Die meisten Häuser sind geöffnet, und man kann die rustikale Inneneinrichtung bewundern.

Auf ein Meisterwerk der Zimmermannsarbeit soll besonders hingewiesen werden. Die Mikolajykirche aus dem Dorf Krivki wurde 1765 errichtet und 1930 hier-

Im Museum für Volksarchitektur und Lebensweise

her überführt. Sie stellt ein schönes Beispiel der Bojkenarchitektur dar. Die drei achteckigen Türme wirken durch die schindelbedeckten Dachabsätze schlanker und höher. Der überdachte Eingangsbereich wird von vier Säulen getragen, eine weitere Auflockerung des sonst sehr rustikal wirkenden Bauwerkes stellt die kleine um die Empore laufende Galerie im zweiten Stock dar. Das Interieur ist schlicht, und die Raumwirkung ergibt sich aus dem ›Flair des Holzes‹. Montags ist das Museum geschlossen, empfehlenwert ist ein Besuch am Wochenende, denn sonntags finden manchmal in den Kirchen Gottesdienste statt.

Weitere Kirchen in L'viv – ein Überblick

Auf Streifzügen durch die Stadt kann man eine Anzahl weiterer Kirchen entdecken. Einige werden noch zweckentfremdet genutzt, andere gerade renoviert, manche liegen versteckt hinter Mauern oder Betriebszäunen. Da es nicht möglich ist, alle zu beschreiben, seien hier nur einige interessante aufgeführt.

Karmeliterkirche (костьол Кармелітoк); nun Kirche sv. Mychajila (vul. Vynnyčenka 22/вул. Винниченка) – nahe dem Pulverturm. Sie gehörte zum Kloster aus dem 17. Jahrhundert im Frühbarock-Stil, der Hauptaltar aus rotem und schwarzem Mamor ist die Orginalausstattung von 1640; Freskenmalerei von italienischen Künstlern (1731); wird von der unierten Gemeinde genutzt.

Kloster und Kirche des barfüßigen Karmeliterordens (костьол Кармеліток босих) (vul. Vynyčenka 30a/ вул. Виниченка). 1634 begonnen, über lange Zeit unvollendet, im Barockstil erbaut, wurde als Amt für Meteorologie genutzt, heute gehört es der unierten Kirche.

Maria-Magdalena-Kirche (костьол Магдалини) (vul. Bandery 8/вул. Бандери), barocke Kirche aus dem 17. Jahrhundert, besitzt einen Altar von 1630; jetzt Konzerthalle mit der größten Orgel der Ukraine.

Kirche der Heiligen Anna (церква св. Анни), Ecke vul. Gorodoc'ka und vul. Ševčenka (вул. Городоцька/ вул. Шевченка), unierte Kirche, 1505 erbaut, jetziges Erscheinungsbild nach Umbauten 1673, wird von der unierten Kirche genutzt.

Lazarja-Kirche (костьол св. Лазара), Kirche und Hospital des Heiligen Lazarus, Ecke vul. Bandera und vul. Kopernika (вул. Бандера/ вул. Коперніка), 17. Jahrhundert, versteckt hinter alten Mauern, jetzt Chorschule.

Peter-und-Paul-Kirche (церква Петра і Павла) (vul. Mečnykova 82/ вул. Мечникова), 1668 erbaut, sehenswerter Ikonostas von 1862, wird von der ukrainisch-authokephalen orthodoxen Kirche genutzt.

Klarissen-Kirche (костьол Кларисок), (pl. Mytna 2/пл. Митна), beherbergt das Museum für den Maler Johann Georg Pinsel, 1607 erbaut, 1938 renoviert und modernisiert.

Kirche der heiligen Ursula (vul. Zelena 11/вул. Зелена, unweit der vul. Rustaveli), 1685 erbaut, gehörte zum Dominikanerkloster, 1785 zum evangelischen Gemeindezentrum der deutschen Siedler ausgebaut (mit Pfarrhaus, evangelischer Schule und Druckerei), 1878 im Historismusstil umgebaut, in der Sowjetzeit diente das Gebäude als Lagerhalle, nach der Wende bekam die ukrainische Baptistengemeinde das Gebäude, jetzt neu rekonstruiert, viele alte Grabsteine deutscher Pfarrer und Superintendenten erhalten.

Der Flughafen liegt etwa zehn Kilometer westlich der Stadt, es verkehren auch Flugzeuge internationaler Linien. So bestehen Verbindungen nach Frankfurt am Main, Amsterdam, London, Manchester und Warschau. Der Trolleybus 9 fährt vom Flughafen direkt ins Stadtzentrum. Endstation ist das Hauptgebäude der Universität.

Der Bahnhof befindet sich etwa drei Kilometer vom Stadtzentrum entfernt in nordwestlicher Richtung. Mit den Straßenbahnen 1, 9 (zum Markt) und 6 (zur Oper) gelangt der Besucher in die Innenstadt. In der zweiten Etage des Bahnhofsgebäudes befinden sich die Fahrkartenschalter, an denen die Fahrkarten für internationale Strecken zu erwerben sind.

Die Bahnvorverkaufskasse ist in der vul. Gnatjuka 20–22 (вул. Гнатюка) zu finden. Ganz in der Nähe liegt auch die Agentur der ukrainischen Fluggesellschaft (pl. Peremohy 5/ пл. Перемоги).

Der ›internationale‹ Busbahnhof liegt im Süden am Stadtrand, an der vul. Stryjs'ka 109 (вул. Стрийська). Die direkte Verbindung zum Hauptbahnhof bildet die Buslinie 18, zum Stadtzentrum der Trolleybus 5. Letzterer fährt ab dem pl. Petruševyča (пл. Петрушевича) am pr. Rustaveli. Das moderne Gebäude des Busbahnhofs scheint etwas überdimensioniert. Aber neben den Verbindungen in die großen Städte des Landes sind für Touristen vor allem die Buslinien nach Polen wichtig. Es gibt zahlreiche Busse nach Przemysl sowie einige nach Warschau und Krakau. Bei den Fahrten muß man sich auf strenge Grenzkontrollen und mit Kleinhändlern vollgepackte Busse gefaßt machen.

Außerdem gibt es in L'viv noch sieben kleinere Busstationen an den jeweiligen Ausfallstraßen, von dort aus kann man in die nähere Umgebung der Stadt fahren.

Aus westlicher Richtung kommend, gelangt man mit dem Auto über die A 259 (E 40) nach L'viv; vom Grenzübergang Šehyny aus sind es etwa 80 Kilometer. Eine Umgehungsstraße, die den Durchgangsverkehr in Richtung Kiev von der Stadt fernhalten soll, verläuft südlich von L'viv. Die Fernverkehrsstraße M 17 kommt von Užhorod, tangiert L'viv und führt weiter nach Kiev.

In der Stadt selbst erschweren Einbahnstraßen, unübersichtliche Straßenführung und der Straßenbahnverkehr die Orientierung für Autofahrer. Bewachte Parkplätze gibt es im Stadtzentrum außerhalb der Hotels nur wenige, z. B. in der vul. akademika V. Hnatjuka, westlich des pr. Svobody.

Tankstellen gibt es inzwischen viele, vor allem am Stadtrand: in der Kiever Chaussee, in der vul. Stryjs'ka, in der Gorodoc'ke Chaussee, in der vul. Vašyngtona, im Südosten der Stadt, und in der vul. Kul'parkivs'ka (Ausfallstraße nach Südwesten).

Hauptpost und Telegraphenamt sind in der vul. Slovac'koho 1. Außerdem gibt es auf dem Marktplatz ein kleines Postamt – pl. Rynok 43. Utel-Kartentelefone gibt es in fast allen Hotels.
Vorwahl von Deutschland aus: Tel. 0038/322.

In L'viv ist es leichter als beispielsweise in Kiev, eine Unterkunft zu finden. Es gibt eine Anzahl ansprechender Hotels zu angemessenen Preisen.
›Grandhotel‹ (Гранд готель), am pr. Svobody 13, Tel. 72 40 42, www.ghgroup.com.ua, DZ ab 120 Euro. Zweifellos das beste, aber auch das teuerste Hotel am Platz.
Hotel ›Žorž‹ (готель ›Жорж‹), sehr zentral, pl. Mickevyča 1, Tel. 72 59 52, 25 bis 55 Euro pro Person.
Hotel ›L'viv‹ (готель ›Львів‹), schmuckloser Neubau am pr. Chornovola 3, moderate Preise von etwa 14 bis 25 Euro pro Person, sehr zentral, aber etwas laut.
Hotel ›Dnister‹ (готель ›Дністер‹), vul. Matejka 6 (вул. Матейка), Tel. 974305, westlich des I.-Franko-Parks in der Nähe der Georgskathedrale; DZ ab 80 Euro.
Hotel ›Suputnyk‹ (готель ›Супутник‹), im Südwesten der Stadt, vul. Knjagyni Ol'gy 116 (вул. Княгині Ольги), Tel. 64 58 22, www.suputnyk.com, inmitten eines Neubaugebietes. Vom pl. Galyc'ka (пл. Галицька) fährt die Straßenbahn 3 bis zum Hotel, circa 40 Euro pro Person.
Fünf bis sechs Kilometer außerhalb der Stadt, an der Fernstraße nach Kiev in der Verlängerung der vul. B. Chmel'nyc'koho, liegt der einzige Campingplatz. Er ist mit dem Bus 127 zu erreichen. Dort werden Holzhäuser vermietet, die Einrichtung ist sehr spartanisch.

Restaurants gibt es mittlerweile recht viele, noch häufiger sind kleine Bars und Cafés zu finden, meist auch mit der Möglichkeit, im Freien zu sitzen. Außerdem gibt es in den Hotels jeweils der Kategorie entsprechende Restaurants. Empfehlenswert:
Wiener Café, pr. Svobody 14 (пр. Свободи), es versucht, wieder etwas österreichischen Charme nach L'viv zu bringen.
Café ›Kupol‹, vul. Čajkovs'koho 37 (вул. Чайковського), ist liebevoll eingerichtetet und zu einem beliebten Treffpunkt geworden. Die Räume und die Veranda sind mit allerlei Antiquitäten geschmückt, und auch die Küche ist gut.
Erwähnt seien ›Svit Kafa‹ und ›Amadeus‹ am pl. Kafedral'na neben der lateinischen Kathedrale.
In der vul. Staroevreis'ka ist das Café ›Sukernaja‹ zu finden, wo es tolle Desserts gibt.
Das ›Castelari‹, pl. Mytna 1 (пл. Митна) ist modern eingerichtet,

und im Sommer kann man auch draußen sitzen.
Am pl. Rynok 17 befindet sich das Restaurant ›Zolotiyj vepr‹ (›Goldener Eber‹). In der vul. Hnatjuka (вул. Гнатюка) kann man im Restaurant ›Oselia‹ typische ukrainische Gerichte in rustikaler Atmosphäre genießen.

Die Stadt überrascht den Museumsfreund mit einer Vielfalt, hier eine Auswahl der wichtigsten:
Historische Museen, pl. Rynok 4, 6 und 24, täglich von 10 bis 18 Uhr geöffnet, außer Di.
Waffenarsenal, vul. Pidval'na 5, täglich geöffnet außer Di von 10 bis 18 Uhr.
Gemäldegalerie, vul. Stefanok 3, täglich außer Mo von 11 bis 17 Uhr.
Johann-Georg-Pinsel-Museum, pl. Mytna 2; täglich außer Mo von 11 bis 16 Uhr, Werke des außergewöhnlichen Bildhauers aus dem 18. Jahrhundert.
Nationalmuseum, pr. Svobody 20 und vul. Drahomanova 42, täglich außer Fr von 11 bis 17 Uhr, Gemälde, Ikonen und Kunstgegenstände.
Museum für Ethnographie und Kunsthandwerk, pr. Svobody 15, täglich geöffnet außer Mo und Di von 10 bis 17 Uhr, sehr empfehlenswertes Museum mit der weltgrößten Ausstellung bemalter Ostereier.
Möbel- und Porzellanmuseum, pl. Rynok 10, täglich außer Mo und Di von 10 bis 17 Uhr.
Museum für Religionsgeschichte, pl. Muzejna 1, täglich außer Do von 10 bis 17 Uhr.
Apothekenmuseum, vul. Drukars'ka 2, Mo bis Fr von 9 bis 19 Uhr, Sa, So von 10 bis 17 Uhr.
Museum für Volksarchitektur und Lebensweise, vul. Černeča Hora 1, täglich geöffnet außer Mo von 10 bis 18 Uhr.
Ivan-Franko-Museum, vul. Ivana Franka 150, täglich von 10 bis 16 Uhr außer Mo.
›Rusalka Dnistrova‹ – über die Geschichte des ersten Buches auf Ukrainisch, vul. Kopernyka 40, täglich von 11 bis 16 Uhr, außer Mo und Di.

Fremdsprachige Bücher, Souvenirs und Kunstgegenstände findet man im Antiquariat in der vul. Virmens'ka 35 und in der ›Gotischen Halle‹ am pl. Rynok 6.
Eine gute Auswahl an Büchern und Karten bietet der Buchladen am pl. Mickevyča 8. Ein kleiner Markt mit Souvenirs, Kunstgewerbe und Kunstgegenständen ist auf dem Platz zwischen vul. Teatral'na und vul. Kornjakta zu finden (hinter der Verklärungskirche).

Ivan Krislač – Porträt eines ukrainischen Künstlers

Ivan Krislač wurde am 12. Oktober 1929 in Stanymyr, einem Dorf in der Nähe von L'viv, geboren. Die Eltern betrieben eine kleine Bauernwirtschaft. Der Vater war mit dem 55. Regiment für Österreich in den Ersten Weltkrieg gezogen und in Italien und Rumänien gewesen. Ivan Krislač erlebte den Beginn des Zweiten Weltkrieges als wacher Schüler einer polnischen Dorfschule. Zuerst kamen die Russen und besetzten das polnische Gebiet, danach die Deutschen. Er merkte, daß die ukrainischen Nationalisten anfangs Hoffnungen in Hitler setzten, von dem sie Unterstützung für die nationale Unabhängigkeit erwarteten. Die Hoffnung war trügerisch und zerstob schnell. Im Dorf waren einige deutsche Soldaten stationiert, die Pferde betreuten. Als neugieriger Kuhhütejunge, der beim Hüten las und Vokabeln lernte, fiel er einem deutschen Soldaten auf. Was lernst Du? Deutsch! Ab jetzt wurde er abgefragt! Das laute poltrige ›Verstehst Du?‹ ist ihm heute noch im Ohr. Wahrscheinlich wollte ein Lehrer, in Uniform gesteckt, seinem Beruf weiter frönen. In den Wäldern um L'viv sammelten sich verschiedene Partisanengruppen, von denen einige die Rote Armee unterstützten, andere für eine unabhängige Ukraine gegen Deutsche und Sowjets kämpften. Der heranwachsende Ivan bekam vieles von den Wirrnissen dieser Zeit mit.

Linolschnitt von Ivan Krislač

Nach dem Ende des Krieges besuchte er in L'viv bis 1948 die Schule. Einer seiner Mitschüler war Bohdan Stašyns'kyj, der später Stepan Bandera – den Führer der nationalistischen ukrainischen Partei – vor dessen Wohnung in München erschoß. Für Ivan Krislač war es nicht nachvollziehbar, wie ein Ukrainer einen nationalistischen Ukrainer ermorden konnte – da konnten nur die Russen dahinter gestanden haben (bis heute ein gängiges Erklärungsmuster, wenn irgendetwas in der Ukraine schief läuft).

Ivan Krislač studierte am polygraphischen Institut in L'viv und begann schon als Student, an einer Zeitung mitzuarbeiten. Das wurde nach dem Studium für viele Jahre sein Beruf: Arbeit im Verlag, Zeitungslayout, Schriften entwerfen, Karrikaturen, Zeichnungen und Buchillustrationen. 1964 hatte er seine erste Ausstellung im Ausland – in Dresden. Sein Ziel, in den Künstlerverband aufgenommen zu werden, erfüllte sich erst 1970 – seine nicht so treue Umsetzung der Parteivorgaben stand dem zuvor immer etwas im Weg.

Er konnte nun auch gewisse Vergünstigungen in Kauf nehmen, der Verband vertrat die Interessen der Künstler und hatte zum Teil eine Art Gewerkschaftsfunktion inne, und durch die Mitgliedschaft war das Künstlerdasein legitimiert. Ivan

Krislač nahm zum Beispiel an einem Künstlertreff in der DDR im Mansfeldkombinat unter dem Motto ›Künstler malen Arbeiter‹ teil. Wichtig war aber vor allem, anerkannt als Künstler leben und arbeiten zu können. Nun war es für ihn einfacher, Buchillustrationen, vor allem Kinderbuchillustrationen, zu machen, und regelmäßige Ausstellungen wurden möglich.
Ivan Krislač widmete sich vor allem einer graphischen Technik, dem Linolschnitt. Diese Technik trieb er zu einer großen Perfektion und sie dokumentiert sich vor allem in Exlibris-Schnitten. Mit diesen kleinen Graphiken wird der persönliche Buchbestand gekennzeichnet, und während dies bei uns kaum mehr üblich ist, erfreut sich die Anfertigung eines Exlibris und deren Ausstellung (wenn möglich natürlich von bekannten Persönlichkeiten) in der Ukraine einer großen Beliebtheit. Mittlerweile kann der 70jährige auf eine Reihe von größeren Ausstellungen zurückblicken, einige auch im Ausland.
Leute wie Ivan Krislač, die immer ukrainisches Gedankengut bewahrt haben, sind natürlich auch in der Perestroika- und Transformationszeit nicht unaktiv geblieben. Denn vor allem in der Westukraine waren es auch die Künstler und Schriftsteller, die zu Demonstrationen aufriefen, die politische Diskussion vorantrieben und auch vereinzelt in die Politik gingen. Ivan Krislač malte Plakate für Demonstrationen, druckte Wahlwerbung und vieles mehr. Die nichtstaatliche Gegenöffentlichkeit hatte anfang der 90er Jahre kaum andere ›Propagandamittel‹.
Ivan Krislač hat fast zehn Jahre für den Aufbau einer Kirche in seinem Heimatdorf gearbeitet. 1938 wurde in Stanymyr mit dem Bau einer großen Kirche begonnen. Eine immerhin vier Meter hohe Mauer aus Granitsteinen stand bereits, als die Kriegswirren begannen. Erstaunlicherweise überdauerten diese Mauern den Krieg, das Verbot der unierten Kirche und die gesamte Sowjetzeit. Ende der 80er Jahre wurde auch in Stanymyr wieder die unierte Kirche heimisch, die alten Pläne waren noch da und so begann der lange Kampf des Kirchenbaus. Das Geld wurde im Dorf gesammelt, das Baumaterial irgendwie organisiert, die meisten Arbeiten von den Dorfleuten selbst ausgeführt. Man kann sich vorstellen, daß manche Durststrecke zu überwinden war. Ivan Krislač hat den Bau geleitet, die Zeichnungen gelesen, Modelle gebaut, die Leute angetrieben, Handwerker für Spezialarbeiten verpflichtet, den Innenraum der Kirche ausgemalt und Mosaike gestaltet. Kein anderer im Dorf hätte diese Arbeiten übernehmen können, und das Dorf kann sich glücklich schätzen, daß er seinem Geburtsort über 55 Jahre die Treue gehalten hat.

Die Umgebung von L'viv

Die nähere und weitere Umgebung L'vivs bietet zahlreiche Ziele für Ausflüge. Zum einen ist natürlich die Nähe der Karpaten verlockend, nur hundert Kilometer sind es bis zu dieser reizvollen Mittelgebirgslandschaft. An Ruhe und Natur Interessierte werden hier auf ihre Kosten kommen und Gelegenheit haben, einiges auf eigene Faust zu entdecken.

Andererseits gibt es auch viele Möglichkeiten, von L'viv aus in Ein- oder Mehrtagestouren kleinere Städte und interessante Sehenswürdigkeiten zu erkunden.

Žovkva

Žovkva (Жовква) ist seit Jahrhunderten als Stadt des Handwerks und des Kunstgewerbes bekannt. Töpfer, Glasbläser, Goldschmiede und Handweber waren hier ansässig. Dadurch gab es einen gewissen Wohlstand, der sich auch jetzt noch an den vielen schönen Gebäuden ablesen läßt. Bedeutende Persönlichkeiten werden auch mit der Stadt in Verbindung gebracht, so soll Bohdan Chmel'nyc'kyj hier geboren und aufgewachsen sein. Sicher ist, daß sich Zar Peter I. über Monate in der Stadt aufhielt, denn hier befand sich 1706/07 zeitweilig das Oberkommando der russischen Armee. Und im 17. Jahrhundert war die Stadt eine Residenz des polnischen Königs Jan Sobieski III. In der Sowjetzeit wurde die Stadt nach P. N. Nesterov

Auf dem Marktplatz in Žovkva

benannt, einem Kunst- und Kampfflieger aus dem Ersten Weltkrieg, der in dieser Gegend beheimatet war. Erst 1992 kehrte man zum alten Namen Žovkva zurück, der von einem Großgrundbesitzer aus dem 17. Jahrhundert stammt. Dieser polni-

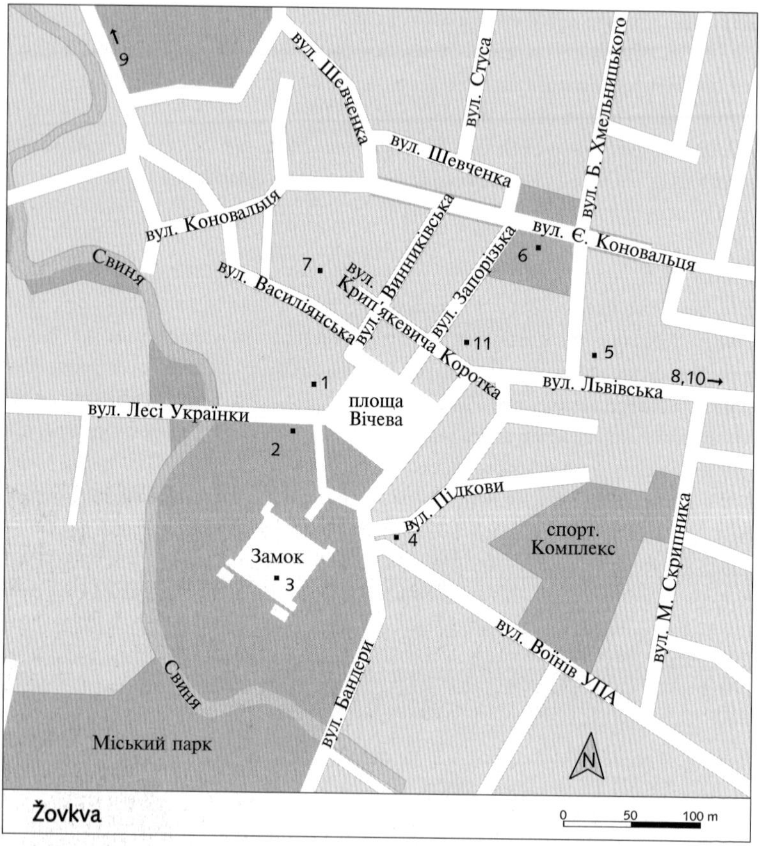

Legende

1 Laurentiakathedrale (Парафіяльний костел св. Лаврентія)
2 Rathaus (Ратуша)
3 Schloß (замок)
4 Zvirynek-Tor (Звіринецька брама)
5 Dominikanerkloster (Домініканський монастир)
6 Synagoge (синагога)
7 Kirche und Kloster des Christfestes o. o. Vasylijan (церква і монастир різдва христового о. о. Василіян)
8 Kirche der Heiligen Dreieinigkeit (церква святої троїці)
9 Maria-Geburts-Kirche (церква Різдва Пресвятої Богородиці)
10 Busstation
11 Restaurant

sche Adlige, Stanislav Zolkievs'ki, baute 1594 in einer bereits seit dem 14. Jahrhundert bestehenden Siedlung eine Befestigungsanlage und ein Schloß. Der Ort wurde in nur wenigen Jahren vergrößert und umgestaltet. Interessant ist, daß westeuropäische Vorstellungen einer Idealstadt mit den Gegebenheiten einer ostslawischen Siedlung verbunden wurden.

Die Stadt wirkt etwas verschlafen, Ausländer verirrten sich bis jetzt eher selten hierher. Die Vielzahl von historischen Bauten und die Ruhe laden zum Spazieren und Entdecken ein. Am Marktplatz findet man zweistöckige Häuser aus dem 17. Jahrhundert mit breiten Arkaden, wie sie für Handelsstädte in Galizien üblich waren. Das rege Handelstreiben ist noch gut vorstellbar.

Der große Marktplatz wird umrahmt vom Renaissance-Schloß und der Laurentiakathedrale. Das eindrucksvolle Gotteshaus wurde 1606 errichtet. Die toskanischen Reliefsäulen lenken den Blick nach oben zu dem dekorativen Fries. Bemerkenswert ist auch das Westportal mit den Bildnissen der vier Evangelisten und vier Heiligen. Das Innere des Kreuzkuppelbaus wird von der mit Kassetten und Rosetten verzierten Kuppel dominiert, unterhalb der Kuppel sind auf vier großen Medaillonreliefs noch einmal die Evangelisten zu sehen. Die Kirche wird von der katholischen Gemeinde genutzt und wurde in den letzten Jahren gut reno-

Die Kuppel der Laurentiakathedrale

viert. Hinter der Kirche befindet sich der achteckige Glockenturm. Neben dem hohen Kirchengebäude wirkt der Turm eher klein, fällt aber durch seine schöne Gestaltung des Daches auf. Das Glyns'ka Tor ist klassizistisch umgebaut und begrenzt den Innenstadtbereich nach Westen.

Das nächste ins Auge fallende Gebäude ist das Rathaus. Es wurde 1926 auf den Grundmauern älterer Gebäude errichtet und steht unmittelbar an der Befestigungsmauer des Schlosses. Der quadratische Turm mit den zwei Balkonen erhebt sich über einem schwerfälligen Eingangsbereich mit an Bierfässer erinnernden Säulen.

Das Schloß steht an der Südseite des Marktplatzes, die vierflüglige Anlage wird sowohl zu Wohnzwecken als auch von öffentlichen Einrichtungen genutzt. Es gibt Pläne, das Schloß zu renovieren. Sehr schön erhalten sind die Befestigungsmauern, die sich an beiden Seiten des Schlosses anschließen. Ein kleines Tourismusbüro befindet sich auch im Schloß, es ist leider nur unregelmäßig geöffnet. Der Ort möchte sich als Touristenzentrum profilieren, und deshalb werden sich hier in Zukunft sicher einige Strukturen entwickeln.

Einen Überrest der alten Befestigungsanlage kann man an der Südseite des Marktes in Augenschein nehmen – das Zvirynec-Tor. Es vermittelt einen guten Eindruck von der ehemaligen Wehrhaftigkeit der Stadt.

Auf der Hauptstraße nach L'viv, wenige Schritte vom Markt entfernt, steht das Ensemble des Dominikanerklosters. Die groß aufragende Kirche wurde in nur zwei Jahren errichtet, von 1653 bis 1655. Wie bei allen Dominikanerkirchen ist auch hier kein Turm vorhanden, das Dach wird nur von einem kleinen Dachreiter geschmückt. Um so prächtiger sind die hochaufragenden Giebelseiten des kreuzförmigen Baus anzusehen. Die Kirche wird jetzt von der orthodoxen Gemeinde genutzt. Die zum Kloster gehörenden Mauern und Gebäude sind in relativ schlechtem Zustand und werden teilweise zu Wohnzwecken verwendet.

Die Synagoge steht wenige Meter entfernt, nördlich des Marktplatzes. Ende des 17. Jahrhunderts wurde das Gebäude im Renaissancestil erbaut. Der Fassadenschmuck ist besonders an der Eingangsseite zu erkennen. Das Bauwerk wirkt wuchtig und kompakt, befindet sich aber leider auch in einem schlechten Bauzustand.

Eine weitere ehemalige Klosteranlage ist im Städtchen Žovkva zu finden – die Kirche und das Kloster des Christfestes o. o. Vasylijan. Die barocken Gebäude stammen aus dem 17. Jahrhundert und stehen nur wenige Schritte von der Westseite des Marktes entfernt. Sie gehören ebenfalls zu einem Kloster und wurden in den letzten Jahren wieder hergerichtet.

Eine wunderschöne Holzkirche aus dem frühen 18. Jahrhundert zählt ebenfalls zu den Sehenswürdigkeiten am Ort. Die Kirche der Heiligen Dreieinigkeit ist am Ortsausgang in Richtung L'viv zu finden. Die Struktur des Bauwerkes wirkt durch verschieden hohe Türme, weit heruntergezogene Vordächer und den Gegensatz zwischen Schindeldeckung und mächtigen Balken ungewöhnlich und abwechslungsreich. Der Innenraum erhält durch die Einrichtung und die nach oben offenen Raumzellen seine Wirkung. Der siebenrangige vergoldete Holzikonostas gilt als einer der künstlerisch vollendetsten in der Ukraine. Die Rahmen der einzelnen Ikonen sind verschieden gestaltet – rechteckig, quadratisch, rund und oval. Die

Die hölzerne Kirche der Heiligen Dreieinigkeit

Ikonen selbst stammen von einem unbekannten Maler, der damit außerordentlich ausdrucksstarke Werke hinterließ.

Die Maria-Geburts-Kirche – umgeben von einem Friedhof – liegt etwas außerhalb. Über ihrem mittleren Raumteil erhebt sich ein zentraler achteckiger Turm. Die typischen Vordächer sind auf großen verzierten Konsolen abgestützt. Das Kircheninnere lebt vom Kontrast der verschiedenen Höhen – niedriger Vorraum und Altarraum begrenzen einen hohen Mittelraum – und vom farbenprächtigen Ikonostas.

Dieses kleine Provinzstädtchen liegt nur 25 Kilometer nördlich von L'viv und ist mit Bus und Auto gut erreichbar. Zur Anreise mit dem Auto benutzt man in L'viv die verlängerte vul. Chmel'nyc'koho Richtung Kiev, um kurz vor dem Ortsausgang nach links abzubiegen und auf der A 256 weiter zu fahren.
Mit dem Bus fährt man praktisch die gleiche Strecke. Abfahrt ist am Busbahnhof Nr. 2 in der vul. Chmel'nyc'koho 225 (auf der linken Seite ortsauswärts), in der Nähe der vul. Lypyns'koho (вул. Липинського) (Straßenbahn 6). Busse verkehren mehrmals täglich in beiden Richtungen.

Die Auswahl des Restaurants fällt leicht – es gibt nur eines! Es befindet sich an der Ecke des Marktplatzes, am Beginn der Straße nach L'viv (vul. L'vivs'ka 1/ вул. Львівська); in der unteren Etage befindet sich ein Selbstbedienungsrestaurant, die eigentliche Gaststätte ist in der zweiten Etage zu finden. Rund um den Markt gibt es ein paar Geschäfte, für den Touristen wird es allerdings schwer, Geld auszugeben.

Das Hotel in der vul. L'vivs'ka ist einfach und bescheiden und bietet eher Herbergsstandard.

Krechiv

Krechiv (Крехів) ist nur etwa zwölf Kilometer von Žovkva entfernt und kann mit dem Auto von dort aus gut erreicht werden, mit öffentlichen Verkehrsmitteln sieht es eher schlecht aus. Der Ort ist wegen eines Klosters bekannt. Außerdem ist noch eine schöne Holzkirche – die Kirche der heiligen Paraskeva (церква св. Параскева) zu bewundern. Ursprünglich wurde sie 1658 auf dem Klostergelände erbaut. Der Name des Architekten ist bekannt, denn er ist in einen Holzbalken eingeritzt – Ivan Chomjuk. 1720 wurde die Kirche abgebaut und ins Dorf transportiert. Die drei

Allee im Kloster Krechiv

Raumzellen besitzen jeweils einen achteckigen Turm. Im Inneren ist besonders der sechsrangige Ikonostas mit schöner Schnitzerei hervorzuheben, in den auch Volkskunstelemente eingeflossen sind. Der wuchtige Glockenturm hat einen quadratischen Grundriß und schlüssellochförmige Schießscharten.

Etwa drei Kilometer vom Ort entfernt befindet sich das Vasiliuskloster des heiligen Nikolai (Василіянський монастир св. Миколая). Der Weg dahin ist ausgeschildert. Das Kloster diente in der Sowjetzeit als Heim für behinderte Kinder, seit einigen Jahren wird es wieder als Mönchskloster durch die unierte Kirche genutzt. Es wurde 1618 als Einsiedler-Höhlenkloster gegründet. Später erbaute man etwas von den Höhlen entfernt die Klosteranlage. Die Nikolajkirche – die Hauptkirche des Klosters, erbaute man in den Jahren 1721 bis 1755 an der Stelle der älteren Dreieinigkeitskirche, zur Einrichtung gehören zwei wertvolle Ikonen. Außerdem blieben der Glockenturm aus dem 17. Jahrhundert, die Mönchszellen aus dem 18. Jahrhundert und die Klostermauern mit Toren erhalten. Eine besondere Zierde ist der große Klostergarten mit den langen Baumalleen. Die Klosteranlage ist neu renoviert worden und macht einen gepflegten Eindruck. Kein Wunder, denn es gibt viele junge Bewohner – das Kloster betreibt ein geistliches Seminar. Im Klosterwald gibt es eine Wallfahrtsquelle und das alte Höhlenkloster zu besichtigen. Für die Wanderung dahin ist mindestens eine Stunde einzuplanen.

Oles'ko und Pidhirci

Vor allem den Autotouristen, die von L'viv aus noch Kiev ansteuern wollen, sei das am Wege liegende Schloß Oles'ko (Олеський замок) empfohlen. Das Dorf Oles'ko liegt zwischen Busk und Brody, etwa 75 Kilometer von L'viv entfernt.

Auf einem Hügel steht das 1327 erstmals erwähnte und schon damals als mächtig beschriebene Schloß. Der streng und schlicht wirkende Komplex erhielt seine endgültige Gestaltung Anfang des 17. Jahrhunderts beim Umbau im italienischen Renaissancestil. 1605 gingen Schloß und Dorf in den Besitz des Magnaten Ivan Danilovyč über, in seinen Diensten stand als Offizier der Vater von Bohdan Chmel'nyc'kyj. Wenige Jahre danach, 1629, wurde der spätere polnischer König Jan Sobieski im Schloß geboren.

Seit Mitte der 70er Jahre sind in den Schloßräumen Werke der bildenden Kunst ausgestellt. Freunde der Ikonenmalerei werden die interessante Sammlung besonders zu schätzen wissen, und auch der Schloßpark mit zahlreichen Teichen und Skulpturen lädt zum Verweilen und Spazieren ein. Die Ausstellung umfaßt vor allem Werke aus dem Zeitraum vom 10. bis zum 18. Jahrhundert und ist ein Teil der L'viver Gemäldegalerie.

Im Schloßpark Oles'ko

Am Fuße des Hügels steht eine Klosteranlage des Kapuzinerordens. Erhalten sind die Kirche des heiligen Josef und Mönchszellen. Die 1739 erbauten Gebäude wurden nach Zerstörungen durch ein Erdbeben im vorigen Jahrhundert wieder aufgebaut und beherbergen jetzt Ausstellungen.

Fährt man von Oles'ko weiter in Richtung Osten, sieht man kurz nach dem Ort ein gigantisches Reiterdenkmal zu Ehren der Budjonny-Reiter aus dem Bürgerkrieg 1920. Die voranstürmenden, förmlich fliegenden Reiter sind wohl das überwältigendste Beispiel der zahllosen gigantomanischen Denkmale. Die Reiter stürmen ins Nichts, vom Berg in die Ebene. Diese Ebene war aber in vielen Kriegen bereits Schlachtfeld und sah viele Menschenleben verbluten, im 20. Jahrhundert allein in drei Kriegen, dem Bürgerkrieg 1920 und in den beiden Weltkriegen. Gerade an dieser Stelle hatte es Budjonnys Reiterarmee schwer, und es wurden keine einfachen Siege errungen, vielleicht ist deshalb das Denkmal etwas größer ausgefallen. Es ist so riesig und die Fundamente so tief, daß eine Sprengung nicht möglich ist. Die elektrische Anlage für die nächtliche Beleuchtung funktioniert nicht mehr, und mancher hat seine Spuren schon ins Metall geritzt – allein das Monument wird noch lange stehen.

Wenige Kilometer weiter östlich sieht man am Berghang ein Schloß mit großem Garten. Der Ort und das Schloß Pidhirci (Підгірці) sind einen kleinen Abstecher wert, wenn auch nur längst vergangene Pracht bewundert werden kann und die Anlage einen sehr desolaten Eindruck macht. Im Schloß wird renoviert, allerdings geht es nur äußerst langsam voran.

Die Gebäude stammen aus den Jahren 1635 bis 1640 und sind sehr gut in das Gelände eingepaßt. Talwärts wirkt das Schloß noch größer und mächtiger, nach innen gibt es einen gut befestigten Hof und ausladende Terrassen. Früher befanden sich im Schloß sehr reich ausgestattete Räume, viele Gemälde, Rüstungen

Das Denkmal für die Budjonny-Reiter bei Oles'ko

und Möbel. Im Schloßpark findet man unter anderem ein Barocktor und zwei Kirchen. Der Komplex wurde von zwei französischen Architekten erbaut. Nach einer Legende soll unter einer 400jährigen Linde des Schloßparks Chmel'nyc'kyj sein Zelt errichtet und genächtigt haben. Die Anlage war zu Sowjetzeiten Teil eines Erholungssanatoriums. Die Kirche des heiligen Josef (костьол св. Йосифа) erscheint etwas deplaziert an diesem Ort. Der große klassizistische Bau strahlt etwas Kühles und Herbes aus. Leider erscheint der bauliche Verfall unaufhaltsam.

Brody

»In Brody ist alles eintönig und langweilig; eine kleine Abwechslung brachte nur die Zeit in Lemberg… Die Welt ist so schön und ich dürste danach sie [in] ihrer Herrlichkeit einmal sehen zu können. Ich will hoffen, daß die Gelegenheit einmal dazu kommen wird…« Das Urteil des 18jährigen Josef Roth über Brody (Броди), das er in einem Brief an seinen Onkel formuliert, gibt gut über sein ambivalentes Gefühl für seine Herkunftsstadt Auskunft.

Das Geburtshaus von Josef Roth steht nicht mehr. Einen Besuch wert ist aber das Gymnasium, in dem neben Roth noch einige, zumindest in der Ukraine berühmt gewordene, Personen lernten. In Brody ist man darauf verständlicherweise stolz und hat den Schülern vor dem Gynmasium ein Denkmal errichtet. Zu Zeiten Roths hieß die Schule k. u. k. Kronprinz-Rudolf-Gymnasium und war eines der wenigen Gymnasien mit deutscher Unterrichtssprache. Im Jahre 1815 wurde eine jüdische Realschule eröffnet, die Kosten dafür trug die jüdische Gemeinde. 1865 erfolgte die Transformation der Realschule in ein Gymnasium, die auch von der jüdischen Gemeinde finanziell getragen wurde. Als dies später nicht mehr möglich war, teilten sich Staat und Stadt die Kosten. 1881 wurde das heutige Gebäude der Schule erbaut. Als Lehrer waren Polen, Juden, Deutsche und Ukrainer tätig. Im Traditionszimmer der Schule wird an die verschiedenen Zeitabschnitte und natürlich an berühmte Schüler erinnert. Eine Ausstellung über Josef Roth (basierend auf einer Ausstellung in Wien 1994) kann ebenfalls angesehen werden. Josef Roth war ein guter Schüler und wurde vor allem wegen seines literarischen Interesses gelobt. Er zeigte sich, im Gegensatz zu einem Großteil der Mitschüler, die sich entweder gegenüber der polnischen Sprache assimilierten oder zionistischen Gedanken aufgeschlossen waren, auf die deutsche Sprache und Kultur ausgerichtet. Seine Sprachkenntnisse waren beachtlich, in der Schule lernte er Deutsch, Polnisch, Hebräisch und Griechisch, im Alltagsleben kamen Jiddisch und Ukrainisch hinzu, später lernte er Russisch. 1913 beendete er die Schule mit Auszeichnung. Das alte Gymnasium heißt heute Schule Nr. 1. Man erreicht das Gebäude über die vul. Zolota (вул. Золота), die alte Goldgasse. Sie war die wichtigste Straße der Stadt und verband das alte Schloß im Westen mit dem Gymnasium im Osten. Vom Marktplatz führt sie geradewegs zum Schulgebäude (etwa eineinhalb Kilometer). Die Straße ist die Flaniermeile der Stadt und auch heute noch die belebteste Geschäftsstraße. Der Platz etwa 100 Meter vor der Schule hat nach den Gebäuden, die ihn säumen, zu urteilen, schon wesentlich bessere Zeiten gesehen.

Die neuere Geschichte der Stadt begann 1630 mit dem Bau einer Stadtanlage mit regelmäßigen, sich rechtwinklig kreuzenden Staßen und einer Festung mit

Josef Roth – Ein Jude auf Wanderschaft

»Ich bin Ostjude, und unsere Heimat ist überall, wo wir unsere Toten haben. Die Ostjuden haben nirgends eine Heimat, aber Gräber auf jedem Friedhof.«
Das etwa 100 Kilometer nordöstlich von L'viv gelegene Brody, wo Josef Roth 1894 geboren wurde, war damals die letzte Kleinstadt der nordöstlichen Provinz der Habsburger Monarchie vor der russischen Grenze. Sie kehrt in seinen Büchern immer wieder, sowohl in Romanen als auch in Reportagen. »Sie fängt mit kleinen Hütten an und hört mit ihnen auf, die Häuser lösen die Hütten ab, da beginnen die Straßen, eine läuft von Süden nach Norden, die andere von Osten nach Westen, im Kreuzungspunkt liegt der Marktplatz. Die Stadt hat 18 000 Einwohner, von denen 15 000 Juden sind. Es gibt zehn Polizisten, von diesen sind merkwürdigerweise zwei Juden.« Als Junge ging Roth oft zum Bahnhof in Brody, um die Züge anzuschauen. Seine erste Bahnreise führte ihn zum Studium nach Lemberg, in die erste große Stadt seines Lebens, in die er oft zurückkehrte. Mit neunzehn ging er nach Wien, wo seine schriftstellerische Laufbahn begann. Mit Ausbruch des Ersten Weltkrieges entzog er sich zunächst einer Einberufung, doch als er hörte, daß sich die Russen seiner Heimat näherten, meldete er sich freiwillig und ging an die Front und »in die Gassen seiner Jugend«.
Nach dem Krieg zogen durch Europa die Heimkehrer, auf ihrer »Flucht ohne Ende«. Mit ihnen zog Josef Roth. Zunächst nach Wien, wo er sich als Beobachter seiner Zeit schnell einen Namen machte. Sein Beruf als Reisejournalist führte ihn durch ganz Europa. »Ich könnte jahrelang zu Hause sitzen und zufrieden sein, wenn nur nicht die Bahnhöfe wären.«
Die nächste Station seiner Karriere war Berlin. Hier erschien auch 1924 sein erster Roman, ›Hotel Savoy‹, eine düstere Fabel über den Zustand, in dem sich Europa befand. Die Hotelgäste in diesem Buch sind Flüchtlinge, die nach Amerika wollen. Auch Roth mußte später fliehen, denn auch seine Bücher gingen 1933 während der Bücherverbrennung in Flammen auf. »Es ist Zeit wegzugehen, sie werden unsere Bücher verbrennen und uns damit meinen. Wir müssen fort, damit es nur unsere Bücher sind, die in Brand gesteckt werden.« Stationen seiner Flucht waren Amsterdam und Paris, schließlich wieder Wien. 1938 erfolgte der Anschluß Österreichs an Deutschland, und Roth verlor nicht nur sein Land und sein Einkommen, sondern auch seine Sprache. Er starb 1939 in Paris. Im ›Radetzkymarsch‹ und der ›Kapuzinergruft‹ zeichnet er sein Bild von der Tragik des untergehenden Judentums und der Donaumonarchie.

polygonaler Festungsmauer. Sicher ist, daß es schon davor zwei Siedlungen gab, erste Erwähnung in den Chroniken fand der Ort 1084. Als Festungs- und Grenzstadt erhielt Brody eine wichtige Bedeutung.

Am Bahnhof von Brody

In Brody lebte Anfang des 19. Jahrhunderts die größte jüdische Gemeinde Galiziens. Die Stadt war immer mehrheitlich von Juden bewohnt, zeitweise erreichte ihr Anteil über 70 Prozent. Die jüdische Gemeinde Brody hatte ein hohes Ansehen unter den ostjüdischen Gemeinden und galt als Zentrum der jüdischen Orthodoxie.

Wegen des regen Handels und der interessanten Grenzlage kam es zu regen Kontakten, unter anderem auch zu deutschen Juden. Die Gedanken der deutschen Aufklärung und der jüdischen Haskala fanden so in Brody Einzug. Von den Orthodoxen war das nicht gern gesehen, es wurde sogar wegen der Gründung der deutschsprachigen Realschule ein Bann gegen Brody ausgesprochen. Letztlich setzte sich eine offene, bildungsfreundliche Haltung unter den Juden der Stadt durch, wobei aber in der privaten Religionsausübung doch die Regeln der Orthodoxie befolgt wurden.

Bereits 1773 besuchte der Kaiser Josef II. die ein Jahr zuvor im Zuge der ersten polnischen Teilung an Österreich gefallene Stadt. Er muß sich dort wohlgefühlt haben, denn 1779 erhielt Brody ein hohes Privileg – eine Zollbefreiung, wodurch der Außenhandel gewaltigen Aufschwung erhielt. Die jüdische Gemeinde hatte wegen der Grenznähe zu Rußland noch eine besondere Belastung zu tragen, denn täglich flohen junge Juden aus Rußland, um dem 20jährigen Militärdienst zu entgehen. Zeitweise sollen bis zu 1000 Flüchtlinge pro Tag über die Grenze gekommen sein. Viele Flüchtlinge wurden zunächst in Brody versorgt und konnten danach mit Hilfe von Hilfsorganisationen auswandern (meist nach Amerika). Darüber hinaus wurden Flüchtlinge auch in die Gemeinde integriert und in wohlhabende Familien aufgenommen. Die Entscheidung zwischen Assimilation (und Aufklärung) und Orthodoxie oder der (antimodernen) Strömung des Chassidismus bedeutete für die Juden zugleich auch die Entscheidung für die bevorzugte Sprache. Von den gebildeten und wohlhabenderen Juden der Stadt wurde Deutsch oder später vor allem Polnisch bevorzugt. Die unteren ärmeren Schichten der jüdischen Bevölkerung sprachen jiddisch, und damit die Mehrheit der Juden in Galizien. Städte wie Brody und Lemberg bildeten eine Ausnahme.

Die Kehrseite der Assimilation war der drohende Identitätsverlust. Vereinzelt wurde aus dieser Situation heraus vor allem das ›gebildete‹ Hebräisch wieder gefördert. Die Gefahr, das sich wegen der jüdischen Aufklärung die Entfremdung vom Judentum ausbreiten könnte, veranlaßte zum Beispiel Jakob Samuel Bick, den aus Brody stammenden Pionier der Aufklärung, schließlich dazu, zum Chassidismus zu konvertieren und für die Rückkehr zum Jiddischen als Sprache des Volkes zu werben. Ab 1867 übernahm eine polnische Administration die Verwaltung Galiziens, damit verstärkte sich der Assimilationsdruck auf die Juden, und Polnisch verbreitete sich stark.

Brody ist bis heute eine typische Kleinstadt, in der wenig Aufregendes passiert. Nur ab und zu verirrt sich doch ein Fremder hierher. Man hat den Eindruck, daß sich seit den Zeiten von Josef Roth nicht allzuviel geändert hat. Außer natürlich den Straßennamen (diese vielleicht auch schon mehrmals) und den Menschen. Heute leben kaum noch Juden in der Stadt, und an die österreichische Grenzstadt zu Rußland erinnern nur noch einige steinerne Zeugen in Form von mit Patina überzogenen Gebäuden.

Aber immer noch weckt der zwei Kilometer vor der Stadt liegende Bahnhof Fernweh und strahlt gleichzeitig die Ruhe eines Provinzbahnhofes aus. Bepackte Menschen warten seelenruhig auf den nächsten Zug oder Bus oder auf die Verwandten mit dem Pferdewagen vom Dorf. Das Treiben am Bahnhof ist durch die letzten Jahrzehnte sicher nicht allzu großen Veränderungen unterworfen worden, die Stadt schon eher. Am Marktplatz steht der Neubau des großen gesichtlosen Rathauses.

Die alten Arkaden der Markthallen mit den vielen Geschäften sind den deutschen Bombardements im Krieg zum Opfer gefallen. Dahinter steht,

Grabstein auf dem jüdischen Friedhof

wie eine Mahnung, die ziemlich verfallene Große Synagoge, die ›Alte Schul‹ – seit langem ohne Funktion und ohne Dach. Nicht eingefallen, weil die starken Mauern noch tragen, wer weiß, wie lange noch… Das Gebäude wurde 1742 an Stelle eines durch Brand vernichteten Vorgängerbaus errichtet. Vom Typ her zählt es zu den Festungssynagogen. Die Kleine Synagoge, die ›Neue Schul‹, befand sich nur wenige Meter entfernt. Sie war die zweitgrößte Synagoge der Stadt und wurde 1801 zum Gedenken an die Opfer der antijüdischen Massaker des Kosakenhetmans Chmel'nyc'kyj errichtet. Den Zweiten Weltkrieg überstand diese Synagoge nicht.

Am anderen Ortsende, genau am anderen Ende der vom Bahnhof die Stadt durchschneidende Straße (Nord-Süd-Achse) liegt am Waldrand der ›neue‹ jüdische Friedhof. Das große Gelände, zum Teil dicht mit sehr hohen Grabsteinen bestanden, ist sehr idyllisch gelegen. Die sehr reich geschmückten Grabsteine fallen dem Besucher sofort ins Auge. An einigen Steinen hat sicher auch der Urgroßvater von Josef Roth, der Grabsteinmetz Moische Jossif Gräber, mitgearbeitet. Der Friedhof ist seit Anfang des 19. Jahrhunderts in Benutzung. Das neue Tor und der massive Zaun sollen sicher auch vor Vandalismus schützen. Wer als Tourist vor dem verschlossenen Tor steht, kann sich rechts vom Tor, am Zaunende zum Nachbargrundstück, pikanterweise einem militärischem Übungsgelände, durch eine Zaunritze zwängen, und schon steht er auf dem neuen jüdischen Friedhof.

Es gab noch zwei ältere Friedhöfe, einer befand sich etwa am heutigen Marktplatz. Aufgrund einer kaiserlichen Verordnung, die Friedhöfe innerhalb der Stadt untersagte, wurde er Ende des 18. Jahrhunderts geschlossen und nun ausschließlich ein bereits bestehender jüdischer Friedhof außerhalb der Befestigungsanlagen genutzt. Aber auch dieser ist nicht erhalten, an seiner Stelle befindet sich heute ein Sportstadion.

Wer auf den Spuren von Josef Roth wandeln, oder einfach eine typische ukrainische Provinzstadt mit jüdischer Schtetlvergangenheit ansehen möchte, sollte einen Abstecher nach Brody machen. Die Stadt liegt an der E 40/M 17 zwischen L'viv und Kiev (ca.100 Kilometer von L'viv entfernt). Außerdem verkehren täglich mehrere Züge und Busse von L'viv nach Brody (Fahrtzeit drei bis vier Stunden).

Hotels gibt es in Brody keine. Cafés sind in der vul. Zolota und an der Westseite des Marktplatzes hinter dem Rathaus zu finden.

Das Leben im jüdischen Schtetl

»Holzhäuser, die sich völlig ungeordnet um einen Marktplatz drängen ... so übervölkert wie die Slums der Großstädte ... Die Straßen sind so qualvoll wie ein talmudisches Argument. Sie sind in Fragezeichen gebogen und in Parenthesen gesetzt. Sie enden in Sackgassen wie eine Theorie, die an einer Realität an ihr Ende kommt; sie verlieren sich in Hofeinfahrten oder auf Landwegen ... [Im Zentrum] liegt der Marktplatz mit seinen Läden, Ständen, Tischen und Schlachtblöcken. Täglich, außer im Winter, kommen die Bauern und Bauersfrauen aus einem Umkreis von vielen Meilen hierher und bringen ihre Tiere und ihr Gemüse, ihre Fische und ihr Wild, ihre Wagenladungen voll Getreide, Melonen, Petersilie, Knoblauch. Als Gegenstück kaufen sie Stadtprodukte, die die Juden einführen, Hüte, Schuhe, Stiefel, Lampen, Öl, Spaten, Hacken und Hemden. Der Tumult des Marktplatzes ... ist eines der Wunder der Welt.« So M. Samuel 1943 in ›The world of Sholom Aleichim‹. In dieser düsteren und zugleich bunten Welt des Schtetl war das Zusammenleben durch die strengen Regeln des Rituals bestimmt. In 613 Mizwot (Geboten) war von den Speiseregeln über die Art, wie ein Huhn zu schlachten ist, bis zum Tonfall beim Lesen des Talmud alles festgelegt. Der beständigen Bedrohung von außen konnte und mußte eine geschlossene jüdische Lebenswelt entgegengesetzt werden.

Das Schtetl war über Jahrhunderte Heimat der osteuropäischen Juden. Hier konnte sich eine charakteristische Kultur herausbilden, die sich deutlich von der anderer jüdischer Siedlungsgebiete unterschied.

In Westeuropa waren die Juden rechtlich der übrigen Bevölkerung gleichgestellt, vollzogen deshalb eine schrittweise Assimilation und benutzten die Sprache des jeweiligen Landes. Die Juden Osteuropas dagegen bildeten innerhalb Polens, Österreichs und Rußlands eine abgegrenzte Gesellschaft für sich. Natürlich nicht unbedingt freiwillig, denn die ständige Benachteiligung und Verfolgungen waren wichtige Ursachen dafür.

Als Alltagssprache setzte sich Jiddisch durch: Die im Mittelalter aus dem deutschen Sprachraum ausgewanderten Juden nahmen die Mundarten des Mittelhochdeutschen mit, und durch Aufnahme von hebräischen und polnischen Ausdrücken entwickelte sich eine Kultursprache mit eigenem Reiz und Tonfall. In dem Bewußtsein einer eigenen Sprache fanden die Juden Osteuropas einen Teil ihrer Identität. Bald fand das Jiddische auch Eingang in die Literatur. Isaac Leibj Perez, Scholem Alejchem und Isaac Bashevis Singer setzten dieser

Sprache mit ihren Werken ein Denkmal.
Durch die sprachliche Abgrenzung und das Festhalten an althergebrachten Riten konnte sich eine typische jiddische Lebenswelt herausbilden, die die Ostjuden sowohl von den slawischen Nachbarn als auch von den westlichen Glaubensbrüdern abhob. In Polen und Rußland manifestierte sich das orthodoxe Verständnis des jüdischen Glaubens schon in der äußeren Erscheinung – traditioneller

Die Synagoge in Žovkva

Kaftan und langer Bart sind bis heute verbreitet. Das Talmudstudium und die Dispute über religiöse Themen standen in hohem Ansehen. Tägliche Gebete und die strikte Einhaltung der Sabbatruhe waren Selbstverständlichkeiten. Die wirtschaftliche Lage war sehr schwierig, so gab es beispielsweise im 18. Jahrhundert folgende zusätzliche Steuern für die jiddische Bevölkerung: die Toleranzsteuer, den Landesdomesticalbeitrag, die Heiratstaxe, den Koscherfleischaufschlag und die Cameraltaxe für die Erbauung von Synagogen. Im Erwerbsleben spielte der Kleinhandel und das Kleingewerbe die herausragende Rolle, in der Landwirtschaft fanden relativ wenige Menschen ihr Auskommen.
In Galizien entstand die religiöse Strömung des Chassidismus. Diese mystisch-schwärmerische Bewegung sah nicht in der orthodoxen Gelehrsamkeit – vertreten durch das orthodoxe Rabbinertum – ihr höchstes Ziel, sondern versuchte das religiöse Leben durch freudige Lebensbejahung aus der drohenden Erstarrung zu befreien. In den einzelnen Gemeinden kämpften die Chassidim – besonders die heiligen Männer des Chassidismus, die Zaddiks, im Volksmund ›Rebbe‹ genannt – und die Rabbiner um die Macht. Später kam mit der Aufklärungsbewegung, der Haskala, eine weitere Richtung in den Prozeß um die religiöse Weiterentwicklung hinzu. Die Rabbiner erkannten, daß mit der Übernahme westlichen Gedankengutes das Ende ihres Einflusses, aber auch das Ende des Schtetls besiegelt wäre.
Ein besonders düsteres Kapitel der Geschichte sind die häufigen Pogrome gegen die jüdische Bevölkerung. Das russische Wort Pogrom bezeichnet Verwüstung von Menschen und Dingen und wird seit Ende des 19. Jahrhunderts in der heutigen Bedeutung verwendet. Schon im 17. und 18. Jahrhundert wurde der Volkszorn der russischen, ukrainischen und polnischen Bevölkerung immer wieder gegen die Juden gelenkt. 1905, 1911 und 1919 gab es wiederholt sehr schwere Pogrome, die in der Folge viele Juden veranlaßten auszuwandern. Nach dem Überfall der deutschen Wehrmacht auf Polen und die Sowjetunion begann der Massenmord an der jüdischen Bevölkerung Osteuropas. Mit unvorstellbarer Grausamkeit trieben Wehrmacht und SS deren planmäßige Vernichtung voran, und nur wenige konnten sich durch Flucht retten.
Heute leben nur noch einige Tausend Juden in Galizien und der gesamten Ukraine. Erst mit der Perestroika begann eine Wiederbelebung der jüdischen Kultur. Es entstanden neue jüdische Gemeinden, die ihre Synagogen wieder nutzen können.

Počajiv

Das kleine Örtchen Počajiv (Почаїв) liegt nur wenige Kilometer abseits der Trasse nach Kiev und ist auf alle Fälle einen Abstecher wert, denn hier befindet sich ein sehr schönes altes orthodoxes Kloster. Das Počajiv-Kloster (Почаївська лавра) ist das zweitgrößte des Landes. Das Kloster trägt seit 1833 den Ehrennamen Lavra, so werden die bedeutendsten Klöster der Orthodoxie bezeichnet. Es hat einen hohen Stellenwert bei den Gläubigen und ist das Ziel zahlreicher Pilgerfahrten. Schon im Mittelalter gab es hier eine Einsiedelei. In Höhlen lebten Asketen, die aufgrund einer Marienerscheinung das Kloster aufbauten. Die Gebeine des Klostergründers Yov Železo werden in der Höhlenkirche aufbewahrt und verehrt. Die Erscheinung hinterließ einen rechten Fußabdruck und an dieser Stelle errichtete man zuerst eine Holzkirche.

Das heutige Ensemble des Klosters wurde im Zeitraum zwischen dem 15. und dem 19. Jahrhundert errichtet. Die Hauptkirche ist die Maria-Himmelfahrts-Kathedrale (Успенський собор), die im barocken Stil in den Jahren 1771 bis 1773 unter dem Architekten J. Hofmann errichtet wurde. Sie ist ein dreischiffiger Kreuzkuppelbau mit gewaltigen Ausmaßen, 6000 Personen finden darin Platz. Das Bauwerk wird von einer 45 Meter hohen Kuppel dominiert. Besonders verehrt wird die Ikone der Muttergottes von Počajiv. Diese ist ein Geschenk der Gutsherrin Anna Gojska und kam 1557 ins Kloster. Das Innere der Kirche ist für eine orthodoxe Kirche erstaunlich hell und lichtdurchflutet. Beeindruckend ist vor

Kloster Počajiv

allem der Blick in die Kuppel. Der Ikonostas und die Wandmalereien stammen aus dem 19. Jahrhundert. Die Kathedrale ist das ausgewogenste und schönste Bauwerk des Klostergeländes, waagerechte und senkrechte Linien, interessante Fassadendetails, wie die ionischen Säulen, die Ziergiebel und die Fensterumrahmungen gliedern das Bauwerk. Unter der Kirche befinden sich die Höhlen. Deshalb steht das Gebäude auf einem terassenartigen Sockelbau. Östlich der Kathedrale liegt ein kleiner Hof, der von Refektorium und Zellengebäuden umgeben ist.

Die kleine Kirche der Heiligen Dreieinigkeit (церква св. Троїці) ist gedrungener und entspricht mit ihrer dunklen geheimnisvollen Atmosphäre im Inneren eher einer typischen orthodoxen Kirche. Sie wurde 1906 im altrussischen Stil an der Stelle einer Holzkirche erbaut. Direkt westlich von der Kirche steht der Glockenturm, der 1869 im Stil der Kathedrale, also barock erbaut wurde. Die Höhe ist mit 65 Metern recht beachtlich, und der Turm trägt eine elf Tonnen schwere Glocke.

Počajiv liegt in der Mitte der Westukraine, bis Kiev sind es etwa 300 km, nach L'viv 140 km und nach Brody 35 km. Westlich vom Kloster an der Hauptstraße fahren Busse nach Kremenec' (40 Minuten), Ternopil' (zwei Stunden) und L'viv (sechs Stunden).

Drohobyč

Wer ein schönes Provinzstädtchen besuchen will, sollte Drohobyč (Дрогобич) nicht verpassen. Die Stadt wurde im späten 11. Jahrhundert gegründet und später nach dem Mediziner und Philosophen Jurij Drohobyč benannt. Er war der Verfasser des ersten in der Ukraine erschienenen Buches (1483). Bekannt wurde die Stadt vor allem wegen der Salzbergwerke. Sie war schon im 14. Jahrhundert ein Zentrum der Salzgewinnung. Im 18. Jahrhundert wurde eine Schule der ukrainischen Bruderschaft gegründet und später ein Gymnasium. Seit 1896 war die Schule in einem dreistöckigen Gebäude untergebracht, welches jetzt das Hauptgebäude des Pädagogischen Institutes ist. Diese Schule besuchte auch der junge Ivan Franko, der in einem nahegelegenen Dorf geboren wurde.

Ende des vorigen Jahrhunderts wurde in der Nähe der Stadt Öl gefunden. 1880 gab es bereits 36 Ölgesellschaften in Drohobyč, und es herrschte reges Treiben in den Gassen. Die Bevölkerung wuchs schnell, alle hofften auf Arbeit und ein bescheidenes Auskommen. Aber die Lebensbedingungen waren hart, und die Region bekam den Beinamen ›Galizische Hölle‹. Vor dem Zweiten Weltkrieg gab es in Drohobyč etwa 35 000 Einwohner, davon über 40 Prozent Juden, 35 Prozent Polen und 20 Prozent Ukrainer. 1939 besetzte die Rote Armee für zwei Jahre die Stadt, danach marschierte die Wehrmacht ein. Die Juden wurden deportiert oder im Ghetto ermordet. Nach dem Krieg kam es zur Aussiedlung der polnischen Bevölkerung.

Leider sind viele Geschichtszeugnisse getilgt, und nichts erinnert mehr an das jüdische Schtetl und seine Bewohner, trotzdem gibt es genug zu sehen.

Sehenswürdigkeiten

Der rechteckige Marktplatz wird vom Rathaus dominiert. Wenige Meter hinter der Südwestecke des Platzes liegt ein Befestigungsturm der Stadtmauer. Der quadratische Bau mit einer Durchfahrt wurde im 13. Jahrhundert errichtet, das vierte Geschoß im 16. Jahrhundert aufgesetzt. Der einfach strukturierte Ziegelbau wird nur durch die Bogenfenster und den Fries unterhalb des Gesimses aufgelockert.

Unmittelbar hinter dem Turm steht die römisch-katholische Sankt-Bartholomäus-Kirche aus dem 15. Jahrhundert. Auch dieser Bau wirkt trotz seiner einfachen Struktur erhaben. Die Verwendung von dunkelrot und dunkelbraun glasierten Ziegeln bildet den Schmuck der Außenwände. An der West- und Ostfassade sind weiße gotische Stufengiebel aufgesetzt. Auch die Architektur des Innenraums ist durch die Gotik geprägt. Im 18. Jahrhundert wurde die Kirche restauriert und dabei das Innere mit sehr zurückhaltenden Farben im Stil des Barock ausgemalt.

Die wesentlichen Sehenswürdigkeiten der Stadt stellen allerdings zwei sehr schöne Holzkirchen dar: die Georgskirche und die Kreuzerhöhungskirche. Die Georgskirche in der vul. Solonyj Stavok 25 (вул. Солоний Ставок) wurde 1656 aus dem Dorf Nadijevo (Gebiet Ivano-Frankivs'k) überführt. Teile der Kirche wie Schiff und Babinez stammen aus dem Ende des 15. und Anfang des 16. Jahrhunderts. Über dem Babinez befinden sich eine Empore und eine Kapelle. Aus dem Ende des 17. Jahrhunderts stammen die Wandmalereien. Der vergoldete Ikonostas und die Ikonen entstanden zwischen 1648 und 1650.

Das Innere der Kirche ist wegen der einfachen, aber erhaben wirkenden Architektur, der volkstümlichen dekorativen Malerei und des prachtvollen Ikonostas

Legende

1 Sankt-Bartholomäus-Kirche (костьол св. Бартоломея)
2 Georgskirche (церква св. Юра)
3 Kreuzerhöhungskirche (церква Воздвиження чесного хреста)
4 Denkmal für das jüdische Ghetto
5 ehemalige Synagoge
6 Hotel ›Tustan'‹ (готель ›Тустань‹)
7 Bahnhof, Busstation (вокзал, автовокзал)
8 Heimatmuseum (Краєзнавчий музей)

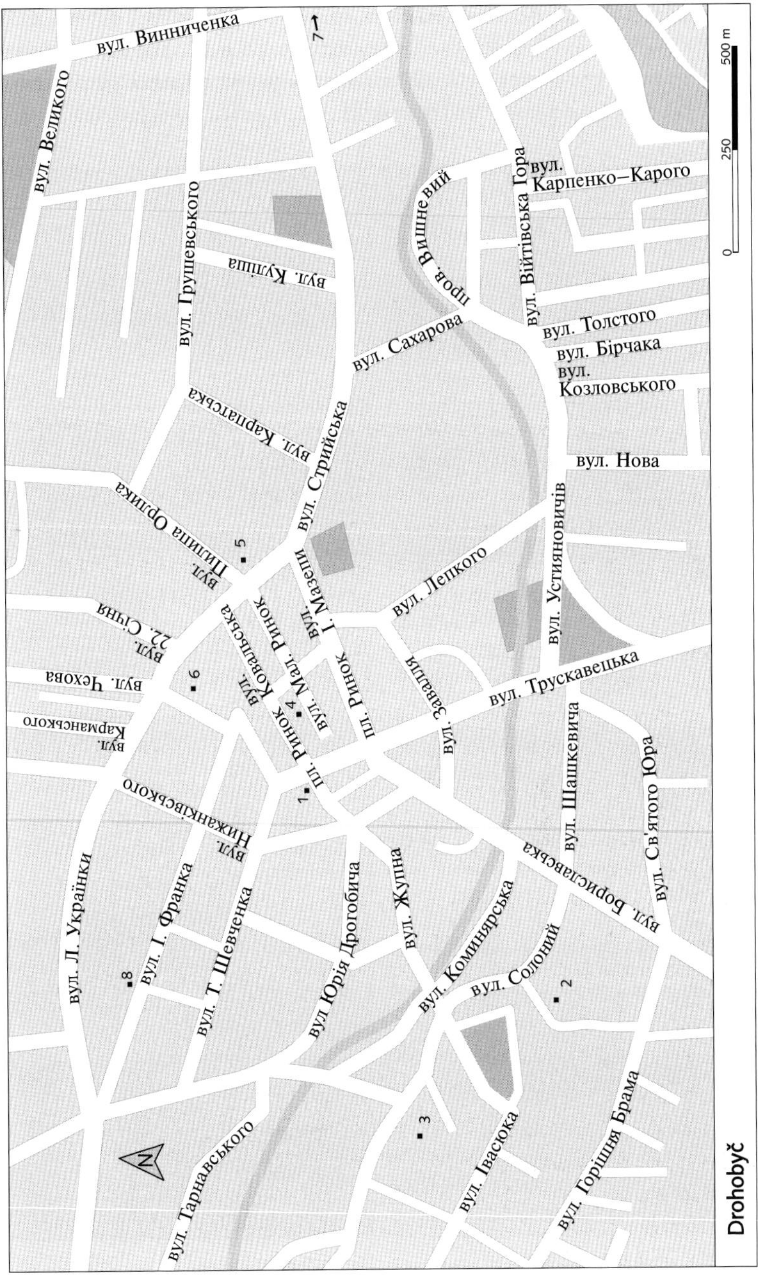
вул. Винниченка
7→
вул. Великого
вул. Грушевського
вул. Куліша
вул. Сахарова
пров. Вишневий
вул. Війтівська Гора
вул. Карпенко–Карого
вул. Толстого
вул. Бірчака
вул. Козловського
вул. Нова
вул. Стрийська
вул. Карпатська
вул. Пилипа Орлика
5
вул. Лепкого
вул. Устияновичів
вул. І. Мазепи
вул. 22. Січня
вул. Чехова
6
вул. Ковальська
пл. Ринок
вул. Мал. Ринок
4
вул. Карманського
вул. Трускавецька
вул. Завалля
пл. Ринок
1
вул. Шашкевича
вул. Нижанківського
вул. Св'ятого Юра
вул. Бориславська
вул. Л. Українки
вул. І. Франка
вул. Т. Шевченка
вул. Юрія Дрогобича
вул. Жупна
вул. Коминярська
вул. Солоний
8
2
3
вул. Тарнавського
вул. Івасюка
вул. Горішня Брама
N
0
250
500 m
Drohobyč

besonders eindrucksvoll. Außen sind die Galerie im hinteren Teil und das weit nach unten gezogene Dach bemerkenswert. Die Kirche besitzt drei Türme, der mittlere ist 13 Meter hoch. Die Georgskirche zählt zu den markantesten Beispielen der galizischen Renaissancearchitektur und beeindruckt durch die ausgewogene Anordnung.

Die Kreuzerhöhungskirche

Neben dem Kirchengebäude wurde 1678 ein Glockenturm erbaut, er vereint Züge eines Verteidigungsturmes und Formen des Kirchenbaus gekonnt miteinander. Wenn die Kirche verschlossen ist, muß man den Schlüssel im Nachbarhaus holen – dort befindet sich im Erdgeschoß die Museumsleitung. Die Georgskirche ist ebenso wie die Kreuzerhöhungskirche Teil des Kunstmuseums.

Die Kreuzerhöhungskirche ist nur wenige hundert Meter entfernt in der vul. Zvaryc'ka (вул. Зварицька) neben der Feuerwehr zu finden. Sie stammt ursprünglich aus dem Ende des 15. Jahrhunderts, mußte aber 1673 nach einem Brand einer umfangreichen Restaurierung unterzogen werden. Damals entstand auch der Ikonostas und die Bemalung des Innenraumes. Das Innere wirkt nüchtern und streng, bei genauerem Hinsehen beeindrucken die geschmackvollen Malereien. Der mittlere Turm wirkt sehr wuchtig: Auf einem großen viereckigen Unterbau mit Zeltdach erhebt sich ein achteckiger Aufsatz. Der Glockenturm ist wie ein Wehrturm mit Umgang erbaut und stammt aus dem 17. Jahrhundert.

Dort, wo während des Zweiten Weltkrieges das Ghetto begann, erinnert ein eindrucksvolles Denkmal an die Opfer. Im Vordergrund steht die übliche überlebensgroße Frauenfigur, an der dahinterliegenden Ziegelmauer aber sind reliefartig Köpfe angebracht. Es sind die Köpfe einfacher Leute, Frauen, Greise und Kinder; Köpfe in denen das Leid und der Schrei erstarrt sind. In dieser verwitterten Mauer sind viele Schüsse eingeschlagen, hier wurden wehrlose Bewohner der Stadt erschossen.

An die die Stadt prägenden Juden erinnert heute in Drohobyč nichts mehr, kein Gedenkstein, kein Friedhof. Von ehemals sieben Synagogen sind fast alle zerstört oder zweckentfremdet worden. Die Neu-Synagoge in der vul. Orlyka (вул. Орлика), einen Steinwurf vom ehemaligen Ghettozentrum entfernt, hat zwar den Krieg überstanden, diente aber bis vor kurzem als Möbelgeschäft und steht verfallen als Mahnung. Das riesige Gebäude wurde 1865 im neoromanischen Stil erbaut. Die reich geschmückte Giebelfassade läßt etwas von dem ehemals prunkvollem Bau erahnen.

Im Internet findet man die Stadt unter ww.drohobych-ua.com.

Die Anfahrt ist mit der Bahn von L'viv aus in etwa 3 Stunden möglich, Richtung Truskavec'. Der Bahnhof liegt ganz im Osten, 4 Kilometer vom Zentrum entfernt.

Anfahrt über Stryj oder Sambir (A 270).

Das einzige Hotel heißt ›Tustan'‹ (готель ›Тустань‹), pl. Ševčenka (пл. Шевченка).

Am pl. Rynok (пл. Ринок) ist das Restaurant ›Ukrajin'sky Stavy‹ zu finden, außerdem gibt es im Zentrum einige Straßencafés.

Heimatmuseum, vul. I. Franka (вул. I. Франка), täglich außer Montag von 10 bis 18 Uhr.

Bruno Schulz – ein galizischer Kafka

An den bedeutenden Sohn der Stadt Drohobyč erinnert im dortigen Heimatmuseum nur ein kleines Foto mit einer Notiz: »1942 im Ghetto erschossen«. Bruno Schulz war Jude, und er schrieb in polnischer Sprache. Der Konflikt in dem die galizischen jüdischen Schriftsteller standen, wurde von jedem anders gelöst. Denn in welcher Sprache sollte man schreiben, in dieser babylonischen Vielfalt? Für fromme Juden galt nur Hebräisch, die Sprache des alten Testamentes, aber das war die Sprache der Talmudgelehrten. Die einen entschieden sich für Jiddisch, so wie das einfache Volk sprach; andere standen der Haskalah, der jüdischen Aufklärung, nahe und verachteten Jiddisch als Gassenjargon. Die Sprache der Staatsmacht Österreich wurde vor allem an den höheren Schulen gesprochen. In Westgalizien war man nach Warschau, zum Polnischen hin orientiert, in der Nordbukowina war der Einfluß des Rumänischen vorherrschend.

Die Hauptwerke von Bruno Schulz sind: ›Die Zimtläden‹ und ›Sanatorien zur Todesanzeige‹. In diesen grotesk-expressionistischen Erzählwerken verarbeitete er seine Kindheitserlebnisse und pathologischen Visionen. Ähnlich wie auch Kafka verwendete er surreale Motive. Das Leben von Bruno Schulz war von düsterer Realität überschattet. Er wurde 1892 als jüngstes Kind eines Textilhändlers geboren. Sein

Der Giebel der Synagoge von Drohobyč

Geburtshaus am Markt steht nicht mehr. Er hat die Stadt so erlebt, wie sie noch 1924 durch Alfred Döblin beschrieben wurde: »Ein viereckiger weiter Marktplatz. Buden und Tische, Pferde, Gespann, Fiakerreihen. Und alles in Lehm und Unrat von Stroh, Schutt, Abfällen versinkend. Eine Linie Tische hat im Mist ausgelegt bunte Tuchballen. In Buden hängen Kopftücher, Wäschestücke. Dahinter schwatzen und rufen Händler und Händlerinnen, Juden, nur Juden, mit deutschen Namen«. Der Vater von Bruno Schulz verstarb frühzeitig, und das Studium in Lemberg mußte Bruno Schulz wegen Krankheit abbrechen. Er fristete als Zeichenlehrer im Gymnasium (dort, wo 70 Jahre früher der aus der Umgebung von Drohobyč stammende Ivan Franko Schüler war) sein Leben. Nach Erscheinen seines ersten Buches ›Zimtläden‹ wurde er über Nacht unter der polnischen Intelligenz berühmt. Er spielte mit dem Gedanken, nach Warschau zu gehen, aber als Ernährer der Familie wurde er von der Schulbehörde auch auf sein Bitten hin nicht versetzt. Die ausgedehnte Korrespondenz mit jüdischen und polnischen Schriftstellern ließ ihn in der Provinz, ohne geistige Anregungen und mit persönlichen Rückschlägen, aushalten.

In der Zeit der deutschen Besatzung mußte auch er in das eingerichtete Ghetto übersiedeln. Schulz mußte für den Gestapochef Felix Landau arbeiten und in dessen Haus die Wände künstlerisch gestalten. Die Umstände des Todes von Bruno Schulz sind grotesk und barbarisch. Weil Landau aus Übermut den Zahnarzt Löwe erschoß, der als Haussklave eines SS-Offiziers diente, nahm dieser Offizier an Landau Rache und erschoß am 19. November 1942 Bruno Schulz. Dieser hatte zwar bereits einen falschen Paß, um aus dem Ghetto fliehen zu können, wollte aber wahrscheinlich seine Verwandten nicht im Stich lassen. An diesem Tag wurden noch über 230 andere Ghettobewohner erschossen.

Das Ghetto befand sich wenige hundert Meter von der Nordostecke des Marktplatzes entfernt. Heute ist dort ein großer Platz mit Kulturpalast und anderen Gebäuden zu finden. Zwischen ehemaligem Ghetto und Markt erinnert ein eindrucksvolles Denkmal an die vielen Opfer.

Ivano-Frankivs'k

Ivano-Frankivs'k (Івано-Франківськ) liegt östlich der ukrainischen Karpaten und stellt einen guten Ausgangspunkt für Touren in die Berge dar. Bei klarem Wetter ist es von hier aus möglich, die höchsten Berge der Karpaten zu sehen.

Während der Befreiungskriege gegen Polen unter Chmel'nyc'kyj wurde eine Festung in der Nähe des Dorfes Sobolotiv erbaut. Die Festung gewährte Schutz, und so entwickelte sich schnell ein Handelsplatz. 1662 erfolgte die Stadtgründung durch den polnischen Gutsbesitzer Andre Potocki, der die Stadt nach seinem Sohn Stanislav nannte. Das Magdeburger Recht wurde ein Jahr später als Stadtrecht verliehen. Hier siedelten viele Armenier und Juden. In der Zeit der Zugehörigkeit zu Österreich, vor allem Anfang des 19. Jahrhunderts, war ein Aufschwung in der Stadt zu verzeichnen, und das Stadtbild wurde entscheidend geprägt. Der Name der Stadt wurde einfach eingedeutscht und so entstand Stanislau.

Nach dem Ersten Weltkrieg war die Stadt wenige Monate lang Regierungssitz der Westukrainischen Volksrepublik, bevor sie bis 1939 wieder polnisch wurde. Im Jahre 1939 lebten hier 41 Prozent Juden, 37 Prozent Polen, 19 Prozent Ukrainer und drei Prozent Deutsche; 20 Jahre später waren es 67 Prozent Ukrainer und 25 Prozent Russen.

In sowjetischen Zeiten erfolgte eine starke Industrieansiedlung, vor allem auch Rüstungsgüter wurden hier produziert. Die Einwohnerzahl wuchs schnell und liegt jetzt bei 250 000. Zur 300-Jahr-Feier 1962 erfolgte die Umbenennung in Ivano-Frankivs'k.

Sehenswürdigkeiten

In dem kleinen Stadtzentrum, welches man bequem zu Fuß durchstreifen kann, gibt es einige Kirchen und Häuser aus der Blütezeit der Stadt im 18. Jahrhundert und zu Beginn des 19. Jahrhunderts. Die Fußgängerpromenade, die vul. Nezaležnosti (вул. Незалежності), ist Treffpunkt, Laufsteg, Shoppingmeile und der Ort einiger Kneipen und Cafés. Ein modernes Gebäude im konstruktivistischen Stil fällt besonders auf, es handelt sich um die Hauptpost aus dem Jahre 1938. Ansonsten vermittelt die Flaniermeile eher eine ruhige, durchaus angenehme Atmosphäre.

Der Marktplatz wird vom Rathaus dominiert. Der vom Konstruktivismus beeinflußte Bau von 1927 ist wegen des stufenförmigen Zentralturmes weithin zu sehen. Auffällig ist weiterhin der kreuzförmige Grundriß. Der alte Vorgängerbau von 1695 stammte vom italienischen Architekten Karl Benoe. Früher befanden

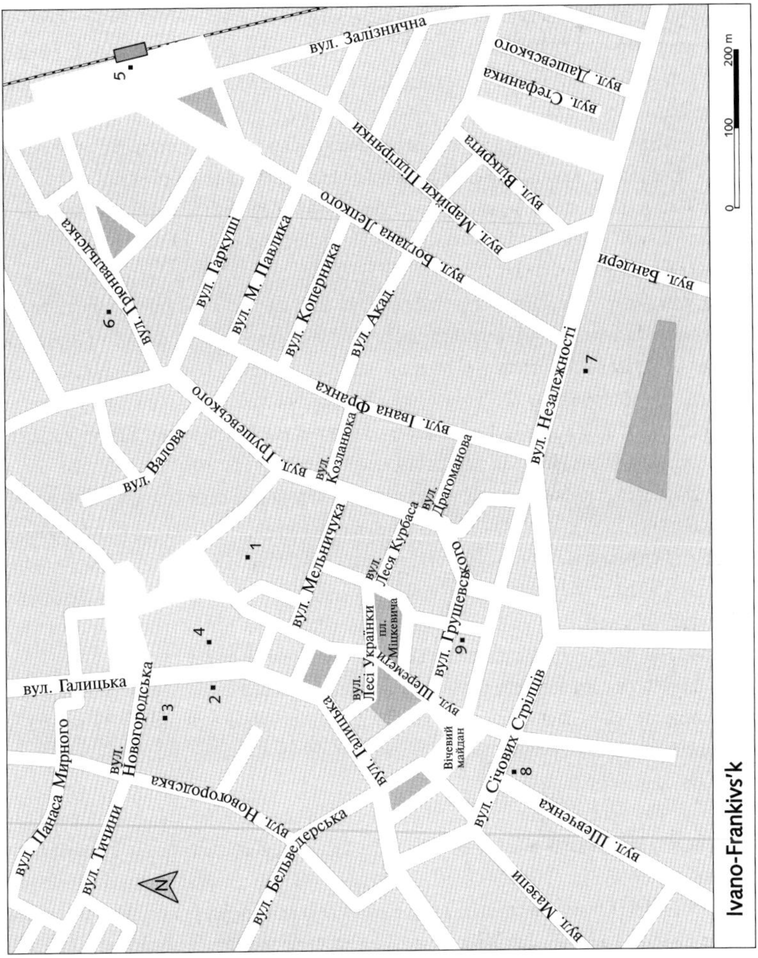

Legende

1 Armenische Kirche (Вірменський собор)
2 Auferstehungskathedrale (Кафедральний собор св. Воскресіння)
3 Kunstmuseum in der katholischen Kirche (Художній музей)
4 Heimatmuseum im Rathaus (Краєзнавчий музей)
5 Bahnhof, Busstation (вокзал, автовокзал)
6 Hotel ›Roksolana‹
7 Hotel ›Ukraijna‹
8 Hotel ›Dnister‹
9 Restaurant ›Slovan‹

sich in diesem Gebäude auch die Gefängniszellen der Stadt, jetzt beherbergt es unter anderem das Heimatmuseum. Es sind Ausstellungen zur Alten und Neuen Geschichte, Volkskunst und Naturkunde zu sehen, außerdem gibt es Wechselausstellungen.

Östlich vom Marktplatz ist die armenische Kirche zu sehen, sie liegt in der vul. Virmens'ka 6 (вул. Вірменська) und wurde in den Jahren 1742 bis 1762 im Barockstil erbaut. Jetzt wird sie von der ukrainisch-orthodoxen-autokephalen Kirche (UAOK) genutzt; in sowjetischer Zeit diente sie als Museum für Atheismus.

In westlicher Richtung vom Marktplatz aus liegt der Majdan Šeptyc'koho (Майдан Шептицького), benannt nach dem Metropoliten der griechisch-katholischen Kirche. Als erstes stößt man auf die Auferstehungskathedrale. Das barocke Gebäude wurde 1753 bis 1763 als Jesuitenkirche erbaut und ging dann in den Besitz der unierten Kirche über. Seit 1885 befand sich hier der Sitz eines Episkopats. Der dritte Bischof residierte nur von 1899 bis 1901 und wurde dann Metropolit in L'viv: A. Šeptyc'kyj. An ihn erinnert neben dem Eingang eine große Gedenktafel. In der Zeit des Verbotes der unierten Kirche wurde das Gebäude durch die russisch-orthodoxe Kirche genutzt. Seit dem 28. Januar 1990 versammelt sich wieder die unierte Gemeinde in der Kathedrale. Die reich vergoldete, hohe und mit schönen Ikonen geschmückte Ikonostas gilt als beeindruckendes Beispiel der religiösen ukrainischen Kunst.

Nach Norden zu schließt sich das eher unscheinbare zweietagige Jesuitenkollegium an, in dem jetzt der Lehrstuhl für Anatomie des Medizinischen Institutes untergebracht ist. Nachdem die Jesuiten vertrieben wurden, befand sich hier ab 1784 das deutsche Gymnasium.

Daneben steht die römisch-katholische Gemeindekirche mit kleineren Türmen, aber einer betonten Eingangsfassade. Das Bauwerk wurde als Stanislawer-Kollegium 1673 bis 1703 errichtet. Die Wandmalereien stammen aus der zweiten Hälfte des 19. Jahrhunderts, ein Jahrhundert früher entstanden die Barockskulpturen. 1945 kam es zur Schließung und Zerstörung der Inneneinrichtung. In den letzten Jahrzehnten konnten die Besucher hier zuerst ein geologisches Museum später eine Filiale des Kunstmuseums bewundern. Nach einer umfangreichen Renovierung 1993 sind nun sakrale Kunstwerke zu sehen. In der nächsten Querstraße in nördlicher Richtung, der vul. Tyčyny (вул. Тичини), ist die älteste ukrainische Brauerei aus dem Jahre 1767 zu sehen. Auch heute wird hier noch ein gutes Bier gebraut. Hinter der Kathedrale beginnt die vul. Bel'veders'ka (вул. Бельве-

Die Boim-Kapelle an der lateinischen Kathedrale in L'viv
Das Bernhardinerkloster in L'viv

дерська). In der Zeit der deutschen Besetzung begann hier das jüdische Ghetto. Tausende Juden wurden hier umgebracht.

Etwa eineinhalb Kilometer südwestlich vom Zentrum liegen ein schöner Park und ein See. Auf einem Spaziergang dorthin können in der vul. Ševčenka (вул. Шевченка) die Villen aus der Jahrhundertwende bewundert werden. Diese Straße ist eine der ältesten der Stadt und galt schon immer als die schönste. Einige Bauwerke würden Geschichten erzählen, wenn sie könnten. Die vul. Ševčenka 1 beherbergte früher das Hotel ›Österreich‹, das heutige Haus des Volkes. Hier fanden die Sitzungen der Westukrainischen Nationalversammlung (Parlament der Westukrainischen Republik) statt. Am 2. Januar 1919 kam es hier zur Zustimmung zur Vereinigung mit der Ukrainischen Volksrepublik. Das eher unscheinbare Gebäude Nr. 18 war das Wohnhaus der unierten Bischöfe. In der Nr. 20 befand sich bis 1939 die jüdische Gesellschaft ›Goldfaden‹, benannt nach dem jüdischen Dramatiker A. Goldfaden (1840–1908). Das erste ukrainische Gymnasium befand sich im Haus Nr. 44 und wurde 1908 eingerichtet. Im Hotel ›Dnister‹ (früher Hotel ›Odessa‹) hatte 1919 die Regierung der Westukrainischen Republik ihren Sitz. E. Petruževyč und L. Bachynski arbeiteten in diesem Gebäude, aber auch Politiker aus Kiev wie M. Hruševs'kyj und S. Petlura kamen zu Besuch.

Auch Ivano-Frankivs'k hat ein ›Weißes Haus‹, in der vul. Hruševs'koho 21 (вул. Грушевського) sitzen die örtliche Verwaltung und einige Zeitungsredaktionen. Das etwas überdimensioniert wirkende Gebäude wurde in den 80er Jahren erbaut und weist einen abgerundeten dreieckigen Grundriß auf. Das Denkmal vor dem Bauwerk besteht aus zwei Skulpturen und einer Stele. Auf dieser befand sich bis 1990 ein Leninrelief. Die Skulptur links symbolisiert die Vereinigung der Westukraine mit der Ukrainischen Volksrepublik und die rechte den Wiederstand gegen die Diktatoren Hitler und Stalin.

Unschwer ist auch das Theater in der vul. Nezaležnosti 42 als Bauwerk aus den 80er Jahren zu erkennen. Davor steht ein großes Denkmal des Namensgebers der Stadt Ivan Franko.

Die Stadt war neben Lemberg das bedeutendste galiziendeutsche Zentrum. Seit 1823 lebten hier mehrheitlich evangelische Deutsche, deren Zahl 1934 reichlich 1000 erreichte. Der 1867 in Greifswald geborene Theodor Zöckler, bekanntester Vertreter des Galiziendeutschtums, kam nach Theologiestudium und Ausbildung als Judenmissionar 1891 nach Galizien, wurde aber vom ersten Tag sei-

Das Grab von Herrn Zwilling auf dem jüdischen Friedhof von Černivci
Vogelskulptur im Schloßpark von Užhorod
Das Jeleckyj-Kloster in Černihiv

nes Wirkens mit der vielschichtigen Not der deutschen Volksgruppe in diesem Raum konfrontiert.

Mit der Aufnahme von Waisenkindern und der Einrichtung eines Kinderheimes 1896 begann Zöckler mit dem Aufbau der auch als ›Bethel des Ostens‹ bekannten Zöcklerschen Anstalten. Die zum überwiegenden Teil erhaltenen Gebäude der Zöcklerschen Anstalten liegen im Zentrum von Ivano-Frankivs'k. In der vul. Ivana Franka, die gegenüber vom Hotel ›Ukrajina‹ von der vul. Nezaležnosti abzweigt, wurde im Mai 1999 eine Gedenktafel für Theodor Zöckler und die von ihm gegründeten Anstalten mit Reliefabbildung seines Kopfes feierlich eingeweiht. Das Gebäude, an dem die Tafel angebracht ist, war die frühere deutsche Volksschule (zweites Haus links), die 1919 um das deutsche Gymnasium ergänzt wurde. Bereits 1996 war an dieser Stelle eine Gedenktafel für die frühere

Gebäude der Zöcklerschen Anstalten

deutsche Schule enthüllt worden. Zurück an der vul. Nezaležnosti, blicken wir auf den freien Platz vor dem Hotel ›Ukrajina‹: Hier stand die nach dem Kriege von den Sowjets zerstörte evangelische Kirche. Die Parkanlage hinter dem Hotel befindet sich an der Stelle des eingeebneten deutschen Friedhofes.

Das eingeschossige, unter Bäumen liegende Holzhaus auf der linken Straßenseite der vul. Nezaležnosti war der erste Bau der Zöcklerschen Anstalten, zu denen auch das rechts anschließende mehrgeschossige Gebäude gehörte. Im Innenhof stand einst das Pfarrhaus. Über die vul. S. Bandery kommen wir zur vul. Rozumovs'koho. Diese Straße wurde in den 1920er Jahren offiziell als ulica Zöcklera (also Zöckler-Straße) bezeichnet, da sich beiderseits verschiedene Gebäude der Zöcklerschen Anstalten befanden, am Ende der etwa 300 Meter langen Straße sind die von Zöckler gegründeten VIS-Werke für landwirtschaftliche Geräte zu finden. In diesem einst als Knihinin bezeichneten Stadtteil von Stanislau lebten zudem viele Galiziendeutsche.

Theodor Zöckler durfte nach der Umsiedlung in den Warthegau sein soziales und kirchliches Werk nicht fortsetzen. Nach Flucht und Vertreibung zum Ende des Zweiten Weltkrieges suchte Zöckler die versprengten Galiziendeutschen zu sammeln und war maßgeblich an der Gründung des ›Hilfskomitees der Galiziendeutschen‹ beteiligt. Bischof Theodor Zöckler starb 1949 in seinem Flüchtlingsort Stade.

Die Ruine auf dem Schloßberg in Halyč

Halyč

Die Stadt Halyč (Галич) war namensgebend für den ganzen Landstrich Galizien. Sie wurde bereits 898 in den Chroniken erwähnt, entwickelte sich von einer kleinen Siedlung zur Hauptstadt der ›Halyčyna‹. Sie liegt 26 Kilometer von Ivano-Frankivs'k entfernt am Ufer des Dnistr. Auf dem Hügel, der sich über der Stadt erhebt, sind Reste der alten Burg (14. bis 17. Jahrhundert) zu finden. Der Bau der Burg begann 1367. Zu Beginn des 17. Jahrhunderts versuchten die Tataren mehrmals die Burg zu erobern, was ihnen 1621 gelang. Nach der Zerstörung und dem mühevollen Aufbau kamen nur wenige ruhige Jahre, bereits 1658 datiert die endgültige Zerstörung durch die Tataren. Es wird jetzt versucht, die Mauern zu sichern und teilweise wohl auch wieder aufzubauen. Die Umrisse der Anlage sind zu erahnen. Von oben hat man einen guten Blick auf die Stadt und die Umgebung.

Gleich vom Marktplatz, der von einem Reiterdenkmal des Gründers der Halyčina, dem Fürsten Danilovič beherrscht wird, kann man auf einem Weg den Hügel hinauf steigen. Die Stadt ist berühmt für die galizisch-wolhynische Chronik, die im 13. Jahrhundert hier vollendet wurde. Das sogenannte Halyčer Gesangbuch, eines der ersten schriftlichen Dokumente des Ukrainischen, stammt ebenfalls von hier.

Die Bahnverbindungen nach Ivano-Frankivs'k sind günstig, da der Ort an der Bahnlinie L'viv – Černivci liegt. Die Verbindung in die Karpaten ist durch die Linie nach Rachiv über Jaremča und Jasinja gegeben.

Von der Busstation neben dem Bahnhof gibt es Fahrtmöglichkeiten u. a. nach L'viv, Jaremča und Rachiv.

Direkte Flugverbindungen bestehen nach Frankfurt/Main und Manchester.

Die Auswahl an Hotels ist nicht besonders groß, aber es ist sicher für jeden Anspruch etwas zu finden.
Hotel ›Roksolana‹ vul. Grjunval'ds'ka 7–9 (вул. Грюнвальдська), Tel. 0 34 22 / 2 34 01. Österreichisch-ukrainisch-amerikanisches Joint Venture, sehr gutes Niveau.
EZ 70 Euro, DZ 45 bis 90 Euro. Es werden Stadtführungen und Exkursionen in die Umgebung angeboten.
Hotel ›Ukrajina‹, vul. Nezaležnosti 40 (вул. Незалежності), sehr zentral und deutlich preiswerter (EZ 25 Euro, DZ 40 Euro).
Hotel ›Dnistr‹ (vul. Sičovych Stril'civ 12 (вул. Січових Стрільців), klein und einfach, 17 Euro je EZ.

Restaurants befinden sich in der Fußgängerzone und den angrenzenden Gassen. Empfohlen sei das Restaurant ›Slovan‹ (Слован) in der vul. Šatkevyča 2 (вул. Шаткевича).

Geschichte der deutschen Siedlungen in Ostgalizien

Von Hans Christian Heinz

Von Deutschen in Galizien hat jeder schon mal gelesen oder gehört, aber wann und warum es Deutsche dahin verschlagen hat, ist weniger bekannt. Jahrhundertelang siedelten Deutsche in den unterschiedlichsten Gegenden der heutigen Ukraine, Zentren waren neben Galizien vor allem die Transkarpaten, die Bukowina, aber auch die Krim und die Gegend um Odessa. Die Deutschen haben kulturell einen nicht unbedeutenden Einfluß gehabt. Im Zweiten Weltkrieg sind sie größtenteils ausgesiedelt worden.

Anfang der 90er Jahre bezeichneten sich in der Ukraine etwa 34 000 Personen als Deutsche. Nur 23 Prozent von ihnen gaben allerdings Deutsch als Muttersprache an, die meisten sprechen russisch oder ukrainisch. Die Mehrheit der Deutschen wohnt jetzt in der Ostukraine, vor allem im Gebiet Donec'k und Dnipropetrovs'k. Ziel der meisten Deutschen ist es, Richtung Westen auszuwandern, da die Lage perspektivlos scheint. Die Programme, die auch mit bundesdeutscher Hilfe aufgelegt wurden, um Deutsche zum Bleiben zu bewegen oder auch Rußlanddeutsche aus Sibirien oder Zentralasien in der Ukraine anzusiedeln, sind nicht immer von Erfolg gekrönt.

Die Geschichte des Deutschtums in Galizien reicht bis weit in das Mittelalter zurück. Das war durch den internationalen West-Ost-Handelsweg der ›Hohen Straße‹ bedingt, der vom Rhein über Thüringen, Sachsen, Schlesien, Kleinpolen über Galizien bis nach Kiev führte. Die Anfänge der deutschen Besiedlung in Galizien liegen im 13. Jahrhundert, als überwiegend deutsche Handwerker und Kaufleute zum wirtschaftlichen Wiederaufbau der Städte herbeigerufen wurden. Diese Einwanderer hatten sich bis zum 16. Jahrhundert völlig assimiliert.

Nach der ersten polnischen Teilung 1772 fiel Galizien an Österreich. Die von der Habsburger Monarchie organisierte Ansiedlung von Deutschen im neuerworbenen Königreich Galizien und Lodomerien ging in mehreren Etappen vonstatten.

Kaiserin Maria Theresia erließ 1774 das Einwanderungspatent, das sich an ›Händler, Künstler, Fabrikanten, Professionisten‹ (Freiberufler) und Handwerker richtete und die Belebung von Handel und Gewerbe zum Ziel hatte. Den Kolonisten wurden sechs Jahre Steuerfreiheit und der unentgeltliche Erwerb der Bürger- und Meisterrechte zugesagt. Katholiken durften sich überall niederlassen, Angehörige der evangelischen Kirche nur in Lemberg und Brody. Daraufhin kamen in den Jahren von 1774 bis 1783 etwa 1000 Deutsche in die Städte Galiziens.

Die ersten ländlichen deutschen Siedlungen wurden von 1782 bis etwa 1790 größtenteils auf staatlichem Großgrundbesitz eingerichtet. Vorausgegangen waren 1781 das Ansiedlungspatent und das Toleranzpatent des Kaisers Josef II. Dadurch eröffneten sich den Einwanderern völlig neue Perspektiven, zum ersten Mal konnten Evangelische uneingeschränkt einwandern, ihnen wurde völlige Freiheit bei der Ausübung ihrer Religion zugesichert.

Anders als bei den russischen Ansiedlungsmaßnahmen in der Süd-Ukraine war Galizien relativ dicht besiedelt, und die Neusiedler sollten hier im Bereich der Landwirtschaft, aber auch im Handel und Gewerbe innovativ wirken. Trotzdem wurde Land für die Neusiedler benötigt. Die österreichische Regierung löste daher großen weltlichen und geistlichen Grundbesitz auf oder verkleinerte diesen.

In Galizien begann 1773 der Entzug der Ländereien des Jesuitenordens und der früheren königlich-polnischen Besitzungen, der sogenannten Starosteien. Der österreichische Staat sicherte den Ansiedlern auf seinen Gütern materielle Unterstützung beim Hausbau und bei der Einrichtung von Gewerbebetrieben zu. Die neuen Siedlungen waren weit übers Land verstreut. Eine Zwangsumsiedlung der slawischen Bauern zum Zwecke der Einrichtung geschlossener deutscher Siedlungsgebiete wurde von den österreichischen Behörden nicht in Erwägung gezogen. Die einheimischen Slawen erhielten andererseits aber auch nicht die Freiheiten und Privilegien der deutschen Kolonisten. Eine rechtliche Gleichstellung erfolgte erst nach der Bauernbefreiung in der Folge der Revolution von 1848.

Die Gesetze stellten die Einwanderer selbst und ihre ältesten Söhne vom Militärdienst frei. Für die Landwirtschaft wurden ein angemessen großer Grundbesitz, ein Hof mit Wohnhaus, Stall, Scheune, Ackergeräten und Vieh sowie zehn Jahre Abgabenfreiheit und sechs Jahre Freistellung von Fronarbeit gewährt. Kaiser Josef II. bereiste zwischen 1780 und 1787 insgesamt fünf Mal Galizien, um sich selbst ein Bild von den Möglichkeiten zur Durchführung und Verbesserung der Ansiedlung zu machen.

Die Ansiedler im ländlichen Raum Galiziens stammten fast alle aus Südwest-Deutschland. Der südwestdeutsche Raum – die Pfalz, Württemberg, Hessen, Baden, ferner das Mittelrheinland, der Hunsrück, Luxemburg, der Mosel-Saar-Raum, Lothringen und das Elsaß – war oft Herkunftsgebiet von Emigranten. Ein hauptsächlicher Grund war das geltende Erbrecht dieser Regionen. Es galt die Realteilung; das bedeutete, daß der elterliche Grundbesitz gleichmäßig an alle Kinder vererbt wurde (in anderen Teilen Deutschlands bekam meist der erstgeborene Sohn alles). Durch die Aufteilung des Besitzes reichten die einzelnen Flächen für den Lebensunterhalt einer Familie nicht mehr aus. Zudem war die Pfalz häufig Schauplatz verschiedener Kriegshandlungen mit den damit einher gehenden Verwüstungen.

Ehemaliges deutsches Wohnhaus in Sokolivka, dem einstigen Falkenstein

Die Aussicht auf einen vielfach größeren Landbesitz in Osteuropa, der zudem noch kostenlos war, verleitete viele Südwestdeutsche zur Übersiedlung. Sehr oft kamen kleine Gruppen von Verwandten oder Bekannten aus der gleichen Herkunftsregion. Die einzelnen Kolonien bestanden aber immer aus Gruppen von Kolonisten, die aus verschiedenen Dörfern emigriert waren. Der Anreiseweg für die deutschen Kolonisten war vorgeschrieben. Aus ihrer Heimat führte der Weg zunächst zur österreichischen Residenz in Mannheim oder Frankfurt am Main, dann weiter nach Ulm, Donaueschingen oder Regensburg, wo sie per Kahn auf der Donau nach Wien zur Registrationsstelle fuhren. Von dort ging es später über Land in die neue Heimat. Schon im Jahre 1782 kamen die ersten Kolonisten nach Galizien. 1784 waren auch erstmals Mennoniten, unter anderem aus dem westpreußischen Weichselwerder, als Einwanderer zugelassen. Wegen des unerwartet großen Andranges von Ansiedlern in Wien wurde die Zahl der einwandernden Kolonistenfamilien mehrmals beschränkt. Planung und Einrichtung von Kolonien hinkten dem Zustrom der Siedler nach. Die Kolonisten mußten zum Beispiel teilweise in verlassenen Klöstern Lembergs jahrelang auf ihre Unterbringung warten.

Die Gesamtzahl der Ansiedler, die sich während der Josefinischen Kolonisation in Galizien niederließen, liegt zwischen 15 000 und 20 000 Personen; es gibt jedoch nur Schätzungen, da die anfangs penibel geführten Ansiedlungslisten wegen des großen Ansturms unvollständig blieben.

Erdkeller aus galiziendeutscher Zeit bei Kam'janyste

Der größte Teil der deutschen Kolonien befand sich in Ostgalizien, also im ukrainischen Volksgebiet, etwa östlich des Flusses San. Dabei war die österreichische Regierung auf die räumliche Trennung von Protestanten und Katholiken bedacht, um die für beide Konfessionen getrennte Versorgung mit Kirchen und Schulen leichter und schneller gewährleisten zu können.

Sowohl die Anlage der Siedlungen als auch die Errichtung von Gebäuden, Brunnen und Baumbepflanzungen waren nach Vorschriften geregelt. Ingenieure und Architekten haben Siedlungsgrundrisse vom Reißbrett nach dem architektonischen Leitbild der idealen Stadt umgesetzt. Die dominierende Siedlungsform war die Reihensiedlung in linienhafter Form, meist schnurgerade angelegt. Die Reihendörfer waren in der Regel zweizeilig, also auf beiden Straßenseiten bebaut (zum Beispiel Gelsendorf/heute Zahirne), selten einzeilig (zum Beispiel Neu-Chrusno/heute Chorosno Nove) und an relativ breiten Straßen angelegt. Die Straßenfrontseite der Hofparzellen nahm eine Länge von 20 bis 35 Metern ein. Zwei dieser neueingerichteten Dörfer wurden als parallele zweizeilige Reihensiedlungen angelegt: in Landestreu (heute Zelenyj Jar, Verwaltungsgebiet Ivano-Frankivs'k) lagen die beiden Wohnstraßen nur gut 50 Meter auseinander, in Mokrotyn Kolonie dagegen etwa zwei Kilometer. Es entstanden auch mehrere Kolonien mit Schachbrettgrundriß (etwa Brigidau/heute Lanivka, Dornfeld/heute Ternopillja, Josefsberg/heute Korosnycja) in Kreuzform (zum Beispiel Bruckenthal/gegen Ende des Zweiten Weltkrieges zerstört; Falkenstein/heute Sokolivka, Kaisersdorf/heute Kalyniv, Wiesenberg/heute Vizenberh; Kranzberg/heute Teil von Dubljany) und sogar eines mit Pentagongrundriß (Königsau/heute Rivne). Bei der Anlage dieser geplanten Siedlungen wurde auf die natürlichen Gegebenheiten des Landschaftsreliefs zunächst keine Rücksicht genommen. So standen diese Kolonien in starkem Kontrast zu den umliegenden slawischen Haufendörfern, deren Anlage den landschaftlichen Gegebenheiten folgte.

Die Errichtung der Häuser war Aufgabe der österreichischen Regierungsbehörde. Das Wohnhaus der Kolonisten sollte einen Grundriß von 8 mal 8,5 Metern einnehmen, im Gebäude waren Wohnstube, Schlafkammer, Küche, Diele und ein gemauerter Rauchfang vorgesehen. Dies war nach heutigen Gesichtspunkten keine sehr große Wohnfläche, doch ungewohnter Standard im ländlichen Raum der damaligen Zeit und gerade im Vergleich zu den slawischen Bauernhäusern – diese verfügten über nur einen Raum und waren meist schornsteinlos. Auch äußerlich wichen die Kolonistenhäuser von denen der Einheimischen ab. Durch die deutschen Ansiedler verbreitete sich nun beispielsweise das Steildach mit Fenstern und der typische deutsche Fachwerkbau.

Nach der staatlichen Vorschrift sollte eine mittlere Siedlerstelle mindestens 20 Korez – etwa 7,6 Hektar – zugeteilt bekommen. Kolonisten, die Geldbesitz mit nach Galizien brachten, wurden besser ausgestattet: bei einem Besitz von über 500 Gulden waren es 40 Korez. Die österreichische Regierung stellte auch die Grundausstattung an Vieh, landwirtschaftlichen Geräten, Saatgut und Hausrat unentgeltlich zur Verfügung. Für diese Zuteilungen gab es sogar detaillierte Bestimmungen. Da die Kolonisten ihre Traditionen mitbrachten, wurden in Galizien bisher fremde Anbaufrüchte und landwirtschaftliche Methoden eingeführt.

In der Amtszeit von Kaiser Franz I. führte sein Bruder, Erzherzog Karl, noch einmal staatliche Ansiedlungsmaßnahmen in Galizien durch. Diese Kolonisation (1802–1805) war mit weniger Privilegien für die Angeworbenen verbunden, die zum Beispiel keine Reisekosten mehr erhielten. Insgesamt wanderten in dieser Zeit nochmals 1232 Familien nach Galizien ein. Während der ›Franzisceischen‹ Kolonisation wurden aus Mangel an verfügbarem Land kaum noch neue Kolonien gegründet. Es kam vor allem zu sogenannten ›Einsiedlungen‹ auf freigewordenen polnischen oder ukrainischen Hofstellen in slawischen Dörfern im äußersten Nord-Osten und Osten Galiziens.

Nach 1815 hatte der österreichische Staat unter der Regierung Metternichs kein Interesse mehr an den kostenaufwendigen Kolonisationsmaßnahmen. In Galizien lebten im Jahre 1810 fast 50 000 Deutsche, 1848 waren es bereits rund 100 000 in etwa 300 Siedlungen. Danach nahm ihre Zahl beständig ab. Die Gründe für diese Entwicklung liegen in der schwierigen Situation für die römisch-katholischen Deutschen in Galizien, die ständigen Polonisierungsbestrebungen in

Kirche und Schule ausgesetzt waren, und in der um 1900 einsetzenden massiven Abwerbungskampagne des preußischen Staates. Aus vielen intakten deutschen Siedlungen wurde ein beträchtlicher Teil der Bevölkerung zur Übersiedlung in die Provinzen Westpreußen und Posen bewogen.

Im Ersten Weltkrieg flohen viele Galiziendeutsche vor den herannahenden russischen Truppen bis nach Österreich. Während der russischen Besatzung waren die in Galizien verbliebenen Deutschen der ständigen Willkür der Zarenarmee ausgesetzt, beim Rückzug verschleppte die russische Armee einen Teil der galiziendeutschen Intelligenz nach Sibirien. Viele deutsche Kolonien wiesen beträchtliche Kriegsschäden auf, einige waren völlig zerstört. Nach dem Zusammenbruch der österreichisch-ungarischen Doppelmonarchie 1918 kämpften zahlreiche Galiziendeutsche als Offiziere und Unteroffiziere in der Ukrainisch-Galizischen Armee (UHA), die aus den ukrainischen Regimentern der Habsburger Armee hervorgegangen war, gegen polnische Einheiten. In der kurzen Zeit der Westukrainischen Volksrepublik nach dem ersten Weltkrieg verhielten sich die Deutschen in Galizien loyal zum jungen, kurzlebigen westukrainischen Staat.

Nach den Bürgerkriegswirren und der Auflösung des selbständigen ukrainischen Staates, der dem wieder auferstandenen polnischen Staat einverleibt wurde, kam auch die deutsche Bevölkerung zu Polen, das eine eher intolerante Nationalitätenpolitik betrieb. Besonders das Wirken der deutschen Lehrer und Pfarrer wurde mißtrauisch beäugt. Wer als Deutscher im Staatsdienst bleiben wollte, mußte seine Kinder in polnischsprachige Schulen schicken und seinen Namen polonisieren. Das private Schulwesen und die kirchlichen Strukturen der Galiziendeutschen wurden mit strengen Auflagen bedacht.

Mit dem Ribbentrop-Molotov-Pakt vom August 1939, in dem sich das nationalsozialistische Deutschland und die Sowjetunion über eine Zerschlagung Polens verständigten, wurde Ostgalizien der sowjetischen Interessensphäre zugeschlagen und den dortigen deutschen Siedlern in einem weiteren Abkommen das Recht zur Umsiedlung nach Deutschland verbrieft. Die von der UdSSR zugesagte Umsiedlungsmöglichkeit wurde nach der Besetzung Ostgaliziens durch die Rote Armee den Galiziendeutschen zwar nicht streitig gemacht, jedoch oft äußerst erschwert. Die Sowjetmacht versuchte mit erheblichem Propagandaaufwand – unter anderem Kinovorführungen, Lautsprecherwagen –, die deutsche Bevölkerung in ihrem Herrschaftsbereich zum Bleiben zu bewegen, gleichzeitig wurde aber ihr Besitz ›nationalisiert‹, also praktisch enteignet. Zudem war die Erinnerung an die russische Herrschaft im Ersten Weltkrieg noch zu frisch, so daß sich fast alle Deutschen aus Ostgalizien für die Umsiedlung entschieden. Nur die in Mischehen Lebenden und solche, die bereits weitgehend polonisiert waren, blieben zurück. Nahezu 60 000 Galiziendeutsche konnten 1939/40 zunächst in Übergangslager nach Thüringen, Sachsen und dem Sudetenland umsiedeln, bevor man die ersten Familien im Frühjahr 1940 gegen ihren Wunsch in den ›Reichsgau Wartheland‹ verbrachte. Ihre erhoffte Ansiedlung im südwestdeutschen Auswanderungsraum der Vorfahren war politisch nicht gewollt. Stattdessen mißbrauchte die politische Führung in Berlin die Galiziendeutschen als ›Wehrbauern‹ im annektierten Warthegau, das bis 1939 zum polnischen Staatsgebiet gehört hatte. Die polnischen Vorbesitzer der Hofstellen wurden oft vor den Augen der Umsiedler enteignet und in das sogenannte Generalgouvernement abgeschoben. Bei der bewußt zerstreuten Ansiedlung im Warthegau gab es keine Rücksichtnahme auf gewachsene Dorfgemeinschaften, außer im Falle der Bevölkerung der vormals größten deutschen Kolonie in Galizien (Brigidau), deren geschlossene Wiedereinrichtung sich ebenso für Propagandazwecke nutzen ließ wie zuvor schon ihre Umsiedlung im letzten Treck im Januar 1940.

In Ostgalizien kam es während der ersten sowjetischen Besatzungszeit von 1939 bis 1941 in den verlassenen deutschen Siedlungen teilweise zu Plünderungen durch Einwohner der ukrainischen Nachbardörfer, meist wurden Hofstellen in Besitz genommen.

Im Juni 1941 wurde die Deutsche Wehrmacht bei ihrem Einmarsch zunächst noch als Befreier von der Sowjetherrschaft begrüßt, einzelne Galiziendeutsche kehrten sogar in den sogenannten Distrikt Galizien zurück. Nach der Eroberung durch die Rote Armee im Sommer und Herbst 1944 kam es zu grundlegenden Veränderungen in der Bevölkerungsstruktur Ostgaliziens, das gemäß der Vereinbarungen der Alliierten dem sowjetischen Staatsgebiet zufallen sollte. Moskau und die von ihr gelenkte Lubliner Übergangsregierung Polens vereinbarten bereits im Herbst 1944 den Bevölkerungsaustausch von hunderttausenden Polen aus den neuen westlichen Gebieten der Sowjetunion sowie von Ukrainern aus Polen in das jeweils andere Staatsgebiet, der bereits 1947 im wesentlichen abgeschlossen war.

Ein Teil dieser Ukrainer mußte in die zentrale und östliche Ukraine umsiedeln, woher im Gegenzug als linientreu geltende Ostukrainer und Russen als Funktionäre nach Ostgalizien und in die übrige Westukraine migrierten. Der jahrhundertelang währenden Bevölkerungsmischung insbesondere in den Städten Ostgaliziens aus Polen, Juden, Ukrainern, Deutschen, Armeniern und anderen folgte nun eine bis dahin ungekannte, ethnisch weitgehend homogene Bevölkerungsstruktur. Die neuen Bewohner fanden oft Gebäude vor, die sie für Wohnzwecke ganz oder teilweise instandsetzen, in vielen Fällen völlig neu aufbauen mußten. Die gemeinschaftlich genutzten Bauten wie Schule, ›Klub‹, Laden oder Mühle erhielten bei Renovierungen und Umbauten ein anderes Aussehen. Die vormaligen Kirchengebäude verloren zumeist ihre Funktion und dienten als Lagerraum, Werkstatt oder Getreidespeicher.

Bis auf wenige Ausnahmen ging der mit dem Zweiten Weltkrieg begonnene Degradierungsprozeß der früheren deutschen Siedlungen weiter und setzt sich bis

Das Schulgebäude im ehemaligen Dornfeld

in die Gegenwart fort. Nach entsprechenden politischen Vorgaben der Nachkriegszeit galt etwa ein Drittel der ländlichen Siedlungen des Verwaltungsgebietes L'viv als perspektivlos, darunter alle früheren deutschen Siedlungen. Ausgewählte größere ukrainische Dörfer sollten infrastrukturell zu ›Siedlungen städtischen Typs‹ ausgebaut werden und Neubaugebiete mit mehrgeschossigen Reihenhäusern erhalten. Realisiert wurden diese Pläne jedoch nur in Ansätzen. Einige schon während des Krieges stark zerstörte Kolonien wurden dem Erdboden gleichgemacht, zum Beispiel Bruckenthal und Ugartsberg; verwertbare Baumaterialien aus diesen Orten nutzte man zum Haus- und Straßenbau in Nachbardörfern. Nur eines der ehemals deutschen Dörfer bewahrte sich nicht nur seine politische Eigenständigkeit, sondern konnte auch die Höhe der früheren deutschen Einwohnerzahl halten: Brigidau, nordwestlich von Stryj, die etwas abgelegene, aber traditionell in besonders engem Kontakt mit den ukrainischen Nachbarn lebende größte deutsche Kolonie Galiziens.

Wer sich auf Spurensuche in frühere deutsche Siedlungen in Ostgalizien begibt, darf keine herausgeputzten Häuser und Ortschaften erwarten. Die angeführten Orte und Gebäude befinden sich in sehr unterschiedlichem Erhaltungszustand, der von relativ gut über baulich verändert bis hin zu teilweise oder völlig zerstört reicht. Dennoch sollte man sich das eine oder andere Zeugnis deutscher Vergangenheit in diesem Raum ansehen. Nicht zuletzt durch die regelmäßige Präsenz und das Engagement der früheren deutschen Bewohner und ihrer Nachfahren, die seit 1991 wieder ungehindert ihre Heimat besuchen können, ist auch das Bewußtsein bei den einheimischen Ukrainern geweckt worden, behutsam mit diesem Erbe der galizischen Kulturlandschaft umzugehen. Nach Jahrzehnten der Vernachlässigung und des Verfalls werden Kirchengebäude renoviert und von den örtlichen Gemeinden genutzt, Friedhöfe wieder freigelegt und gepflegt, und mancherorts erinnern heute von den ukrainischen Einwohnern aufgestellte Gedenktafeln und -steine an die früheren deutschen Kolonisten.

Plankolonien bei Sambir, Drohobyč und Stryj

Dieser Routenvorschlag ist nur schwer an einem Tage zu realisieren, deshalb kann der eine oder andere Ort auch ausgelassen werden. Weniger kann auch mehr sein; besonders wenn man die ukrainische Gastfreundschaft erfährt und eingeladen wird, vergeht die Zeit wie im Flug. Vorgeschlagen wird hier der Besuch von Orten, die durch ihren Grundriß oder spezifische Besonderheiten hervortreten.

In L'viv führt die vul. Horodoc'ka aus dem Zentrum nach Westen. Bei Zimna Voda verläßt man nach gut zwei Kilometern die A 259 und biegt auf der Höhe des heute unbesetzten Kontrollpunktes der Verkehrspolizei (DAI) nach Süden links ab auf die A 262 in Richtung Sambir. Die Trasse über Rudky ist asphaltiert und in gutem Zustand. Etwa 20 Kilometer südwestlich von Rudky taucht der Abzweig

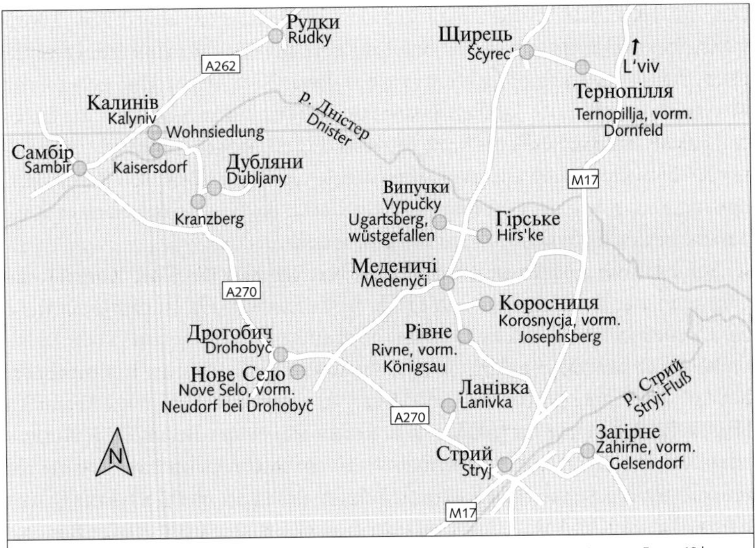

Plankolonien bei Sambir, Drohobyč und Stryj

nach links Richtung Kalyniv auf. Über den Bahnübergang und vorbei an einer militärischen Wohnsiedlung ist es noch ein Kilometer bis zum Ortsmittelpunkt des früheren Kaisersdorf, das 1783 in ungleichmäßiger Kreuzform angelegt und zu Ehren Josefs II. benannt wurde. Die Zahl der deutschen Familien im Jahre 1789 betrug 79. Die Breite der Straße in der Dorfmitte ist darauf zurückzuführen, daß in der Sowjetzeit eine Kapelle samt den sie umgebenden Bäumen abgerissen wurde. Geradeaus liegt die frühere deutsche Schule. Die vergitterten Fenster mit Werbeverzierung weisen darauf hin, daß dieses Gebäude in der Sowjetzeit als staatliches Lebensmittelgeschäft genutzt wurde. Bis zum Jahre 2002 ist die Einrichtung eines Museums geplant, bei dessen Konzeption auch Galiziendeutsche einbezogen sind.

Die heutigen ukrainischen Einwohner stammen aus Südostpolen und wurden 1947/48 geschlossen in das verlassene und geplünderte Dorf eingewiesen. Die lange Dorfgasse schneidet die Durchgangsstraße vertikal. Im nördlichen Dorfteil ist das Kirchengebäude über einen Seitenweg erreichbar, der nach etwa 80 Metern links von der Dorfgasse abzweigt. Die frühere römisch-katholische Kirche wurde als Lagerraum genutzt und jetzt in Eigenleistung renoviert. Seitdem dient der Bau als Simultankirche für beide im Ort vertretenen Religionen – der griechisch-katholischen und der autokephalen ukrainisch-orthodoxen. An die Kirche schließt sich der Friedhof an, auf dem noch deutsche Grabmäler vorhanden sind. Am äußersten Ende des nördlichen Dorfteils haben die Einheimischen in jüngster Zeit die Entwässerungsgräben aus der Zeit der deutschen Kolonisten wieder ausgehoben. Auf der rechten Seite der südlichen Dorfgasse ist die zweite erhaltene Kapelle mit dem in Osteuropa weit verbreiteten Kreuz auf liegendem, nach oben geöffneten Halbmond auf dem Dachfirst zu sehen. Diese Kreuzdarstellung geht auf den Mongoleneinfall im 13. Jahrhundert zurück. Auf der linken Seite folgt die frühere deutsche Schmiede, die bis heute betriebsfähig ist. Weiter ortsauswärts auf dieser Straßenseite weisen Gipsskulpturen auf den Hof eines örtlichen Volkskünstlers hin; dieser Ukrainer im Rentenalter hat auch die Kirche ausgemalt und die davorstehende Figur der Muttergottes geschaffen.

Vom Ortsmittelpunkt weiter geradeaus erreicht man das Dorf Kornalovyči. Überquert man dort den Dnister, biegt im anschließenden Ort Hordynja auf Höhe der Kirche rechts ab Richtung Dubljany ab und überquert in diesem Ort die Bahnlinie Sambir-Drohobyč, gelangt man in den südwestlichen Teil der Kleinstadt, der 1784 als Kranzberg gegründet wurde. Den Ortsnamen erhielt die mit 35 Familien eingerichtete Kolonie nach Edler von Kranzberg, einem Beamten im Ansiedlungsstab. Dieser galizische Gubernialrat hielt ein besonders wachsames Auge auf die Anlage der josefinischen Kolonien, bereiste das Land, überwachte die Bauarbeiten, gab vor Ort Anweisungen zu ihrer Beschleunigung und verfaßte Berichte mit Verbesserungsvorschlägen.

Ehemalige römisch-katholische Kapelle in Kranzberg/Dubljany

Auch diese Siedlung wurde in Kreuzform angelegt. Durch die regelmäßige Anordnung der inneren Hofstellen entstand in der Ortsmitte ein karoförmiger Platz, auf der westlichen Seite wurde das Ortsvorsteherhaus, auf der östlichen die Schule errichtet. Der Brunnen zwischen beiden Gebäuden ist heute verschüttet, der Platz selbst durch die gegenwärtige Straßenführung und die Bebauung seiner Randflächen kaum noch erkennbar. Das letzte deutsche Schulgebäude beeindruckt durch seinen hölzernen Säulenvorbau und die dunkle Dach- und Giebelverkleidung. Auf der westlichen Seite sind der Nachfolgebau des Ortsvorstehergebäudes und die kleine Kapelle erhalten, zwischen beiden führt der Weg zum früheren deutschen Friedhof, der sich außerhalb der Ortsbebauung auf der rechten Seite befindet.

Weiter in südlicher Richtung trifft man nach gut drei Kilometern auf die Trasse A 270, die von Sambir über Drohobyč und Stryj Richtung Ivano-Frankivs'k führt. Hier geht es Richtung Osten, also nach links nach Drohobyč, dort den Wegweisern nach L'viv–Stryj folgend zum Kreisverkehr östlich der Stadt, wo die Straße geradeaus nach Stryj weiterführt. Nach nur einem Kilometer geht es nach rechts ab, Nove Selo liegt direkt hinter der Baumreihe am Straßenrand.

Das frühere Neudorf bei Drohobyč war eine von vielen Kolonialsiedlungen mit diesem Namen, wartete dafür aber mit einer anderen Besonderheit auf: es war die einzige gemischt-konfessionelle unter den josefinischen Kolonien. Die 32 im Jahre 1783 provisorisch gemeinsam angesiedelten evangelischen und römisch-katholischen Familien entwickelten eine so gute Dorfgemeinschaft, daß sie sich einige Jahre später von den Behörden nicht mehr trennen lassen wollten. Der Friedhof befindet sich im nordöstlichen Ortsteil nahe der A 270.

Weiter in Richtung Stryj überquert man nach neun Kilometern die Bahnlinie, und nach weiteren drei Kilometern ist im Norden, links der Straße, bereits Lanivka zu erkennen. Man muß nun nach links abbiegen, nach gut hundert Metern beim Dorf Rajliv erneut die Bahn überqueren und sich dann geradeaus halten; unmittelbar vor dem Ort führt die Straße diagonal auf die mittlere Dorfgasse zu.

Rechter Hand am Ortsrand gibt es einen Gedenkstein, den die ukrainischen Bewohner den früheren deutschen Siedlern von Brigidau errichtet haben. Diese Kolonie wurde 1783 mit 121 Familien eingerichtet und nach dem Grafen von Brigido benannt, dem zweiten österreichischen Gouverneur in Galizien und Lodomerien. Der mit Schachbrettgrundriß angelegte Ort sollte wahrscheinlich die Funktion eines Marktortes ausüben und sich später zu einer Kleinstadt entwickeln, doch dazu kam es nicht. Zahlreiche mehrgeschossige Bauten haben heute die deutschen Kolonistenhäuser verdrängt, einige sind jedoch noch vorhanden. Sehenswert ist besonders das Ensemble am Dorfplatz. Die Kirche – heute griechisch-katholisch – ist ebenso erhalten wie die gegenüberliegende Schule und das rechts unter Bäumen versteckte Dorfgemeinschaftshaus. Seinem nördlichen

Galiziendeutsches Wohnhaus mit Krüppelwalmdach in Gelsendorf/Zahirne

Giebel gegenüber befindet sich, jenseits des Platzes, das vormalige Pfarrhaus. Wer sich noch den Friedhof am östlichen Ortsrand ansehen möchte, nimmt oberhalb des Kirchengebäudes den ersten oder zweiten Seitenweg nach rechts.

Etwas abseits gelegen und deshalb nur bei ausreichender Zeit für eine Besichtigung empfehlenswert, ist eine Kolonie jenseits des Stryj-Flusses. Nach Stryj einfahrend, immer geradeaus auf der A 270 Richtung Ivano-Frankivs'k auf einer massiv ausgekleideten Betonplattenbrücke über die Eisenbahngleise, weiter über den Stryj-Fluß und unmittelbar danach links ab (P 118) und nach wenigen hundert Metern am nächsten Abzweig wieder links, kommt man an der Kirche auf dem Hügel linker Hand in Pidhircy vorbei. Hier kann man nach links abbiegen und über Komariv direkt nach Zahirne oder zunächst auf der P 118 weiter durch Oleksčyi und am nächsten Abzweig links ab von Südosten her ins frühere Gelsendorf fahren.

Die 1786 für 36 Familien gegründete Kolonie erhielt ihren Ortsnamen als Übersetzung des ukrainischen Nachbarortes Komariv (Komar = Stechmücke oder süddeutsch eben Gelse). Die Siedlung wurde durch Petroleum und später Erdgas auf ihrer Gemarkung wohlhabend und verfügte als erstes Dorf ihrer Region um 1900 bereits über Elektrizität und Straßenbeleuchtung. Der Ehrenhügel mit Birkenkreuz und Staatswappen steht an der Stelle, auf dem sich bis zu ihrer Zerstörung im Zweiten Weltkrieg die evangelische Kirche befand. Dieser Platz ist, an seiner rechten Seite, von dem früheren Pfarrhaus und von dem griechisch-katholischen Kirchenneubau, der noch nicht fertiggestellt ist, eingerahmt. Um so interessanter ist die eingeschossige hölzerne Behelfskirche, die in der früheren Veterinärstation der örtlichen kollektiven Landwirtschaft eingerichtet ist. Das unter Bäumen gelegene Gebäude auf der gegenüberliegenden Straßenseite ist die frühere deutsche Schule. Im oberen, nordwestlichen Dorfteil sind noch einige Brunnen erhalten.

Folgt man der an der Schule abzweigenden Seitenstraße nach Südwesten in Richtung Komariv, gelangt man außerhalb des Ortes zum linkerhand liegenden deutschen Friedhof. Er wurde in den Sommermonaten der letzten Jahre von früheren Gelsendorfern wieder gepflegt, 1996 wurde ein zweisprachiger Gedenkstein eingeweiht.

Zurück auf dem bekannten Wege nach Stryj, jenseits des Flusses nach Norden rechts ab auf die M 17 Richtung L'viv umgeht man die Stadt Stryj und überquert am nördlichen Stadtrand die Eisenbahnbrücke. Nun sind es noch vier Kilometer bis zum unscheinbaren Wegweiser ›Kavs'ke‹ schräg links nach Nordwesten. Hier biegt man in Richtung Kavs'ke ab, überquert nach wenigen hundert Metern die Eisenbahn und durchfährt zunächst Vovnja, anschließend Kavs'ke.

Der nächste Ort wird an einer früheren Wegekreuzung durch einen Bildstock auf der linken Straßenseite angekündigt: Königsau (heute Rivne), inmitten von

Bäumen gelegen, aus denen die mit Zinkblech gedeckten Kuppeln der Kirche herausragen. Dieser Ort wurde 1783 mit 78 Familien gegründet und erhielt seinen Namen nach Kaiser Josef II., der König von Österreich, Böhmen, Ungarn sowie Galizien und Lodomerien war. Der Grundriß der Kolonie in Form eines regelmäßigen Fünfecks (Pentagon) ist einmalig unter den ländlichen Siedlungen Europas aus der absolutistischen und aufklärerischen Epoche. Bis zum Jahre 1939 bestand in diesem Dorf eine zweiklassige staatliche Volksschule mit deutscher Unterrichtssprache. Das letzte Schulgebäude wurde 1904 als Fachwerkkonstruktion errichtet und ist heute ungenutzt. Dieser hellgrün verputzte Bau befindet sich auf dem Dorfplatz nordöstlich der Kirche und diente in der Sowjetzeit als Werkstatt, für das Jahr 2002 ist die Einrichtung eines Museums vorgesehen. Die frühere römisch-katholische Holzkirche aus dem Jahre 1846 auf dem zentralen Dorfplatz wurde in der Sowjetzeit als Materialschuppen, Werkstatt und schließlich Getreidelager genutzt und zu diesem Zweck später mit einem Anbau versehen. Das Kirchengebäude wurde 1995 abgetragen und sein geschliffenes und ausgebessertes Baumaterial zum Neubau einer dreitürmigen griechisch-katholischen Kuppelkirche verwendet, deren Einweihung im September 1999 unter Anteilnahme früherer deutscher Königsauer feierlich begangen wurde. Weiter auf der asphaltierten Durchgangsstraße bietet sich gleich nach dem Ortsausgang auf der linken Seite der Friedhof zur Besichtigung an. Bis vor wenigen Jahren noch überwuchert, bietet er nun einen gepflegten Anblick.

Weiter Richtung Medenyči führt rechts ein leider sehr schlechter, unbefestigter Weg bergan nach Josefsberg (heute Korosnycja). Der sogenannte Schachbrett-Ortsgrundriß von Josefsberg ist der Form eines altrömischen Heerlagers nachempfunden. Zwei Hauptgassen kreuzen die Hauptachse rechtwinklig, von ihnen zweigen ebenso regelmäßig weitere, zweitrangige Quergassen ab. Diese Kolonie wurde 1785 mit 86 Familien eingerichtet und erhielt ihren Namen nach Kaiser Josef II. Mit 920 Einwohnern im Jahre 1934 war sie die bevölkerungsreichste galiziendeutsche Siedlung, besaß jedoch weniger Hofstellen als Brigidau. Einige alte Fachwerkbauten auf der rechten Seite werden leider nicht mehr genutzt und sind dem Verfall preisgegeben. Dagegen sind die drei Gemeindebrunnen aus dem Jahre 1910 entlang der Straße bis heute in Betrieb. In der Ortsmitte empfangen uns drei markante Gebäude, zunächst die vormalige evangelisch-reformierte Kirche vom Anfang des 20. Jahrhunderts. Lediglich der Turm, der in der Sowjetzeit als Leuchtfeueranlage für die Luftstreitkräfte diente, hat die Zeiten überdauert. Die vier kreisrunden Öffnungen unterhalb des neu blechgedeckten Spitzdaches mit Kuppelerweiterung gehen auf die großen mechanischen Kirchturmuhren zurück, die dem Dorf vor dem Zweiten Weltkrieg ein städtisches Flair gaben. Das nach dem Krieg zerstörte Kirchenschiff ist erst in den vergangenen Jahren durch die einheimische ukrainische griechisch-katholische Gemeinde wieder errichtet worden. Rechts von der Kirche befindet sich das frühere Pfarrhaus, das heute als Wohnhaus dient. Das markante zweigeschossige Gebäude dahinter ist die Ruine der früheren vierklassigen privaten Volksschule mit deutscher Unterrichtssprache. Bis zum Ende der Sowjetzeit wurde dieses Gebäude noch genutzt, bis in die 60er Jahre als Tuberkulose-Krankenstation, danach als Kinderferienlager. Gut einhundert Meter hinter dem Schulhaus liegt der frühere Gemeindefriedhof, leider in verwahrlostem Zustand. Ein zweiter Friedhof, an der Hauptstraße nach Osten etwa 150 Meter außerhalb der Ortsbebauung gelegen, ist heute kaum noch zu erkennen. Lediglich die Baumeinfriedung weist noch auf den Pestfriedhof aus dem Jahre 1831 hin.

Zurück auf der asphaltierten Straße, führt der Weg nach Norden weiter Richtung Medenyči. In dieser Kleinstadt hält man sich auf einer teilweise unbefestigten Gefällstrecke bis zur Einmündung auf die Vorfahrtstraße, biegt hier rechts ab, überquert dabei eine Brücke und kommt an einem markanten Kirchengebäude vorbei.

Nun steht man vor der Wahl. Entweder man fährt direkt zurück nach L'viv – rechts ab, durch Krynycja und Rudnyky, vorbei an sehenswerten Holzkirchen, zur M 17 – oder man fährt geradeaus. In diesem Fall trifft man nach gut fünf Kilometern auf eine Kreuzung. Nach links führt eine unbefestigte Straße zum früheren Ugartsberg (slawisch Vypučky).

Der wüstgefallene Ort befand sich, in knapp zwei Kilometer Entfernung, jenseits des Schnittpunktes dieser Straße mit dem nächsten Feldweg. Die Kolonie

Wohnhaus in Königsau/Rivne

wurde 1789 mit 20 Familien als zweizeilige Reihensiedlung angelegt und nach Graf Ugarte, dem Beamten im Ansiedlungsstab, benannt. Zum Ende des Zweiten Weltkrieges sollte Ugartsberg als militärische Basis der Sowjetarmee für den Kampf gegen die Ukrainische Aufständische Armee (UPA) eingerichtet werden, wurde daraufhin von den ukrainischen Freiheitskämpfern prophylaktisch zerstört und später dem Erdboden gleichgemacht. Überdauert haben bis heute lediglich einige Grabsteine auf dem Friedhof, der in den letzten Jahren durch die Initiative

Turmfassade der ehemaligen evangelisch-reformierten Kirche in Josefsberg/ Korosnycja, vorne der erhaltene Dorfbrunnen

eines Ortsansässigen aus dem nahegelegenen Hirs'ke instandgesetzt und mit einem Gedenkkreuz feierlich geweiht wurde. Diese Gedenkstätte ist vom früheren Ortsplatz zu erkennen und über den Feldweg zu erreichen, je nach dessen Zustand mit Fahrzeug oder zu Fuß.

Auf der asphaltierten Trasse geht es weiter nach Norden, über zwei Brücken immer geradeaus durch Ščyrec' und Pustomyty zurück nach L'viv.

Der Dornfelder Pfarrsprengel

Ein weiterer Routenvorschlag führt zu den räumlich nahe beieinander liegenden Siedlungen des ehemaligen Dornfelder Sprengels südlich von L'viv.

Die insgesamt sieben Siedlungen wurden in der Zeit der Josefinischen Kolonisation um 1780 angelegt. Diese Rundfahrt mit kurzen Wegen kann an einem Tage bewältigt werden. In L'viv führt die vul. Stryjs'ka aus dem Zentrum nach Süden und geht in die M 17 über. Nach etwa 20 Kilometern künden zwei stillgelegte Kalkbrennöfen beiderseits der Straße die Abfahrt zu den ersten beiden Siedlungen an.

Wendet man sich von der M 17 nach links, vorbei am größeren Kalkbrennofen mit Nebengebäuden bis zur ersten Kreuzung, hier nach rechts und nach gut 100 Metern wieder nach rechts, gelangt man in einen Ortsteil, der 1789 als Reichenbach gegründet wurde. Diese Kolonie ist als geradlinige, zweizeilige Reihensiedlung angelegt. Die beiden Brunnen auf der Dorfstraße sind zugeschüttet, das nachgesackte Erdreich hat an ihrer Stelle zwei Lücken in den Asphalt gerissen.

Folgt man an der erwähnten Kreuzung der unbefestigten Straße, gelangt man in den Hauptteil des ukrainischen Dorfes Krasiv. Der Weg hierher lohnt, da nach wenigen hundert Metern links oberhalb des Dorfteiches eine der ältesten hölzernen Dorfkirchen Galiziens zur Besichtigung einlädt.

Zurück auf der M 17, erreicht man nach etwa drei Kilometern Ternopillja. Entlang von Fahrzeughallen und großen Stallungen folgt eine weitere 90-Grad-Kurve nach links. An der nächsten Kreuzung erwartet den Besucher die erste Sehenswürdigkeit der 1786 eingerichteten Kolonie Dornfeld: rechts befindet sich die 1937 eingerichtete Mühle mit ihrem bis heute voll funktionsfähigen Walzenmühlwerk. Sie ist seit einigen Jahren in Privatbesitz und kann besichtigt werden.

Der Ortsgrundriß besticht durch seine planmäßige, aus neun Feldern bestehende, Schachbrettstruktur, mit Kirche und umgebendem Platz im zentralen Feld in der Ortsmitte und einem sie umgebenden Park mit Alleen. Die Kirche selbst wurde durch Bomben im Zweiten Weltkrieg zerstört, die Ruine vor einigen Jahren abgetragen, an ihrer Stelle wird derzeit ein neuer Kirchenbau errichtet.

Der Dornfelder Pfarrsprengel

Die nördliche Allee führt zum Pfarrgebäude aus der Mitte des 19. Jahrhunderts. Von 1920 bis 1932 war in dessen Anbau die ›Deutsche Heimvolkshochschule in Galizien‹ unter der Leitung des damaligen Dornfelder Pfarrers Fritz Seefeldt beheimatet. Hier fanden drei- bis fünfmonatige Kurse für junge Deutsche aus Galizien und dem gesamten Zwischenkriegspolen statt. Im Gebäude dieser Schule wurde ab 1936 eine Bauernschule eingerichtet, in der Lehrgänge für junge deutsche Landwirte abgehalten wurden.

Die östliche Allee führt von der Kirche zum früheren Deutschen Haus, in dem Gemeindeverwaltung, Versammlungsraum, Volksbücherei und Kreditgenossenschaft untergebracht waren. Die westliche Allee führt zur Schule. Dieses zweistöckige Gebäude von 1920, das Elemente der Moderne und traditioneller deutscher Architektur in sich vereinigt, soll unter Denkmalschutz gestellt werden. In den Kellern der Schule war die Molkerei eingerichtet, wo das Wasser einer natürlichen Quelle zur Kühlung diente.

In vergleichsweise gutem Zustand befindet sich der Friedhof jenseits des Teiches im Norden des Ortes. In der Sowjetzeit als Kuhweide genutzt und später der Natur überlassen, wurde er in den letzten Jahren von meterhohem Bewuchs befreit und wieder gepflegt.

In Dornfeld wurde Ende des 19. Jahrhunderts der erste ländliche Milchkontroll-Verein in Galizien gegründet, im Jahre 1911 folgte die ›Erste galizische Pferdezuchtgenossenschaft mit Stammbuchhaltung‹ mit Mitgliedern aus den deutschen Siedlungen des Dornfelder Sprengels. Nach dem Zweiten Weltkrieg wurden in Dornfeld vom Territorium Nachkriegspolens vertriebene Ukrainer angesiedelt. Der heutige ukrainische Ortsname ist eine Übersetzung des deutschen.

Verläßt man Dornfeld auf der Durchgangsstraße nach Westen, erreicht man nach sechs Kilometern die Kleinstadt Ščyrec'. Biegt man an der Kreuzung in der Ortsmitte, nach Überquerung der Bahnlinie, links ab und an der unmittelbar folgenden Gabelung nach rechts, gelangt man nach zwei Kilometern zunächst nach Nykonkovyči, direkt anschließend nach Sokolivka.

Diese 1785 mit 34 Familien als Falkenstein gegründete Kolonie besitzt einen Grundriß in Form eines regelmäßigen Kreuzes. Auf der nordwestlichen Ecke der Kreuzung steht zwischen Bäumen ein kleines Postamt anstelle der abgerissenen deutsch-evangelischen Kirche, die einst das Ortsbild dominierte. Links daneben befindet sich das erhaltene Schulgebäude. Der nördlichen Straßenachse folgend, vorbei am linker Hand liegenden früheren Deutschen Haus und einigen Gehöften der Kolonisten von der Mitte des 19. bis zur ersten Hälfte des 20. Jahrhunderts, erreichen wir nach der Dorfbebauung links in einem Wäldchen den Friedhof, der jedoch zerstört und verwahrlost ist.

Biegt man zurück in Ščyrec' an der Gabelung in der Ortsmitte scharf rechts ab, passiert man bald eine militärische Anlage. Die nächste Seitenstraße nach rechts endet nach wenigen Metern an Betonpfählen. Hier ist das Fahrzeug abzustellen und der Weg zu Fuß fortzusetzen, zunächst gut 100 Meter entlang einer Mauer, anschließend nach links und dann wieder nach rechts: nun befindet man sich in Ščyrec' Novyj, dem früheren Rosenberg. In der 1786 mit zwölf Familien angelegten zweizeiligen Reihensiedlung sind außer dem Dorfbrunnen in der Straßenmitte viele Wohngebäude erhalten.

Vom Stellplatz des Fahrzeugs aus nach Norden, über die zentrale Kreuzung in der Ortsmitte von Ščyrec' an den beiden Kirchen vorbei, muß man die zweite Straße an einer Kreuzung auf Höhe eines linker Hand liegenden Lebensmittelgeschäftes links abbiegen. So verläßt man die Kleinstadt in nordwestlicher Richtung und erreicht nach gut vier Kilometern Odynoke.

Direkt am Ortseingang liegen die beiden Friedhöfe – links unter Bäumen der heutige ukrainische, rechts etwa 100 Meter von der Straße, auf dem Gelände des landwirtschaftlichen Fuhrparkes, der zugängliche frühere deutsche. Seine Fläche diente in der Sowjetzeit als Schrottplatz und Müllhalde, erst in den letzten Jahren wurde sie entrümpelt und das große Holzkreuz mit Gedenktafel aufgestellt. Das frühere Einsiedel wurde 1786 mit 20 Familien gegründet und ist als geradlinige, zweizeilige Reihensiedlung angelegt. Hier errichteten sich die ansässigen Mennoniten 1816 ein Schul- und Bethaus. Im Jahre 1839 bauten sie eine neue Schule, das erste Gebäude diente fortan nur als Gotteshaus. Neben vielen erhaltenen Gehöften der Kolonisten und dem früheren Deutschen Haus, in dem heute ein Lebensmittelladen untergebracht ist, befindet sich auf dem höchsten Punkt der Dorfstraße der über 50 Meter tiefe Gemeindebrunnen mit seiner charakteristischen Blecheindeckung.

Auf dem bekannten Wege geht es zurück nach Ščyrec', am Lebensmittelgeschäft geht es links nach Norden ab und am Ortsausgang nach rechts über den Bahnübergang ins nordöstlich gelegene Semenivka. Die Vorfahrtsstraße führt nach etwa neun Kilometern nach Chorosno, das heißt zunächst in das frühere Neu-Chrusno (Chorosno Nove). Das kleine Wäldchen rechts (südlich) der Straße noch vor dem Ortseingang beherbergt den zerstörten früheren deutschen Friedhof. Im Jahr 1934 hatte die 1785 mit 16 Familien als geradlinige, einzeilige Reihensiedlung (Zeilendorf) planmäßig angelegte Kolonie 114 Einwohner. Zahlreiche erhaltene Gehöfte der Kolonisten von der Mitte des 19. bis zur ersten Hälfte des 20. Jahrhunderts auf der linken – nördlichen – Straßenzeile sind mit reich verzierten Holztüren versehen. Das letzte Wohnhaus (Hausnummer 56) auf der linken Seite lädt zur Besichtigung ein. Im Hintergrund steht bereits der Rohbau des künftigen Wohngebäudes einer gastfreundlichen ukrainischen Familie.

Dieses typische deutsche Kolonistengehöft verfügt über ein langgestrecktes Wirtschaftsgebäude, das zusammen mit einigen baugleichen im Ort 1937 in Gemeinschaftsleistung der deutschen Bewohner von Neu-Chrusno errichtet wurde und heute noch Eigentum der kollektiven Landwirtschaft im Ort ist. Der Ziehbrunnen im Hof hat ebenso überdauert wie das traditionell von der Hofseite zu betretende Wohnhaus. Der Gewölbekeller mit konstanter Kühlschrank-Temperatur (8°C) und ein Dachboden mit Speichern für Kartoffeln und Saatgut erwecken den Eindruck, als hätte sich nichts verändert. Dieser Eindruck von einem galiziendeutschen Wohngebäude beendet die Tagesfahrt durch die Siedlungen des Dornfelder Sprengels. Über die Straße nach Osten, durch das ukrainische Nationaldorf Chorosno, erreicht man nach gut zwei Kilometern wieder die M 17.

Siedlungen zwischen L'viv, Žovkva und Rava Rus'ka

In L'viv führt die vul. Chmel'nyc'koho aus dem Zentrum nach Norden. Am Stadtausgang ist dann der Beschilderung ›Rava Rus'ka‹ (E 81) zu folgen, bis Žovkva ist dies die A 256. Diese Route beinhaltet drei Orte, alle in Sackgassenlage, und ist in Verbindung mit einem Besuch der Stadt Žovkva und dem Kloster Krechiv zu empfehlen.

Nach etwa zehn Kilometern Landstraße erreicht man das Städtchen Kulykiv und muß im Ortszentrum links – vor der zweiten, intakten Kirche – in Richtung Mervyči abbiegen. Nur am Ortsausgang von Kulykiv ist die bis Wiesenberg (vier Kilometer) durchgehend asphaltierte Trasse in schlechtem Zustand. Nach Überquerung der Bahnlinie passiert man die auf einer Anhöhe rechts der Straße liegende Kirche von Mervyči. Nach weiteren zwei Kilometern sind zwei Schilder auf der rechten

Siedlungen zwischen Rava Rus'ka, Žovkva und L'viv

Straßenseite zu sehen: ein stilisiertes Huhn mit Hinweis auf die Hühnerfarm ›Reproduktor‹ (Sperrgebiet) und – unscheinbar am Straßenrand – das kyrillische Ortsschild ›Vizenberh‹, das die ukrainischen Einwohner der früheren galiziendeutschen Siedlung Wiesenberg, heute Teil von Mervyči, auf Anregung ihres Pfarrers aufgestellt haben. 1788 wurde der Ort, der eine regelmäßige Kreuzform aufweist, mit 45 Familien gegründet. Mitten auf der Straße ist ein hölzern eingedeckter Gemeindebrunnen erhalten, auf der rechten Strassenseite auch ein einzelnes Wohnhaus. Auffällig und dominant sind hier jedoch die Neubauten aus der Sowjetzeit. In der Ortsmitte wird das künftige griechisch-katholische Kirchengebäude unter Einbeziehung der Außenmauern gebaut, die den ruinösen Rest der vormaligen römisch-katholischen Kirche Wiesenbergs bilden. Im hinteren Dorfteil, jenseits der Kirche, stehen noch viele Kolonistenhäuser. Auf der rechten Seite befindet sich der Fuhrpark der Hühnerfarm, gleich nach dem Schlagbaum beginnt deren Sperrgebiet. Der zum Friedhof führende Straßenzug macht den bereits erwähnten Kontrast besonders deutlich: rechts die zweigeschossigen Reihenhäuser, links die Wohngebäude aus galiziendeutscher Zeit, von denen einige nur noch zur Hälfte stehen und als Kleinviehställe genutzt werden. An diesen Gebäuden ist aufgrund ihres Verfallstadiums die freiliegende Fachwerkkonstruktion besonders gut zu erkennen. Direkt oberhalb der Kirche sind das frühere Pfarrhaus, das vormalige Deutsche Haus – heute dunkel holzverschalt und Sitz der örtlichen Niederlassung des Volksbildungswerkes ›Prosvita‹ – und das anschließende Wohnhaus mit beachtenswertem Giebel in recht gutem Zustand. Am nordöstlichen Ortsrand liegen die beiden Friedhöfe, zunächst der heutige ukrainische, direkt anschließend der frühere deutsche, der sich seit einigen Jahren wieder frei von Bewuchs und mit geweißten Grabmälern präsentiert.

Die Sackgassenlage von Vizenberh zwingt den Besucher, den gesamten Weg bis Kulykiv wieder zurückzufahren und dort in der Ortsmitte nach links auf die

A 256 (E 81) Richtung Žovkva weiterzufahren. Unmittelbar vor Žovkva zweigt die E 81/A 256 rechts als nördliche Stadtumgehung ab, geradeaus führt der Weg in die Stadt und nach links, durch die Baumreihen, geht der Weg zur noch nicht ganz ausgebauten und leider teilweise unbefestigten südlichen Stadtumgehung. Diese führt nach etwa vier Kilometern bis zur ersten großen Kreuzung. Biegt man dort links ab und überquert die Bahntrasse, gelangt man stadtauswärts über Stara Skvarjava nach Mokrotyn. Zwischen diesen beiden Orten ist ein unbefestigter Anstieg zu bewältigen, der für westliche Omnibusse nicht zu empfehlen ist.

In Mokrotyn angekommen, empfängt den Besucher sogleich der frühere westliche Teil von Mokrotyn Kolonie, erkennbar an einigen Bildstöcken und einer Kapelle auf den Höfen der rechten Straßenseite. Das erste Gebäude auf der linken

Kirchenneubau in Wiesenberg/Vizenberh

Seite ist das frühere Ortsvorsteherhaus. Mokrotyn Kolonie – der Name Deutsch-Mokrotyn konnte sich nicht durchsetzen – wurde 1786 mit 16 Familien als parallele zweizeilige Reihensiedlung eingerichtet. Dabei lagen die beiden Wohnstraßen der Kolonie, durch eine Hügelkette getrennt, etwa zwei Kilometer auseinander. Im westlichen Teil von Mokrotyn befand sich auf der linken Straßenseite ein Herrenhaus aus dem 18. Jahrhundert – heute stehen dort die Fahrzeughallen des landwirtschaftlichen Fuhrparks – und gegenüber eine mittlerweile verwilderte Parkanlage. Unmittelbar nach dem Fuhrparkbereich führt die erste Straße nach links zum Ostteil von Mokrotyn Kolonie, heute Vidrjadžennja. Die Trasse, die an leerstehenden

Wirtschaftsgebäuden vorbeiführt, ist unbefestigt. In Vidrjadžennja erwartet den Besucher die frühere römisch-katholische Kapelle, in der Sowjetzeit als Lagerhaus genutzt, nun in Eigenleistung renoviert und griechisch-katholische Kirche. Vor ihr verläuft die Wohnstraße, an der beiderseits je fünf Hofstellen bestanden. Ein Wegekreuz gegenüber der Kirche und zahlreiche Grabstätten des früheren, nun verwilderten Friedhofes in einem Wäldchen südlich des Ortes sind erhalten. Als Besonderheit ist überliefert, daß in Mokrotyn Kolonie Ende des 18. Jahrhunderts im Auftrage der Medizinischen Fakultät der Universität Lemberg Rhabarberplantagen angelegt wurden. Die den Ansiedlern aus der pfälzischen Heimat vertraute, in Galizien jedoch unbekannte Pflanze diente als Medikamentengrundlage bei medizinischen Versuchen.

Zurück nach Mokrotyn, wo der frühere ukrainische Ortsteil als unregelmäßiges Haufendorf südlich des Fuhrparks liegt, in dem die griechisch-katholische Kirche auf einer Anhöhe und das Kulturhaus im stalinistischen Baustil mit neoklassizistischem Tympanon und Säulenvorbau sehenswert sind.

Der Weg zu einer weiteren galiziendeutschen Siedlung, Einsingen, ist nun etwas weiter. Auf der E 81 erreicht man von Žovkva nach gut 30 Kilometern Rava Rus'ka. Am zentralen Kreuzungsbereich muß man zunächst nach rechts, gleich darauf nach links abbiegen, am Markt beiderseits der Straße vorbeifahren und an der nächsten Gabelung erneut nach links abbiegen, dann die Bahngleise überqueren und sich weiter Richtung Potelyč halten. Diesen Ort erreicht man nach gut drei Kilometern. Direkt nach dem Ortseingang nimmt man die erste – zunächst noch befestigte – Straße nach rechts, an der nächsten Gabelung auf freiem Feld den Weg nach links. Diese Trasse geht nach wenigen hundert Metern in eine Sandpiste über, nach vier Kilometern fällt diese durch einen Kiefernwald nach Dev'jatyr ab. An der Kreuzung in der Ortsmitte ist links in einem Wäldchen der Friedhof zu erkennen. Rechts steigt der Weg zur früheren deutschen Kolonie Einsingen an.

Die galiziendeutsche Bevölkerung dieses Ortes ging bereits im September 1939 geschlossen mit der Deutschen Wehrmacht über die nahe Demarkationslinie nach Westen. Die Einsinger Kolonistengebäude dienten daraufhin als Quartier für eine sowjetische Militäreinheit. Die frühere evangelische Kirche, in der Sowjetzeit Lagerhaus und Getreidespeicher, wurde in den letzten Jahren renoviert und dient nun als griechisch-katholisches Gotteshaus. Auch das benachbarte Schulgebäude und das Ortsvorsteherhaus mit Versammlungssaal auf der gegenüberliegenden Straßenseite, das ehemalige Deutsche Haus, werden nach wie vor genutzt. Zahlreiche Gehöfte sind erhalten, mit sehenswerten Details wie Pumpbrunnen und Lauben, einige sind aber leider auch in den letzten Jahren verfallen und nur noch Ruinen.

Ironischerweise liegt der weitaus größere Ortsteil, das frühere ukrainische Haufendorf Dev'jatyr, durch die Grenzziehung nach dem Zweiten Weltkrieg mitsamt Bahnhof und Friedhof nun als Dziewięcierz vollständig auf polnischem Staatsgebiet. Eine Sonderregelung erlaubt den Ukrainern in Dev'jatyr an wenigen Tagen im Jahr, über den örtlichen – sonst geschlossenen – Übergang ihren alten Friedhof jenseits der Grenze zu besuchen.

Zurück in Potelyč ist, neben zwei steinernen Kirchengebäuden, auf der östlichen Seite der Dorfstraße die hölzerne Heilig-Geist-Kirche am Hang äußerst sehenswert – es handelt sich um die älteste Holzkirche Galiziens. Der Glockenturm von 1593 ist ein quadratischer Bau mit einer Arkadengalerie und einem hohen Zeltdach, das mit einem Kreuz abschließt. Die bereits 1502 errichtete Kirche erfuhr mehrere Umbauten, so daß die ursprüngliche Schlichtheit überdeckt wurde. Im Inneren sind wertvolle Malereien aus dem 17. Jahrhundert erhalten, die trotz ihrer eingeschränkten Farbskala durch die Lebendigkeit und Gefühlstiefe der Szenen beeindrucken.

Im südlichen Ortsteil rechts empfängt den Besucher das Torgebäude des westukrainischen Sammelfriedhofes für deutsche Gefallene – einer von fünf zentralen deutschen Soldatenfriedhöfen des Zweiten Weltkrieges in der Ukraine, die in den letzten Jahren neu angelegt wurden.

Der Autor Hans Christian Heinz lebt seit mehreren Jahren in L'viv und arbeitet an der dortigen Universität. Er ist ein profunder Kenner der galiziendeutschen Siedlungen. Auf Wunsch kann er vor Ort Exkursionen anbieten und steht auch als Ansprechpartner und für Ratschläge zur Verfügung. Außerdem kann er bei der Organisation von Exkursionen in die Karpaten helfen. Diese sind insbesondere für kleinere Gruppen günstig und finden unter fachkundiger Leitung statt.
Anschrift in der Ukraine:

79000 L'viv,
vul. Petra Dorošenka 41,
Heohrafičnyj fakul'tet LNU im.
I. Franka,
Kafedra ekonomičnoji i social'noji heohrafiji,
Hans Christian Heinz,
Tel. privat: 0038-067/3971224.

79000 Львів,
вул. Петра Дорошенка 41,
Географічний Факультет ЛНУ Ім.
І. Франка,
Кафедра Економічної Социальної Географії.

Außerdem ist Herr Heinz Betreuer des Galiziendeutschen Heimatarchivs und weitergehende Anfragen können an das Galiziendeutsche Heimatarchiv,
Benzinoring 6,
D-67657 Kaiserslautern,
Fax: 0631/3609347,
gerichtet werden.

In den Karpaten

Die ukrainischen Karpaten sind ein gewaltiger Gebirgszug, der sich über 280 Kilometer von Nordwesten nach Südosten mit durchschnittlich 100 Kilometern Breite hinzieht und im Süden in die rumänischen Karpaten übergeht. Sie gehören mit zu den größten Waldgebirgen Europas. Typisch sind Berge mittlerer Höhe und ein warmes, feuchtes Klima. Knapp die Hälfte der Fläche ist mit Buchen- und Tannenwäldern bedeckt. Der mittlere Jahresniederschlag dieser Klimazone ist mit bis zu 1200 Millimetern der höchste der Ukraine. Die Karpaten sind reich an Süß- und Mineralwasserquellen. Die Ukrainischen Karpaten, das Karpaten-Vorland und die Transkarpaten bilden eine entwicklungsgeschichtliche Einheit.

Die Karpatenregion ist das geographische Zentrum Europas – bei Rachiv gibt es sogar ein Denkmal am geographischen Mittelpunkt, wobei es allerdings auch Geographen gibt, die diesen Mittelpunkt in Litauen verorten. Wie dem auch sei, die Mischung der Sprachen und Kulturen hat dieser Region eine interessante und wohl auch einmalige Atmosphäre gegeben. Hier haben sich verschiedene Einflüsse gebündelt, die Region hat im Laufe ihrer Entwicklung zu verschiedenen Ländern gehört. Erst 1944 wurde das Gebiet wieder an die Ukraine angegliedert.

Die ukrainischen Karpaten bilden den östlichen Teil des Karpatenbogens und erreichen mit der Hoverla immerhin eine Höhe von 2061 Metern. Die Region hat

Wanderer in den Karpaten

Mittelgebirgscharakter, nur wenige Teile sind nicht von Wald bedeckt. Im Prinzip gibt es nur vier bedeutende Straßen und drei Bahnlinien, die den langen ukrainischen Karpatenkamm schneiden.

Die touristische Erschließung ist für westliche Vorstellungen ziemlich mangelhaft. Das beginnt schon bei der Vorbereitung: Kartenmaterial ist nur schwer zu bekommen. Alte Karten zeigen oft nur die Ausschnitte der als offizielle ›Marschrouten‹ ausgewiesenen Touristenwege und sind zudem ungenau. Neuere Karten sind besser, aber kaum in den Buchläden zu sehen. Es gibt gute alte polnische Karten (Karpaty Wschodnie, im Maßstab 1:100 000), die wieder aufgelegt wurden und in Polen zu haben sind.

Die Markierungen der Wege in der Natur sind nicht immer ausreichend und oft nicht gepflegt. Vor allem im Wald ist die Orientierung nicht einfach – umgestürzte Baumstämme oder vor allem Veränderungen durch die Forstwirtschaft können zusätzliche Probleme bereiten. Oberhalb der Baumgrenze findet man sich natürlich besser zurecht. Auf den Kammwegen kann man sich zusätzlich an den alten Grenzmarkierungen orientieren: die Grenze, die Polen und die Tschechoslowakei zwischen den Weltkriegen trennte, trennt jetzt den Transkarpatenbezirk vom Bezirk Ivano-Frankivs'k.

Es gibt keine Kammwanderungen im eigentlichen Sinne. Von den einzelnen Standorten aus kann man verschiedene Touren unternehmen. In den Gebirgsorten ist es möglich, in sogenannten Turbasen zu übernachten, bei längeren Touren ist ein Zelt unbedingt erforderlich. Die Turbasen sind mit einfachen Jugendherbergen zu vergleichen. Die hygienischen Bedingungen sind unterschiedlich, meist nicht allzu gut. Viele Turbasen haben nur in der Saison geöffnet.

Für die Einheimischen sind lange Wanderungen in den Bergen allein oder zu zweit meist unvorstellbar. Der übliche Tourismus findet dort in großen Gruppen unter der Leitung erfahrener Bergkenner statt.

Bei eigenen Wanderungen sollte man ausreichend Verpflegung mitnehmen, denn es gibt natürlich keine Berghütten, Imbißstände und dergleichen – reines Quellwasser ist dagegen reichlich zu finden. In Sowjetzeiten gab es einige Skizentren, allerdings sind die meisten Anlagen nicht gepflegt oder gar verfallen. Die technischen Bedingungen für den Wintersport sind keinesfalls mit westeuropäischem Niveau zu vergleichen.

Jaremča

Jaremča (Яремча) liegt circa 65 Kilometer südwestlich von Ivano-Frankivs'k in malerischer Umgebung am Ufer des Prut, umgeben von Wäldern. Der Ort gehört zur Huzulenregion, das heißt, überall trifft man auf die für Huzulen typische Holz-

Unterwegs am Wasserfall bei Jaremča

architektur. In Jaremča wohnen etwa 10000 Menschen, aber vor allem in der Sommer- und Wintersaison bevölkern den Ort eine Vielzahl von Touristen.

Es gibt mehrere Hotels und Turbasen (Jugendherbergen). Am bekanntesten ist die Turbasa ›Huzulšina‹ am südlichen Ortsende. Unweit davon, direkt am Berghang, befindet sich der neue große Erholungskomplex ›Karpaty‹, der gut ausgestattet ist und sich auch preislich deutlich von ähnlichen Einrichtungen abhebt. Neben Räumen verschiedener Kategorien gibt es Bars, ein Restaurant, Schwimmbad, Sauna, Kino, Tennisplatz und anderes mehr.

Der Prut entspringt nahe der Hoverla und ist bis Jaremča schon zu einem beachtlichen Fluß angewachsen. Der Fluß, der sogenannte Wasserfall (der eigentlich eine Kaskade von Stromschnellen darstellt) und die Dovbuša-Felsen sind die touristischen Höhepunkte des Ortes. Dovbuša war ein ukrainischer Robin Hood und hatte an den Felsen, die etwa drei Kilometer vom Ort entfernt sind, seine Verstecke.

Jaremča ist das Ziel vieler einheimischer Erholungssuchender, die den Anblick der Berge und Wälder genießen, aber auf Bequemlichkeit nicht verzichten möchten.

Im Norden des Ortes, nahe des Dorfes Dora, steht die Kirche des heiligen Michael, eine Holzkirche im Huzulenstil aus dem 17. Jahrhundert, vul. Halan 32 (вул. Галан). Die Bemalung des Innenraumes stammt allerdings aus diesem Jahrhundert. Im Ortskern, in der vul. Kovpak 2 (вул. Ковпак), steht die Kirche des heiligen Johannes. Auch diese Kirche aus dem 18. Jahrhundert ist im Huzulenstil erbaut.

Die Busstation befindet sich im Zentrum des Ortes. Es gibt Verbindungen nach Rachiv, Jasinja, Vorochta, Mukačeve und Užhorod.

Der Bahnhof ist im südlichen Ortsteil gelegen. Täglich fahren zwei Züge nach Rachiv und vier nach Ivano-Frankivs'k. Haupttouristenattraktion ist ein eher weniger beeindruckender Wasserfall hinter der Turbasa ›Huzulšina‹.

Der Erholungskomplex ›Karpaty‹ liegt am Berghang am südlichen Ortsende und ist eigentlich nicht zu übersehen. Die Preise liegen zwischen 25 und 45 Euro, vul. Dašna 30, (вул. Дашна), Tel. 3 80 34 34 / 2 23 89 und Fax 2 21 34.

Vorochta

Die Stadt liegt etwa 100 Kilometer südlich von Ivano-Frankivs'k in einer Höhe von 747 Metern. Vorochta (Ворохта) ist ein Hauptskizentrum der Ukraine mit einem Sprungschanzenkomplex und mehreren Skiliften, allerdings ist schlecht abzuschätzen, wie gut oder schlecht die technischen Bedingungen für den Wintersport sind, die Anlagen machen oft einen vernachlässigten Eindruck. Im Ort gibt es viele Ferienheime, die früher von Betrieben unterhalten wurden. Ein Individualtourismus hat sich bislang kaum entwickelt, was sich aber sicher in den nächsten Jahren ändern wird. Denn ringsum liegen Berge und endlose Wälder, der junge Fluß Prut mäandert durch den Ort – Natur pur. Für die Unternehmungslustigen gibt es von hier aus die Möglichkeit, den Gipfel der Hoverla zu ersteigen. Allerdings ist für die Anfahrt zum Startpunkt ein Auto notwendig. Ausgangspunkt für die Wanderung ist eine Berghütte, die der Universität L'viv gehört und zur Zeit renoviert und erweitert wird. Die Hütte liegt im Nationalpark etwa 15 Kilometer von Vorochta entfernt. Die Straße biegt von der P 135 Richtung Verchovyna ab und führt entlang des Prut genau auf die Hoverla zu. Am Eingang des Nationalparks ist ein kleiner Betrag zu entrichten, und nun geht es etwa fünf Kilometer auf unbefestigter Piste, die aber auch mit dem Pkw befahrbar ist, bis zur Berghütte. Bei Dunkelheit wird die Schranke geschlossen, und der Nationalpark darf nicht befahren werden. Von der Hütte aus ist der Gipfel in etwa zwei Stunden zu erreichen. Der Weg ist markiert und führt in Verlängerung der Straße bergan durch den Wald, bis die alte Grenzmarkierung erreicht wird. Von da ab verfolgt man den Höhenrücken nach links, verläßt bald den Wald und wandert den nun steilen Weg bis zum Gipfel. Der Rundblick entschädigt für alle Anstrengungen.

Der Ort ist günstig mit der Bahn zu erreichen (Linie Ivano-Frankivs'k–Rachiv). Mit dem Auto muß man von der Hauptstraße Jaremča–Jasinja noch vor dem Jablunyc'kyi-Pass in südliche Richtung abbiegen. Die Busverbindungen sind die gleichen wie nach Jaremča.

Jasinja

Vor dreihundert Jahren, als es Jasinja (Ясіня) noch nicht gab, war das Tal eine einzige grüne Wiese, die von kristallklarem Wasser gewässert wurde. Der Huzule Ivan Struk ließ hier seine Schafherde weiden, und weil das Tal so wunderschön und die Herbstsonne so warm war, hielt er sich länger auf, als er dachte. Erst als der Frost die Blätter der Bäume und die Wiese mit Reif bedeckte, machte er sich auf den Heimweg auf die galizische Seite der Karpaten. Doch es war zu spät. Und so blieb ihm nur, den Tieren einen provisorischen Unterschlupf zu bauen und sie der Wildnis zu überlassen. Er selber machte sich auf den Heimweg. Als der Frühling mit den ersten Sonnenstrahlen aufwartete, kehrte er mit seinem Sohn zurück, in der Hoffnung, Überreste seiner Herde zu finden. Noch

Karpatenhäuser bei Jasinja

bevor er das weite Tal erreichte, vernahm Struk Laute, die das Ohr des alten Hirten nicht täuschen konnten: das Blöken von Schafen. Die Rettung seiner Schafe konnte Struk nur mit einem Wunder erklären. Aus Dankbarkeit entschloß er sich, hier an diesem Ort eine Kirche zu errichten und eine Siedlung zu gründen. Die nannte er Jasinja.

Die heutige Strukovs'ka-Kirche stammt allerdings aus dem 18. Jahrhundert. Sie gehört zu den wertvollsten Denkmälern der Huzulenarchitektur. Man findet sie in der Nähe des Bahnhofes, außerhalb des Stadtzentrums. Sie liegt auf der anderen Flußseite, hinter Bäumen versteckt auf einem kleinen Hügel. Den Fluß kann man auf einer der Hängebrücken überqueren.

Jasinja ist ein guter Ausgangspunkt für Bergtouren. Der Ort liegt westlich des Jablunyc'kyj-Passes, etwa vierzig Kilometer von Jaremča entfernt. Tagestouren zur Blyznycja (Близниця) und zur Hoverla (Говерла) sind möglich. Um zur Blyznycja zu gelangen, muß man am südlichen Ortsende an einer Brücke die Hauptstraße verlassen. In einer Gaststätte kann man sich für den reichlich dreistündigen Aufstieg stärken. Auf einer unbefestigten Trasse geht es von hier etwa eine Stunde bis zu der Berghütte ›Dragobrat‹, die mitten im Wald liegt. Diese hat sich noch nicht auf Einzelwanderer eingestellt, sondern wird meist von Waldarbeitern bevölkert. Im Bogen um das Gebäude führt der Weg entlang der Stromleitung bis zu einem alten Haus auf einer Lichtung. Hier muß man sich nach links halten und verläßt die Baumgrenze, nun wird es steiler, aber der Gipfel ist schon sichtbar. Die Blyznycja ist 1881 Meter hoch und erhebt sich von einem größeren Hochplateau, welches oberhalb der Baumgrenze liegt und deshalb sehr gut einzusehen ist.

Sonst bietet der Ort nicht allzuviel, das Zentrum ist schnell erkundet. Bei schlechtem Wetter kann es etwas langweilig werden. Bei guter Witterung dagegen kann man auch schöne Streifzüge durch diese ausgeprägte Streusiedlung unternehmen. Schöne einfache Gehöfte und Häuser, umgeben von steilen Wiesen, liegen oft kilometerweit von der Straße entfernt. Die idyllische Exotik wandelt sich schnell in einen harten entbehrungsreichen Alltag für die Menschen, die hier leben und arbeiten.

Jasinja gehört eigentlich bereits zum Transkarpatenbezirk, ist aber gleichermaßen von dort als auch vom Bezirk Ivano-Frankivs'k zu erschließen. Der Busbahnhof befindet sich im Zentrum der Stadt. Es gibt Verbindungen nach Rachiv, Jaremča Vorochta, Mukačeve und Užhorod. Die Fahrt nach Užhorod dauert etwa sieben Stunden.

Der Hauptstraße nach Süden folgend, kommt man nach zweieinhalb Kilometern zum Bahnhof. Auch dieser liegt an der Bahnlinie Linie Ivano-Frankivs'k – Rachiv.

Im Ort befinden sich einfache Übernachtungsmöglichkeiten in den Turbasen. Die Turbasa ›Edelweiß‹ (Edel'vejs/ Едельвейс) liegt nur wenige Meter nordwestlich des Busbahnhofes in der vul. Borkanjuka 9 (вул. Борканюка). Die Turbasa ›Tysa‹ (vul. Franka 33) liegt ebenfalls im Ortszentrum. Die Vermittlung von Privatquartieren ist mittlerweile üblich.

Wanderung auf die Hoverla

Die Tour zum Gipfel der Hoverla ist, vor allem bei guter Sicht, ein lohnender Ausflug und kann durchaus auch von der Turbasa ›Edelweiß‹ als lange Tagestour bewältigt werden. Da einige Kilometer Straße bzw. befahrbarer Weg dabei sind, sollte man vielleicht eine Mitfahrgelegenheit nutzen.

Ausgangspunkt ist Lazeščyna, östlich von Jasinja (beide Orte gehen ineinander über). Wenn die Hauptstraße nach Norden in Richtung Jablunyc'kyi-Pass abbiegt, folgt man von Jasinja kommend dem rechten Abzweig (eigentlich fast geradeaus) und läuft vorbei am Bahnhof bis zum Ortsende. Dort überquert die Bahnlinie über eine markante Brücke das Tal. Von der Turbasa ›Edelweiß‹ bis hierher sind es rund 90 Minuten.

Eine Stunde braucht man nun bis zur Turbasa ›Hoverla‹. Der Weg bis dorthin steigt nur wenig an, geht entlang des Flusses und ist nur an manchen Stellen etwas durch die Forstfahrzeuge zerfahren. Die Turbasa besteht aus mehreren kleinen Holzhütten auf einer schönen Wiese unmittelbar am Weg. Etwa fünf Minuten nach der Turbasa verzweigt sich der Weg. Geradeaus über die Brücke führt der direkte Weg zur Hoverla (grüne Markierung); rechts ab geht es zum Berg Pietros, über welchen man den Gipfel der Hoverla auch erreichen kann. Wählt man die erste Variante, muß man sich am nächsten Abzweig rechts halten und an verlassenen Hütten vorbeiwandern. Weitere 40 Minuten später kommt man an den Zusammenfluß zweier kleiner Flüsse. Der Weg wird nun steil, und man kommt nach circa 50 Minuten an eine große Lichtung, die man queren muß, um nach 20 Minuten im Wald auf den alten Grenzpfad zu kommen. Nun sind es noch etwa 75 Minuten bis zum Gipfel. Es geht zwischen Krüppelkiefern steil nach oben bis zum Sattel und dann auf dem freien Rücken bis nach oben.

Alternativ ist es auch möglich, auf der Lichtung weiter konsequent nach oben zu gehen und so auf einem Bergrücken die Baumgrenze schnell hinter sich zu lassen. Ein Pfad führt dann fast in gerader Linie auf den Gipfel zu.

Schöne Blicke von ganz oben in alle Richtungen belohnen die Anstrengungen. Auf dem Gipfel befindet sich die ukrainische Fahne, das ukrainische Symbol, der Dreizack, und ein von einem ehemaligen Bukowiner gestiftetes Gipfelkreuz.

Den Rückweg kann man über den bereits erwähnten Pietros-Sattel wählen. Man verläßt den Berg in westlicher Richtung und kommt auf den Hauptweg, der ganz beschaulich zum Sattel führt (90 Minuten). Es gibt keinen markierten Pfad auf den

Blick vom Gipfel der Hoverla auf die Karpaten

Pietros-Gipfel, der Pfad vom Sattel ist aber gut erkennbar. 470 Meter Höhenunterschied bis auf 2020 Meter müssen überwunden werden (in etwa 45 Minuten zu schaffen). Der Weg nach Jasinja zurück folgt der roten Markierung bergab nach Norden. An einem Gehöft vorbei kommt man schließlich auf einen Weg, der in bequemen Serpentinen bergab führt. Bis zur Turbasa ›Hoverla‹ braucht man etwa eine Stunde und vierzig Minuten.

Slavs'ke

Slavs'ke (Славське) liegt unweit der Hauptstrecke durch die Karpaten. Von der M 17/E 471 zwischen Mukačeve und Stryj liegt es nur 21 Kilometer entfernt, im Oblast L'viv. Die wichtigste Bahnstrecke führt dagegen direkt durch den Ort. Durch das malerische Tal des Flusses Opir gingen schon in grauer Vorzeit Verkehrswege entlang, und bereits die Mongolen drangen über diesen Weg nach Ungarn vor. Der Flußname bedeutet soviel wie ›Widerstand‹ und kommt sicher nicht von ungefähr.

Slavs'ke wirkt jetzt zwar etwas verschlafen, aber vielleicht ändert sich dies ja noch. Der Ort galt immer als bedeutendes Wintersportzentrum und ist auch als Ausgangspunkt für Wanderungen geeignet. In Slavs'ke gibt es mit 2700 Metern den längsten Skilift der GUS-Staaten, über dessen Einsatzfähigkeit hier allerdings keine Aussagen gemacht werden können.

Eine Vielzahl von Heimen und Unterkünften, die direkt von Betrieben unterhalten werden, sind im Ort zu finden. Die Turbasa ›Slavs'ke‹, unweit vom Busbahnhof im Zentrum des Ortes gelegen, bietet preiswerte Doppelzimmer. Das Sanatorium steht für alle offen und bietet günstige Übernachtung mit Vollverpflegung. Das moderne große Gebäude ist am Rande des Ortes am Berghang nicht zu übersehen.

Eine Wanderung auf den 1232 Meter hohen Troscjan ist leicht möglich und wegen der Aussicht auch durchaus empfehlenswert. Für die Strecke sind etwa drei Stunden einzuplanen, entweder man geht direkt an der Seilbahn nach oben, oder etwas bequemer den Weg in der Nähe des Skiliftes. Der Gipfel selbst bietet neben verfallenen Hütten und der verwahrlosten Skiliftstation nichts Sehenswertes.

Die Transkarpaten

Die Transkarpaten (Закарпаття) sind die westlichste Region der Westukraine. Auf einer Fläche von 13 000 Quadratkilometern leben mehr als 1,2 Millionen Menschen. Die Hauptstadt der Region ist Užhorod mit seinen 120 000 Einwohnern. Die Region wird im Nordosten vom L'viver Gebiet begrenzt, im Osten vom Ivano-Frankivs'ker Gebiet, im Süden von Rumänien und im Westen von Polen, Ungarn und der Slowakei. Die Landschaft ist sowohl von den Bergen und den langen Tälern geprägt als auch vom Tiefland des Flußes Theiß. Das Gebiet ist relativ dicht besiedelt und traditionell gehen die Verkehrs- und Handelswege vor allem in Richtung Westen.

Seit dem ersten vorchristlichen Jahrtausend lebte hier ein slawischer Stamm, die Weißkroaten. Mitte des 13. Jahrhunderts erkämpften sich aber die Ungarn den Anspruch auf die Region und waren seitdem immer präsent.

Die Bezeichnung Transkarpaten oder Zakarpatija (›hinter den Karpaten‹) weist eindeutig auf die Entstehung in der ukrainischen und russischen Sprache hin. Vor allem im 14. bis 16. Jahrhundert gab es eine Wanderungsbewegung der ukrainischen Bevölkerung über die Karpaten hinweg bis in die Ebene hinunter, hier wurden die Ukrainer als Ruthenen bezeichnet.

Auch nach 1918 blieben die Transkarpaten unter der Verwaltung und Rechtsprechung Ungarns. Im Jahr 1919 hielt die Sowjetmacht die Transkarpaten für 40 Tage besetzt, aber nach dem Friedensvertrag von Saint Germain 1919 fiel die Region als ›Karpato-Ukraine‹ an die Tschechoslowakei. Im Zweiten Weltkrieg wurde das Gebiet von Horthy-Ungarn, dem Verbündeten Nazi-Deutschlands, besetzt. Im Herbst 1944 befreite die Rote Armee die Region, die dann mit dem Rest der Ukraine vereinigt wurde.

Die slawische Bevölkerung der Transkarpaten hatte sich schon immer eher zur Ukraine zugehörig gefühlt. In den letzten Jahren nach 1990 kam es allerdings in Teilen der Transkarpaten zu einer Bewußtwerdung der ethnischen Gruppe der sogenannten Russinen. Es entstand die ›Gesellschaft der Karpaten-Russinen‹ in Užhorod, die als Sprachrohr einer Autonomiebewegung der Russinen dient. Bis dahin galt die Bezeichnung Russine oder auch Rusnjak als Synonym für Ruthene, der österreichischen Bezeichnung für Ukrainer. Wegen der abgeschiedenen Lage und der Entfernung zum slawischen Kernland enstand ein eigenes Nationalbewußtsein dieser Gruppe. Bei den verschiedenen Volkszählungen in der Vergangenheit stand immer nur Ukrainer oder Russine oder Ruthene zur Auswahl. Bei der für 2001 geplanten Volkszählung stehen nun erstmals Ukrainer und Russine zur Abstimmung, und man wird einen Aufschluß über die Verbreitung der russinischen Identität bekommen. Worin der Unterschied zwischen Ukrainern und Russinen besteht, kann wohl kaum jemand rational erklären. Die Emotionen dagegen schlagen hoch. In Užhorod gibt es seit 1993 eine ›Provisorische Regierung der Subkarpatischen Rus'‹ unter Vorsitz des Biochemieprofessors Ivan Turjanyca, deren Ziel eine regionale Autonomie ist. In Kiev sieht man dieses Problem etwas anders und wartet erst mal ab.

In der Vergangenheit lebten die verschiedenen Nationalitäten in guter Eintracht. Die Mischung von Kulturen und Sprachen hat in dieser Region eine interessante und einmalige Atmosphäre geschaffen. Auch in den Transkarpaten lebten und leben Deutsche, wenngleich der Anteil heute bei nur 0,3 Prozent liegt – immerhin der höchste Anteil in der Ukraine. Drei große Wellen deutscher Immigranten waren zwischen dem 12. und 19. Jahrhundert zu verzeichnen. Die frühen Siedler haben sich weitgehend mit den Slawen und Ungarn vermischt, im Gegensatz zu den Deutschen, die etwa seit 1730 übersiedelten. Bayern, Franken und auch Österreicher werden in den Transkarpaten zwar über einen Kamm geschoren und alle als ›Schwaben‹ bezeichnet, haben aber ihre unterschiedlichen Dialekte beibehalten.

Insgesamt leben wohl an die 3500 Deutsche in den drei Siedlungsgebieten. Südlich von Mukačeve gibt es sieben ›deutsche‹ Dörfer: Pauschnig (Pavšyn),

Die Eisenbahn über den Karpatenkamm

Kroatendorf (Pidhorod), Palankendorf (Palanik), Unterschönborn (Nove Selo), Oberschönborn (Verchnij Koropec'), Deutsch-Kučava (Nemecka Kučava) und Bartfeld (Norodivka). In den Dörfern Pidhorod, Palani, Pavšyn, und Verchnij Koropec' leben zur Hälfte – in Nove Selo sogar ausschließlich – Deutsche. Diese Siedlungen stehen im Zusammenhang mit den Herren von Schönborn, einem Adelsgeschlecht aus Franken, das nicht nur in Würzburg und Bamberg residierte und der Nachwelt Barockbauten hinterließ. Sie mischten auch in der Politik kräftig mit und bekamen vom österreichischen Kaiser Anfang des 18. Jahrhunderts riesige Ländereien in den Transkarpaten. Auf die Verfügung des Herren von Schönborn kam es 1730 zu einem regen Zustrom von fränkischen Bauern. Vor Ort leitete übrigens Balthasar Neumann als Verwaltungschef die Siedlungspolitik. Er ist der bekannteste unter allen fränkischen Barockbaumeistern und vor allem als der Erbauer der Würzburger Residenz und der Wallfahrtskirche von Vierzehnheiligen in die Annalen der Geschichte eingegangen.

Das zweite deutsche Siedlungsgebiet liegt nördlich von Mukačeve um das Rayonzentrum Svaljava (Schwalbach). Dort gibt es Erwinsdorf (Suskove), Dornendorf (Dročyna) und die kleinen abgelegenen Siedlungen Blaubad (Synjak) und Reschendorf (Grabove).

Das jüngste deutsche Siedlungsbebiet ist sehr abgelegen und besteht aus den Orten Königsfeld (Ust'-Čorna) und Deutsch Mokra (Komsomols'k).

Die Karpatendeutschen blieben als einzige von Aussiedlungen und Deportationen im zweiten Weltkrieg verschont. Weder fand die ›Heimholung‹ ins Reich statt, noch wurden Deportationen nach Sibirien durch die Sowjets durchgeführt. Trotzdem hat die Zahl der Deutschen von 13 250 (1930) auf etwa 3500 (1995) abgenommen.

Bei Ust'-Čorna

Die deutschen Siedler haben durch eine enge Zusammengehörigkeit und die Pflege der Sprache ihre kulturelle Identität bewahrt. Da die Deutschen aus verschiedenen Gegenden Bayern und Österreichs kamen, gibt es auch heute noch fünf verschiedenen Dialekte der Karpatendeutschen. In einigen Dörfen ist sogar noch bekannt, wo die Vorfahren herstammen. Die Siedler in den Dörfern Kučava und Verchnij Koropec' stammen zum Beispiel ursprünglich aus Nürnberg und Bamberg.

Nach dem Zerfall der UdSSR stand natürlich allen Deutschen die Möglichkeit offen, nach Deutschland zurückzukehren. Vor allem die Rußland-Deutschen in Zentralasien und Sibirien zeigten ein besonders großes Interesse auszuwandern. Die Ukraine legte gemeinsam mit der Bundesrepublik Programme auf, um diese Deutschen in der Ukraine anzusiedeln. Aus unterschiedlichsten Gründen kam es nicht immer zum gewünschten Erfolg. Die Deutschen in den Transkarpaten blieben hingegen zu einem großen Teil in ihren angestammten Dörfern.

Durch die deutschen Siedler sind die wirtschaftlichen und kulturellen Beziehungen zu Deutschland besonders eng. So arbeitet zum Beispiel eine Forschungsgruppe der Užhoroder Universität an dem Thema ›Die deutsche Kultur und Dialektologie der Transkarpaten‹. Es bestehen zudem enge Kontakte zur Kommission für ostdeutsche Kultur der Kieler Universität und zum Freiburger Institut für ostdeutsche Kultur. Im Herbst 1992 drehte ein Fernsehteam des Bayerischen Rundfunks einen Dokumentarfilm über die Deutschen in den Transkarpaten. Es gibt deutsche Begegnungszentren und auch wirtschaftliche Kontakte.

Užhorod

Užhorod (Ужгород) ist eine der ältesten Städte der Ukraine. Kürzlich feierte sie ihr 1100jähriges Jubiläum. Bei einem Spaziergang durch das alte Zentrum spürt man eine besondere Atmosphäre. Die Stadt mit alter Architektur ist jung und aufgeschlossen durch ihre Bewohner. Die Nähe zur Slowakei, Ungarn und Polen und die gewachsenen Verbindungen dahin bringen ein eigenes Flair in die Vielvölkerstadt. Die Vielfalt der verschiedenartigsten Kuppeln und Türme spiegelt die unterschiedlichsten religiösen Richtungen der Užhoroder Bevölkerung wider. Hier leben römisch-katholische, orthodoxe, reformierte, protestantische und jüdische Gläubige nebeneinander und miteinander.

Es gibt eine kleine Fußgängerzone und man kann in Ruhe die Einkaufsstraßen auf und ab schlendern. Nichts Aufregendes erwartet den Besucher in der Stadt an der Už. Aber sie macht einen offenen und aufgeschlossenen Eindruck.

Die Wiege Užhorods liegt auf dem Schloßberg, auf dem sich bereits seit dem 9. Jahrhundert Festungsanlagen befinden. Hier befand sich die Residenz des Fürsten Laborec'. Damals tauchte als Bezeichnung Ung auf und der Name wandelte sich über Ongavar und Ungujvar schließlich zu Užhorod. Bei den Tatarenüberfällen im Jahre 1241 wurde die alte Burg zerstört. Die heutige Burganlage stammt aus dem 16. Jahrhundert und beherbergt das Heimatmuseum mit Abteilungen zur Naturkunde, zu Trachten der Region und zu alten Musikinstrumenten.

Im nahegelegenen Park befindet sich unter freiem Himmel das Museum für Volksarchitektur. Hier sind Häuser der Bojken, der Huzulen, der Karpatenungarn und Ukrainer sowie alte Wassermühlen ausgestellt. Von besonderem Interesse ist die Holzkirche aus dem Dorf Želestovo. Sie ist ein charakteristisches Beispiel für die Baukunst der Lemken. In der Architektur der Kirche aus Želestovo spiegelt sich in besonderem Maße der westliche wie auch östliche Einfluß in der Holzarchitektur der Karpaten wieder. Der Grundriss erzählt von ihrer östlichen Herkunft, der Glockenturm von der Verbindung zur westlichen Kunst, die mehretagigen Kegeldächer sind Zeugnisse der Architektur der Bojken aus den nördlichen Karpaten.

Zu den schönsten und eindrucksvollsten sakralen Bauten zählt die Kreuzerhöhungskirche in der vul. Kapitul'na (вул. Капітульна) aus dem 17. Jahrhundert. Sie wurde als Kirche des Jesuitenklosters erbaut. Nach der Vertreibung des Jesuitenordens aus dem österreichischen Imperium Ende des 18. Jahrhunderts wurde sie der unierten Gemeinde übergeben. 1858 erfolgte eine barocke Umgestaltung, später wurden klassizistische Elemente eingebracht. Bemerkenswert ist der schöne Ikonostas im Inneren der Kirche. Das repräsentative Gebäude links neben der Kirche gehört heute zur Universität, wurde aber 1646 als Residenz des Episkopats errichtet.

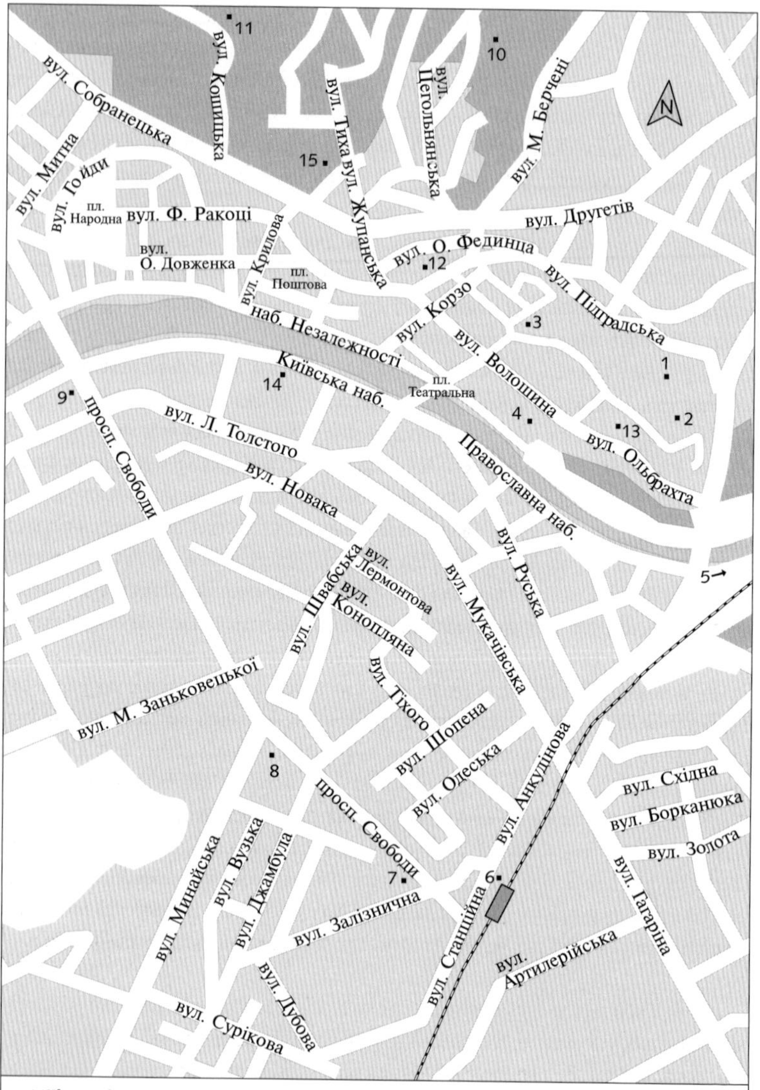

Užhorod

Legende

1 Burg/Heimatmuseum (Закарпатський краєзнавчий музей)

2 Museum für Volksarchitektur (Закарпатський музей народної архітектури)

Beim Bummeln entlang des Flußufers oder rund um den pl. Teatral'na (пл. Театральна) begegnet man vielen kleinen Geschäften und vor allem Restaurants und Cafés, die den westeuropäischen Einfluß nicht verleugnen können. Die Grenznähe und vor allem die Beziehungen und Geschäftsverbindungen in das Ausland haben in der Stadt Wirkung hinterlassen. Es gibt Ukrainer in der Slowakei und Minderheiten von Ungarn und Slowaken in den Transkarpaten, so daß sich auch über persönliche Beziehungen und Kleinhandel Dinge einfacher und schneller entwickeln, als das sonst ›hinter‹ den Bergen der Fall sein kann.

In der vul. Korzo (вул. Корзо) wartet das Café ›Luksor‹ auf Gäste, gleich nebenan sind das guteingerichtete Café ›Kaktus‹ und eine schmucke Pizzeria zu finden. Das ins Auge fallende Gebäude mit der Aufschrift ›Korona -Hotel‹ fungiert als Studentenwohnheim und nimmt normalerweise keine Touristen auf. Im Erdgeschoß ist ein altes elegantes Restaurant zu finden.

Ein sehr schönes Restaurant mit liebevoll eingerichteten Räumen und dem Namen ›Pid zamok‹ (Під замок) gibt es in der vul. I. Ol'brachta 3 (вул. І. Ольбрахта). Hier treffen sich die Künstler der Stadt.

Direkt am Ufer des Flußes, am Fuße des Schloßberges, fällt ein großes Gebäude durch seine Farbigkeit und Formenvielfalt auf. Das jetzt als Philharmonie genutzte Bauwerk stammt aus dem Jahre 1904 und wurde als Synagoge im neomaurischen Stil errichtet. Die Eingangsseite bildet den Abschluß des Theaterplatzes. Die Fassade ist mit roten Ziegelplatten gestaltet und auch im Inneren kann man einige schöne Details entdecken, wenn auch natürlich durch die langjährige zweckentfremdete Nutzung vieles verändert wurde. Gleich nebenan ist eine Kinder-Eisenbahn in den Sommermonaten eine Attraktion. Beschaulich fährt diese am Flußufer entlang, das Besondere daran ist, daß sie auch von Kindern betrieben wird.

Etwas schwer zu erreichen ist eines der ältesten Bauwerke der Gegend, die Horjans'ka Rotunde (Горянська Ротонда) in der vul. Hirka (вул. Гірка). Sie liegt am Rande der Stadt in dörflicher Umgebung und ist auch dort etwas schwer zu finden, da sie klein und von Bäumen umgeben ist. Vom pl. Petefi (пл. Петефі) muß man mit dem Bus Nr. 2 bis zur Endhaltestelle fahren. Die Horjans'ka Rotunde, ein ein-

3 Kreuzerhöhungskirche (Хрестовоздвиженський кафедральний собор)
4 Philharmonie (Филармонія)
5 Horjans'ka-Rotunde (Горянська ротонда)
6 Bahnhof (вокзал)
6 Busstation (автовокзал)
8 Hotel ›Zakarpattja‹
9 Hotel ›Užhorod‹
10 Hotel ›Družba‹
11 Touristenkomplex ›Svitanok‹
12 Hotel ›Atlant‹
13 Restaurant ›Pid Zamok‹
14 Theater
15 Kunstmuseum

zigartiges Architekturdenkmal, ist wahrscheinlich im 12. Jahrhundert entstanden. Die Kirche besteht aus zwei Teilen. Der runde Teil besticht durch seine archaische Einfachheit und seine mächtigen Mauern, die immerhin über zwei Meter dick sind. Unmittelbar daran schließt sich ein später angefügtes Kirchlein an. An den Wänden der Rotunde sind Fresken aus dem 14. Jahrhundert erhalten geblieben.

Die Brücke zum Theaterplatz in Užhorod

Užhorod liegt an einer Bahnstrecke, die aber nur selten befahren wird. Günstiger ist es, mit dem Zug bis Mukačeve zu fahren und dort in den Bus Richtung Užhorod umzusteigen.

Die große Busstation befindet sich gleich neben dem Bahnhof in der vul. Stancijna 9 (вул. Станційна). Mehrere Verbindungen am Tag gibt es nach Rachiv, Jasinja, Mižhir'ja, Černivci und eine nach Ust'-Čorna.
Gute Verbindungen existieren natürlich auch in das nahegelegene Mukačeve.

Hotel ›Zakarpattja‹ (готель ›Закарпаття‹), pl. Kyryla i Mefodija 5 (пл. Кирила і Мефодія), ca. 30 Euro.
Hotel ›Užhorod‹ (готель ›Ужгород‹), vul. Chmel'nyc'koho 2 (вул. Хмельницького), preiswerter als das oben genannte, aber dafür dezentral gelegen.
Hotel ›Družba‹ (готель ›Дружба‹), vul. Vysoka 12 (вул. Висока). Es liegt hoch über der Stadt und ist recht gut eingerichtet, zwischen 25 und 45 Euro.
Hotelkomplex ›Svitanok‹ (Світанок), vul. Košyc'ka 30, (вул. Кошицька), verschiedene Zimmerkategorien, von einfachen Herbergszimmern bis zu Luxuszimmern. Die einfache bis mittlere Preiskategorie liegt dabei bei 10 bis 15 Euro, Tel. 0 31 22/4 21 12, Fax 3 52 68. Es werden Exkursionen in die Berge angeboten.
Hotel ›Atlant‹ (готель ›Атлант‹), klein, aber gut geführt und zentrumsnah am pl. Korjatovyča 27 (пл. Корятовича), 17 bis 25 Euro.

In der kleinen, aber schönen Fußgängerzone um den pl. Teatralna sind einige Cafés und Restaurants entstanden, die für jeden Appetit und Geschmack etwas bieten.
Neben dem Restaurant des Hotel ›Atlant‹ am pl. Korjatovyča 27 sei vor allem das sehr schöne ›Pid zamok‹ (Під замок) in der vul. I. Ol'brachta 3 (вул. І. Ольбрахта) empfohlen.

Heimatmuseum im Schloß, vul. Kapitul'na 33 (вул. Капітульна), täglich von 9 bis 17 Uhr außer Mo. Zu sehen sind alte Musikintrumente, Folkloretrachten und eine naturkundliche Abteilung.
Museum für Volksarchitektur, gleich nebenan, täglich außer Di von 9 bis 17 Uhr.
Kunstmuseum, pl. Županats'ka 3 (пл. Жупанатська), vor allem Werke der ukrainischen Kunst. Neben einer Daueraustellung sind jeweils kleine Sonderaustellungen zu sehen. Täglich außer Di von 9 bis 17 Uhr.

Puppentheater, pl. Teatral'na 8 (пл. Театральна).
Philharmonie, pl. Teatral'na 10.
Neues Theater, am anderen Flußufer, vul. Tolstoho 13 (вул. Толстого).

Mukačeve

Mukačeve (Мукачеве) ist über tausend Jahre alt. Ursprünglich als Siedlung der Weißkroaten gegründet, ging sie bald in den Besitz anderer Fürsten über. Einen Aufschwung erfuhr die Stadt unter ungarischer Herrschaft ab 1393. Die rege Bautätigkeit hat bis heute ihre Spuren hinterlassen. Im vorigen Jahrhundert entwickelte sich eine große jüdische Gemeinde, die über bedeutende Schulen und dreißig Synagogen verfügte. Die Stadt war das bedeutendste Zentrum der jüdischen Orthodoxie und des Chassidismus im damaligen Ungarn. Der Anteil der jüdischen Bevölkerung lag bis zum Zweiten Weltkrieg bei über 40 Prozent.

Heute steht die Stadt im Schatten von Užhorod und ist ein lokales Industriezentrum. Mukačeve wirkt ruhig und beschaulich, westliche Touristen verirren sich sicher nur selten hierher. Die bedeutendste Sehenswürdigkeit, das Schloß Palanok, liegt etwa drei Kilometer westlich vom Zentrum entfernt auf einem Vulkankegel. Die Buslinie Nr. 3 führt vom Zentrum bis zum Fuß des Schloßberges. Das Schloß wurde im 14. Jahrhundert als Residenz des ungarischen Fürsten Korjatovyča erbaut, mußte aber mehrfache Umbauten über sich ergehen lassen. Die Mauern des Schlosses widerstanden vielen feindlichen Attacken. Im vorigen Jahrhundert diente es vor allem als Gefängnis, heute beherbergt es das Geschichtsmuseum. In den letzten Jahren sind umfangreiche Restaurierungsarbeiten durchgeführt worden. Von oben hat man einen sehr schönen Blick über die flache Umgebung und bei klarer Sicht kann man weit ins Land hinein und über die Stadt schauen.

Das Stadtzentrum beschränkt sich im wesentlichen auf die vul. Myru, die zum großen Teil Fußgängerzone ist. Sie beginnt am Fluß Latorycja und führt auf etwa zwei Kilometern Richtung Südost. Hier gibt es Geschäfte und einige wenige Restaurants und Cafés.

Erwähnenswert sind außerdem der ›Weiße Palast‹ (Bilyj Budynok), die Residenz des Fürsten Rakoczi und später der Herren von Schönborn in der vul. Myru 28 (вул. Миру). Vom Vorgängerbau aus dem 15. Jahrhundert ist nach dem Barockumbau von 1746 nichts mehr zu sehen. Beachtenswert sind die reichen Ornamente und das Portal.

In der gleichen Straße befindet sich die kleine gotische Sankt-Martins-Kapelle aus dem 15. Jahrhundert. Etwas außerhalb des Zentrums, am Ufer des Flusses Latorycja in der vul. Pivnična 2 (вул. Північна) gelegen, ist das Mykolajivs'ka-Kloster (Миколаївський монастир) zu finden. Der Komplex liegt etwas erhöht auf einer Anhöhe, und die Kuppeldächer leuchten weit. Das Kloster ist heute ein Frauenkloster und nach einer Restaurierung leuchten die Gebäude in frischen kräftigen Farben. Ursprünglich aus Holz erbaut, ist jetzt die im Barockstil umgebaute Version aus dem Jahre 1772 zu sehen.

Der Bahnhof befindet sich eineinhalb Kilometer südwestlich vom Zentrum. Die Stadt liegt an der Hauptstrecke Čop – L'viv, deshalb verkehren viele Züge. Die Busstation befindet sich etwa eineinhalb Kilometer östlich vom Zentrum in der vul. Pavliva (вул. Павліва). Es ist empfehlenswert, den Bus und nicht die Bahn für die Fahrt nach Užhorod zu nutzen. Užhorod liegt nur 40 km entfernt, und der Bus ist wesentlich schneller.

Hotel ›Zirko‹ (готель›Зірко‹), vul. Myru 20 (вул. Миру) ca. 17 Euro.

Geschichtsmuseum im Schloß, täglich von 9 bis 17 Uhr außer Mo .

Volovec'

Wenige Kilometer von der Haupttrasse M 17 entfernt, ist man von ruhigen Dörfern und ganz ursprünglicher Karpatenlandschaft umgeben. Gleich am Abzweig der Straße nach Volovec' (Воловець), in der Nähe von Nyžni Vorota, (Нижні Ворота) sind zwei neue Hotels mit Restaurants entstanden. Die Übernachtung ist mit ca. 8 Euro recht preiswert.

Volovec' ist als Ausgangspunkt für Wanderungen auf den 1598 Meter hohen Veliky Verch und die angrenzende Bergkette bestens geeignet. Außerdem liegt der Ort an der Bahnhauptstrecke und ist somit auch mit internationalen Zügen erreichbar. Ansonsten ist der Ort nicht gerade ein Schmuckstück, das Beste ist die Lage, denn die realsozialistische Bebauung hat der Siedlung allen Charme genommen. Die Herberge ›Plaj‹ (Плай) in der vul. Lenina 100 (вул. Леніна) ist gleich neben dem Bahnhof zu finden. In Volovec' gibt es auch noch ein kleines Hotel in der vul. Puškina 21 (вул. Пушкіна), ebenfalls in Bahnhofsnähe, das einen eher bescheidenen Eindruck macht.

Der Ausflug zum Veliky Verch (Велики Верх) ist ein langer Tagesmarsch und sollte nur bei gutem Wetter unternommen werden, denn nur dann werden die Anstrengungen mit einem Rundblick belohnt. Wenn die Berge erklommen sind, kann man relativ einfach weitere Gipfel erreichen, aber der Weg nach oben will erst einmal geschafft sein. Es gibt mehrere Möglichkeiten, vielleicht findet jemand sogar eine günstigere als die beschriebene.

Vom Bahnhof geht man im 90-Grad-Winkel auf die Hauptstraße, vul. Karpac'ka (вул. Карпацька), dort hält man sich links und geht nach etwa zehn Minuten zwischen Sportplatz und Bach links unter der Eisenbahn hindurch. Auf einem Waldweg mit ausgefahrenen Spuren geht es weiter. Der Weg folgt dem Bach, der immer zur Rechten bleibt. Nach etwa 20 Minuten wird der Weg zum Pfad (bei

Regen sehr viele sumpfige Abschnitte), und wir verlassen diesen nach links, Richtung Südost. Über eine breite Schneise geht es auf den Bergrücken zu, der nicht von Bäumen bedeckt ist.

Von der Schneise hat man in Richtung Südwesten einen Blick auf den 1343 Meter hohen Temnatyk, den Hausberg von Volovec'. Vom Bergrücken genießt man einen

Das Flößereimuseum bei Synevyr

wunderbaren Blick auf Berge und Ausläufer der Siedlung. Auf dem Rücken verläuft der Weg nach rechts (nach Süden) bis zum Wald. Dort geht es über eine gerodete Fläche, und nach etwa fünf Minuten erreicht man einen Waldweg. Achtung, es gibt zwei parallele Wege, wir nehmen den oberen, diesem folgen wir etwa eine halbe Stunde.

Anfangs geht es relativ eben dahin, später wird der Weg steiler, schließlich läuft man über Geröll zwischen zwei steilen Hängen. Umgefallene Bäume erschweren das Vorankommen. Der Weg stößt auf einen Pfad, dem wir für zehn Minuten nach links folgen, der Berg liegt zur Rechten. Zwei Taleinschnitte kommen unmittelbar nacheinander. Im zweiten Talabschnitt steigen wir im Buchenwald steil nach oben.

Wir stoßen auf einen Geröllpfad, der auf eine Wiese führt (zehn Minuten). Von dort steigen wir zum rechten Waldrand hoch und nehmen den aufwärts führenden Pfad, wobei wir geradewegs auf das erste Gipfelkreuz zuhalten (20 Minuten). Über ein weiteres Gipfelkreuz gelangt man zum Gipfel des Tomnatuk (ohne den Umweg über das zweite Kreuz dauert dies etwa 45 Minuten). Über den Kamm erreicht man nun einfach den Plaj. Dort empfangen einen nach 45 Minuten trostlose Baracken und Funkeinrichtungen.

Über den Kamm kann man nun weiter zum Veliky Verch wandern (60 Minuten). Vom 1598 Meter hohen Gipfel bietet sich ein schöner Blick auf die Berge ringsum, der Stij im Süden ist mit 1679 Meter noch etwas höher. Nach kurzer Gipfelrast geht es zurück zur Hausruine nördlich des Plaj über einen Weg, der einige Höhenmeter unterhalb des Gipfels auf der Ostseite des Plaj an Stromleitungen entlangführt (etwa 60 Minuten). Weiter runter geht es über einen breiten Fahrweg. Diesem folgen wir kurz (Strommasten) und nach 45 Minuten macht der Weg eine S-Schleife. Dort biegt man auf einem kleinen Weg (erster nennenswerter Weg) nach links ab; Achtung, auf den ersten zehn Metern ist der Abzweig kaum als Weg erkennbar, danach weitet er sich zum schmalen Fahrweg. Nach etwa 30 Minuten ist man schon im Tal, der Weg ist teilweise steil. Danach muß man entlang der Wiese dem Bach folgen und erreicht vor den ersten Häusern eine kleine Holzbrücke.

Mižhir'ja

Auf der Straße zwischen Volovec' und Mižhir'ja (Міжгірья) kommt man durch beschauliche Dörfer, die meist auch sehenswerte Holzkirchen aufweisen. Oft ist leider der Erhaltungszustand schlecht, da nebenan eine neue Kirche gebaut wurde und der kulturelle Wert dieser Holzkirchen noch kaum eine Rolle im Denken und Handeln der Dorfbewohner spielt. Oder man muß erleben, daß die alten Holzkirchen in Benutzung sind, dann aber die notwendigen Erhaltungsarbeiten oft nicht denkmalgerecht ausgeführt werden. So ist schon manches Holzschindeldach einem Blechdach gewichen.

Mizhir'ja hieß bis 1953 Volove und ist ein regionales Zentrum, auch für einheimische Touristen. Die Turbasa ›Karpaty‹ (Карпати) ist in der vul. Radjans'koji Armiji 61 (вул. Радянської Армії) zu finden. Eigentlich ist der Ort Ausgangspunkt für Exkursionen zum Bergsee Synevyr (озеро Синевир). Deshalb soll auch das Hotel ›Kamjanka‹ (готель ›Камянка‹) empfohlen werden. Denn es liegt auf dem Höhenzug zwischen Mižhir'ja und Synevyr und der sehr schöne Blick Richtung Synevyr macht diese Unterkunft unvergeßlich. Hinzu kommt noch der geringe Preis (5 Euro) und die relativ guten Zimmer.

In den ukrainischen Karpaten gibt es kaum Seen, sicher erfreut sich der Bergsee Synevyr deshalb so großer Anziehungskraft und Beliebtheit. Er ist umgeben von Wäldern und besitzt einen schönen Uferbereich mit vielen Buchten, die gern für ein Picknick genutzt werden. Große Holzplastiken stellen Syn und Vyr dar, die Namensgeber des Sees. Vyr, ein Schäfer, ertrank und Syn war so traurig darüber, daß ihre Tränen den See füllten. Die geologischen Fakten sind weniger aufregend, denn durch eine Geröllbarriere wurde der 972 Meter hoch gelegene Bergsee aufgestaut. In der Nähe des kleinen Sees steht eine Turbasa. Die Anreise ist nicht einfach, denn der See liegt am Ende eines langgstreckten Tales in einer Sackgasse. Die letzten zehn Kilometer der Trasse sind unbefestigt und in schlechtem Zustand. Wer schon viele andere Bergseen kennt, ist vielleicht von der ›Perle der Karpaten‹ etwas enttäuscht. Andererseits ist die Anreise – und vor allem die Fahrt durch die letzte Siedlung, die Synevyrs'ka Poljana – eine Fahrt in die Ursprünglichkeit der Karpatenlandschaft. Die einfachen, aber durchaus reizvollen Holzhäuser der Dorfbewohner, die weiten Wiesen und vor allem der Wald sind eindrucksvoll.

Ein interessantes Museum über die Holzflößerei befindet sich unweit des Dorfes Synevyr an der Ozerjanka, einem Nebenfluß des Tereblja. Der Fluß wurde angestaut und die Holzstämme in den Staubereich gebracht. Beim Ziehen des Wehres war es dann möglich, eine große Menge Holz Richtung Süden zu transportieren. Fotos, Werkzeug, Modelle und das Wehrsystem geben einen guten Einblick in die schwere Arbeit der Flößerei.

Ust'-Čorna

Der mühevolle Weg nach Königsfeld lohnt, wenn man das abgelegenste von Deutschen besiedelte Gebiet in den Transkarpaten besuchen will. Außerdem erlebt man die Wildheit und Schönheit der Berge.

Auf Anordnung der Kaiserin Maria Theresia kam 1775 eine Gruppe von 100 Waldarbeitern vom österreichischen Salzkammergut aus Ischl und Gmunden in

Straßenschild bei Ust'-Čorna

die Karpaten. Sie sollten Holz für die Salzbergwerke an der Theiß einschlagen. Im November bauten die Waldarbeiter mit ihren Familien eine aus 16 Hütten bestehende Ortschaft, die Deutsch-Mokra genannt wurde. Erst 1815 kam es dann zur Gründung von Königsfeld, da Deutsch-Mokra zu klein geworden war. Neben der Ersteinwanderung gab es später noch einen Zuzug von einzelnen Familien. Die Abgeschiedenheit begünstigte den Erhalt der mitgebrachten Lebensweise aus dem Salzkammergut. Heute leben nur noch etwa 20 deutsche Familien in Königsfeld. Ein deutscher Einfluß ist aber nicht zu verkennen, denn neben dem deutschen Ortseingangsschild gibt es das Geschäft ›Ischl‹ und das Café ›Absatz‹, beides lokale Treffpunkte in dem langgestrecktem Straßendorf.

Wer auf alte Spuren der deutschen Siedler stoßen will, der muß schon an der Kirche oder besser noch auf dem Friedhof – am Berg hinter der Schule – nachschauen. Dort gibt es viele Grabsteine mit deutschen Inschriften, die einiges von dem schweren entbehrungsreichen Leben in der Abgeschiedenheit erzählen könnten.

Beeindruckend sind die Schmalspurbahn und der Bahnhof am nördlichen Dorfende – uns erscheint es wie ein Freilichtmuseum, aber alles ist noch in Betrieb und wird genutzt. Wie auch schon vor 100 Jahren wird das Holz auf kleinen Wagen mit einer Dampflok Richtung Süden gezogen. Zum Glück geht es immer bergab!

Das letzte Haus des Ortes ist die Turbasa ›Jalynka‹ (Ялинка), die im Alpenstil nicht unbedingt zu den einfachen Holzhäusern der Umgebung paßt. Die Übernachtung mit Vollverpflegung kostet 5 Euro.

Denkmal für den Mittelpunkt Europas

Die Trasse geht über Rus'ka-Mokra weiter nach Komsomol's'k, dem früheren Deutsch-Mokra. Allerdings braucht man einen Jeep, um weiterzukommen. Für normale PKW ist die Straße nicht passierbar.

Um nach Königsfeld zu gelangen, muß man dem Teresva-Flußtal von Süden etwa 50 Kilometer nach Norden folgen. Busverbindungen bestehen nach Užhorod und Tjačiv.

Rachiv

Dieser Gebirgsort im Südosten der Region ist eines der größten Ski- und Wanderzentren. Hier enden die Züge aus Richtung Ivano-Frankivs'k (täglich zwei). In den ukrainischen Karpaten hat Rachiv (Рахів) eher eine Randlage – die Grenze zu Rumänien ist nur wenige Kilometer entfernt. Von Rachiv aus kann man lohnende Touren in Richtung Blyznycja (Близниця) und Hoverla (Говерла) unternehmen. Allerdings ist es ausschließlich zu Fuß etwas weit.

In der Nähe des Ortes, beim Dorf Dilove, steht am Punkt der geographischen Mitte Europas ein Denkmal. Zur Festlegung des geographischen Mittelpunktes gibt es keine genauen Richtlinien, deshalb ist dieser Mittelpunkt auch nicht völlig unumstritten, aber im allgemeinen akzeptiert. Zuerst wurde nur ein einfacher Stein errichtet, danach ein Denkmal aus Stahl, jetzt wird ein neues erbaut. Offensichtlich hat man die Bedeutung des Punktes für die Region erkannt. Für die meisten Mitteleuropäer ist es eigentlich unvorstellbar, daß der ›Mittelpunkt‹ so weit im Osten liegt. Dabei ist gerade die Festlegung der Grenzen Europas im Osten durch den Ural und das Kaspische Meer eindeutig und unbestritten.

Ganz im Zentrum in der vul. Franka 1 (вул. Франка) liegt der Touristenkomplex ›Tysa‹ (Тиса) Außerdem gibt es noch die Berghütte ›Perelesok‹ (Перелесок) und einen Campingplatz.

Die Bukowina

Die Bukowina ist eine historische Landschaft in den nordöstlichen Karpaten und deren Vorland. Das Gebiet ist reich an Wald, Bergen und Geschichte. Der Name stammt aus dem Ukrainischen, in deutscher Übersetzung ist ›Buchenland‹ gebräuchlich. Eine andere Quelle erklärt die Herkunft des Namens so: Ende des 15. Jahrhunderts belagerte ein polnisches Heer Suzeawa, wurde aber von den moldauischen Fürsten vernichtend geschlagen. Über 20 000 Gefangene, meist Edelleute, mußten das Schlachtfeld umpflügen und mit Eichen und Buchen

Straßenmarkt in der Bukowina

bepflanzen. Der Wald wurde wegen des vergossenen Blutes der rote Wald genannt – Bukowina.

Im Jahre 1412 wird die ›Große Bukowina‹ (am Seret) und die ›Kleine Bukowina‹ (am Prut) erwähnt. Der Landstrich gehörte zum Einflußbereich des rumänischen Fürstentums Moldau (Moldawien ist der heute gebräuchliche Ausdruck). 1514 kam das Gebiet unter türkische Oberhoheit, d. h. es mußte Tribut an den Sultan in Konstantinopel gezahlt werden, darüber hinaus nahmen die Türken relativ wenig Einfluß.

Die Bukowina war immer wieder Schauplatz von Feldzügen und Plünderungen. 1709 kamen die Schweden auf dem Rückzug durch das Land und wurden von den russischen Heeren vertrieben. 1739 drangen Russen und Kosaken unter General Münich ein und verschleppten viele Bürger. 1774 besetzten österreichische Truppen das Land, im Mai 1775 traten es die Türken für die Vermittlerrolle Österreichs in den Auseinandersetzungen mit Rußland im Frieden von Kutschuk-Kainardschi feierlich an Österreich ab. Nun erfuhr das Land eine lange Friedens- und Aufbauperiode, die den Mythos Bukowina begründete.

Ursprünglich lebten im Süden überwiegend Rumänen und im Norden Ukrainer. Es gab auch einige Deutsche, die vom nahen Siebenbürgen kamen. Unter österreichischer Herrschaft kam es zu einer systematischen Einwanderungspolitik, und vor allem Deutsche, Juden und Armenier, aber auch Ungarn kamen ins

Land. Kaiser Josef II. bereiste die Bukowina 1783 und 1786. Der erste Plan, das Land in einen militärischen Grenzposten auszubauen, wurde dabei fallen gelassen, und der Kaiser verfügte am 6. August 1786 die Vereinigung der Bukowina mit Galizien. Bis dahin unterstand das Land direkt der österreichischen Militärverwaltung. Erst nach langem Ringen um die Unabhängigkeit von Galizien und die Autonomie der Bukowina, zu deren Sprecher sich Eudoxius von Hormuzaki machte, erfolgte nach Annahme der neuen Reichsverfassung von 1849 die Zuerkennung der Autonomie und die Erhebung zu einem Kronland. Die Bukowiner Juden erhielten nun die volle Gleichberechtigung, sie konnten sogar Grundbesitz erwerben, und ab 1867 gab es keine Beschränkungen hinsichtlich der Berufsausübung mehr. Die Emanzipation der Juden rief eine Zuwanderung aus anderen Landesteilen, insbesondere Galizien, hervor, und der jüdische Bevölkerungsanteil stieg stark an. Er erreichte zum Beispiel im Czernowitz der Jahrhundertwende 32 Prozent. In der zweiten Hälfte des 19. Jahrhunderts übernahmen die Juden in der Bukowina sowohl die wirtschaftliche als auch die gesellschaftliche Führung des Landes. In allen angrenzenden Ländern (Galizien, Rußland, Rumänien) erstarkte indes der Antisemitismus. Als eine Antwort können die nationaljüdischen und zionistischen Tendenzen angesehen werden, die bei der jüdischen Bevölkerung zunehmend Anklang fanden.

Im November 1918 besetzte Rumänien die Bukowina. Dieser Zustand wurde durch die Zerschlagung der Habsburger Monarchie und den Vertrag von St. Germain 1919 festgeschrieben. Rumänien betrieb eine ausgesprochen nationalistische Politik. Vor allem über eine restriktive Sprachenpolitik kam es in der Öffentlichkeit zur Zurückdrängung der deutschen Sprache und einer starken Verbreitung des Rumänischen. Beamte mußten innerhalb weniger Monate Kenntnisse der rumänischen Sprache vorweisen. Außerdem gab es schon vorher im alten Rumänien einen starken Antisemitismus, der sich nun schnell ausbreitete. Dabei waren die Juden in der Bukowina vor allem in den zwanziger Jahren noch ungefährdet, da die wirtschaftliche Potenz der Region für die rumänische Wirtschaft unverzichtbar war.

Im Juni 1940 wurde nach einem dreitägigem Ultimatum gegenüber Rumänien die Nordbukowina an die Sowjetunion angegliedert, auch dies war Bestandteil des Hitler-Stalin Paktes. Die deutschstämmige Bevölkerung der Bukowina wurde ins Deutsche Reich umgesiedelt. Etwa 95 000 Menschen mußten sich mit nur 50 Kilogramm Gepäck auf einen ungewissen Weg machen. Die deutschsprachigen Juden waren davon ausgeschlossen. Zugleich mit dem deutschen Überfall auf die Sowjetunion im Sommer 1941 marschierte auch die mit der Wehrmacht verbündete rumänische Armee wieder in der Bukowina ein. SS-Einheiten wurden unter rumänischer Herrschaft aktiv und betrieben vor allem die Vernichtung der jüdischen Bevölkerung.

Im September 1941 wurde in Czernowitz ein Ghetto eingerichtet, welches vor allem als Sammellager für die Deportationen nach Transnistrien, dem Gebiet zwischen Dnistr, Bug und Schwarzem Meer, diente. Viele kamen bereits beim

Transport ums Leben. In Transnistrien erwarteten die Juden unvorstellbare Zustände. Kälte, Hunger, Epidemien und die harten Arbeitsbedingungen rafften etwa 65 000 Menschen dahin, nur 9000 überlebten. Die verbliebenen durften 1944 wählen, ob sie in der Sowjetunion bleiben oder nach Rumänien gehen wollten. Die prominentesten Literaten gingen nach Bukarest, viele von dort weiter nach Israel oder Westeuropa.

Nach dem Krieg verblieb die Nordbukowina bei der Sowjetunion, der Süden kam wieder unter rumänische Verwaltung.

Černivci – Czernowitz

Die Stadt Černivci (Чернівці), das ehemalige Czernowitz, soll im 12. Jahrhundert gegründet worden sein, Burg und eine Siedlung überstanden aber die Angriffe der Mongolenheere nicht. Erste urkundliche Erwähnung fand der Ort erst 1408 als Zollstation. Etwa 50 Jahre später wurde die Stadt aufgewertet, sie wurde Bezirksstadt und Sitz des Starosten – des Vertreters des moldauischen Fürsten. Das Jahr 1775 wurde zum Wendepunkt in der Geschichte der Siedlung. Unter österreichischer Herrschaft entwickelte sich das ›Dorf‹ Czernowitz des 18. Jahrhunderts innerhalb eines Jahrhunderts zu einem ›Klein-Wien‹, zu einem multi-ethnischen Zentrum. Dabei sollte am Beginn eigentlich das nahegelegene Gartenberg ausgebaut werden. Das später in Sadagora umbenannte Städtchen war aber immer wieder durch Überschwemmungen gefährdet, und so gab man dem auf einem Berg liegenden Czernowitz den Vorzug. Sadagora blieb immer die Vorstadt, auf die die Bürger etwas herabblickten.

Sadagora wurde ein Zentrum des Chassidismus, einer eher weltlich und liberal orientierten Strömung des Judentums, die seit dem 18. Jahrhundert in Osteuropa verbreitet war. Dem Zaddik, so nannten sich die Lehrer des Chasssidismus, Israel Friedmann verweigerte man ein Bleiberecht in Czernowitz, und so richtete er sich in einem architektonisch merkwürdigen Palast in Sadagora ein. Sein Charisma und sein Ruf als Wunderrabbi zogen Tausende Anhänger an. Sein luxuriöser Lebensstil stand im schreienden Gegensatz zum Elend seiner Anhänger. Die Grabstätte der Familie Friedmann auf dem jüdischen Friedhof im Norden der Vorstadt zeigt etwas von dem Glanz und der Popularität der Wunderrabbis. Der Gegensatz zu der Assimilation der Juden in Czernowitz, die zum Kulturträger des gesellschaftlichen Lebens wurden, hätte größer nicht sein können.

Czernowitz bestand 1775 aus einer morastigen Straße und etwa 200 Holzhütten. Die Bevölkerung war buntgemischt, neben Deutschen, Armeniern, Juden und

Türken gab es Ruthenen (Ukrainer), Tschechen, Griechen und Polen. Die Vielzahl der Religionen, Konfessionen und Riten war breit gefächert. Hinzu kamen dann noch Lippowaner oder Philliponen, das waren Altgläubige, die vor der Verfolgung aus Rußland hierher kamen. Im Jahre 1787 gab es die erste Grundstücksvermessung und Hausnumerierung. Immerhin war in den wenigen Jahren die Zahl der Häuser bereits auf 414 angewachsen und es gab 34 öffentliche Gebäude. Der Deutsche Völker baute das Wirtshaus ›Zum schwarzen Adler‹ und stellte einen Teil seines Grundstückes der Stadt als Markt zur Verfügung. Damit war der Grundstein für den Ringplatz und das spätere Hotel mit gleichem Namen gelegt. Das erste zweistöckige Haus ließ der Jude Karl Nadler 1824 bauen. Einschneidend für die Entwicklung der Stadt waren die Ereignisse 1849, in deren Folge die Bukowina von Galizien abgetrennt und selbständiges Kronland mit Czernowitz als Landeshauptstadt wurde. Ab 1864 gab es autonome Bürgermeister der Stadt. Bis 1918 bekleideten sechs Personen dieses Amt, davon waren zwei Deutsche, ein Armenier, ein Pole und zwei Juden. Von 1848 bis 1910 stieg der Anteil der Juden an der Gesamtbevölkerung von 6 auf 30 Prozent. Der Beiname ›Jerusalem an der Pruth‹ verdeutlicht die Stellung und den Einfluß dieser Volksgruppe in der österreichischen Zeit.

1875 fanden die Festlichkeiten zur 100jährigen Zugehörigkeit der Bukowina zu Österreich statt. Aus diesem Anlaß kam es zur Gründung einer Universität, der Francisco-Josephina. Sie war ein Jubiläumsgeschenk des Kaisers und sollte die politischen Interessen des Staates vertreten und eine Stätte der deutschen Kultur sein. Eine Besonderheit war die Einrichtung einer griechisch-orthodoxen Fakultät, denn dafür gab es kein Vorbild an anderen europäischen Universitäten. Bis dahin war die Ausbildung der Priester in der orthodoxen Kirche ausschließlich über Priesterseminare vonstatten gegangen.

Nachdem bereits 1781 der orthodoxe Bischofssitz von Radautz nach Czernowitz verlegt worden war, konnte die Stellung dieses Bistums durch den Bau der Kathedrale und der bischöflichen Residenz gefestigt werden. 1873 erfolgte sogar die Weihe des Bukowiner Bischofs zum Metropoliten. Die Einrichtung einer derartigen Fakultät trug also der Bedeutung der Orthodoxie in der Bukowina Rechnung, war aber nur durch die Toleranz im österreichischen Vielvölkerstaat möglich.

Seit 1866 waren Lemberg und Czernowitz mit einer Bahnlinie verbunden. Die Bahn überquerte den Pruth auf einer Brücke, die bereits 1868 unter dem fahrenden Zug einstürzte. Es soll keine Todesopfer gegeben haben. Die Stadt Czernowitz hatte durch ihre Lage am Berg verkehrstechnisch einige Schwierigkeiten. Die alten Czernowitzer waren stolz darauf, daß in ihrer Stadt die elektrische Straßenbahn sechs Monate früher als in Wien den Betrieb aufnahm (1897). Allerdings hatte die Bahn manchmal Schwierigkeiten, die Steigung zu überwinden, und andererseits sollen die Bremsen bergab allzuoft versagt haben, weshalb man die Bahn schließlich wieder abschaffte.

Eine Besonderheit des ›Klein-Wien‹ war auch das ausgeprägte Pressewesen. Während es 1775 noch keine Schulen und Zeitungen gegeben hatte, die Bevölkerung fast ausschließlich aus Analphabeten bestanden hatte, erschienen vor dem Ersten Weltkrieg allein fünf deutschsprachige Tageszeitungen. Neben der ›Czernowitzer Zeitung‹, der ›Bukowiner Rundschau‹ und den ›Bukowiner Nachrichten‹ gab es ab 1903 auch noch das ›Czernowitzer Tageblatt‹ und die ›Czernowitzer Allgemeine Zeitung‹. Daneben erschienen noch Wochenzeitungen. Die Herausgeber aller Zeitungen waren ausnahmslos jüdisch. Mit den Czernowitzer

Blättern gab es bis 1938 auch eine jiddische Zeitung. Nach dem Ersten Weltkrieg ging die Zahl der nichtrumänischen Blätter zurück. Insgesamt wurden zwischen 1848 und 1940 über 370 verschiedene Zeitungen verlegt, darunter 200 deutsche, 68 ukrainische, 50 rumänische, 28 polnische und 24 jiddische. Diese beeindrukkenden Zahlen verdeutlichen die kulturelle Vielfalt in der Stadt.

In Czernowitz hatte eine Verbürgerlichung und Verstädterung eines Teils der Juden stattgefunden, sie konnten ihre Anpassungsfähigkeit und Mobilität ausspielen und übernahmen Verantwortung für die deutsche Kultur. Nirgends war die deutsch-jüdische Kultursymbiose besser verwirklicht.

Die eigentliche Blütezeit von Czernowitz lag vor dem Ersten Weltkrieg. Danach hat die Geschichte der Stadt und den darin wohnenden Menschen übel mitgespielt. In der Zeit zwischen 1914 und 1918 erlebte Czernowitz drei Invasionen der russischen Armee. Der Handel kam zum Erliegen, die Lebensbedingungen wurden schwierig, Brennmaterial und Lebensmittel waren knapp. Am 11. November 1918 besetzte eine rumänische Division die Stadt. Bald begann auch die rumänische Verwaltung zu arbeiten. Insbesondere das vorher durch seine Vielfalt beachtenswerte Schulwesen und die deutschsprachige Universität wurden schnell rumänisiert. Als die Schlußszene von Schillers ›Räubern‹ gespielt wurde, stürmten am 2. Januar 1922 rumänische Studenten die Bühne, besetzten das Theater und riefen ein rumänisches Nationaltheater aus. Nun konnten nur noch im Deutschen Haus Theaterstücke in deutsch aufgeführt werden.

In der Zeit zwischen den Weltkriegen war das alte Czernowitz schon bedroht und dem Untergang geweiht. Trotzdem war eine kulturelle Blüte zu verzeichnen. Literatur, Theater, Pressewesen erlebten einen Aufschwung. Interessanterweise hat sich in dieser Zeit neben dem Deutschen als Umgangs- und Literatursprache vor allem das Jiddische etabliert, obwohl in der Öffentlichkeit und Verwaltung beide Sprachen unerwünscht und durch das Rumänische verdrängt worden waren.

Der Zweite Weltkrieg begann für Czernowitz in Juni 1940 mit dem Einmarsch der sowjetischen Truppen. Von der jüdischen Bevölkerung wurde dies anfangs mit einer gewissen Hoffnung auf Erleichterung verbunden, da die antisemitische rumänische Politik zu einer starken Benachteiligung geführt hatte. Die Hoffnungen zerstoben schnell und Tausende Juden wurden verhaftet und nach Sibirien verbannt. Das finsterste Kapitel begann, als im Juni 1941 die rumänischen Truppen die Stadt besetzten und gemeinsam mit den SS-Einheiten Tausende Juden ermordeten. Im Oktober kam es zur Einrichtung eines Ghettos um die alte jüdische Gasse herum und zur Umsiedlung aller Juden der Stadt dorthin. Außer etwa 20 000 Personen, die man für unabkömmlich erklärte, wurden die Gefangenen mit Viehwaggons nach Transnistrien transportiert. Der grausame Tod und die Vernichtung machte alle gleich; die Tragödie nivellierte alle Unterschiede zwischen Zionisten und Kommunisten, arm und reich.

Nach diesen Ereignissen waren zwei Bevölkerungsgruppen der Vorkriegszeit aus der Stadt vertrieben und damit ihre Rolle als Kulturmittler verloren. Für Czernowitz bedeutete dies das Ende des deutschsprachigen Kulturlebens.

Czernowitz wurde nach dem Kriege Hauptstadt des Verwaltungsbezirkes in der Sowjetukraine. Mit Industrieprojekten kamen Menschen aus allen Teilen der Sowjetunion, Industrieanlagen und Neubaugebiete entstanden.

Heute leben nur noch etwa 4000 Juden hier, die wenigsten sprechen Deutsch, die meisten sind aus anderen Gegenden der Ukraine zugezogen. Von den ehemals über siebzig Synagogen funktioniert nur noch eine. Deutsche leben weniger als einhundert in der Stadt, die auch nach neuen Volkszählungen über 35 Nationalitäten beherbergt.

›Mutterland Wort‹ – Literatur aus Czernowitz

Mutterland

Mein Vaterland ist tot
sie haben es begraben
im Feuer
ich lebe
in meinem Mutterland
Wort

Diese Verszeile eines Gedichtes von Rose Ausländer kann als Symbol für die Literatur dieser Stadt gelten. Denn obwohl eine ganze Reihe von Schriftstellern und Lyrikern in Czernowitz lebte und schrieb und sich bei fast allen Autoren ein sehr starker Bezug zur Heimat und zu der turbulenten Geschichte dieses Jahrhunderts findet, existiert das alte Czernowitz als Kristallisationspunkt und Ausgangspunkt dieser Literatur nicht mehr. Über 50 Jahre war in Černivci der Bezug zu dieser Literatur abgeschnitten, und erst langsam werden wieder Verbindungen hergestellt, Orte und Plätze mit Erinnerungen und Geschichte angefüllt.
Eigentlich gab es nicht nur eine Literatur, sondern mehrere; neben der deutschen zumindest noch die jiddische, die ukrainische und die rumänische. Der rumänische Nationaldichter Mihai Eminescu (1850–1889) trug hier seine Gedichte vor, die wegweisend für die Lyrik seiner Sprache wurden. Die ukrainische Lyrikerin Ol'ha Kobyljans'ka (1863–1942) wohnte in der jetzigen vul. Dymytrova. Der Klassiker der ukrainischen Literatur Jurij Osyp Fed'kovyč (1834–1888) stammte aus dem Huzulendorf Putila und lebte lange in Czernowitz. Für die jiddische Literatur stehen Namen wie Elieser Steinbarg (1880–1932), Itzig Manger (1901–1969) und Moshe Altmann. Itzig Manger, der ›Prinz der jiddischen Ballade‹, kehrte in seinem unruhigen Wanderleben immer wieder in seine Geburtsstadt Czernowitz zurück. Seine in eindringlicher Sprache geschriebenen Balladen wurden unter anderem auch von Rose Ausländer ins Deutsche übersetzt. Steinbarg war Lehrer für Jiddisch und Hebräisch und verhalf der vershaften Fabel zu neuem Ruhm. Seine Fabeln sind originell und greifen keine volkstümlichen Stoffe auf. Seine Popularität und sein Einfluß in Czernowitz, der Stadt, in der er nur elf Jahre lebte, waren bedeutend. Es ist kein Zufall, daß der jüdische Kulturverein heute seinen Namen trägt. Zu nennen ist auch Josef Burg, der letzte jiddisch schreibende Autor in der Ukraine. Der Sohn eines armen Flößers aus Vynžnycja schreibt außerdem in Deutsch, Hebräisch und Russisch. Einem Ahasver gleich, dem ewig umherirrenden Juden, lebte und überlebte Burg in

der Sowjetunion: in Sibirien, Mittelasien, an der Wolga, in Moskau. Als er wieder nach Czernowitz kam, blieb er und ist bis heute der Repräsentant der jiddischen Kultur in Czernowitz. Schicksal der jiddisch schreibenden Autoren ist es, im deutschsprachigen Raum mangels Übersetzungen kaum bekannt zu sein.

Die deutsche Literatur ist am bekanntesten, weil sie es geschafft hat, über Czernowitz und die Bukowina hinaus Wirkung zu erzielen. Ein früher Vertreter der deutschen Literatur ist Karl E. Franzos (1848 – 1904), der mit seinen Erzählungen aus der Welt des osteuropäischen Judentums auch in Westeuropa Erfolg hatte und als Wunderkind des österreichischen Liberalismus galt. Mit ihm bekam die Literatur der Bukowina überregionale Bedeutung. Er hatte in Czernowitz das Gymnasium besucht.

Imanuel Weißglas (1920 – 1979) war Übersetzer und Lyriker. Er überlebte die Zeit in Transnistrien und ging nach dem Krieg nach Bukarest. Die Übersetzung von Goethes Faust ins Rumänische machte ihn bekannt.

Alfred Margul Sperber (1898 – 1967) besuchte das Gymnasium in Czernowitz, um dann im Ersten Weltkrieg als Offizier für Österreich zu kämpfen. Nach Aufenthalten in Paris und New York kam er 1924 wieder in seine Heimat und veröffentlichte Gedichte und Prosa. Schon 1940 ging er nach Bukarest und entkam so der Verfolgung und Vernichtung.

Selma Meerbaum-Eisinger (1924 – 1942) begann schon im Alter von 15 Jahren deutsche Gedichte zu schreiben. Sie wurde nach Transnistrien verschleppt und starb dort an Flecktyphus. Ihre Gedichte kamen nach Israel und erschienen dort 1968.

Moses Rosenkranz (geb. 1904) entstammt einer armen ostjüdischen Bauernfamilie und unterscheidet sich bereits dadurch von den meisten seiner Dichterkollegen. Er war das sechste von neun Kindern und blieb bis zum 14. Lebensjahr stumm. Als er einen toten Soldaten auf dem Hof entdeckte, fing er zu sprechen an. Er wanderte durch Österreich und Frankreich, lebte in Prag und Czernowitz, später in Rumänien. Nach dem Zweiten Weltkrieg wurde er auf offener Straße in Bukarest verhaftet und des Widerstandes gegen den Kommunismus angeklagt. Über zehn Jahre verbrachte er unter schlimmsten Bedingungen in Gefängnissen und sowjetischen Arbeitslagern. Der Lyriker schrieb immer in deutscher Sprache und lebt jetzt in Süddeutschland.

Alfred Kittner (1906 – 1991) arbeitete als Redakteur und veröffentlichte 1934 seinen ersten Gedichtband. Die Deportation nach Transnistrien überlebte er und

übersiedelte dann nach Bukarest, wo er einen wichtigen Einfluß auf die Entwicklung der deutschsprachigen Literatur in Rumänien ausübte.
Georg Drozdowski ist einer der wenigen deutschstämmigen Dichter aus Czernowitz. Mit seinem Buch ›Damals in Czernowitz und rundum‹ verewigte er die Erinnerungen all derer, die die Stadt vor dem Zweiten Weltkrieg kannten.

Notturno

Schlaf nicht. Sei auf der Hut.
Die Pappeln mit singendem Schritt
ziehn mit dem Kriegsvolk mit.
Die Teiche sind alle dein Blut.

Drin grüne Gerippe tanzen.
Eins reißt die Wolke fort, dreist:
verwittert, verstümmelt, vereist,
blutet dein Traum von den Lanzen.

Die Welt ist ein kreißendes Tier,
das kahl in die Mondnacht schlich.
Gott ist sein Heulen. Ich
fürchte mich und frier.

Paul Celan, 1941

Der Lyriker Paul Celan nannte seine Heimat bei der Entgegennahme eines Literaturpreises in Bremen eine »Gegend, in der Menschen und Bücher lebten«, er konnte sie nicht vergessen. 1920 als Sohn von assimilierten Juden geboren, überlebte er als einziger seiner

Das Paul-Celan-Denkmal in Černivci

Familie in rumänischen Arbeitslagern. Noch einmal kehrte er kurz nach Czernowitz zurück, um dann mit der Zwischenstation Bukarest 1948 nach Paris zu gehen. Interessant ist, daß er neben Deutsch auch Französisch, Rumänisch und Russisch beherrschte, nicht aber das in seinem Elternhaus verpönte Jiddische. Paul Celan starb 1970 in Paris.

Rose Ausländer wurde als Rose Scherzer 1901 geboren und ist wohl die bekannteste deutschsprachige Lyrikerin aus Czernowitz. Sie studierte Germanistik und Philosophie und gehörte zum ›Ethischen Seminar‹, einem Freundeskreis, der sich mit den Gedanken Spinozas und Constantin Brunners auseinandersetzte. Ihr späteres Leben war geprägt durch die Suche nach Heimat. Auf die Frage, warum sie schreibe, antwortete sie: »Vielleicht, weil ich in Czernowitz zur Welt kam. Jene besondere Landschaft. Jene besonderen Menschen. Märchen und Mythen lagen in der Luft, man atmete sie ein. Das viersprachige Czernowitz war eine musische Stadt, die viele Künstler, Dichter, Kunst-, Literatur und Philosophieliebhaber beherbergte.« Rose Ausländer überlebte das Ghetto in der Kriegszeit und verließ Czernowitz 1946. Über Bukarest ging sie nach New York, wo sie bereits in den 20er Jahren für einige Zeit gelebt hatte.

1965 siedelte Rose Ausländer nach Düsseldorf über und starb 1988 nach langer schwerer Krankheit. Ihre Heimat, die Bukowina, und das Reisen sind zentrale Themen ihrer Lyrik.

Gregor von Rezzori (1914–1998) setzte Czernowitz mit seinen ›Maghrebinischen Geschichten‹ und dem Roman ›Ein Hermelin in Tschernopol‹ ein Denkmal. Die Verbindung von Anekdoten und beißender Satire fand nicht immer den ungeteilten Beifall der ›alten Czernowitzer‹, die ihre Stadt nicht immer ausreichend gewürdigt sahen. Rezzori entstammte einer österreichischen Beamtenfamilie und wuchs in einem besseren Viertel der Stadt (in der Gartengasse hinter dem Park) auf.

In Czernowitz hätte sich nicht eine solch vielfältige Literaturlandschaft zwischen den Weltkriegen entwickeln können, wenn nicht auch ein besonderer Boden, eine Gier nach dem geschriebenen Wort vorhanden gewesen wäre. Rose Ausländer beschrieb ihre Heimat als »Stadt der Schwärmer und Anhänger«. Nirgends sonst wurde die ›Fackel‹ des Karl Kraus so intensiv gelesen und diskutiert. Nirgends sonst war Lyrik ein so wichtiger Streitpunkt und wurden Dichter, wie zum Beispiel Rainer Maria Rilke, so verehrt.

Ein Rundgang durch Černivci

Die Stadt konnte sich die Bausubstanz aus der Zeit der Habsburger Monarchie bewahren. Der durch klassizistisch-historische Architektur geprägte Innenstadtbereich strahlt das Flair dieser Zeit auch heute noch aus. Ein Rundgang durch die Stadt schwankt immer zwischen Černivci und Czernowitz; zwischen dem Jetzt und dem Gestern. Der zentrale Platz ist der Ringplatz, das war zu allen Zeiten so. Hoch thront das Rathaus, das aus dem Jahre 1843 stammt. Die Bedeutung dieses Gebäudes ist unschwer am Turm zu erkennen.

Die Wandlungen, die die Stadt im 20. Jahrhundert durchlief, kann an den Denkmälern gut nachvollzogen werden. Bis 1920 stand in der Mitte des Platzes

In der einstigen Herrengasse

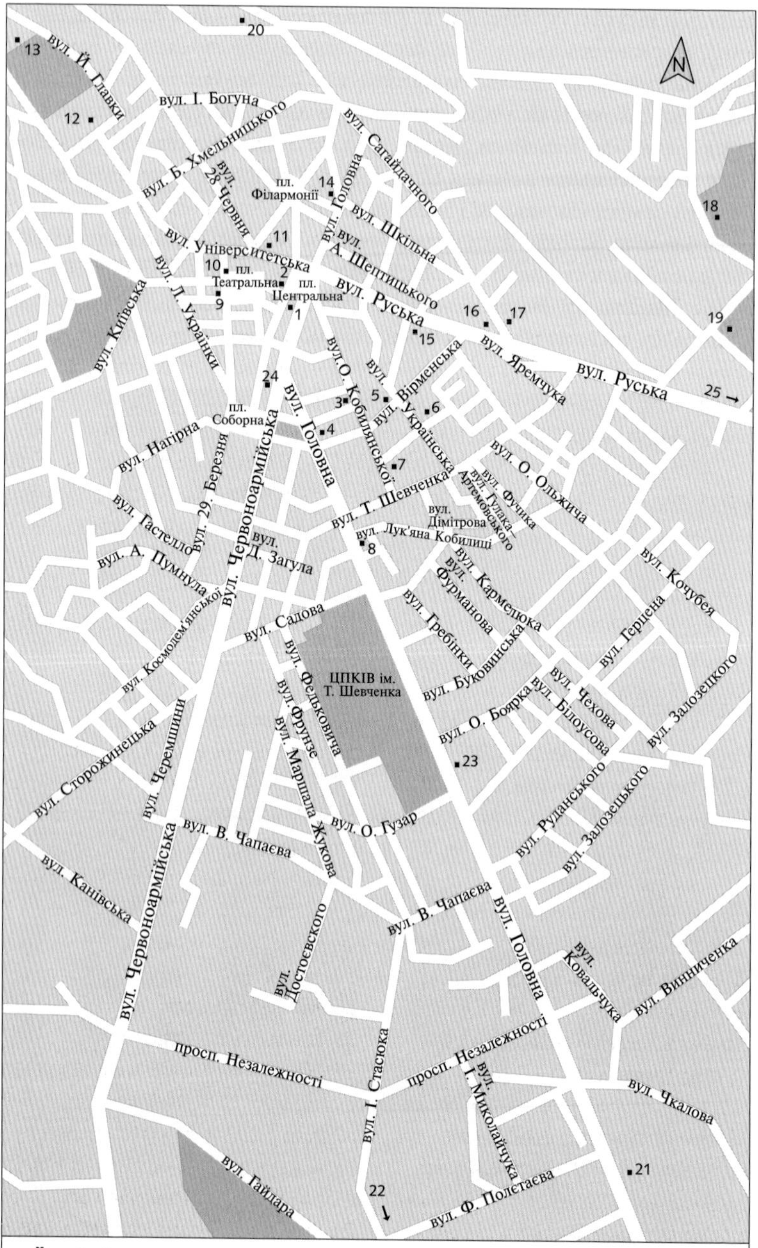
N
вул. Й. Главки
вул. І. Богуна
вул. Б. Хмельницького
вул. 28 Червня
пл. Філармонії
вул. Сагайдачного
вул. Головна
вул. Шкільна
вул. А. Шептицького
вул. Університетська
пл. Театральна
пл. Центральна
вул. Руська
вул. Київська
вул. Л. Українки
вул. О. Кобилянської
вул. Вірменська
вул. Українська
вул. Яремчука
пл. Соборна
вул. Нагірна
вул. 29. Березня
вул. Червоноармійська
вул. Т. Шевченка
вул. О. Ольжича
вул. Фучика
вул. Гулака-Артемовського
вул. Дімітрова
вул. Лук'яна Кобилиці
вул. Гастелло
вул. А. Пумнула
вул. Д. Загула
вул. Космодем'янської
вул. Кармелюка
вул. Фурманова
вул. Гребінки
вул. Кочубея
вул. Герцена
вул. Садова
вул. Федьковича
вул. Фрунзе
ЦПКІВ ім. Т. Шевченка
вул. Буковинська
вул. Чехова
вул. Білоусова
вул. О. Боярка
вул. Залозецкого
вул. Сторожинецька
вул. Черемшини
вул. Маршала Жукова
вул. О. Гузар
вул. Руданського
вул. Залозецького
вул. В. Чапаєва
вул. Канівська
вул. Достоєвского
вул. Ковальчука
вул. Винниченка
просп. Незалежності
вул. І. Стасюка
вул. Г. Миколайчука
вул. Чкалова
вул. Гайдара
вул. Ф. Полетаєва
1 2 3 4 5 6 7 8 9 10 11 12 13 14 15 16 17 18 19 20 21 22 23 24 25
0 250 500 m

Černivci

eine Marienstatue. Der rumänische Staat entfernte diese und errichtete fast an gleicher Stelle ein Vereinigungsdenkmal: ein Soldat mit rumänischer Fahne, die von einem knieenden jungen Mädchen ehrfürchtig geküsst wird, dahinter ein Auerochs als Wappentier der Bukowina, der wütend den österreichischen Doppeladler zertrat. Das war ein eindeutiges Sinnbild, dem sich nicht alle Einwohner anschließen konnten. Spaßvögel stellten nachts dem Tier immer wieder Heu und Wasser vor die Füße. Ab 1952 stand an dieser Stelle dann das unvermeidliche Lenindenkmal, mit erhobener Hand wies er die Richtung, auch dies Anlaß zu mancherlei Witzen. Die ausgestreckte Hand wies nämlich in Richtung Notenbank – vielleicht eine Aufforderung, sich das einem Zustehende selbst zu holen? Von Herbst 1991 bis 1999 gab es nur Blumenrabatten auf dem Platz. Nun gibt es wieder ein Denkmal – für Taras Ševčenko! Was der ukrainische Nationaldichter mit Černivci zu tun hat, wissen wohl nicht mal die Befürworter der gegenwärtigen Ševčenko-Denkmal-Schwemme im Land.

Das Hotel ›Schwarzer Adler‹, ein dreistöckiger Bau, der sich in die alte Tempelgasse erstreckt, war einst eine glanzvolle Adresse. Das in unseren Tagen völlig

Legende

1 Rathaus (Ратуша)
2 Kunstmuseum (Художній музей)
3 Heimatmuseum (Краєзнавчий музей)
4 rumänisch-orthodoxe Kathedrale (Кафедральний собор св. Духа)
5 armenische Kirche/Konzerthalle (Вірменська церква)
6 Geburtshaus von Paul Celan
7 Deutsches Haus (Німецький народний дім)
8 Denkmal für Paul Celan
9 Theater
10 Jüdisches Haus (Єврейський народний дім)
11 Kino ›Černivci‹ (ehemalige Synagoge) (кінотеатр ›Чернівці‹)
12 Residenz des Metropoliten der Bukowina (Universität) (Резиденція митрополита/університет)
13 Diaspora-Museum (музей Буковинської діаспори)
14 Heiligkreuzkirche (костьол св. Хреста)
15 griechisch-katholische Kirche (Уніатська церква)
16 Nikolaikathedrale (Миколаївський кафедральний собор)
17 Nikolaikirche aus Holz (Миколаївська церква)
18 jüdischer Friedhof
19 christlicher Friedhof
20 Bahnhof (вокзал)
21 Busstation (автовокзал)
22 Hotel ›Čeremoš‹ (готель ›Черемош‹)
23 Hotel ›Bukovyna‹ (готель ›Буковина‹)
24 Hotel ›Kyjiv‹ (готель ›Київ‹)
25 Volksarchitekturmuseum (музей народної архітектури)

abgewohnte Haus wurde inzwischen renoviert und beherbergt jetzt ein Bildungszentrum. Vor allem die Juden der Stadt verbinden eine sehr unangenehme Erinnerung mit dem ›Schwarzen Adler‹. Hier bezog 1941 beim Einmarsch der rumänischen Truppen die Gestapo ihr Quartier und begann mit der Vernichtung der Bukowiner Juden.

Nebenan steht das ehemalige Rumänische Haus und daran anschließend die alte Sparkasse, die jetzt ein Kunstmuseum beherbergt. Dieses Jugendstilgebäude aus dem Jahre 1901 stammt vom Architekten Gessner. Das Besondere ist das große Mosaik an der Fassade, mit allegorischen Mitteln wird die Aufnahme der Bukowina in den Kreis der österreichischen Kronländer dargestellt. Auch der Eingangsbereich ist beeindruckend, viele Verzierungen und interessante Ornamente zeichnen das großzügige Treppenhaus aus. Ein Museumsbesuch kann nur empfohlen werden.

Heute heißt der Ringplatz Central'na plošča (Центральна площа), immerhin acht Straßen treffen sich hier. Die schönste und reichste war und ist die einstige Herrengasse, die heutige vul. O. Kobyljans'koji (вул. О. Кобилянської). Sie beginnt zwischen dem alten Café ›Habsburg‹, links mit hohem Turm, und dem Hotel, Restaurant und Café ›Bellevue‹, jetzt beides Banken. Die Häuserzeile neben dem Café ›Habsburg‹ war im Volksmund auch als Pardinihöhe bekannt, denn hier gab es den berühmten Buchladen Pardini, davor befand sich ein beliebter Fiaker-, später Taxistandplatz.

Bis heute gilt die Herrengasse als die Flaniermeile der Stadt. Das Straßenpflaster wie auch die Kanalisation der Herrengasse stammen noch aus der Kaiserzeit. Herrschaftliche Häuser, Balkone, von Weinreben umkränzt, Straßencafés und schlendernde Menschen gibt es zuhauf. Nur wenige Mauern geben etwas von ihrer Geschichte preis. Wie eine Gedenktafel verrät, wohnte in der Herrengasse 23 von 1961 bis 1981 der Dichter Moshe Altmann.

Etwa in der Mitte der Straße gibt es zwei Museen: das Heimatmuseum und das Gedenkmuseum für J. Fed'kovyč. Die rumänisch-orthodoxe Kathedrale ›Cv. Ducha‹ aus dem Jahre 1864, umgeben von einer Grünfläche, stellt die Verbindung zur vul. Holovna (вул. Головна) her. Gegenüber zweigt die vul. Virmens'ka (вул. Вірменська) ab. Ihr folgend stößt man auf die armenische Kirche. Nach Plänen des Architekten Hlavka 1875 erbaut, dient sie seit 1992 als Konzerthalle.

In der nächsten Parallelstraße Richtung Süden steht das Geburtshaus von Paul Celan. In der alten Wassilkogasse geht es ruhig zu, es hat sich nicht soviel geändert, und man kann sich Gedanken machen, wie wohl Paul Antschel, der sich später Celan nannte, hier aufwuchs. Einer Initiative aus Österreich ist es zu danken, daß am Geburtshaus eine Tafel angebracht ist (vul. Sahsahans'koho 5/вул. Саксаганського).

Zurückgekehrt zur Herrengase, ist es nun nicht mehr weit zum Deutschen Haus. Das große Gebäude mit abstrakten gotischen Details stammt aus den Jahren 1906 bis 1910 (Herrengasse 53). Über die vul. Ševčenka (вул. Шевченка) erreichen wir die vul. Holovna. An der nächsten Straßenecke ist ein Denkmal für Paul Celan, ebenfalls eine Stiftung aus Österreich, zu sehen. Eine weitere Spur im Leben

Das Geburtshaus von Paul Celan in der vul. Sahsahans'koho

Celans kann man am Ferdinandsplatz finden – das Gymnasium. Heute heißt der Platz pl. M. Bachrušyna (пл. М. Бахрушина/вул. Д. Загула). Hier drückte Paul Celan einige Jahre die Schulbank. Außerdem ist hier das Jesuitenkloster mit der ›Herz- Jesu-Kirche‹ von 1891 zu sehen. Auf dem Platz wurde früher ein Vieh- und Krämermarkt abgehalten. Auch jetzt stehen hier Verkaufsstände.

Eine Parallelstraße der vul. Ševčenka ist die vul. Kobylyci (вул. Кобилиці). In einer kleinen Seitenstraße, der vul. Dymytrova 5 (вул. Димитрова), kann man das Gedenkmuseum für O. Kobyljans'koji ansehen. Einige hundert Meter weiter bergab ist die einzige noch funktionierende Synagoge der Stadt zu finden (vul. Kobylyci 53). Sie ist im maurischen Stil erbaut, wirkt eher unauffällig und ist vor allem an der jüdischen Jahreszahl auf dem Dach zu erkennen.

Über die vul. Červonoarmijs'ka (вул. Червоноармійська) gelangt man zu einem weiteren wichtigen Platz der Stadt – zum Austriaplatz, dem heutigen pl. Soborna (пл. Соборна). Dieser Platz ist der größte der Stadt, er geht in den Franz-Josef-Park über. Ganz im Westen steht ein rotes Gebäude – das Landgerichtsgebäude mit Gefängnis von 1819. An der Südostecke stand die ›Austria‹ – eine Frauengestalt, die dem Platz den Namen gab.

Auch auf diesem Platz war Markt – vom alten Nagel bis zum Gemüse gab es alles. Der höchste Punkt der Stadt war immer an einem Metallschild an der Ecke zur jetzigen vul. Kotljarevs'koho (вул. Котляревського) mit 218 Meter angezeigt. Südlich vom Austriaplatz schließt sich der Franz-Josef-Park an; heute fällt dort vor allem das Denkmal zu Ehren des Sieges im Zweiten Weltkrieg auf. In österreichischen Kaiserzeiten schmückte eine Büste der Kaiserin Elisabeth den Park. Das repräsentative Regierungsgebäude von 1873 steht an der Südseite.

Über die vul. Červonoarmijs'ka verlassen wir den Platz in Richtung Norden. An der nächsten Straßenecke rechts (die vul. Červonoarmijs'ka stößt auf die vul. Holovna) steht ein geborstener Quader. An dieser Stelle befand sich das alte Kriegerdenkmal aus dem Jahre 1901 zum Gedenken an das Hausregiment der Stadt (das Regiment des Erzherzog Eugen). Nach dem Zweiten Weltkrieg wurde es zerstört. Der geborstene Sockel trägt gleichlautende Inschriften in rumänisch, ukrainisch und deutsch. An der linken Straßenseite steht das Haus der Lippowaner, der Altgläubigen, die aus Rußland fliehen mußten. Daneben empfängt das Hotel ›Kiev‹ – früher Hotel ›Kronprinz‹ – seine Gäste.

Wir folgen dem prov. Hotel'nyj (пров. Готельний), einer kleinen Seitenstraße, nach links zur alten Liliengasse (vul. I. Franka/вул. І. Франка). An der Straßenecke ist ein Ausstellungssaal mit wechselnden Kunstausstellungen zu empfehlen. Das alte Gewerbemuseum aus dem Jahre 1885 steht am nächsten Straßenabzweig nach links in der vul. Mickevyča (вул. Мицкевича). Daneben der mächtige Justizpalast aus dem Jahre 1906, der mit roten und grünen Klinkern verziert ist. Die Liliengasse bergab, fällt eine schöne Passage ins Auge – der

›Herr Zwilling und Frau Zuckermann‹

Dieser Film von Volker Koepp hat für einen Dokumentarfilm ein erstaunlich breites Publikum gefunden und viele Filmpreise bekommen. Anhand der Schicksale von Matthias Zwilling und Rosa Roth-Zuckermann wird die Tragödie des 20. Jahrhunderts und der Juden Osteuropas gezeigt.
Das ungleiche Paar traf sich über Jahre hinweg jeden Abend, um die Einsamkeit nicht auch noch allein ertragen zu müssen: die persönliche Einsamkeit, weil alle Verwandten und Freunde den Zweiten Weltkrieg und die Vernichtung der Juden nicht überlebten, und auch die Einsamkeit, weil kaum jemand noch das Lebensgefühl des alten Czernowitz bewahrt hat. Die behutsame Art des Filmens und des Redenlassens erzeugt ein sehr persönliches Porträt.
Ursprünglich wollte Koepp einen Dokumentarfilm über die Bukowina machen, hat aber nach dem Kennenlernen der 90jährigen Frau Zuckermann und des 70jährigen Herrn Zwilling ein filmisches Porträt mit einigen Abschweifungen geschaffen.
Der durchlebte Schrecken wird von Frau Zuckermann und Herrn Zwilling eher beiläufig erwähnt. Es trifft um so tiefer, zu erfahren, mit welcher Brutalität individuelles Leben und eine reiche und blühende Kultur zerstört wurde.
Während Frau Zuckermann alles optimistisch sehen kann, ist ›der Ritter von der traurigen Gestalt‹, Herr Zwilling, ein notorischer Pessimist. Meist hat er recht, bemerkt Herr Zwilling im Film stolz. Auf die Frage, was die Zukunft wohl bringe, antwortet Frau Zuckermann: »Nun was wohl, noch mal einen Hitler oder Stalin wird es nicht geben.« Worauf Herr Zwilling bemerkt: »Es kommt wahrscheinlich ein schwerer Winter!«
Niemand käme auf die Idee, im ukrainischen Černivci eine Plastik von Kaiser Franz Josef auf dem Bücherschrank zu vermuten und dazu das Bekenntnis: »Ich bin eine alte Monarchistin« wie von Frau Zuckermann. Aber eben dieser Kaiser hat mit seinen Gesetzen die Gleichstellung der Juden und den rasanten Aufstieg der Stadt Czernowitz ermöglicht. Mit Frau Zuckermann und Herrn Zwilling wurden zwei der wenigen Juden des heutigen Černivci porträtiert, denen der Mythos des alten Czernowitz die Kraft zum Weiterleben gab.
Durch Koepps Art zu drehen – ganz konservativ auf teurem 35 mm Kinoformat – ist ein Film entstanden, der sich von den üblichen, durch Videotechnik beeinflußten Sichtweisen wohltuend unterscheidet.
Herr Zwilling überlebte den Filmstart zur Berlinale 1999 nur um wenige Monate. Er verstarb am 15. August 1999. Anfang 2002 verstarb auch Frau Zuckermann.

Mathildenhof mit einer großen Glaskuppel und ausgewogenen Symmetrien (vul. I. Franka 13). Die Nachbargebäude zum Rathaus werden im Volksmund Zwillingshäuser genannt. Die identischen Gebäude wurden 1906 für zwei

Diese Schule besuchte schon Paul Celan

Schwestern gebaut, die, in getrennten Häusern wohnend, doch den Plausch über den Balkon pflegen konnten.

Kurz vor dem Ringplatz führt die vul. Eminesku (вул. Емінеску) zum Theaterplatz. Auf der linken Straßenseite finden wir das älteste Gymnasium der Stadt aus dem Jahre 1817. Viele, später zu Ehren gekommene Personen, drückten als Schüler hier die harten Bänke. Der rumänische Nationaldichter Eminescu lernte hier von 1860 bis 1863, und eine Tafel erinnert daran. Von einer anderen Tafel erfahren wir etwas über die Brüder Stern. Die vier Söhne einer armen jüdischen Bauernfamilie gingen alle hier zur Schule und wurden in unterschiedlicher Weise in die politischen Umschwünge dieses Jahrhunderts verwickelt. Manfred Stern nahm am ersten Weltkrieg teil, war später Spanienkämpfer, verbrachte danach 15 Jahre in sowjetischen Lagern und starb am Tag der Entlassung. Wolf Stern war Soldat in der deutschen Wehrmacht, wurde im Osten gefangengenommen und gehörte dann zu den Gründern des Nationalkomitees ›Freies Deutschland‹, der Organisation deutscher Kriegsgefangener und kommunistischer Emigranten in der Sowjetunion. Lebenswege dieses Jahrhunderts – Lebenswege, die viele Altczernowitzer quer durch die Nationalitäten in ähnlicher Härte und Tragik erlebten – Lebenswege, an die fast nichts mehr erinnert.

Im habsburgisch-barocken Gewand zeigt sich das Theater der Stadt, dessen geistige Väter F. Fellner und H. Helmer aus Wien kamen. 1905 fand die erste Vorstellung statt. Die vielen Schmuckelemente zeigen Themen der griechischen Mythologie und Persönlichkeiten der Weltliteratur. Vor dem Gebäude stand bis Ende des ersten Weltkrieges ein Schillerdenkmal, danach ein Denkmal für Eminescu, jetzt eines für die ukrainische Schriftstellerin Ol'ha Kobyljans'ka, nach der das Theater heute benannt ist. Es gab bereits ab 1878 ein festes Theater, allerdings war es aus Holz und entsprach bald nicht mehr den feuerpolizeilichen Bestimmungen.

Das Theaterleben der Stadt war immer sehr reichhaltig; das ›Moskauer Künstlertheater‹ trat mit russischen Stücken auf, im ukrainischen Volkshaus wurde ukrainisch gespielt. Außerdem gab es natürlich Aufführungen in jiddisch. Das jüdische Theater, genannt ›La Scala‹, an der Ecke vul. Šillera/vul. L. Ukrajinky (вул. Шиллера/вул. Л. Українки), stammt aus den 20er Jahren. Nach dem Krieg fungierte es noch für drei Jahre als jiddisches Theater, danach wurde es von der Universität genutzt. Mittlerweile ist das Gebäude renoviert und der wegen der guten Akustik gerühmte Konzertsaal fungiert als Aula der Bukowinischen Medizinischen Akademie.

Das Jüdische Haus steht an der Ecke zur vul. Štejnbarga (вул. Штейнбарга) und wurde 1907 errichtet. 1908 fand hier die jiddische Sprachkonferenz statt, auf der über die künftige nationale Sprache der Juden entschieden werden sollte. Nathan Birnbaum eröffnete die Konferenz mit einer Rede, die er sich erst aus dem Deutschen ins Jiddische hatte übersetzen lassen – er beherrschte als Verfechter des

Jiddischen bis dahin diese Sprache kaum. Diese Konferenz in Czernowitz, auf der die deutschsprachigen, assimilierten kaisertreuen Juden die Mehrheit stellten, war schon eine Herausforderung. Die Widerstände waren übrigens so stark, daß die Eröffnung der Konferenz im Ukrainischen Haus stattfinden mußte und erst danach im Jüdischen Haus weiterdebattiert werden konnte. Zu den Teilnehmern der Konferenz zählten neben Zionisten auch Vertreter der jüdischen Arbeiterbewegung, Linguisten und zum Beispiel die Schriftsteller Schalom Asch und Jizchak Leib Perez; Scholem Alejchem konnte wegen Krankheit nicht erscheinen.

Das Dilemma der Sprachfrage lag darin, daß Hebräisch zwar die Sprache der Juden war, aber praktisch nicht gesprochen wurde, das Jiddische demgegenüber zwar eine lebendige Sprache, jedoch nicht anerkannt war. Die Gruppe der assimilierten Juden (zum Teil in Rußland und Polen, aber vor allem im deutschen Kulturkreis) war gegen die Anerkennung eines ›Dialekts‹ als Sprache. Nach etwa einer einwöchigen Debatte wurde Jiddisch dennoch als eine nationale Sprache des jüdischen Volkes anerkannt. Allerdings war der Widerstand der immer mehr Zulauf erhaltenden Zionisten sehr stark. Der Mitinitiator Birnbaum blieb noch einige Jahre in seiner Wahlheimat Czernowitz und gab eine deutsche (›Das Volk‹) und eine jiddische Zeitung (›Dr. Birnbojms Wochnblat‹) heraus.

Das Jüdische Haus beherbergte nach dem Zweiten Weltkrieg übrigens den ›Club der Leichtindustrie‹ – den Davidsternen im schmiedeeisernen Treppengeländer sägte man kurzerhand zwei Zacken ab, zumindest an solche jüdischen Symbole wollte man nicht erinnert werden. Mittlerweile sind die Zacken wieder angeschweißt (einige der Sterne beließ man als Mahnung ohne Zacken), und der jüdische Kulturverein ›Elieser Steinbarg‹ kann im Haus tagen und Kulturveranstaltungen anbieten. An der vul. Štejnbarga 19 befindet sich eine Gedenktafel, die daran erinnert, daß Elieser Steinbarg von 1919 bis 1931 hier wohnte.

Neben dem Jüdischen Haus lag ein freier Platz, der im Winter zum Eislaufen genutzt wurde, jetzt steht dort der rumänische Kulturpalast aus den dreißiger Jahren mit Wohnungen und Büros. Außerdem gibt es die Gaststätte ›Sezam‹ (›Сезам‹), deren Freisitz im Sommer empfohlen werden kann. Gegenüber an der anderen Seite des Platzes befand sich die Handels- und Gewerbekammer und das Café ›Kaiser‹ mit einer Terrasse.

Nach Plänen des polnischen Architekten Zachariewicz erbaute man in den Jahren 1873 bis 1877 den jüdischen Tempel. Durch den maurischen Baustil, die große Kuppel und das schöne Portal bekam das Bauwerk eine ganz besondere Wirkung. Der Tempel war die höchste Synagoge und deshalb auffälliger als andere jüdische Gotteshäuser gestaltet. Am 7. Juli 1941 kam es zur Zerstörung, das Dach brannte aus. Nach dem Krieg eröffnete in dem wiederhergestellten Gebäude das Kino ›Oktober‹, welches vor einigen Jahren in ›Černivci‹ umbenannt wurde. Im Innenraum befindet sich eine Gedenktafel an Josef Schmidt (1904–

1942), den berühmten Czernowitzer Opernsänger. Er wurde durch Rundfunk, Schallplatte und Film weltbekannt; den Hit ›Ein Lied geht um die Welt‹ kannte vor dem Krieg jeder.

Der vul. Universytets'ka (вул. Університетська) können wir bis zur jetzigen Universität Richtung Nordwest folgen. Die Trolleybusse 2 und 4 bringen einen schneller ans Ziel, und die Fahrt ist auch ein Erlebnis. Die wunderbaren, rotlackierten Busse mit den rundlichen Formen – unverkennbar das Design der 60er Jahre – geben zudem ein beliebtes Fotomotiv ab.

Zu den markantesten Gebäuden der Stadt gehört die Residenz des Metropoliten der Bukowina. Der u-förmig angeordnete Komplex wurde von 1864 bis 1882 nach Plänen des Architekten Hlavka errichtet. Er besteht aus dem Metropoliten-

Der ehemalige jüdische Tempel dient heute als Kino

haus, dem Seminartrakt mit einer Kirche und einem Gästehaus. Die Gebäude sind im historisierenden Stil unter Verwendung byzantinisch-rumänischer Formen errichtet. Viel Wert wurde auf die schmückenden Details gelegt. Durch die Verwendung unglasierter Ziegel und farbiger Dachziegel ergeben sich interessante Effekte. Die fünfkupplige Kirche ist in einen Seitenflügel eingepaßt. Auf einem Platz ist die Büste des Architekten Hlavka aufgestellt. Nach dem Zweiten Weltkrieg zog die Universität in die Gebäude der alten Residenz. Vorher war die Universität in drei Gebäuden in der Universitätsgasse untergebracht. Im Hauptflügel

Das Jüdische Haus

der Universität befindet sich seit einigen Jahren das Bukowina-Zentrum mit der Österreichischen Bibliothek. Es werden Lesungen veranstaltet, Bücher herausgegeben und Konferenzen durchgeführt. Ziel ist es, die geschichtlichen Traditionen aufzuarbeiten und die Verbindung zu anderen ethnischen Gruppen zu suchen.

Rechts vom Universitätskomplex führt die vul. Hlavky zur Habsburghöhe, einem Park, der ein beliebtes Ausflugsziel darstellt. Ein Gedenkstein mit Medaillon des Kaisers und eingefaßter Quelle wurde zu Ehren des Kaisers Franz Josef 1888 errichtet. Das in Sowjetzeiten entfernte Kaisermedaillon erstrahlte nach der Wiedereinweihung 1998 in neuem Glanz, wurde jedoch kurz darauf entwendet. In der vul. Hlavky 1 (вул. Главки) kann das Diaspora-Museum besichtigt werden. Es widmet sich der Aussiedlung aus der Bukowina und vor allem der Emigration der Ukrainer. Anhand vieler Fotos und Dokumente kann die Entstehung ukrainischer Gemeinden in Übersee (Australien, Argentinien, USA, Kanada) verfolgt werden.

Bis zum Ringplatz sollte man auf die Bequemlichkeiten des Trolleybusses zurückgreifen. Die alte Postgasse, heute vul. Chudjakova (вул. Худякова), führt zum Postamt aus dem Jahre 1850. Bei diesem Gebäude ist der Wunsch der aufstrebenden Stadt zur Repräsentation verkörpert. Von hier sind es nur ein paar Schritte bis zum ehemaligen Rudolfsplatz, dem heutigen pl. Filarmoniji (пл. Філармонії). Dieser Platz war immer vom Handel geprägt, und der volkstümliche Name Mehlplatz deutet dies auch an; heute stehen hier feste Verkaufsstände, und die Bäuerinnen der Umgebung bieten ihre Waren feil. An der Ostseite des Platzes steht das Musikvereinsgebäude mit dem griechischen Dachaufsatz. Die Ecke zur vul. Zan'kovec'koji (вул. Заньковецької) beherrscht das vornehme Hotel ›Bristol‹, allerdings ist es schon eine ganze Weile her, daß hier der letzte Gast abstieg.

Über die vul. Betchovena (вул. Бетховена), die alte Pfarrgasse, gelangt man zu dem ältesten Platz der Stadt. Der jetzt namenlose Platz existierte bereits in vorösterreichischer Zeit. Der Springbrunnenplatz war im Volksmund als Schiffplatz bekannt, und wenn man das Gebäude an der Ecke vul. Holovna und vul. Šolom Alejchema anschaut, weiß man auch warum. Das Wirtshaus ›Zum goldenen Schiff‹ ist zweifellos sehr markant.

An der Westseite steht die römisch-katholische Heiligkreuzkirche (sv. Chresta). Ursprünglich 1814 eingeweiht, erlitt die Bausubstanz im Laufe der Zeit einige Schäden: 1840 stürzte der Glockenturm ein, 1864 brannte das Kirchenschiff aus. Eine Sonnenuhr am Gebäude zeigt übrigens noch heute die österreichische Zeit. Nebenan steht das alte Offizierscasino von 1782, in dem heute das Puppentheater untergebracht ist.

Schräg gegenüber ist das älteste Gebäude der Stadt zu finden, das Generalsgebäude mit dem Stadtkommando aus dem Jahre 1780. Das alte Judenviertel schließt sich von der vul. Šolom Alejchema (вул. Шолом Алейхема) nach Osten zu an. Im Zweiten Weltkrieg wurde in diesem Areal das Ghetto eingerichtet, und die jüdische Bevölkerung der Stadt mußte auf engsten Raum zusammengepfercht leben. Die meisten Menschen wurden von hier aus weiter nach Transnistrien deportiert.

In der Schulgasse 2, der vul. Škil'na (вул. Шкільна), gibt es wieder eine jüdische Schule. Sie wurde durch den Präsidenten der Ukraine eingeweiht und steht allen Schülern offen. Die Schule erfreut sich großer Beliebtheit, auch unter den Ukrainern. Gelehrt wird die hebräische Sprache, nicht die jiddische. In der Türkengasse, der vul. Turec'ka (вул. Турецька), ist noch der alte Türkenbrunnen zu sehen. Außerdem gibt es die Toynbee-Halle. Vor dem Zweiten Weltkrieg befand sich in dem Gebäude ein zionistisches Vereins- und Kulturzentrum mit Bibliothek, Sport- und Kultursaal. Alfred Toynbee, ein englischer Historiker, hatte in Czernowitz viele Anhänger. Die Sieben-Tage-Adventisten haben das Haus nun in ihrem Besitz.

Detail der Universitätsfassade

Die griechisch-katholische Kirche (Uniats'ka Cerkva) fällt durch den hohen Kuppelturm und die vier gedrehten Seitentürme auf. Sie stammt aus dem Jahre 1820 und steht in der vul. Rus'ka 28 (вул. Руська). Die orthodoxe Michaelskathedrale, die Mykolajivs'kyj Sobor, ist an den klassischen Zwiebeltürmen zu erkennen. Die Kirche ist nicht sehr alt, sie wurde 1936 erbaut (vul. Rus'ka 15). Unweit davon steht eines der ältesten Werke der bukowinischen Holzarchitektur, die Mykolajivs'ka Cerkva aus dem Jahre 1607. Nach dem Zweiten Weltkrieg war dort eine Sportorganisation untergebracht. Die Kirche ist 1992 abgebrannt und man hat sie danach neu errichtet. Am Geburtshaus von Rose Ausländer in der vul. Sahajdačnoho 57 ist seit ihrem 100. Geburtstag im Jahre 2001 eine Gedenktafel angebracht.

Wahrscheinlich das bedeutendste Kulturerbe der Stadt ist der jüdische Friedhof mit über 50 000 Gräbern in der vul. Zelena (вул. Зелена). Der jüdische Friedhof von Czernowitz zählt zu den größten erhaltenen. Bis vor wenigen Jahren standen hier hohe Bäume, und die Reihen zwischen den Gräbern waren so zugewuchert, das kein Begehen möglich war. Anfang der 90er Jahre nahmen aber Grabschändungen zu, so daß die örtliche Verwaltung auf Drängen der jüdischen Gemeinde die Bäume fällte. Dabei wurden leider auch einige Grabstellen beschädigt. Nun wird mit vielen Helfern und Unterstützung aus dem Ausland daran gearbeitet, die Grabreihen wieder vom Bewuchs freizumachen und die Grabsteine zu

Auf dem jüdischen Friedhof

reparieren. Die alte Friedhofssynagoge ist völlig verfallen und demoliert, aber sie steht noch. Es finden sich viele Grabstellen von bedeutenden Persönlichkeiten und Familien hier.

Gleich im Eingangsbereich sind sehr schöne Grabsteine mit deutschen Inschriften zu sehen. Max Ritter von Anhauch war der Begründer der Holzindustrie in der Bukowina. Dr. Max Fischer – betitelt als Edler von Monzara – war Stifter des Kinderspitals, Dr. Eduard Reis war von 1910 bis 1913 der erste jüdische Bürgermeister der Stadt, Dr. Salomon Weisselgerber, später geadelt, der letzte Bürgermeister der Stadt. Er wurde 1914 von den russischen Truppen nach Sibirien verschleppt und zwei Jahre später freigelassen.

An der Hauptmagistrale links ist das Grab von Elieser Steinbarg zu finden, der Künstler Arthur Kolnik, der auch Fabeln von Steinbarg illustriert hatte, entwarf das Grabmal. Von manchen wird es als das schönste Grabmal des Friedhofs bezeichnet, andere behaupten das Gegenteil. Die von Zweigen, Vögeln, Mond und Sternen umrahmte hebräische Grabinschrift lautet: »Traurig ist das Leben, liebe Kinder, traurig und bitter, deshalb wollen wir uns mit einer kleinen Geschichte erheitern«. Etwas abseits liegt das Brüdergrab, eine Gedenkstelle an die während des Holocaust umgekommenen Juden.

Unweit davon sieht man das gut gepflegte Grab von Edi Wagner, einem jungen beliebten Musiker, dessen gewaltsamer Tod im August 1936 in rumänischer Haft nach schlimmer Folter ein Zeichen des zunehmenden Antisemitismus war – ein klarer politischer Mord an einer charismatischen Persönlichkeit, die Toleranz vorlebte, aber gerade dadurch zur Zielscheibe der Nationalsozialisten wurde.

Der Friedhof wird auch jetzt noch benutzt, einige neue Grabsteine weisen die typisch russische Gestaltung mit den Porträts der Verstorbenen auf. Die aus entfernten Gebieten der ehemaligen Sowjetunion kommenden Juden haben oft keine Verbindung mehr zu den traditionellen jüdischen Vorstellungen und übertreten das jüdische Bilderverbot aus purer Unkenntnis.

Gleich am Eingang rechts sind nebeneinander die Gräber von Matthias Zwilling und Rosa Roth-Zuckermann zu finden, den ›Filmhelden‹ des Dokumentarfilms von V. Koepp. Am stadtwärts gelegenen Ende des Friedhofs kann man einen schönen Blick auf die Stadt mit ihren Türmen und Plätzen werfen. Hier sieht man die wichtigsten Kirchen friedlich vereint; die rumänische, die armenische, die griechisch-katholische und die russisch-orthodoxe, daneben noch den Rathausturm.

Auf der anderen Seite der vul. Zelena liegt der christliche Friedhof, er ist flächenmäßig noch größer. Neben ukrainischen und russischen Gräbern gibt es auch sehr viele deutsche und polnische Gräber auf diesem Friedhof.

Černivci liegt 280 km südöstlich von L'viv nahe der rumänischen Grenze.
Die Stadt liegt 140 km von Ivano-Frankivs'k entfernt und ist auf der A 270 mit dem Auto von dort zu erreichen.

Der Bahnhof liegt nördlich des Zentrums. Gute Zugverbindungen bestehen nach L'viv und Kiev sowie nach Sofia und Bukarest.

Die Trolleybuslinien führen zu den wichtigen Punkten außerhalb des Zentrums. Die Linien 3 und 5 fahren vom Bahnhof Richtung Süden, ab Zentrum haben die Linien 1 und 6 die gleiche Richtung. Für die Ost – West – Richtung nutzt man die Linien 2 und 4, sie verbinden die Universität mit Friedhöfen bzw. dem Architekturmuseum. Die Busstation liegt im Süden der Stadt (vul. Holovna), mit dem Trolleybus 3 und 6 kommt man vom Zentrum aus dahin.

Hotel ›Čeremoš‹ (›Черемош‹), vul. Komorova 13

(вул. Коморова), ein großer Neubau vier Kilometer südlich der Stadt. Anfahrt mit den Trolleybussen 5 und 6 möglich, DZ ca. 55 Euro.
Hotel ›Bukovyna‹ (›Буковина‹), ca. 17 Euro, gegenüber dem Ševčenko-Park in der vul. Holovna (вул. Головна), südöstlich vom Zentrum.
Hotel ›Kiev‹ (›Київ‹), vul. Holovna 46, sehr zentral, 17 Euro.

Restaurants und Cafés sind vor allem in der alten Herrengasse, der vul. O. Kobyljans'koji (вул. О. Кобилянської) zu finden. Im Hof der Nr. 6 befindet sich der Eingang zur rustikalen ukrainischen Gaststätte ›Koleso‹. Das Wiener Café bietet alten Charme und ist am hinteren Ende der Herrengasse (Nr. 49) zu finden. Außerdem können das Restaurant ›Sezam‹ (›Сезам‹) am Theaterplatz und das Café ›Natjučka‹ (›Натючка‹), vul. Universytets'ka 12 (вул. Університетська; gegenüber dem Tempel), empfohlen werden.

In Czernowitz gibt es eine ganze Reihe von Museen. Zu empfehlen ist vor allem das Kunstmuseum am pl. Central'na 10 (пл. Центральна), täglich außer Mo von 9 bis 17 Uhr.
Etwas entfernt vom Zentrum, aber sehr interessant ist das Architekturmuseum in der vul. Svitlovods'ka 2 (вул. Світловодська). Der Eingang liegt rechts gegenüber der Endhaltestelle von Trolleybus 4, täglich außer Mo von 10 bis 17 Uhr.
Näher im Zentrum und durchaus nicht uninteressant sind die folgenden Museen:
Museum der bukowinischen Diaspora, vul. Hlavky 1 (вул. Главки), vor allem über ukrainische Emigranten aus der Bukowina.
Heimatmuseum, zusammen mit der Gedenkausstellung für den ukrainischen Schriftsteller J. Fed'kovyč, vul. O. Kobyljans'koji 28 (вул. О. Кобилянської).
Ol'ha-Kobyljans'ka-Museum, vul. Dymytrova 5 (вул. Димитрова), täglich außer Mo von 10 bis 17 Uhr.

Schlendern und schauen kann man in der Herrengasse. Wer richtiges Markttreiben erleben will, sollte den großen Markt am nördlichen Prutufer ansteuern. Er heißt Kalynivs'kyj Rynok (Калинівський ринок) und kann mit dem Bus 25 ab vul. Rus'ka (in Friedhofsnähe) erreicht werden. Es gibt alles mögliche, auch viele Waren aus Rumänien, der Türkei und Mittelasien.

Frau Tatjana Berehzna bietet als selbständige Reiseleiterin Exkursionen und Stadtrundgänge an. Sie spricht sehr gut deutsch, Tel. 0038/03722/47540, E-Mail: fondt@sacura.net. Außerdem engagiert sie sich im sozialen Bereich und ist Mitbegründerin eines Vereins, der sich um Drogenabhängige und Aids-Kranke kümmert, deren Zahl in der Ukraine rasant ansteigt.

Podolien

Erwähnt wird Podolien erstmals im 14. Jahrhundert. Podolien – das ›Land am Fuße des Gebirges‹ – liegt etwa 100 Kilometer östlich vom Karpatenhauptkamm entfernt. Eingegrenzt wird die Landschaft vom Dnistr und dem Südlichen Bug. Mit Podolien bezeichnet man eine geographische Region, die in etwa durch die Verwaltungsbezirke Ternopil', Chmel'nyc'kyj und Vinnycja gebildet wird. Das Gebiet ist ein flaches Hochland und wird durch eine etwa 300 bis 500 Meter hohe Platte mit tief eingeschnittenen Tälern geformt. Die meisten Flüsse fließen in den Dnistr. Die natürlichen Bedingungen sind günstig; es gibt sehr fruchtbare Böden. Deshalb ist es auch schon lange besiedelt und hauptsächlich durch kleinere Städte und Dörfer geprägt.

Chotyn

Die Stadt Chotyn (Хотин) liegt am Dnistr und ist wegen ihrer Festung sehr bekannt geworden. Hier gab es eine Furt, wichtige Handelswege waren zu schützen, deshalb erlangte die Befestigungsanlage große Bedeutung. Der Dnistr bildete hier immer eine Grenze zwischen verschiedenen Landschaften. Die Festungsanlagen gehen auf das 12. Jahrhundert zurück. Einige Umbauten erfolgten im 13. und im 15. Jahrhundert und nach starken Kriegsschäden in den Jahren 1544 bis 1548. Der Grundriß ist unregelmäßig. Die zum Dnistr abfallende Mauer ist gerade, die gegenüberliegende verläuft bogenförmig. Der umschlossene Hof ist 130 mal 55 Meter groß, es gibt hier zwei Palast- und ein Wohngebäude. Beherrschend wirken die fünf Türme: drei fast quadratische Türme unterschiedlicher Abmessung und zwei runde Türme. Auch die Höhe ist unterschiedlich und liegt zwischen 30 und 35 Metern.

Die viereinhalb Meter dicken Mauern erscheinen unbezwingbar, denn sie steigen stattliche 32 Meter empor und sind von Schießscharten bekrönt. Als Mauerabschluß verlief einst ein geschlossener Wehrgang rundum; nur am Nordturm sind davon Teile erhalten. Die südlichen Teile der Befestigung und der Torturm wurden bei den Umbauten im 16. Jahrhundert errichtet. Sie sind mit sparsamen Ornamenten aus roten Ziegeln dekoriert, die sich vom sonst weiß-grauen Steinmauerwerk gut abheben.

Im Jahre 1621 fand hier eine entscheidende Schlacht der geeinten slawischen Armeen gegen die Türken statt. Mit dem Sieg der Slawen konnte der Vormarsch der türkischen Streitkräfte gestoppt werden. Die Burg zählt zu den schönsten Werken der ukrainischen Wehrarchitektur. Es ist nicht verwunderlich, daß die Anlage

Die Festung Chotyn

für Filmaufnahmen sehr beliebt ist. Zur Zeit macht der Innenhof einen etwas verwahrlosten Eindruck, genauso wie auch die nahegelegene Kirche.

Von Černivci besteht eine gute Busverbindung zum etwa 60 Kilometer entfernten Chotyn, allerdings ist die Festung etwa drei Kilometer vom Stadtzentrum entfernt. Mit dem Auto ist die Stadt über die A 269 zu erreichen. Die Festung ist nicht leicht zu finden, da die Stadt zum Dnistr hin abfällt und die Türme nicht aufragen. Im Norden der Stadt muß man sich in östlicher Richtung auf einer Querstraße, der vul. Kutuzova (вул. Кутузова), die zwischen eigentlicher Stadt und Friedhof in einer Kurve beginnt, etwa drei Kilometer bewegen, um dann kurz nach einer Brücke auf die vul. Krepostnaja (вул. Крепостная) zu stoßen, die geradewegs auf ein verfallenes Denkmal führt. Von hier erblickt man die Festung in voller Schönheit.

Kam'janec'-Podil's'kyj

Nur zwanzig Kilometer von Chotyn entfernt, bereits im Bezirk Chmel'nyc'kyj, liegt Kam'janec'-Podil's'kyj (Камьянець-Подільський). Die Stadt besitzt eine außergewöhnliche Lage und hatte deshalb in allen Zeiten ihre Reize. Das Flüßchen Smotryč mäandert in einer ansonsten leicht welligen Landschaft Podoliens und bildet ein tief eingeschnittenes Tal. Ein Mäander umschließt förmlich eine Halbinsel. Die Strategen vergangener Tage haben diesen Vorteil erkannt und eine Stadt mit Befestigungsmauern auf die ›Halbinsel‹ und eine Festung an den schmalen Zugang zur Stadt gebaut. Damit war die Stadt nahezu uneinnehmbar, das tiefe Tal konnte niemand einfach überwinden, und der enge Landweg führt durch die Festung.

Kam'janec'-Podil's'kyj ist eine der ältesten Städte der Ukraine, obwohl man das genaue Alter der Stadt nicht angeben kann. 1106 wird der Ort schon als Stadt in Chroniken erwähnt. Den Tatarenansturm im 13. Jahrhundert überlebte sie recht unbeschadet. Zeugnisse der alten Befestigungsanlagen sind erhalten oder wurden bei Grabungen gefunden. Die städtische Holzarchitektur ist allerdings mehreren Stadtbränden zum Opfer gefallen. Vom 14. bis zum 18. Jahrhundert erlebte die Stadt Aufschwung und Blütezeit. Von 1373 bis 1430 stand sie unter litauischer Herrschaft, danach war sie mit einer kurzen Unterbrechung bis 1792 zu Polen gehörig. Die kurze Unterbrechung waren die Jahre der türkischen Herrschaft (1672–1699). Nach 1772 kam die Stadt unter russischen Einfluß. In den Zeiten des Bürgerkrieges von 1917 bis 1920 spielte sie eine große Rolle. Aus der polnischen Bastion des Katholizismus wurde ein Symbol für die freie Ukraine. 1918 gründete man hier die erste ›ukrainische‹ Universität und 1919 war Kam'janec'-Podil's'kyj Interimssitz der Ukrainischen Nationalregierung.

In Kam'janec'-Podil's'kyj gab es im wesentlichen drei Bevölkerungsgruppen: die Ukrainer, die Polen und die Armenier. Alle drei Gruppen haben ihre Spuren in der Stadtarchitektur hinterlassen. In der Blütezeit von Kam'janec'-Podil's'kyj soll es über 30 Kirchen und Klöster gegeben haben, 13 sind bis in unsere Tage erhalten. Die älteste erhaltene Kirche ist die Verkündigungskirche (Blahoviščens'ka cerkva/Благовіщенська церква) im armenischen Viertel aus dem 13. Jahrhundert. In der Zeit der Türkenherrschaft wurde sie zerstört, nur der Altarraum blieb unbeschädigt und wurde später in eine Kapelle umgewandelt. Es ist unbekannt, seit wann die Armenier in der Stadt siedelten. Im Südteil der Altstadt befindet sich das armenische Viertel, und die Bewohner schafften es, südliches Flair zu zau-

Legende

1 Peter-und-Paul-Kathedrale (Кафедральний Петропавлівський костьол)
2 Dominikanerkirche (Домініканський костьол)
3 Rathaus (ратуша)
4 Kreuzerhöhungskirche (Хрестовоздвиженська церква)
5 Alte Festung (Старий замок)
6 Hotel ›Ukrajina‹ (готель ›Україна‹)
7 Busstation
8 Bahnhof
9 Restaurant ›Stara Fortecja‹ (ресторан ›Стара Фортеця‹)

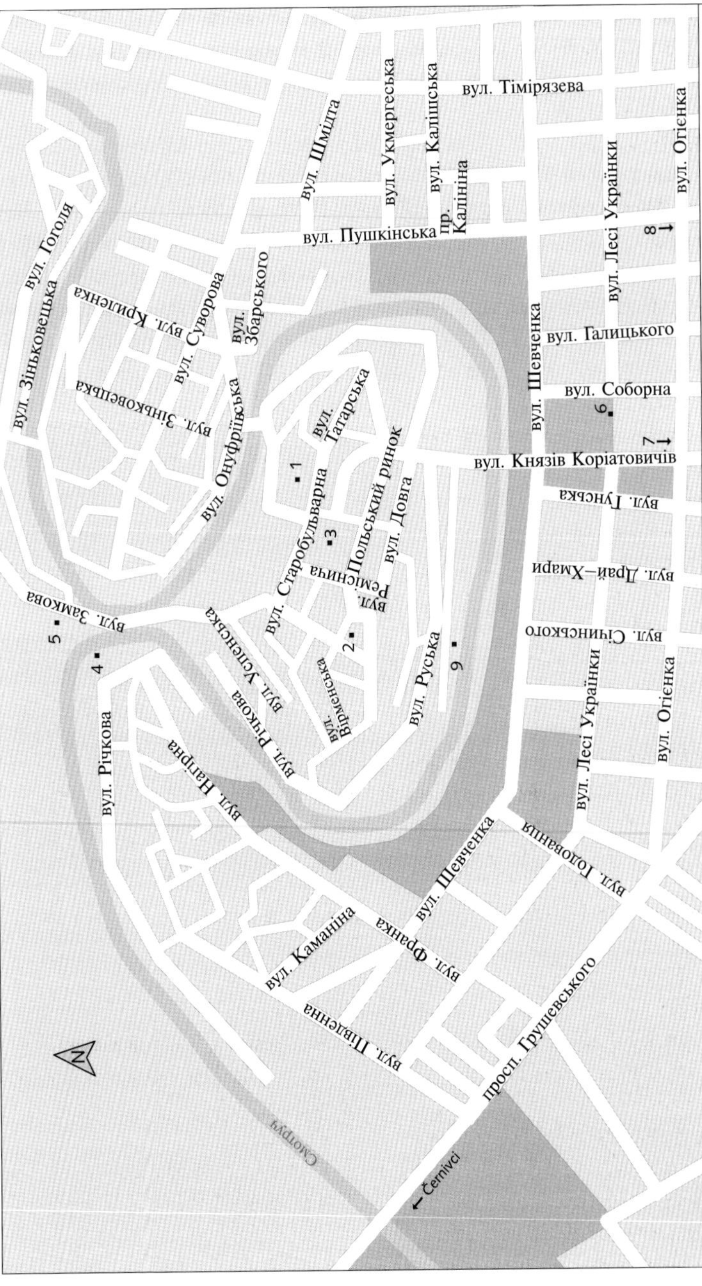

Kam'janec'-Podil's'kyj

bern. Immerhin gab es 1575 über 300 armenische Familien und einen Bischof der armenischen Kirche. Im armenischen Viertel wurden eine Schule und ein Krankenhaus betrieben. Die Armenier waren vor allem als Händler, Handwerker sowie Juweliere und Töpfer tätig.

Im Westteil der Stadt gab es eine Vielzahl katholischer Kirchen und Klöster. Die Peter-und-Paul-Kathedrale (Kafedral'nyj Petropavlivs'kyj Kost'ol) ist katholischer Bischofssitz. An dieser Stelle stand 1370 eine Holzkirche, bereits fünf Jahre später wurde die Diözese eingerichtet und die Kirche zur Kathedrale erhoben. Anfang des 16. Jahrhunderts erhielt die Kirche in etwa ihr heutiges Aussehen. In der Zeit der türkischen Herrschaft diente das Gotteshaus als Moschee, und an die Westseite wurde ein 36 Meter hohes Minarett angebaut. 145 Steinstufen mußte der Muezzin mehrmals täglich ersteigen. Nach den Abzug der Türken kam es

Die Festung von Kam'janec'-Podil's'kyj

schnell wieder zur Ausgestaltung des Gebäudes als Kirche. Die 3,5 Meter große Jungfrau Maria kam allerdings erst im Jahre 1756 auf die Spitze des alten Minaretts. Im Jahre 1936 kam es zur Schließung der Kathedrale, und in der Zeit von 1946 bis 1990 befand sich in dem Gebäude das Museum für Atheismus. Seit 1991 befindet sich hier wieder eine Diözese.

Das sogenannte Triumph-Tor stellt die Verbindung zum Marktplatz her. Das Tor wurde 1781 aus Anlaß des Besuchs des polnischen Königs Stanislaw II. errichtet. Der Architekt war Jan de Witt – er war eigentlich Ingenieur und Festungskommandant, zeichnet aber auch für viele Barock-Umbauten in der Stadt verantwortlich. Unweit vom Markt ist die Dominikanerkirche (Dominikans'kyj Kost'ol) zu finden, auch sie weist eine wechselvolle Geschichte auf. Das heutige Aussehen wird von der langen Baugeschichte (15.–18. Jahrhundert), das heißt von Gotik-, Renaissance- und Barockelementen geprägt. Die ursprüngliche Holzkirche wurde nach einem Brand 1420 in Stein erbaut. Nach Umbauten im Renaissancestil erfolgte 1737 unter Jan de Witt die Barockisierung. Wichtiger neuer Akzent wurde der dreigeschossige Glockenturm über dem Hauptportal, das durch Säulenumrahmung und Giebelverzierungen stark betont wird. Im Inneren der Kirche finden sich alle drei Baustile in einer originellen Vermischung.

Das älteste öffentliche Gebäude ist das Rathaus auf dem Marktplatz, der je nach Sichtweise als polnischer oder ukrainischer Markt bezeichnet wird. Trotz des mehrmaligen Umbaus ist der ursprüngliche gotische Stil des Rathauses nicht ganz überdeckt worden. Heute befinden sich darin mehrere Ausstellungen. Einige Räume sind der Zeit des Zweiten Weltkrieges gewidmet. Mit vielen Dokumenten aus der Stadt und Originalstücken wird die Zeit der Okkupation und Befreiung dargestellt. In anderen Räumen sind die Projekte und Vorhaben zur Sicherung und zum Wiederaufbau der Altstadt dargestellt. Modelle und Karten verdeutlichen die Schwierigkeit der Aufgabe, die in den letzten Jahren erfolgreich begonnen wurde. Der Rathausturm kann bestiegen werden, und von dort ist ein wundervoller Blick über die kleine, aber einzigartige Altstadt von Kam'janec'-Podil's'kyj zu genießen. Vor dem Rathaus steht der armenische Brunnen aus dem Jahre 1638. Er ist umbaut und das Gebäude frisch restauriert.

Das mittelalterliche Stadtbild wurde durch einige größere Bauten im 19. Jahrhundert nachhaltig verändert, zum Beispiel durch das erste russische Gymnasium um 1841 und Geschäftshäuser am armenischen Markt.

Es gibt auch heute noch eine Holzkirche in der Stadt – die Kreuzerhöhungskirche (Chestovozdvyžes'ka Cerkva). Sie steht am Ufer der Smotryč, unweit der schmalen Landzunge zur befestigten Altstadt, und wurde 1700 errichtet. Es sind die drei Raumzellen – Altarraum, Schiff und Babinez – gut zu erkennen. Der Glockenturm ist direkt an die Kirche angebaut. Das Ensemble wirkt wuchtig und kompakt, die Kirche wird sowohl von waagerechten, als auch senkrechten Linien beherrscht. Wegen der Ausgewogenheit des Baus und der gelungenen Proportionen zählt sie zu den bedeutendsten Holzkirchen Podoliens.

Auch um die Altstadt herum gibt es Festungsanlagen, die ältesten aus dem 16. Jahrhundert, natürlich an den Stellen, wo das Steilufer nicht so ausgeprägt ist – so zum Beispiel am polnischen Tor (unterhalb des Peter-und-Paul-Klosters). Besonders ausgeklügelt war die Anlage des polnischen und des am Ufer gegenüber liegenden ruthenischen Tors. Im Angriffsfall konnten über Wehre die Bereiche geflutet werden, und ein Angriff war unmöglich. So trutzig und malerisch die Anlage auch war, immer wieder gab es Belagerungen und Schlachten. Insgesamt wurde die Stadt samt Festung jedoch nur zweimal erstürmt: 1393 durch den Großfürsten von Litauen und 1672 durch die Türken. Letztere rückten immerhin mit einer sechzigmal stärkeren Truppe als die Verteidiger an.

Eine bedeutende Sehenswürdigkeit ist natürlich die Festung. Man erreicht sie über eine Brücke in Westen der Altstadt. Die gegenwärtige Festung (Zamok – Замок) ist durch viele Um- und Erweiterungsbauten der ursprünglichen Festung aus dem 11. Jahrhundert entstanden. Aber auch davor gab es bereits Festungsanlagen aus Stein und noch früher aus Holz. In der Mitte des 15. Jahrhunderts wurden die meisten der insgesamt neun Türme errichtet. Ein Jahrhundert später kamen als letzte Türme der neue Westturm und der neue Ostturm (links neben dem Eingang, dort ist der alte Brunnen zu besichtigen) hinzu. Den Verteidigungscharakter der Türme erkennt man an den vielen Pechnasen. Die Türme haben verschiedene Grundrisse – von rund über fünfeckig bis zu quadratisch.

Das ehemalige Minarett neben der Peter-und-Paul-Kathedrale

Am Beginn des 17. Jahrhunderts hatte sich die Militärtechnik bereits weiterentwickelt, und gegen Artilleriegeschütze reichten die bisherigen Festungsbauten nicht mehr aus. Thefil Schomberg, ein Militärspezialist, ließ eine Bastion aus Stein und Erdwällen bauen, die als neue Festung (Novyj Zamok – Новий Замок) bezeichnet wird. Sie liegt westlich von der alten Festung, auf der der Stadt abgewandten Seite.

1672 wurde die Festung durch die Türken erobert, die Anlage war zwar modern, aber der polnische Staat war zu dieser Zeit schwach. Viele bedeutende Personen weilten auf der Festung, es sei nur Peter der Große genannt, der sich 1711 hier aufhielt und von den Anlagen stark beeindruckt war. Ende des 18. Jahrhunderts wird in den Büchern bereits vermerkt, daß sie »ehedem für eine starke Festung gehalten wurde, nun aber sehr verfallen, jedoch die beste Festung in Polen ist«.

Bereits 1928 wurden die Festung und die Altstadt unter Schutz gestellt. Nun wird vieles restauriert, wegen Geldmangel gehen die Arbeiten zwar langsam voran, aber es wurde bereits Beachtliches erreicht.

Ein Ausflug nach Kam'janec'-Podil's'kyj ist von Černivci aus günstig zu organisieren und kann nur empfohlen werden. Die Entfernung von Černivci beträgt ca. 90 km.
Die neue Stadt wirkt auf den ersten Blick nicht gerade einladend, denn es gibt jede Menge Neubaugebiete und Industrieanlagen. Bahnhof und Busbahnhof liegen etwas von der Altstadt entfernt in der vul. Pryvokzal'na (вул. Привокзальна). Auch die Haupteinfallstraßen tangieren mehr die Neu-, und nicht die Altstadt. Vom Černivci kommend, muß man auf der Hauptstraße bis zum Bahnhof fahren und dann auf der vul. Koriatovyčiv (вул. Коріатовичів) in Richtung Altstadt.

Ein Hotel ist unweit der Altstadt zu finden, in der vul. L. Ukrajinky (вул. Л. Українки) – Hotel ›Ukrajina‹, ein Zimmer kostet 25 Euro.

In der Altstadt gibt es ein empfehlenswertes Restaurant in einem Befestigungsturm: ›Stara Fortecja‹ in der vul. Žihyj 1 (вул. Жігий).

In der alten Festung kann eine ethnographische Ausstellung und ein Festungsmuseum besucht werden. In letzterem wird versucht, die Geschichte der Festung mit Dioramen zu verdeutlichen. Im Rathaus sind zwei Ausstellungen zur Stadtgeschichte zu besichtigen. Alle Museen sind täglich außer Montag von 10 bis 18 Uhr geöffnet.

»Wer nie einen Herbst in Kiev erlebt hat, der kann den sanften Zauber solcher Stunden nicht verstehen.
Der erste Stern erglänzt schon am Himmel.
Die üppigen herbstlichen Gärten erwarten schweigend die Nacht.
Sie wissen, daß sicherlich Sterne auf die Erde herabfallen werden.«

Konstantin Paustovskij, ›Ferne Jahre‹

Kiev – Kyjiv – Київ

Ankunft in Kiev

»Kiev, sanfte Heimat...«, diese Worte des Sängers Aleksandr Vertinskij sprechen vielen Kievern aus dem Herzen. Sie können sich ihre zärtliche Liebe zu der Großstadt mit den mehr als drei Millionen Einwohnern nicht erklären. Doch von Kiev, ihrem Kiev fühlen sie sich aufgenommen, hier werden sie in den Schlaf gesungen,

Ansicht von Kiev in den 60er Jahren, Linolschnitt von G. Pol'ovyj

hier finden sie Ruhe. In Kiev möchte man über die grünen Hügel und die Straßen schlendern, seinen Träumen nachhängen und sich an den Aussichten erfreuen, die sich immer wieder eröffnen.

Die Kiever lieben ihre Stadt, hier läßt es sich nicht nur besser leben als in den alten Konkurrenzstädten Moskau und Sankt Petersburg, sondern auch als in den meisten anderen ukrainischen Städten. Dazu tragen die vielen Parks und die grüne Umgebung ebenso bei wie die vielfältigen Sehenswürdigkeiten. Die ukrainische Metropole vermag es immer wieder, auch den ausländischen Besucher in ihren Bann zu schlagen.

Am 28. August 1897 schrieb der Schriftsteller Vladimir Korolenko (1853–1921) an seine Frau: »Den zweiten Tag bin ich in Kiev und ich kann es mir nicht verzeihen, daß ich, als ich mit dir und den Kindern durch diese Stadt gefahren bin, nicht auf ein, zwei Tage Station gemacht habe, um sich gemeinsam an dieser wundersamen Stadt zu erfreuen, der schönsten und anziehendsten aller unserer Städte. Heute werde ich wahrscheinlich weiterfahren, wenn ich nicht wegen der Besichtigung der Höhlen, zu denen ich gerade aufbreche, zu spät komme.«

Kiev, eine der ältesten Städte Osteuropas, hat sich ihren Charme über die Jahrhunderte bewahrt. Doch wo sich zu Zeiten Jaroslavs noch Pferdewagen mühsam über morastige Wege quälten und auf einem kleinen Areal die prächtigen Paläste, Kirchen und Klöster im Kontrast zu den kleinen Holzhäusern standen, finden sich jetzt breite, verkehrsreiche Straßen und neben der Innenstadt riesige Neubaukom-

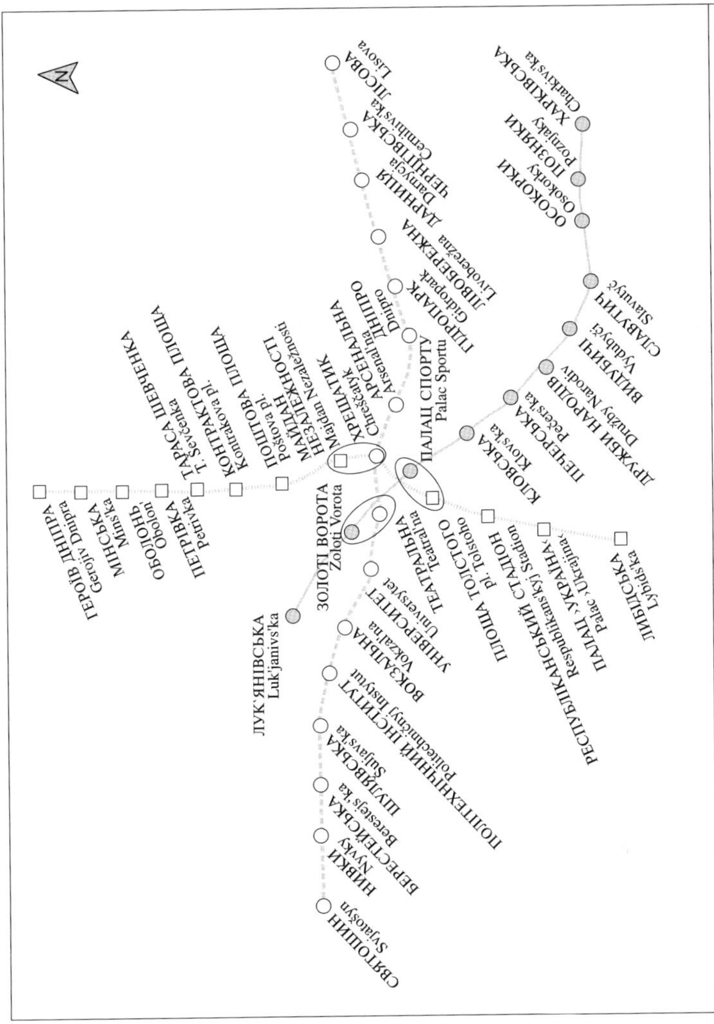

Metroplan Kiev

plexe. Die Stadt hat ihr Gesicht gewandelt, geblieben sind die vielen beeindruckenden alten Bauten und der mächtige Dnepr.

Die Lage der einzelnen Stadtteile und die großen Entfernungen machen die Orientierung in Kiev anfangs schwer, aber glücklicherweise gibt es zwei Orientierungshilfen: den Dnepr und die Metro. Der Fluß teilt die Stadt genau in Nord-

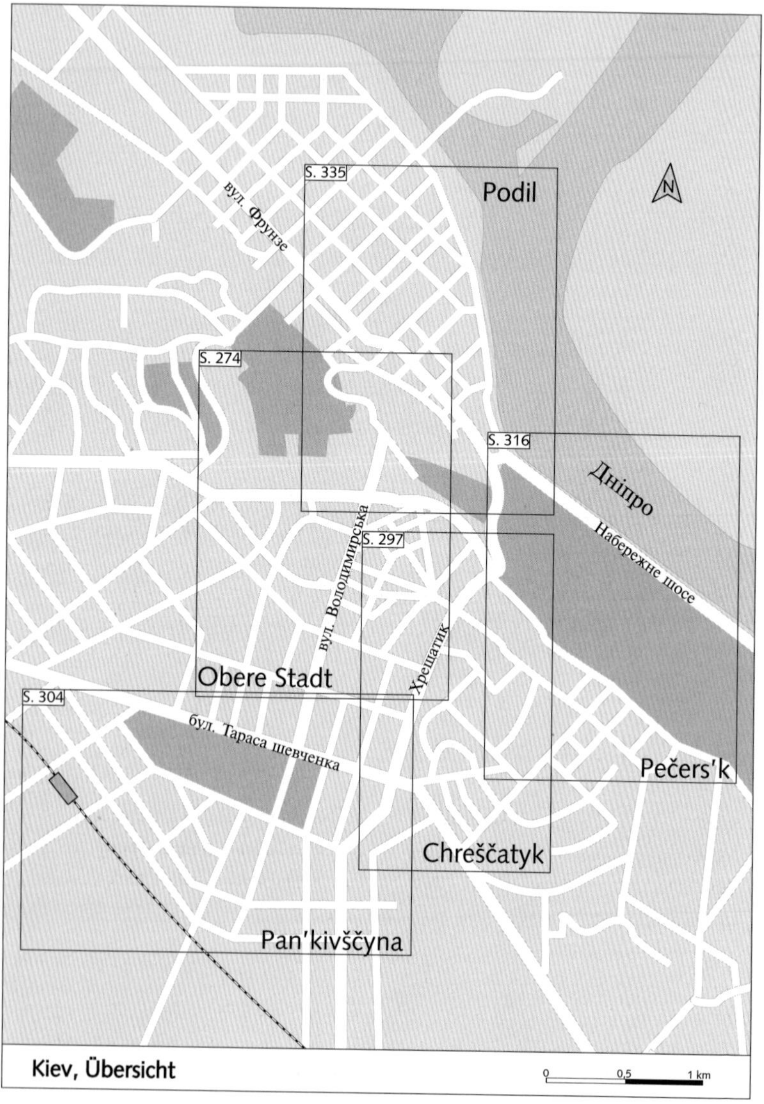

Kiev, Übersicht

Süd-Richtung. Das alte Kiev liegt westlich des Dnepr am rechten Ufer (die Uferseite wird von der Fließrichtung bestimmt); östlich des Dnepr liegen einige für Touristen weniger interessante Neubaugebiete.

Die drei Metrolinien sind Hauptverkehrsadern und bieten meist die schnellste Möglichkeit, ans Ziel zu kommen. Ursprünglich waren weitaus mehr Strecken geplant, diese sind dann wirtschaftlichen Realitäten zum Opfer gefallen. In der Innenstadt kreuzen sich die Linien. Die Umsteigebahnhöfe sind sehr großzügig gebaut, und es müssen unterirdisch zum Teil größere Strecken zu Fuß zurückgelegt werden. Die drei Linien sind mit unterschiedlichen Farben gekennzeichnet: blau, rot und grün. Die Umsteigebahnhöfe haben praktisch jeweils zwei Namen, in jeder Linie einen anderen.

In den folgenden Stadtrundgängen sind Stadtpläne enthalten. Die Straßennamen sind dabei auch in kyrillischen Buchstaben verzeichnet, im Text werden sie ebenfalls sowohl in ukrainischer als auch in lateinischer Umschrift angegeben.

Kiev besitzt zwei Flughäfen. Der ältere ›Žuljany‹ ist für Inlandflüge vorgesehen und dürfte in Zukunft kaum noch eine Rolle spielen. Der größere Flughafen liegt in Boryspil' (Бориспіль) etwa 35 Kilometer östlich der Stadt. Von hier verkehren alle internationalen Fluglinien. Vom pr. Peremohy (пр. Перемоги) fährt ein Zubringerbus zum Flughafen nach Boryspil'. Der Bus benötigt ungefähr vierzig Minuten. Ansonsten kann man Boryspil' auch für etwa 25 Euro mit dem Taxi erreichen. Internationale Fluggesellschaften haben ihre Büros im Flughafengebäude und im Stadtzentrum unter folgenden Adressen: Air France, vul. Velyka Žytomyrs'ka 6/11 (вул. Житомирська), Tel. 464 10 10; Air Ukraine, pl. Peremohy 14 (пл. Перемоги), Tel. 216 70 40; Austrian Airlines, vul. Velyka Vasyl'kivs'ka 9/2 (вул. Васильківська), Tel. 244 35 44; British Airways, vul. Jaroslaviv Val 5 (вул. Ярославів Вал), Tel. 490 60 60; Delta Airlines, bul. Tarasa Ševčenka 10 (бул. Тараса Шевченка), Tel. 246 56 56; KLM; vul. Ivana Franka 29 (вул. Ивана Франка), Tel. 246 55 85; Lufthansa, vul. Chreščatyk 14 (вул. Хрещатик), Tel. 229 62 97; Malev Hungarian Airlines, vul. Hospital'na 12 (вул. Госпітальна), Tel. 247 86 73; Eine zentrale Flugbörse ukrainischer Fluggesellschaften befindet sich am pl. Peremohy 2 (пл. Перемоги), Metrostation ›Politechnyčnyj instytut‹ (Политехничний інститут). Die Flugbörse ist Di bis So von 9 bis 18 Uhr geöffnet.

Der Hauptbahnhof Kievs liegt nahe dem Stadtzentrum. Dort hat man unmittelbaren Metroanschluß, Station

›Vokzal'na‹ (Вокзальна), und kann die Innenstadt schnell erreichen. Nachts, wenn keine Metro fährt, ist man auf Taxis angewiesen. Dies kann allerdings teuer werden, wenn man als Ausländer erkannt wird.
Im Bahnhof können Fahrkarten für eine Weiterfahrt oder die Rückreise nur am Abfahrtstag gekauft werden. In der ersten Etage gibt es auch eine Intouristkasse, in der Auslandsfahrkarten verkauft werden, geöffnet täglich von 7.30 bis 14 Uhr und 15.30 bis 20 Uhr. Ansonsten bietet der Bahnhof noch eine Post, Mo bis Sa, von 9 bis 19 Uhr und So, von 9 bis 17 Uhr geöffnet, einen rund um die Uhr arbeitenden Telegrafen und in den sogenannten Mutter- und Kindzimmern (kimnata materi ta ditini) eine preiswerte Übernachtungsmöglichkeit. Dabei sollte man sich nicht von der noch aus Sowjetzeiten stammenden Bezeichnung abschrecken lassen. Im Vorverkauf gibt es Fahrkarten in der Vorverkaufskasse, am bul. Tarasa Ševčenka (бул. Тараса Шевченка), Mo bis Fr, von 8 bis 19 Uhr und Sa bis So, 9 bis 18 Uhr.

In Kiev gibt es mehrere Busbahnhöfe, die alle an großen Ausfallstraßen liegen. Vom Busbahnhof am pl. Moskovs'ka 3 (пл. Московська) fahren unter anderem Busse nach Černihiv, Charkiv und Odessa ab. Der Busbahnhof ist von der Metrostation ›Lybids'ka‹ (Либідська) mit dem Trolleybus 11 zu erreichen. Der Trolleybus fährt an der Metrostation von der vul. Gor'koho 180 (вул. Горького) ab. Buslinien nach Zolotonoša und Čerkasy nehmen vom Busbahnhof Darnycja (Дарниця) ihren Ausgang. Er befindet sich am pr. Gagarina 1 (пр. Гагаріна) und ist von der Metrostation ›Černihivs'ka‹ (Чернігівська) zu erreichen. An der Metrostation geht man in Fahrtrichtung hinaus, wendet sich oben nach links und geht parallel zur Metrolinie. Nach fünfminütigem Fußmarsch ist man am Busbahnhof. Bustickets werden in den jeweiligen Busbahnhöfen verkauft. Eine gesonderte Vorverkaufskasse gibt es nicht mehr.

Die nach Kiev führenden Straßen werden innerhalb der Stadt als breite Prospekte weitergeführt. Dadurch gelangt man recht einfach in das Stadtzentrum. Das Straßensystem ist sehr großzügig angelegt, weniger eindeutig ist für den westlichen Autofahrer oft die Beschilderung. Aktuelle Informationen über Autoreparaturwerkstätten und Auto-

Goldene Kuppeln im Kiever Höhlenkloster
Im Kiever Florakloster; Die ganz Kiev überragende ›Mutter Heimat‹
Das Vydubickyj-Kloster in Kiev; Die Andreaskirche in Kiev

verleih sind in den Hotels und am Flughafen zu erfahren.

Der Passagierhafen befindet sich an der Metrostation ›Poštova plošča‹ (Поштова площа). Schiffe fahren von hier nach Kaniv, Perejaslav-Chmel'nyc'kyj und Čerkasy. Die Kasse ist täglich von 7 bis 12 Uhr und von 13 bis 16 Uhr geöffnet. Private Flußtouren bietet Herr Aleksandr Verbovskyj an, zu erreichen unter den Rufnummern 274 57 17 und 416 83 55.

Es ist nicht einfach, in Kiev eine preisgünstige Unterkunft zu finden. Die Hotelpreise sind teilweise astronomisch hoch und entsprechen nicht dem gebotenen Service. Jugendherbergen gibt es nicht, Privatquartiere werden bislang nur sporadisch vermittelt.
Einige Firmen haben sich auf die Vermittlung von Apartments spezialisiert. Informationen bekommt man im Internet unter www.hotelservice-kiev.ua, www.kievapartmentservice.kiev.ua, www.predslava.com.ua. Kleine Apartments für 2 Personen sind für 40 bis 80 Euro pro Tag zu haben. Sehr preiswert, für etwa 8 Euro pro Person, kann man im Hotelschiff ›Lesja Ukrajinka‹, Tel. 416 88 37 oder 416 87 71, unweit des Passagierhafens nächtigen. Dieser befindet sich an der Metrostation ›Poštova plošča‹ (Поштова площа).

In den folgenden Hotels muß man ab 55 Euro pro Person rechnen, wobei man sich immer vorher über die gerade aktuellen Preise informieren sollte:
›Kooperator‹, vul. Saksahanskoho 53/80 (вул. Саксаганского), Tel. 227 24 63, in der Nähe der Metrostationen ›Plošča L'va Tolstoho‹ (Площа Льва Толстого).
›Dnipro‹, vul. Chreščatyk 1, Tel. 291 84 50, Fax 229 82 13, www.dniprohotel.kiev.ua.
›Lybid‹, pl. Peremohy 1 (пл. Перемоги), Tel. 274 00 63 oder 219 14 72.
›Andrijivs'ka‹, vul. Vozdvyžens'ka 60 (вул. Воздвиженська), Tel. 416 22 56 oder 463 77 80.
›Ukrajina‹, vul. Instytuts'ka 4 (вул. Інститутська), Tel. 229 03 47.
›Chreščatyk‹, vul. Chreščatyk 14 (вул. Хрещатик), Tel. 229 71 93 oder 229 73 39.
›Ekspres‹, bul. Tarasa Ševčenka 38/40 (бул. Тараса Шевченка), Tel. 221 89 95.
›Saljut‹, vul. Sičnevoho povstannja 11a (вул. Січневого повстання); Tel. 290 61 30.

Kiev, Glockenturm im Höhlenkloster; Kiev, Monumentalbau am Mychajlivs'ka pl.
Kiev, Denkmal für Taras Ševčenko; Kiev, Samsonbrunnen
Kiev, Portal im Kiever Vydubickyj-Kloster

›Kyjiv‹, vul. Hruševskoho 26/1 (вул. Грушевского).

Ärztliche Hilfe findet man in den Städtischen Kliniken und darüber hinaus im ›Medical Center‹, vul. Kocjubyns'koho 14 (вул. Коцюбинського) und im ›The Luke Medical Centre‹, vul. Gor'koho 150a (вул. Горького).

Geschichte der Stadt

Einer im 11. Jahrhundert niedergeschriebenen Legende nach wurde auf einem Hügel am Dnepr von den Gebrüdern Kyj, Ščck und Choryv sowie deren Schwester Lybid' eine Stadt gegründet, welche nach dem ältesten der Brüder benannt wurde.

Erstmalig schriftlich erwähnt wurde die Stadt jedoch schon im Jahre 559, und archäologische Funde zeugen davon, daß das Gebiet schon im 9. Jahrhundert dicht besiedelt war. Die Lage war landschaftlich reizvoll und außerdem wirtschaftlich und strategisch günstig. Tiefe Schluchten boten der Stadt von drei Seiten Schutz, die vierte wurde durch künstliche Erdwälle befestigt. Einer der wichtigsten Ost-West-Handelswege querte den Dnepr an dieser Stelle in einer Furt. Von der erhöht gelegenen Stadt konnte er gut unter Kontrolle gehalten werden. Im Jahre 882 soll Oleg, der von der Sippe des Warägerfürsten Rjurik abstammte, aber nicht dessen Sohn war, mit einem großen Heer von Warägern, Slawen und Finnen nach dem Süden aufgebrochen sein. Die Städte Smolensk und Ljubeč wurden unterwegs erobert und schließlich Askol'd und Dir in Kiev durch eine List um die Herrschaft gebracht: »Und Oleg ließ sich in Kiev nieder«, so berichtet der Chronist, »und herrschte da und sprach: Kiev soll die Mutter der russischen Städte werden. Und es waren bei ihm Waräger und Slawen und die übrigen, die sich Rus' nannten. Da begann Oleg Städte zu errichten und setzte einen Tribut fest für die Slawen und Krivičen und Meren und bestimmte auch für die Waräger eine Abgabe von Novgorod dreihundert Grivnen im Jahr um der Erhaltung des Friedens willen.«

Ein erster nennenswerter Ausbau der Stadt erfolgte unter Vladimir I. (980–1015). Mit dessen Taufe im Jahre 988 wurde das Christentum als Staatsreligion eingeführt. Das heidnische Heiligtum des Gottes Perun, des Donnergottes, das sich auf der höchsten Stelle des Hügels erhob, wurde zerstört. Der hölzerne Perun soll als Attribut eine Keule besessen haben, sein Kopf soll aus Silber, sein Mund aus Gold gewesen sein.

Unmittelbar vor der ›Taufe der Rus'‹ hatte Großfürst Vladimir Gesandte in alle größeren Länder der Erde entsandt, um ihre Religionen kennenzulernen. Über das

Christentum, das in Byzanz praktiziert wurde, berichtete die Gesandtschaft Vladimirs folgendes: »Wir sind nicht imstande davon zu berichten; nur das wissen wir, daß dort Gott mit den Menschen ist, und ihr Gottesdienst ist besser als bei allen anderen Völkern. Wir können diese Schönheit nicht vergessen; denn kein Mensch, der Süßes gekostet, mag hernach Bitteres zu sich nehmen. So wollen auch wir hier nicht mehr leben.« Will man dieser Legende glauben, so erfolgte die Christianisierung der Rus' unter dem starken Eindruck, den die Botschaft der Gesandten auf Fürst Vladimir ausgeübt hat.

Doch zunächst mußten die Götter der alten Welt vernichtet werden. Fürst Vladimir ließ in Kiev die heidnischen Götterbilder zerschlagen und sie in den Fluß werfen. Das erste Opfer sollte Perun, der Gott des Donners und Herrscher des heidnischen Pantheons sein. Die sogenannte Nestorchronik beschrieb die Ereignisse unmittelbar vor der Taufe der Rus' unter dem Jahr 988: »Als (der Fürst) angelangt war, ließ er die Götzen umstürzen, die einen zerschlagen und die anderen verbrennen. Den Perun ließ er aber einem Pferde an den Schwanz binden und ihn die Anhöhe herab durch den Boricev zum Rucaj schleppen; und er stellte zwölf Männer hin ihn mit Ruten zu schlagen: dies aber nicht, als ob das Holz etwas fühle, sondern dem Teufel zum Hohn, der unter dieser Gestalt die Menschen täuschte, daß er Strafe empfange von den Menschen. Groß bist du, o Herr, wunderbar sind deine Werke! Gestern von den Menschen geehrt, aber heute beschimpft. Als er nun den Rucaj entlang zum Dnepr geschleppt wurde, weinte um ihn das ungläubige Volk, denn es hatte noch nicht die hl. Taufe empfangen. Und man schleppte ihn zum Dnepr und warf ihn hinein. Und Vladimir stellte

Das Goldene Tor in Kiev in den 30er Jahren des 19. Jahrhunderts

Fresko im Inneren der Sophienkathedrale

Leute an und sprach: ‚Wenn er irgendwo ans Land kommt, stoßet ihn vom Ufer ab, bis er die Stromschnellen hinter sich hat; dann sollt ihr ihn lassen'. Sie nun taten, was ihnen befohlen war. Als sie ihn losließen, schwamm er duch die Stromschnellen hindurch, und der Wind warf ihn auf eine Sandbank; die ward von nun an ›Peruns Sandbank‹ genannt, und so heißt sie bis auf diesen Tag.«

Auch der im kulturell wie ethnisch vielgestaltigen Tilsit geborene Schriftsteller Johannes Bobrowski (1917–1965) stieß bei seinen Studien auf die aus dem 12. Jahrhundert stammende Erzählung der Taufe der Rus'. Dieses dramatische Moment der Geschichte greift er in seiner Novelle ›Die Seligkeit der Heiden‹ auf. Er zeichnet darin den seelischen Konflikt eines Volkes nach, dem ein neuer Glauben aufgezwungen wird und dem eine Zeit des Friedens und der Einheit verlorengeht. In Bobrowskis Erzählgedicht ›Die Taufe des Perun. Kiev 988‹ beaufsichtigt Fürst Vladimir die Hinrichtung Peruns persönlich: »Den bösen Holzgott/der in Gewittern fliegt/das listige Silbergedicht,/sagte Vladimir,/stürzt vom Hügel, fort in den Dnjepr, ein Pferd/schleif ihn am Schweif, der Sand/stäub um ihn,/sagte Vladimir./So kommen mit Eisenstangen/die Männer, zwölf Männer Vladimirs,/schlagen ihn, und er schreit nicht,/so werfen sie ihn in den Strom.«

1240 zerstörten die Mongolen die Stadt. 1362 kam Kiev an das Großfürstentum Litauen, dem es bis zur Lubliner Union 1569 angehörte, die dazu führte, daß es an Polen fiel. Seit Beginn des 17. Jahrhunderts entwickelte sich Kiev wieder zum politischen und kulturellen Zentrum der Ukraine und zum Mittelpunkt des Widerstandes gegen die Katholisierungsbestrebungen Polens. Nach dem Vertrag von Perejaslav wurde die Stadt 1654 mit Rußland vereinigt und 1708 zur Hauptstadt des Gouvernements Kiev. Im 19. Jahrhundert wuchs die Bevölkerungszahl rasch an.

1934 wurde Kiev Hauptstadt der Ukrainischen SSR. Im Zweiten Weltkrieg eroberten Hitlers Truppen die Stadt am 20. September 1941; am 6. November 1943 befreite die Rote Armee die stark zerstörte Stadt. Sie wurde wiederaufgebaut und entwickelte sich zum pulsierenden Herzen der Ukrainischen Sowjetrepublik. Seit der Unabhängigkeitserklärung am 24. August 1991 ist Kiev die Hauptstadt der unabhängigen Ukraine.

Die Obere Stadt

Das alte Kiev, die heutige Obere Stadt, wird die Mutter der russischen Städte genannt. Bis in die Gegenwart haben sich viele altertümliche Gedenkstätten bewahrt, die von der Kunstfertigkeit der russischen Baumeister und der Kultur des Volkes zeugen. Das Terrain zeichnet sich vor allem durch seine Lage auf einem hohen Hügel am Westufer des Dnepr aus.

Hauptader des Viertels ist die vul. Volodymyrs'ka (вул. Володимирська), eine im Zentrum der Stadt gelegene verkehrsreiche Straße. Die schnellste Art, hierher zu gelangen, ist die Fahrt mit der Metro bis zur Station ›Zoloti Vorota‹ (Золоті Ворота). Schöner ist ein Spaziergang vom Chreščatyk (вул. Хрещатик) oder von Podil, dem am Fuße des Hügels gelegenen unteren Stadtviertel: Von hier gibt es auch Straßenbahn- und Trolleybusverbindungen. Vom sogenannten Flußbahnhof, dem Hafen für Passagierschiffe, führt eine Seilbahn nach oben. Dazu fährt man zunächst bis zur Metrostation ›Poštova plošča‹ (Поштова площа) und steigt in die Seilbahn um. Noch besser aber ist ein Aufstieg von hier zur Oberen Stadt entlang des Andrijivs'kyj uzviz (Андріївський узвіз), dem Andreashang.

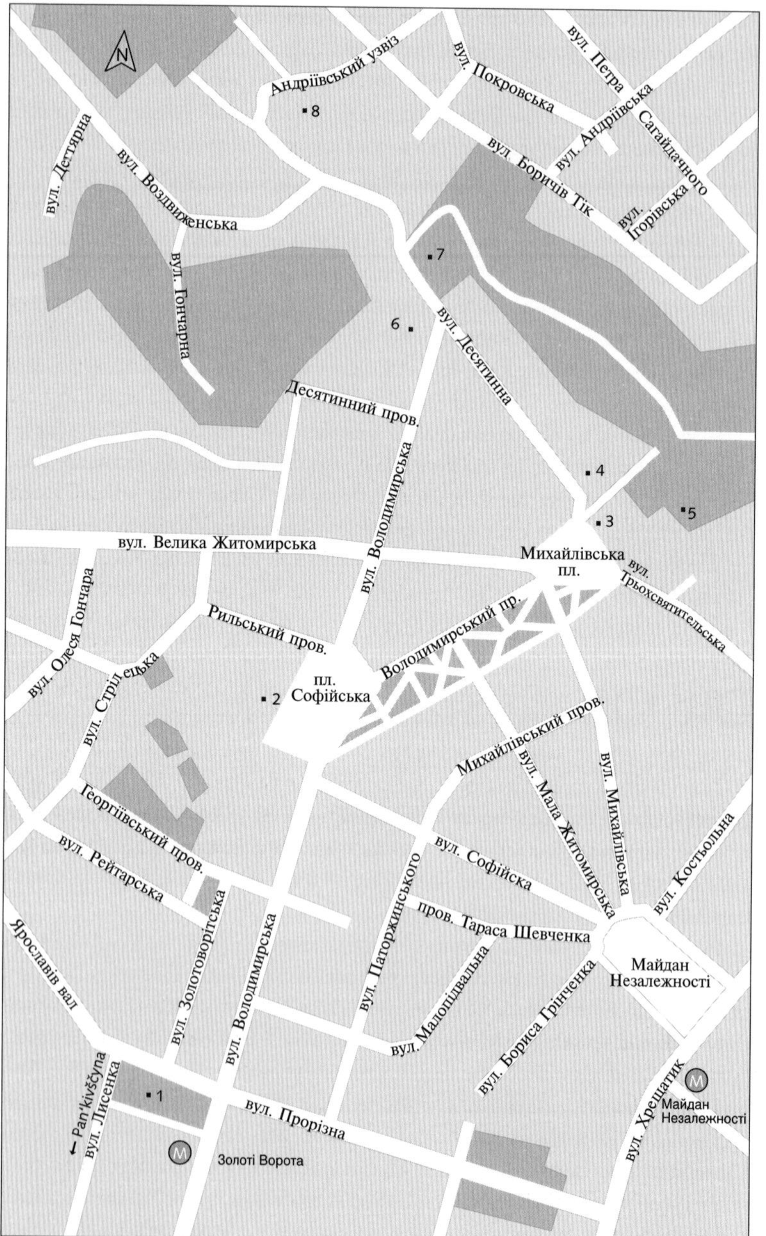

Kiev, Obere Stadt

Einer der früheren Bewohner der vul. Volodymyrs'ka, an den man sich heute wieder erinnert und dessen Musik allerorts zu hören ist, war der russische Sänger Aleksandr Vertinskij. Am Haus Nr. 43 wurde ihm in den 90er Jahren eine Gedenktafel eingerichtet.

Die Vladimir-Stadt kann als Ursprung des heutigen Kiev angesehen werden. Unter der Regentschaft von Jaroslav dem Weisen (1019–1054) kam es zu einer wesentlichen Erweiterung und Befestigung des Territoriums der Oberen Stadt. Die bis zu zwölf Meter hohen Stadtwälle umfaßten jetzt eine Fläche von 80 Hektar. Der neue städtebauliche Mittelpunkt fiel etwa mit dem Schnittpunkt der Einfallstraßen von drei steinernen Tortürmen zusammen, des Goldenen Tores, des Ljad Tores und des L'viver Tores. Hier entstand 1037 bis 1061 die Sophienkathedrale. Damit war der Grundstein für das Entstehen eines neuen Zentrums und der sogenannten Großen Stadt gelegt. Die Burg des Großfürsten Jaroslav entsprach den gestiegenen Repräsentationszwecken des frühen 11. Jahrhunderts. Unweit der Sophienkathedrale entstand das Sankt-Georgs-Kloster für Mönche und das Sankt-Irenen-Kloster für Nonnen. Im Jahre 1051 veranlaßte Jaroslav der Weise den Bau des Dmitrij-Klosters. Es bildete den Kern eines Stadtgebietes südöstlich der Jaroslav-Stadt.

Durch den Einfall des mongolisch-tatarischen Heeres unter Batu-Khan 1240 wurde die Obere Stadt fast völlig zerstört, das Leben kam hier für mehrere Jahrhunderte zum Erliegen. Das Stadtzentrum verlagerte sich in dieser Zeit nach Podil. Erst mit dem Anschluß an Rußland im Jahre 1654 wurde die Obere Stadt wieder Sitz der Verwaltungsorgane. Um 1800 kam es zum Zusammenschluß der Oberen Stadt mit den sie umgebenden Siedlungsgebieten.

Wenn auch nur wenige Bauelemente der mittelalterlichen Stadt das heutige Bild der Oberen Stadt prägen, wie die Sophienkathedrale und das Goldene Tor als Rest der Verteidigungsanlagen, übt die Grundrißgestaltung von Jaroslav dem Weisen noch immer einen nachhaltigen Einfluß auf die Straßenführung im Altstadtgebiet aus.

Legende

1 Goldenes Tor (Золоті Ворота)
2 Sophienkathedrale (Софійський собор)
3 Michaelskloster mit den goldenen Dächern (Михайлівський Золотоверхий Монастир)
4 Denkmal für die Opfer der Hungersnot 1933 (Пам'ятник Жертвам Голодомору)
5 Seilbahn (Фунікулер)
6 Historisches Museum (Музей Історії України)
7 Andreaskirche (Андріївська Церква)
8 Bulgakov-Museum (Музей Булгакова)

Die traurigen Lieder des Aleksandr Vertinskij

Ich weiß, es hat noch jedes Schiff
Den Hafen einst gefunden,
Doch wir – wir brauchen das ja nicht,
Künstler und Vagabunden!

Aleksandr Vertinskij (1889–1957) verbrachte seine Kindheit in Kiev, auf der Fundukleevskaja, einer Straße, die den Chreščatyk bergauf und bergab führend mit dem jüdischen Markt in Podil verband. Im vom regen Handelstreiben beherrschten ›Haus der Verträge‹ in Podil wurden am Abend von Laiengruppen Theateraufführungen geboten. Auch Vertinskij gehörte einer kleinen Theatergruppe an, deren Mitglieder Geld sammelten, um den Saal zu mieten, sich bei Freunden und Bekannten Kostüme liehen, Plakate druckten und in der Stadt verteilten, sich zu Proben trafen und dann endlich auf der Bühne standen und spielten. Doch Vertinskij war der Kiever provinziellen Enge bald überdrüssig, es zog ihn nach Moskau, wo er sich 1913 erfolglos um Aufnahme in das Künstlertheater bemühte. Er spielte in Clubs und mittelmäßigen Theatern, schrieb kleinere Texte, die er auf der Bühne vortrug und die ihn bald in der Moskauer Boheme bekanntmachten. Die Texte unterlegte er mit einfachen Melodien. Es entstanden seine traurigen Lieder, die er im schwarzen Kostüm und weißer Maske des Pierrot einem begeisterten Publikum vortrug. Seine Lieder trafen in einer von Krieg, Revolution und Bürgerkrieg zerrütteten Welt den Nerv der Zeit. »Vertinskij … war eine originelle, charakteristische Erscheinung der letzten Jahre der alten Welt am Vorabend ihres Zusammenbruchs… Sein Erfolg war verständlich. Der Künstler erriet mit einem Vorgefühl das Ende des früheren Lebens, nahm in sich – den Sänger – Überheblichkeit, Wehmut, Verzweiflung, Hoffnungslosigkeit der verurteilten Klasse auf«, schrieb der Schriftsteller Lev Nikulin (1891–1967) im Vorwort zu Vertinskijs Memoiren. Vertinskij gab in allen größeren Städten Rußlands Konzerte, er feierte in Frankreich, England, Polen, Italien, China und Amerika Triumphe. 1920 verließ er Rußland, eine Odyssee durch die Fremde begann, fernab der Heimat, nach der er sich schon bald zurücksehnte. »In Konstantinopel ging ich von Bord. In die Emigration. In das zwanzigjährige freiwillige Exil. In eine lange und bittere Sehnsucht. Alle Palmen, alle Sonnenauf- und untergänge der Welt, alle Exotik ferner Länder, alles, was ich gesehen habe, wofür ich mich begeisterte, gebe ich hin für den düstersten, regnerischsten und trübesten Tag in meiner Heimat! Ich bin bereit, auch noch all meinen Erfolg, alle Begeisterung des Publikums, allen Applaus, alle Blumen, alles Geld, das ich dort erarbeitete, hinzuzufügen…, weil ich all das nicht brauchte!«, heißt es in seinen Erinnerungen. Seine unbändige Sehnsucht nach Rußland kommt in vielen seiner Lieder zum Ausdruck, so in ›Über uns und über die Heimat‹, das so beginnt: »Wir durchschwimmen Ozeane,/ Ziehn durch Kontinente weit,/Und

Eine Ausgabe von Vertinskij-Liedern aus dem Jahre 1917

in fremde Länder tragen/Wir aus Rußland Traurigkeit.« Erst 1943, mitten im Krieg, konnte er in seine Heimat zurückkehren, wo er bis zu seinem Tod in Moskau lebte. Während der langen Zeit der Emigration hatte Vertinskij in seiner Heimat nicht an Popularität eingebüßt, obwohl seine Lieder seit den 30er Jahren in der Sowjetunion verboten waren. Sie erfreuten sich großer Beliebtheit, in ihnen fanden die Menschen ihre Träume und Hoffnungen wieder. Sie handeln von Sehnsucht und Einsamkeit, von der verzweifelten Suche nach Stille in einer von patriotischen Massenliedern donnernden Welt. Seine Lieder klammern individuelle Tragik nicht aus und stehen damit im Widerspruch zu den damals vorherrschenden patriotischen Stimmungen. Vertinskijs Lieder sind intim, erotisch und leise. Sie stehen in der Tradition russischer Salonkultur, vor allem der Zigeunerromanze. Allerdings steht bei Vertinskij das Element der Dichtung im Vordergrund, die Melodie spielt eine untergeordnete Rolle. »Er erschien im Gewand des Pierrot, doch nicht in Weiß, wie üblich, sondern in Schwarz, zwischen den geschlossenen Vorhängen hervortretend , auf der Rampe, wo er mit lila Licht angeleuchtet wurde. Vertinskijs ›Arietten‹ blieben stets Gedichte vor dem Hintergrund der Melodie. Das war originell und machte einen bezaubernden Eindruck. Vertinskij sang damals über die Stadt, was die Boheme interessierte: über die zerstörten Beziehungen zwischen Mann und Frau, über das Laster, über die Rauschgiftsucht … Er zollte der Mode Tribut, drückte Stimmungen aus, die in jener Epoche auch solche Künstler wie Aleksandr Blok, Aleksej Tolstoj, Vladimir Majakovskij beeinflußten«, so beschreibt der Schriftsteller Jurij Oleša (1899–1960) ein frühes Konzert Vertinskijs.

Nach seiner Rückkehr in die Sowjetunion gab Vertinskij im ganzen Land Konzerte. Von der Presse wurde er jedoch totgeschwiegen. Seine Lieder wurden der Dekadenz bezichtigt, als erotisch beschimpft und als schädlich für die Psyche der Arbeiter eingestuft. Sie wurden zu Lebzeiten in der Sowjetunion nicht gedruckt, seine Memoiren erschienen in Moskau erst 1962, und eine erste sowjetische Schallplatte wurde 1968 aus alten Aufnahmen produziert.

Ein Rundgang durch die Obere Stadt

Bereits im 11. Jahrhundert gelangten Gesandte und Handelsreisende in die Hauptstadt der Kiever Rus' durch das am stärksten befestigte Tor Kievs, das Goldene Tor. Sein Name bezieht sich auf das Stadttor in Jerusalem, an dem sich einer Legende nach Anna und Joachim bei der Verkündigung der Geburt der Gottesmutter Maria begegnet sind. Es soll symbolisch auf den Eingang ins Himmlische Jerusalem deuten. Das Goldene Tor in Kiev ist in byzantinischer Mauertechnik als ›opus mixtum‹ errichtet worden. Braunrot und graugrün getönte Steine wechseln ab mit rosafarbenen Mörtelstreifen. Die Tore des tonnengewölbten Durchfahrtsbogens waren einst mit Kupfertreibarbeiten geschmückt. Darüber befand sich eine Kapelle, welche der Gottesmutter geweiht war. Ihr kam die Schutzfunktion für das Wohl der Stadt zu. Obwohl während des mongolisch-tatarischen Überfalls 1240 stark beschädigt, diente das Tor bis in die Mitte des 17. Jahrhunderts als Einfahrt. Im Jahre 1750 wurde es des besseren Schutzes wegen mit Erde aufgeschüttet und 1832 wieder freigelegt. Im Jahre 1982 baute man einen Pavillon, um die Ruinen des Goldenen Tores zu bewahren. Heute kann man in diesem die Reste der zwei mächtigen Mauern der ehemaligen Tordurchfahrt sehen.

Das Goldene Tor nach seiner Rekonstruktion

Der Grundstein für die nordöstlich des Goldenen Tores gelegene Sophienkathedrale wurde 1037 durch Jaroslav den Weisen gelegt. Sie war Sitz des Metropoliten und bildete den Mittelpunkt des gesellschaftlichen und kulturellen Lebens. Ausdruck dafür ist die Gründung der ersten Bibliothek Rußlands. Zur Namenspatronin der Kathedrale wurde Sophia als Sinnbild der göttlichen Weisheit gewählt.

Die Kiever Sophienkathedrale ist eine Kreuzkuppelkirche mit fünf Schiffen, fünf Apsiden und dreizehn Kuppeln. Die zwölf Nebenkuppeln steigen pyramidal zur Hauptkuppel an. Sie symbolisieren Christi im Kreise der zwölf Apostel: Die Vielkuppligkeit des äußeren Erscheinungsbildes der Kathedrale

Die Sophienkathedrale

ist eine typische Neuschöpfung der Baukunst der damaligen Zeit. Sie verweist auf den Einfluß der bodenständigen Holzbaukunst. Vorbildgebend wirkte die byzantinische Architektur, speziell die Hagia Sophia in Konstantinopel. Die Mauertechnik, in der die Sophienkathedrale errichtet wurde, ist byzantinischen Ursprungs. Bruchsteinschichten, außen meist behauen, wechseln mit Flachziegeln, sogenannten Plinthen, ab. Die breiten Mörtelschichten bestehen aus Kalk und Ziegelbruchstücken. An Ost- und Südfassade legte man zu Anschauungszwecken das ursprüngliche Mauerwerk partiell wieder frei.

Nach der mongolischen Eroberung verfiel die Kathedrale stark und wurde 1416 und 1486 nochmals durch die Krimtataren verwüstet. Durch die Verlegung des Metropolitensitzes nach Novgorod verzögerte sich der Wiederaufbau. Während der Restaurierungsarbeiten 1685 bis 1707 wurde das äußere Erscheinungsbild der Kathedrale grundlegend verändert. Die einstöckigen Außengalerien wurden erhöht und geschlossen und zusätzlich sechs Kuppeln errichtet, welche die für das ukrainische Barock typische Birnenform erhielten. Die Restaurierungsarbeiten beschränkten sich fast ausschließlich auf das Äußere, so daß der Innenraum stärker an byzantinische Vorbilder erinnert. Neben den gewaltigen Ausmaßen, mit einer Länge von 37 Metern, einer Breite von 55 Metern und einer

Höhe von 29 Metern, beeindrucken vor allem die strengen Maßverhältnisse und die aus dem 11. Jahrhundert stammenden monumentalen Wandmalereien. Neben 260 Quadratmetern Mosaiken sind über 3000 Quadratmeter Fresken erhalten. In der Hauptkuppel kann man ein Brustbild von Christus als Allerhalter sehen. Erhalten blieb auch das Mosaikensemble mit der Gottesmutter Oranta im Hauptaltarraum. Laut Legende ist nur diese Mauer bei der Zerstörung der Kathedrale durch die Mongolen unbeschädigt geblieben, deshalb heißt das Bildnis auch ›Gottesmutter der unzerstörbaren Mauer‹. Die Wände des Querschiffes sind mit Szenen aus dem Evangelium geschmückt. Das Gruppenbild der Familie Jaroslav des Weisen befindet sich gegenüber dem Hauptaltar im Mittelschiff. Es stellt einen Festzug des Fürsten, seiner Gemahlin und Töchter dar, das Bildnis des Fürsten selbst ist nicht erhalten.

Eine Besonderheit der Sophienkathedrale ist die großflächige Empore. Hier fand der fürstliche Hof bei Gottesdiensten und auch weltlichen Anlässen Platz, während das Volk darunter stand. Der heutige Ikonostas der Kathedrale stammt aus dem 18. Jahrhundert. In der Kathedrale wurden Herrscher der Kiever Rus' und Kosakenführer beigesetzt. Ihre Sarkophage kann man in der Kirche sehen, die heute als Museum genutzt wird. Besondere Erwähnung verdient der reich verzierte Marmorsarkophag von Jaroslav dem Weisen, der 1054 hier beigesetzt wurde.

Alle weiteren Gebäude des Klosterkomplexes stammen aus dem 17. und 18. Jahrhundert und sind Beispiele für den ukrainischen Barock. Dieser Baustil zeichnet

Der Sophienplatz Mitte der 19. Jahrhunderts

sich durch prunkvolle Stuckverzierungen, Verwendung von Pilastern und der Farben hellblau und türkis aus. Der Glockenturm, der von 1699 bis 1707 errichtet wurde, war anfangs dreistöckig, 1851 wurden das vierte Stockwerk und die vergoldete Kuppel hinzugefügt. Seine Höhe beträgt nunmehr 76 Meter.

Die Seilbahn zwischen Podil und der Oberen Stadt

Das Haus des Metropoliten wurde 1722 errichtet. Bei späteren Umbauten kamen ein zusätzliches Stockwerk und die Barockgiebel hinzu. Aus dieser Zeit stammen auch das Refektorium, das Konsistorium und der Südturm. Das Westtor ist 1746 nach Plänen von J. G. Schädel erbaut worden. Es war als Paradeeinfahrt des Metropoliten gedacht, durch eine veränderte städtebauliche Situation verlor es an Bedeutung und ist heute verschlossen. In der Refektoriumskirche befindet sich das ›Archivmuseum für Literatur und Kunst der Ukraine‹.

Vor dem Glockenturm befindet sich seit dem 18. Juli 1995 die Grabstätte des Patriarchen der ukrainisch-orthodoxen Kirche Volodymyr (1925–1995). Die ukrainisch-orthodoxe Kirche hatte sich 1992 als Abspaltung von der russisch-orthodoxen und der ukrainisch-autokephalen Kirche gegründet. Sowohl die ukrainische als auch die russisch-orthodoxe Kirche erheben Anspruch auf die Sophienkathedrale. Als die Gläubigen der ukrainisch-orthodoxen Kirche sich die Beisetzung ihres Patrairchen in der Kathedrale wünschten, entbrannte der seit langem schwelende Kampf zwischen den beiden Kirchen um das zentrale Heiligtum in der Ukraine erneut auf. Wäre der Leichnam in die Kathedrale gelangt, hätte die ukrainische Nationalkirche ihre Vormachtstellung in der Ukraine erreicht. Die Kiever Behörden verboten eine Beisetzung in der als Museum genutzten Kathedrale und erlaubten die Beisetzung des toten Patriarchen nur auf dem weltlichen Bajkovo-Friedhof. Doch die Prozession trug den Leichnam zur Sophienkathedrale, deren Pforte jedoch verschlossen war. Polizei und Spezialeinheiten hatten sich auf dem Gelände verschanzt. Als die Gläubigen damit begannen, mitten auf dem Trottoir vor der Kiever Sophienkathedrale eine Grube auszuheben, kam es zu gewalttätigen Auseinandersetzungen zwischen der Polizei und Mitgliedern des militanten nationalistischen Männerbundes UNSO, die den Trauerzug begleiteten. Inzwischen begannen Priester mit dem Beisetzungsritus. Das provisorische Grab auf der Straße wurde bis heute nicht verlegt. Es mahnt an den Kirchenkampf in der Ukraine.

Läuft man die vul. Volodymyrs'ka (вул. Володимирська) in nördlicher Richtung weiter, gelangt man auf einen Platz, der den Namen des legendären Hetmans der Kosaken, Bohdan Chmel'nyc'kyj, trägt. Ihm zu Ehren wurde 1888 auf diesem Platz ein Denkmal enthüllt, finanziert von Spenden Kiever Bürger.

In der ehemaligen Amtsstelle, vul. Volodymyrs'ka 15, fand 1913 einer der aufsehenerregendsten Verfahren des 20. Jahrhunderts statt: der Prozeß gegen den jüdischen Ziegeleibesitzer Mendel Bejlis. Dieser wurde des Ritualmordes an einem christlichen Jungen bezichtigt. Der Prozeß dauerte mehr als zwei Jahre. Unter dem Druck unumstößlicher Beweise und Proteste der Bevölkerung mußte das Geschworenengericht Bejlis freispechen. Auf Initiative von Maksim Gorkij (1868–1936) und Vladimir Korolenko (1853–1921) wurde ein Komitee zur Verteidigung von Bejlis gegründet. Von diesem Komitee wurden Juristen beauftragt und die internationale Presse auf den Fall Bejlis aufmerksam gemacht.

Kastanien säumen den Weg zum Michaelskloster, vor dem eine Figurengruppe seit 1996 wieder ihren angestammten Platz gefunden hat. Es sind die Figuren des Apostels Andreas, der Fürstin Olga und der Slawenapostel Kyrill und Method. Das Kloster, zu dem die Michaelskirche gehörte und das bereits Mitte des 11. Jahrhunderts existierte, war anfänglich dem heiligen Demetrius geweiht, später wurde es in Michaelskloster mit den goldenen Dächern umbenannt. Die um 1108 erbaute Michaelskirche wurde später im Stil des ukrainischen Barock umgestaltet, in der Mitte der 30er Jahre des letzten Jahrhunderts abgerissen und in der Mitte der 90er Jahre wiederaufgebaut. Der ursprüngliche Grundriß zeigt ein dreischiffiges Rechteck mit sechs Pfeilern, drei Apsiden und einer Vorhalle im Westen. Die Kathedrale wies ursprünglich einen reichen Fresken- und Mosaikschmuck auf. Leider haben sich nur wenige der Fresken und Mosaiken bis in unser Jahrhundert erhalten. Nach Abtragung des Gebäudes wurden die Mosaike des Archidiakons Stephanus aus dem Bischofsrang und der Eucharistie in das Museum der Sophienkathedrale und das Mosaik des Demetrios von Saloniki in die Tretjakov-Galerie in Moskau übergeführt.

Am 12. September 1993 wurde auf dem Mychajlivs'ka pl. (Михайлівська пл.), ein Denkmal für die Opfer der Hungersnot eingeweiht. In den Jahren 1932 bis 1934 verhungerten über drei Millionen Menschen in der Ukraine, eine Folge der verfehlten Kollektivierungspolitik und der aufeinanderfolgenden Dürreperioden.

Der Monumentalbau, der am Mychajlivs'ka pl. steht, wurde 1938 errichtet und beherbergt zur Zeit unter anderem den Kiever Stadtrat der Volksdeputierten. Die ersten Jahrzehnte der Sowjetherrschaft waren für die Architektur fruchtbare Jahre: Die Architekten folgten den verschiedenen Richtungen des Traditionalismus, des Konstruktivismus, des Avantgardismus, des Rationalismus und am Ende des Gigantismus.

Hinter dem Gebäude beginnt eine Standseilbahn. Sie wurde von 1902 bis 1905 erbaut und verbindet die Obere Stadt mit Podil. Wer also schon etwas pflastermüde ist, kommt so am schnellsten und natürlich am bequemsten in den unteren Stadtteil, ans Dneprufer und zur Metrostation ›Poštova plošča‹ (Поштова площа). Die Fahrt mit der Seilbahn kann man aber auch auf einen anderen Tag verschieben und zu Fuß zurück zur vul. Volodymyrs'ka gehen.

Auf einem erhöht liegenden Platz sind die Fundamente der Desjatinkirche zu sehen. Von der ersten Kiever Steinkirche blieben nur die mit einem hölzernen Rost nachgebildeten Fundamente, Reste der Mauern und des Mosaikbodens erhalten. Trotz umfangreicher Untersuchungen ist die Fachwelt sich nicht einig darüber, ob es sich bei der Desjatinkirche um einen basilikalen Bau mit drei Apsiden oder um eine Kreuzkuppelkirche gehandelt hat. Ebenso umstritten ist die kirchenpolitische Zugehörigkeit. Sicher ist, daß der Bau 989 von Vladimir I. veranlaßt wurde, also nach der Einführung des Christentums als Staatsreligion. Der Name Desjatin-

Blick von Podil auf die Andreaskirche, um 1850

(Zehnt-)Kirche und der Brauch der Abgabe des zehnten Teils deuten auf eine Zugehörigkeit zum bulgarischen Patriarchat.

Heute steht das Gebiet unter Denkmalschutz und ist Anziehungspunkt vieler Touristen. Souvenirverkäufer versuchen ihr Glück, genauso wie Studenten, die ihr Wissen an Frau und Mann bringen wollen. Wer dem Trubel der Stadt entkommen möchte, sollte abends hierher kommen und den wundervollen Ausblick auf die untere Stadt und den Dnepr genießen.

Auf dem Gelände wächst eine Linde, von der angenommen wird, daß sie schon 1635 gesetzt wurde. Unweit des Baumes, den man aufgrund seines riesigen Blätterdaches nicht übersehen kann, befindet sich ein durch Steine markiertes Rund. Hier stand in der ersten Hälfte des 10. Jahrhunderts der Fürstenpalast. Die Linde ist einer der beliebtesten und verbreitetsten Bäume in der Ukraine. In vielen Volksliedern, Sagen und Märchen wird sie besungen und nicht selten im Zusammenhang mit wichtigen Ereignissen gepflanzt. Nebenan kann man im Historischen Museum einen Blick auf kulturgeschichtliche Funde aus der Zeit der Kiever Rus' und späterer Epochen werfen.

Nördlich des Historischen Museums steht die Andreaskirche, deren Wirkung auf der eleganten Bauform, der Farbgebung, vor allem aber dem wahrlich hervorragenden Standort beruht. Sie befindet sich auf einer hohen Terrasse, am Andreashügel, von wo sich eine malerische Sicht in das Dneprtal eröffnet.

»Manuskripte brennen nicht« – der Dichter Michail Bulgakov

Michail Bulgakov wurde am 15. Mai 1891 in Kiev geboren. Sein Vater war Dozent an der geistlichen Akademie, seine Mutter arbeitete als Lehrerin. In der Familie wurde sehr viel Wert auf Erziehung und Bildung gelegt. Michail war der älteste von sieben Geschwistern. Als der Vater 1907 starb, mußte er die Rolle des Familienoberhauptes übernehmen. 1909 beendete er das Gymnasium und schrieb sich an der Kiever Medizinischen Fakultät ein. Die Jahre waren geprägt von politischen Unruhen, von Streiks und zahlreichen Demonstrationen. 1911 wurde in der Kiever Oper ein Attentat auf den Ministerpäsidenten Stolypin (1862–1911) verübt. 1914 begann der Erste Weltkrieg.
Bulgakov wurde 1916 als Arzt in die Provinz unweit der Front geschickt. Seine Eindrücke vom Krankenhausalltag hat er in den stark autobiographischen ›Aufzeichnungen eines jungen Arztes‹ (1925) festgehalten. In einer Erzählung beschrieb er auch die Erfahrung, morphiumsüchtig geworden zu sein. 1918 wurde er aus Krankheitsgründen aus dem Militärdienst entlassen. In der gesamten Ukraine herrschte Chaos, und immer wieder übernahmen neue Gruppierungen in Kiev die Macht. Bulgakov selbst hat diese Zeit der politischen Umbrüche 1923 in seinem ›Exkurs in die Geschichte‹ beschrieben: »Was sich in dieser Zeit in der berühmten Stadt abspielte, fügt sich keiner Beschreibung. Es war, als sei eine automatische Bombe, wie bei Wells, unter den Gräbern der Fürsten Askold und Dir geplatzt. 1000 Tage lang dröhnte und brodelte und loderte es nicht nur in Kiev selbst, sondern auch in seinen Vorstädten und Datschensiedlungen, 20 Werst im Umkreis. … Einstweilen läßt sich nur eines sagen: Nach Rechnung der Kiever Einwohner erlebten sie achtzehn Umstürze. … Ich kann genau mitteilen, daß es vierzehn waren, davon habe ich zehn persönlich miterlebt.«
Bulgakov kehrte in sein Elternhaus am Andreashang Nr. 13 zurück, das die Familie seit 1906 bewohnte. Ringsum tobten die Schlachten zwischen der zaristischen weißen Armee, deutschen Truppen, bäuerlichen Nationalisten unter Petljura und der Roten Armee. Die politischen Ereignisse in Kiev im Winter 1918/19 bildeten den Hintergrund des Romans ›Die weiße Garde‹, den Bulgakov 1922 begann und in dem er Episoden aus der Geschichte seiner eigenen Familie literarisch verarbeitete. Der Roman erschien 1924 in der Zeitschrift ›Rossija‹. Die Veröffentlichung blieb jedoch unvollendet, der vollständige Text des Romans konnte in der Sowjetunion erst 1966 erscheinen.

Im September 1921 kam Bulgakov nach Moskau. Nach den entbehrungsreichen Bürgerkriegsjahren bedeutete die ›Neue Ökonomische Politik‹ für viele Menschen einen hoffnungsvollen Neuanfang. Auch Bulgakov trug sich mit hochfliegenden literarischen Plänen. Doch zunächst plagten ihn materielle Sorgen. Er nahm alle möglichen Gelegenheitsarbeiten an, suchte Kontakt zu literarischen Kreisen und nahm an Lesungen teil. Die Jahre 1921 bis 25 waren für ihn eine äußerst produktive Zeit. 1925 begann er auf Anregung des berühmten Moskauer Künstlertheaters (MchAT) die Arbeit an seinem frühen Theaterstück ›Die Tage der Turbins‹. Als Vorlage diente ihm der Roman ›Die weiße Garde‹. Doch die Arbeit an der Dramatisierung des Romantextes zog sich über Monate hin. Immer wieder mußte Bulgakov auf Veränderungsvorschläge von seiten des Theaters und der Zensur eingehen. Im Oktober 1926 konnte endlich die Premiere stattfinden. ›Die Tage der Turbins‹ werden zu einem spektakulären Erfolg. Selbst Stalin soll das Stück fünfzehnmal gesehen haben. Und das, obwohl das Stück den Bürgerkrieg in der Ukraine behandelt und alle Protagonisten Gegner der Bolschewiken sind.

Bulgakov war nun berühmt. Die Theatertantiemen ermöglichten ihm den Umzug in eine größere Wohnung. Bulgakov liebte Geselligkeit und vergnügte sich bei Trinkgelagen. Er genoß das Leben. Und er hatte Angst. Vor der Zensur, vor dem immer größer werdenden Einfluß der verantwortlichen Kulturfunktionäre und den Angriffen der

Das ehemalige Wohnhaus der Bulgakovs am Andreashang 13 Anfang der 90er Jahre

linken Literaturkritiker. Allmählich verschwanden fast alle seine Stücke aus den sowjetischen Spielplänen. Sein umfangreiches Prosawerk wurde nicht gedruckt und sein öffentliches Ansehen schwand. Bei einer Hausdurchsuchung wurden seine Tagebücher und das Manuskript der satirischen Erzählung ›Hundeherz‹ (1925) konfisziert. Etwa drei Jahre später erhielt Bulgakov die Tagebücher zurück, worauf er sie sogleich verbrannte. Doch sechzig Jahre später tauchten sie wieder auf. Die Geheimpolizei hatte eine Kopie der Tagebücher anfertigen lassen. Seitdem wurde ein Satz aus seinem Roman ›Der Meister und Margarita‹ zu einer weitverbreiteten Redewendung: ›Manuskripte brennen nicht‹. Am 28. März 1930 schrieb ein völlig verzweifelter Bulgakov einen Brief an Stalin und weitere hohe Politiker, mit der Bitte ihn ausreisen oder wenigstens am Theater Geld verdienen zu lassen, da er sonst verhungern müßte. Etwa drei Wochen später wurde Bulgakov von Stalin persönlich angerufen, und er bekam eine offizielle Anstellung am Moskauer Künstlertheater. Auffällig ist, daß Stalins Anruf vier Tage nach Majakovskijs Freitod erfolgte. Auch Majakovskij (1893–1930) war zunehmend Opfer vielfältiger Attacken und Intrigen seitens linker Literaturkritiker geworden; einer der Gründe, weshalb er seinem Leben ein Ende setzte.

Bulgakovs zweifellos bedeutendstes Werk ist der Roman ›Der Meister und Margarita‹, an dem er mehr als ein Jahrzehnt, bis zu seinem Tod im März 1940, arbeiten sollte. Erscheinen konnte der Roman allerdings erst in den 60er Jahren und in gekürzter Form. ›Der Meister und Margarita‹ ist einer der zärtlichsten Moskauromane. Seine Lektüre mag zunächst schwierig erscheinen, denn das an Episoden überreiche Geschehen spielt sich auf drei Ebenen ab, doch wer die Mühe auf sich nimmt, wird reichlich belohnt. Es gilt, ein Rätsel zu lösen – Moskau.

Das personifizierte Böse, der Teufel Voland, beschließt, Moskau heimzusuchen. Er bringt seine Zauberlehrlinge mit sich sowie den Kater Behemoth und Hella, eine blutsaugende Vampirin. Nach allen Regeln der schwarzen Kunst stellen sie Moskau auf den Kopf. Es ist das verkehrte Moskau der 30er Jahre, in dem das Böse gut und das Gute böse ist. Der Teufel kommt, um die Prinzipien von Gut und Böse wieder ins rechte Lot zu rücken. Was aber ist das Böse? Was aber ist das Gute? Satire und bitterer Ernst, Schabernack und Tragik wechseln sich ab. In den Anfangsszenen des Romans, an den Patriarchenteichen, fallen die bösen Mächte in Moskau ein. Sie prophezeien Berlioz, dem Vorsitzenden einer großen Moskauer Literaturassoziation, das baldige Ende durch Enthauptung mittels

Michail Bulgakov um 1916

Einwirkung von verschüttetem Sonnenblumenöl, was auch alsbald in Erfüllung geht.
Alle haben unter dem Teufel zu leiden, kleine schäbige Betrüger, Spekulanten und schmierige Hauswarte. Auch der Tod von Berlioz war des Teufels Machenschaft, eben eine Wohnungsbeschaffungsmaßnahme. Voland und sein Gefolge ziehen in Berlioz' Wohnung ein, wovon die anderen Hausbewohner nichts wissen. Sie wähnen die Wohnung leer.
Dazwischen steht der ohnehin vom Wohnungsmangel der 30er Jahre schon geplagte Hauswart. Mit kleinen grünen Dollarscheinchen wird er gefoppt und blamiert: »Bitten, Drohungen, Verleumdungen und Denunziationen, ferner das Versprechen, auf eigene Kosten renovieren zu lassen, Hinweise auf unerträgliche Beengtheit und darauf, daß es unmöglich sei, mit Banditen in einer Wohnung zu hausen. Unter anderem gab es da die durch ihre künstlerische Kraft erschütternde Schilderung eines Raubes von Fleischpastetchen, die in der Wohnung 31 in einer Jackentasche verschwunden seien, zwei Ankündigungen, das Leben durch Selbstmord zu beenden, und ein Geständnis heimlicher Schwangerschaft.«
Wirkliche Hilfe gewährt der Teufel nur den Dichtern und einer liebenden Frau. Aber nur, wenn sie den Mut zu Wahrheit besitzen. Doch im Moskau der 30er Jahre die Wahrheit zu sagen, bedeutet Kreuzigung.
Zu Beginn des Spuks befindet sich der Meister in einer Irrenanstalt, am Ende ist er mit seiner geliebten Margarita vereint.
Der Wunschtraum Bulgakovs, Gott der Herr werde seine Gerechten in jener Welt erkennen, kann angesichts seiner eigenen, tragischen Biografie nicht verwundern. Ihm war es nicht vergönnt, sich mit des Teufels Gesellen in die Lüfte zu schwingen und Moskau zu verlassen. Bulgakov starb am 10. März 1940 in Moskau. Sein Grab befindet sich auf dem alten Teil des Friedhofs am Neujungfrauenkloster. Er konnte seinen späten Ruhm nicht mehr erleben, ein Schicksal, das er mit vielen Schriftstellern in der Sowjetunion teilt.

Der Andreashügel

Der steile und kurvenreiche Abhang bedeutet den Kievern ebenso viel wie das Höhlenkloster, die Sophienkathedrale oder der Chreščatyk. Seit dem Mittelalter bildete die schmale Straße eine Verbindung zwischen der oberhalb gelegenen Fürstenstadt und Podil, dem Viertel der Handwerker und Kaufleute. Als Andreashang wird sie seit dem Ende des 19. Jahrhunderts bezeichnet. Mit ihrer Bebauung wurde im vorigen Jahrhundert begonnen, und viel hat sich bis heute nicht verändert. Den mit Pflastersteinen überzogenen Weg säumen alte Häuser, in denen Cafés, Galerien und Läden ein auf Touristen abgestimmtes Angebot offerieren. Die heutige Bezeichnung ist mit dem Bau der Andreaskirche verbunden. Der Standort der Andreaskirche wurde schon in alten Chroniken erwähnt. So weiß die ›Chronik der vergangenen Jahre‹ zu berichten, daß sich der in Korsun predigende Apostel Andreas auf den Weg nach Rom begab und dabei auch durch Kiev reiste. Als er auf dem Hügel stand, sprach der Apostel: »Seht ihr diese Hügel? Von diesen Hügeln leuchtet der Segen Gottes auf.«

Allerdings bezweifeln orthodoxe Theologen seit langem die Chronikdarstellung und vermuten, daß es sich um einen später erfolgten Eintrag handelt. In Erin-

Die Andreaskirche

nerung an die legendäre Prophezeiung des Apostels ließen Kiever an diesem Ort immer wieder Kirchen errichten, vor allem aus Holz. Die heutige Andreaskirche wurde in den Jahren 1747 bis 1753 erbaut, nach Plänen des aus Italien stammenden Architekten Bartolomeo Rastrelli (1670–1744), der seit 1741 am Hofe des Zaren tätig war und als der geistige Vater des Winterpalais in St. Petersburg gilt. Die Andreaskirche ist ein Kreuzkuppelbau mit einer Kuppelhöhe von 42 Metern. In den 15 Meter tiefen Fundamenten befindet sich eine Unterkirche. Mit ihren zahlreichen Pilastern und Säulen, vergoldeten Kapitellen und Ornamenten sowie der dekorativen Farbgestaltung ist sie ein weiteres Beispiel für den ukrainischen Barock. Im Innenraum verdient der reich vergoldete Ikonostas mit vielen plastischen Details Beachtung, der nach Plänen Rastrellis in Petersburg gefertigt wurde. Einer Legende nach soll die Altardarstellung des Geheimen Abends dem Pinsel von Leonardo de Vinci entstammen. Eine andere Legende erklärt, warum die Andreaskirche in der Sowjetzeit nicht zerstört wurde. In den Kellern der Kirche soll sich eine wundersame Quelle gebildet haben, als der Apostel Andreas sein Kreuz über dem Hügel aufrichtete. Bei der Zerstörung der Andreaskirche würde diese wundersame Quelle ganz Kiev überschwemmen.

Doch das Interessanteste am Andreashügel sind seine Bewohner: Künstler, Schriftsteller, Handwerker, Händler, einfache Menschen und Millionäre. Einer von ihnen war der russische Schriftsteller Michail Bulgakov, der in Kiev seine Kindheit verbrachte.

Am Andrijivs'kyj uzviz Nr. 21 (Андріївський узвіз) lebte der Bildhauer, Regisseur und Dramaturg Ivan Kavalleridze (1917–1965). Sein Werk wird in einem kleinen Museum gewürdigt. Wenige Meter entfernt befand sich ein kleines Haus, die Nr. 17. Im Jahre 1900 erschien an der Eingangstür ein Schild: ›Feofil Gavrilovič Janovskij. Arzt für Innere Krankheiten.‹ Von den Kievern wurde Janovskij bald nur noch der heilige Arzt gerufen, dafür, daß er niemals einem Menschen seine Hilfe versagte, auch wenn dieser das Geld für eine Behandlung nicht aufbringen konnte.

Eines der bemerkenswertesten Gebäude am Andreashügel ist das sogenannte Schloß Richard Löwenherz, das sich im Stile der englischen Neogotik über seine Umgebung erhebt. Der poetische Name des Hauses wird auf den englischen König und Helden des Romans ›Ivanhoe‹ von Walter Scott zurückgeführt. Das Bauwerk wirkt einschüchternd wie eine Festung, zugleich verwunschen wie ein Schloß und voller Geheimnisse, obwohl es kaum einhundert Jahre alt ist. Es wurde von Dmitrij Orlov, einem Industriellen in Auftrag gegeben. Orlov soll unter mysteriösen Umständen ums Leben gekommen sein. Er hinterließ seiner Witwe und den fünf Kindern eine Baustelle und einen Berg Schulden. Doch der risikofreudigen Witwe gelang es, den Bau zu vollenden. Allerdings mußten Einsparungen in Kauf genommen werden, vor allem beim Belüftungs- und Heizsy-

Das ›Schloß Richard Löwenherz‹ am Andreashügel, Federzeichnung von A. Akopov

stem. Das führte dazu, daß der Wind durch die Rohre und Öfen stöhnte und jammerte und weinte. Die schwermütigen Töne plagten die Bewohner des Hauses, die sich schon nach kurzer Zeit nach anderen Wohnungen umsahen. Doch das Haus hatte schon neue Liebhaber gefunden. Fortan wurde es von Kiever Künstlern bevölkert. In der oberen Etage fanden sie ihre Ateliers: der Maler Fotij Krasickij (1873–1944), der bekannte Aquallerist Grigorij Djačenko (1869–1921), der Bildhauer Fedor Balavenskij (1865–1943) und der Maler und Pädagoge Ivan Makušenko (1867–1955).

In letzter Zeit haben auf dem Andrijivs'kyj uzviz viele kleinere Galerien und Souvenirläden eröffnet. In einem Töpferladen kann wunderschöne ukrainische Keramik besichtigt und auch gekauft werden. Zwei kleinere Studiotheater zeigen russische, ukrainische, aber auch Stücke ausländischer Autoren. Am Fuße des Andreashügels gibt ein liebevoll eingerichtetes Museum Einblick in die ereignisreiche Geschichte der Straße.

Das Restaurant und Café ›Maksim‹, vul. Bohdana Chmel'nyc'koho 21 (вул. Богдана Хмельницького), hat täglich außer Samstag von 12 bis 24 Uhr geöffnet. Hier kann man ganz in Ruhe leckere ukrainische Spezialitäten genießen.
Im Café ›Svitlycja‹ am Andrijivs'kyj uzviz 13 (Андріївський узвіз), geöffnet täglich von 11 bis 15 Uhr und von 16 bis 23 Uhr, verbreiten ein Kachelofen mit ukrainischen Motiven und Holzbänke eine wohlige Atmosphäre.
Ein Tip ist das Restaurant ›Podvirja‹ am Andrijivs'kyj uzviz 19, täglich von 11 bis 23 Uhr. Nicht billig!

Im Töpferladen, Andrijivs'kyj uzviz 10a, kann man sowohl moderne als auch typisch ukrainische Töpferwaren kaufen.

Die Ausstellung im Goldenen Tor ist Fr bis Di von 10 bis 17.30 Uhr und Mi von 10 bis 16.30 Uhr zu besichtigen.
Das ›Archivmuseum für Literatur und Kunst der Ukraine‹ in der Refektoriumskirche des Sophienklosters ist Fr bis Mi 10 bis 17 Uhr geöffnet.

Das ›Historische Museum‹, vul. Volodymyrs'ka 2 (вул. Володимирська), ist Do bis Di von 10 bis 18 Uhr und das ›Bulgakov-Museum‹, Andrijivsk'yj uzviz 13 täglich von 10 bis 18 Uhr geöffnet. Das ›Museum des Andreashügels‹ ist Mi bis So von 12 bis 19 Uhr, das Kavalleridze-Museum, Andrijivs'kyj uzviz 21, Di bis So von 11 bis 19 Uhr geöffnet.

Der Chreščatyk

In vergangenen Zeiten war der heutige Chreščatyk (вул. Хрещатик) ein einsames Tal, das von Schluchten durchzogen wurde. Durch dieses beliebte Jagdgebiet der Kiever verlief noch bis ins 18. Jahrhundert ein enger Weg ohne jegliche Bebauung. Er verband die drei Stadtteile Podil, Obere Stadt und Pečers'k miteinander. Erst Ende des 18. Jahrhunderts begann man mit der Urbanisierung des Waldstückes. Der ehemalige Pfad nahm nun eine beispielhafte Entwicklung. Schon in den Jahren 1804 bis 1806 wurde am Anfang der Straße das erste Kiever Stadttheater errichtet. Es bestand aus Holz und wurde 1851 wieder abgetragen. An seiner Stelle errichtete man das Hotel Evropejskaja, heute befindet sich an dieser Stelle das Haus der Ukraine, in dem früher das Leninmuseum untergebracht war.

Die Entwicklung boomte weiter. In den siebziger und achtziger Jahren des 19. Jahrhunderts wurden dreistöckige Häuser nebst Banken und Geschäften errichtet. Bis 1871 gab es auf dem heutigen Majdan Nezaležnosti (Майдан Незалежності) einen Jahrmarkt mit Zirkus. Noch in den neunziger Jahren des 19. Jahrhunderts fanden jährliche Pferdemärkte statt.

Der Chreščatyk entfaltete sich zur wichtigsten Straße Kievs. Auf ihr wurde 1891 die erste Linie einer Pferdestraßenbahn eröffnet. Schon im Jahre 1892 verband die erste elektrische Straßenbahnlinie den Chreščatyk mit Podil. Anfang des 20. Jahrhunderts übernahm der Chreščatyk die Rolle eines Handelszentrums, was sich auch im Bau neuer Gebäude ausdrückte. Im Jahre 1934 bekam die Straße eine Asphaltdecke, und der Trolleybus löste die Straßenbahn ab.

Schon zu Beginn der deutschen Besatzung wurde die Magistrale in Mitleidenschaft gezogen, wie ein Bericht des Chefs der Kiever Feuerwehr an den Bürgermeister zeigt: »Am 1. November 1941 um 8.45 Uhr brach am Chreščatyk 18, dem Haus der Duma, ein Feuer aus, in dessen Folge das Haus völlig abbrannte… Ungeachtet dessen, daß die Feuerwehrleute des Stadtteiles rechtzeitig am Ort des Feuers ankamen, und es genug Wasser gab, gelang es nur deshalb nicht, das Haus zu retten, weil die deutsche Kommandantur nicht erlaubte, das Feuer zu löschen«. Nach Beendigung des Zweiten Weltkrieges war der Chreščatyk völlig zerstört, nur zwei Häuser standen noch. Gleich nach dem Krieg begann man mit dem Neuaufbau.

In den zwanziger Jahren waren in der Sowjetunion viele Gebäude im konstruktivistischen Baustil entstanden. Der Stalinismus brachte eine Abkehr von

der Moderne und, in Ermangelung einer proletarischen Kunst- und Architekturtradition, eine Zuwendung zu neoklassizistischen Auffassungen. Allerdings kamen bei den Verzierungen nun auch Volkskunstmotive und Bauplastiken, welche die arbeitenden Menschen verherrlichten, zum Einsatz. Der Chreščatyk wurde in dieser Form des Sozialistischen Realismus, im stalinistischen ›Zuckerbäckerstil‹, wiederaufgebaut. Mit der Verbreiterung von 40 auf 80 Meter und der Zuführung von noch mehr Straßen erfolgte der Ausbau zur städtebaulichen Dominante.

Auf der Westseite stehen regelmäßig angeordnete administrative Gebäude, grob behauene Granitsockel und neoklassizistische Eingänge geben dem Ganzen ein strenges Gepräge. Auf der Ostseite wurde die Bauflucht dagegen aufgelockert. Kastanienalleen laden zum Spazieren ein. Die Gebäude sind reich mit Erkern, Bögen, Halbsäulen, Türmchen und Skulpturen verziert, welche Bauleute und Architekten darstellen. In der Endphase der Bebauung wurden die ideologischen Prämissen neu gesetzt. ›Wir sind nicht gegen Schönheit, wir sind gegen Verschwendung‹, lautete Chruščevs Devise. Deshalb mußten die Häuser spartanischer zu Ende gebaut werden. Das wird zum Beispiel am Flachdach des Hotel ›Moskva‹ deutlich, urspünglich war natürlich ein Turm geplant.

Den Chreščatyk erreicht man am besten mit der Metro über die Stationen ›Chreščatyk‹ (Хрещатик) oder ›Majdan Nezaležnosti‹ (Майдан Незалежності), unweit befindet sich die Station ›Teatral'na‹ (Театральна). In der vul. Červonoarmijs'ka (вул. Червоноармійська), der Verlängerung des Chreščatyk, sind es die Stationen ›Plošča L'va Tolstoha‹ (Площа Льва Толстого), ›Respublikans'kyj stadion‹ (Республіканський стадіон), ›Palac Ukrajina‹ (Палац Україна) und ›Lybids'ka‹ (Либідська). Entlang beider Straßen fährt der Trolleybus 20.

Promenieren auf dem Chreščatyk

Der Chreščatyk ist Zentrum des heutigen modernen Kiev und gibt der Stadt erst den Charakter einer hauptstädtischen Metropole. Die breite und belebte ›Vorzeigestraße‹ – über sechs Spuren wälzt sich alltäglich der Verkehr – wird von hohen Gebäuden gesäumt. Diese entsprechen der Vorstellung von monumentaler Architektur in der Sowjetunion der 50er Jahre. Auf jeden Fall wurde bei der Verwendung kostbarer Materialien wie Keramik oder rotem und grauem Granit nicht gespart.

In den oberen Etagen befinden sich teilweise geräumige Wohnungen, unten sind Kinos, Restaurants und Geschäfte untergebracht. Anders als später gebaute Magistralen lebt der Chreščatyk. Es ist die Einkaufsstraße Nummer eins in Kiev. Touristen werden schnell erkannt und Dollars gern genommen. Das gilt vor allem für die vielen Geldwechsler, die hier mit dickem oder auch dünnem Portemonnaie warten. Hier wird der Besucher auch häufig auf ein besonderes Gerät treffen, den Abakus. Flink wie die Wiesel huschen die Finger der Verkäuferin über ein Instrument, wo unsereins schnell den Taschenrechner gezückt hätte. Doch das hölzerne Gerät der Kassiererin ist schneller, energiesparend und zuverlässig. Bei dem Instrument handelt sich um ein von der Antike bis ins 16. Jahrhundert benutztes Rechenbrett. Die Bezeichnung Abakus stammt aus dem Lateinischen und wurde vom griechischen Wort für Tafel oder Brett – abach – abgeleitet. Mit den beweglichen Steinchen können die vier Grundrechenarten mühelos bewältigt werden. Die Steinchen werden hin- und herbewegt, bis man das Ergebnis ablesen kann. Wenn man einen Ukrainer fragt, wie das Ding funktioniert, wird er nur so staunen, denn das ist doch das Simpelste auf der Welt, was es gibt.

Bekannt ist diese Magistrale, zumindest in der ehemaligen Sowjetunion, durch staatliche Demonstrationen, die alljährlich stattfanden. Aber auch heute stehen hier und auf den angrenzenden Plätzen fast immer Menschen mit Plakaten und anderem Agitationsmaterial, mit dem sie demonstrieren oder gegen etwas protestieren.

Eine wichtige Rolle im Miteinander der Kiever spielen die Unterführungen zu den Metrostationen. Musiker suchen die Gunst des Publikums, Bettler erhoffen sich etwas Kleingeld. Es wird allerlei Kleinkram verkauft. Hier bietet sich auch oft die Möglichkeit, Theaterkarten zu erstehen. Auf jeden Fall: Den Chreščatyk kennt jeder. Und hat man sich einmal verlaufen oder in der Stadt die Orientierung verloren, hierher findet man immer wieder zurück.

Am Anfang der Straße, Chreščatyk 2, sieht man ein Mitte der 80er Jahre errichtetes Gebäude. An dieser markanten Stelle befand sich die Kiever Filiale des Zentralen Leninmuseums. Zwar gab es auch vorher schon ein solches, aber es entsprach nicht den Vorstellungen der Parteifreunde Lenins. 1985 eröffnet, diente der repräsentative Bau aus weißem Marmor nicht lange seinem eigentlichen Zweck, sondern wurde umfunktioniert und beherbergt nun wechselnde Ausstellungen und bietet verschiedenen Veranstaltungen Raum. Der Glanz sollte den Besucher

Legende

1 Haus der Ukraine (Український дім)
2 Philharmonie (Філармонія)
3 Sankt-Aleksander-Kirche (Олександрівський костьол)
4 Postamt (Поштамт)
5 Taras Ševčenko-Museum (Тараса Шевченка будинок-музей)
6 Zentrales Kaufhaus (Центральний універмаг)
7 Markthalle (Бессарабський ринок)
8 Scholem-Alejchem-Denkmal (Пам'ятник Шолом Алейхему)

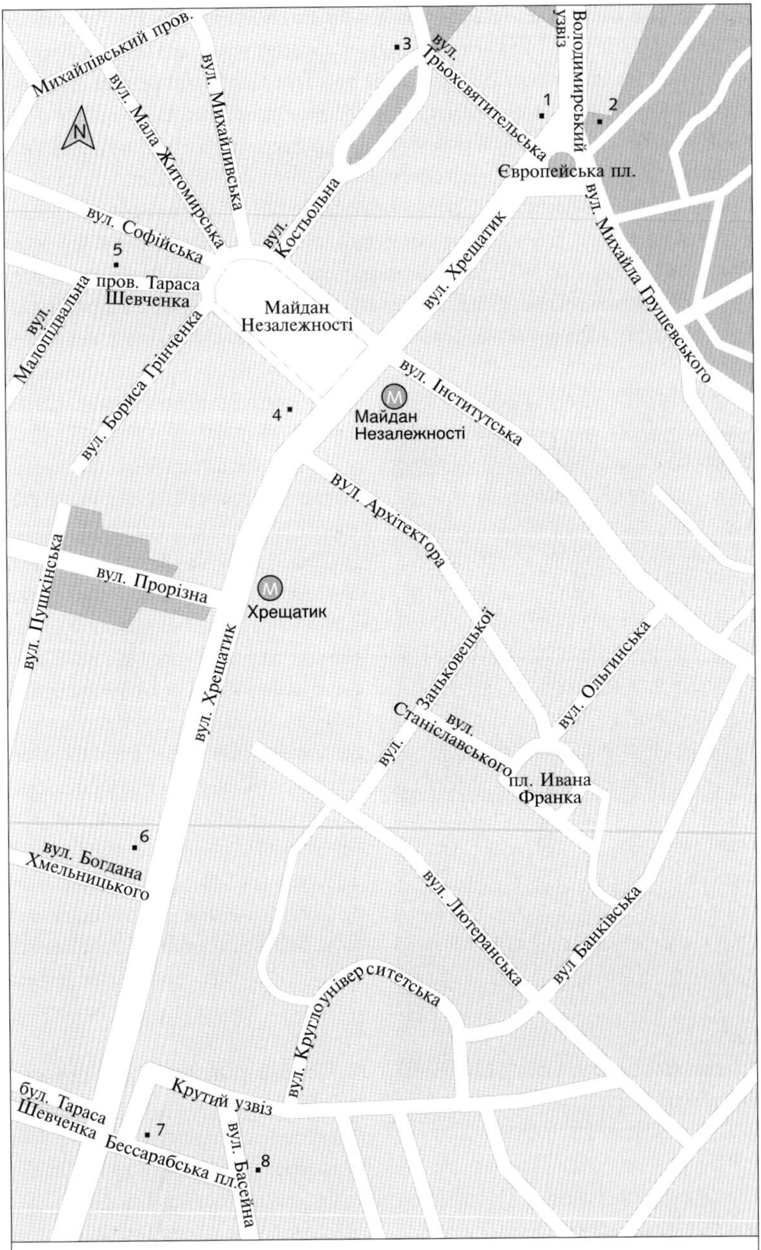

Der Chreščatyk

beeindrucken und einen würdigen Rahmen für das obligatorische Museum für den Führer der Oktoberrevolution abgeben – was aber hier reichlich verwendet wurde, sparte man im Wohnungs- und Sozialbau ein. Tritt man in das heutige Haus der Ukraine ein, ziehen links und rechts der Eingangstür zwei Gobelins die Aufmerksamkeit auf sich. Begibt man sich per Rolltreppe nach oben, schimmert das Gold der Kuppeln einer nahegelegenen Kirche durch das Oberlicht.

Wie als Relikt des alten Zarenreiches erhebt sich etwas oberhalb die Sankt-Aleksander-Kirche. Die zu Ehren Aleksander I. benannte Kirche, 1817 bis 1838 erbaut, beherbergte ab 1952 ein Planetarium und einen Teil des Fundus des Historischen Museums. In den 90er Jahren wurde die Kirche von Grund auf rekonstruiert. Es finden katholische Gottesdienste in polnischer, ukrainischer, russischer und englischer Sprache statt. Neben der Kirche befindet sich ein kleiner, ruhiger Park.

Demonstration auf dem Chreščatyk

In den 80er Jahren sorgte das Kiever Postamt, Chreščatyk 22, für viel Aufregung. Der Leichtsinn der Stadtväter gegenüber Bauschäden hatte Folgen. Fiel erst nur Stuck ab, stürzten dann gleich ganze Säulen über dem Haupteingang herunter. Der wichtigste Platz des Chreščatyk ist der ›Platz der Unabhängigkeit‹ (Majdan Nezaležnosti) – bis vor wenigen Jahren hieß er Platz der Oktoberrevolution. Das gewaltige Lenindenkmal und die Heldenplastiken vor dem Hotel ›Moskva‹ wurden entfernt und durch prowestliche Werbung ersetzt. In der kleinen, etwas bergan führenden prov. Tarasa Ševčenka 8a (пров. Тараса Шевченка) hält sich hinter einem hohen Holzzaun ein Taras Ševčenko-Museum versteckt.

Wandelt man weiter an den Geschäften entlang, kommt man zu einem Gebäude aus vergangenen Zeiten. Das Hochrelief ›Bauer mit Ochse‹ an der Fassade und die Gänse der Metalltüren verraten, was sich im Inneren der Jugendstilmarkthalle am Bessarabs'ka plošča 2 (Бессарабська площа) befindet: Was man in den staatlichen Läden oft vergeblich sucht, bietet sich hier in seiner schönsten Form dar. Kulinarisches aller Art, wie geräucherter Speck und eingelegter Knoblauch, Früchte aus wärmeren Gefilden und Blumen über Blumen. Entsprechend bunt sind die Marktschreier, neben dem sonnenverbrannten Tadschiken die wonnig lachende Frau vom Lande. Sehr rege ist das Markttreiben allerdings nicht, denn wer kann schon die horrenden Preise bezahlen?

Hinter der Markthalle beginnt die vul. Basejna (вул. Басейна), auf deren grünen Mittelstreifen in den letzten Jahren dem Schriftsteller Scholem Alejchem ein Denkmal gesetzt wurde. Er gehört neben Mendele Moicher Sforim (1835–1917) und Isaac Leib Perez (1852–1915) zu den drei großen Klassikern der jiddischen Literatur. Scholem Alejchem, der eigentlich Scholem Rabinovič hieß, wurde am 2. März 1859 in Perejaslav geboren und verbrachte seine Kindheit in der Klein-

Das Haus der Ukraine

stadt Voronkovo. Er erhielt teils jüdische Bildung im Cheder, teils weltliche Bildung in einer russischen Fachschule. Er verdingte sich als Hauslehrer und begann, zunächst hebräisch, zu schreiben. Bald wechselte er zum Jiddischen und debütierte 1883 mit der Novelle ›Zwej schtejner‹, die er mit ›Scholem Alejchem‹ (Friede sei mit Euch) unterzeichnete. In seinen Erzählungen und Romanen stellt er auf eindrucksvolle Weise den ostjüdischen Menschen mit seinen Vorzügen und

Die Gedenktafel für Golda Meir

Schwächen dar. 1894 begann er die Arbeit an seinem bedeutendsten Werk ›Tewje der Milchmann‹, der eine ganz im Volk verwurzelte Gestalt zeichnet und der auch als Musicalstoff (Der Fiedler auf dem Dach, Anatevka) Weltberühmtheit erlangte. 1905 emigrierte Scholem Alejchem in die USA, er starb am 13. Mai 1916 in New York. In dem Romanfragment ›Motl der Kantorssohn‹, begonnen um 1908, erlebt der Leser den Leidensweg der Auswanderer, ihre Enttäuschungen angesichts der Enge und Rücksichtslosigkeit amerikanischer Einwanderungsbehörden, den Kampf ums tägliche Brot in New York und die Konflikte zwischen den traditionsbewußten Vätern und den sich assimilierenden Söhnen.

An der vul. Basejna 5a wurde 1998 eine Gedenktafel für Golda Meir (1898 –1978) angebracht. Golda Meir wurde in Kiev geboren, 1906 wanderte sie mit ihrer Familie in die USA aus, wo sie sich der sozialistisch-zionistischen Bewegung anschloß. 1921 ging sie nach Palästina. Von 1969 bis 1974 war sie israelische Ministerpräsidentin.

Der Chreščatyk findet an der Markthalle sein Ende. Man kann entlang der vul. Červonoarmijs'ka (вул. Червоноармійська) weiter flanieren. Eine Kiever Synagoge befindet sich in der vul. Šota Rustaveli 13 (вул. Руставелі). Hinter der Synagoge befindet sich eine Sporthalle und das Kiever Stadion.

Für die Vermittlung von Kontrasterlebnissen sorgte der Architekt V. V. Gorodeckij (1863–1930). Beispiel dafür ist die katholische Kirche (1899–1909) an der vul. Červonoarmijs'ka, die heutige Konzerthalle für Orgel- und Kammermusik. Seine Phantasie, seinen Einfallsreichtum paarte der bekannte Baumeister, Jäger und ›Weltenbummler‹ mit Geschäftssinn. Er war Mitbesitzer einer Zementfabrik und wollte für sein liebstes Kind, den Beton, werben. Ob Klassik oder Neues gespielt wird – ein Besuch lohnt sich.

Den interessantesten Friedhof Kievs kann man von der Metrostation ›Palac Ukrajina‹ (Палац Україна) in einer Viertelstunde zu Fuß erreichen. Der Bajkovo-Friedhof (Байково) liegt westlich der vul. Černoarmijs'ka, und von der Metro aus folgt man zuerst der vul. Tvers'ka (вул. Тверська), überquert die Bahnlinie und

nutzt die Haupteingänge von der vul. Bajkova. Der Friedhof wird seit 1834 genutzt, und viele berühmte Leute Kievs und der Ukraine haben hier ihre letzte Ruhestätte gefunden. Der ältere Teil liegt links der Straße, hier befindet sich zum Beispiel das Grab von Lesja Ukrajinka. Der größere Teil der Nekropole liegt rechts der Straße. Besonders an der Hauptallee sind ungewöhnlich prachtvoll gestaltete Grabmale zu sehen. Nicht nur einfache Grabsteine, sondern Reliefs und Büsten sollen an berühmte und weniger berühmte Leute erinnern. Von Armeeoffizieren über Künstler bis zu revolutionären Arbeitern sind alle Schichten der Bevölkerung vertreten. Lysenko, der berühmte Komponist, und Hruševs'kyj, der erste Präsident der Ukraine, sind sicher zwei der bekanntesten der hier begrabenen Persönlichkeiten.

Am Chreščatyk (вул. Хрещатик) reihen sich Cafés und Restaurants aneinander. Nur einige von ihnen seien an dieser Stelle empfohlen: Nr. 6: ›Kavkaz‹, von 12 bis 23 Uhr, von 10 bis 18 Uhr gibt es sehr preiswerte Menüs; Nr. 19a: McDonald's, von 7 bis 24 Uhr; Nr. 15: ›Večernyj Kyjiv‹, von 11 bis 22 Uhr, Nr. 15: ›Apollo‹, von 12 bis 23 Uhr, italienische Küche; Nr. 23: ›Himalaya‹, von 12 bis 24 Uhr, indische Küche.

Am Chreščatyk findet man die größte Auswahl an Geschäften: Nr. 38/2: Kaufhaus; Nr. 30: Buchladen mit Kodakservice; Nr. 34: Porzellangeschäft; Nr. 54/2: Schmuckladen; in der vul. Červonoarmijs'ka 23 (вул. Червоноармійська) einen Souvenirladen; Nr. 29: Kunstgalerie; Nr. 36: Fotoladen.

Das Haus der Ukraine, Chreščatyk 2, ist täglich außer Montag von 10 bis 19 Uhr, So von 11 bis 19 Uhr geöffnet.
Die Literarische Ševčenko-Gedenkstätte liegt am prov. Ševčenka 8a (пров. Шевченка); in diesem 1835 erbauten Holzhaus wohnte Taras Ševčenko 1846/47, geöffnet Sa bis Do von 10 bis 18 Uhr, Di von 12 bis 20 Uhr, am letzten Do des Monats geschlossen.

In folgenden Kinos kann man sich einen Überblick über das Filmprogramm in Kiev verschaffen: Kino Družba, Chreščatyk 25; Kino Orbita, Chreščatyk 29; Kino Kiev, vul. Červonoarmijs'ka 19.
Weitere Kultureinrichtungen sind das Operettentheater, vul. Červonoarmijs'ka 53, die Konzerthalle für Orgel- und Kammermusik, vul. Červonoarmijs'ka 75 und der Kulturpalast Ukrajina, vul. Červonoarmijs'ka 103.

Pan'kivščyna

Jedem Liebhaber von ausgedehnten Museumsgängen sei dieses Viertel empfohlen, denn Kiev und vor allem Pan'kivščyna (Паньківщина) bergen eine Menge von Museen. Diese sind mit großem Aufwand entstanden und zeugen von der Liebe ihrer Erschaffer zum Objekt. Auch wenn man weder des Ukrainischen noch des Russischen mächtig ist, sollte man sich von einem Besuch nicht abhalten lassen.

Pan'kivščyna bietet aber noch mehr. Es ist ein Stadtteil, in den nicht jeder Tourist gelangt. Gerade hier abseits der typischen Touristenpfade eröffnet sich der Blick für den Alltag der Kiever. Hier findet man die Stolovajas, die berühmt-berüchtigten Speisesäle, wo einfaches Essen, dafür typisch für die Region, serviert wird. Es sind Tatjana und Mikola, vom Hilfsarbeiter bis zum Professor, die um die Mittagszeit den Restaurants ihr Ambiente geben. Qual der Wahl kennt man nur an besonderen Tagen, Tagesmenü ist üblich. An der Theke angekommen, deutet man am besten mit den Fingern auf das, was man möchte. Die Dame am Kochtopf schwingt dann ihre Kelle und schiebt einem das Essen zu. Bei der Dame handelt es sich zumeist um die Köchin höchstperönlich. Dieser Inkarnation einer ukrainischen Matka sollte man auf jeden Fall mit dem nötigen Respekt und einem gewinnenden Lächeln entgegentreten. Das i-Tüpfelchen einer jeden Speise ist die Smetana – saure Sahne, besonders fett. Dazu wird eine Unmenge Brot verschlungen.

Im Süden des Viertels fließt die Lybid'. Früher arbeiteten entlang des Flusses viele Mühlen. Im Zuge der Stadtentwicklung wurden die Ufer befestigt, und heute schlägt man sich mit dem Riesenproblem der Umweltverschmutzung herum. Im Osten bildet der Chreščatyk eine Grenze für Pan'kivščyna, dessen Gebiete sich südlich und nördlich des bul. Tarasa Ševčenka (бул. Тараса Шевченка) erstrekken. Einen westlich gelegenen Orientierungspunkt bietet der Bahnhof.

Beginnen kann man einen Rundgang von verschiedenen Metrostationen aus, so von den Stationen ›Universytet‹ (Університет), ›Plošča L'va Tolstoho‹ (Площа Льва Толстого) oder am besten vom Bahnhof aus, von der gleichnamigen Metrostation ›Vokzal'na‹ (Вокзальна). Das Gebiet ist verkehrstechnisch gut erschlossen, es fahren Straßenbahnen und Busse. Oft läßt sich jedoch das System, wer wann wohin fährt, schwer erkennen. Wahrscheinlich um den Alltag der Busfahrer etwas abwechslungsreicher zu gestalten, steht man kurzfristigen Änderungen sehr aufgeschlossen gegenüber – zum Ärger der Passagiere.

Noch im 16. und 17. Jahrhundert war Pan'kivščyna eine Siedlung außerhalb der Stadt, jedoch eng mit dieser verbunden. Seinen Namen erhielt das Viertel etwa Anfang des 16. Jahrhunderts von den Statthaltern der Kiever Metropoliten,

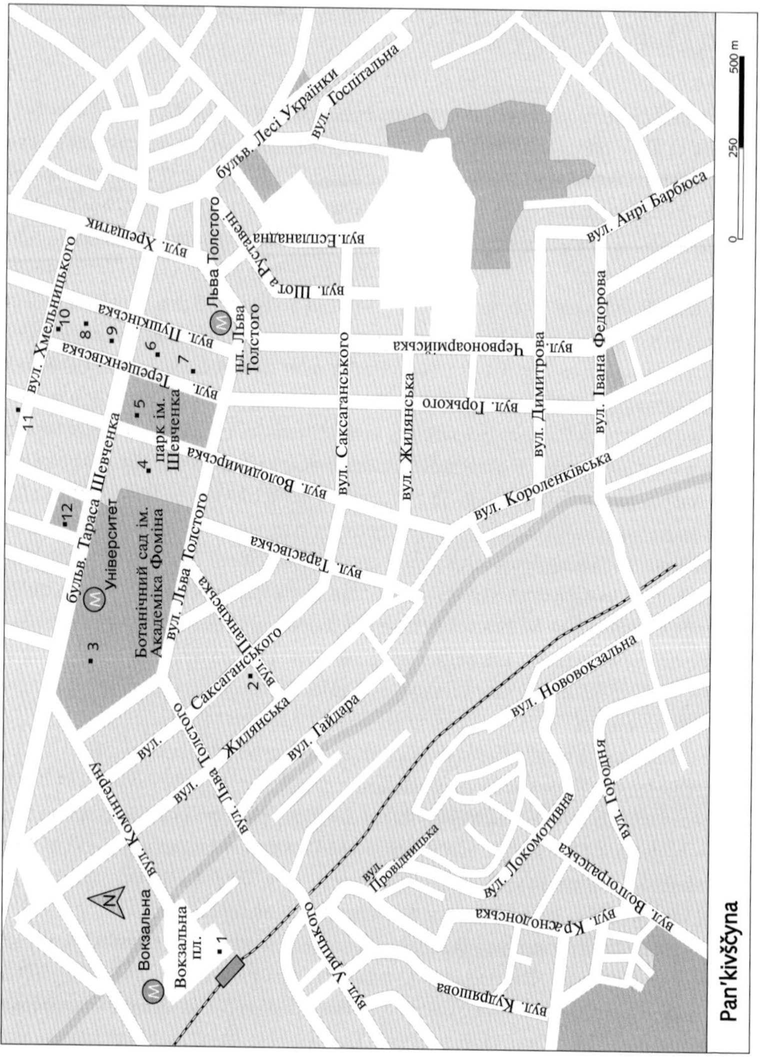

Legende

1 Bahnhof (вокзал)

2 Lesja-Ukrajinka-Museum, Lysenko-Museum (Музей Л. Українки)

3 Botanischer Garten (Ботанічний сад)

4 Universität (Університет)

5 Ševčenko-Park (Парк ім. Шевченка)

6 Museum der Russischen Kunst (Музей Російського мистецтва)

den Pan'kivščyns, welche die hier gelegenen Ländereien von 1516 bis 1577 verwalteten.

Die alten Straßennamen zeugen von den Berufen der Bewohner. Es waren Handwerker, die sich eigens nach ihren Gewerken in entsprechenden Straßen niederließen. In der heutigen modernen vul. Gor'koho (вул. Горького) ist vom Dröhnen der Schmiedehämmer allerdings nichts mehr zu hören, früher hieß diese Straße Kuznečnaja – die Straße der Schmiede. Viele der klangvollen alten Strassennamen sind verlorengegangen. Heute sind sie Poeten wie Lev Tolstoj, Ivan Franko und Maksim Gorkij, Künstlern, aber auch Naturwissenschaftlern gewidmet. Gerade die vul. Olesja Gončara (вул. Олеся Гончара) zeugt davon, wie schnell Straßen umbenannt wurden. Aus der ehemaligen Malovladimirskaja wurde 1911 die Stolypin-Straße, als Stolypin, Ministerpräsident im zaristischen Rußland, einem Attentat in der Kiever Oper zum Opfer fiel. Dann hieß sie Čkalov-Straße, zu Ehren des Piloten Čkalov, dem es 1937 als erstem sowjetischen Piloten gelang, die USA von Moskau aus via Nordpol ohne Stop zu erreichen. Es folgten noch zwei Umbenennungen, bis man sich für den heutigen Straßennamen entschied.

Als man im Jahre 1834 begann, die Kiever Universität zu bauen, erfolgte auch eine zunehmende Besiedlung des Gebietes, welches dann den Namen Novoe Stroenie (Neubau) beziehungsweise Lybids'ka erhielt.

Ein Rundgang durch Pan'kivščyna

Wem die Lust am Metrofahren noch nicht vergangen ist, was durch die totale Überfüllung während der Rush-hour leicht passieren kann, und wer den Prunk und Glanz der einzelnen Metrostationen genießen möchte, sollte sich an der Station ›Vokzal'na‹ (Вокзальна) nicht von den Menschenmassen treiben lassen, sondern verweilen. Auf dem Hintergrund weißer Wände heben sich bronzene Medaillons mit einem Durchmesser von bis zu zwei Metern ab. Deren Prägungen stellen Ereignisse der ukrainischen Geschichte dar. Für geschichtsbegeisterte Menschen eine tolle Sache – Kunst statt Reklame. Wer die Geschichtsträchtigkeit Kievs da-

7 Museum der Westlichen und Orientalischen Kunst (Музей Західного та східного мистецтва)
8 Tyčyna-Museum (Музей Тичини)
9 Ševčenko-Museum (Музей Шевченка)
10 Literaturmuseum (Музей Літератури)
11 Oper (Опера)
12 Vladimirkirche (Володомирський собор)

gegen schon über hat, sollte sich treiben lassen von den Menschen, die, bepackt mit vielen Dingen, wie Rucksäcken, Taschen und riesigen, mit Lebensmitteln gefüllten Netzen, sich zielstrebig dem Bahnhof zu bewegen.

Steht man vor dem Bahnhofsgebäude, erweckt die ungewöhnliche Form des Baukörpers Neugierde und den Wunsch einzutreten. Betritt man das Innere, ist die Überraschung komplett: anstelle einer einfachen zweckbetonten Halle eröffnet sich ein Saal, reich an Marmor und warm beleuchtet durch riesige vergoldete Kronleuchter. Vor allem die Details verkürzen ein Anstehen in einer der langen Schlangen. Manch einer wird den Bau auf die Zarenzeit datieren. Doch weit gefehlt, das Gebäude wurde erst 1929 bis 1932 errichtet. Den Entwurf dieses Konglomerats ukrainischen Barocks und konstruktivistischer Elemente lieferte A. M. Verbickij. Neueren Datums: das Fehlen der Leninbüste auf dem Treppenpodest gegenüber vom Haupteingang und das Vorhandensein eines internationalen Fahrkartenschalters links oben in der ersten Etage. Die Vorverkaufskassen für Bahntickets befinden sich allerdings am bul. Tarasa Ševčenka 38 (бул. Тараса Шевченка). Im Eingangsbereich gibt es Informationsschalter, von hier aus kann auch eine Hotelreservierung erfolgen. In den 50er und 60er Jahren erfolgte eine Erweiterung des Gebäudes, und zwar dort, wo sich heute die Zugänge zu den Bahnsteigen befinden. Zu sagen bleibt, daß es in der Ukraine nichts Ungewöhnliches ist, auf dem Bahnhof zu nächtigen, da man in der Regel weite Strecken fährt, oft die Anschlüsse nicht funktionieren oder es für den nächsten Zug keine Tickets mehr gibt. Entsprechend sieht das Nachtleben vor dem Bahnhof aus. Es werden

Am Bahnhof

Lesja Ukrajinka

Am 25. Februar 1871 wurde Larisa Kosač geboren. Sie entstammte einer nationalbewußten wolhynischen Adligenfamilie, die sich aktiv für den Ausbau gesellschaftspolitischer und kultureller Strukturen in der Ukraine einsetzte. Einen besonders starken Einfluß auf die junge Dichterin übte ihre Mutter aus, auf deren Vorschlag sie das Pseydonym Lesja Ukrajinka annahm.
Ihre ersten Gedichte veröffentlichte Lesja Ukrajinka in der Mitte der 80er Jahre des 19. Jahrhunderts, allerdings nur in den österreichisch-ungarischen Kronländern Galizien und Bukowina, denn 1876 trat der Zarenbefehl über das Verbot der ukrainischen Sprache in Wort und Schrift in Kraft. Die unmittelbare Berührung mit der gesellschaftspolitischen Wirklichkeit beeinflußten das literarische Schaffen der jungen Dichterin merklich.
Daneben sprechen aus ihren Gedichten viel Leid und tiefe Einsamkeit. Von Kindheit an kränklich, war sie gezwungen, sich zurückzuziehen. Oft konnte sie wegen starker Schmerzen am lauten Treiben ihrer Geschwister nicht teilnehmen.
Man nahm an, daß Lesja an starkem Rheumatismus litt. Doch es war nicht Rheuma, sondern Knochentuberkulose.
Die große Literatur Europas war der belesenen Dichterin bestens bekannt. Sie übersetzte west- und südeuropäische, polnische, russische und skandinavische Autoren ins Ukrainische. 1892 gab die Mutter Lesja Ukrajinkas einen Band mit Gedichten von Heinrich Heine heraus, deren Übersetzungen hauptsächlich von der gerade 21jährigen stammten.
Die Krankheit, die ihr Leben prägte, führte sie oft und über längere Zeiträume ins Ausland. Auf ihren Reisen in die Fremde sehnte sie sich sehr nach der Heimat, wollte sie doch dort aktiv am Leben teilnehmen. In der Auseinandersetzung um die nationalen und sozialen Probleme des Landes konnte sie nur die Literatur als Sprachrohr benutzen. Sie starb sehr jung am 1. August 1913 und wurde auf dem Bajkovo-Friedhof in Kiev beigesetzt.

Getränke, Backwaren und Zigaretten zu überhöhten Preisen verkauft, viele alte Mütterchen harren eines Käufers ihrer Blumen, der dann mit diesen seine ankommenden Freunde oder Verwandten begrüßt. Neben dem Bahnhof befindet sich der Bahnhof für die Nahverkehrszüge. Von hier aus kann man einen Vorortzug nehmen und ins Grüne fahren. Hochkonjunktur besteht natürlich am Wochenende, wenn es die Kiever hinauszieht auf ihre Datschas.

Die vul. Kominternu (вул. Комінтерну) hinab kommt man zum bul. Tarasa Ševčenka. Gegenüber der Straßeneinmündung befinden sich die Vorverkaufskassen für Bahnfahrkarten. Vor dem Eingangsbereich versuchen stets Leute, Fahrkarten zu verkaufen, die sie selbst nicht mehr brauchen. Die Intouristkassen liegen im Erdgeschoß links.

Auf dem grünen Mittelstreifen des Boulevard steht seit 1954 ein Denkmal für N. Ščors (1895–1919), einen kommunistischen Stadtkommandanten und Offizier im Bürgerkrieg 1917 bis 1919. Das Reiterstandbild ist antiken Vorbildern nachgeahmt und vierzehn Meter hoch. Angeregt durch Stalin, drehte der Regisseur Oleksandr Dovženko (1894–1956) 1939 einen Film über den ukrainischen Nationalhelden. In dem Film haben sich viele Erinnerungen und Erlebnisse des Autors niedergeschlagen.

Schräg zum bul. Tarasa Ševčenka verläuft die vul. Saksahans'koho (вул. Саксаганського). Hier stehen drei Häuser, deren Bewohner um die Jahrhundertwende das geistige Leben Kievs wesentlich mitbestimmten (vul. Saksahans'koho 93, 95 und 97). Ein Museum zu Ehren des ukrainischen Schriftstellers, Regisseurs und Theaterschaffenden M. Staričkyjs (1840–1904), der hier von 1898 bis 1904 wohnte, ist im Wiederaufbau begriffen. Im benachbarten Wohnhaus lebte und arbeitete der ukrainische Komponist, Musiker und Pädagoge Mykola Lysenko (1842–1912). In der ersten Etage des Lysenko-Museums kann man sein Leben in einer eindrucksvollen Dokumentation verfolgen. Es ist eine mit viel Sorgfalt und Sachkenntnis zusammengestellte Ausstellung von Zeugnissen, Urkunden, Musikinstrumenten, Briefen und Fotos. In der oberen Etage kann man sich in die Kiever Welt der Jahrhundertwende zurückversetzen, das Privatleben Lysenkos und seiner Freunde kennenlernen. Gleich nebenan befindet sich das Lesja-Ukrajinka-Museum.

Nur einige Minuten von den Museen entfernt befindet sich der Botanische Garten der Universität. Hier hat der Kiever Wetterfrosch sein Domizil gefunden. Die Meteorologische Station, vul. Tol'stoho 14 (вул. Льва Толстого), wurde 1847 nach einem Entwurf des Architekten V. I. Beretti (1781–1842) erbaut. Der aus Sankt Petersburg kommende Baumeister lieferte auch die Pläne für das Gebäude der Universität (1837–1842) in der vul. Volodymyrs'ka 60 (вул. Володимирська). Das viereckig geschlossene Bauwerk besitzt eine Hauptfassade von fast 146 Meter Länge. Sehr einprägsam ist deren einfache, aber ausdrucksvolle Gestaltung. Anziehungspunkt des im späten russischen Klassizismus errichteten Gebäudes ist der

Die Kiever Universität

Haupteingang, geschmückt von Portikus und ionischen Säulen. Die Farbgebung – die Fassade ist rot, schwarz sind hingegen die gußeisernen Säulen und Kapitelle – entspricht den Farben des Ordens des Heiligen Vladimir, der 1782 gegründet wurde. Dessen Devise ›Nutzen, Ehre und Ruhm‹ wurde von der Universität übernommen. Während des Zweiten Weltkrieges wurde das Gebäude zerstört und nach dem Krieg wieder originalgetreu aufgebaut. In den beiden hinteren Gebäudeecken befanden sich ursprünglich eine orthodoxe und eine katholische Kirche. Fragt man die heutigen Studenten danach, sind Schulterzucken oder erstaunte Blicke die Antwort. Das Innere der Universität zu besichtigen lohnt sich kaum.

Gegenüber der Universität befindet sich der Ševčenko-Park mit einem Ševčenko-Denkmal. Es ist ein Ort, den die Kiever sehr mögen. Sie verweilen gern auf den Bänken des Parks. Es sind vor allem die Großmütterchen mit ihren Kopftüchern, die jungen Frauen mit ihren Kindern, und die alten Männer, oft eine Machorka rauchend, die sich hier treffen. Die alten Männer kommen hier, egal wie warm oder kalt es ist, gerne zu einer Partie Schach zusammen, um dabei eifrig zu politisieren.

Unterhalb des Parkes in der vul. Tereščenkivs'ka 11 (вул. Терещенківська) befindet sich das Museum der Russischen Kunst. Auf drei Etagen kann man in 35 Räumen Kunstwerke des 12. Jahrhunderts bis heute sehen. Das älteste Exponat ist eine Ikone der beiden Heiligen Boris und Gleb, welche in einem Novgoroder Kloster gefunden wurde. Ausgestellt werden auch einige Werke von Ilja Repin

(1844–1930), so die Studie ›Kopf eines Bauern‹ zu dem Gemälde ›Kreuzprozession im Gouvernement Kursk‹ (1880–1883). Zu sehen sind auch einige Aquarellskizzen zu nicht verwirklichten Wandmalereien der Vladimirkathedrale von Michail A. Vrubel' (1856–1910). Die Ausstellung der Malerei wird durch eine kleine Sammlung von Werken der russischen und sowjetischen angewandten Kunst abgerundet. Heute wieder populär und von Sammlern begehrt sind Beispiele des sowjetischen Agitationsporzellans der 20er und 30er Jahre. Eine Kostprobe davon kann man ebenfalls im Museum sehen.

In der vul. Tereščenkivs'ka 15 ist das Museum der Westlichen und Orientalischen Kunst untergebracht. Zu den Kostbarkeiten des Museums zählen einige frühbyzantinische Ikonen und chinesische Malereien des 14. bis 19. Jahrhunderts.

Aller guten Dinge sind drei, und so hat auch die vul. Tereščenkivs'ka ein weiteres Museum zu bieten. Im Haus 5 befindet sich die Wohnung des ukrainischen Schriftstellers Pavlo G. Tyčyna (1891–1967), der in den 50er Jahren Bildungsminister der Ukraine, später Vorsitzender des Obersten Sowjets der Ukrainischen Sowjetrepublik war. Die Bibliothek des Poeten enthält etwa 15 000 Bände. Tyčyna ist vor allem durch seine Lyrik bekannt. Er war Publizist, kongenialer Übersetzer und Essayist. Er entstammt der Familie eines Dorfgeistlichen, studierte an der Kiever Handelshochschule und arbeitete in verschiedenen Redaktionen und Verlagen. Sein erster Gedichtband erschien 1918. Die frühen Gedichte bilden eine Synthese aus Elementen ukrainischer Volksdichtung und zeitgenössischer literarischer Strömungen des russischen und französischen Symbolismus. In den 20er Jahren gehörte Tyčyna der literarischen Gruppierung VAPLITE (Freie Akademie der Proletarischen Literatur) an, die sich in einer schnellebigen revolutionären Zeit die Erhöhung der künstlerischen Qualität zur Aufgabe gemacht hatte. VAPLITE wurde zwangsaufgelöst und die Mitglieder vor die Wahl gestellt, als bürgerliche Nationalisten und Feinde des Volkes zu gelten oder auf die neue Linie umzuschwenken. Tyčynas Entscheidung spiegelt sich in dem 1934 verfaßten Band ›Die Partei führt an‹ wieder. Im Poem ›Skovoroda‹ wird die Zerissenheit Hryhoryj Skovorodas, eines Wanderphilosphen und Dichters des 18. Jahrhunderts, geschildert. In der ersten Etage des Hauses befindet sich das kleine Museum, wo man auch nach der Wohnung Tyčynas fragen kann. Die befindet sich in der zweiten Etage und kann nur in Begleitung einer Museumsdame in Augenschein genommen werden, was man nicht verpassen sollte.

Im Haus San-Donato, so benannt nach dem italienischen Fürstentitel, den ein hier wohnender Kiever Bürgermeister innehatte, befindet sich das Taras-Ševčenko-Museum. In Kiev ist die Universität nach Taras Ševčenko benannt, ein Park trägt seinen Namen, es gibt eine Metrostation ›Tarasa Ševčenka‹ und das Museum befindet sich auf dem bul. Tarasa Ševčenka 12 (бул. Тараса Шевченка). Schon daraus läßt sich die Bedeutung des Malers und Schriftstellers für das ukrainische Volk ablesen. Das Innere des Gebäudes an sich wie auch die Sammlung sind Meisterwerke für sich. Es gibt alles zu sehen, was sich rund um Taras Ševčenko und seine Zeit bewegt.

Das Nationale Lesja-Ukrajinka-Theater befindet sich unweit des Chreščatyk, in der vul. Bohdana Chmel'nyc'koho 7 (вул. Богдана Хмельницького). Die Erlangung der staatlichen Souveränität Anfang der 90er Jahre war auch mit der Hoffnung auf eine Wiedergeburt des nationalen Theaters verbunden. Es entstanden unzählige neue Theatertruppen. Man begann Stücke zu spielen, die bisher verboten waren. Zunächst waren es Werke von Autoren, die das System kritisierten, später Standardwerke des westlichen absurden Theaters, schließlich modernistische Nationalliteratur. Das Repertoire der Theater umfaßte Werke der nationalen Klassik – von Lesja Ukrajinka und Volodymyr Vynnyčenko – und Dramatikern, die einer Künstlergeneration angehörten, die Anfang der 30er Jahre den Repressionen zum Opfer fielen. Diese kurze Blütezeit des ukrainischen Theaters fand Mitte der 90er Jahre ihr Ende. Die Ukraine erlebte eine ökonomische Talfahrt und einen sozialen Verfall. Der allgemeine Enthusiasmus versiegte, das Ansehen der Künstler in der Gesellschaft sank unglaublich ab, und viele ukrainische Regisseure begannen mehr und mehr, das westliche Boulevardtheater zu kopieren. Man orientierte sich am Geschmack des Massenpublikums. Theater sollte unterhaltsam und wiedererkennbar sein. Banale Melodramen, seichte Komödien und ausländische Klassikadaptionen verdrängten sowohl russische als auch ukrainische Gegenwartsstücke.

Das Opernhaus

Mykola V. Lysenko

Das Bewahren eigener Kulturtraditionen und der Kampf um nationale Selbstständigkeit prägten das kulturelle Leben der Ukraine im 19. Jahrhundert. Lysenko (1842–1912), seiner Abstammung nach halb Ukrainer, halb Russe, fühlte sich beiden Kulturen gleichsam verpflichtet. Seine Mutter lehrte ihn die französische und deutsche Sprache und eröffnete ihm die Welt der Musik.

Zunächst zog es Lysenko an die Kiever Universität. Er interessierte sich für die Naturwissenschaften. Zugleich widmete er jede freie Minute dem Studententheater. In den Ferien zog er mit seiner Truppe übers Land und sammelte in den Dörfern ukrainische Volkslieder und Märchen. Immer mehr wurde die Musik zum Mittelpunkt im Leben Lysenkos.

1867 verließ er seine Heimat und fand im Leipziger Konservatorium einen Ort, um seinen Neigungen nachzugehen. Innerhalb von nur zwei Jahren absolvierte er ein Studium im Fach Klavier und gab eine erste Sammlung ukrainischer Volkslieder heraus.

Nach Kiev zurückgekehrt, wurde 1872/73 eine seiner ersten Opern erfolgreich aufgeführt. Eine Laienbühne gab die nach einem Libretto von M. Starickyj verfaßte Oper ›Die Nacht vor Weihnachten‹. Schon ein Jahr später, nämlich 1874, erfolgte eine Inszenierung am Städtischen Theater. Lysenko, engagierte sich zudem gesellschaftlich wie kaum ein anderer und organisierte zum Beispiel Benefizkonzerte für Hungernde im Samarer Bezirk.

Unermüdlich propagierte er die ukrainische folkloristische Musik, er publizierte sie in Sammlungen, verfaßte musiktheoretische Arbeiten und gab Konzerte. Noch ein zweites Mal verließ Lysenko Kiev. Von 1874 bis 1876 studierte er in St. Petersburg bei Rimski-Korsakov. Am eigenen Leibe lernte Lysenko die Arroganz der Russen gegenüber der Kultur der Ukrainer kennen. Seine nach einer Novelle von Gogol komponierte Oper ›Taras Bul'ba‹ über das Leben der Kosaken wurde zu Lebzeiten des Komponisten nie aufgeführt, obwohl sie großes Interesse bei Rimski-Korsakov und Tschaikowskij fand und diese sich für eine Aufführung einsetzten.

1904 gründete Lysenko in Kiev eine Schule für Musik und Dramaturgie. Als seine Lebensgefährtin Olga Antonova bei der Geburt des fünften Kindes, des Sohnes Taras, starb, oblag nun ihm die Erziehung der Kinder, und so blieben nur die Nachtstunden zur schöpferischer Tätigkeit. Dennoch war das Haus Lysenkos ein Magnet des kulturellen Lebens. Er prägte die ukrainische Musik maßgebend; Zeit seines Lebens verkörperte er das ukrainische Nationalbewußtsein.

Im Oktober 1871 wurde in Kiev eine private Schule für Jungen ab dem 16. Lebensjahr gegründet. Die Idee dazu stammte von Pavel Galagan, dessen Sohn im Jugendalter verstorben war und an den er mit der Schule erinnern wollte. Im Kollegium Pavel Galagan, so der Name der Schule, konnten sowohl Kinder bessergestellter Eltern als auch mittellose Schüler studieren. Für letztere gab es Stipendien. Finanziert wurde das Ganze von den Einkünften des Initiators, der in den Gouvernements Poltava und Černihiv etwa 11 500 Desjatinen (eine Desjatine entspricht etwa einem Hektar) Land besaß und die daraus resultierenden Einkünfte für die Schule verwendete. Heute befindet sich im ehemaligen Schulgebäude in der vul. Bohdana Chmel'nyc'koho 11 das Museum der Ukrainischen Literatur. Ein Blick hinein lohnt sich auf jeden Fall, vor allem in die gut erhaltene Bibliothek. In bis an die Decke reichenden, aus Eiche gefertigten, Bücherschränken stehen etwa 10 000 Bände. Auch Ivan Franko (1856–1916) wußte die Bibliothek zu schätzen. Er arbeitete hier 1885 und 1886. In weiteren Räumen des Museums wird ein Abriß der Geschichte der ukrainischen Literatur gegeben.

Im Jahre 1896 brannte das alte Stadttheater ab, und an seiner Stelle wurde nach einem Projekt des deutschen Architekten V. Schröter die heutige Kiever Oper erbaut. Auch Rimski-Korsakov (1844–1908) und Tschaikovskij (1850–1916) sahen sich hier Inszenierungen ihrer Stücke an, und vielleicht nimmt man ja gerade ihren Platz ein, wenn man der Oper einen Besuch abstattet. Das Kiever Opernhaus war auch die Bühne, die als erste Werke ausländischer Autoren oder Komponisten in ukrainischer Sprache spielte, aber auch einheimischer, so von Lysenko ›Taras Bul'ba‹ oder ›Natalka Poltavka‹. Auf dem Theatervorplatz befindet sich ein Lysenko-Denkmal. Nicht weit entfernt vom Opernhaus, auf der vul. Bohdana Chmel'nyc'koho 21, lädt ›Maksim‹, ein Restaurant und Café, zum gemütlichen Verweilen ein. Etwas unterhalb der Oper, an der Ecke vul. Bohdana Chmel'nyc'koho und vul. Volodymyrs'ka (вул. Володимирська), bietet eine Theaterkasse Karten für fast alle großen Häuser Kievs an. Von hier eröffnet sich noch einmal ein Blick auf den Chreščatyk. In der vul. Bohdana Chmel'nyc'koho 27 gibt es ein kleines Medizinmuseum. Wenige Schritte weiter hatten Kiever Schriftsteller im Literaturhaus, Nr. 68, ihr Zuhause, wovon die unzähligen Wandtafeln zeugen.

An der vul. Volodymyrs'ka 57 befindet sich das Haus des Lehrers, ein imposanter Bau, der 1911 vollendet wurde. Früher beherbergte das Haus das Leninmuseum, bevor dieses seine neue Heimstatt am Chreščatyk fand. Neben dem Haus der Lehrer ist ein Denkmal für den ukrainischen Historiker M. Hruševs'kyj (1866–1934) zu sehen.

Die Vladimirkirche auf dem bul. Tarasa Ševčenka 20 (бул. Тараса Шевченка) ist im russisch-byzantinischen Baustil gehalten. Die Beteiligung vieler Architekten führte zu einem gewissen Eklektizismus. Eine Kostbarkeit der dreischiffigen Kreuzkuppelkirche ist die prunkvolle Eingangstür. Vor blauem Emaillegrund heben sich die Bronzereliefbilder der Fürstin Olga und des Fürsten Vladimir ab, denn sie war die erste Russin in der Geschichte, die sich taufen ließ, und Vladimir machte das Christentum zur Staatsreligion. Die Kirche wurde 1862 bis 1882 errichtet. Ursache für die lange Bauzeit waren vor allem die hohen Kosten. Im westlichen Teil der Kathedrale, an den Wänden des Mittelschiffes, befinden sich rechts und links des Eingangs die Kompositionen ›Die Taufe des Fürsten Vladimir‹ und ›Die Taufe Rußlands‹. Die Bemalungen des Mittelschiffes der Kathedrale und der Altarapsis stammen von Viktor Vasnecov (1848–1926). Neben den traditionellen Sujets der christlichen Ikonografie sind bedeutende Persönlichkeiten des altrussischen Staates dargestellt. Die originellen Ornamente an den Bögen und den Wänden stammen von Michail Vrubel' (1856–1910). Täglich um 18 Uhr kann man einem Gottesdienst mit herrlicher Chormusik beiwohnen.

Café im Hotel ›Kooperator‹, Ecke vul. Volodymyrs'ka/vul. Saksahans'koho (вул. Володимирська/вул. Саксаганського), täglich von 8.30 bis 21 Uhr, Pause von 15 bis 17 Uhr.
Restaurant im Hotel ›Lybid‹ am pl. Peremohy (пл. Перемоги), slawische Küche, täglich von 8 bis 11 Uhr und 13 bis 23 Uhr. Nachtbar täglich von 20 bis 2 Uhr.
Café ›Najada‹, vul. Saksahans'koho 107 (вул. Саксаганського), täglich von 11 bis 23 Uhr.
Restaurant ›Drakon‹ vul. Saksahans'koho 129, chinesische Küche, täglich von 13 bis 23 Uhr.
Café ›Kuznečnij‹, vul. Gor'koho 3 (вул. Горького), täglich von 11 bis 23 Uhr, angenehme Atmosphäre.
Café ›Aljur‹, vul Gor'koho 3a, täglich von 11 bis 23 Uhr.

Antiquitätenladen im Haus des Lesja-Ukrajinka-Museums, vul. Saksahans'koho 95 (вул. Саксаганського).
Souvenirladen, vul. Bohdana Chmel'nyc'koho 12 (вул. Богдана Хмельницького).
Kaufhaus ›Ukrajina‹, pl. Peremohy (пл. Перемоги), Mo bis Fr von 9 bis 20 Uhr, Sa 10 bis 19 Uhr.
Theaterkasse: an der Ecke vul. Bohdana Chmel'nyc'koho/vul. Volodymyrs'ka (вул. Богдана Хмельницького/вул. Володимирська), Mo bis Fr von 10 bis 20 Uhr, Sa, So 12 bis 18 Uhr.

Lysenko-Gedenkstätte, vul. Saksahans'koho 95 (вул. Саксаганського), Di bis So von 10 bis 17 Uhr.
Lesja-Ukrajinka-Gedenkstätte, vul. Saksahans'koho 97 (вул. Саксаганського), Mi bis Mo von 10 bis 17 Uhr.
P. G. Tyčyna-Gedenkstätte, vul. Tereščenkivs'ka 5 (вул. Терещенківська), täglich 10 bis 17.30 Uhr.
Museum für Russische Kunst, vul. Tereščenkivs'ka 9 (вул. Терещенківська), Mo von 11 bis 18 Uhr,

Di, Fr bis So von 10 bis 18 Uhr; Mi, Do und am letzten Mo des Monats geschlossen.
Das Museum für Westliche und Orientalische Kunst, vul. Tereščenkivs'ka 15 (вул. Терещенківська), Mi bis So von 10.30 bis 17 Uhr.
Taras-Ševčenko-Museum, bul. Tarasa Ševčenka 12 (бул. Тараса Шевченка), Di bis So von 10 bis 18 Uhr, Mo geschlossen.
Museum der Ukrainischen Literatur, Kollegium Pavel Galagan, vul. Bohdana Chmel'nyc'koho 11 (вул. Богдана Хмельницького), Mo bis Sa von 9 bis 17 Uhr, So und letzten Fr des Monats geschlossen.
Naturkundemuseum, vul. Bohdana Chmel'nyc'koho 15 (вул. Богдана Хмельницького), Fr bis Di von 10 bis 17 Uhr.

Pečers'k

Neben der Oberen Stadt und Podil ist Pečers'k (Печерськ) einer der ältesten Stadtbezirke Kievs. Der Name Pečers'k ist eng mit dem Höhlenkloster verbunden, denn die ›peščery‹ sind Höhlen, die den Ausgangspunkt für die Gründung einer der bedeutendsten Klosteranlagen des alten Rußland bildeten.

Auf die Frage, wo man in Kiev wohnen möchte, wird heute Pečers'k die Antwort sein. Rund um das Höhlenkloster hat sich eine der beliebtesten Wohngegenden Kievs herausgebildet. Es gibt viel Grün, und bei der städtebaulichen Planung war man großzügig. Hinzu kommt die Zentrumsnähe unweit des Chreščatyk.

Pečers'k ist am rechten Dneprufer im Süden der Stadt gelegen. Das Gebiet ist verkehrstechnisch gut erschlossen und günstig zu erreichen. Ausgangspunkt für eine Exkursion durch Pečers'k können verschiedene Metrostationen sein. Kommt man vom Chreščatyk, ist es die Station ›Chreščatyk/Majdan Nezaležnosti‹ (Хрещатик/Майдан Незалежності). Am Beginn der vul. Mychajla Hruševs'koho (вул. Михайла Грушевського) ist eine Haltestelle des Trolleybusses 20 gelegen, mit dem man bis zum Höhlenkloster fahren kann. Andere Möglichkeiten wären, an der Metrostation ›Arsenal'na‹ (Арсенальна) auszusteigen oder am Dneprufer, an der Station ›Dnipro‹ (Дніпро), zu beginnen.

Die Mönche, die schon seit langem die Höhlen im Steilhang des Dnepr südlich der Stadt (unweit der Sommerresidenz Berestovo) bewohnten, wurden 1051 zu einer Klosterorganisation zusammengeschlossen. Ende des 12. Jahrhunderts siedelten sich rund um das Kloster Handwerker, Kaufleute und abhängige Bauern an, die sich Häuser unweit der Klosteranlage errichteten. Neben dem Kloster gab es ein Hotel für die vielen Pilger, die das Kloster und vor allem die Höhlen besuchten. Im 17. Jahrhundert war das Kiever Höhlenkloster größter Landbesitzer in

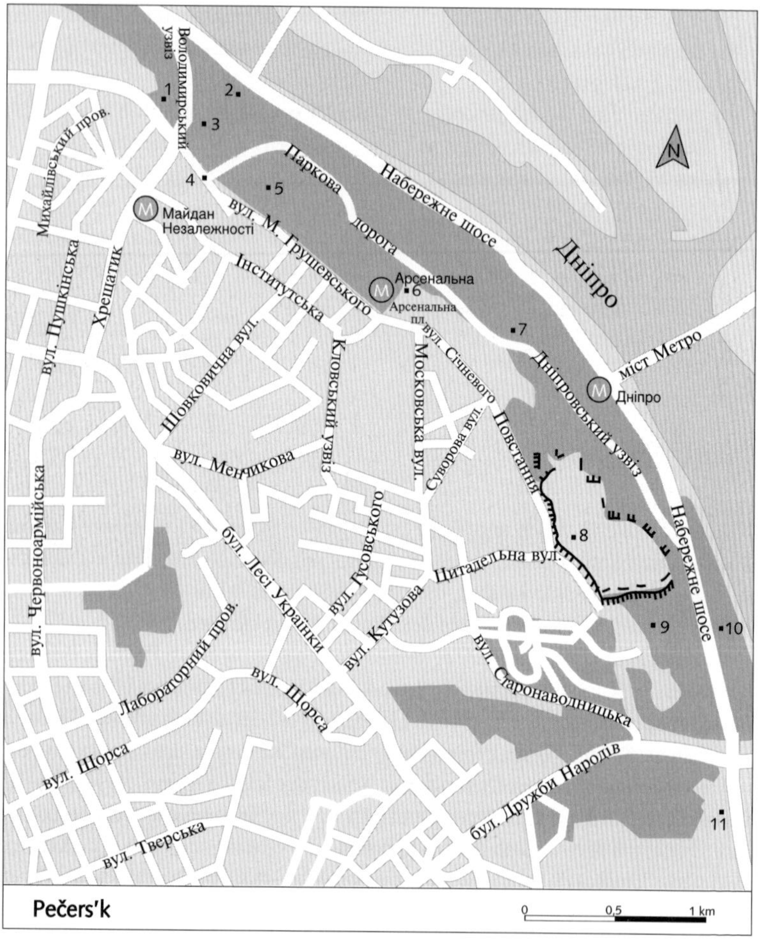

Legende

1 Vladimir-Denkmal (Пам'ятник Князю Володимиру)
2 Säule des Magdeburger Rechts (Пам'ятник Магдебурзького права)
3 Philharmonie (Філармония)
4 Museum der Ukrainischen Bildenden Kunst (Художній музей)
5 Marienpalast (Маріїнський палац)
6 Arsenal-Denkmal (Пам'ятник Арсенальцям)
7 Park mit Askolds Grab (Парк ›Аскольдова Могила‹)
8 Höhlenkloster (Печерський монастир)
9 Mutter Heimat (Родина мать)
10 Denkmal für die Begründer Kievs
11 Vydubickyj-Kloster

Blick über den Dnepr auf Pečers'k

Kiev und der Ukraine. Es besaß Ländereien in Weißrußland und in Litauen. Die ökonomische Position verstärkte den Einfluß auf das öffentliche Leben der Stadt. Anfang des 18. Jahrhunderts besuchte Peter I. einige Male die Stadt und studierte aufmerksam die alten Stadtbefestigungen. 1706 befahl er den Bau einer neuen Festung im Gebiet des Kiever Höhlenklosters. 1711 zogen die Administration der Stadt und die Gouvernementsregierung auf das Territorium der neuen Festung um. Das gesamte Pečers'ker Gebiet war von hohen Erdwällen umgeben. Damit erlangte der Siedlungskern eine größere Bedeutung innerhalb des gesamten Stadtgebietes. Die militärischen Befestigungen sind zum Teil noch heute in der Physiognomie der Stadt erkennbar.

Nachdem ein Projekt zur generellen Rekonstruktion Kievs, das eine weitsichtige Neuplanung der Straßen vorsah, abgelehnt worden war und 1786 eine große Frühjahrsüberschwemmung die Untere Stadt verschluckte, wurde ein neuer Plan für die Stadt und damit auch Pečers'k ausgearbeitet. Die Bebauung sollte sich auf die Anhöhen und so auch auf Pečers'k konzentrieren.

Im 19. Jahrhundert war Pečers'k als gemütliches Wohnviertel bekannt, in dem komfortable Wohnhäuser gebaut wurden. Die drei Siedlungskerne Obere Stadt, Podil und Pečers'k wuchsen zu einem Gefüge zusammen, als der Chreščatyk eine bindende Funktion übernahm.

Ein Rundgang durch Pečers'k

An der Philharmonie, die zur Zeit renoviert wird, nimmt ein Weg durch den wundervoll oberhalb des Dneprufer gelegenen Park seinen Ausgang. Zunächst kann man aber dem Volodymyrs'kyj uzviz (Володимирський узвіз), dem Vladimirhang, in Richtung Dneprufer folgen. Linker Hand erhebt sich der Vladimirberg. An seinem Hang wurde 1853 ein Denkmal zu Ehren des Fürsten Vladimir (seit 980 Kiever Fürst, gestorben 1015) eingeweiht. Auf Veranlassung Vladimirs erfolgte 988 die Christianisierung der Kiever Rus'. Die Fürstenfigur hält in ihren Händen das Kreuz und die Fürstenmütze. Das Postament ist mit dem alten Kiever Stadtwappen und dem Flachrelief ›Die Taufe der Rus'‹ geschmückt. Rechter Hand der Straße, in Grün gebettet, erhebt sich die Säule des Magdeburger Rechts, ein erstmals 1188 kodifiziertes Recht. Es räumte vor allem den Kaufleuten weitgehende Befugnisse und Freiheiten ein und garantierte damit ein Aufblühen der Handelsstädte. Im 13. Jahrhundert fand es weite Verbreitung. Anfang des 15. Jahrhunderts wurde es auch von der Stadt Kiev angenommen. Folgt man der Straße bergab, gelangt man zum Dneprufer.

Zurück zur Philharmonie, kann der Rundgang am Monument zu Ehren der Wiedervereinigung Rußlands mit der Ukraine beginnen. Von den Kievern wird es einfach nur Raduga, Bogen, genannt, als Symbol der Vereinigung Rußlands und der Ukraine. Darunter stehen zwei Skulpturengruppen. In der ersten schwenken ein Russe und ein Ukrainer gemeinsam über ihren Köpfen das Band der Völkerfreundschaft. Die Symbolik spricht für die Entstehungszeit des Denkmals, 1982, die Brežnev-Ära. Im Mittelpunkt der anderen Skulpturengruppe steht Bohdan Chmel'nyc'kyj. Vom erhöht gelegenen Platz aus ist ein wunderschöner Ausblick auf den Dnepr zu genießen. Zum Höhlenkloster führen zwei Wege, einer durch den hier beginnenden Park und einer entlang der Straße. Sie ist eine der Magistralen des alten Pečers'k. Die ersten Bauten in diesem Teil von Pečers'k gehen auf die Mitte des 18. Jahrhunderts zurück. Das Museum der Ukrainischen Bildenden Kunst befindet sich in einem 1897 bis 1900 erbauten Gebäude in der vul. M. Hruševs'koho 6 (вул. Грушевського). Hier befindet sich eine der bedeutendsten Sammlungen der ukrainischen Malerei, Graphik und Plastik. Es werden Exponate ab dem 13. Jahrhundert gezeigt, unter anderem ukrainische Ikonen aus dem 14. bis 18. Jahrhundert, Volksmalerei des 17. und 18. Jahrhunderts und Portraitmalerei des 18. Jahrhunderts.

Der Architekt Ivan Fomin ist Schöpfer des 1935 bis 1937 errichteten Monumentalbaus, der sich oberhalb des Museums bombastisch erhebt und in dem einige Ministerien untergebracht sind.

An der Parkseite der Straße steht das Regierungsgebäude der Ukraine. Viele Demonstrationen der neueren Zeit nehmen hier ihren Ausgangspunkt. Der Mari-

Die Philharmonie

enpalast des Parkes wurde 1750 bis 1755 im Stil des Barock errichtet. Der mittlere Gebäudeteil ist zweigeschossig, die Flügel bestehen aus nur einem Geschoß. Nach einem Brand 1819 war der obere Teil des Hauptgebäudes vernichtet. Anlaß zum Neuaufbau gab dann ein Besuch des Zaren Alexander II. und der Kaiserin Maria. Sie gab dem Zarenpalast seinen Namen. Außer den Mitgliedern der Zarenfamilie lebten im Marienpalast höhere Angestellte der Kiever Stadtverwaltung. 1789 und 1790 fanden in einem Gebäudeflügel öffentliche Theatervorführungen statt, von 1836 bis Ende der 60er Jahre des vorigen Jahrhunderts residierte in den Mauern des Marienpalastes eine Gesellschaft für künstlich hergestelltes Mineralwasser. Im Hauptgebäude befand sich ein Kursaal, es gab zehn Wannen und einen Raum, in dem das Wasser hergestellt und verkauft wurde. Heute dient der Marienpalast als Gästehaus der ukrainischen Regierung. Ab und zu wird auch eine Führung durch die Palastsäle veranstaltet.

In ›Ferne Jahre‹ erinnert sich der Schriftsteller Konstantin Paustovskij (1892–1968) an diesen Ort: »In Kiev begann der Frühling, wenn der Dnepr über die Ufer trat. Man brauchte nur aus der Stadt hinaus und auf den Vladimir-Berg zu gehen, so breitete sich vor einem ein blaues Meer aus.

Außer vom Dnepr wurde Kiev im Frühling noch von etwas anderem überschwemmt: von Sonnenlicht und Frische und von einem warmen, duftenden Wind.

Am Bibikov-Boulevard schlugen die klebrigen Pyramidenpappeln aus. Sie erfüllten alle umliegenden Straßen mit Weihrauchduft. Die Kastanien schoben ihre jungen Blätter heraus, die durchsichtig, zerknittert und wie mit einem rötlichen Flaum bedeckt waren. Wenn sich auf den Kastanien die gelblichen und rosa Kerzen entzündeten, war der Frühling auf seinem Höhepunkt angelangt. Aus den Jahrhunderte alten Gärten strömten Wogen von erfrischender Kühle, der feuchte Atem des jungen Grases und das Rauschen des eben erst entfalteten Laubwerks über die Straßen.

Überall, sogar auf dem Chreščatyk, krochen Raupen auf den Bürgersteigen herum. Der Wind fegte die vertrockneten Blütenblättchen zu Haufen zusammen. Maikäfer und Schmetterlinge flogen in die Fenster der Straßenbahnwagen hinein. Des Nachts schlugen an den Vorgärten die Nachtigallen. Die flaumigen Blüten der Pappeln sahen wie von der Brandung des Schwarzen Meeres zusammengetriebener Schaum aus, wenn sie längs der Bürgersteige im Rinnstein lagen. In den Rillen zwischen den Pflastersteinen blühte Löwenzahn…

Doch am meisten liebte ich den Marienpark in Lipki, der sich um das Schloß ausdehnte. Er lag an dem hohen Ufer des Dnepr. Die dreimannshohen Mauern von weißem und blauem Flieder schwankten und summten von der Unmenge Bienen, die aufflogen. Auf den Rasenplätzen plätscherten Springbrunnen. Ein breiter Gürtel von Gärten und Parks erstreckte sich längs der roten blumigen Steilufer des Dnepr: der Marien – und der Schloßpark, der Kaiserliche und der Kaufmannsgarten. Aus dem Kaufmannsgarten hatte man den weitberühmten

Skulpturengruppe am Raduga-Denkmal

Der Marienpalast

Ausblick auf den Stadtteil Podil. Die Bewohner von Kiev waren sehr stolz auf diesen Ausblick.«

Am Anfang der vul. Sičnevoho Povstannja (вул. Січневого Повстання) ist der Turm der ehemaligen Nikolskij-Kasernen mit dem Nikolaus-Tor aus dem Jahre 1850 zu sehen. Gegenüber befinden sich die Mauern des legendären Werkes Arsenal, die Einschläge von Kugeln und Geschoßsplittern aus den Revolutionskämpfen 1917 und 1918 aufweisen. Zum Gedenken an diese Ereignisse wurde in eine Wand des Gebäudes das Relief ›Arsenalarbeiter auf den Barrikaden‹ eingelassen. Vor dem Eingang der Metrostation ›Arsenal'na‹ (Арсенальна) erhebt sich das 1923 enthüllte Denkmal der aufständischen Arsenalarbeiter, ein Feldgeschütz auf einem Sockel aus Granitblöcken.

An der Kreuzung der jetzigen vul. Sičnevoho Povstannja (вул. Січневого Повстання) und der vul. Suvorova (вул. Суворова) wurde 1899 eine Bronzebüste Alexander Puschkins (1799 – 1837) zum 100. Geburtstag des Dichters aufgestellt.

Vom Platz des Ruhmes, pl. Slavy (пл. Слави), den Dniprovskyj-Hang, Dniprovs'kyj uzviz (Дніпровський узвіз) hinab, gelangt man zum Grab Askolds. Laut Legende soll dort der Kiever Fürst Askold begraben worden sein, der 882 heimtückisch vom Novgoroder Regenten Oleg ermordet wurde. Über dem Grab errichtete man 1810 eine kleine rotundenartige Kirche im klassizistischen Stil. Oberhalb davon wurde 1936 eine Kolonnade erbaut.

Vom Platz des Ruhmes aus öffnet sich der Blick auf den Park des Ewigen Ruhmes. Eine gerade, von geschnittenen Hainbuchen eingefaßte Allee führt zur

Nekropole der Helden des Großen Vaterländischen Krieges 1941 bis 1945. In ihrem Zentrum brennt die Ewige Flamme, und darüber erhebt sich ein gewaltiger Obelisk. Von dem hohen Hügel aus bietet sich eine gute Aussicht auf den Dnepr und die am anderen Ufer gelegenen Neubaugebiete.

Das Parkgelände grenzt an die Wälle der alten Pečers'ker Festung, die 1679 aufgeschüttet wurden. Diese Befestigungen zogen sich um das Territorium des alten Dorfes Berestovo und das Kiever Höhlenkloster.

Das Höhlenkloster

Wahrscheinlich gab es schon vor der Christianisierung Mönche in Rußland, die sich später in Klöstern zusammenschlossen. Diese Klöster entstanden als Stiftung oder sind aus dem Eremitentum hervorgegangen. Die Koinobien, die Gemeinschaftsklöster, wurden zumeist von einem Fürsten oder wohlhabenden Kaufmann gestiftet und mit Land und Geld ausgestattet. Damit sicherte sich der Stifter weitgehende Vorrechte wie die Wahl des Abtes, er nahm Einfluß auf disziplinäre Entscheidungen und verfügte so auch über einen Ort der Zuflucht, der Versorgung und letzten Ruhe.

Die Orthodoxie kannte keine Ordensregeln. Jedes Kloster besaß sein eigenes Typikon, ein Buch mit Regeln und liturgischen Festvorschriften. Besonders typisch für Rußland war das Entstehen von Klöstern aus Eremitenbehausungen, indem sich einzelne Asketen zusammenschlossen. Solche Klöster erhielten die Bezeichnung Laura (Lavra). Beide Formen des monastischen Lebens, das Koinobitentum und das Höhleneremitentum, bestanden nebeneinander und erfuhren mit der Zeit eine Angleichung, indem auch die eremitär lebenden Asketen ein Typikon annahmen.

Ab dem 11. Jahrhundert entstanden in Rußland viele Nonnen- und Mönchsklöster. Insbesondere in Kiev kam es zu mehreren Gründungen. Unter den vielen Klöstern des 11. und 12. Jahrhunderts nahm das Höhlenkloster Pečerskaja lavra (peščery, dt. Höhlen) eine Sonderstellung ein. Es war Zentrum der Gelehrsamkeit und des russischen religiösen Schrifttums.

Das Kiever Höhlenkloster (Печерська лавра) wurde von Einsiedlern gegründet. Ilarion, Priestermönch und späterer Metropolit, soll der erste Eremit gewesen sein, der sich in den 30er Jahren des 11. Jahrhunderts am steilen Dneprufer eine Höhle grub, um sich ungestört zur Meditation zurückziehen zu können. In einer alten Chronik wird berichtet: »Und jetzt wollen wir erzählen, warum das Kloster Höhlen-Kloster genannt wird. Der gottliebende Fürst Jaroslav liebte den Marktflecken Berestov und die dortige Kirche der heiligen Apostel und gewährte Unterkunft vielen Popen, unter denen ein Presbyter, Ilarion genannt, war, ein gottge-

Der Chronist Nestor, Illustration im Pečers'ker Paterikon

weihter Mann, der die Bücher liebte und ein Faster war. Und Ilarion begab sich von Berestov zum Dnepr auf einen Hügel, wo jetzt das Höhlen-Kloster steht, und betete dort, denn dort war ein großer Wald. Er grub eine kleine Höhle sechs Ellen groß, und von Berestov kommend, sang er dort die Stundengebete und betete zu Gott im geheimen. Darauf gab Gott dem Fürsten den Gedanken ein, ihn zum

Metropoliten an der heiligen Sophienkirche zu bestellen; die Höhle aber blieb, wie sie war.«

In der Mitte desselben Jahrhunderts siedelte sich in der Höhle Ilarions ein aus dem Athos-Kloster in Griechenland zurückgekehrter Mönch namens Antoni an. Er gilt als Begründer des Klosters. Erster Abt des Klosters war Feodossi, der dem Kloster Regeln gab, nämlich die Regeln des Theodor von Studion (759–826) in der Überarbeitung des späteren Patriarchen Alexios (1025–1043). Aus der Vita Feodossis erfahren wir: »Durch Gottes Gnade entwickelte sich der Ort, und es entstand ein berühmtes Kloster, das Höhlenkloster, das bis heute besteht, gegründet

Das Höhlenkloster im 17. Jahrhundert

durch unseren heiligen Vater Feodossi. Nun schickte der Selige einen Bruder nach Konstantinopel zu Jefrem dem Verschnittenen, um das ganze Typikon des Studitenklosters abschreiben zu lassen. Der Bruder erfüllte unverzüglich den Auftrag unseres ehrwürdigen Vaters, schrieb das ganze Typikon ab und schickte es ihm. Unser Vater Feodossi nahm es entgegen und ließ es vor der gesamten Brüderschaft verlesen. Von da regelte er in seinem Kloster alles entsprechend dem Typikon des heiligen Studiten-Klosters.«

Die Ordnung sah Vorschriften für Disziplin und Gehorsam vor, forderte geistliche Übungen, Arbeit und Dienst am Nächsten sowie einen allgemeinen Verzicht auf alles, was nicht ausdrücklich vom Evangelium begründet wird. Aber auch individuelle Religiosität wurde respektiert. Die als Koinobiten lebenden Mönche wohnten und schliefen in eigenen Zellen. Nach dem Speisen oder dem Gottesdienst zogen sich die Mönche wieder zurück. Unter Feodossi begann der architektonische Ausbau des Klosters über der Erde. Zunächst entstanden Wohn- und Wirtschaftsgebäude, und ab 1073 wurde die Hauptkirche des Klosters, die Maria-Entschlafens-Kathedrale, erbaut. Die Höhlen dienten nun als unterirdische Grablege für die Mönche. Neben dem bekannten Ikonenmaler Alimpi soll auch der Chronikschreiber Nestor hier begraben sein. Ende des 11. und Anfang des 12. Jahrhunderts schuf der berühmte Chronist Nestor bemerkenswerte Denkmäler der altrussischen Literatur und Geschichte wie ›Die Erzählung von den vergangenen Jahren‹, auch als Altrussische oder Nestorchronik bekannt.

Seit dieser Zeit gliederte sich das Kloster in zwei zusammenhängende Teile: die Obere Lavra auf dem Berg und die Untere Lavra, bestehend aus den sogenannten Nahen und den Fernen Höhlen. Der architektonische Aufbau des Klosters erfolgte ohne feste Vorschriften, er wurde vom Ablauf des Lebens im Kloster und durch natürliche Geländegegebenheiten geprägt, was den besonderen Abwechslungsreichtum altrussischer Klosteranlagen ausmacht. Die Bebauung der Oberen Lavra dauerte auch im 12. Jahrhundert an. Man errichtete die Dreieinigkeitskirche und umfaßte das Kloster mit einer hohen Mauer. Damit wurde der Forderung nach Abgeschlossenheit und Stille entsprochen.

Der mongolisch-tatarische Einfall fügte dem Kloster ungeheure Schäden zu. Die ersten Versuche, die Klostergebäude wiederaufzubauen, gehen auf die zweite Hälfte des 15. Jahrhunderts zurück. Die zweite Blütezeit begann in architektonischer Hinsicht um 1700. Die Obere Lavra wurde mit einer Steinmauer umzogen. Von den acht Turmkirchen auf der Mauer sind noch sechs erhalten, darunter die bedeutende Allerheiligenkirche über dem Wirtschaftstor. Etwa zeitgleich entstanden die Kirche der Kreuzerhöhung und die Gottesmutter-Geburts-Kirche und die Nikolaj-Hospital-Kirche. Der Brand von 1718, der fast alle Holzgebäude zerstörte, gab Anstoß zu neuer Bautätigkeit. Einer der führenden Architekten war Gottfried Schädel, der auch den Großen Glockenturm schuf. Ihm folgten die Glockentürme der Oberen und Unteren Lavra. Damit war das architektonische Bild des Höhlenklosters geprägt. Im 19. Jahrhundert kam schließlich noch die Refektoriumskirche hinzu.

Ein Rundgang durch das Höhlenkloster

Charakteristisch für die russischen Klöster sind die über den Haupteingängen liegenden Torkirchen, wie sie auch für die Stadtbefestigung und ihre Tore üblich sind. Die Dreieinigkeits-Torkirche des Höhlenklosters ließ von 1106 bis 1108 der im Kloster lebende Fürst Svjatoslav von Černihiv errichten. Das Untergeschoß fungierte als Haupttor des Klosters, das Obergeschoß war Kapelle. Um 1700 wurde der Baukörper barockisiert. Alle Fassaden, mit Ausnahme der südlichen, die nahezu in ihrem alten Zustand erhalten geblieben ist, erhielten ein neues Aussehen. Die für diese Zeit typische ›welsche‹ Haube wurde der Kirche aufgesetzt. Die Malereien an der Ostwand entstanden erst um 1900.

Beiderseits des Haupttores befinden sich die ehemaligen steinernen Zellengebäude, die im 18. Jahrhundert entstanden. Heute befinden sich darin Kassen, an

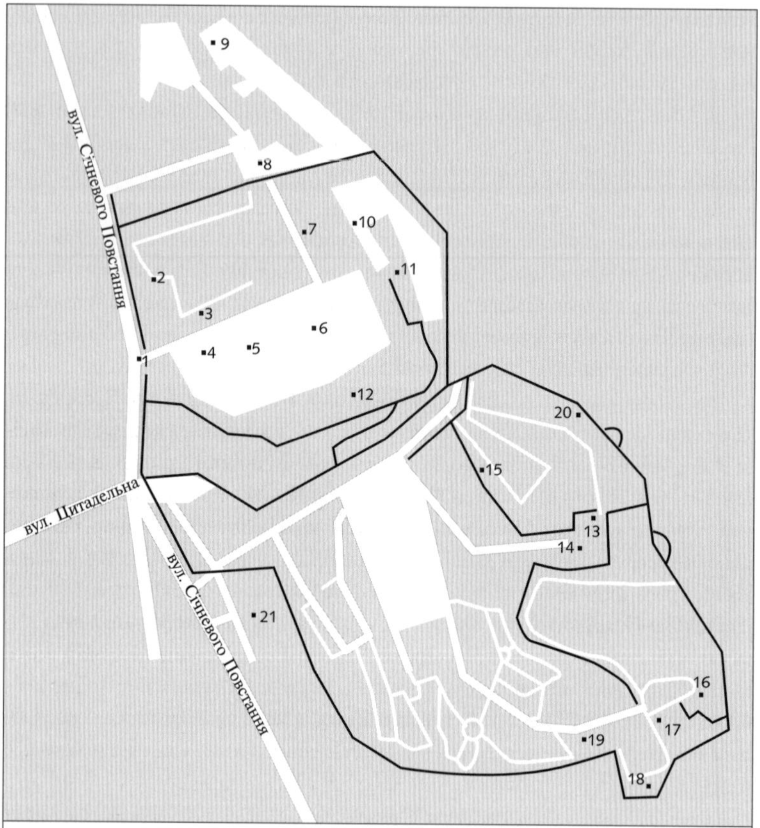

Plan Höhlenkloster

Legende

1 Dreieinigkeits-Torkirche (Eingang)
2 Nikolaj-Kirche
3/4 Zellengebäude
5 Großer Glockenturm
6 Maria-Entschlafens-Kathedrale
7 Versorgungstrakt
8 Allerheiligenkirche
9 Erlöserkirche zu Berestovo
10 Kovnir-Bau
11 Druckerei
12 Refektorium
13 Nahe Höhlen
14 Kreuzerhöhungskirche
15 Glockenturm über den Nahen Höhlen
16 Ferne Höhlen
17 St. Annen-Empfängnis-Kirche
18 Gewandniederlegungskirche
19 Glockenturm über den Fernen Höhlen
20 Befestigungsmauern
21 Auferstehungskirche

denen man Eintrittskarten kaufen kann, das Museum der ukrainischen Ikonenmalerei des 17. bis 19. Jahrhunderts und eine Ausstellung der Portraitmalerei des 18. und 19. Jahrhunderts aus der Sammlung des Höhlenklosters.

Nördlich der Dreieinigkeits-Torkirche befinden sich die Bauten des im 12. Jahrhundert gegründeten Nikolaj-Hospital-Klosters mit einer kleinen Kirche aus dem 17. Jahrhundert. Im zweigeschossigen Gebäude hinter dieser Kirche ist das Museum der Theater-, Musik- und Filmkunst der Ukraine untergebracht. Das Museum wurde 1926 eröffnet. Werke der Bühnenbildkunst – Kostüme, Entwürfe, Modelle, Zeichnungen und Fotografien – geben einen Einblick in die Geschichte des Volks- und Berufstheaters in der Ukraine vom 17. und 18. Jahrhundert bis zur Gegenwart.

Die architektonische Dominante der gesamten Klostersilhouette bildet der 1731 bis 1744 von Johann Gottfried Schädel (1680 – 1752) errichtete Große Glokkenturm. Mit seiner Höhe von 96,5 Metern ist er der höchste Glockenturm Rußlands und der Ukraine. Im dritten Geschoß hingen die Glocken. Sie besaßen ein Gesamtgewicht von 6000 Pud, das sind etwa 100 Tonnen. 1903 wurde im vierten Geschoß eine große, in Moskau hergestellte Uhr mit Glockenspiel eingebaut. Ihr Uhrwerk ist mit einer Gruppe von sieben Glocken verbunden, die älteste davon goß 1743 ein Tulaer Meister.

An der Stelle, an der bereits eine hölzerne Kirche stand, wurde 1073 bis 1078 die steinerne Maria-Entschlafens-Kathedrale errichtet. Sie gehörte zu den wichtigsten Kirchenbauten der Kiever Rus'. Wahrscheinlich wurde sie nach dem Vorbild der dreischiffigen Sechs-Pfeiler-Kirchen mit Narthex erbaut und wurde später um Kapellen, Galerien und ein Baptisterium erweitert. 1240 teilweise von den Mongolen zerstört, 1470 wiederhergestellt, nach dem Brand von 1718 mit den prächtigsten Formen des ukrainischen Barock überkleidet, fiel sie 1941 einer Explosion zum Opfer. In den 90er Jahren wurde mit dem Wiederaufbau der Kirche begonnen, im Sommer 2000 wurde sie eingeweiht.

Die Maria-Entschlafens-Kirchen nehmen in der Kultur der alten Rus' einen besonderen Platz ein. Dabei spielte der Mythos der Himmelfahrt oder des Entschlafens Marias eine außerordentliche Rolle. Vor allem im Blachernen-Kloster in Konstantinopel und im Höhlenkloster in Kiev haben sich, auf apokryphen Überlieferungen beruhend, entsprechende Legenden und Traditionen herausgebildet. Danach war nicht nur die Seele, sondern auch der Körper der Jungfrau Maria in das himmlische Reich eingegangen. Das Blacheren-Kloster, in dem man den Mantel der Mutter Gottes aufbewahrte, spielte eine außergewöhnliche Rolle im religiösen Bewußtsein der Russen und bei der Verbreitung des Maria-Entschlafenskultes.

Im Gebäude des Metropoliten befindet sich eine in ihrer Art einmalige Ausstellung von sogenannten Mikrominiaturen von Nikolaj Sjadristij. Die winzigen filigranen Figuren sind nur durch starke Lupen sichtbar, so daß für den Außenstehenden völlig unklar bleibt, wie der Künstler sie zustande gebracht hat. Das benachbarte Gebäude beherbergt das Museum der ukrainischen Volkskunst und dekorativen Kunst der Ukraine. Darin sind Teppiche, dekorative Stoffe und Stickereien des 18. und 19. Jahrhunderts und der sowjetischen Zeit, Volkstrachten aller Gebiete und mannigfaltige Beispiele der Volksmalerei vertreten. Vor dem Gebäude befindet sich das Grab von P. A. Stolypin (1862–1911), dem russischen Ministerpräsidenten, der 1911 in der Kiever Oper einem Attentat zum Opfer fiel.

Neben den Metropolitengebäuden steht das Refektorium mit einer Kirche. Sie wurde 1893 bis 1895 erbaut. Der im Grundriß quadratische Bau mit einer sphärischen Kuppel, deren Durchmesser zwanzig Meter beträgt, hatte die Hagia Sophia in Konstantinopel zum Vorbild. An einer Mauer des Refektoriums befinden sich die Gräber der bedeutenden ukrainischen Persönlichkeiten Ivan Iskra und Vasil' Kočubej, die der Hetman Ivan Mazepa 1708 hinrichten ließ. Alexander Puschkin (1799–1837) besang sie in seinem Poem ›Poltava‹.

Im Osten wird der Platz von der ehemaligen Klosterdruckerei (1701–1773) abgeschlossen, in deren Gebäude heute das Museum des Buches und der Buchdruckerkunst der Ukraine untergebracht ist. Daneben steht einer der interessantesten Profanbauten des Klosters, der sogenannte Kovnir-Bau. Die Wände der ehemaligen Bäckerei wurden Ende des 17. Jahrhunderts errichtet. Sein heutiges Aussehen erhielt das Gebäude in den Jahren 1744 bis 1746, als es nach einem Brand vom Baumeister Stepan Kovnir (1695–1786) wiederhergestellt wurde. Heute beherbergt das Gebäude ein Museum der historischen Kostbarkeiten der Ukraine,

Blick über das Höhlenkloster

Die Maria-Entschlafens-Kirche im Höhlenkloster, 18. Jahrhundert

in dem unter anderem eine reiche Kollektion goldener Gegenstände aus verschiedenen geschichtlichen Perioden zu sehen ist.

An den Wirtschaftsgebäuden vorbei gelangt man zum Wirtschaftstor mit der Allerheiligenkirche (1696–1698), der bedeutendsten unter den jüngeren Kirchen in der Lavra. Die Gliederung des Baukörpers, der plastische Schmuck und die Türme, die von kleinen barocken Kuppeln gekrönt werden, geben der Kirche ihr malerisches Aussehen. Im Durchgang der Kirche befindet sich ein Souvenir- und Antiquitätenladen.

Außerhalb des Höhlenklosters, etwa hundert Meter nach dem Wirtschaftstor, befindet sich die steinerne Erlöserkirche zu Berestovo. Das Fürstendorf wird in

Die Dreieinigkeits-Torkirche bildet den Eingang in das Höhlenkloster

altrussischen Chroniken häufig erwähnt. Es war beliebte Sommerresidenz des Fürsten Vladimir (962–1015). Hier ließ er angeblich einige seiner vielen Konkubinen wohnen. 1015 starb Fürst Vladimir in Berestovo. Etwa um 1100, die genaue Entstehungszeit ist nicht bekannt, ließ sich Vladimir Monomach (1053–1125) an diesem Ort eine Grabkirche für sich und seine Familie errichten. Vladimir Monomach ist durch die ›Belehrung‹, ein Erziehungshandbuch, in dem er seine Söhne zur christlichen Demut und Nächstenliebe ermahnt, bekannt geworden. Er war es auch, dem es gelang, die Kiever Rus' nochmals zu einigen. Ferner wurde hier 1158 der Fürst Jurij Dolgorukij (1100–1157), Begründer der Stadt Moskau, begraben.

In den Jahren 1640 bis 1643 ließ der Metropolit Petro Mohyla (1596–1647), der bedeutendste ukrainische Kirchenfürst des 17. Jahrhunderts, die im 13. und 14. Jahrhundert teils zerstörte Kirche in der jetzigen Kreuzform mit fünf Kuppeln ausbauen. Anhand des zu zwei Dritteln seiner ursprünglichen Höhe erhalten gebliebenen Westteils kann man sich das damalige Aussehen der Kirche vorstellen. Die Malereien im Inneren stammen von 1643 und zeigen unter anderem ein Portrait von Petro Mohyla. Der klassizistische Glockenturm wurde 1813 errichtet.

Zurück im Höhlenkloster, gelangt man durch ein Tor von der Oberen in die Untere Lavra. Auf einem Hang erhebt sich rechts ein zweigeschossiger Glockenturm (1763–1768).

Die Kreuzerhöhungskirche dient als Eingang in die Nahen Höhlen. Sie wurde 1700 als dreischiffiger Bau, der von drei Kuppeln bekrönt wird, errichtet. Der geschnitzte Ikonostas wurde 1769 im Barockstil ausgeführt. Im Inneren der Kirche haben sich Reste der Ausmalung und der Stuckverzierungen aus der Mitte des 18. Jahrhunderts erhalten.

Das Labyrinth der unterirdischen Gänge der Nahen Höhlen ist über fünfhundert Meter lang. In die Wände sind Inschriften in altrussischer, polnischer und armenischer Sprache eingeritzt. In den Höhlen wurden die Mönche des Klosters beigesetzt, aber auch Adlige und wohlhabende Kaufleute konnten sich hier eine letzte Ruhestätte käuflich erwerben. Neben dem schon erwähnten Chronikschreiber Nestor und dem Ikonenmaler Alimpi sollen hier der Begründer des Klosters, Antoni, die Ärzte Agapit und Damian sowie die Verfasser des ältesten Teils des Paterikons (Kiever Väterbuch), Simon und Polikarp, beerdigt sein.

Die einzelnen Höhlen befinden sich in einer Tiefe von fünf bis zwanzig Metern und sind durch Gänge miteinander verbunden. Im Mittelalter galten die Kiever unterirdischen Höhlen als eine Attraktion, als ein Weltwunder. Es bildete sich sogar die Legende heraus, daß vom Kiever Höhlenkloster aus ein unterirdischer Gang bis zum fünfhundert Kilometer entfernten Smolensk geführt haben soll. Jedenfalls waren die Höhlen von Geheimnissen umwoben. Wer heute die

Gedenktafel für den Chronisten Nestor in den Nahen Höhlen

Höhlen betreten möchte, muß zunächst einen Obolus entrichten, indem er eine Kerze kauft. Das Kerzenlicht muß ausreichen, um sich in der Dunkelheit der Höhlen zu orientieren. In den Gängen, durch die man sich begibt, sind die Mumien aufgebahrt. Verständlicherweise dürfen sie nicht berührt werden. In den Höhlen müssen Frauen ein Kopftuch tragen, Arme und Beine müssen bedeckt sein. Letzteres gilt auch für Männer. Es ist verboten, bei seinem Gang unter der Erde zu sprechen.

Die Nahen Höhlen sind mit den Fernen Höhlen durch eine überdachte Galerie verbunden. Die drei unterirdischen Kirchen, die Gottesmutter-Geburts-Kirche, die Theodosius- und die Verkündigungskirche der Fernen Höhlen wurden im 12. Jahrhundert erbaut. Die über den Fernen Höhlen gelegene Gebäudegruppe entstammt dem 17. und 18. Jahrhundert. Die barocke Maria-Geburts-Kirche von 1696 stellt eine eindrucksvolle pyramidale Komposition dar. In der Mitte des unteren Geschosses des Glockenturms von 1761 befindet sich ein Torbogen, seitlich davon Wirtschaftsräume und eine Treppe zum oberen Geschoß. Den Glockenturm bekrönen ein dreigliedriger Turmaufbau und vier spitze Ecktürme. Der Eingang in die Fernen Höhlen befindet sich in der unterhalb der Maria-Geburts-Kirche gelegenen Kirche.

Zurück auf der vul. Sičnevoho Povstannja (вул. Січневого Повстання), sind es etwa zehn Minuten zu Fuß zur ›Mutter Heimat‹, die unübersehbar über die Stadt ragt. Auf dem Weg zur Gedenkstätte für den Großen Vaterländischen Krieg und dem Museum kommt man an einem Denkmal vorbei, das den Opfern des Afghanistan-Krieges gewidmet ist. Im Dezember 1979 marschierten sowjetische Truppen in Afghanistan ein. Man befürchete eine Ausweitung der islamischen Revolution. Außerdem spielten wirtschaftliche und strategische Interessen in der Sowjetunion eine Rolle. Die Intervention in Afghanistan versetzte der internationalen Entspannungspolitik zum damaligen Zeitpunkt einen erheblichen Rückschlag. Die Hauptlasten sowjetischerseits hatten jedoch die sowjetischen Soldaten und Offiziere zu tragen. Sie wurden mit dem Tod konfrontiert, zu Krüppeln geschlagen und in der Heimat als Helden verehrt, von offizieller Seite, um dann mit einem Orden und einer Rente, die nicht einmal für das tägliche Brot reicht, liegengelassen zu werden. Sie fanden sich auf der Straße wieder und wurden von der Bevölkerung gemieden. Durch die starken gesellschaftlichen Veränderungen der letzten Jahre nahm das gesellschaftliche Bewußtsein ihnen gegenüber zu. In ihrem Buch ›Zinkjungen‹ schreibt die in Weißrußland lebende Schriftstellerin Svetlana Aleksijevič: »Objekt meiner Nachforschungen ist die Geschichte der Gefühle, nicht die Geschichte des Krieges.« In ihrem aus Dokumenten, Telefonaufzeichnungen und Erzählungen bestehenden Buch läßt sie ihre Helden zu Wort kommen. »Man nennt uns ›Afghanen‹. Ein fremder Name. Wie ein Zeichen. Eine Markierung. Wir sind nicht wie alle. Andere. Was für welche? Ich weiß nicht, was ich bin: ein Held oder ein Dummkopf, auf den man mit Fingern zeigen sollte? Oder vielleicht ein Verbrecher? Man sagt, es sei ein politischer Fehler gewesen. Heute sagt man es leise, morgen lauter… Und ich habe dort mein Blut gelassen… Mein eigenes… Und fremdes… Man verlieh uns Orden, die wir nicht tragen… Ehrlich erhaltene Orden in einem unehrlichen Krieg.« Die Errichtung des Afghanistan-Denkmals in Kiev und in vielen anderen Städten der ehemaligen Sowjetunion ist ein unendlich wichtiger Schritt im Umgang mit der jüngsten Geschichte.

Die ›Mutter Heimat‹ bildet den Mittelpunkt der 1981 eingerichteten Gedenkstätte, die der Geschichte des Großen Vaterländischen Krieges 1941 bis 1945 gewidmet ist. Der Gesamtentwurf stammt vom Bildhauer Evgenij Vučetič. Die Figur der Mutter Heimat ist 68 Meter hoch und steht auf einem Postament von 40 Metern. Zum Vergleich: Die Freiheitsstatue in New York mißt 35 Meter und steht auf einem Sockel von 65 Metern.

Auf der Dneprseite am Fuße des Pečersker Plateaus wurde 1982 zu Ehren der Begründer Kievs – Kyj, Šček, Choryv und Lybid' – eine Skulpturengruppe aufgestellt.

Am Dnepr weiter stromab erstreckt sich ein altes fürstliches Jagdrevier, nunmehr der Botanische Garten der Akademie der Wissenschaften der Ukraine. Die

Blick auf das Monument ›Mutter Heimat‹ vom gegenüberliegenden Flußufer aus

sich am Dnepr erhebenden Hügel werden ›Vydubiči‹ genannt, nach einer alten Sage soll die Götzenfigur des heidnischen Gottes Perun, die man nach der Einführung des Christentums in den Dnepr geworfen hatte, auf einer Sandbank am Fuße dieser Hügel angeschwemmt worden sein. Hier wurde 1070 das Vydubickyj-Kloster vom Sohn Jaroslav des Weisen, Vsevolod (1030–1093), gegründet. Die steinerne Michaels-Kathedrale wurde 1088 fertiggestellt. Der Ostteil stürzte im 16. Jahrhundert infolge Unterspülung des Baugrundes ein – obwohl schon 1199 eine Befestigungsmauer zum Schutz vor Dnepr-Überschwemmungen gebaut worden war – und wurde nur provisorisch erneuert. 1696 bis 1701 entstanden dann die Georgskathedrale und das Refektorium, 1727 bis 1733 ein Glockenturm und 1767 bis 1769 die Zellengebäude.

Restaurant im Hotel ›Kyjiv‹, vul. M. Hruševs'koho 26/1 (вул. Грушевського), von 12 bis 23 Uhr, Pause von 17 bis 18 Uhr.
Restaurant ›Lavrs'ki dzvony‹, auf dem Gelände des Höhlenklosters, schmackhafte ukrainische Küche in sehr angenehmer Atmosphäre und mit netter Bedienung.
In der Nähe des Höhlenklosters sind in den letzten Jahren neue Restaurants eröffnet worden, deren Angebot vor allem auf westliche Touristen abzielt und die entspre-

chend teuer sind, wie das Restaurant ›SSSR‹, vul. Sičnevoho Povstannja 42/1 (вул. Січневого Повстання).

Am Eingang und im Höhlenkloster bieten viele Verkäufer Graphiken, Bücher und Souvenire an.

Museum der Ukrainischen Bildenen Kunst, vul. Michajla Hruševs'koho 6 (вул. Грушевського), Sa bis Do von 10 bis 17 Uhr geöffnet.

Im Höhlenkloster befinden sich folgende Museen:
Museum der Theater-, Musik- und Filmkunst der Ukraine;
Museum der ukrainischen Volkskunst und dekorativen Kunst der Ukraine;
Ausstellung von Mikrominiaturen Nikolaj Sjadriskijs;
Museum des Buches und der Buchdruckerkunst der Ukraine;
Museum der historischen Kostbarkeiten der Ukraine.
Alle sind täglich außer Di von 9.30 bis 18.00 Uhr geöffnet.
Museum des Großen Vaterländischen Krieges, vul. Sičnevoho Povstannja 44 (вул. Січневого Повстання), Di bis So von 10 bis 17 Uhr, Mo und letzten Di des Monats geschlossen.
Der Botanische Garten und das Vydubickyj-Kloster sind mit dem Trolleybus 14 ab pl. L'va Tolstoho (пл. Льва Толстого) zu erreichen oder ab der Metrostation ›Dnipro‹ (Дніпро).

Podil

Podil (Поділ) ist eines der ältesten Stadtviertel Kievs, hat aber in der Vergangenheit viele Veränderungen erfahren. Schon immer befand sich hier das eigentliche Handelszentrum der Stadt. Podil liegt zwischen dem Dneprufer und den Hügeln, die sich von der Oberen Stadt nach Norden anschließen. Das Gebiet selbst ist ganz flach und wurde nach einem Stadtbrand nach einem regelmäßigen Bebauungsplan errichtet. Der Stadtbezirk ist dank der Metro gut erschlossen. Die Stationen ›Poštova plošča‹ (Поштова площа) und ›Kontraktova plošča‹ (Контрактова площа) sind geeignete Ausgangspunkte für einen Rundgang.

Vor etwa tausend Jahren, als die Obere Stadt bereits befestigt war, breitete sich zu ihren Füßen die Vorstadt aus. Hier wohnten die ›Unterprivilegierten‹. Die Lage bot wenig Schutz vor Überfällen und Überschwemmungen, war aber als Handelsplatz hervorragend geeignet. Eine kleinere Befestigungsanlage verlief entlang der heutigen Straßen vul. Nyžnij Val (вул. Нижній Вал) und vul. Verchnij Val (вул. Верхній Вал). Mitte des 13. Jahrhunderts, als die Tatarenarmeen die Obere Stadt zerstört hatten, wurde Podil der wichtigste Stadtteil. Hier ließen sich vor allem viele Handwerker nieder. Zu Beginn des 16. Jahrhunderts wurde die erste kirchliche Schule auf dem Gelände des Brüderklosters gegründet. Von 1797 bis 1927 fand in Podil jedes Jahr ein großer Jahrmarkt statt. Händler aus nah und fern reisten zu diesem bedeutenden Ereignis an. 1811 wurde bei einem Stadtbrand der bevölkerungsreichste Stadtteil fast völlig zerstört und mußte wieder völlig neu aufgebaut werden.

Bis zum Ende des 19. Jahrhunderts durften die Juden Kievs nur in Podil wohnen, sie stellten deshalb bis zum Zweiten Weltkrieg einen Großteil der Einwohner von Podil.

Ein Rundgang durch Podil

Wenn man die Ausgänge der Metrostation ›Kontraktova plošča‹ (Контрактова площа) verläßt, ist man schon im Zentrum des Podil. Ein flaches weißes Gebäude mit gewaltigen Ausmaßen fällt sofort ins Auge: der Kaufhof. Er wurde 1809 anstelle eines älteren Bauwerkes im klassizistischen Stil errichtet. Das rechteckige Bauwerk hat Seitenlängen von 60 und 100 Metern und einen gewaltigen Innenhof. Von dem einstigen Handelstreiben ist jetzt weniger zu spüren. An der Nordecke des Gebäudes steht der Samsonbrunnen. Der Barockpavillon mit den korinthischen Säulen stammt aus dem Jahre 1748. Der eigentliche Brunnen besteht aus einer Holzskulptur und zeigt die alttestamentliche Szene ›Samson bezwingt den Löwen‹. Es gibt viele Legenden zum Brunnen, so zum Beispiel die, daß, wer aus dem ›Löwen‹ trinkt, weiterhin in Kiev bleiben wird. Darüber hinaus ist der Brunnen ein beliebter Treffpunkt auf diesem großen Platz.

Ende der 90er Jahre wurde die in den 30er Jahren zerstörte Maria-Entschlafens-Kirche neu errichtet. Sie trägt den Beinamen ›Pirogošči‹, nach der gleichnamigen Ikone, die von einem Kaufmann aus Cargrad mitgebracht wurde und die heute in der Moskauer Maria-Entschlafens-Kirche zu sehen ist. ›Pirogošči‹ leitet sich vom griechischen Wort für Getreide und dem russischen Wort für Gast ab und deutet darauf hin, daß sich neben der Kirche ein Getreidemarkt befunden hat. Der

Legende

1 Kaufhof (Гостиний двір)
2 Samsonbrunnen (Фонтан ›Самсон‹)
3 Maria-Entschlafens-Kirche (церква Успіння Богородиці Пирогощої)
4 Wohnhaus Peter I. (Будинок Петра I.)
5 Nikolajkirche (Микільсько-Притиська церква)
6 Florakloster (Флорівський монастир)
7 Petro-Mohyla-Akademie (Академія Петра Могилы)

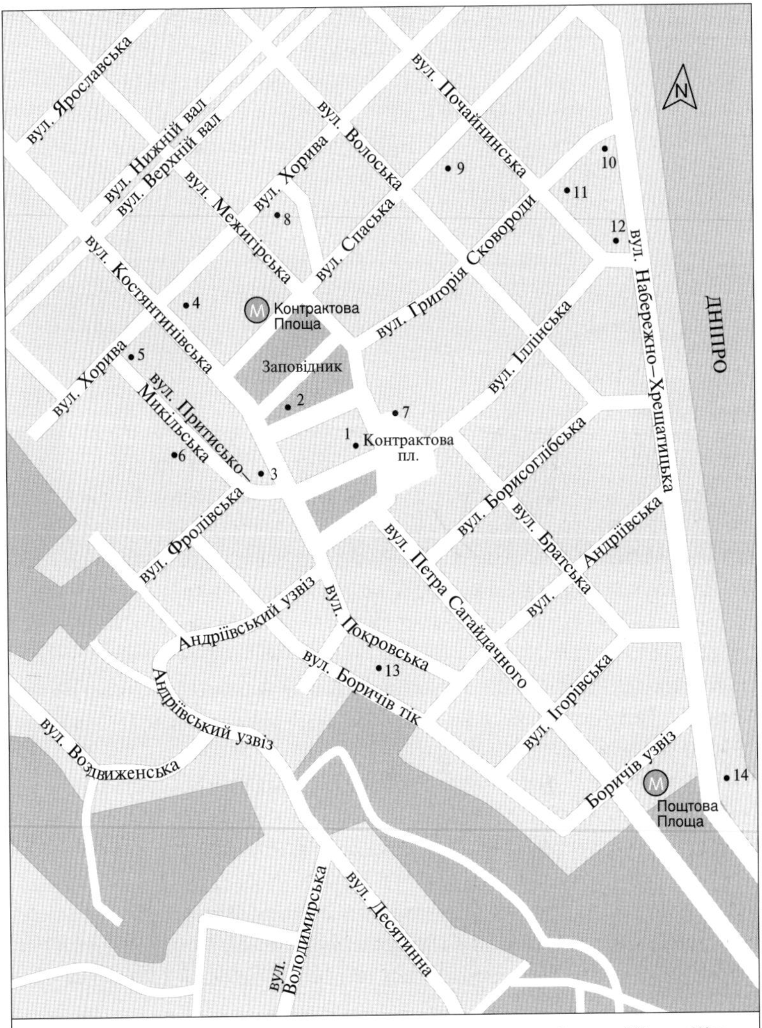

Podil

8 Tschernobyl-Museum (Музей ›Чернобиль‹)
9 Hetman-Museum (Музей Гетьманства)
10 Nikolajkirche (Микільсько-Набережна церква)
11 Maria-Verkündigungs-Kirche (Благовіщенська церква)
12 Eliaskirche (Іллінська церква)
13 Maria-Schutz-Kirche (Покровська церква)
14 Flußbahnhof (Річковий вокзал)

Die neu erbaute Maria-Entschlafens-Kirche in Podil

Grundstein der Podiler Maria-Entschlafens-Kirche wurde 1131/32 vom Fürsten Mstislav Vladimirovič gelegt. Im Igorlied wird sie unter dem Jahr 1187 erwähnt. 1934/35 wurde sie zerstört.

Gleich neben den Metroausgängen steht das Haus, welches dem Platz seinen Namen gab: das ›Haus der Verträge‹, das 1815 errichtet wurde. Es war nicht nur Schauplatz von Vertragsabschlüssen, sondern auch kultureller Ereignisse. Im Konzertsaal in der zweiten Etage ist zum Beispiel Franz Liszt (1811–1886) aufgetreten. Wegen der strengen Gliederung des Baus und der wenigen schmückenden Details – durch Säulen und Dreiecksgiebel wird der Eingangsbereich hervorgehoben – gilt dies als eines der gelungensten Beispiele des Klassizismus in Kiev.

Der vul. Kostjantynivs'ka (вул. Костянтинівська) nach Norden folgend, kommt man nach wenigen Schritten zu einem alten Wohnhaus, vul. Kostjantynivs'ka 6, das nicht parallel zur Straße steht. Das ist ein Hinweis darauf, daß es bereits vor dem großen Stadtbrand 1811 gebaut wurde. Hier hielt sich in den Jahren 1706 und 1707 der russische Zar Peter I. (1672–1725) auf. Jetzt befindet sich eine Behörde dort, und man kann das Gebäude leider nicht besichtigen. An der Straßenkreuzung ist schon die Nikolajkirche zu sehen, vul. Choryva 5a (вул. Хорива). Die Kirche wurde 1695 zu Ehren des heiligen Nikolaj gebaut, des Beschützers der

Kaufleute. Anfang des 19. Jahrhunderts waren Umbauten erforderlich, die Malereien im Inneren stammen ebenfalls aus dieser Zeit.

An der Längsseite der Kirche beginnt eine kleine Straße – die vul. Prytys'ko-Mykil's'ka (вул. Притисько-Микільська). Auf der rechten Seite im Haus Nr. 7 befindet sich ein Apothekenmuseum. An dieser Stelle wurde 1715 die erste Apotheke Kievs eröffnet, und auch heute ist hier eine Apotheke zu finden – mit historischer Ladeneinrichtung.

Der Glockenturm des Flora-Klosters ist nicht zu übersehen. Durch die Toreinfahrt des Turmes gelangt man ins Innere dieses Frauenklosters. Es wurde bereits im 15. Jahrhundert erwähnt. Die damaligen Holzgebäude haben die Zeiten nicht überdauert. Das Hauptgebäude, die Maria-Entschlafens-Kirche, stammt aus dem Jahre 1722. Drei Apsiden geben dem barocken Gotteshaus ein markantes Aussehen. Ältestes Klostergebäude ist die Refektoriumskirche aus dem 17. Jahrhundert. Außerdem sind noch eine klassizistische Rotunde, die Auferstehungskirche und die Wohngebäude der Nonnen zu sehen.

Die vul. Kostjantynivs'ka weiter gelangt man zur Synagoge von Podil, in der vul. Ščekavyc'ka 25 (вул. Щекавицька). Zurück zum Kontraktova plošča: Auf der anderen Seite des Platzes fällt ein klassizistisches Gebäude mit halbrunder Fassade ins Auge – die Kiever Akademie ›Petro Mohyla‹.

Mohyla errichtete nach dem Vorbild der polnischen Jesuitenkollegien ein geistliches Kollegium, das 1701 den Akademiestatus erreichte. Petro Mohyla

Das ehemalige Wohnhaus von Zar Peter I.

Das Hetmanmuseum

(1596–1647) hatte an der Bruderschaftsschule in Lemberg und an der Universität in Paris studiert. 1627 wurde er zum Archimandriten des Kiever Höhlenklosters und 1633 zum Metropoliten von Kiev ernannt. An der Akademie wurde viel Gewicht auf die Beherrschung von Latein, Griechisch und Kirchenslawisch gelegt. Weiterhin umfaßte der zwölfjährige Studienplan die Lehre in Rhetorik, Philosophie, Theologie, Astronomie, Geographie und Mathematik. Ergänzt wurde die Kiever Akademie durch Kollegien in Černihiv, Perejaslav und Charkiv. Die Kiever Akademie gehörte zu einer der anerkanntesten Lehranstalten in der orthodoxen Welt. Viele Absolventen dienten als Hauslehrer bei der adligen Oberschicht. Im Vergleich zu Rußland war das Bildungsniveau in der Ukraine sehr hoch. 1685 schrieb Paul von Aleppo, ein christlicher Reisender: »Selbst die Dörfler in der Ukraine können lesen und schreiben…, und die Dorfpriester halten es für ihre Pflicht, die Waisen zu unterrichten und nicht auf den Straßen wie Vagabunden herumrennen zu lassen.« Zu dieser Bildung großer Teile der Bevölkerung trugen sicherlich auch die Bruderschaftsschulen bei. An ihnen wurden Lehrer ausgebildet, die meist eine Anstellung bei den Dorfgemeinden fanden.

Die Akademie spielte aber auch eine wichtige Rolle bei der Vermittlung westeuropäischer Ideen nach Rußland. In der ersten Hälfte des 18. Jahrhunderts kamen etwa die Hälfte der Bischöfe Rußlands aus der Ukraine. Auch unter den engsten Mitarbeitern des russischen Zaren waren viele Absolventen der Kiever Akademie.

1817 wurde die Kiever Akademie jedoch geschlossen. Grund dafür war sicherlich ihre enge Bindung an die Kirche. Dadurch verlor die Akademie immer mehr den Anschluß an die neuen aus Westeuropa kommenden rationalistischen und naturwissenschaftlichen Tendenzen. Wer in den Genuß einer modernen Ausbildung kommen wollte, immatrikulierte sich an der Moskauer Universität oder der Medizinischen Hochschule.

Das neue Akademiegebäude stammt aus dem Jahre 1822. Das alte Akademiegebäude befindet sich links daneben, der Bau von 1704 wurde mehrmals verändert. Die Gebäude des Bruderklosters sind vom Kontraktova pl. aus zugänglich. Die Hauptkirche aus dem 17. Jahrhundert ist nicht erhalten. Zu sehen sind noch die Heiliggeistkirche mit dem Refektorium, die am Anfang des 19. Jahrhunderts ebenfalls umgebaut wurde, und die Wohngebäude. Leider ist vieles noch zweckentfremdet und in einem schlechten Zustand. Ein außergewöhnliches Detail stellt eine vertikale Sonnenuhr vom Ende des 18. Jahrhunderts dar, die auf den französischen Gelehrten W. Brul'jon zurückgeht.

In der kleinen provulok Chorevyj 1 (провулок Хоревий) kann das Tschernobyl-Museum besucht werden. In der nahe gelegenen vul. Spas'ka 16b (вул. Спаська) fällt sofort ein renoviertes Wohnhaus vom Anfang des 18. Jahrhunderts auf. Es beherbergt ein Hetman-Museum. Der Hetman Ivan Mazepa (1644 – 1709), dem ein großer Teil der Ausstellung gewidmet ist, hatte sich überraschend dem schwedischen König Karl XII. (1682 – 1718) gegen den eigentlichen Verbündeten, den russischen Zaren Peter I., angeschlossen. Er wollte damit die Unabhängigkeit der Ukraine erreichen, unterlag aber, und seine Anhänger wurden verfolgt. Jetzt wird seine Person als Vorkämpfer der freien Ukraine verehrt. Das Museumsgebäude ist eines der ältesten Wohnhäuser Kievs und gilt als schönes Beispiel der ukrainischen Volksarchitektur. Ebenso wie das Wohnhaus in der vul. Skovorody 9 (вул. Сковороди) wurde es beim Stadtbrand 1811 nur wenig zerstört und original wiederaufgebaut.

Am Ende der Straße sind zwei Kirchen zu sehen, die aneinandergebaut scheinen. Die hintere, die Nikolajkirche der Uferstraße, ist die ältere und wurde 1772 anstelle einer Holzkirche erbaut. Bemerkenswert sind die Architekturdetails an der Fassade und im Innenraum. 1861 errichtete man unmittelbar daneben die Maria-Verkündigungs-Kirche mit Glockenturm.

Bis zum Eliaskloster sind es von hier nur wenige Schritte. Die Gebäude des heutigen Klosterkomplexes stammen vom Ende des 17. und dem Beginn des 18. Jahrhunderts. An gleicher Stelle stand schon 945 eine Holzkirche, die erste der Kiever Rus'. Hier soll einer Legende nach auch die Taufe des Volkes im nahen Dnepr stattgefunden haben. Die Eliaskirche wurde architektonisch den ukrainischen Holzkirchen nachgeahmt. Eine Kreuzform ist im Grundriß angedeutet, die große Kuppel wird durch eine achteckige Trommel getragen. Im Innenraum sind noch Reste von

Fresken aus dem 18. Jahrhundert zu bewundern. Zum Ensemble gehören noch ein kleines Priesterseminar und ein Glockenturm, das jüngste Bauwerk ist das barocke Eingangstor mit der Umfassungsmauer von 1755.

Hinter dem Eliaskloster auf der vul. Naberežno-Chreščatyc'ka (вул. Набережно-Хрещатицька) ist das alte Predigerseminar zu finden. Es gehörte zur Kiever Akademie und wurde 1778 im Stile des ukrainischen Barock errichtet. Nach dem Stadtbrand 1811 bekam das Gebäude bei Umbauten eine zweite Etage und ein klassizistisches Aussehen.

Auf der vul. Naberežno-Chreščatyc'ka führt nun der Rundgang wieder nach Süden, also stadteinwärts. An der Ecke vul. Petra Sahajdačnoho/vul. Andrijivs'ka (вул. Петра Сагайдачного/вул. Андріївська) befinden sich einige schöne alte Wohnhäuser, zum einen das zweistöckige Geschäft von 1820, in dem heute Brot verkauft wird, und auf der anderen Straßenseite die beiden Balabuch-Häuser. Balabuch ist der Name einer ›Konditorendynastie‹, die vom 18. bis ins 20. Jahrhundert weit über die Grenzen Kievs hinaus bekannt war. Das kleinere einstöckige Gebäude stammt vom Ende des 18. Jahrhunderts, jetzt befindet sich im Keller ein Restaurant. Das zweistöckige Haus daneben besitzt zur Hofseite offene Balustradengänge. Es wurde 1830 im klassizistischen Stil erbaut. Diese Wohnhäuser vermitteln einen guten Eindruck von der Bebauung des Stadtviertels in der Mitte des vorigen Jahrhunderts.

Die vul. Andrijivs'ka leicht bergan steigend, erreicht man die vul. Pokrovs'ka (вул. Покровська). Im Haus Nr. 4 befand sich das alte ›Haus der Verträge‹, heute beherbergt es eine Schule. Nur wenige Jahre, von 1800 bis 1817, diente es der ursprünglichen Bestimmung und wurde nach Einweihung des neuen Hauses am Kontraktova plošča Sitz des Magistrates. Von der alten Bausubstanz ist aufgrund vieler Umbauten wenig erhalten geblieben.

Gleich nebenan steht die Maria-Schutz-Kirche, sie wurde 1766 im ukrainischen Barockstil erbaut. Die Verzierungen, die drei verschieden hohen Kuppeln und die Apsiden geben diesem Gotteshaus ein einprägsames Äußeres. An gleicher Stelle hatte sich zuvor eine armenische Holzkirche befunden, die 1651 abbrannte. In dieser Straße befand sich damals die armenische Kolonie Kievs.

Auf der anderen Straßenseite steht der Glockenturm einer weiteren Nikolajkirche aus dem Jahre 1716, die Kirche selbst ist nicht erhalten. In ihr heiratete im April 1913 der Schriftsteller Michail Bulgakov. Neben der Kirche befand sich im 18. Jahrhundert das Armenhaus der Stadt.

Aus der Stille dieser Gegend geht es nun über die belebte vul. Petra Sahajdačnoho zum Poštova plošča (Поштова площа). Das kleine klassizistische Gebäude auf dem Platz ist die alte Poststation, die noch bis 1919 arbeitete. Von hier fuhren die Postkutschen ab. Zum Komplex gehörten noch ein Pferdestall und weitere Gebäude, die nicht erhalten sind.

Der Kiever Flußbahnhof

Am Poštova plošča befindet sich der Hafen für Passagierschiffe, der sogenannte Flußbahnhof – Ričkovyj vokzal (Річковий вокзал) – und eine Metrostation. Außerdem besteht die Möglichkeit, mit der Standseilbahn in die Obere Stadt zu fahren.

Auf zwei weitere Sehenswürdigkeiten, die zwar nicht direkt im Podil liegen, aber von hier am günstigsten erreichbar sind, sei noch hingewiesen.

Die Kyrillkirche

Im Nordwesten Kievs steht oberhalb Podils auf einem Hügel die Kyrillkirche, vul. Teligy Oleny 12 (вул. Теліги Олени). Am besten erreicht man sie, indem man von der Metrostation ›Kontraktova plošča‹ (Контрактова площа) mit der Straßenbahn 11 oder 12 bis zur Station ›Spartak‹ (Спартак) fährt.

Die Kyrillkirche wurde um 1140 als Kirche eines Familienklosters eines Černihiver Fürsten erbaut. Im 12. und 13. Jahrhundert diente sie als Totengruft. Der ursprüngliche Bau war am Vorbild der Maria-Himmelfahrts-Kathedrale der Lavra orientiert und hatte nur eine Kuppel. Ihr heutiges Aussehen wurde durch den ukrainischen Barock geprägt, unter anderem fügte man Anfang des 17. Jahrhunderts vier Nebenkuppeln hinzu. Der Glockenturm von 1760 wurde 1937 abgetragen. In den 80er Jahren des 19. Jahrhunderts wurden von der Kiever Malerschule

Muraško im Inneren der Kirche Restaurierungsarbeiten ausgeführt. Einer der Beteiligten war Michail Vrubel'. An der südlichen Narthexwand steht seine Büste. Von Vrubel' stammen die Ikonen des Ikonostas, welche er 1885 in Venedig malte. Der Ikonostas ist aus Marmor und nicht, wie sonst üblich, aus Holz geschnitzt.

An der Südwand der Kirche befindet sich in Höhe des Ikonostas eine Nische. Einer Legende nach sperrte man hier diejenigen ein, die sich dem geistigen Leben widmen wollten. Man ließ sie hungern und sich für oder wider ihren Entschluß entscheiden. Im Inneren haben sich auch eine Reihe von Fresken des 12. Jahrhunderts erhalten, darunter das besonders beachtliche ›Jüngste Gericht‹. Eine Treppe führt hinauf zum Chor, wo Bänke stehen, die zum Verweilen und Betrachten des Freskos ›Christus im Kreise der zwölf Apostel‹ von Vrubel' einladen. Bis vor kurzem fanden in der Kirche Konzerte statt. Aufgrund des schlechten baulichen Zustands nahm man von Veranstaltungen Abstand. Trotzdem muß man auf Musik nicht verzichten und kann sich eine Kassette einlegen lassen.

1786 wurde auf dem Gelände des Kyrillklosters ein Invalidenheim, ab 1803 ein Haus für geistig Behinderte, eröffnet. Oberhalb der Kyrillkirche auf einem Hang stehen nun die modernen Gebäude eines Kinderkrankenhauses.

Die Kirche kann besichtigt werden. Am Eingang sind Informationstafeln angebracht, die auch in englischer Sprache alles Wissenswerte zu berichten wissen.

Babyn Jar

Bis zur Bebauung dieses Kiever Stadtteils war Babyn Jar (Бабин яр) mit einer Länge von zweieinhalb Kilometern und einer Tiefe von fünfzig Metern eine der größten Schluchten Kievs. Während der faschistischen Okkupation 1941 bis 1943 wurde die Schlucht zum Ort eines der größten Massaker an der jüdischen Bevölkerung in der Ukraine. Am 29. und 30. September 1941 wurden in der Schlucht von Babyn Jar über 30 000 Juden erschossen. Der Schriftsteller Il'ja Erenburg hatte Ende 1943 gemeinsam mit seinem Kollegen Vasilij Grossmann die Arbeit an einer umfangreichen Dokumentation über die Verbrechen des deutschen Besatzungsregimes an der jüdischen Bevölkerung begonnen. Unter dem Titel ›Schwarzbuch‹ fand sie 1946 ihren Abschluß, mußte jedoch bereits kurz nach dem Erscheinen mit Beginn der ›antizionistischen‹ Kampagne des Jahres 1948 eingestampft werden. Eine russische Ausgabe des Schwarzbuches ist erst 1991 wieder erschienen.

Den latenten Antisemitismus in der Sowjetunion unterstreicht die Tatsache, daß dies zu den Tabuthemen gehörte und erst 1976 ein Denkmal errichtet wurde. In den Inschriften wird von den ›Opfern der sowjetischen Zivilbevölkerung‹ gesprochen. Seit den Jahren der Perestroika gibt es an dieser heroischen Heldenplastik auch eine Gedenktafel in hebräischer Sprache. Am eigentlichen Ort des Martyriums – einige hundert Meter entfernt – steht seit September 1991 eine bronzene Menorah, ein siebenarmiger jüdischer Leuchter. Das Geld wurde durch die jüdische Gemeinde Kievs gesammelt.

Mexikanisches Restaurant, vul. Spas'ka 8 (вул. Спаська). Pizzeria, vul. Sahajdačnoho 41 (вул. Сагайдачного), täglich von 10 bis 22 Uhr.
Restaurant ›Zaporižžja‹, vul. Sahajdačnoho 27, täglich von 12 bis 23 Uhr, sehr gut, aber teuer. Ansonsten laden gerade in Podil viele kleinere Cafés zum Verweilen ein.

Markthalle, vul. Verchnij Val 16 (вул. Верхній Вал). In der vul. Sahajdačnoho befinden sich viele Geschäfte: Nr. 14 ein Antiquariat, Nr. 24 ein Kaufhaus, Nr. 37 Lebensmittel.

Apothekenmuseum, vul. Prytys'ko-Mykil's'ka 7 (вул. Притисько-Микільська), von 9 bis 18 Uhr während der Ladenöffnungszeiten.
Hetman-Museum, vul. Spas'ka 16b (вул. Спаська), Sa bis Do von 10 bis 17 Uhr.
Tschernobyl-Museum, provulok Xorevyj 1 (провулок Хоревий), So geschlossen, Mo bis Fr von 10 bis 18 Uhr, Sa 10 bis 17 Uhr.

Volkswirtschaftsausstellung und Museum für Volksarchitektur und Lebensweise des ukrainischen Volkes

1958 wurde die ›Ausstellung der Errungenschaften der Volkswirtschaft der Ukrainischen Sowjetrepublik‹ eröffnet. Ein riesiges Gelände mit unzähligen Gebäuden sollte die Fortschritte in Industrie und Landwirtschaft, Handel und Transport, Wissenschaft und Technik demonstrieren. Im Zuge der Perestroika und der Unabhängigkeitserklärung der Ukraine änderte sich das Ausstellungsprofil. Ausländische und ukrainische Hersteller zeigen in den großen Hallen nun alles, was sie zu verkaufen haben. Auch wer dafür wenig Interesse aufbringt, sollte nach einem Spaziergang hierher die Stalin-Architektur auf sich wirken lassen. Für den Hinweg braucht man allerdings ein wenig Zeit. Zunächst fährt man bis zur Metrostation ›Lybids'ka‹ (Лубідська), geht in Fahrtrichtung nach oben und folgt am Ausgang der Unterführung nach rechts. Vor dem Gebäude 180 der vul. Gor'koho (вул. Горького) befindet sich unter anderem die Haltestelle des Trolleybusses 11, der am Ausstellungszentrum der Ukraine hält, allerdings auf der gegenüberliegenden Straßenseite.

Der Ausflug läßt sich erweitern, mit dem Bus 24 oder 61 zur Ausstellung der Volksarchitektur und Lebensweise des ukrainischen Volkes. Der erstere der beiden Busse fährt direkt bis vor die Tore der Ausstellung. Mit dem Bus 61 sind es von der Haltestelle ›Ausstellung der Volksarchitektur und Lebensweise des ukrainischen Volkes‹ (Музей народної архітектури і побуту) noch zehn Minuten zu Fuß. Am besten fragt man im Bus nach dem richtigen Zeitpunkt zum Aussteigen.

Das 150 Hektar umfassende Gelände bietet Denkmäler der ukrainischen Architektur und Typisches aus dem kulturellen Leben. An schönen Sommertagen spielen Volksmusikgruppen, die Polizei reitet hoch zu Roß einher, und in einem Restaurant wird original ukrainisch gekocht. Das Faszinierendste sind die vielen alten Holzhäuser, die unzähligen Mühlen und die Holzkirchen, in denen zum Teil Gottesdienste abgehalten werden. Eine alte Schmiede und eine Töpferei gewähren Einblick in das traditionsreiche Kunsthandwerk der Ukraine. In einer Schule aus vergangenen Zeiten kann man sich sogar zwischen die alten Holzbänke zwängen.

Auf dem Gelände überwiegt bei Dorfhütten, Mühlen und Kirchen die Holzarchitektur. Holz gab das billigste und gängigste Baumaterial ab. Die Blockbauweise war einfach und verständlich, dabei zugleich dekorativ und phantasiereich. Die Urform in der Holzarchitektur ist das nordrussische Bauernhaus. Dessen Wände werden aus Balken errichtet, die an den Enden auf verschiedene Weise verbunden werden. Die Balken werden waagerecht aufeinandergelegt, Fenster und Türen später herausgearbeitet. Nach oben wird das Haus durch ein Satteldach oder Zeltdach abgeschlossen. Die Länge der Balken begrenzt die Blockwände und führt zur vierwandigen, überdachten Grundeinheit, der ›Zelle‹. Ein Bauernhaus benötigt drei Zellen: zuerst eine heizbare Stube, die durch einen Flur oder eine Diele mit dem Vorratsraum verbunden ist; um im Winter schneefrei wohnen zu können, wurde dann ein zweites Stockwerk aufgesetzt. Das wiederum bedingte den Anbau einer zur Dachstube führenden Außentreppe. Durch An- und Aufbau weiterer Zellen konnte der Forderung nach mehr Raum entsprochen werden. Einfach wie das Material war auch das Werkzeug der Baumeister. Mit einer kurzen Axt wurden die Bäume geschlagen und die Dekorationen gefertigt, des weiteren benutzte man Schabeisen, Schlägel, Meißel, Holzkeile und Bohrer.

Die Dreiteilung der Bauernhütte kehrt im christlich-orthodoxen Kirchenbau wieder: Im Zentrum liegt der Gemeinderaum, im Osten der Altarraum, und der Vorraum dient profanen Zwecken. Ebenso wie das Bauernhaus ließ sich der Kirchenbau durch An- und Aufbauten verändern. Aufgrund der Anfälligkeit des Baumaterials sind leider nur wenige Holzkirchen erhalten geblieben.

Die Ausstellung ist täglich, außer am Mittwoch, von 10 bis 17 Uhr geöffnet. Unter der Telefonnummer 266 24 16 kann man sich eine Exkursion auch in deutscher Sprache bestellen.

Mühle im Museum für Volksarchitektur

Pissanki – ukrainisches Brauchtum

Wie viele alte Bräuche lebt auch die Ostereiermalerei in der Ukraine fort. Ihr Ursprung besteht allerdings nicht in christlichen Traditionen, sondern in der slawischen Legende von der Entstehung der Welt aus dem Ei. Diese Eier werden in der gesamten

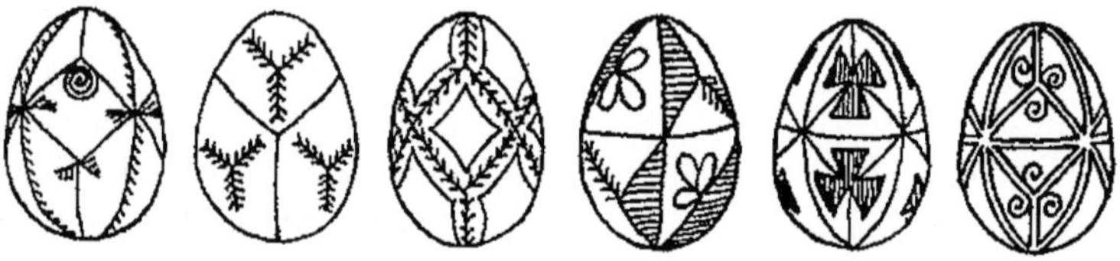

Ukraine angefertigt. In Technik und Farbgebung besitzen sie eine große Vielfalt, wobei die Wachstechnik am gebräuchlichsten ist. In einem komplizierten Verfahren werden nacheinander mehrere Schichten Wachs und Farbe aufgetragen. Nach dem Schmelzen des Wachses wird die Oberfläche poliert und eingefettet.

In der Ornamentik der Eier gibt es beträchtliche Variationen. Im Osten der Ukraine dominieren pflanzliche, im Westen geometrische Motive, in die Tierdarstellungen eingeschlossen sind. Eines der beliebtesten dekorativen Motive ist das alte heidnische Symbol der Fruchtbarkeit, der Lebensbaum. Verbreitet sind auch die sogenannten Solar- oder Sonnenzeichen. Auch Vogeldarstellungen erfreuen sich großer Beliebtheit, denn nach altem Glauben wird der Vogel, meistens der Hahn, als Behüter des Heimes, des Friedens und des Familienglückes angesehen.

Blieben die bemalten Eier in alten Zeiten höchstens einige Wochen, wenn nicht gar nur Tage erhalten, hat man heute durch Verwendung von Holzeiern Abhilfe geschaffen. Die bunten Eier sind wunderschönes Spielzeug für die Kinder, bei jungen Leuten Liebesgaben und bei den älteren Symbole der Freundschaft und der guten Nachbarschaft.

Ausflüge in die Umgebung von Kiev

Kiev ist schön und das Kiever Land wunderschön. Ausflugsziele gibt es viele. In den größeren Hotels bieten Touristikunternehmen Fahrten in die nähere Umgebung an, eine äußerst bequeme Art des Reisens. Die Preise dafür sind jedoch meist enorm hoch. Mutige Reisende können öffentliche Verkehrsmittel benutzen und damit das Unterfangen in die eigene Hand nehmen. Das kann sehr anstrengend, zeit- und nervenraubend, aber auch sehr interessant und erlebnisreich sein.

In die nähere Umgebung gelangt man am besten mit den Vorortzügen. Diese fahren vom neben dem Hauptbahnhof gelegenen Vorortbahnhof, dem Prymis'kyj vokzal (Приміський вокзал), ab. An den Kassen, Prymis'ki kasy (Приміські каси), löst man am Reisetag sein Ticket, einfach oder mit Rückfahrt. Die Fahrkarte gilt einen Tag und ist an keinen konkreten Zug gebunden, man kann also fahren, wann man möchte.

Viele Kiever benutzen diese Züge am Wochenende. Entweder fahren sie hinaus auf ihre Datschas, oder sie steigen irgendwo aus und unternehmen ausgedehnte Wanderungen. Dort begegnen sie einem dann mit riesigen Körben voller Pilze und Beeren. Auch Angler scheinen viel Glück zu haben. Unterwegs gibt es selten Restaurants. Dieses Defizit sollte ein vorsorglich gepackter Picknickkorb ausgleichen.

Faszinierend ist eine Schiffsfahrt auf dem Dnepr. Der Passagierhafen befindet sich an der Metrostation ›Poštova ploščа‹ (Поштова площа). Von den Anlegestellen bestehen außer im Winter regelmäßige Verbindungen zu anderen Städten. Fahrkarten können fünf Tage im voraus gekauft werden und sind kurz vor der Abfahrt meist ausverkauft. Rückfahrkarten müssen am Zielort gekauft werden. Falls dort keine mehr vorhanden sind, muß man auf Busse umsteigen. Beachten sollte man bei der Planung auch die langen Fahrzeiten.

Perejaslav-Chmel'nyc'kyj

Von Kiev erreicht man in einer etwa zweistündigen Fahrt den Busbahnhof von Perejaslav-Chmel'nyc'kyj (Переяслав-Хмельницький). In dem kleinen Provinzstädtchen, das einen sanftmütigen und verträumten Eindruck macht, leben rund 24 000 Menschen. Zur Begrüßung der Reisenden kommen die Hunde der Stadt gelaufen, um sodann die Ankunft eines Fremden in Windeseile zu verbreiten. Der bringt Abwechslung in das provinzielle Leben, und so kann es auch mal vorkommen, daß man von zwei Ukrainern untergehakt und stolz durch das Städtchen geführt wird. Immerhin kann es vier Museen und mehrere Kirchen aufweisen. Diese zeugen von der bewegten Geschichte der Stadt, die schon 906 schriftlich erwähnt wurde.

Ab der zweiten Hälfte des 11. Jahrhunderts war Perejaslav ein Zentrum des gleichnamigen Fürstentums. 1362 geriet die Stadt unter den Machteinfluß litauischer Feudalherren. Nach der Union von Lublin 1596 regierten polnische Adlige das Land von Perejaslav. Nachdem in den Jahren von 1648 bis 1654 die Ukraine durch Truppen von Bohdan Chmel'nyc'kyj befreit wurde, unterschrieb man hier den Vertrag zwischen der Ukraine und dem Moskauer Staat. 1654 wurde eines der wichtigsten Dokumente der ukrainischen Geschichte in Perejaslav unterschrieben. Die Ukraine wurde damit der Oberherrschaft des Zaren unterstellt. Der Vertrag ist bis heute umstritten und ruft bei den Historikern heftige Diskussionen hervor: War es ein Bündnis zwischen zwei souveränen Staaten oder eine Unterwerfung der Ukraine? Seit 1943 nennt sich die Stadt zu Ehren von Bohdan Chmel'nyc'kyj Perejaslav-Chmel'nyc'kyj.

Heute hat sich das bunte Treiben auf den Markt gegenüber vom Busbahnhof verlagert. Bäuerinnen mit farbenfrohen Kopftüchern bieten Früchte und Gemüse an, die noch nach frischer Erde riechen. Vom Lastwagen herunter wird duftendes Brot verkauft, an dem kaum jemand vorübergeht. Man sollte schon hier an den kommenden Hunger denken, da die Stadt kaum gastronomische Einrichtungen bietet und sich das Stadtzentrum etwa 20 Fußminuten entfernt befindet. In die Stadt führt die vul. Bohdana Chmel'nyc'koho (вул. Богдана Хмельницького).

Im Museum für Volksarchitektur in Perejaslav-Chmel'nyc'kyj

Anlegestelle in Kiev

Vom Markt aus folgt man ihr nach rechts. Nach der Hälfte der Strecke biegt die vul. Moskovs'ka (вул. Московська) ab. An deren Ende ist schon von weitem die 1896 errichtete Maria-Entschlafens-Kathedrale zu sehen. Sie dient heute den orthodoxen Gläubigen als Gotteshaus. Dahinter, inmitten ländlich anmutenden Lebens, versteckt sich die Michaelskirche. Die im 11. Jahrhundert erbaute Kathedrale wurde während der mongolisch-tatarischen Invasion völlig zerstört. Erst im 17. Jahrhundert konnte an ihrer Stelle eine neue erbaut werden. Ganz Kind ihrer Zeit, ist sie im Stil des Barock gehalten. Aus der Masse von Barockkirchen hebt sie sich vor allem durch die Fassadengestaltung heraus. Ein Fries aus Glasurkeramiken und Engelsköpfen schmückt ihr Äußeres.

Aber zurück zur vul. Moskovs'ka, zum Christi-Himmelfahrts-Kloster, einem Bauensemble aus dem Ende des 17. Jahrhunderts. »Der Krieg ist die Fortsetzung der friedlichen Politik, der Frieden ist die Fortsetzung der militärischen Politik«, ließ Lenin verlauten. Ganz in diesem Sinne wurde in den 30er Jahren in der Sowjetunion eine Propagandamaschinerie in Gang gesetzt, die auch vor geweihten Orten wie dem Christi-Himmelfahrts-Kloster nicht haltmachte. Und so kündet auch heute noch eine Ausstellung in der Kathedrale von den Erfolgen der Sowjetmacht, vom Heroismus des Kampfes der Roten Armee und dem Sieg über den Feind. Die Schlachten am Dnepr im Gebiet von Perejaslav-Chmel'nyc'kyj sind anhand eines Dioramas dargestellt.

Ein Museum besinnlicherer Art ist im Gebäude der ehemaligen Klosterschule, vul. Skovorody (вул. Сковороди), untergebracht. Hier lebte 1753/54 der ukrainische Poet und Philosoph Hryhoryj Skovoroda (1722–1794). Skovoroda wurde in der Familie eines landarmen Kosaken geboren. Im Alter von 12 Jahren ging er nach Kiev an die Petro-Mohyla-Akademie, in deren Mauern er fast 16 Jahre, mit kurzen Unterbrechungen, verbrachte. 1750 übernahm er die Position eines Poetiklehrers am Kollegium in Perejaslav. Gleichzeitig schrieb er an einem eigenen Poetikkurs, aufgrund dessen er in Konflikt mit seinen Vorgesetzten geriet und die Stellung unfreiwillig abtreten mußte. Er verdingte sich als Hauslehrer in einem ukrainischen Dorf, wo er mit dem Leben des einfachen Volkes konfrontiert wurde. Er begann Lyrik zu schreiben. 1759 begab er sich in die Gegend von Charkiv, wo er an einem Geistlichen Seminar unterrichtete. Er schrieb Predigten und Traktate, führte ein äußerst bescheidenes Leben und lehnte es strikt ab, Mönch zu werden. 1769 begann seine 25 Jahre dauernde Wanderung als Prediger durch die Ukraine. Skorovoda gilt bis heute als eine hervorragende Persönlichkeit des literarischen und kulturellen Lebens in der Ukraine.

Das Christi-Himmelfahrts-Kloster

Geht man die gleichnamige Straße etwas weiter, kommt man zur vul. Tarasa Ševčenka (вул. Тараса Шевченка), zum Haus Nummer acht, dem Historischen Museum der Stadt. Das provinziell anmutende Haus mit rustikalen Treppen, sommerlichen Erkern und Giebeln schmiegt sich in einen blühenden Garten. Zahlreiche Skulpturen laden zum Betrachten, Holzbänke zum Verweilen ein. Und wer vielleicht auf dem Markt seinen Picknickkorb mit frischem Brot und Früchten gefüllt hat, gönnt sich hier, an diesem idyllischen

Brotverkauf in Perejaslav-Chmel'nyc'kyj

Ort, eine Rast. Danach geht es weiter zur vul. Bohdana Chmel'nyc'koho (вул. Богдана Хмельницького), die sich im Zentrum zu einem Platz erweitert. Dessen Mittelpunkt bildet das 1954 zum 300jährigen Jubiläum der Vereinigung von Rußland und der Ukraine eingeweihte Denkmal. Ein letztes Museum bleibt noch zu besuchen, das Kobzarenmuseum in der vul. Bohdana Chmel'nyc'koho 26. Die volkstümliche Sammlung ist in einem einzigen Raum untergebracht, der der Stadt gleichzeitig als Musiksaal dient.

Von Kiev fährt mehrmals täglich ein Schiff nach Perejaslav-Chmel'nyc'kyj, wo man an einem baufälligen, verlassenen Steg aussteigt. Eine einsame Asphaltstraße führt nach links, an der nächsten wendet man sich nach rechts und läuft wenige Minuten bergan, bis schon ein Hinweisschild zum hiesigen Museum für Architektur und Lebensweise des ukrainischen Volkes (Музей народної архітектури і побуту) zu sehen ist. Die schnurgerade Straße wird von Birken und Sonnenblumenfeldern gesäumt. Auf dem weitläufigen Museumsgelände sind repräsentative Beispiele der ukrainischen Volksarchitektur versammelt: Holzhäuser, Kirchen, Scheunen. Am Ausgang auf der gegenüberliegenden Seite des Museums führt eine kleine Straße zu einer Wiese, an deren Horizont eine Holzbrücke zu erspähen ist. Nach der Flußüberquerung verläuft der Weg weiter durch üppige Gärten mit kleinen Holzhäusern bis ins Zentrum der Stadt.

Perejaslav-Chmel'nyc'kyj ist etwa 100 Kilometer südlich von Kiev gelegen und am besten mit dem Bus zu erreichen. Die Busse fahren in Kiev vom Busbahnhof Darnycja (Дарниця) ab. Er befindet sich am pr. Gagarina 1 (пр. Гагаріна) und ist von der Metrostation ›Černihivs'ka‹ (Чернігівська) zu erreichen. An der Metrostation geht man in Fahrtrichtung hinaus, wendet sich oben nach links und geht parallel zur Metrolinie. Nach fünfminütigem Fußmarsch ist man am Busbahnhof. Es empfiehlt sich, nach Perejaslav-Chmel'nyc'kyj einen Tagesausflug zu planen, da es keine Übernachtungsmöglichkeiten und Restaurants gibt.

Historisches Museum, vul. Tarasa Ševčenka 8 (вул. Тараса Шевченка), täglich von 10 bis 17 Uhr.
Den Ereignissen während des Zweiten Weltkriegs im Gebiet Perejaslav ist die Ausstellung in der Christi-Himmelfahrts-Kathedrale gewidmet, Fr bis Di von 10 bis 13 Uhr und von 14 bis 17 Uhr.
Skovoroda-Museum, im Seminargebäude des Klosters in der vul. Skovorody (вул. Сковороди), Do bis Mo von 9 bis 17 Uhr.
Kobzarenmuseum, vul. Bohdana Chmel'nyc'koho 26 (вул. Богдана Хмельницького), Do bis Di von 10 bis 17 Uhr.

Der Vertrag von Perejaslav

Im Jahre 1654 erfolgten in Perejaslav Verhandlungen zwischen dem Hetman Bohdan Chmel'nyc'kyj und Gesandten des Moskauer Zaren. Sie fanden ihren Ausdruck im Vertrag von Perejaslav, der für das Verhältnis zwischen Rußland und der Ukraine lange Zeit bestimmend sein sollte. Noch heute scheiden sich die Geister an der Frage, unter welchen Bedingungen die Vereinigung der Ukraine mit dem Moskauer Staat zustande gekommen sei. Dabei scheinen nationale und politische Leidenschaften einer objektiven Beurteilung des Vertrages von Perejaslav, aber auch der Person Bohdan Chmel'nyc'kyjs im Wege zu stehen. Abhängig vom jeweiligen Standpunkt wird Bohdan Chmel'nyc'kyj als ›Befreier des ukrainischen Volkes vom polnischen Joch‹ gefeiert oder als ›Zerstörer ukrainischen Lebens‹ verurteilt. Im russischen Reich hingegen wurde Bohdan Chmel'nyc'kyj als Wiedervereiniger Rußlands geehrt; 1888 setzte man ihm in Kiev im Namen des ›einigen und unteilbaren‹ Rußland ein Denkmal.
Als der Aufstand unter der Führung von Bohdan Chmel'nyc'kyjs 1648 ausbrach, richtete er sich zunächst nicht gegen den polnischen König, sondern gegen die Willkürherrschaft der polnischen Adligen im Grenzland und gegen die Untergrabung kosakischer Privilegien. Doch nachdem Friedensverhandlungen mit dem polnischen König ergebnislos geblieben waren, suchten die Kosaken Unterstützung in Moskau. Zunächst wurde der Zar um Vermittlung gebeten. Später hieß es in einem Sendschreiben an den Zaren, er möge das »Heer der Zaporožer Kosaken und alle Städte und Dörfer unter seine herrscherliche hohe Hand« nehmen. Doch der Zar war nach den Erfahrungen der letzten Jahre darauf bedacht, den Frieden mit seinem westlichen Rivalen zu wahren. Daher lehnte er jede Einmischung ab und wies die Kosaken auf ihren Status als Untertanen des polnischen Königs hin. Erst 1650 schien man sich in Moskau für die ukrainische Frage zu interessieren. Erstmals wurde die fiktive Beschützerrolle des Zaren für die orthodoxe Bevölkerung benutzt, um somit eine Einmischung in Polen rechtfertigen zu können. Im Juni 1653 brach eine Gesandschaft von Moskau nach Polen auf, um eine friedliche Beilegung des Konflikts mit den Kosaken zu fordern. Und schon im Oktober 1653 beschloß man, die Ukraine in den Moskauer Reichsverband aufzunehmen. Ende 1653 empfingen der Hetman und seine höchsten Gefolgsleute in Perejaslav bei Kiev eine moskovitische Gesandschaft.

In den nun stattfindenen Verhandlungen zeigten sich die unterschiedlichen Vorstellungen der beiden Partner über ein mögliches Bündnis. Bohdan Chmel'nyc'kyj suchte außenpolitische Unabhängigkeit in Anlehnung an einen starken Herrscher. Seine Vorstellungen von diesem Herrscher zeigten einmal mehr, in welcher besonderen Situation sich die Zaporožer Kosaken im Spannungsfeld zwischen Moskau, Polen und dem Osmanischen Reich befanden. Chmel'nyc'kyj wünschte sich einen Herrscher, der innenpolitisch unabhängig und orthodox sein sollte wie der Moskauer Zar, der ihnen aber auch einen Eid leisten sollte wie der polnische König seinen Untertanen und zudem auf ihre inneren Angelegenheiten möglichst wenig Einfluß nehmen sollte wie der Sultan in den Donaufürstentümern. Und so richtete sich Chmel'nyc'kyj an den Gesandten des Zaren mit der Bitte, daß er an der Stelle des Zaren den Eid ablegen solle, »daß er der Herrscher, ihn, den Hetman Bohdan Chmel'nyc'kyj und das ganze Zaporožer Heer, dem König von Polen nicht ausliefern und für sie eintreten werde, und ihre Freiheiten nicht verletzen wolle...« Doch der Zar verweigerte die Eidesleistung. Daraufhin drohte Chmel'nyc'kyj mit einer Unterstellung seines Heeres unter den Sultan: »Der türkische Gesandte wartet nur auf den Eid«, und wenn der Zar nicht rasch handle, »sind wir Diener und Knechte des Türken«.

Doch auch die Drohungen Chmel'nyc'kyjs konnten die historisch bedingte Eidesverweigerung des Zaren gegenüber seinen Untertanen nicht ändern. Chmel'nyc'kyj richtete Bittschreiben an den Zaren, auf die der Zar in Form von Gnadenakten antwortete. Unter dem Druck der herrschenden Machtverhältnisse leistete Bohdan Chmel'nyc'kyj am 18. Januar 1654 den einseitigen Eid auf den Moskauer Herrscher. Mit der promoskauischen Eidesleistung der Kosaken gingen die Ukrainer von der polnischen zur russischen Herrschaft über. Doch von einem durchgesetzten Herrschaftsanspruch des Zaren über die Ukraine konnte nach dem Vertrag von Perejaslav nicht gesprochen werden. Die Kontakte beschränkten sich zunächst auf ein gemeinsames Vorgehen gegen Polen. Rußland strebte eine Revision der Westgrenze an, ohne sich um die Sicherung der so leicht erworbenen ukrainischen Gebiete zu kümmern. Mit dem Vertrag von Perejaslav wurde eine grundlegende Änderung der politischen Verhältnisse in Osteuropa eingeleitet. Das ukrainische Volk hatte sich aus der polnischen Adelsrepublik herausgelöst. Der Abstieg Polens als Großmacht wurde eingeleitet und der Aufstieg Moskaus zur Großmacht vorbereitet.

Kaniv

Einer der vielen malerischen Orte in der Ukraine ist der Černeč-Berg bei Kaniv (Канів), einer Stadt etwa hundert Kilometer südlich von Kiev. Taras Ševčenko, ukrainischer Dichter und Maler, wurde entsprechend seinem Willen auf diesem Hügel begraben. Mittlerweile ist Kaniv zum Pilgerort Nummer Eins für Liebhaber der ukrainischen Nationalliteratur avanciert.

Kaniv kann man mit dem Bus in etwa drei Stunden erreichen. Die Busse fahren in Kiev vom Busbahnhof Darnycja (Дарниця) ab. Er befindet sich am pr. Gagarina 1 (пр. Гагаріна) und ist von der Metrostation ›Černihivs'ka‹ (Чернігівська) zu erreichen. An der Metrostation geht man in Fahrtrichtung hinaus, wendet sich oben nach links und geht parallel zur Metrolinie. Nach fünfminütigem Fußmarsch ist man am Busbahnhof.

Eine Alternative zum Bus wäre eine Fahrt mit dem Schiff auf dem Dnepr. In drei bis vier Stunden erreicht man Kaniv, man kann entweder in Kaniv-Stadt oder eine Station weiter am Museumshügel aussteigen. In Kaniv-Stadt kauft man am besten gleich die Rückfahrkarten für den Bus. Von der Stadt zum Ševčenko-Museum geht man etwa vierzig Minuten flußabwärts entlang einer Uferpromenade; am Hügel führt dann eine Treppe nach oben, die nicht zu verfehlen ist.

Mit dem Auto fährt man in südlicher Richtung aus Kiev die A 285 bis zum Abzweig Kaniv.

Die Grabstätte von Taras Ševčenko ist geschmückt mit einem Postament aus grauem Granit, auf dem sich die Bronzestatue des Dichters erhebt. Südlich und westlich des Taras-Berges rauscht der Wald, der Kaniver Staatliche Naturschutzpark, der im Jahre 1931 zum Gedenken an Ševčenko angelegt wurde.

In den ersten Sälen eines ansprechend eingerichteten Museums wird die schicksalhafte Lebensgeschichte des Ukrainers erzählt. In weiteren Räumen sind Zeugnisse seiner Zeit ausgestellt, aber auch Veröffentlichungen neueren Datums, Übersetzungsausgaben von Werken Ševčenkos in verschiedenen Sprachen. Das Museum hat Di bis So von 9 bis 17 Uhr geöffnet.

Essen gehen ist wie in allen ukrainischen Provinzstädten noch ein Problem. Es gibt ab und zu einen Kiosk, darauf verlassen sollte man sich jedoch nicht. Obwohl die Gastronomie sich entwickelt, sei die Selbstversorgung empfohlen.

Taras Ševčenko – Dichter, Maler, Kultfigur

Kiev besitzt heute ein Ševčenko-Museum, ein Ševčenko-Denkmal, einen Ševčenko-Boulevard, einen Ševčenko-Park und mehrere Ševčenko-Gedenktafeln. Das Dorf Kyrylivka im ehemaligen Gouvernement Kiev, in dem der Dichter seine Kindheit verbrachte, wurde 1929 in Ševčenkove umbenannt. An der Stelle seines Vaterhauses wurde ein Obelisk errichtet. Das Kiever Opernhaus und die Kiever Universität tragen den Namen des großen Ukrainers. Der Aufzählungen könnten viele folgen. – Worin besteht die Größe dieses populären Mannes?

In seiner Autobiogaphie ›Der Künstler‹ schrieb Taras Ševčenko: »Die Geschichte meines Lebens ist ein Teil der Geschichte meines Volkes«. Im Jahre 1814 wurde Taras Ševčenko als Sohn leibeigener Eltern geboren. Von frühester Kindheit an galt seine Leidenschaft dem Malen und Lernen, nicht aber wie vorbestimmt dem Ackerbau und dem Hirtendasein. Vergeblich bemühte er sich, bei einem Dorfmaler unterzukommen. Als Diener seines Gutsherren reiste er nach Wilna und Warschau und lebte seit 1831 in Petersburg. Hier gelang es ihm endlich, sein Malerhandwerk zu beginnen. Ukrainische und russische Kunstfreunde entdeckten sein Talent und bemühten sich um den Freikauf des jungen begabten Ukrainers. Mit 24 Jahren durfte er in die Petersburger Kunstakademie eintreten – ein sehr ungewöhnliches Ereignis im Vergleich zu typischen Lebensläufen seiner Landsmänner – und sich ganz der Malerei und Dichtung widmen. Schon 1840 erschien seine erste Gedichtsammlung, die mit viel Beifall aufgenommen wurde. Ganz den Traditionen seiner ukrainischen Heimat verpflichtet, widmete er sein Erstlingswerk dem Kobzaren, einem durch die Lande ziehenden Sänger und Musiker. »Er beginnt zu singen, beginnt zu lachen – Und dann kommen ihm die Tränen – Wenn sein Herz lacht, weinen seine beiden Augen«. Eine erste Ahnung von der Geschichte seines Volkes, seiner Heimat, von Recht und Unrecht, Glück und Unglück, bekam der junge Taras durch den Kobzaren vermittelt.

Die Kobza ist ein ukrainisches volkstümliches Instrument, der Kobzar ein Kobzaspieler.

In seinem Gedichtband verstand es Taras Ševčenko, von der Volksdichtung ausgehend eine poetische Sprache zu entwickeln. Romantisch gibt sich darin die nationale Vergangenheit der Ukraine, das freie Kosakenleben, die erfolgreichen Kämpfe gegen die Polen – realistisch und voller Kritik spiegeln seine Verse die Gegenwart.

1847 kam Ševčenko an die Kiever

Der Nationaldichter Taras Ševčenko ist in der Ukraine allgegenwärtig

Universität. Hier schloß er sich der Kyrillo-Methodianischen Bruderschaft an. Diese gründete sich 1845/46, wurde aber bereits ein Jahr später auf Befehl des Grafen Orlov (1786–1861), des Polizeichefs und Vorstands der ›3. Abteilung der Persönlichen Kanzlei seiner Majestät des Kaisers von Rußland‹, aufgehoben. Mitglieder der Vereinigung waren vor allem Professoren und Studenten der Kiever Universität mit weit gefächerten Interessen. Einig war man sich in der Notwendigkeit der Abschaffung der Leibeigenschaft und im Bemühen um die Hebung des Bildungsstandes der breiten Massen. Diese wurden als Bedingungen für einen größeren politischen Wandel angesehen. Ein dritter wesentlicher Aspekt war die Idee des Panslawismus, also der Vereinigung aller slawischer Völker in einem Großreich. Welche Bedeutung der allslawische Gedanke für den Bund hatte, unterstreicht die Wahl der beiden Slawenlehrer Kyrill und Method als Patronen der Bruderschaft. Das Siegel der Vereinigung hieß: »Lernet die Wahrheit kennen, und sie wird euch befreien«. Durch Verrat eines Studenten wurde der Geheimbund bekannt, und auch Ševčenko mußte sich auf der Anklagebank verantworten – für den Zaren ein willkommener Anlaß, einen gefährlichen Feind unschädlich zu machen. Von allen Angeklagten wurde Ševčenko am härtesten bestraft. Er wurde zu lebenslänglichem Dienst als gewöhnlicher Soldat in einer Grenzgarnison verurteilt. An den Rand des Urteils schrieb Zar Nikolaus I. (1796–1855) eigenhändig: »Unter strengster Aufsicht und dem

Verbot, zu schreiben und zu malen«. In seinem Tagebuch schrieb der Verurteilte: »Wäre ich ein ausgekochtes, blutiges Scheusal gewesen, hätte man sich keine härtere Strafe für mich ausdenken können«. Zehn harte Jahre verbrachte er in Verbannung, 1857 kam er frei. Er lebte in Petersburg, da es ihm verboten war, seine Heimaterde zu betreten.

Obwohl durch die Entbehrungen der Verbannung ein körperlich gebrochener Mann, lebte sein Geist auf. Er schuf Werke, die bis heute Millionen von Menschen aus dem Herzen sprechen. In seinen Versen finden sie Trost, Hoffnung, Ansporn.

Seinen sehnlichsten Wunsch, sich in der Heimat am Ufer des Dnepr niederzulassen, konnte sich Ševčenko zu Lebzeiten nicht erfüllen. Am 10. März 1861 starb er in Petersburg, wo er zunächst auch beerdigt wurde. Erst später gaben die Behörden ihr Einverständnis, und seine sterblichen Überreste konnten auf einen Hügel oberhalb des Dnepr überführt werden, unweit von Kaniv.

Geblieben sind seine Werke, die des Dichters und die des Malers. Ševčenkos Verse wurden in mehr als hundert Sprachen übertragen, bei einer Auflagenhöhe von etwa zwölf Millionen Exemplaren. Sein ›Vermächtnis‹, 1845 geschrieben, ist zur zweiten ukrainischen Nationalhymne geworden.

Vermächtnis

In ein Hügelgrab der Steppe,
wenn ich sterben werde,
senkt mich, Brüder, daß mich decke
Ukrainererde,
daß ich kann des Dneprs Schnellen,
seine Ufer schauen,
daß ich höre, wie er rauschend
strömt durch weite Auen!

Wenn er aus der Ukraine
Feindesblut wird tragen
in das Meer, will ich den Fluren
und den Höhn entsagen,
will, auf Flügeln des Gebetes
auf zu Gott mich schwingen –
ehe dies geschieht, mag nimmer
ich dem Herrn lobsingen!

Senkt ins Grab mich und erhebt euch,
werft die Ketten nieder,
tränkt mit bösem Feindesblute
eure Freiheit wieder!
Dann im freien Bruderkreise
mögt ihr meiner denken,
mögt ein liebes, stilles Wörtlein
mir, o Freunde, schenken!

»Tagtäglich brachte der Wind frischen Rauch und den Leuten frischen Gesprächsstoff, und niemand wunderte sich mehr.«

Mychaylo Kocjubyns'kyj, ›Fata Morgana‹

Die Ostukraine

Černihiv

Černihiv (Чернігів) ist eine der ältesten russischen Städte auf dem Gebiet der heutigen Ukraine. Die Stadt liegt an der Desna, einem mächtigen Zufluß des Dnepr. Schon von weitem sieht man das in grün gehüllte Panorama der Stadt. Darüber erheben sich die Silhouetten der Christi-Verklärungs-Kathedrale und der Boris-und-Gleb-Kirche. Im Černihiv von heute leben etwa 300 000 Menschen. In Werbeprospekten gibt sich die Stadt als Industrie- und Kulturmetropole, tatsächlich wirkt sie verschlafen wie eine Provinzstadt.

Černihiv bedeutet soviel wie Schwarze Stadt. Zum einen bringt man diese Bezeichnung in Zusammenhang mit dem angeblichen Gründer der Stadt, dem Fürsten Černij, zum anderen existiert die Vision von unwegsam dichten schwarzen Wäldern, von denen Černihiv einst umgeben war.

Schon im 10. Jahrhundert war Černihiv wichtiges Handelszentrum und von strategischer Bedeutung. Hier siedelte ein slawischer Stamm, der jedoch in

Die Christi-Verklärungs-Kathedrale

Abhängigkeit von den Chazaren stand, einem Turkvolk, das im 8. Jahrhundert den jüdischen Glauben annahm. Ihnen waren sie zu Tribut verpflichtet. Erst durch das Erstarken des Altrussischen Staates war es möglich, sich von den Chazaren zu befreien. Černihiv wurde damit Teil der Kiever Rus'. Erstmalig erwähnt wird Černihiv 907 in russischen Chroniken, als der Überfall des Fürsten Oleg auf die Griechen siegreich endete. Als dessen Resultat wurde ein Abkommen geschlossen, in dem sich die Griechen verpflichteten, Abgaben an Kiev, Černihiv, Perejaslav und andere russische Städte zu zahlen. Aufgrund der Nennung Černihivs gleich nach Kiev messen Historiker dieser Stadt eine große Bedeutung bei.

Mit dem Zerfall des Kiever Reiches im 12. Jahrhundert wurde das Černihiver Land zum selbständigen Fürstentum. Für einige Jahrhunderte war die Stadt Objekt innerer Machtkämpfe und Opfer von Überfällen durch Nomaden. Viele Male wurde sie geplündert und zerstört. Vom 10. bis zum 12. Jahrhundert erfolgte die Bebauung nach den Traditionen des altrussischen Städtebaus. Befestigter Kern der Stadt war die sogenannte Detinec', wo Kathedralen und Paläste der Fürsten und des feudalen Adels standen. Das Territorium zeichnete sich durch seine geschützte Lage aus. Es lag auf einem hohen Abhang, im Süden begrenzt durch die Desna und im Osten vom Strižen, einem damals mächtigen Fluß. Zur Kernstadt kam ein äußerer Ring und später eine Vorstadt. Das komplizierte System der Stadtbefestigung gibt Aufschluß über die soziale Struktur der Bevölkerung. In der Detinec' lebten die Fürsten und bessergestellten Bojaren, die Handwerker und Kaufleute bewohnten die äußere Stadt und Vorstadt. Auch die befestigten Klöster in und um Černihiv dienten dem Ziel der Stadtbefestigung.

Der Einfall der tatarisch-mongolischen Horde 1239 versetzte der Stadt einen Schlag, von dem sie sich lange nicht erholen konnte. Die Stadt verödete, und die Černihiver Bischöfe verlegten ihre Residenz nach Brjansk.

Im 14. Jahrhundert fiel Černihiv dem Großfürstentum Litauen zu. Im Kampf zwischen Litauen und Moskau gingen die Černihiver Fürsten nicht nur einmal auf die Seite Moskaus über. Der Sieg Moskaus über Litauen beschleunigte den Eingang Černihivs in den Moskauer Staat, wo es von 1503 bis 1618 verblieb.

Ab 1618 gehörte Černihiv zu Polen. In der Annahme, endgültig die Herren der Stadt zu sein, begannen die polnischen Feudalen, die Stadt zu befestigen. 1623 wurde das Magdeburger Recht eingeführt, gleichzeitig wurden mit Hilfe des Vatikans entschiedene Maßnahmen zur Polonisierung der ukrainischen Bevölkerung unternommen. Die orthodoxen Kathedralen wurden in katholische Kirchen umgewandelt. Die Maßnahmen der polnischen Regierung verstärkten den Haß der ukrainischen Bevölkerung gegen fremde Unterdrücker. So fand die Bewegung um Bohdan Chmel'nyc'kyj bei großen Teilen der Bevölkerung Unterstützung.

Der Anschluß Černihivs an Rußland wirkte sich wohltuend auf die Entwicklung der Stadt aus. Handel und Handwerk blühten auf. Seit 1666 befanden sich in

Černihiv russische Truppen, die die Befestigung der Stadt ausbauten. Kanonen des damaligen Festungswalls sind bis heute erhalten. Zu dieser Zeit war Černihiv eines der wichtigsten Kulturzentren der Ukraine.

Ein Rundgang durch Černihiv

Es bietet sich an, einen Rundgang in der Detinec' (Дитинець), dem alten Zentrum, das noch heute im Plan des modernen Černihiv ersichtlich ist, zu beginnen. In diesem weiträumigen Park befinden sich die meisten historischen Gebäude der Stadt. Von den erhalten gebliebenen Festungsmauern im Osten hat man einen schönen Blick auf das Ufer der Desna. Die Kanonen zeigen die Funktion dieser Mauern in früheren Zeiten an. Ein beliebter Scherz von Liebespaaren übrigens, sich an der 13. Kanone zu verabreden (nur zwölf sind erhalten), sorgt immer noch dann und wann für traurig umherirrende Verliebte.

Mit dem Bau der Christi-Verklärungs-Kathedrale wurde während der Herrschaftszeit des Fürsten Mstislav Vladimirovič begonnen, der von 1024 bis 1036 in Černihiv residierte. Jedoch gelang es Mstislav nicht, das Werk zu vollenden, er wurde in der noch unfertigen Kathedrale beigesetzt. Die Chronik weiß zu berichten, daß die Mauern zur Zeit des Begräbnisses nur bis zur Höhe eines auf einem Pferd stehenden Reiters ragten. Jaroslav der Weise protegierte dann den Fortgang der Arbeiten.

Das Schicksal der Kathedrale ähnelt sehr dem anderer Monumentalbauten der Alten Rus'. Sie wurde mehrmals zerstört, abgebrannt, dann erneut aufgebaut.

Legende

1 Christi-Verklärungskirche (Спасо-Преображенський собор)
2 Boris-und-Gleb-Kathedrale (Борисоглібський собор)
3 Kollegium (будинок колегіуму)
4 Haus des Obersten Jakov Lyzogub (будинок Лизогуба)
5 Katherinenkirche (Катерининська церква)
6 Historisches Museum (Історичний музей)
7 Haus des Erzbischofs (будинок архієпископа)
8 Elec'kyj-Kloster (Єлецький монастир)
9 Schwarzes Grab (Курган ›Чорна могила‹)
10 Dreieinigkeitskloster (Троїцький монастир)
11 P'jatnyc'ka-Kirche (П'ятницька церква)
12 Theater (театр)
13 Kocjubyns'kyj-Museum (музей М. М. Коцюбинського)

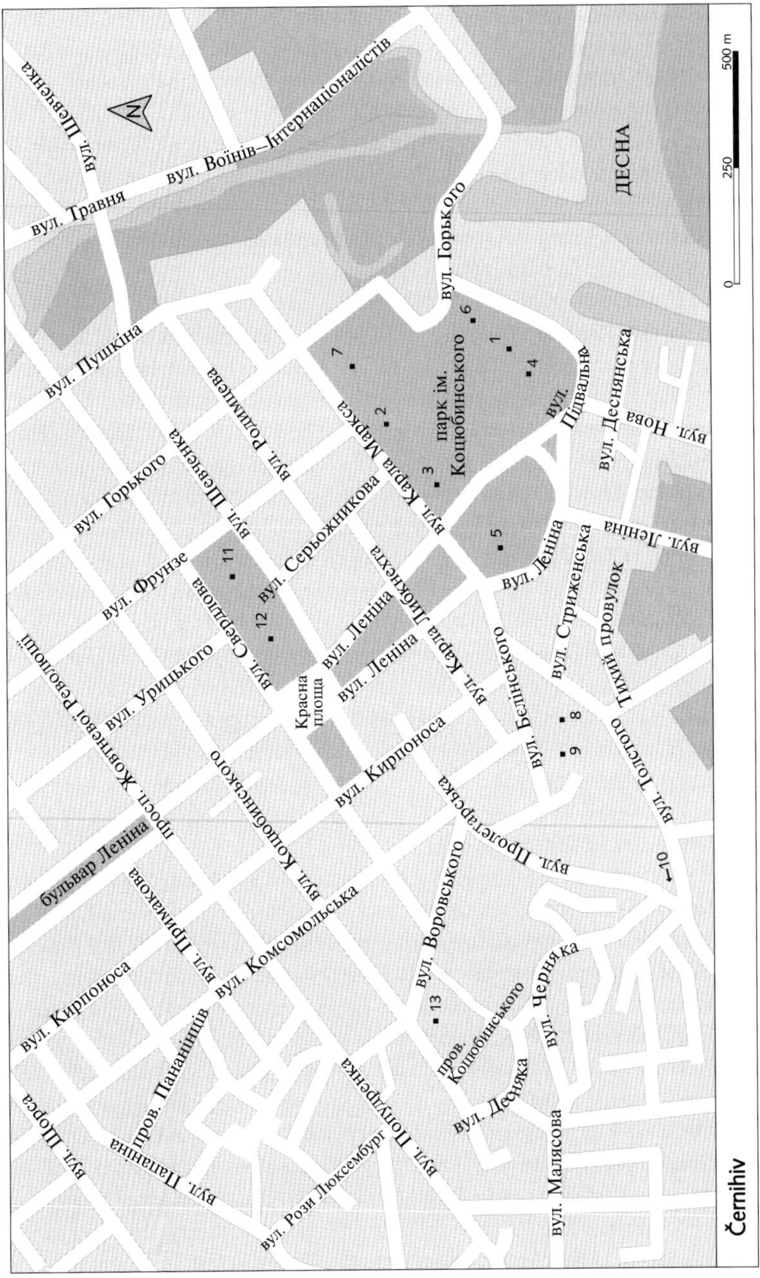
Černihiv
ДЕСНА
0
250
500 m
N
вул. Шевченка
вул. Травня
вул. Воїнів–Інтернаціоналістів
вул. Горького
вул. Пушкіна
вул. Горького
вул. Шевченка
вул. Родимцева
вул. Фрунзе
вул. Урицького
вул. Свердлова
вул. Серьожникова
вул. Карла Маркса
парк ім. Коцюбинського
вул. Підвальна
вул. Десняньска
вул. Нова
вул. Леніна
вул. Леніна
вул. Леніна
вул. Леніна
вул. Карла Лібкнехта
Красна площа
просп. Жовтневої революції
бульвар Леніна
вул. Кирпоноса
вул. Коцюбинського
вул. Бєлінського
вул. Стриженська
Тихий провулок
вул. Толстого
вул. Пролетарська
вул. Воровського
вул. Примакова
вул. Комсомольська
вул. Кирпоноса
вул. Черняка
пров. Коцюбинського
вул. Десняка
вул. Малясова
вул. Попудренка
вул. Рози Люксембург
пров. Пананіних
вул. Пананіних
вул. Щорса
1
2
3
4
5
6
7
8
9
10
11
12
13

Dabei veränderte sich ihr Aussehen. Die ursprünglichen Formen wurden durch Umbauten oder später angebrachten Stuck verfälscht. Nach dem Einfall von Batu-Khan 1239 verblieb die Kathedrale lange Zeit im halbzerstörten Zustand. 1611 fiel sie Kriegshandlungen des polnischen Kleinadels zum Opfer, 1750 einer Feuersbrunst. Dem folgte eine lange Phase des Wiederaufbaus von 1777 bis 1799. In dieser Zeit wurde der hölzerne Nordturm aufgestockt und mit einem kegelförmigen Dach versehen. Aus Gründen der Symmetrie wurde ein südlicher Turm hinzugefügt. Die gesamte Ausstattung der Kathedrale erhielt klassizistische Züge, auch der hölzerne Ikonostas. Das Äußere wurde verputzt.

Der Grundriß der Kathedrale entspricht dem einer Kuppelbasilika. Das Massiv wird von fünf Kuppeln überragt. Der Westseite ist ein Narthex vorgelagert, ein Charakteristikum der Architektur des 11. Jahrhunderts. Innen befinden sich dreifache steinerne Arkaden, die im unteren Geschoß von Marmorsäulen (heute mit Ziegeln umkleidet), im zweiten Geschoß durch gebündelte Ziegelsäulchen getragen werden. Bei Untersuchungen wurden Freskofragmente aus dem 11. Jahrhundert entdeckt. Ebenfalls freigelegt wurden Fragmente des Fußbodens, der mit farbig inkrustierten Schieferplatten belegt war.

Boris und Gleb waren die ersten russischen Heiligen. Die nach ihnen benannte Boris-und-Gleb-Kathedrale wurde 1097 bis 1123 erbaut, zu einer Zeit als Fürst David Svjatoslavovič die Regierung innehatte. Nachdem die Kathedrale 1239 durch Horden von Batu-Khan geplündert worden war, folgte in der zweiten Hälfte des 13. Jahrhunderts eine Zeit des Wiederaufbaus. 1611 wurde sie durch polnische Kriegshandlungen erneut stark in Mitleidenschaft gezogen und 1628 in die Kirche eines römisch-katholischen Dominikanerklosters umgewandelt. Jedoch schon 1649 fanden darin abermals orthodoxe Gottesdienste statt. Nachdem die Kirche im Zweiten Weltkrieg stark beschädigt wurde, erfolgte von 1948 bis 1955 eine umfangreiche Rekonstruktion.

An sich wirkt der Baukörper etwas klobig. Die Fassade wurde sehr sparsam dekoriert. Die Fenster sind schmal und hoch. Bemerkenswert sind die in Kalkstein geschnittenen Reliefs mit paarweise angeordneten Tieren wie Greife und Panther. Die Kapitelle sind mit Pflanzen- und Flechtbandornamentik verziert. Am Ansatz der Rundgiebel, an den Apsiden unterhalb des Hauptgesimses verläuft ein Rundbogenfries, der auch unterhalb der Kuppel die Trommel umgibt. Eine Neuerung zu den Bauten Kievs im 11. Jahrhundert stellt das dreifach abgestufte Eingangsportal dar.

Vom Ikonostas (1702) ist nur die silberne, vergoldete Königstür erhalten geblieben. Sie wurde aus dem Silber eines heidnischen Idols gegossen, das man bei Renovierungsarbeiten im Jahre 1700 gefunden hatte, und ist Bestandteil der heute in der Kathedrale befindlichen Ausstellung ›Künstlerisches Metall des 17. bis 20. Jahrhunderts‹. An der dem Eingang gegenüberliegenden Wand befindet sich rechts der Sarg von Feodosij Uglickij, links das Grab von Lazar Baranovič. Die Ausstellungstafeln geben kund, daß Feodosij Uglickij ukrainischer Geistlicher und Erzbischof von Černihiv und Novgorod-Severskij war. Er starb am 5. Februar 1696. Sein Begräbnis wurde in einen Vorgang der Verehrung und Anbetung umgewandelt, denn die Černihiver Geistlichkeit bemühte sich, das Prestige des Bistums zu erhöhen. Im Jahre 1896, 200 Jahre nach seinem Tod, wurde Feodosij Uglickij offiziell in die Reihe der Heiligen aufgenommen. Lazar Baranovič (1620–1693) war seit 1657 Bischof von Černihiv und wurde 1667 Erzbischof von Černihiv und Novgorod-Severskij. Er trat als Gegner der zentralisierten staatli-

Relief an einem Kapitell der Boris-und-Gleb-Kathedrale

chen Macht auf und bemühte sich um die Erhaltung der Unabhängigkeit der ukrainischen Geistlichkeit vom Moskauer Patriarchat.

Nicht versäumen sollte man, die Treppe links des Eingangs nach oben zu steigen, wo sich Glocken und Lämpchen aus dem 19. Jahrhundert sowie Kreuze aus dem 18. Jahrhundert befinden.

Eines der eigenwilligsten Gebäude der ukrainischen Barockarchitektur ist das ehemalige Kollegium. Der hohe elegante Glockenturm und der dazu im Kontrast stehende langgestreckte Gebäudekörper sowie der kräftige Dekor auf den schlich-

Das Kollegium

ten Wänden bilden eine bemerkenswerte Symbiose. Der Grundstein des Turms wurde 1701 gelegt. Bei Restaurationsarbeiten fand man 1951 eine Keramikplatte mit der Jahreszahl 1702. Dabei handelt es sich offenbar um das Jahr der Fertigstellung des Glockenturms. Die ursprünglichen dekorativen Formen des Gebäudes sind nach einer Reihe von Bränden verlorengegangen oder wurden durch Umbauten überdeckt. Während des Großen Vaterländischen Krieges kam es zu Zerstörungen; dabei traten unter den Stuckschichten die eigentlichen Formen und Konturen hervor. Im Kollegium befindet sich das Museum ›Kunst des Černihiver Landes vom 17. bis Anfang des 20. Jahrhunderts‹. Vor allem Freunde dicker alter verstaubter Bücher werden hier ihre wahre Freude finden.

Eines der wenigen erhalten gebliebenen Beispiele der bürgerlichen Architektur vom Ende des 17. Jahrhunderts ist das Haus des Obersten Jakov Lyzogub. Das einstöckige, im Grundriß rechteckige Gebäude stand ursprünglich auf einem offenen Platz. Daher resultiert die sorgfältige Bearbeitung aller vier Fassadenseiten. Die West- und Ostfassade schließen mit Dreiecksgiebeln ab und sind mit Dreiviertelsäulchen, Gesims, verzierten Dreiecks- und strahlenartigen Giebeln über den Fenstern sowie mit flachen Nischen geschmückt. Im Inneren des Gebäudes befanden sich sechs Räume. Die beiden mittleren dienten als Dielen, die beiden östlichen nutzten die Frauen des Hauses, die beiden größeren westlichen die Männer. Zur Zeit steht das Haus unbenutzt leer.

Die Katherinenkirche wurde 1715 eingeweiht und entspricht dem Typ der von fünf Kuppeln bekrönten ukrainischen Holzkirche. Diese Kompositionsform war in der Architektur des 17. bis Anfang des 18. Jahrhunderts weit verbreitet. In der Kirche befindet sich das ›Museum der dekorativen Volkskunst der Ukraine‹. Zu sehen sind Töpferwaren, Krüge, Schüsseln, Ofenkacheln, Spinnräder, Truhen und Korbmöbel. Im Museum kann man die Traditionen des Stickerei-Handwerks gut verfolgen. Noch heute werden solche Stickereien in einem Werk in Černihiv hergestellt und dann in den Souvenirläden verkauft. Die ausgestellten Stroharbeiten sind typisch für den Norden des Černihiver Landes und kommen ursprünglich aus Weißrußland.

Das Černihiver Historische Museum ist im ehemaligen Haus des Generalgouveneurs, das 1804 errichtet wurde, untergebracht. Im Museum ist Geschichte live zu erleben. Das Parkett stöhnt dem Besucher das Alter des Hauses und die Last der vielen Jahre entgegen. In Tücher gehüllte Mütterchen erzählen von den guten alten Zeiten. Sie legen ihr Strickzeug beiseite und öffnen die schweren Türen zu den Ausstellungsräumen. Eilig schalten sie das Licht an und hinterher wieder aus. Ihr ganzer Stolz ist eine märchenhafte alte Küche mit Ofen, Webstuhl und dem dazugehörigen Hausrat. Weniger stolz sind sie offensichtlich auf die Räume der Revolutionszeit, man hat sie kurzerhand geschlossen. Schade, denn durch den radikalen Umgang mit der Sowjetzeit geht sicher einiges verloren – Revolutionsplakate und Propagandamaterialien sind Kunst, die für sich spricht und auch anspricht.

Zu Fuß kann man von der Detinec' auch die anderen Sehenswürdigkeiten der Stadt erreichen. In einem romantisch verwilderten Gemüsegarten, in dem sich Hühner und Ziegen tummeln, zeigt sich erhaben und streng die Maria-Entschlafens-Kathedrale des Elec'kyj-Klosters, was soviel wie Ölbaum-Kloster bedeutet. Einen Hinweis auf das Alter der Kathedrale aus dem 12. Jahrhundert geben bei Rekonstruktionen gefundene Ziegel und deren Zeichen. Ursprünglich gab es nur die eine Hauptkuppel, die Nebenkuppeln wurden im 17. Jahrhundert hinzugefügt. Von den Malereien des 12. Jahrhunderts befinden sich im Narthex Fragmente des ›Jüngsten Gerichts‹, in der Taufkapelle die ›Gottesmutter Oranta‹. Aus dem Elec'kyj-Kloster stammt auch die ›Gottesmutter von Elec'k‹ aus dem 17. Jahrhundert, die Kopie einer älteren Ikone. Die im Frauenkloster lebenden Nonnen versammeln sich häufig in der Kirche, und mit ein wenig Glück kann man dem melancholischen Gesang der Mädchen und Frauen lauschen.

Auf dem Gelände des Klosters steht auch das älteste in der Ukraine erhalten gebliebene Holzhaus. Die Jahreszahl 1688 ist nach volkstümlicher Tradition in einen Holzbalken im Inneren des Hauses eingeschnitzt. In der Nähe des Klosters befindet sich ein slawischer Grabhügel, das sogenannte Schwarze Grab. Hier soll der legendäre Fürst Černij begraben sein.

Vom Elec'kyj-Kloster eine Viertelstunde zu Fuß stadtauswärts befindet sich an der vul. L'va Tolstoho 92 (вул. Льва Толстого) das Ensemble des Dreieinigkeitsklosters. Das älteste Bauwerk des Klosters ist die aus dem 12. Jahrhundert stammende Eliaskirche. Es handelt sich dabei um das einzig erhaltene einschiffige Bauwerk der Schule von Černihiv aus der Zeit der feudalen Zersplitterung. Die Kirche war von großer Bedeutung für die Entwicklung der einschiffigen Sakralbauten in der ukrainischen Architektur des 14. bis 16. Jahrhunderts. Ursprünglich hatte die Kirche drei Eingänge: je einen im Westen und im Süden, ein dritter befand sich in der Nordwand des Schiffes und führte zu den Höhlen. Deren erste legte der Gründer des Kiever Höhlenklosters Antoni an. Er mußte mit der Behauptung des Fürstensitzes durch Izjaslav (1024 – 1078) im Jahre 1069 aus Kiev flüchten und fand in Černihiv Zuflucht.

In der zweiten Hälfte des 17. Jahrhunderts wurde die bedeutende Elias-Typografie gegründet. Sie nahm einen großen Einfluß auf die Entwicklung der ukrainischen nationalen Buchdruckkunst. Sogar Peter I. holte zur Gründung einer Kloster-Typografie in Petersburg Buchdrucker aus Černihiv.

In der zweiten Hälfte des 17. Jahrhunderts entstand das Dreieinigkeitskloster mit der Dreieinigkeitskathedrale. Diese entspricht in ihrer Komposition den Traditionen der altrussischen Baukunst, aber auch der ukrainische Barock hat seine Spuren hinterlassen. Die Zeit ihrer Errichtung 1679 bis 1695 war eine Zeit des

Am Schwarzen Grab, einem slawischen Begräbnishügel

Kampfes gegen die polnischen Feudalen und gegen katholische Agressionen. Auch durch den Bau dieser Kathedrale äußerte sich eine Zunahme des nationalen Selbstbewußtseins des ukrainischen Volkes. Heute wird die Kathedrale viel und gern von Gläubigen besucht. Begibt man sich in das Innere, betritt man ein gewaltiges Langschiff, das mit dem hohen Kuppelraum im Kontrast steht.

Ein weiteres Gebäude des Klosters ist die Maria-Tempelgang-Kirche. Sie wurde 1677 bis 1679 errichtet. Im ehemaligen Gebäude des Erzbischofs befindet sich eine geistliche Schule des Moskauer Patriarchats. Unübersehbar ist der originelle Glockenturm von 1774/75 mit seiner Fülle an waagerechten und senkrechten Gliederungen. Das erste Geschoß ist mit sogenannter Rustika, einem Mauerwerk aus grob zugehauenen Werksteinquadern, gestaltet, die Ecken mit volutenähnlichen Strebepfeilern, das zweite Geschoß mit toskanischen Säulen, das dritte mit ionischen, das vierte mit korinthischen.

Unweit des zentralen Platzes der Stadt, skver im. Bohdana Chmel'nyc'kogo (сквер ім. Богдана Хмельницького), befindet sich die Paraskeva-P'jatnic'ka-Kirche. Sie war Bestandteil eines Frauenklosters, das wahrscheinlich im 12. Jahrhundert gegründet wurde. 1786 wurde das Kloster säkularisiert, 1805 trug man alle seine Bauten ab, mit Ausnahme der heute noch bestehenden Kirche. Der einfache einkupplige Vier-Pfeiler-Bau entsprach den bescheidenen Ansprüchen des Klosters. Die kleine, malerisch lebendige Kirche wurde in ihrer Gestaltung von der bodenständigen Holzarchitektur, ihr Dekor von Motiven der volkstümlichen Stickerei und Holzschnitzkunst beeinflußt.

In der vul. Kocjubyns'koho 3 (вул. Коцюбинського), einer Querstraße des Leninboulevards, befindet sich ein Museum, das dem Leben und Werk des ukrainischen Schriftstellers Mychajlo Kocjubyns'kyj (1864–1913) gewidmet ist.

Will man mit dem Zug von Kiev aus fahren, kann man 24 Stunden vorher Tickets im Kiever Bahnhof kaufen oder im voraus in der Vorverkaufskasse auf dem bul. Tarasa Ševčenka 38 (бул. Тараса Шевченка). In Černihiv befinden sich die Kassen direkt im Bahnhofsgebäude.

Eine weitere Anreisemöglichkeit wäre das Schiff. Tickets sind im Kiever Flußbahnhof erhältlich.

Die meisten Leute reisen aber mit dem Bus. Etwa drei Stunden dauert die Fahrt von Kiev nach Černihiv. Die Busse fahren in Kiev vom Moskauer Platz (Московська пл.) ab. Der Busbahnhof ist von der Metrostation ›Lybid'ska‹ (Либідська) zu erreichen, wo man in Fahrtrichtung aus der Metro geht und sich dann immer rechts hält. Vor dem Gebäude in der vul. Gor'koho 180 (вул. Горького) fährt der Trolleybus 11 ab. Man fahre eine Station bis zum Zentralen Busbahnhof. Im Bahnhofsgebäude befinden sich die Kassen.

In Černihiv befindet sich die entsprechende Kasse in der vul. Tarasa Ševčenka 9 (вул. Тараса Шевченка). Vom Bahnhof nimmt man den Trolleybus 1 und fährt bis zum Červona pl. (Червона пл.). Von hier ist es nicht mehr weit zu Fuß. Die Kasse ist täglich von 8 bis 20 Uhr geöffnet. Für großes Gepäck muß ebenfalls ein Ticket gelöst werden.

In Černihiv sind folgende Hotels empfehlenswert:
Hotel ›Slov'jans'kyj‹, pr. Myru 33 (пр. Миру), Tel. 746 04, DZ 70 Euro.
Hotel ›Gradec'kyj‹, pr. Myru 68 (пр. Миру), Tel. 16 74 22, 450 25, DZ 80 Euro.
Hotel ›Prydesnjans'kyj‹, vul. Tarasa Ševčenka 99a (вул. Тараса Шевченка), Tel. 95 48 02, DZ 40 Euro.

Restaurant ›Desna‹, pr. Myru 20 (пр. Миру), täglich geöffnet von 11 bis 17 Uhr und 18 bis 23 Uhr.
Restaurant ›Ukrajina‹, pr. Myru 33 (пр. Миру), täglich von 11 bis 16 Uhr und 17 bis 23 Uhr geöffnet.

Ein Kaufhaus findet man am pr. Myru 49 (пр. Миру), einen Buchladen in der vul. Sverdlova 6 (вул. Свердлова), einen Souvenirladen am pr. Myru 11 (вул. Леніна).

Historisches Museum, vul. Gor'koho 4 (вул. Горького), geöffnet Mo bis Mi und Fr von 9 bis 17 Uhr, Sa und So von 10 bis 18 Uhr.
Ausstellung ›Kunst des Černihiver Landes‹ im ehemaligen Kollegium, täglich geöffnet.
Museum der dekorativen Volkskunst der Ukraine in der Katherinenkirche, geöffnet Fr bis Mi von 9 bis 17 Uhr.
Kocjubyns'kyj-Literaturmuseum, vul. Kocjubyns'koho 3 (вул. Коцюбинського), geöffnet Mo und Mi bis Fr von 9 bis 17.30 Uhr, Sa und So von 10 bis 17.30 Uhr.

»Wie war es doch schön und lustig in unserem Garten!«

Der ukrainische Regisseur Oleksandr Dovženko (1894–1956) wird im allgemeinen neben Eisenstein und Pudovkin als der dritte Klassiker des sowjetischen Films angesehen. Sein Schaffen ist eng mit dem ukrainischen Volk sowie mit der ukrainischen Geschichte und Kunst verbunden.

Geboren wurde Dovženko am 29. August 1894 in dem ukrainischen Dorf Sosnycja. In seinem Geburtshaus befindet sich heute ein Museum. Dovženko entstammte einer Bauernfamilie, wie man an den ausgestellten Einrichtungsgegenständen des Museums unschwer erkennen kann. Er besuchte in Sosnycja eine 4-Klassen-Schule und anschließend ein Lehrerbildungsinstitut in Hluchiv. In den Jahren 1917 bis 1919 studierte er in Kiev am Handelsinstitut und an der Kunstakademie. Er nahm am Bürgerkrieg teil, kämpfte auf unterschiedlichen Seiten und gehörte für kurze Zeit der Sozialrevolutionären Partei an.

1921/22 arbeitete Dovženko im diplomatischen Dienst in Warschau, 1922/23 als Diplomat in Berlin. Zur damaligen Zeit war Berlin eine der interessantesten Städte Europas mit zahlreichen russischen und ukrainischen Emigranten. Auch viele deutsche Künstler hatten sich Berlin als ihr Mekka erkoren. Dovženko widmete sich in Berlin dem Kunststudium in einer privaten Kunstschule. Er beschäftigte sich hauptsächlich mit Graphik, Bildkomposition und Buchillustration. Nach der Rückkehr in die Ukraine wurde er Zeitungskarikaturist.

Über die Malerei und das Theater, seiner zweiten Leidenschaft, fand er zum Film. 1926 kam er nach

Odessa, wo er zunächst zwei Stummfilme schuf, die äußerlich unter dem Einfluß von Charlie Chaplin standen.

Seine eigentliche Laufbahn als Regisseur begann mit seinem Film

›Zvenigora‹ (1927). Eisenstein schrieb nach der Premiere: »Du meine Güte! Was geht hier nicht alles vor! Da tauchen aus allen möglichen Simultanaufnahmen spitzbrüstige Kähne auf. Da wird einem schwarzen Hengst das Hinterteil mit weißer Farbe angepinselt. Da buddelt man einen schrecklich anzusehenden Mönch, der eine Laterne in der knochigen Hand hält, aus der Erde, dann verscharrt man ihn wieder. Die Zuschauer verfolgen neugierig das merkwürdige Geschehen. Ein Raum erfüllt den Saal…« Der Film ›Zvenigora‹ basiert nicht auf einer durchgängigen Geschichte, Phantastisches und Märchenhaftes werden plötzlich mit der Realität verknüpft. Poetische Symbole schlagen zeitliche Brücken. Vor den Augen des Zuschauers rollt die ganze Geschichte von Dovženkos Heimat ab.

Der Film ›Arsenal‹ (1929) behandelt ein Thema von großer politischer Relevanz, die Geschichte der Ukraine während des Ersten Weltkrieges, der Oktoberrevolution und während der Konterrevolution Petljuras. Im Mittelpunkt des Films steht der Aufstand der Kiever ›Arsenal‹-Arbeiter im Januar 1918. Henri Barbusse, der ›Arsenal‹ bei einem Besuch im Odessaer Filmstudio gesehen hatte, nannte diesen Film »ein im höchsten Grade humanistisches Werk«, mit Szenen von »ergreifender, mitunter sogar genialer Klarheit, Kraft und großer Spannweite.«

Wirklich berühmt wurde Dovženko mit dem Film ›Zemlja‹ (›Erde‹, 1930), der durch seine Schönheit fesselt und der von seinen Zeitgenossen äußerst kontrovers eingeschätzt wurde. Der Film hat die Geschichte der Kollektivierung in der Ukraine zum Thema, bei dessen Behandlung die Kritiker die aktuelle Propaganda vergeblich suchten. Der Schriftsteller Demjan Bednyj griff den Film nach der Premiere an, er hielt ihn für zu wenig agitatorisch und vermißte in ihm das Feuer des Hasses. ›Zemlja‹ zeigt das Dorf in seiner täglichen Mühsal und tiefen Naturverbundenheit. Mit seiner Filmkamera schuf Dovženko unvergeßliche Bilder vom ukrainischen Dorf, die seine Liebe zum Heimatland und zur Natur wiederspiegeln.

1935 drehte er in Sibirien den Film ›Aerograd‹, der als Propaganda zur Verteidigung des Landes gedacht war. Das Thema des Films ist der Bau einer Stadt am Ufer des Pazifik, die in Wirklichkeit nicht existierte und von Dovženko Aerograd, Flugzeugstadt, genannt wurde. Zum erstenmal suchte er das Thema außerhalb der ukrainischen Heimat.

Zu Beginn des Zweiten Weltkrieges wurden die Kiever Kinostudios nach Ufa verlagert, und Dovženko ging als Berichterstatter an die Front. Er veröffentlichte Artikel,

Appelle, Novellen und Reportagen. Er verfaßte Schriften, die über feindliche Truppen abgeworfen wurden. Auch eine Reihe von Dokumentarfilmen entstanden in jenen Kriegsjahren unter seiner Regie. Er drehte ›Die Befreiung des am rechten Ufer liegenden Dnepr-Gebietes‹, danach hatte er die künstlerische Leitung beim Dokumentarfilm ›Kampf um unsere sozialistische Ukraine‹ inne (1943). Nach dem Krieg entstand eines seiner schönsten Werke, die Novelle ›Verzauberte Desna‹, die ihn bis zu seinem Tod beschäftigte. Darin verarbeitete er seine Kinderheitserinnerungen an seine Heimat am Fluß Desna in der zentralen Ukraine.

Auf dem Markt in Sosnycja

Nach seinem Tod 1956 drehte seine Frau, Julia Solnceva, drei Filme nach seinen Szenarien, darunter ›Verzauberte Desna‹: »Wie war es doch schön und lustig in unserem Garten! Wenn man aus dem Hausflur hinaustrat und sich umblickte – alles war da grün und üppig! Und wenn der Obstgarten im Frühling erblühte! Und erst zu Beginn des Sommers: Die Gurken blühen, die Melonen blühen, die Kartoffeln blühen! Es blühen die Himbeer- und Johannisbeersträucher, der Tabak, die Bohnen. Und wieviel Sonnenblumen, Mohn, Rüben, Melde, Dill, Möhren! Was hatte unsere unermüdliche Mutter nicht alles in die Erde gesetzt…

Der Garten wurde derart von Pflanzen überwuchert, daß er sie auf der Höhe des Sommers nicht mehr zu bergen vermochte. Dann kletterten sie übereinander, verflochten, drängten sich, rankten sich auf den Stall, auf das Hausdach hoch, stiegen auf den Zaun, und die Kürbisse hingen dann vom Zaun auf die Straße hinab. … Hier führte uns Großvater in so märchenhafte Abgründe der Vergangenheit, daß wir aufhörten zu atmen und nach den Mücken an unseren Waden und Hälsen zu schlagen, und die Mücken stachen und tranken unser Blut, bis sie berauscht waren, und der Abend war längst angebrochen, die großen Welse sprangen in der Desna, in der sich die Sterne widerspiegelten, und wir lauschten ohne Unterlaß mit weitaufgerissenen Augen, bis wir uns schließlich ins duftende Heu unter den Eichen an dem verzauberten Strom Desna hineinwühlten, um zu schlafen. Als besten Fisch betrachtete Großvater die Schleie. Er fing sie in den Seen weder mit Netzsack noch mit Reuse; er zog sie einfach wie ein chinesischer Zauberer mit den Armen aus dem Wasser. Sie schienen selber in seine Arme zu schwimmen. Man erzählte, daß er hierfür ein bestimmtes Wort kannte. … Ohne sich in die historische Analyse einiger kultureller Überbleibsel zu vertiefen, muß man sagen, daß bei uns in der

Im Dovženko-Museum in Sosnycja

Ukraine die einfachen Menschen nicht allzu sehr an Gott glaubten. Sie glaubten eher an die Gottesmutter und an Heilige; an den Wundertäter Nikolaus, an Petrus, Elias, Pantelejom. Sie glaubten noch an den bösen Geist. Nicht etwa, daß man an Gott zweifelte; aber aus Feingefühl wagte man es nicht, ihn unmittelbar anzurufen. Die einfachen Leute, die gut erzogen waren, zu denen auch unsere Familie gehörte, betrachteten aus Bescheidenheit ihre alltäglichen Sorgen einer göttlichen Einmischung für unwürdig. Darum wandten sie sich mit ihren Gebeten an niedrigere Instanzen, an den erwähnten Nikolaus, an Petrus und andere. Die Frauen hatten ihren eigenen Weg: Sie vertrauten ihre Klagen der Gottesmutter an, und diese überbrachte sie dem Sohn oder dem Heiligen Geist, der Taube. … Die Bilder ziehen vorüber: Wasser fluten die Donau, die Desna heran – Frühlingswasser auf der Desna, auf der Donau. Die Wolken am Himmel ziehen lieblich und heiter vorüber, und wie sie in den blauen Räumen segeln, kämpfen und ringen sie unentwegt, daß, würde es gelingen, nur den tausendsten Teil davon festzuhalten und in einem klaren Buch oder einer Bilderreihe darzustellen, ich nicht vergeblich auf dieser Welt gelebt hätte. … Wir lebten in voller Harmonie mit den Kräften der Natur. Im Winter froren wir, im Sommer brieten wir in der Sonne, im Herbst wateten wir durch den Schlamm, und im Frühling wurden wir vom Wasser überflutet – und wer dies nicht kennt, der kennt nicht die Freude und Fülle des Lebens. Der Frühling kam zu uns von der Desna. Damals hatte noch niemand etwas von der Umwandlung der Natur gehört, und das Wasser floß vorbei, woher es auch kam und wohin es wollte. Manchmal trug die Desna so viel Wasser, daß nicht nur die Wälder und Wiesen überflutet wurden; ganze Dörfer wurden überschwemmt und riefen gegenseitig nach Rettung.«

i Sosnycja (Сосниця) ist von Černihiv mit dem Bus zu erreichen. Der Bus benötigt etwa zwei Stunden bis nach Sosnycja. Das Dovženko-Museum (Літературно-меморіальний музей О. П. Довженка) liegt am 2. provulok O. P. Dovženka 2 (2-й провулок О. П. Довженка 2), geöffnet Mi bis Mo von 9 bis 18 Uhr.

Die Sloboda-Ukraine

»Kennt ihr die ukrainischen Nächte? Oh, ihr kennt die ukrainischen Nächte nicht! Seht sie euch an. Der Mond schaut vom Himmel herab. Das Himmelsgewölbe hat sich ausgedehnt, es ist noch riesiger geworden. Es funkelt und atmet. Die Erde ist von silbernem Licht übergossen, und die wunderbare Luft ist kühl und warm zugleich, sie ist voller Zärtlichkeit und strömt einen Ozean von Wohlgerüchen aus. Göttliche Nächte! Herrliche Nächte!«

Nikolaj Gogol, ›Abende auf dem Weiler bei Dikanka‹

Am Chorol bei Myrhorod

Die sogenannte Sloboda-Ukraine (Слобідська Україна) liegt am linken Ufer des Dnepr. Der ukrainische Historiker M. Hruševs'kyj hat die Region ›Land der freien Gemeinden‹ genannt. Die Gebiete an der südwestlichen Steppengrenze des Moskauer Staates waren ursprünglich unbesiedelt. Seit der Mitte des 17. Jahrhunderts wanderten Kosaken und Bauern aus ukrainischen Gebieten links und rechts des Dnepr in die neu erschlossene Region ein. Die Siedlungen oder Freiheiten wurden Sloboda genannt. Die Neuankömmlinge wurden vom russischen

Zaren bereitwillig aufgenommen und als Wehrbauern und Wehrkosaken angesiedelt. Sie begründeten in der Sloboda-Ukraine neue Festungen, so zum Beispiel 1654 Charkiv.

Die Reise führt über flaches Land, das agrarisch geprägt ist, und in Orte von kultureller Größe. In der Umgebung von Myrhorod verbrachte der Schriftsteller Nikolaj Gogol (1809–1852) seine Kindheit. Obwohl er gebürtiger Ukrainer war, schrieb er Zeit seines Lebens auf Russisch, er lebte in St. Petersburg und sah sich selbst als russischen Schriftsteller. In zahlreichen Werken hat er Traditionen der ukrainischen Volksüberlieferung, des Volkstheaters und der Kosakenlieder verarbeitet. Unweit von Poltava fand 1709 die von den jeweiligen politischen Lagern äußerst kontrovers diskutierte Schlacht zwischen dem ukrainischen Hetman Ivan Mazepa und dem russischen Zaren Peter I. statt. Davon zeugen auch Werke wie Puschkins Poem ›Poltava‹ und die darauf basierende Oper ›Mazepa‹ von Tschaikovskij. Charkiv liegt im Herzen der Sloboda-Ukraine und war bis 1934 Hauptstadt der Sowjetukraine. Im 20. Jahrhundert hat sich die Stadt zu einem wichtigen Industriestandort und kulturellen Zentrum der Ostukraine entwickelt, in dem nahezu eine Million Menschen leben.

Myrhorod

»Was für eine wunderschöne Stadt ist Myrhorod! Was gibt es da für Häuser! Mit Stroh gedeckt und mit Schilf und sogar mit Holz. Rechts eine Straße, links ist eine Straße, überall ein schöner Zaun. Um ihn schlingt sich Hopfen; auf ihm stecken Töpfe, hinter ihm erhebt die Sonnenblume ihr sonnengleiches Haupt, dort blüht roter Mohn, schimmern dicke Kürbisse… Welche Pracht!« schwärmte Nikolaj Gogol vom Myrhorod (Миргород) des 19. Jahrhunderts. Wer Myrhorod heute besucht, wird alles beim Alten finden, nur wenige Plattenbauten und Industrieanlagen erinnern an die Gegenwart.

Die Menschen langweilen sich in Myrhorod. Sie sind Kurgäste der Stadt und genießen die Stille. Oder sie leben in Myrhorod, sind auf der Suche nach Arbeit, die es hier nicht gibt. Das Städtchen strahlt dörfliche Ruhe aus, niedrige Häuser prägen sein grünes Antlitz. Nur fünf Stunden mit dem Bus sind es nach Kiev, und doch scheint das Ende der Welt erreicht. Nur manchmal wird man daran erinnert, daß auch in Myrhorod das 21. Jahrhundert begonnen hat, wenn Jagdflieger vom nahegelegenen Militärflugplatz über die Köpfe der Menschen hinwegdonnern. Die meisten Einwohner sind stolz auf die unmittelbare militärische Präsenz, die sich in dieser massiven Ruhestörung äußert, aber es sind auch Myrhoroder zu vernehmen, die ihrem Ärger darüber lauthals Luft machen. Der Name der Stadt verweist auf einen ›friedlichen‹ Ort – Myr bedeutet Frieden –, der an der Grenze des Kiever Reiches einen Wachposten zu den von Steppennomaden bewohnten Gebieten bildete. Es war ein Ort, an dem sich benachbarte Völker friedlich begegneten und miteinander handelten.

Myrhorod teilte das Schicksal der ostslawischen Städte, die unter mongolisch-tatarische Herrschaft gerieten. Seit dem 14. Jahrhundert gehörte Myrhorod zum Großfürstentum Litauen, später zu Polen und wurde 1575 Zentrum eines Kosakenregiments. Im Verlauf des ukrainischen Befreiungskrieges wurde Myrhorod 1648 von der polnischen Fremdherrschaft befreit. 1650 kam Bohdan Chmel'nyc'kyj nach Myrhorod, um mit Gesandten des russischen Zaren Verhandlungen aufzunehmen. Entsprechend einer Urkunde aus dem Jahre 1653 begann man in Myrhorod mit dem Bau eines Hauses für Bohdan Chmel'nyc'kyj. Doch letztendlich wurde der Vertrag zwischen der Ukraine und Rußland nicht in Myrhorod, sondern 1654 in Perejaslav geschlossen.

Im 18. Jahrhundert entwickelte sich Myrhorod zu einem wichtigen Ort des Handels. Viermal im Jahr fanden bedeutende Jahrmärkte statt. Noch heute kennt man in der Ukraine den großen Jahrmarkt im nahegelegenen Velyki Soročynci, der jedes Jahr Ende August Händler, Käufer und Schaulustige anlockt. Der Markt ist das wichtigste Ereignis der Gegend. Danach kehrt wieder Stille ein, denn die meisten der Fabriken aus der Sowjetzeit wurden geschlossen. Viele Menschen haben keine Arbeit und können nicht auf Unterstützung vom Staat hoffen. So verdingen sie sich als Saisonarbeiter in der Landwirtschaft oder der Lebensmittelindustrie. Von der Armut der Menschen in Myrhorod zeugen auch die Geschäfte, die sich entlang der Hauptmagistrale, der vul. Gogolja (вул. Гоголя), befinden. Im Vergleich zu Kiev ist das Warenangebot kärglich.

Die Geschichte der Stadt ist im Heimatkundemuseum, das sich in der vul. Gogolja 146 befindet, dokumentiert. Das Museum wurde 1920 gegründet, zu seinem Bestand gehörten einst wertvolle Gegenstände aus dem Besitz des Dekabristen Sergej Ivanovič Murav'ev-Apostol (1796–1826) sowie Werkausgaben und persönliche Gegenstände des Schriftstellers Nikolaj Gogol. Die Sammlung wurde im Zweiten Weltkrieg zerstört und mußte durch neue Exponate ersetzt werden.

Kleine Cafés und Restaurants säumen die vul. Gogolja, am Busbahnhof befindet sich auch ein Marktplatz. Auf jeden Fall sollte man das erfrischende Myr-

Das Gasprom-Gebäude in Charkiv; Jugendstil-Treppenhaus in Charkiv
Die Maria-Verkündigungs-Kirche in Charkiv; Die P'jatnic'ka-Kirche in Černihiv
Die berühmte Potemkin-Treppe in Odessa
Skulptur an einem Wohnhaus in Odessa; Passage in Odessa

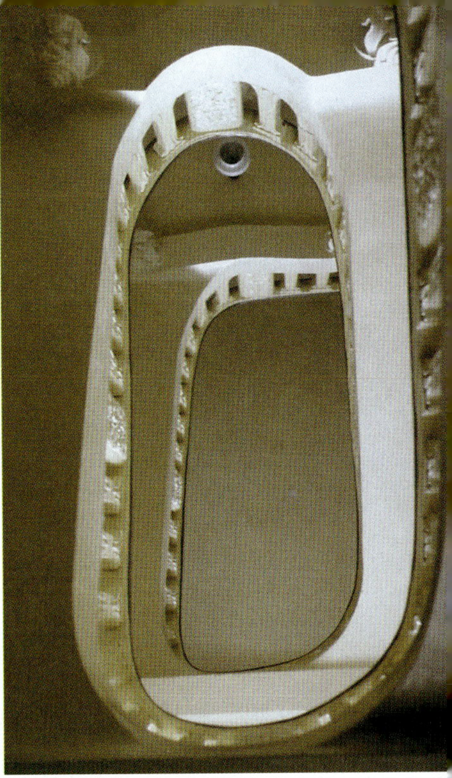

Алые паруса
КАФЕ · БАР
Алые паруса
КАФЕ · БАР

88 77
ПОУ

Kurort Myrhorod

horoder Mineralwasser probieren, das sich in der gesamten Ukraine großer Beliebtheit erfreut. Doch noch viel gesünder soll das warme Quellwasser sein, das in einer kleinen Halle im Kurort gereicht wird. Den eigentlichen Kurort (курорт) erreicht man durch einen Bogen von der vul. Gogolja. In den zahlreichen Einrichtungen werden vor allem Patienten mit Erkrankungen der Verdauungsorgane behandelt.

In den heißen Sommermonaten sind die Myrhoroder und ihre Gäste an den Ufern des Flußes Chorol zu finden. Eine Brücke führt an das andere Ufer, wo sich ein Denkmal für den in Myrhorod geborenen ukrainischen Schriftsteller Panas Myrnyj (1849–1920) befindet. Mit Myrhorod ist auch das Leben und Werk des georgischen Schriftstellers David Guramišvili (1705–1792) verbunden. Er kam 1760 nach Myrhorod, wo er bis zu seinem Tod verweilte. Auf dem städtischen Friedhof wurde 1949 auf seinem Grab ein Denkmal eingeweiht und 1969 in Myrhorod ein Museum eröffnet. Es befindet sich in der vul. Lenina 3

Am Schwarzmeerstrand bei Odessa
Café in Odessa; Restaurierungsarbeiten in der Odessaer Altstadt
Idylle im Park; Junge Musikanten
Hochzeitsauto in Poltava

(вул. Леніна). Keramikmosaike dekorieren das Museumsgebäude. Die Arbeiten wurden in der 1896 gegründeten Fachschule für Keramikproduktion und -gestaltung der Stadt Myrhorod gefertigt. Arbeiten der Absolventen und Schüler sind hier überall zu finden, im Eingangsbereich des Kinos, der Post oder an den Wänden der Sanatorien.

Auch der ukrainische Schriftsteller Taras Ševčenko besuchte Myrhorod 1845 zweimal. Allerdings überkam ihn hier die Langeweile und er schrieb: »Es gibt nichts zu lesen, und wenn es die Bibel nicht gäbe, könnte man verrückt werden.«

Auch Nikolaj Gogol äußert sich manchmal nicht gerade lobend über Myrhorod, wenn er als einzigen Schmuck dieser Stadt eine Pfütze bemerkt: »Eine bemerkenswerte Pfütze! Sie nimmt fast den ganzen Platz ein. Eine herrliche Pfütze! Häuser und Häuschen, die man aus der Ferne für Heuhaufen halten könnte, umgeben sie von allen Seiten und staunen über ihre Schönheit.«

Am 1. April 1984 wurde in Gogols Heimatdorf Gogoleve (früher Vasyl'evka) ein Museum für den Dichter eingerichtet. In Vasyl'evka wuchs der zukünftige Dichter auf, hier trat er seine Reisen nach Poltava, Nižyn, Petersburg, Moskau und ins Ausland an. Das im Zweiten Weltkrieg zerstörte Gutshaus der Familie wurde wieder aufgebaut und beherbergt eine liebevoll zusammengestellte Sammlung, die einen Einblick in das Familienleben der Gogols vermittelt. Ergänzt wird die Sammlung durch Dokumente, die über Gogols schriftstellerische Anfänge, über sein Interesse für ukrainische Folklore und Ethnographie erzählen und die Entstehungsgeschichte der ›Abende auf dem Weiler bei Dikanka‹ beleuchten. Der Weg nach Gogoleve (Гоголеве) führt vorbei an einer alten Windmühle und an einem mehrere Meter hohen Storchenbrunnen. Mit diesem Brunnen verbinden frisch vermählte Ukrainer einen alten Brauch. Dem Bräutigam werden rote und blaue Bänder in die Hosentasche gesteckt. Danach muß er ohne hinzusehen ein Band herausnehmen und an den Storch binden. Die Farbe des Bandes

Das Guramišivili-Denkmal

verspricht das Geschlecht des ersten Nachkommen.

Ein weiteres Museum, das dem Schriftsteller Gogol gewidmet ist, befindet sich in Velyki Soročynci (Великі Сорочинці). Das Museum wurde 1929 im Hause des Doktors Trochymovs'kyj eröffnet, in dem Gogol das Licht der Welt erblickte. Zur Sammlung des Literaturmuseums gehören eine Erstausgabe von ›Abende auf dem Weiler bei Dikanka‹, Ausgaben von ›Der verlorene Brief‹ aus dem Jahre 1899 und der Erzählung ›Die Nacht vor Weihnachten‹ von 1901. Vor dem Museum befindet sich seit 1952 eine Bronzebüste des Dichters.

Der Storchenbrunnen

Der kleine am Fluß Psjol gelegene Ort ist für seinen Jahrmarkt bekannt, der jedes Jahr in der letzten Augustwoche stattfindet. Die Atmosphäre auf dem Jahrmarkt hat der ukrainische Schriftsteller Ostap Vyšnja (1889–1956) in seiner Erzählung ›Jahrmarkt‹ festgehalten:

»Der Platz füllt sich mit immer mehr Menschen, Kühen, Ochsen, Pferden, Schafen. Diese ganze Masse flutet und flutet und ergießt sich von einer Seite bis an den Psjol, von allen anderen Seiten bis an die Felder, auf denen der Roggen, demütig geneigt, der Sense harrt.

Viele Händler haben ihre Zelte und Buden schon am Vortage aufgebaut. Wie riesige Glucken plustern sie sich in der bunt durcheinanderquirlenden Menge.

Der Platz ist voll von Leiterwagen, Kastenwagen, zweirädrigen Karren, Pferden, Kühen, Schafen, Ochsen, Kälbern, Töpfen, Schüsseln, Hühnern, Wolle, Säcken, Hopfen, Schafspelzen, Stoffen, Stiefeln, Bonbons, Pfefferkuchen, Kwaß, Bier, russischem Wodka, Kämmen, Sensen, Fellen, Riemen, gußeisernen Kochtöpfen, Hanf, Kopftüchern, Leinen, Birkenteer, Petroleum, allem möglichen Trödel, Hemden, Röcken, Teppichen, Schweineborsten, Fässern, Hörnern, Unterhemden, Wachs, Honig, Melasse, Dörrfisch, Heringen, Rädern, Achsen, Glas, Eiern, Schürzen, Piroggen, Speck, Fleisch, Würsten, Bratfisch, Bettzeug, Truhen,

Nägeln, Hämmern, Schweinen, Krämern, Zigeunern, Pferdehändlern, Menschen, Kindern und blinden Bettlern.

Und all das bewegt sich, atmet, raucht, spricht, schreit, bellt, muht, meckert, wiehert, käut wieder, gähnt, grunzt, bekreuzigt sich, schwört bei Gott, flucht, beeidigt, beriecht, gackert, kakelt, schlägt einander in die Hand, spielt Ziehharmonika, Geige, jammert, trinkt Kwaß, ißt Dörrfisch, stößt miteinander an, knackt Sonnenblumenkerne und fährt Karussell.«

Die Christi-Verklärungs-Kirche in Velyki Soročynci wurde 1732 im ukrainischen Barock ausgeführt. Der Ikonostas der Kirche beeindruckt durch raffinierte vergoldete Schnitzerei. In die Motive der Schnitzerei des Ikonostas ist vieles unmittelbar aus der ukrainischen Natur eingeflossen.

Myrhorod ist mit dem Bus von Kiev, Dnipropetrovs'k und Charkiv zu erreichen. Nach Kiev benötigt der Bus etwa fünf Stunden. Die Busse fahren oft nur einmal täglich, so daß man sich rechtzeitig über die Abfahrtszeiten erkundigen und einen Fahrschein erwerben sollte.
Myrhorod liegt an der Bahnstrecke Kiev – Charkiv.

Das Hotel ›Myrhorod‹ in der vul. Gogolja 124 (вул. Гоголя), wirkt nicht sehr einladend. Für ausländische Besucher ist es sehr teuer, etwa 40 Euro pro Person. Eine angenehmere und wesentlich preiswertere Variante ist die Zimmervermittlung im Busbahnhof. Viele Myrhoroder vermieten in ihren Häusern Zimmer zu günstigen Konditionen.

Das Heimatkundemuseum, in der vul. Gogolja 146 (вул. Гоголя) ist Do bis Di von 9 bis 17 Uhr geöffnet.
David-Guramišivili-Museum, in der unweit gelegenen vul. Lenina 3 (вул. Леніна), Mi bis Mo von 9 bis 17 Uhr geöffnet.
Literaturmuseum in Gogoleve, Di bis So von 10 bis 16.30 Uhr.
Museum in Velyki Soročynci, täglich von 10 bis 18 Uhr.
Der Jahrmarkt in Velyki Soročynci findet jedes Jahr in der letzten Augustwoche statt. Beide Orte erreicht man mit dem Bus vom Busbahnhof in Myrhorod.

Restaurants, Cafés und Geschäfte finden sich in Myrhorod in der vul. Gogolja (вул. Гоголя).

Nikolaj Gogol

»… Wie drückend heiß sind die Stunden, in denen der Mittag still und glutvoll erstrahlt und der blaue, unermeßliche Ozean, der sich – einer wollüstigen Kuppel gleich – über die Erde neigt, eingeschlafen zu sein scheint, unbeschreiblich selig, da er die Schöne in seinen luftigen Armen hält und an sich drückt! … Die breiten, unter der Fülle der Früchte sich biegenden Zweige der Kirschbäume, Pflaumenbäume, Apfel- und Birnbäume, der Himmel und sein heller Spiegel – der Fluß in seinem grünen, sich stolz abhebenden Rahmen (…) Wie wonnevoll, wie herrlich ist doch der kleinrussische Sommer!«

Mit weitausholender, leidenschaftlicher Geste macht Nikolaj Gogol in den ersten Sätzen der Erzählung ›Der Jahrmarkt in Soročynci‹ seiner ukrainischen Heimat eine Liebeserklärung. Das verblüffende an dieser pathetischen Beschreibung der kleinrussischen Sommerlandschaft ist aber, daß der Autor zur Zeit der Niederschrift seine ländliche Heimat längst verlassen hatte. Denn Nikolaj Vasilevič Gogol, als Sohn ukrainischer Gutsbesitzer am 1. April 1809 in Velyki Soročinci bei Poltava geboren, zog es nach Abschluß des Gymnasiums im Jahre 1828 aus dem Provinzstädtchen Nižyn in die damalige Hauptstadt St. Petersburg. Hier hoffte er, eine Arbeit zu finden, mit der er »dem Wohle der Menschheit« dienen konnte. Aus diesem Grunde schlug Gogol parallel zu seinen ersten schriftstellerischen Versuchen zunächst die Verwaltungs- und später die Dozentenlaufbahn ein.

Nach einem Mißerfolg mit dem Poem ›Hans Küchelgarten‹ (1829), dessen Handlung sich vor dem Hintergrund einer deutschen Pfarrhaus-Idylle entwickelt, wandte sich Gogol vertrauteren Sujets zu. Das wachsende Interesse der romantischen Prosaliteratur für volkstümliche Stoffe, eine regelrechte ›Ukraine-Mode‹ in den literarischen Kreisen von St. Petersburg, kam den eigenen Plänen des noch kaum bekannten Schriftstellers aus der kleinrussischen Provinz sehr entgegen. In seinen Briefen an die verwitwete Mutter bat er darum, ihm alle erdenkbaren Einzelheiten des Landlebens – seien es Kleidungsstücke der Dorfgeistlichen, Hochzeitsbräuche oder Weihnachtslieder – en detail zu schildern.

Und so gelang Gogol 1831/32 mit dem Erzählband ›Abende auf dem Weiler bei Dikanka‹ der literarische Durchbruch. Positive Kritiken und eine enthusiastische Rezension des damals populärsten russischen Dichters Alexander Puschkin, mit dem Gogol bereits eine enge Freundschaft verband, trugen zum schnellen Ruhm des Novellenzyklus bei. Wie auch in den zur gleichen Zeit von Puschkin erscheinenden ›Erzählungen des verstorbenen Ivan Petrovič Belkin‹ wurde in ›Abende auf dem Weiler bei Dikanka‹ ein fiktiver Herausgeber, der ukrainische Imker Rudyj Panko, genannt. Das Neuartige an den Novellen war aber vor allem der burschikose Stil, der auf Elemente des ukrainischen Puppentheaters, des ›vertep‹, zurückzuführen war und auf die ›skaz‹-Technik, den umgangssprachlichen, dialektgefärbten Plauderton des Erzählers. Dabei wirkt die Sprache mal derb und komisch, mal romantisch-sentimental wie im anfangs angeführten Zitat.

Gogols Spiel mit den unterschiedlichsten Stilschichten läßt die folkloristischen Figuren und deren Sprache lebendig erscheinen. Da flucht die Bauersfrau Chivrja in ›Der Jahrmarkt in Soročynci‹, der ersten der acht Novellen: »Ersticken sollst du, du nichtsnutziger Lump! Und deinem Vater sollte jemand mit einem Topf den Schädel einschlagen! Den Hals brechen sollte er sich auf dem Eis, der verfluchte Antichrist! Der Teufel sollte ihm den Bart absengen!« Mit dem Teufel wird nicht nur gedroht, meist tauchen Hexen, Nixen oder andere Spukgestalten plötzlich in den ländlichen Alltagsschilderungen auf, es gibt – wie so oft in der romantischen Literatur – keine Grenze zwischen Traum, Aberglaube und Wirklichkeit, alles ist von dämonischer Phantastik umgeben.

Als Fortsetzung der ›Abende auf dem Weiler bei Dikanka‹ erschien 1835 der Novellenband ›Myrhorod‹, dessen bekannteste Erzählung, die patriotische Novelle ›Taras Bulba‹, in gehobenem Stil die Geschichte

Gogol auf einer Zeichnung von E. Dmitriev-Mamonov

des Kosakenoberst Bulba aus der Zeit der ukrainischen Befreiungskriege gegen die Polen im 16./17. Jahrhundert deklamiert. Und die Erzählung ›Der Vij‹ beruht auf dem Märchen vom wandernden Scholaren, der durch die Magie einer Hexe und den ehernen Erdgeist ›Vij‹, dessen Augenlider bis zur Erde reichen, zu Tode gequält wird. Realistische Szenen aus dem Leben der Seminaristen und der Leibeigenen wechseln mit schauerlichen nächtlichen Abenteuern ab, im Zentrum der Geschichte steht jedoch das thematische Motiv triebhafter Sexualität, verkörpert durch den Ritt der bösen Hexe auf dem Rücken des Scholaren. Die Provinzstadt Myrhorod, die dem ganzen Zyklus ihren Namen leiht, ist auch der Handlungsort der letzten Erzählung: ›Die Geschichte, wie sich Ivan Ivanovič mit Ivan Nikiforovič verzankte‹. Die banale Streitsache wird vor Gericht gebracht und von den Provinzgerichten über lange Jahre verschleppt, ohne daß einer der verfeindeten, nachbarlichen Gutsbesitzer die Hoffnung auf einen Urteilsspruch zu seinen Gunsten aufgibt. Grotesk mutet die Beschreibung der beiden Streithähne an: »Ivan Ivanovičs Kopf erinnert an einen Rettich mit dem spitzen Ende nach unten, Ivan Nikiforovičs Kopf an einen Rettich mit dem spitzen Ende nach oben«, aber mit einem umso düsteren Fazit klingt die Geschichte aus: »Traurig ist es auf dieser Welt, Herrschaften!«

Komik und Tragik liegen bei Gogol immer nah beieinander, auch in den folgenden ›Petersburger Novellen‹, mit denen er sich den Menschen in der Hauptstadt zuwandte. Das ihm vertraute Leben der kleinen Amtsschreiber und desillusionierten Künstler in St. Petersburg ist Gegenstand der Erzählungen ›Der Nevskij Prospekt‹ oder ›Der Mantel‹. Der Novelle ›Die Nase‹ liegt ein absurde Geschichte zugrunde: Eines schönen Tages stellt der Kollegienassessor Kovalev bei seiner Morgentoilette fest, daß ihm die Nase abhanden gekommen ist…

Die 1836 verfasste Komödie ›Der Revisor‹, zu der Puschkin seinen Freund Gogol angeregt hatte, beruht auf einem ebenso einfachen wie wirksamen Verwechslungs-Plot: Der Taugenichts Chlestakov aus St. Petersburg wird von den korrupten Provinzbeamten eines abgelegenen russischen Städtchens fälschlicherweise für den angekündigten Revisor gehalten und daraufhin königlich empfangen. Die progressive Kritik bejubelte das Stück als Satire auf die himmelschreienden Mißstände in der Provinzbürokratie des Zarenreiches, während die konservativen Kräfte entrüstet reagierten. Doch Gogol, der sich von dieser Komödie eine moralische Erneuerung der russischen Gesellschaft erhofft hatte, reiste resigniert ins Ausland. Italien, vor allem Rom, Deutschland, Frankreich und immer wieder Moskau waren die wichtigsten Stationen seines weiteren Lebens. 1835 bis 1841 entstand der erste Teil seines berühmten, nie vollendeten Romans ›Die toten Seelen‹: Der clevere Protagonist namens Čičikov reist durch die russische Provinz, um ›tote Seelen‹ aufzukaufen – verstorbene Leibeigene, für die noch zehn Jahre über ihren

Illustration zu den ›Toten Seelen‹ von V. G. Makovskij

Tod hinaus Abgaben geleistet werden – mit dem Ziel, diese günstig erworbenen Seelen bei Kreditinstituten zu verpfänden. Der erste Teil des Romans beinhaltet hauptsächlich die abstoßenden Schilderungen der von Čičikov besuchten Gutsbesitzer, die als typische Repräsentanten der russischen Gesellschaft vorgestellt werden. Gogol plante zunächst eine Triologie, deren zweiter Band den Läuterungsprozeß Čičikovs zum Thema haben sollte. Der zweite Teil ist heute nur fragmentarisch erhalten, der dritte Teil, eine Antizipation idealer Zustände, kam nie zustande. ›Die toten Seelen‹, die den Weg für die großen realistischen Romane der bedeutendsten russischen Schriftsteller der nächsten Jahrzehnte bereiteten, stellten für ihren Autor sowohl den Höhepunkt seines Schaffens als auch eine nicht zu bewältigende Herausforderung dar: Zweimal verbrannte Gogol die Manuskripte des zweiten Teils, das letzte Mal unmittelbar vor seinem Tod am 21. Februar 1852.

Von Simone Schabbach

Poltava

Poltava (Полтава) ist eine Stadt mit angenehmem Flair. Sobald die ersten Sonnenstrahlen das Straßenpflaster wärmen, verlagert sich das Leben aus den wintermüden Häusern auf die Straße, sprießen in der vul. Žovtneva sommerliche Cafés wie Pilze aus dem Boden, und die Einwohner flanieren auf und ab.

Poltava macht eher den Eindruck einer ruhigen Provinzstadt – nicht den einer hektischen Großstadt, aber immerhin leben rund 350 000 Menschen hier. Die Stadt ist flächenmäßig sehr ausgedehnt. Das hat den angenehmen Nebeneffekt, daß viele Parks und Straßenbäume das Stadtbild auflockern. Andererseits sind die zurückzulegenden Entfernungen recht groß, und man kann eben nicht mal schnell von hier nach dort laufen. Aber ohne Zweifel – die Menschen leben gern in Poltava.

Das Denkmal für Peter I.

Durch archäologische Grabungen ist nachgewiesen, daß es schon vor 1100 Jahren Siedlungen an dieser Stelle gab. Eine erste urkundliche Erwähnung datiert von 1174, aber erst seit 1430 ist der Name Poltava verbürgt. Noch weitere 200 Jahre dauerte es bis zur Verleihung des Stadtrechtes.

Zu Ruhm und Ehren gelangte Poltava im Jahre 1709 durch die Schlacht vor Poltava. Rußland kämpfte unter Peter I. im Zweiten Nordischen Krieg um den Zugang zur Ostseeküste. Man wollte Schweden die strategische und handelspolitische Vormachtstellung abringen, was dann auch gelang. Vor Poltava konnte dem schwedischen Heer eine vernichtende Niederlage bereitet werden. In seinem Poem ›Poltava‹ hat der russische Dichter Alexander Puschkin die historischen Ereignisse des Zweiten Nordischen Krieges während der Epoche Peters I. verarbeitet. Er gibt in seinem Gedicht ein grandioses Bild vom Kampf der Russen gegen die Schweden. »Es war in jenen schweren Jah-

Fassadenschmuck am Heimatmuseum

ren/Wo Drangsal sich auf Drangsal häufte/Und mit dem Geist des großen Zaren/Das junge Rußland wuchs und reifte…« Die eigentliche Hauptperson des Poems ist Maria, die sich gegen den Willen ihrer Eltern mit dem alternden Ivan Mazepa verbindet. Der Kosakenhetman war im Verlauf der bewaffneten Auseinandersetzungen auf die schwedische Seite übergetreten. Der Frontwechsel Mazepas konnte aber den russischen Sieg nicht verhindern. Den Kosaken kamen die Winkelzüge ihres Oberhauptes teuer zu stehen, die meisten mußten fliehen, und Mazepa starb auf der Flucht. Das Museum der Schlacht von Poltava und viele Gedenksteine erinnern auf dem historischen Schlachtfeld an die Ereignisse des 27. Juni 1709. In der unabhängigen Ukraine ist der Hetman Mazepa zum Volkshelden aufgestiegen – er hat es gewagt, dem Moskauer Zaren die Stirn zu bieten, das sichert ihm die Sympathien der heutigen Ukrainer. In Sowjetzeiten war Mazepa als Verräter gebrandmarkt oder totgeschwiegen worden.

Ab 1775 wurde Poltava Zentrum des neurussischen Gouvernements und entwickelte sich zum regionalen Zentrum.

Ein Rundgang durch Poltava

Der Ruhm, den man in der Schlacht vor Poltava errungen hatte, ist im Stadtbild verewigt. Zum hundertjährigen Jubiläum wurde das Ensemble des Runden Platzes geschaffen. Heute ist der Platz Dreh- und Angelpunkt der Stadt. Besuchern dient er als Ausgangspunkt für Stadtrundgänge. In der Mitte des Platzes steht die Ehrensäule, Symbol des Sieges Rußlands über Schweden. Die Entwürfe für die Säule stammen von J. Thomas de Thomon und dem Bildhauer F. F. Ščedrin. Die toskanische Säule steht auf hohem Podest. Um das Podest herum sind 18 Kanonen, Trophäen aus der Schlacht, aufgestellt. Geschmückt wird die Säule von Lorbeerkränzen und Palmenzweigen als den Symbolen des Ruhmes. Auf ihr hat sich die Figur eines vergoldeten Adlers niedergelassen, der in seinem Schnabel den

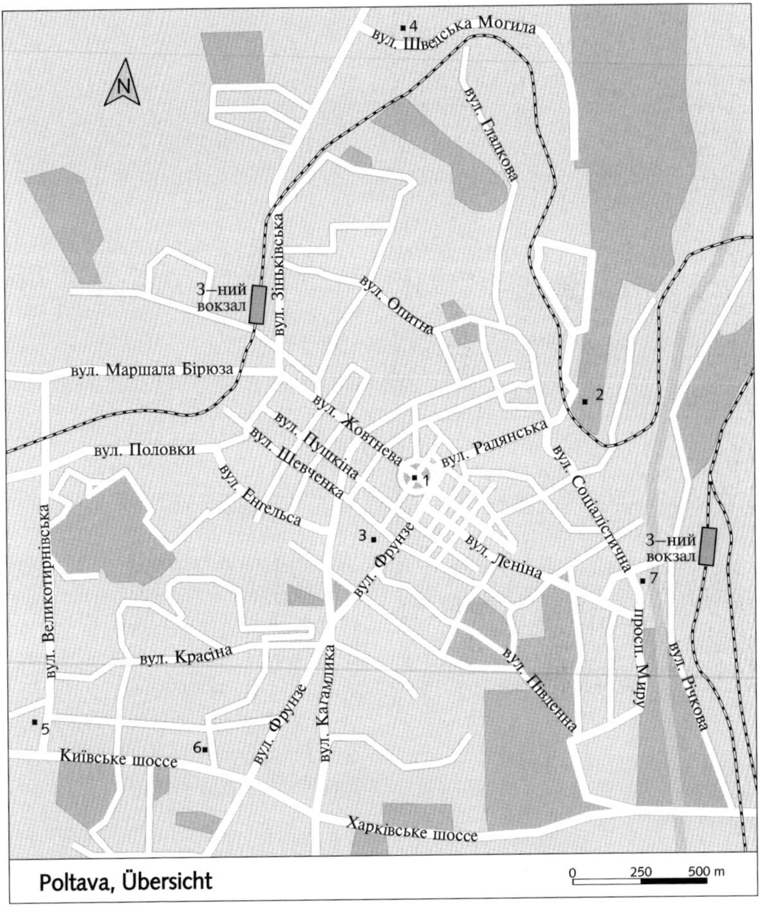

Poltava, Übersicht

Legende

1 Runder Platz
2 Kreuzerhöhungskathedrale
3 Zentralmarkt
4 Schlachtfeld der Schlacht von Poltava
5 Busbahnhof
6 Motel ›Poltava‹
7 Hotel ›Turist‹

Ehrensäule am Runden Platz

Ruhmeskranz hält. Auf die Säule gehen kreuzförmig vier Wege zu. Das ganze Rund ist mit Blumenrabatten und Rasen umgeben.

Anfang des 19. Jahrhunderts wurden klassizistische Bauten nach Typenprojekten von A. D. Sacharov ringförmig um den Platz herum errichtet. Sie geben dem weiten Platz eine repräsentative Atmosphäre. In der vul. Žovtneva 31 (вул. Жовтнева) befand sich in den 30er Jahren des vorigen Jahrhunderts die Adelsversammlung. Auch heute versammeln sich hier allabendlich Menschen, denn der alte Versammlungssaal ist zum Kino umfunktioniert worden. Der Generalgouverneur residierte im Gebäude der vul. Žovtneva 37. Die Hauptfassade wird von einem Portikus mit sechs ionischen Säulen gestaltet. Das größte Gebäude des Platzes, vul. Žovtneva 42, gehörte dem Kadettenkorps. Es ist dreigeschossig und hat einen T-förmigen Grundriß. Der Haupteingang wird durch einen achtsäuligen ionischen Portikus akzentuiert.

Der Runde Platz ist Ausgangspunkt für acht Straßen. Folgt man der vul. Žovtneva, befindet man sich auf einem Boulevard, der zum Flanieren einlädt. Fast alle Geschäfte befinden sich hier oder an der südlichen Paralellstraße, der vul. Lenina (вул. Леніна). Das Städtische Theater, das den Namen des russisch-ukrainischen Schriftstellers Nikolaj Gogol trägt, ist ein neoklassizistischer Bau (vul. Žovtneva 23). Ein Stück weiter, auf der anderen Straßenseite, bietet das zentrale Kaufhaus seine Waren an. Etwa in der Mitte der drei Kilometer langen Straße findet man zur rechten und zur linken einen Park. Hinter dem Pionerc'kyj-Park zur linken Hand steht ein Denkmal für die Kosaken. Rechts, im Petrovs'kyj-Park, hat ein Taras-Ševčenko-Denkmal seinen Platz gefunden.

Gegenüber, am pl. Lenina 2 (пл. Леніна), hat das Heimatmuseum seinen Sitz. Das Gebäude beherbergte früher die örtliche Verwaltung und ist einer der originellsten Jugendstilbauten der Ukraine überhaupt. Das Gebäude vom Anfang des Jahrhunderts wurde nach der Zerstörung im Zweiten Weltkrieg 1960 wieder originalgetreu hergerichtet. Die Anlage besitzt einen Mittel- und zwei Seitenrisalite, wodurch der symmetrische Aufbau unterstrichen wird. Die Steinwände sind mit Keramiken und Majolikafliesen ausgestaltet. Die Fassade ist reich verziert mit plastischen Motiven, farbigen Majolikasäulchen, die die Fenster rahmen. Motive und Formen hat man in der ukrainischen Volkskunst und der dekorativen Kunst gefunden. Über den Fenstern sind Inkrustationen und Wappen des Gouvernements Poltava zu sehen. Auch die Innenräume sind reich geschmückt, besonders das Vestibül im Erdgeschoß und die Halle im Obergeschoß. Mit dieser hat es eine besondere Bewandtnis, es ist der Hochzeitssaal der Stadt Poltava. Wahrscheinlich hält man deshalb in Poltava so gern Hochzeit: An sommerlichen Tagen schmückt sich die ganze Stadt in Weiß, hupen sich stattliche Hochzeitslimousinen durch den Straßenverkehr, treffen sich die Hochzeitsgesellschaften an beliebten Orten der Stadt. Dort wird dann fotografiert und die Braut geküßt, ununterbrochen knallen die Sektkorken. Schäumend wie der Sekt ist die Herzlichkeit der Ukrainer, und so hält manch Fremder plötzlich ein Glas Sekt in der Hand.

Die Spas'ka-Kirche steht etwas zurückgesetzt von der Straße und stammt aus dem 18. Jahrhundert. Sie ist aus Holz und die einzige dieser Art, die in der Region erhalten geblieben ist. Damit sie auch von kommenden Generationen besichtigt werden kann, hat man sie schon im vorigen Jahrhundert mit einer Steinhülle umgeben. In der vul. Spas'ka 11 (вул. Спаська) befindet sich die Kunstsammlung der Stadt. Zu sehen ist europäische Kunst vom 16. bis zum 19. Jahrhundert sowie ukrainische und russische Kunst vom 17. Jahrhundert bis zur Moderne.

Nicht nur pflastermüde Touristen, sondern auch Peter I. suchte nach seinem ruhmvollen Sieg über die Schweden 1709 einen Ort der Ruhe. Den fand er im Haus des damaligen Festungskommandanten. An die Stelle des Hauses hat man 1817 einen Obelisk gestellt, der dann zu den 140jährigen Siegesfeiern durch ein Denkmal ausgetauscht wurde (Kreuzung der vul. Paryz'koji Komuny und der vul. Spas'ka).

Ein paar Schritte weiter kommt man zum Pendant des Runden Platzes, dem Červona plošča (Червона площа), der seinem großen Bruder in nichts nachsteht. Zuerst stößt man auf die Maria-Himmelfahrts-Kirche. Unweit davon steht der Glockenturm der Maria-Himmelfahrts-Kathedrale (1774–1801), die im Zweiten Weltkrieg zerstört wurde. Einen Eindruck von den früheren Ausmaßen der Kathedrale kann man sich verschaffen, wenn man bis zum Holzkreuz hinter dem Glockenturm geht.

Ebenfalls am Červona plošča befindet sich das Museum für Ivan Petrovič Kotljarevs'kyj, der nach Taras Ševčenko als ein weiterer wichtiger Begründer der ukrainischen Literatur gilt. Sein Versepos ›Eneida‹ ist das erste Werk in ukraini-

Legende

1 Ehrensäule
2 Theater
3 Pioners'kyj-Park (Піонерський парк)
4 Petrovs'kyj-Park (Петровський парк)
5 Heimatmuseum
6 Spas'ka-Kirche (Спаська церква)
7 Kunstmuseum (Художній музей)
8 Maria-Himmelfahrts-Kirche
9 Glockenturm der Maria-Himmelfahrts-Kathedrale
10 Kotljarevs'kyj-Museum
11 Rotunde der Völkerfreundschaft
12 Korolenko-Museum
13 Panas-Myrnyj-Museum,
14 Bahnhof Poltava-Pivdenna
15 Hotel ›Turist‹ (готель ›Турист‹)
16 Hotel ›Teatral'nyj‹ (готель ›Театральний‹)
17 Hotel ›Žovtnevyj‹ (готель ›Жовтневий‹)
18 Kreuzerhöhungskathedrale (Хрестовоздвиженський собор)

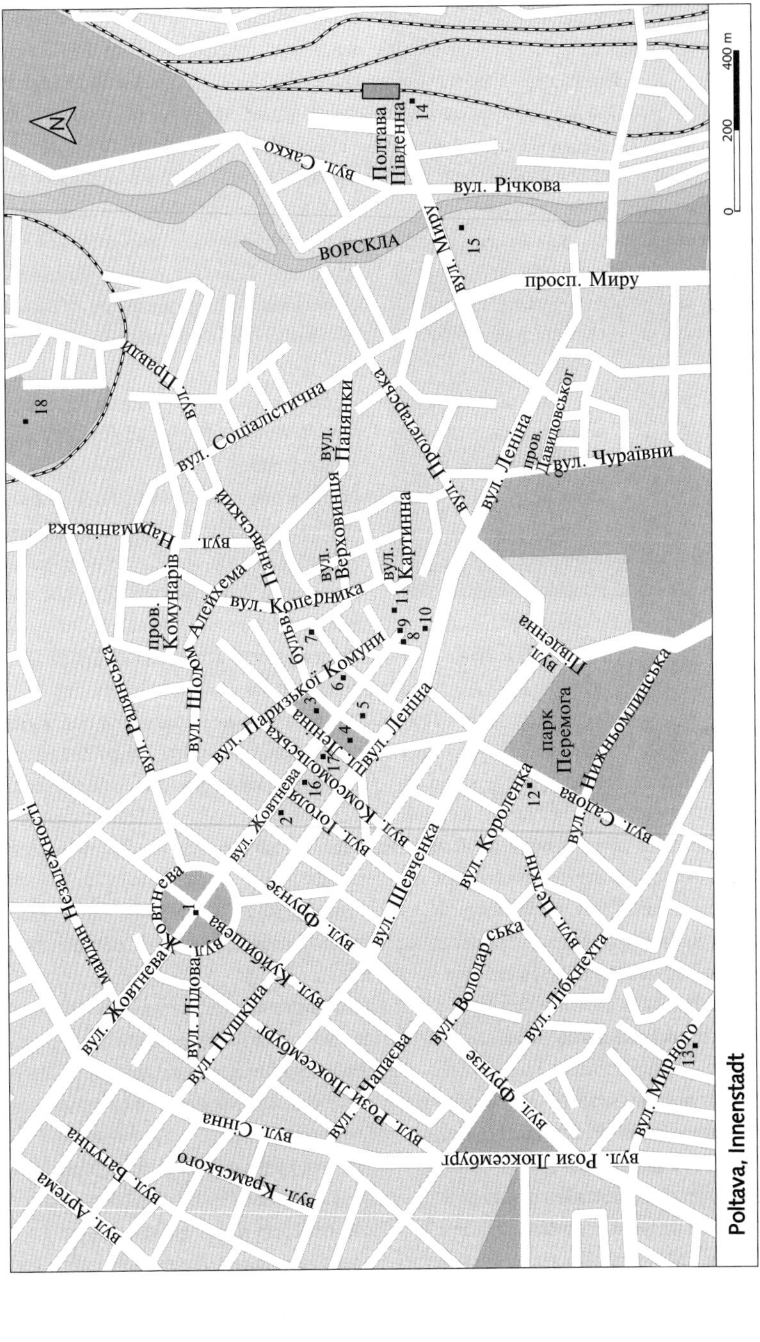

Poltava, Innenstadt

Im Panas-Myrnyj-Museum

scher Sprache. Seine Gedichte sind auch heute noch populär in der Ukraine. Er wurde im Jahre 1769 in Poltava geboren und starb ebendort im Jahre 1838. Ihm kommt der Verdienst zu, die ukrainische Volkssprache zur Literatursprache gemacht zu haben. Die Museumsanlage besteht aus einer Scheune, einem Speicher, einem Brunnen, einem Kotljarevs'kyj-Denkmal und einer Hütte, die originalgetreu wiederaufgebaut wurde.

Seinen krönenden Abschluß findet der Červona plošča in der Rotunde der Völkerfreundschaft, die 1954 am Ende des Platzes errichtet wurde. Von hier aus hat man einen schönen Ausblick auf die Stadt und die Umgebung. In der Ferne sind die goldenen Kuppeln der Kreuzerhöhungskathedrale (Хрестовоздвиженський собор) zu sehen. Der dreischiffige Bau mit sechs Pfeilern, die das Gewölbe und die sieben Kuppeln tragen, wurde zwischen 1689 und 1709 gebaut. Die Portale im Norden, Süden und Westen sind durch Halbsäulen und ornamentierte Giebelfelder geschmückt. Die Konstruktion der Kathedrale verbindet altrussische Traditionen – drei Schiffe und sechs Pfeiler – mit Traditionen der ukrainischen Holzarchitektur – die kreuzartige Komposition der Kuppeln. Am besten erreicht man die Kathedrale mit dem Bus 10; die Haltestelle befindet sich am pl. Lenina/Ecke Peršotravnevyj pr. (Першотравневий пр.) (am Petrovs'kyj Park). Für die Fahrt muß man etwa zwanzig Minuten einplanen; der Bus hält direkt vor der Kathedrale.

Entlang des Peršotravnevyj pr. läßt sich viel Interessantes entdecken. Das Haus 16 ist eines der ersten Gebäude der Ukraine, das speziell für die städtische Feuerwehr errichtet wurde. Das Äußere wirkt etwas gedrungen, da die architektonischen Formen sehr massiv, der gesamte Baukörper im Gegensatz dazu aber sehr klein ist. In der Nummer 18 befindet sich noch ein Kotljarevs'kyj-Museum. Das Museum sei aber nur Sprachkundigen empfohlen. Der nahegelegene Park des Sieges lädt zum Spazieren ein. Hier kann man reiten oder eine Fahrt mit der Kutsche unternehmen, Karussells drehen sich, Clowns treiben ihre Späße, und die grell bunte Zuckerwatte scheint allen zu schmecken. In den Cafés gibt es Kaffee und

Kuchen, vom Grill nebenan Schaschlik. Am Ende des Peršotravnnevyj pr. steht die Technische Universität, früher war dies die Schule für Mädchen adliger Herkunft.

Den Weg zurück ins Zentrum sollte man abseits der üblichen Touristenpfade nehmen. Es ist der Charme der Einfachheit, der dieser Stadt ihr Flair verleiht. Vielleicht führt der Weg auch vorbei am Korolenko-Museum in der vul. Korolenka 1 (вул. Короленка), das dem russischen Dichter Vladimir Korolenko (1853–1921) gewidmet ist, der die letzten beiden Jahrzehnte seines Lebens in Poltava verbrachte.

Als sehr schön erweist sich das Panas-Myrnyj-Museum, aber es liegt etwas abseits in der vul. Panasa Myrnoho 56 (вул. Панаса Мирного). »Brüllen denn die Ochsen, wenn der Trog voll ist?« heißt ein voluminöses Epos von Panas Myrnyj (1849–1920). Das Werk erzählt vom Leben in einem ukrainischen Dorf vor und während der Bauernbefreiung 1861. Über mehrere Generationen werden die sozialen Verhältnisse geschildert. Es hat teils dokumentarischen, teils epischen Charakter, ähnlich den Tendenzromanen der russischen Sozialrevolutionäre. Der bürgerliche Name Myrnyjs lautete eigentlich Rudcenko. Da er auch vor brisanten Themen seiner Zeit nicht zurückschreckte, mußte er sich ein Pseudonym zulegen. »Das Dorf, das habe ich zur Genüge kennengelernt – in die Erde möge es versinken«, klagt die Hauptfigur seines Romans ›Die Dirne‹. Das Schicksal der vaterlosen Bauerntochter ähnelt den tragischen, unglücklichen Mädchengestalten von Taras Ševčenko. Aus Gründen der Zensur und infolge des berüchtigten Zaren-Ukas von 1876, der die Drucklegung nichtrussischer Werke in Rußland erschwerte, konnte der Roman zu Lebzeiten des Autors nur fragmentarisch erscheinen; die erste vollständige Ausgabe des Werkes wurde postum in der Sowjetunion herausgegeben.

Der Busbahnhof, vul. Velykotyrnivs'ka 1 (вул. Великотирнівська), ist vom Runden Platz mit dem Trolleybus 5 und 8 zu erreichen. Die Trolleybusse fahren vor der Post ab.

In Poltava gibt es zwei Bahnhöfe. Von dort fahren Züge in Richtung Kiev, Charkiv, Odessa, auf die Krim, nach Brest und Zaporižžja. Züge in alle Richtungen fahren von beiden Bahnhöfen ab, ein System ist nicht zu erkennen. Der Südbahnhof, Poltava-Pivdenna, befindet sich am pl. Slavy 1(пл. Слави), der Kiever Bahnhof in der vul. Kondratenka 12 (вул. Кондратенка). Beide Bahnhöfe sind praktischerweise die Endstationen des Trolleybusses 1, der auch am Runden Platz haltmacht.

Wer etwas Komfort sucht, einen Autoparkplatz benötigt oder den Luxus einer

Sauna im Hause zu schätzen weiß, kann das alles im Hotel ›Turist‹ finden. Es liegt etwas außerhalb in der vul. Myru 12 (вул. Миру), zu erreichen mit den Trolleybussen 1, 4, 11, 12. Übernachtungen ab 25 Euro.
Hotel ›Teatral'nyj‹, vul. Žovtneva 19 (вул. Жовтнева).
Hotel ›Žovtnevyj‹, vul. Žovtneva 41a. Sechs Kilometer südwestlich vom Zentrum, in der vul. Radnarkomivs'ka 1 (вул. Раднаркомівська), die von der Kyjivs'ke šosse (Киïвськое шоссе) abzweigt, gibt es das Motel ›Poltava‹, welches verschiedene Kategorien von Zimmern anbietet. Die Preise liegen bei 25 bis 35 Euro.

In Poltava gibt es genügend Cafés und Restaurants, vor allem in der vul. Žovtneva, am Červona pl. (Червона площа) und der vul. Frunze (вул. Фрунзе, in der Nähe des Runden Platzes).
Das Restaurant des Motels ›Poltava‹ ist recht gut und kann empfohlen werden.

Wollte man in Poltava nur einen Blick in alle Museen werfen, müßte man mehrere Tage einplanen. Zwei Museen seien hier besonders empfohlen, an erster Stelle das Heimatmuseum in der vul. Lenina 2 (вул. Леніна). Die umfangreiche Sammlung ist mit viel Sachkenntnis und Geschmack zusammengestellt. Zudem ist sie im vielleicht schönsten Haus der Stadt untergebracht. Täglich geöffnet außer Mittwoch von 10 bis 18 Uhr. Weniger informativ, dafür um so romantischer ist das Kotljarevs'kyj-Museum am Červona pl. 3, Di bis So von 10 bis 18 Uhr. Ein weiteres Kotljarevs'kyj-Museum befindet sich am Peršotravnyj pr. 18 (Першотравний пр.), Sa bis Do von 10 bis 18 Uhr.
Einen Einblick in das Leben und Wirken von Korolenko bekommt man im ihm gewidmeten Museum in der vul. Kolorenka 1 (вул. Короленка), Di bis So von 10 bis 18 Uhr.
Panas-Myrnyj-Museum, vul. Panasa Myrnoho 56 (вул. Панаса Мирного), Sa bis Do von 10 bis 16.30 Uhr.
Die Buslinien 5 und 37 fahren vom Stadtzentrum zum Schlachtfeld der Schlacht von Poltava. Die Linie 37 fährt ab dem zentralen Markt (Central'nyj bazar/Центральний базар) in der vul. Ševčenka, die Linie 5 ab vul. Puškina (вул. Пушкіна). Das Schlachtfeld befindet sich etwa sieben Kilometer nördlich vom Stadtzentrum.
Dort gibt es ein Museum (geöffnet täglich außer Mo) und viele Gedenksteine.

Das Theater der Stadt befindet sich in der vul. Žovtneva 23 und trägt den Namen des Schriftstellers Nikolaj Gogol. Die Philharmonie Poltavas liegt in der vul. Gogolja (вул. Гоголя).

Charkiv

Oft wird die Stadt als langweilig und sowjetisch überformt beschrieben. Aber auch Charkiv (Харків) will entdeckt sein, und die Reize dieser dynamischen Millionenstadt, deren wechselvolle Geschichte im Konglomerat verschiedener Baustile zu Stein geworden ist, offenbaren sich erst bei näheren Erkundungen.

Charkiv ist vor allem eine Stadt der Universitäten und Hochschulen, dadurch wird das Stadtbild von jungen Leuten geprägt. Es gibt Clubs und Bars und ein reges Kunstgeschehen. In Sowjetzeiten war Charkiv eine Hochburg der Rock- und Popmusik.

Charkiv liegt in der Sloboda-Ukraine, einem Gebiet, das nach der Tatareninvasion 300 Jahre lang kaum besiedelt war und ›dikoe Polje‹ – wildes Feld – genannt wurde. Charkiv ist demzufolge eine verhältnismäßig junge Stadt. Um 1650 wurde eine Festung am Ufer des Flusses Charkiv gebaut, und es entwickelte sich eine kleine Stadt. Der Platz lag geographisch günstig und wurde schnell zu einem Handelsplatz. Bald wurde Charkiv zum Distriktzentrum und in der zweiten Hälfte des 18. Jahrhunderts bereits zum Zentrum eines Gouvernements. An die Befestigungsanlagen erinnert seit Beginn des 19. Jahrhundertes nichts mehr.

Am pl. Svobody, im Hintergrund der Gosprom-Komplex

Bereits 1805 entstand die Universität. Besonders die Eisenbahnverbindungen nach Moskau und St. Petersburg (1869) bescherten der Stadt einen schnellen Aufschwung der Industrie, des Handels und des Geisteslebens. Theater und Opern-

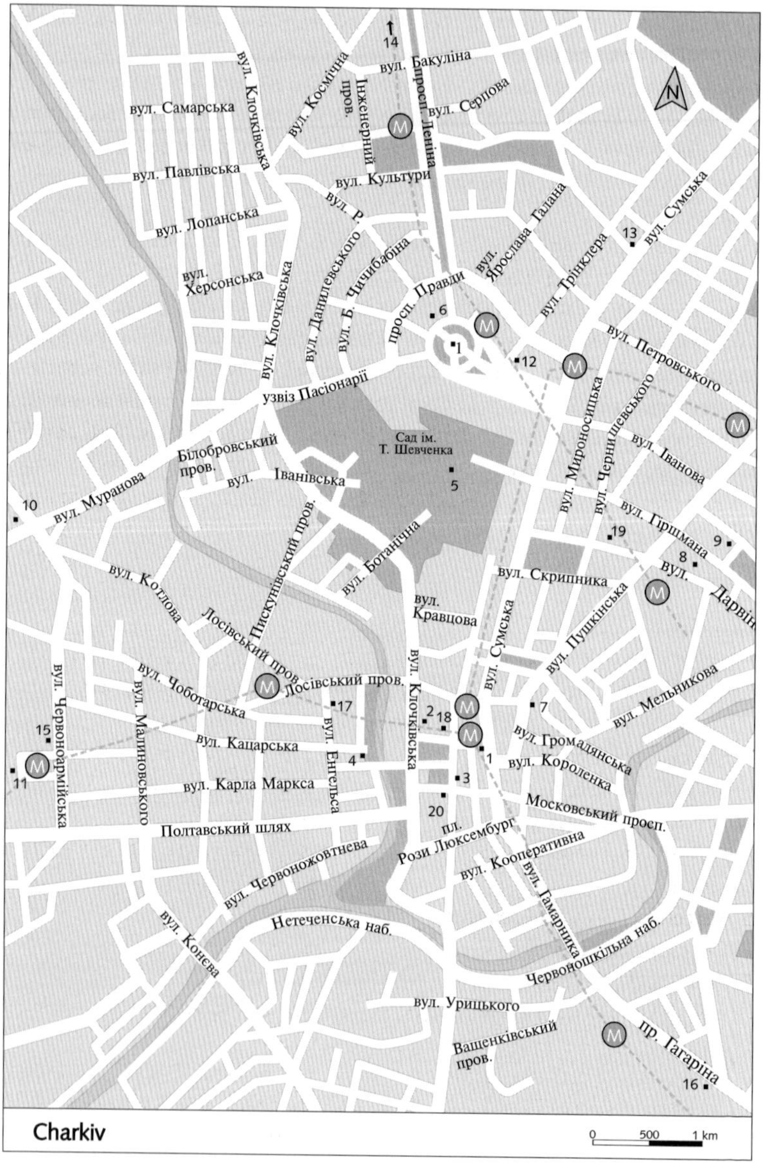

haus entstanden, die Universität gewann an Bedeutung, und die Bevölkerungszahl nahm stark zu.

Zu Beginn unseres Jahrhunderts war eine Wiederbelebung der ukrainischen Kultur zu verzeichnen, es gab viele Avantgardekünstler hier, zum Beispiel die ›VAPLITE‹-Schriftstellerorganisation und das Berezil-Theater. Charkiv war bis 1934 Hauptstadt der sowjetischen Ukraine. In dieser Zeit wurde viel gebaut. Die interessantesten Bauwerke des sowjetischen Konstruktivismus finden sich hier. Schon in den 30er Jahren kam es zu einer Abkehr von modernen Bauformen und zur Hinwendung zum sowjetischen ›Zuckerbäckerstil‹ der Stalinzeit. Auch hierfür sind Beispiele in der Stadt zu bewundern.

Ein Rundgang durch Charkiv

Das Zentrum der Stadt ist von einer langen Achse geprägt: der belebten vul. Sums'ka (вул. Сумська). Am Nordende befindet sich der pl. Svobody (пл. Свободи) – das neue Zentrum. Im Süden dieser Achse liegt der historische Mittelpunkt, dort sollte zweckmäßigerweise ein Rundgang beginnen (Metrostation Radjans'koji Ukrajiny/Радянської України).

Eines der bedeutendsten Bauwerke ist die Maria-Schutz-Kirche aus dem Jahre 1689, sie steht in der vul. Universytets'ka 8–10 (вул. Університетська) und ist

Legende

1 M4 ›Radjans'ka‹ (Радянська)
2 Maria-Schutz-Kirche (Покровський собор)
3 Maria-Entschlafens-Kirche (Успенський собор)
4 Maria-Verkündigungs-Kirche (Благовіщенський кафедральний собор)
5 Ševčenko-Park (сад Шевченка)
6 Gosprom-Gebäude (Держиром)
7 Synagoge (синагога)
8 Haus des Architektenbundes (Дім архитектора)
9 Industriedesignschule (Художно-промисловий інститут)
10 Kulturpalast der Eisenbahner (Будинок культури залізників)
11 Bahnhof
12 Hotel ›Charkiv‹ (готель ›Харків‹)
13 Hotel ›Kijivs'ka‹ (готель ›Київська‹)
14 Hotel ›Nacional'‹ (готель ›Національ‹)
15 Post
16 Busbahnhof
17 Busbahnhof
18 Historisches Museum (Історичний музей)
19 Kunstmuseum (Художній музей)
20 Alte Universität (Старий університет)

Im Bahnhof von Charkiv

auch das älteste Gebäude in der Stadt. Sie gilt als eines der besten Beispiele des ukrainischen Barock. In dem zweigeschossigen Bau befindet sich unten die (beheizbare) Winterkirche und oben die Sommerkirche. Die flache Winterkirche wird von einem Kreuzgratgewölbe abgeschlossen, die Sommerkirche von drei turmartigen Erhöhungen. An der Kirche dominiert das Streben in die Höhe. Die Fassade ist durch Halbsäulen gegliedert, die Fenster sind von Halbsäulen umrahmt.

Unmittelbar nebenan befinden sich das Metropolitenhaus und eine weitere, eklektizistische Kirche aus dem vorigen Jahrhundert (ozerjanska Cerkva). Im Hof steht eine Granitstele für Hryhoryj Skovoroda. Dieser bedeutende ukrainische Aufklärer, Philosoph und Dichter arbeitete zehn Jahre lang als Lehrer am hiesigen Kollegium. Das Metropolitenhaus wurde 1820 im klassizistischen Stil erbaut und gehörte zum Maria-Schutz-Kloster.

Gegenüber befindet sich in einem rostroten dreistöckigen Gebäude das historische Museum, das unter anderem eine Ausstellung über die Jahre der deutschen Okkupation 1941 bis 1943 beherbergt. Unter den Exponaten finden sich neben viel Militärischem einige interessante Fotos, die das konstruktivistische Charkiv der 30er Jahre zeigen.

Nur wenige Schritte entfernt steht eine weitere Kirche, die Maria-Entschlafens-Kirche (Uspens'kyj Sobor). An dieser Stelle stand bereits zu Zeiten der Stadtgründung eine kleine Holzkirche, die bald durch ein Gebäude aus Stein ersetzt wurde. Das jetzige Kirchengebäude stammt aus dem Jahre 1777. Im wesentlichen ist der Bau von Barockelementen geprägt. Vor allem das 20. Jahrhundert hielt eine wechselvolle Geschichte für die Kirche bereit: von der Nähstube bis zur Rundfunkstation barg sie schon alles in ihren Mauern. Die ursprüngliche Inneneinrichtung ist deshalb nicht erhalten geblieben. Seit 1986 dient die Kirche als Musikhalle für Orgel- und Chormusik. Der hohe Glockenturm ist jüngeren Datums und wurde im klassischen Stil 1821 zu Ehren des Vaterländischen Krieges gegen Napoleon erbaut. Fünf Jahre lang wurde der Plan für diesen kirchlichen Turm nicht genehmigt, da er mit 89,5 Metern deutlich höher ausfallen sollte als der bis dahin höchste Glockenturm in Moskau.

Schräg gegenüber ist der Palast des Generalgouverneurs zu sehen (1766–1777). Von 1805 bis 1958 befand sich dort die Universität. In Charkiv wurde die dritte Universität des zaristischen Rußland gegründet – und bis heute hat sich Charkiv den Ruf einer guten Universitätsstadt erhalten. Es gibt mittlerweile viele verschiedene Hochschulen hier.

Der Blick fällt unwillkürlich auf die Maria-Verkündigungs-Kirche auf der anderen Flußseite. Die Farbgebung – rote Verzierungen auf hellem Grund – und die hohen Kuppeltürme geben dieser Kirche aus dem 19. Jahrhundert ein unverwechselbares Aussehen. Vorbild des Baus war die Hagia Sophia in Istanbul. Auch das Innere der Kirche ist sehenswert.

Die belebteste und berühmteste Straße der Stadt, die vul. Sums'ka, lädt zum Bummel ein. Sie durchschneidet als Hauptachse das Stadtzentrum und war immer schon von repräsentativen Bauten und Geschäften gesäumt. Der zweite, neuere Teil der Straße ist nicht mehr so dicht bebaut. Zur Linken findet man den ausgedehnten Ševčenko-Park und den Botanischen Garten. Das monumentale Denkmal für Ševčenko stammt aus dem Jahre 1935 und soll Szenen aus der ukrainischen Geschichte verdeutlichen.

Der pl. Svobody besteht aus einem rechteckigen Vorplatz und einem runden Zentralplatz, der segmentartig umbaut wurde. Ein Segment nimmt das Gosprom-Gebäude ein, eines der besten Beispiele des sowjetischen Konstruktivismus. Dieses Bauwerk war das erste Stahlbetonhochhaus in der Sowjetunion und prägt das Stadtbild des modernen Charkiv. Auf gekonnte Weise verbanden die Architekten Leichtigkeit und Dynamik mit Monumentalität und Schwere. Der zentrale Platz mußte bebaut werden, da die damalige Hauptstadt der Ukraine dringend Büros und Wohnungen benötigte. Das Projekt der Leningrader Architekten S. S. Serafimov, M. D. Delferg und S. M. Kravec bekam den Preis bei einem Wettbewerb. Und so wurde der Gebäudekomplex in den Jahren 1925 bis 1928 erbaut. Teilweise bis zu 5000 Arbeiter errichteten in dieser relativ kurzen Zeit mit einfachsten Mitteln einen Komplex von gewaltigem Ausmaß. Die Grundfläche beträgt 60 000 Quadratmeter, es gibt neun verschieden hohe Geschoßtürme, die zwischen 6 und 13 Etagen aufweisen. Der Bau besteht aus drei radial angeordneten, miteinander verbundenen Körpern. Das mittlere Hauptgebäude flankieren zwei elfstöckige, 68 Meter hohe Türme. Die betonfarbenen, streng geometrischen Baukörper erzielen allein durch ihre Anordnung eine Dynamik. Hier waren Regierungsstellen und Industrieverwaltungen untergebracht, später Teile der

Universität, jetzt wird das Gebäude von der lokalen staatlichen Fernsehstation, verschiedenen Behörden und kommerziellen Firmen genutzt. Das Gosprom kann werktags bis 18 Uhr betreten werden. Seit einiger Zeit wird das Gebäude nachts von außen illuminiert.

Der sandsteinfarbene Bau links vom Gosprom wurde auf den Grundrissen des 1937 fertiggestellten und im Krieg zerstörten Dom Proektov während der 50er Jahre wiederaufgebaut und beherbergt die Staatliche Universität. Das Gebäude rechter Hand entstand in den Nachkriegsjahren und ist Sitz der Militäruniversität. Der Platz selbst ist riesig groß und zählt mit fast zwölf Hektar zu den größten der Welt – ein idealer Aufmarschplatz für Militärparaden und Maidemonstrationen. Heute finden im Sommer Open-air-Konzerte statt.

Die anderen Segmente und der Vorplatz wurden später bebaut und erscheinen deshalb schon im neoklassizistischen Stil der Stalinzeit. Besonders das 1934 entstandene Hotel ›Charkiv‹ ist mit Verzierungen, Schnörkeln, Malereien, Plastiken, Kassettendecken und anderen Schmuckelementen überladen.

Ein Viertel der Stadt zählt sicher zu den reizvollsten – das Gebiet zwischen der vul. Puškina (вул. Пушкіна) und der vul. Sums'ka im Nordosten des historischen Stadtkerns. Hier sind beachtenswerte Gebäude aus dem vorigen Jahrhundert und vom Beginn dieses Jahrhunderts zu sehen.

Wegen ihrer gewaltigen Kuppel wird die Aufmerksamkeit auf die große, 1912 erbaute Synagoge gelenkt (vul. Puškina 12). Zur Zeit werden dort noch Restaurierungsarbeiten durchgeführt. Das Gebäude war der Tempel, also die ranghöchste und gleichzeitig größte Synagoge der Charkiver Juden. In ihr haben 500 Männer und auf den Galerien 400 Frauen Platz. Der Betonbau beeindruckt durch seine riesigen Ausmaße, wirkt aber gleichzeitig etwas kühl und abweisend. Die Zeitdauer der ursprünglichen Nutzung war aber nur kurz, schon ab 1923 wurde die Synagoge vom Klub ›III. Internationale‹ genutzt, später war der Sportklub ›Spartak‹ hier beheimatet. 1990 wurde der jüdischen Gemeinde die Synagoge zurückgegeben.

In der vul. Puškina lebte ein Großteil der angestammten deutschen Bevölkerung Charkivs. Dementsprechend wurde sie bis Anfang des 20. Jahrhunderts als ›Deutsche Straße‹ bezeichnet. Spuren dieser deutschen Vergangenheit sind unweit der Synagoge am Eckhaus Nr. 19 zu bewundern. Das Gebäude wurde 1907 erbaut und steht wegen der verblichenen russischen und deutschen Aufschriften, zum Beispiel gab es hier die ›Bier-Halle Tip Top‹, auf seiner Fassade unter Denkmalschutz.

Es sei auch auf die Villa in der vul. Darvina 9 (вул. Дарвіна) hingewiesen. In diesem neoklassizistischen Bau aus dem Beginn des 20. Jahrhunderts wurden griechische Säulen als Fassadenelemente verwendet; der Eingang ist seitlich vorgezogen. Heute nutzt der Architektenbund das Haus. Speziell in den Sommermo-

Am Zentralmarkt

naten werden öffentliche Konzerte durchgeführt und Ausstellungen gezeigt. Der Seiteneingang führt in die Kellergewölbe – zur Bar ›Pervaja Stolica‹ (Первая Столица). Das heißt ›Erste Hauptstadt‹ und soll auf die Zeit hinweisen, in der Charkiv Hauptstadt der Sowjetukraine war. Nebenan befindet sich das Haus des Künstlerverbandes, auch hier gibt es Ausstellungen, Konzerte und ebenfalls eine Bar.

Das Kunstmuseum in der vul. Radnarkomivs'ka 11 (вул. Раднаркомівська) zählt zu den besten in der Ukraine, Malerei wird vom Mittelalter bis zur modernen Kunst gezeigt. Stolz ist man auf die Werke von Ilja Repin, der 1844 in der Kleinstadt Čugujiv unweit von Charkiv geboren wurde. Hier ist beispielsweise eine Version seines berühmten Bildes ›Die Kosaken schreiben einen Brief an den Sultan‹ zu sehen. Die bekanntere Variante dieses Themas befindet sich im russischen Museum von St. Petersburg.

Ein Beispiel für den Jugendstil stellt das Gebäude der Industriedesignschule in der vul. Červonopraporna 8 (вул. Черновопрапорна) dar. Bei diesem Bauwerk aus den Jahren 1911 bis 1913 wurden auch Elemente der Volkskunst mit aufgenommen. Die Türme und die vielfach gegliederte Fassade mit farbigen Majolikaplatten geben der Vorderansicht Tiefe und Plastizität. Im Inneren bildet der Ausstellungssaal mit Oberlicht das Zentrum, hier werden Kunstwerke der Studenten gezeigt.

Architektonisch sind auch noch andere Beispiele für den Konstruktivismus sehenswert. Der Kulturpalast der Eisenbahner, in den Jahren 1927 bis 1932 erbaut, vul. Kotlova 83 (вул. Котлова), stellt sich als betonfarbener symmetrischer Bau dar. Die Eingangsfront ist wie Kanneluren einer überdimensionalen Säule ausgebildet. Im Gebäude sind verschiedene Säle, Sport- und Kulturräume untergebracht.

Das Hauptpostamt neben dem Bahnhof, Pryvokzal'na pl. 2 (Привокзальна пл.), stammt aus dem Jahre 1927 und wirkt durch die gezielte Verwendung von Glas sehr offen. Die geometrischen Formen sind aufeinander abgestimmt und wirken wegen ihrer Funktionalität nicht aufgesetzt, so zum Beispiel der Glaszylinder im quadratischen Turm.

Das Bahnhofsgebäude wurde 1952 im neoklassischen Stil erbaut – der Bedeutung als Fortschrittstempel entsprechend, unter Verwendung von griechischen Säulen. Nur die figürliche Ornamentik wurde verändert: statt griechischer Götter werden Werktätige dargestellt. Die grandiose Innenhalle schmücken Fresken, die den sowjetischen Aufbau verherrlichen, die Statuen von Lenin und Marx blickten einst gelassen herab auf den privaten Handel mit westlicher Ware und Lebensmitteln – inzwischen wurden sie entfernt. Besonders sehenswert ist das meterhohe Rundgemälde, das sich in einem der Gebäudeflügel im Bahnhofsrestaurant befindet. Zwischen arkadischen Säulen ist unter mildem Sonnenlicht das friedliche Leben in der wiederaufgebauten Stadt abgebildet. Vergleicht man die futuristischen Aufbauten der abgebildeten Bauwerke mit ihrer realen Architektur, wird der propagandistische Charakter dieses Bildes unübersehbar.

Der Bahnhof liegt westlich des Zentrums am Pryvokzal'na pl. (Привокзальна пл.). Charkiv ist etwa 500 Kilometer von Kiev entfernt und es gibt mit Bus und Bahn gute Verkehrsverbindungen in alle größeren Städte der Ukraine. Zwischen Kiev und Charkiv sind die Nachtzüge recht günstig.
Seit Sommer 2003 verkehrt zwischen Kiev und Charkiv ein Expresszug, der für die 480 km lange Strecke nur noch knapp sechs Stunden benötigt. Anfahrt in beide Richtungen frühmorgens und spätnachmittags. Die Route führt über Myrhorod und Poltava.

Die wichtigste Busstation befindet sich am pr. Gagarina (пр. Гагаріна). Von Bedeutung für Busse in die nähere Umgebung ist außerdem noch die Busstation an der vul. Suzdal's'ki Rjady (вул. Суздальські Ряди) unweit des Central'nyj bazar (Центральний базар) In der Stadt selbst kommt man mit der Metro gut voran, die Stationen sind allerdings ziemlich weit voneinander entfernt. An vielen Kiosken kann man Stadtpläne mit eingezeichnetem Nahverkehrssystem kaufen.

Zentral am pl. Svobody 7 liegt das Hotel ›Charkiv‹, DZ etwa 65 Euro, Tel. 45 68 89. Der Altbau zeigt sich auch innen im besten stalinschen Barock.
Schräg dahinter an der Ecke pr. Pravdy (пр. Правди)/Ecke vul. Sums'ka (вул. Сумська) liegt ein neues Hotelgebäude gleichen Namens, die Preise liegen hier etwas höher, etwa 80 Euro pro DZ, aber die Ausstattung ist auch besser.
Eine weitere gute Adresse ist das Hotel ›Kyjivs'ka‹, vul. Kul'tury 4 (вул. Культури), 60 Euro.
Das ›Nacional'‹ liegt nördlich vom Gosprom-Gebäude und ist mit dem Bus 19T und 44 zu erreichen: pr. Lenina 21 (пр. Леніна), DZ 45 Euro plus Frühstück, Tel. 32 10 23.
Etwa 600 Meter nördlich vom Hotel ›Nacional'‹ liegt das gut ausgestatte Hotel ›Mir‹, pr. Lenina 27a, 35 Euro, Tel. 30 55 43.
Das Motel ›Družba‹ ist mit Bus 10 und 19T zu erreichen und liegt fünf Kilometer südlich vom Zentrum, pr. Gagarina 185 (пр. Гагаріна), 15 bis 35 Euro, Tel. 52 20 91. Die Lage ist günstig, der Flughafen und auch die südliche Umgehungsstraße sind nicht weit entfernt.
Neben dem Bahnhofsgebäude steht das Hotel ›Ekspres‹ Es werden Zimmer in verschiedenen Kategorien angeboten, 12 bis 45 Euro.

Einige gute Restaurants und Cafés gibt es in der vul. Sums'ka (вул. Сумська), z. B. das Restaurant ›Metropol'‹ in der vul. Sums'ka 50. Vor allem im Sommer sitzt man angenehm im Garten.
Restaurant ›Pervaja Stolica‹, im Haus des Architektenbundes, vul. Darvina 9 (вул. Дарвіна).

Historisches Museum, vul. Universytets'ka 10, (вул. Університетська) archäologische Funde, ethnographische Abteilungen, täglich von 10 bis 18 Uhr.
Kunstmuseum und Volkskunstmuseum, vul. Radnarkomivs'ka 11 (вул. Раднаркомівська) täglich geöffnet außer Di von 10 bis 17.30 Uhr.

Einkaufen kann man am besten in der vul. Sums'ka, es finden sich mehrere Kunst- und Souvenirläden.

»Überall auf den Wiesen bis hin zum Dnepr sind sie jetzt in Massen, denkt Sanko. Für ihn erstreckt sich dieser Nachtigallenstrom nur bis zum Dnepr, dahinter dehnt sich in grenzenloser Weite das blaue Wasser …

Darüber herrscht Stille, und die Möwen schwingen von einem Flügel auf den anderen. …«

Hryhir Tjutunnuk, ›Der Wilde‹, 1975

Das Land am Dnepr

Der Dnepr

Der Dnepr (ukrainisch Dnipro/Дніпро) ist der wichtigste Fluß der Ukraine und der drittlängste Europas. Er entspringt in den russischen Waldaihöhen, durchfließt Weißrußland und die Ukraine und mündet im Dnepr-Bug-Liman, einer Bucht des Schwarzen Meeres. Der Dnepr schneidet die Ukraine in zwei Hälften, die linksufrige und die rechtsufrige Ukraine. Die Gebiete zu beiden Seiten des Dnepr haben eine unterschiedliche historische Entwicklung genommen. Die zentralen Gebiete der rechtsufrigen Ukraine gehörten bis in das 18. Jahrhundert zu Polen-Litauen. Die linksufrige Ukraine genoß mit dem Hetmanat der Dnepr-Kosaken ein Jahrhundert weitgehende Autonomie innerhalb Rußlands. Der Dnepr war seit dem Mittelalter als Handelsweg von der Ostsee zum Schwarzen Meer, ›von den Warägern zu den Griechen‹ (so die älteste Chronik) von Bedeutung. Eine Behinderung für die Schiffahrt stellten die Stromschnellen an seinem Unterlauf dar. Dort errichteten die Dnepr-Kosaken, die Kosaken ›hinter den Stromschnellen‹, ihr wichtigstes befestigtes Lager, die Zaporižer Sič. Seit dem Beginn des 19. Jahrhunderts siedelten sich ausländische Kolonisten aus verschiedenen Ländern in der Südukraine an. Deutsche Mennoniten waren schon seit den 1780er Jahren dem

›Schneeballstrauch‹, M. O. Pryjmačenko, 1966

Ruf der russischen Zarin Katharina der Großen in die Gegend der Zaporižer Sič gefolgt.

In der ukrainischen Literatur ist der Dnepr eine Art Symbol für die ukrainische Nation geworden. An seinem Steilufer liegt das Grab des ukrainischen Nationaldichters Taras Ševčenko. Eine Reise flußabwärts, von Kiev zum Schwarzen Meer führt durch die Weiten des ›wilden Feldes‹, durch südliche Steppengebiete, einsame Dörfer, verträumte Provinzstädtchen und Industriestandorte der Sowjetukraine. Zolotonoša, Čerkasy, Zaporižžja und Cherson sind zu entdecken.

Čerkasy

Čerkasy (Черкаси) ist eine Hafenstadt am rechten Ufer des Dnepr, der hier zum Kremenčuker Wasserreservoir aufgestaut wird. Dieses wird vor allem vom Wasserkraftwerk, das sich in der Nähe der Stadt Kremenčuk befindet, genutzt. Aber auch für die Schiffahrt bietet das etwa 149 Kilometer lange und bis zu 28 Kilometer breite Becken gute Voraussetzungen.

Ursprünglich wurden in offiziellen Akten und Dokumenten des russischen Staates im 16. und 17. Jahrhundert die ukrainischen Kosaken als Čerkasy bezeichnet. Der Name der Stadt weist auf die enge Verbindung mit der Geschichte der Kosaken hin, die im Umkreis ihre Siedlungen hatten. Nach der Vereinigung der Ukraine mit Rußland 1654 wurde die Bezeichnung Čerkasy durch den des kleinrussischen Kosaken ersetzt.

Heute ist Čerkasy eine moderne Stadt, auf dem Reißbrett in Planquadraten entworfen, unter dem allzu hohen ökonomischen Druck der Fünfjahrespläne aufgebaut. So wirkt die Stadt arg geradlinig und trist. Am Stadtrand sind in letzter Zeit öde Wohnsilos entstanden, die auch vor der idyllischen Flußlandschaft und den Stränden des Dnepr nicht halt gemacht haben. Nur das viele Grün läßt die Stadt lebenswert erscheinen.

Architektur, Geschichte, Kultur – alles Sehens- und Wissenswerte versammelt sich im Stadtkern auf engstem Raum. Das macht die Orientierung leicht. Neugierige oder Leute mit viel Zeit können sich auf ausgedehnte Spaziergänge begeben und die Stadt erkunden. Alle anderen können ihren Interessen frönen und sich für das eine oder andere entscheiden: ein Museum besuchen, einen müßigen Tag im Café verbringen, eine Dampferfahrt auf dem Dnepr unternehmen oder einen Tagesausflug in das verträumte Zolotonoša planen. Für die abendliche Unterhaltung sorgen zwei Theater und die Philharmonie.

Parallel zum Dnepr verläuft der bul. Ševčenka (бул. Шевченка), die Hauptmagistrale der Stadt mit Kaufhaus, Post, Cafés, einem Lenin- und einem Chmel'nyc'kyj-

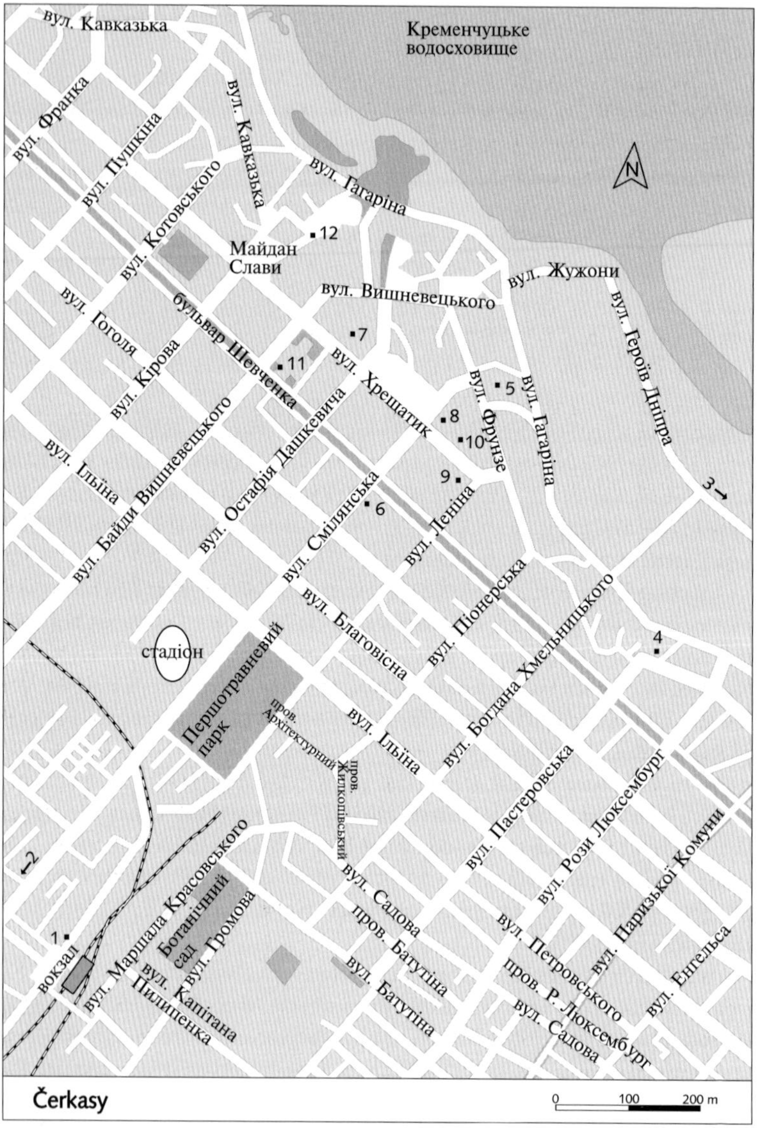

Legende

1 Bahnhof (вокзал)
2 Busbahnhof (автовокзал)
3 Flußbahnhof (річковий вокзал)
4 Hotel ›Žovtnevyj‹ (готель ›Жовтневий‹)
5 Hotel ›Rosava‹ (готель ›Росава‹)

Denkmal. Von Norden nach Süden, also vom Dnepr bis zum Flughafen verläuft die von Bäumen gesäumte vul. Smiljans'ka (вул. Смілянська). An der Kreuzung der beiden Straßen befand sich zu vorrevolutonärer Zeit ein Denkmal für den Zaren Alexander II. Vielen Verkehrsteilnehmern war es ein Dorn im Auge. Das Denkmal mußte umfahren werden, worauf die Kutscher jedes Mal laut zu schimpfen begannen. Doch auf die strengen Ermahnungen des am Denkmal diensthabenen Polizisten erwiderten die Kutscher, daß ihr Geschimpfe ihren Pferden gelten würde, die sich vor dem Denkmal fürchteten.

An der Ecke vul. Smiljans'ka/vul. Gogolja (вул. Гоголя) blieb ein Gebäude des bekannten Kiever Architekten V. Gorodeckij (1863–1930) erhalten. Es wurde 1905/06 erbaut und beherbergte zunächst ein Mädchengymnasium, im Ersten Weltkrieg ein Lazarett, seit 1919 eine Schule und seit 1936 ein Jugendkulturhaus. Daneben befindet sich ein Markt, auf dem tagsüber hektisches Treiben herrscht.

Architekturbegeisterten sei ein Abstecher an den Anfang unseres Jahrhunderts empfohlen, als das Antlitz der Stadt viele Reisende, vorwiegend Künstler, zum Verweilen einlud. Das ehemalige Hotel ›Slavjanskaja‹ in der vul. Chreščatyk 229 (вул. Хрещатик) war Vorzeigeadresse Nummer Eins. Wer dort wohnte, holte sich das nötige Kleingeld in der nahe gelegenen Bank in der vul. Chreščatyk 251. Das Gebäude wurde zum 50jährigen Jubiläum der Kommerziellen Bank 1914 im damals populären Jugendstil erbaut. Dank der ausdrucksvollen architektonischen Gestaltung avancierte die Bank zu einer der vornehmsten Adressen der Stadt. Das Gebäude zeichnet sich durch einfache und klare Formgebung aus und zeugt vom Verständnis fürs Detail. Pilaster und Figuren zieren Fassade und Eingänge. Es kann durch die beiden Seiteneingänge auf der vul. Smiljans'ka und der vul. Chreščatyk betreten werden oder durch den auf der Ecke befindlichen Haupteingang, der von einer ellipsenförmigen silbernen Kuppel gekrönt wird. Durch die Eingangssituation, das mit exotisch anmutenden Verzierungen geschmückte Eingangsportal und den auserlesenen Wanddekor erinnert das Gebäude an die Gestalt eines Nachtfalters. In der ehemaligen Bank befindet sich die Redaktion einer Lokalzeitung und seit 1998 ein kleines Museum, das dem Leben und Werk des ukrainischen Dichters Vasyl' Symonenko (1935–1963) gewidmet ist. Symonenko arbeitete Ende der 50er Jahre als Redakteur in Čerkasy. In seinem Arbeitszim-

6 Markt (ринок)
7 ehemaliges Hotel ›Slavjanskaja‹
8 Gebäude der Kommerziellen Bank/Symonenko-Museum (літературний музей В. Симоненко)
9 Puppentheater (театр ляльок)
10 Kunstmuseum (художній музей)
11 ›Kobzar‹-Museum (музей ›Кобзаря‹)
12 Heimatkundemuseum (краєзнавчий музей)

Der Hügel des Ruhmes

mer wurde von Mitarbeitern des Heimatkundemuseums eine Ausstellung zusammengestellt.

Nur wenige Meter weiter befindet sich in der vul. Lenina 3 (вул. Леніна) das ehemalige Gebäude der Landverwaltung, in dem das Standesamt von Čerkasy einen würdigen Ort gefunden hat. Das hellblaue Gebäude gegenüber beherbergt das Puppentheater der Stadt. In der vul. Chreščatyk 259 (вул. Хрещатик) zieht die Sammlung des Kunstmuseums Besucher an. Große Aufmerksamkeit wird dem Werk von Danil Narbut (1916–1998) gewidmet, der von 1965 bis zu seinem Tode in Čerkasy lebte und arbeitete. Narbut setzte sich in seinen Arbeiten mit ukrainischen Themen, dem Dorf, den Kosaken und dem Dnepr auseinander, er fertigte außerdem Illustrationen zu Werken von I. Kotljarevs'kyj (1769–1838) und N. Gogol (1809–1852) an. Eine Reihe von Arbeiten ist dem alten Kiev gewidmet. Narbut begann schon mit vierzehn Jahren in den Werkstätten der Kiever Oper zu arbeiten. Doch 1936 ereilte ihn das Schicksal vieler in der Ukraine lebenden Künstler. Er wurde verhaftet und zu zwei Jahren Arbeitslager verurteilt. Nach seiner Rückkehr aus der Lagerhaft kämpfte Narbut an der Front im Finnisch-Sowjetischen Winterkrieg 1939/40, arbeitete danach kurze Zeit als künstlerischer Leiter am Zirkus und im Theatermuseum in Kiev. Während des Großen Vaterländischen

Krieges beteiligte er sich an der Gestaltung und Produktion von Agitationsplakaten und begleitete das Agitationstheater auf der Magistrale Moskau–Berlin. Die Stadt Čerkasy hat Narbut mit einer Gedenktafel geehrt, die an seinem Wohnhaus in der vul. B. Vyšnevec'koho 32 (вул. Вишневецького) befestigt wurde. Im nahegelegenen Gebäude an der Kreuzung vul. B. Vyšnevec'koho/vul. Chreščatyk verweilte in den Jahren zwischen 1845 und 1859 des öfteren der Dichter Taras Ševčenko. In der unteren Etage sind in einer kleinen Sammlung Werkausgaben seines Bandes ›Kobzar‹ ausgestellt. Das Wort bezeichnet ein ukrainisches Instrument, aber auch einen wandernden Sänger. Ševčenkos ›Kobzar‹ besteht aus einer Sammlung von Gedichten und kleineren Poemen. Die Ausstellung gibt einen Einblick in die Zeit des Dichters.

Ansonsten verfügt die Stadt über eine moderne, sowjetisch geprägte Architektur, die sich in breiten Straßen und hohen Wohngebäuden, in Pionier- und Kulturpalästen und Beton-Kinos äußert. Der unweit der Ševčenko-Ausstellung gelegene Platz, der pl. Vojiniv internacionalistiv (пл. Воїнів інтернаціоналістів), wirkt mit seinen verwahrlosten Neubauten abweisend. Und doch birgt er viel Interessantes: ein Denkmal, das Heimatkundemuseum, den Neubau der Dreieinigkeitskirche und die hoch über das Dneprufer aufragende Statur der Mutter Heimat.

Dieser Hügel des Ruhmes ist ein Ort des Erinnerns. Er mahnt, des Schicksals der vielen Opfer des Zweiten Weltkriegs zu gedenken. Auf einem hohen Hügel am Dnepr erhebt sich eine zehn Meter hohe bronzene Frauenfigur. Sie symbolisiert die Mutter Heimat. In der erhobenen rechten Hand hält sie eine Schale mit dem ewig brennenden Feuer. Der aufgeschüttete Hügel ist von einer Granitmauer eingefaßt, an der ein Bronzerelief den Kampf der sowjetischen Soldaten darstellt.

Ein beliebtes Erholungsgebiet der Einwohner ist der Park, der zu Ehren des 50. Jahrestages des Großen Oktober (парк ім. 50-річчя Жовтня) an den Dneprhängen angelegt wurde. Die einmalige Landschaft, eine leichte Bogenbrücke, schattenspendende Alleen, Teiche und Springbrunnen prägen das Bild des Parks. Nicht zuletzt ihre Strände geben der Stadt einen besonderen Reiz.

Nur dreißig Kilometer von Čerkasy entfernt befindet sich der Ort Zolotonoša, von dem aus man ein einsames Kloster zu Fuß erreichen kann. Wem noch etwas Zeit verbleibt, wer auf der Suche nach der Stille ist, wer die Welt hinter sich lassen möchte, wird hier vielleicht seine Wünsche erfüllt finden.

Čerkasy erreicht man am besten mit dem Bus. Der Busbahnhof befindet sich am Stadtrand an der vul. Smiljans'ka 164 (вул. Смілянська) und ist vom Stadtzentrum mit dem Bus 6 und den Trolleybussen 106 und 203 zu erreichen.
Nebenan, in der vul. Krups'koji 1 (вул. Крупської) befindet sich

der Bahnhof, dessen Zugverkehr allerdings sehr eingeschränkt ist. Die meisten Züge, vor allem die Fernzüge, fahren von der Station Ševčenka (ст. Шевченка) ab. Dieser Vorortbahnhof ist mit dem Bus in etwa vierzig Minuten zu erreichen. Sehr nachteilig für den Reisenden ist, daß der Fahrkartenverkauf für die Züge auch nur dort erfolgt. So ist eine Weiterreise abhängig vom Vorhandensein von Fahrkarten. Das kann dann auch mal schiefgehen.

Wer mehr Zeit mitbringt, sollte sich überlegen, mit dem Schiff den Dnepr entlang zu fahren. Gerade hier faszinieren die Weiten des Flusses, der im Gebiet von Čerkasy zum Kremenčuker Wasserreservoir angestaut ist. Wer sich zu einer Dampferfahrt entschlossen hat, muß sich im Flußbahnhof rechtzeitig über den aktuellen Fahrplan informieren, da dieser von den Benzinvorräten bestimmt wird. Der Flußbahnhof (річковий вокзал) befindet sich am Ende der vul. Gerojiv Stalingrada 1 (вул. Героїв Сталінграда), zu erreichen mit den Trolleybussen 5, 9 und 10.

Hotel ›Žovtnevyj‹, vul. Frunze 145 (вул. Фрунзе), Tel. 47 34 95, sehr preiswert, etwa 12 Euro pro Person.
Hotel ›Rosava‹, vul. Frunze 29, Tel. 45 03 21, etwa 35 Euro pro Person.
Hotel ›Dnipro‹, vul. Frunze 1, Tel. 47 23 60, sehr teuer, pro Person etwa 110 Euro.

In der Stadt sind viele Cafés, deren Angebot so wechselhaft wie ihr Kommen und Gehen ist, entstanden. Ein typisch ukrainisches Angebot bietet das kleine Café in der vul. Vyšnevec'koho 32 (вул. Вишневецького), von 8 bis 22 Uhr.

Museum ›Kobzar‹, in der vul. Chreščatyk 219 (вул. Хрещатик), Di bis So von 10 bis 18 Uhr, Mo und den letzten Di des Monats geschlossen.
Kunstmuseum, vul. Chreščatyk 259, Sa bis Do von 10 bis 17 Uhr.
Heimatkundemuseum, pl. Vojiniv internacionalistiv (пл. Воїнів інтернаціоналістів), Di bis Do von 10 bis 18 Uhr, Fr von 10 bis 17 Uhr, Sa bis So von 10 bis 18 Uhr geöffnet, am Mo und letzten Di des Monats geschlossen.

Musik- und Dramentheater, bul. Ševčenka 194 (бул. Шевченка).
Puppentheater, Ecke bul. Ševčenka/vul. Lenina (бул. Шевченка/вул. Леніна).

Čerkasy ist wahrlich kein Einkaufsparadies. Ein Kaufhaus und mehrere Läden befinden sich auf dem bul. Ševčenka (бул. Шевченка), ein Markt in der vul. Smiljans'ka (вул. Смілянська), ein Antiquitäten- und Souvenirladen in der vul. B. Vyšnevec'koho 32 (вул. Вишневецького).

Vasyl' Symonenko ›Eine beispiellose Hochzeit‹

»Niemand verstand, was der lange, hagere Deutsche sprach, aber alle sahen die Schlangen aus seinem Mund hervorzüngeln. Sie züngelten eine Weile, dann übertrug der erschreckte Lehrer aus dem Nachbardorf ihr Zischen in menschliche Laute.
›Er sagt, daß in der Nähe eures Weilers gestern drei Soldaten erschossen worden sind. Wenn es hier im Dorf passiert wäre, hättet ihr alle dran glauben müssen. So aber sollen nur die aufgehängt werden, die Partisanen in der Familie haben. Falls ihr sie nennt, bleibt ihr verschont.‹
Zweihundert Greise, alte Weiber, Frauen und Kinder standen in der glühendheißen Sonne, doch sie fröstelten. Eiskalt strömte es aus den schwarzen Mündungen der Maschinenpistolen und -gewehre, die auf die Menge gerichtet waren. Über den Menschen schwebte die Hitze der Vorerntezeit und das Schweigen des nahenden Todes. Wieder züngelten Schlangen aus dem Mund des SS-Mannes.
›Er sagt, er läßt euch zehn Minuten Bedenkzeit, dann gibt er den Schießbefehl.‹
Zehn Minuten standen Falten auf den Stirnen der Menschen, zehn Minuten lang verströmte die Sonne schweigend ihre Glut, zehn Minuten lang starrten die Leute ins dichte Gras, als erwarteten sie von dort Hilfe, dann geriet das Menschenmeer in Bewegung und schleuderte den tausendjährigen Opanas Krokva ans Ufer. Der Alte vergaß sogar, sich vor den Leuten zu verneigen, sondern ging schnurstracks auf den Lehrer zu.
›Sag dem Schweinehund, daß meine Söhne diese Bastarde umgebracht haben. Und sag ihm, sie sollen sich ja nicht wagen, mich zu schlagen, ich habe die Krätze. Sie sollen mich gleich aufhängen.‹
›Wieviele ihrer Söhne sind bei den Partisanen?‹ übersetzte der Lehrer die Frage des SS-Mannes.
›Alle.‹
›Wen haben sie noch zu Hause?‹
›Niemanden. Ich bin Witwer.‹
›Die Zunge soll dir im Munde verdorren!‹ Eine graue Frauengestalt, höchstens ein Jahrhundert jünger als Opanas Krokva, schob sich durch die Menge.
›Willst mich bei lebendigem Leib begraben, und noch dazu vor allen Leuten, was? Du Ungeheuer entwischst mir nicht, auch nicht im Jenseits!‹
Der SS-Mann lachte schallend, als der Lehrer ihm den Monolog der Alten übersetzte.
›Ist das Ihre Frau?‹ fragte er Opanas.
›Na, wessen sonst?‹
›Stimmt es, daß Ihre Söhne bei den Partisanen sind?‹ fragte er die Frau.

›Natürlich stimmt es. So einer wie der kann doch nicht lügen. Alle unsere Falken sind im Wald.‹
Man hängte sie an einer riesigen Ulme neben der ehemaligen Kirche auf. Verwundert blickten sie auf die geretteten Menschen herab und zeigten den SS-Leuten ihre blauangelaufenen, zerbissenen Zungen. Opanas Krokva hatte nie Kinder gehabt, und die alte Oryssja, die sich durch den Strang mit ihm vermählte, war nie seine Frau gewesen. Es hieß, in jungen Jahren hätten sie einander sehr geliebt und wollten heiraten, doch ihre Eltern hätten es nicht erlaubt und Oryssja einem reicheren Mann zur Frau gegeben.
Mag sein, daß das wahr ist, vielleicht aber schuf auch damit die menschliche Phantasie eine neue Legende von einer großen Liebe, die erst auf dem Totenbett beginnt.«

In: Eine beispiellose Hochzeit. Ukrainische Erzählungen aus neun Jahrhunderten, Verlag Volk und Welt, Berlin 1965

Zolotonoša

Zolotonoša (Золотоноша) ist eine alte Kosakengründung aus dem 15./16. Jahrhundert. Der Name der Stadt ist legendenumwoben und geht in eine Zeit zurück, als auf dem Dnepr noch Piraten ihr Unwesen trieben. Sie plünderten fremde Schiffe und zogen sich dann flußaufwärts zurück, um ihre Beute zu verstecken. Als im Sommer der Fluß weniger Wasser führte, entdeckten die Bewohner das erbeutete Gold. Fortan nannten sie den Fluß den goldbringenden, Zolotonoška. Der Fluß gab dem Ort seinen Namen.

Doch nicht nur frühere Piraten plünderten in der Umgebung, auch im 20. Jahrhundert wurde das Städtchen Opfer von Plünderung und Zerstörung. Ursprünglich schmückten drei Kirchen das Antlitz von Zolotonoša. Unter der Sowjetmacht wurden zwei davon abgetragen und eine als Munitionslager genutzt, nachdem man ihre Kuppeln abgetragen hatte. Erst in den 70er Jahren konnte die Maria-Entschlafens-Kathedrale ihrer eigentlichen Bestimmung wieder gerecht werden. Von den beiden zerstörten Kirchen sind nur noch die Ikonostasen übrig, die von Gläubigen bei Nacht und Nebel gerettet und versteckt werden konnten. Später wurden sie in der Maria-Entschlafens-Kathedrale aufgestellt – so kommt es, daß ihr Ikonostas eigentlich aus drei Ikonostasen besteht.

Etwa fünf Kilometer oder eine Stunde Fußmarsch von Zolotonoša entfernt befindet sich der Ort Bakajivka (Бакаївка). Hoch oben auf einem Berg mit Blick in die weite Ferne ragt die Christi-Verklärungs-Kirche des Frauenklosters Am

Die Maria-Entschlafens-Kathedrale

Roten Berg auf. Es ist eines der wenigen Klöster, das Nonnen auch zu Sowjetzeiten Unterschlupf bot. Nichts kann malerischer und einsamer sein als dieses Kloster. Steigt man hinauf, erstrecken sich links und rechts Felder, die von den Nonnen in mühevoller Handarbeit bestellt werden. Vor den Toren befindet sich der Friedhof, auf dem schlichte Kreuze von der Einfachheit des Klosterlebens zeugen. Die Gebäude stammen aus dem 18. Jahrhundert. In der Christi-Verklärungs-Kirche finden Gottesdienste auch für die Dorfbewohner statt. Die Maria-Schutz-Kirche dagegen ist allein den Nonnen vorbehalten.

Wenn man schon in der Nähe ist, lohnt sich ein Abstecher nach Zolotonoša und Bakajivka auf jeden Fall. Von Kiev fahren die Busse von der Busstation Darnycja ab, die Fahrtdauer beträgt zwei Stunden. Hier befindet sich der Busbahnhof im Stadtzentrum, er ist nicht zu verfehlen. Busse von Čerkasy benötigen für die dreißig Kilometer etwa eine Stunde. Etwa fünf Kilometer außerhalb von Zolotonoša befindet sich eine Bahnstation. Sie ist vom Zentrum mit den Bussen 1 und 2 zu erreichen. Allerdings sei von dieser Verbindung abgeraten, da die Züge in sehr großen und oft unregelmäßigen Abständen verkehren.

Zaporižžja

Zaporižžja (Запоріжжя) ist eine moderne ukrainische Industriestadt am Dnepr. Hier leben 800 000 Menschen. Die meisten sind in der Energiewirtschaft, in der Stahl- und Autoindustrie tätig. Weltberühmt wollte man mit dem Zaporižžje werden, einem Kleinstwagen, flink und elegant, wie ihn die Hersteller anpriesen. Benzinschluckenden Kleintraktor nannten ihn die Besitzer. Vielleicht gerade deshalb fand er reißenden Absatz, denn in der sowjetischen Mangelgesellschaft stand er hoch im Kurs und war von keiner sowjetischen Straße wegzudenken. Heute ist man darum bemüht, aus dem Auto einen salonfähigen Viersitzer zu machen.

Der riesige Staudamm, an den ein Wasserkraftwerk angeschlossen ist, teilt die Stadt in zwei Hälften. Er prägt das Antlitz von Zaporižžja wesentlich, genauso wie die unzähligen Hochspannungsmasten. An manchen Tagen erzeugen sie mit ihrem Surren das unheimliche Gefühl, in einem Wespennest gelandet zu sein. Zaporižžja verdeutlicht in besonderem Maße die Planung moderner Städte auf dem Reißbrett. Ein geometrisches Netz von Straßen, an denen unzählige Mietshäuser errichtet wurden, verstärkt den Eindruck der Gleichförmigkeit.

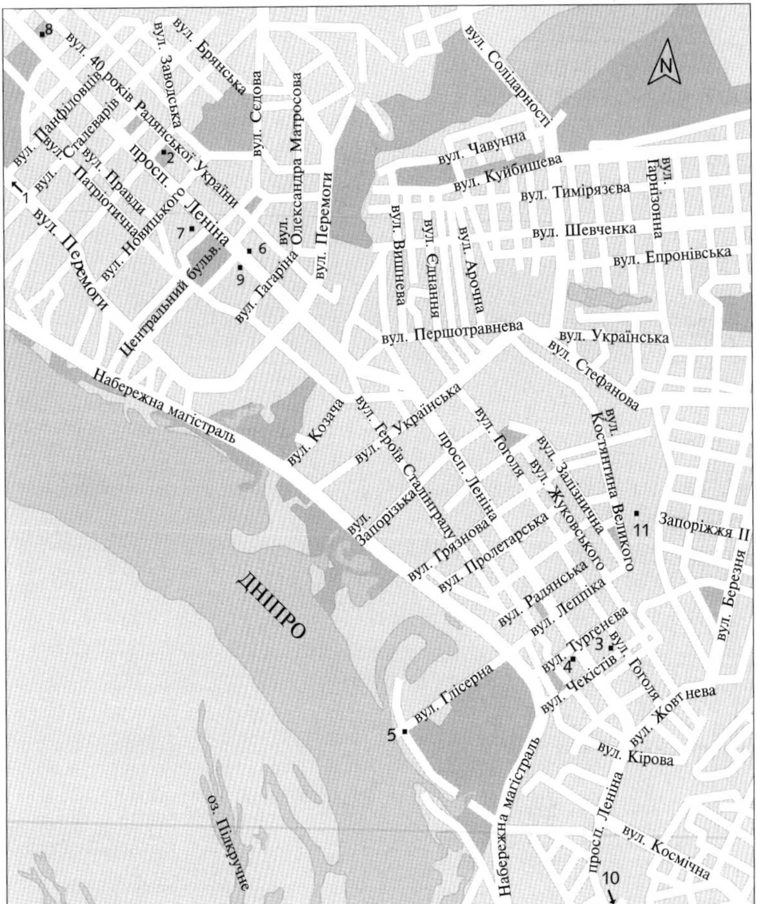

Zaporižžja

Legende

1 Kosakenmuseum (Національний заповідник ›Хортиця‹)
2 Kunstmuseum (Художній музей)
3 Heimatkundemuseum (Історико-краєзнавчий музей)
4 Synagoge (Синагога)
5 Hafen (порт)
6 Hotel ›Ukrajina‹ (готель ›Україна‹)
7 Hotel ›Inturist‹ (готель ›Інтурист‹)
8 Hotel ›Dnipro‹ (готель ›Дніпро‹)
9 Post (поштамт)
10 Bahnhof Zaporižžja I (вокзал Запоріжжя I)
11 Bahnhof Zaporižžja II (вокзал Запоріжжя II)

Die provisorische Maria-Schutz-Kirche

Zaporižžja wurde 1770 auf Erlaß der russischen Zarin Katharina II. als Festung Aleksandrivsk gegründet. Damit gehörte Aleksandrivsk zu einer aus sieben Festungen bestehenden Verteidigungslinie, die sich von der Insel Chortycja bis zum Azovschen Meer erstreckte und der Abwehr feindlicher Tatarenüberfälle diente. Einen wichtigen Beitrag für die weitere Entwicklung der durch die neuen Wehranlagen geschützten Gebiete leisteten deutsche Siedler, die auf Einladung Katharina II. nach Rußland kamen. Es waren vor allem Mennoniten, die aufgrund ihrer religiösen Überzeugung den Dienst in der Armee ablehnten und deshalb in ihrer Heimat verfolgt wurden. 1921 wurde Aleksandrivsk in Zaporižžja umbenannt, 1925 im Zuge des GOERLO-Planes mit dem Bau des gigantischen Wasserkraftwerkes begonnen. Der GOERLO-Plan wurde 1920 verabschiedet und legte ein langfristiges wirtschaftliches Aufbauprogramm auf Grundlage des Ausbaus der Energiewirtschaft fest. Zaporižžja verwandelte sich in einen wichtigen Industriestandort der Sowjetunion.

Doch noch bevor die Festung Aleksandrivsk gebaut wurde und sich Zaporižžja zu einer Großstadt entwickelte, herrschte auf der Insel, der Chortycja, reges Kosakenleben.

Ein Rundgang durch Zaporižžja

Leider ist von der einstigen Romantik nur wenig geblieben. Eine breite Straße bahnt sich ihren Weg durch die Stadt und über die Insel, die vom prosp. Lenina (просп. Леніна) mit dem Trolleybus 16 zu erreichen ist. Wenn man an der Haltestelle ›Muzej istoriji Zaporižžja‹ (Музей історії Запоріжжя) aussteigt und den Wegweisern zum Museum folgt, stößt man auf einen groben Betonklotz. Es ist das Kosakenmuseum, das sich so gar nicht in die Landschaft fügt. Von hier hat man allerdings einen beeindruckenden Ausblick auf den Staudamm und das Wasserkraftwerk.

Die über fünfzehn Kilometer lange Magistrale prosp. Lenina zieht sich quer durch die Stadt. Das macht die Orientierung relativ einfach, allerdings sind die Hausnumerierungen zu beachten, auf der einen Straßenseite befinden sich die geraden, auf der anderen die ungeraden Hausnummern. An der verkehrsreichen Straße reiht sich ein Geschäft an das andere, laden gemütliche Cafés ein, findet man das Zentrale Kaufhaus (Nr. 147), die Vorverkaufskasse der Bahn (Nr. 151) und das Theater (Nr. 41). Auf dem Platz gegenüber dem Kaufhaus befinden sich ein kleiner Kunst- und Souvenirmarkt und ein Denkmal für die Opfer der Tschernobyl-Katastrophe. In einem der Gebäude am Platz ist das Kunstmuseum der Stadt untergebracht.

Der historische Kern der alten Festung Aleksandrivsk befindet sich in der Nähe des Bahnhofs ›Zaporižžja II‹. Über die Festung und die Geschichte der

Stadt bietet das nahegelegene Heimatkundemuseum in der vul. Čekistiv 29 (вул. Чекістів) einen guten Überblick. Die alte Maria-Schutz-Kirche existiert nicht mehr und hat zur Zeit in einer Baracke gegenüber der zentralen Bibliothek, prosp. Lenina 142, eine behelfsmäßige Unterkunft gefunden. Hingegen ist das Gebäude der Synagoge in der vul. Turgeneva 22 (вул. Тургенева) erhalten geblieben.

Vom Hafen der Stadt aus können kürzere oder längere Schiffsfahrten auf dem Dnepr unternommen werden, vor allem im Sommer eine gute Möglichkeit, dem Großstadtsmog zu entkommen.

Zaporižžja liegt an einem Eisenbahnknotenpunkt. Die Züge fahren von zwei Bahnhöfen ab, vom Zaporižžja I am Pryvokzal'na pl. (Привокзальна пл.) und vom Zaporižžja II an der vul. Konstjantyna Velykoho (вул. Констянтина Великого). Die Vorverkaufskasse bietet ihre Dienste am prosp. Lenina 151 an, Mo bis Sa von 8 bis 12 Uhr und 13 bis 18 Uhr. Am Ende des pr. Lenina liegt der Flußbahnhof. Die Straßenbahn 1 verbindet den Bahnhof ›Zaporižžja II‹ mit dem Flußbahnhof. Der Busbahnhof befindet sich in der Nähe des Bahnhofs ›Zaporižžja II‹, prosp. Lenina 22.

Eine Post befindet sich am pr. Lenina 133, Mo bis Fr von 8 bis 13 Uhr und 14 bis 19 Uhr, Sa von 8 bis 13 Uhr und 14 bis 17 Uhr. Telegraph täglich von 7 bis 22 Uhr.

In Zaporižžja stehen mehrere Hotels zur Verfügung. Mit 80 Euro für eine Übernachtung sind das ›Ukrajina‹, pr. Lenina 162, und das ›Inturist‹, pr. Lenina 135, mit die teuersten. Preiswerter ist das ›Dnipro‹, pr. Lenina 202, etwa 12 Euro pro Person.

Restaurants und Cafés gibt es vor allem am pr. Lenina.
Café ›Azarija, vul. Angolenka (вул. Анголенка), typische ukrainische Küche, preiswert.
Fischrestaurant, Ecke prosp. Lenina/prosp. Majakovs'koho (пр. Леніна/пр. Маяковського).

Kosakenmuseum auf der Insel Chortycja, Di bis So von 10 bis 17 Uhr. Es ist vom pr. Lenina mit dem Trolleybus 16 bis zur Haltestelle ›Muzej istoriji Zaporižžja‹ (Музей історії Запоріжжя) zu erreichen. Von der Haltestelle weisen Schilder den fünfminütigen Weg zum Museum.
Kunstmuseum, im Stadtzentrum, vul. 40 rokiv Radjans'koji Ukrajiny (вул. 40 років Радянської України), Di bis Sa von 10 bis 17 Uhr.
Heimatkundemuseum, vul. Čekistiv 29 (вул. Чекістів), Di bis Sa von 9 bis 16 Uhr.

Das Theater, pr. Lenina 41, bietet ein abwechslungsreiches Programm.

Die Kosaken

»Umgeben von drohenden Nachbarn und ständigen Gefahren ... hatte er sich daran gewöhnt, ihnen gerade ins Auge zu blicken und ganz vergessen, daß es so etwas wie Furcht überhaupt gab ...‹

Nikolaj Gogol, Taras Bulba (1835)

Auf Schritt und Tritt wird der Tourist mit dem Begriff ›Kosaken‹ konfrontiert: Souvenirhändler verkaufen hölzerne Kosakenfiguren, es treten Kosakenchöre auf, Hotels und Restaurants heißen ›Kosak‹, und manchmal erblickt man Männer, die sich äußerlich als Kosaken geben. Aber wer hat schon eine genaue Vorstellung von dem, was sich hinter dieser Bezeichnung verbirgt? Das Wort ›Kosak‹ stammt wahrscheinlich aus dem Türkischen und bezeichnet etwa seit dem 14. Jahrhundert einen unabhängigen Mann, einen Abenteurer und Vagabunden. Von Kosaken slawischen Ursprungs spricht man ab dem 16. Jahrhundert, als der Zustrom von Flüchtlingen aus dem Moskauer Reich, aber auch aus Polen-Litauen zunimmt. Einen Boom erlebte die Kosakengemeinschaft, als durch das neue Gesetzbuch, die ›Uloženije‹ des Zaren Aleksej Michajlovič, 1647 der Bauer unwiderruflich an seine Scholle gebunden wurde. Die Festschreibung der Leibeigenschaft brachte schwere soziale Erschütterungen mit sich. Aber auch die Kirchenreform des Patriarchen Nikon ließ viele Altgläubige auswandern und Kosaken werden. Die Menschen flohen

Gedenktafel für Bohdan Chmel'nyc'kyj in Žovkva

in das sogenannte ›wilde Feld‹, das unbesiedelte Land in den riesigen Grassteppen am Don und Dnepr, begrenzt von den Khanaten im Süden und Osten, dem polnisch-litauischen Staat im Westen und dem Russischen Reich im Norden.

Bildnis eines Sičkosaken von Ilja Repin

Am Unterlauf des Dnepr wurde auf einer Insel, umgeben von undurchdringlichen Schilfwäldern, die Zaporožer Sič gegründet, das Lager hinter den Stromschnellen. Das Gebiet war reich an Fisch, Wild und Honig, eine wichtige Voraussetzung für das Leben der Kosaken. Denn Ackerbau war verpönt und galt als Zeichen der Knechtschaft, erinnerte viele an ihr früheres Dasein als Bauer. Die Kosaken verachteten materielle Güter, wohnten in einfachen Erdhütten (den Kurinj) und schätzten nur die wertvollen Waffen und Pferde. Es entwickelte sich ein starkes Gemeinschaftsgefühl und eine mönchartige Strenge. Frauen durften sich in der Sič nicht aufhalten. Ein Eheleben wurde nicht geduldet. Mit ihren kleinen Booten, den sogenannten Čajkas (Möwen), ruderten sie die Flüsse entlang und plünderten Handelsschiffe. Aber auch ins Schwarze Meer wagten sie sich. Sie griffen überraschend türkische Städte an und machten reiche Beute. Bei den ausgelassenen Siegesfeiern floß der Alkohol in Strömen. Man schmückte sich mit teuerster Kleidung, farbenfrohen Pluderhosen, goldenen Schärpen und Tressen sowie hohen Fellmützen oder Turbanen. So wie die Kleidung waren auch die Sitten der Kosaken von anderen Völkerschaften, mit denen sie in Berührung kamen, beeinflußt. Der Führer einer Gemeinschaft wurde Hetman genannt und übernahm zum Zeichen seines Ranges die tatarische Pferdeschwanzstandarte. Der Hetman wurde von einer Versammlung gewählt, aber auch wieder abgesetzt, wenn er sich den Unwillen seiner Gemeinschaft zugezogen hatte. Ende des 16. Jahrhunderts betrug die Stärke des Kosakenheeres rund 20 000 Mann. Es bekam bald noch mehr Zulauf: durch unzufriedene Bauern wurde die soziale Zusammensetzung der Armee verändert und ihr Kampf gegen den polnischen Staat und die adligen Grundbesitzer gelenkt. Aufgrund ihrer starken Streitmacht konnten die Kosaken nun ihre faktische Anerkennung durch- geschätzt und umworben zu werden. Die wohlorganisierten und militärisch gut ausgebildeten Kosaken waren zwar stets eine willkommene Streitmacht, aber darüber hinaus auch ein schwer kalkulierbarer Faktor. Deshalb

Bildnis des Kosaken Mamaj aus dem 19. Jahrhundert

setzen. Die Sič verhandelte eigenständig mit benachbarten Ländern. Vom polnischen König wurde ein Kosakenregiment zum Staatsdienst festbesoldet eingestellt, dessen Angehörige als sogenannte Registerkosaken mit besonderen Immunitätsrechten ausgestattet wurden. Anfang des 17. Jahrhunderts nahmen die Kosaken auf polnischer Seite am Krieg gegen Moldavien und Schweden teil. Das Schicksal der Kosaken war es, im Kriegsfall als Bündnispartner versuchten die mächtigen Nachbarn wie Polen, Rußland und Byzanz jeweils Nutzen aus dieser Militärmacht zu ziehen, waren aber im wesentlichen nicht bereit, den Kosaken Privilegien oder Autonomierechte einzuräumen oder andere Forderungen zu erfüllen. Bald setzten sich die Kosaken auch im Landesinneren fest, forderten von Gutsbesitzern Abgaben für ihren Lebensunterhalt, erlangten alte Güter wieder und erwarben neue. Die Kosaken wurden so ein

Staat im Staate mit eigener Gerichtsbarkeit, eigenen Gesetzen und eigener Obrigkeit. Nach den Angriffen auf türkische und tatarische Städte und auf die türkische Flotte 1614 und 1616 waren die Kosaken endgültig zu einem entscheidenden Machtfaktor geworden.
Unter dem Hetman Bohdan Chmel'-nyc'kyj begann eine Erhebung, die getragen von dem starken Freiheitsgefühl der Ukrainer zum Aufstand gegen die polnische Obrigkeit führte. In dieser Zeit wurde erstmalig versucht, einen ukrainischen Nationalstaat zu gründen. Schon Ende des 17. Jahrhunderts zeigte sich jedoch das Fehlen einer klaren politischen Linie bei den Sičkosaken. Es wurde mal auf dieser, mal auf jener Seite mitgekämpft.
Immer mehr Menschen ließen sich durch die weite Steppe anlocken, und die Sič wandelte sich vom strengen ›Militärorden‹ zu einem Staatsgebilde. Die Anwesenheit von Frauen in der Residenz blieb zwar verboten, aber mehr und mehr Kosaken heirateten dennoch und ließen sich in der Nähe der Sič nieder. 1762 gab es 17 969 Sičkosaken, 2312 verheiratete Kosaken und um die 150 000 Bauern.
Nach dem russisch-türkischen Krieg ließ Katharina II. 1775 die Sičrepublik im Zuge ihrer Zentralisierungspolitik zerschlagen.
Die Anführer der Kosaken wurden in die Verbannung geschickt, die einfachen Kämpfer vertrieben und das Land unter Gutsbesitzern und Adligen aufgeteilt.
Ein Teil der Kosaken entwich in das osmanische Reich und siedelte an der Donaumündung. Sie führten ihre alte Sičordnung wieder ein.
Als aber ein Teil der Kosaken schließlich 1827 im russisch-türkischen Krieg gegen die Türkei kämpfte, wurden die Verbliebenen verfolgt und ihre Ansiedlungen zerstört. Andere gingen nach Österreich und ließen sich im Banat nieder.
Auf russischer Seite begann man, die Reste der Kosaken zu sammeln und im Kubangebiet anzusiedeln. Dort wurde die alte Sičordnung allerdings nicht mehr eingeführt.
Die Oktoberrevolution machte den Kosaken endgültig den Garaus. Die meisten von ihnen waren unerbittliche Feinde der Bolševiki. Nach 1920 durften sie keinen Militärdienst mehr leisten. Erst Stalin entschloß sich 1938 zur Aufstellung neuer Kosakenverbände.
Im Zweiten Weltkrieg standen die meisten Kosaken der Deutschen Wehrmacht bei. Nach Beendigung des Krieges stellten sie sich unter alliierten Schutz, wurden von diesen jedoch den Sowjets ausgeliefert, was für die meisten das Todesurteil bedeutete.
In der unabhängigen Ukraine bilden sich heute wieder Kosakenregimenter, die alte Traditionen und Anschauungen aufleben lassen.

Cherson

Weite Steppen, endlose Weizenfelder, Gärten, Weinplantagen und Melonenanbauflächen – das alles ist Taurien, das Gebiet Cherson (Херсон). Die über 5000 Hügelgräber, die archäologischen Ausgrabungen uralter Siedlungen und die ›Geschichte‹ Herodots geben eine gewisse Vorstellung von der Natur der nördlichen Schwarzmeerküste und von den Völkern, die diese Gebiete in alten Zeiten besiedelten.

Cherson ist eine kleine Stadt, die bequem zu Fuß erkundet werden kann. Eine Magistrale, der pr. Ušakova, durchquert die Stadt und verbindet den Bahnhof mit dem Hafen von Cherson. Das südliche Klima prägt das Leben in Cherson, die Häuser sind weinumrankt, die Menschen sitzen auf alten Holzbänken und genießen den Tag.

Im achten bis in die erste Hälfte des siebten Jahrhunderts vor unserer Zeitrechnung bewohnten die Kimmerier, ein nomadisierendes Reitervolk, die Region. Homer erwähnt sie als Anwohner des Okeanos, nahe dem Eingang zum Hades, wo immer Dunkelheit herrscht. Nach den Stämmen der Kimmerier erschienen die Skythen. Sie siedelten bis in das dritte Jahrhundert unserer Zeitrechnung in

In der vul. Gor'koho

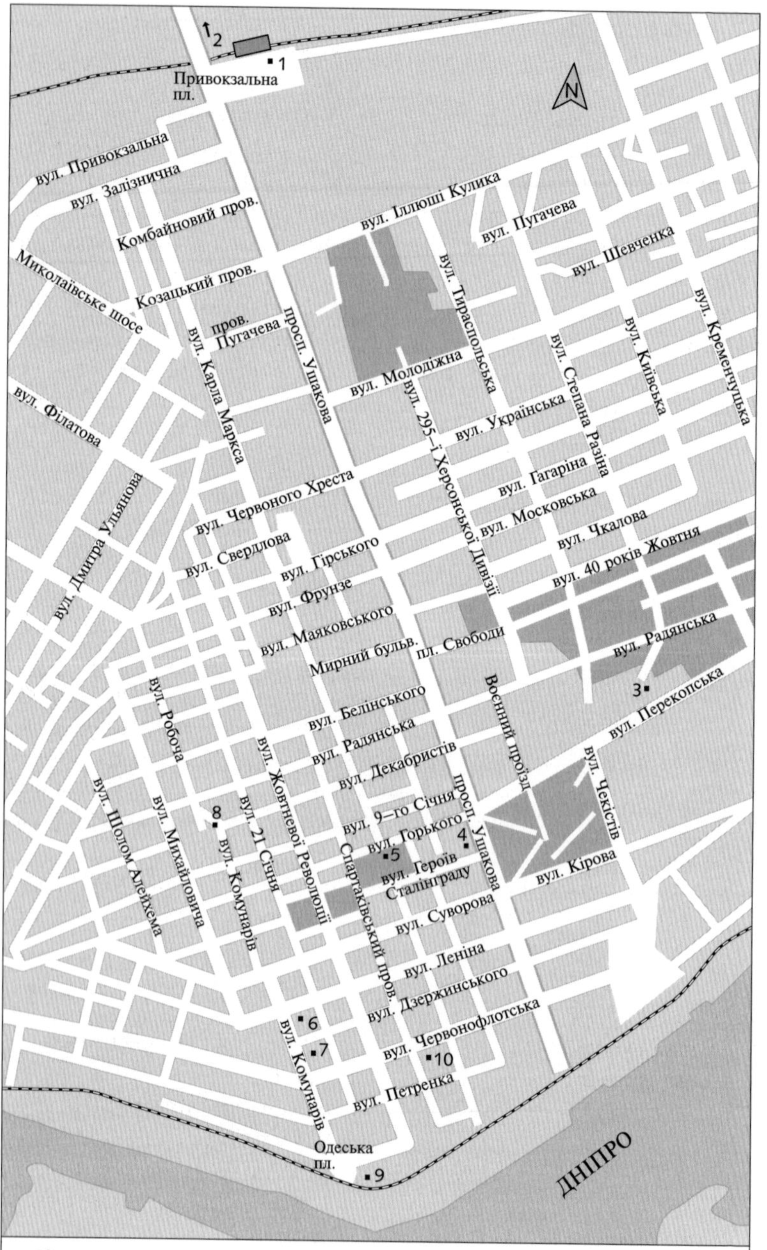
2
1
Привокзальна пл.
N
вул. Привокзальна
вул. Залізнична
Комбайновий пров.
вул. Іллюші Кулика
вул. Пугачева
вул. Шевченка
Миколаївське шосе
Козацький пров.
пров. Пугачева
просп. Ушакова
вул. Тираспольська
вул. Київська
вул. Кременчуцька
вул. Карла Маркса
вул. Молодіжна
вул. Степана Разіна
вул. Філатова
вул. 295-ї Херсонської Дивізії
вул. Українська
вул. Гагаріна
вул. Дмитра Ульянова
вул. Червоного Хреста
вул. Московська
вул. Свердлова
вул. Чкалова
вул. Гірського
вул. 40 років Жовтня
вул. Фрунзе
вул. Маяковського
пл. Свободи
Мирний бульв.
вул. Радянська
3
вул. Робоча
вул. Бєлінського
Воєнний проїзд
вул. Перекопська
вул. Радянська
вул. Декабристів
вул. Чекістів
вул. Шолом Алейхема
вул. Михайловича
8
вул. 21 Січня
вул. Жовтневої Революції
вул. 9-го Січня
просп. Ушакова
вул. Горького
4
5
вул. Комунарів
Спартаківський пров.
вул. Героїв Сталінграду
вул. Кірова
вул. Суворова
вул. Леніна
вул. Дзержинського
6
вул. Червонофлотська
7
10
вул. Комунарів
вул. Петренка
Одеська пл.
9
ДНІПРО
0
100
200 m
Cherson

den ukrainischen Steppen. Herodot, der von 455 bis 444 ausgedehnte Reisen unternahm, trat auch mit den hier ansässigen Skythen in Kontakt. Im vierten Buch seiner Geschichte finden sie Erwähnung. In seinen Aufzeichnungen findet sich auch der Name Taurien für die Krim und die angrenzenden Steppengebiete.

Nach dem Russisch-Türkischen Krieg 1768 bis 1774 wurden die Landstriche zwischen dem Dnepr und dem Südlichen Bug an das Russische Reich angeschlossen. Seit 1783 gehörten auch die Krim und Nordtaurien, darunter der links des Dneprufers liegende Teil des Chersoner Gebietes, zu Rußland. Nach einem Erlaß von Katharina II. 1778 wurde an der Stelle der russischen Befestigungsanlage ›Alexanderschanze‹ die Festung und Werft ›Cherson‹ errichtet, benannt nach der altgriechischen Polis Chersones. Die ersten Schiffe, die in den hiesigen Werften vom Stapel liefen, haben den Ruhm der russischen Schwarzmeerflotte begründet und sind mit den Namen A. V. Suvorovs (1730–1800) und F. F. Ušakovs (1744– 1817) verbunden.

Ein Rundgang durch Cherson

Cherson hat zwei Häfen, den See- und den Binnenhafen. Der Dnepr ist Ausgangspunkt einer Magistrale, des pr. Ušakova (пр. Ушакова), der den alten Stadtteil durchquert. Das Heerviertel, die Mühlen, die Schlucht, die Quarantäneinsel – alle diese Orte grenzen an die ehemalige Festung. Die hohen Erdwälle umfaßten eine Fläche von einhundert Hektar. Nur im Norden und Westen befanden sich Tore. Sie dienten als Paradeausfahrt in das gesellschaftliche Leben von Cherson. Das erklärt die architektonische Ausstattung der Tore. Die Einfahrtsbögen sind auf beiden Seiten von Pylonen flankiert. Außer den Toren ist von der Festung wenig erhalten.

Die Katherinenkathedrale in der vul. Perekops'ka 3 (вул. Перекопська) wurde 1784 fertiggestellt. Die Kathedrale hat einen rechtwinkligen Grundriß und eine

Legende

1 Bahnhof (вокзал)
2 Busbahnhof (автовокзал)
3 Katherinenkathedrale (Катерининська церква)
4 Literaturmuseum (Літературний музей)
5 Theater (театр)
6 Kunstmuseum (Художній музей)
7 Heimatmuseum (Краєзнавчий музей)
8 Heilig-Geist-Kathedrale (собор Святого Духу)
9 Flußbahnhof (річковий вокзал)
10 Sophienkathedrale (Софійський собор)

Die Heilig-Geist-Kathedrale

Kuppel. Sie ist im Stil des Klassizismus ausgeführt, unter Verwendung von Formen der griechischen Baukunst. Der Altarraum und die Nebenaltäre sind vorgezogen. Den Haupteingang betont ein viersäuliger dorischer Portikus. In den tiefen bogenförmigen Nischen, die die Fassade durchbrechen, haben anmutige Skulpturen ihren Platz gefunden. In der Kathedrale befindet sich das Grab des Fürsten G. A. Potemkin (1739–1791), der als russischer Staatsmann und Marschall entscheidenden Einfluß auf die Innen- und Außenpolitik seines Landes hatte und als Favorit Katharinas II. galt. Seit 1776 war er Generalgouverneur des sogenannten Neurußland. 1783 gelang es ihm, die Krim an Rußland anzuschließen, wofür ihm der Titel ›Fürst von Taurien‹ verliehen wurde. Seinem Vorschlag folgend, wurde die Festung Cherson gegründet, um so die südlichen Grenzen des russischen Imperiums besser sichern zu können. Ein Stein hinter der Kathedrale weist mit seiner Inschrift auf den Befehl Katharinas II. hin, hier eine Festung zu gründen.

Das Literaturmuseum befindet sich in der vul. Gor'koho 1 (вул. Горького). Es ist das Geburtshaus des Prosa- und Theaterschriftstellers Boris Lavrenev (1891–1959). Er gehörte Anfang des 20. Jahrhunderts zu der Gruppe der sogenannten Egofuturisten, die im Ego die Triebkraft des Lebens sahen und die Aufhebung aller sittlichen und moralischen Schranken in der Kunst forderten. Nicht dafür, aber für seine späteren Werke, für Kriegsdramen und ein Auftragsstück zur antiamerikanischen Propaganda der Nachkriegszeit wurde er mit Stalinpreisen ausgezeichnet. In der ersten Etage des Museums kann man sein Arbeitskabinett besichtigen. Interessanter ist aber die Exposition in der oberen Etage, die sich mit den Futuristen und dem Theater Meyerholds auseinandersetzt. Besondere Gewichtung liegt auf den Werken von A. E. Kručenych (1886 – 1968), einem der wichtigsten Dichter und Theoretiker des russischen Futurismus, und dem Lyriker und Maler D. D. Burljuk (1882 – 1967), der auch an Ausstellungen im Verband des ›Blauen Reiter‹ teilnahm.

In der vul. Gor'koho 7 sorgt das Städtische Theater für abendliche Unterhaltung. Kaffeetrinken oder Einkaufen läßt es sich am besten in der vul. Suvorova (вул. Суворова), einem Fußgängerboulevard. Parallel dazu verläuft die vul. Lenina (вул. Леніна). In der Nummer 9 gibt eine Exkursion durch das Heimatmuseum einen beeindruckenden Einblick in Flora und Fauna der Gegend, archäologische Funde werden ausgestellt und erklärt sowie die Geschichte der Stadt beleuchtet. An der Ecke gegenüber, vul. Lenina 34 (вул. Леніна), liegt das Kunstmuseum Chersons.

In derselben Straße wurde 1786, acht Jahre nach der Gründung Chersons, der Grundstein für die Maria-Entschlafens-Kirche gelegt. Sie wurde 1798 eingeweiht und 1833 wurde ein Glockenturm hinzugebaut. In den 30er Jahren des 20. Jahrhunderts wurde die Kuppel abgetragen, die Bibliothek und das Archiv der Kirche vernichtet. Das Gebäude diente mit einer kurzen Unterbrechung in den Jahren 1941 bis 1945 als Sportsaal. Erst in den 90er Jahren hat man sie wieder der orthodoxen Kirche übereignet, seitdem laufen Rekonstruktionsarbeiten.

Die Maria-Entschlafens-Kirche in Cherson

Ein Kunstwerk unter freiem Himmel stellt die Heilig-Geist-Kathedrale in der vul. Dekabrystiv 36 (вул. Декабристів) dar. Die Kathedrale und der Glockenturm stammen aus dem Jahre 1836, das Refektorium wurde später hinzugefügt. Die Kathedrale mit quadratischem Grundriß wird von einer sphärischen Kuppel, die auf einer massiven achteckigen Trommel steht, gekrönt. Die Haupteingänge sind in Form viersäuliger dorischer Portika ausgebildet.

Die vul. Komunariv (вул. Комунарів) führt hinunter zum Hafen. Im Gebäude des Flußbahnhofs hängen Fahrpläne für die aktuellen Schiffsrouten aus. Ein Nobelrestaurant lädt im Obergeschoß zum Dinieren ein. Eine preiswerte Unterkunft ist das Hotel ›Meridian‹. Ganz in der Nähe liegen noch zwei Sehenswürdigkeiten. Eine architektonische Kostbarkeit ist die 1897 errichtete Bibliothek in der vul. 21oho Sičnja 24 (вул. 21ого Січня). In der vul. Červonoflots'ka 13 (вул. Червонофлотська) zieht die griechische Sophienkathedrale, 1780 erbaut, die Aufmerksamkeit auf sich, besonders mit ihren alten, erhalten gebliebenen Wandgemälden und Skulpturen.

Die Hafengebäude befinden sich am pl. Žovtneva (пл. Жовтнева). Auch am Bahnhof am Pryvokzal'na pl. (Привокзальна пл.) herrscht hektisches Treiben, denn die meisten Reisenden fahren mit dem Zug. Eine Fahrt nach Odessa dauert etwa sieben, nach Zaporižžja acht Stunden. Der Busbahnhof ist vom Bahnhof zu Fuß zu erreichen. Zunächst muß man die Gleise über die Fußgängerbrücke überqueren. Danach läuft man weiter geradeaus bis zur nächsten großen Straße, wo man sich nach links wendet und an einen Verkehrsring gelangt. Wenige Meter nach rechts ist eine Tankstelle zu sehen, dahinter befindet sich der Busbahnhof.

Hotel ›Meridian‹, direkt am Hafen gelegen, einfach und preiswert.
Hotel ›Fregat‹, pr. Ušakova 2 (пр. Ушакова).
Hotel ›Kyjiv‹, pr. Ušakova 43.

Restaurants befinden sich in den Hotels und am Hafen, dort im oberen Stock des Hafengebäudes. Kleinere Cafés haben in letzter Zeit an der vul. Suvorova (вул. Суворова) geöffnet.

Heimatkundemuseum, vul. Lenina 9 (вул. Леніна), Mi bis So, von 9 bis 17 Uhr.
Kunstmuseum, vul. Lenina 34, Mi bis Do und Sa bis Mo von 10 bis 17 Uhr.
Das interessanteste der Museen ist das Literaturmuseum in der vul. Gor'koho 1 (вул. Горького), Mo bis Fr von 10 bis 16 Uhr.

Jede größere Stadt der Ukraine kann mindestens ein Theater aufweisen; das von Cherson befindet sich in der vul. Gogolja 7 (вул. Гоголя).

›Das Gewissen sy frey und Got behalten‹ – Die Mennoniten in Neurußland

Die mennonitische Bewegung entstand im 16. Jahrhundert um den aus der katholischen Kirche ausgetretenen Priester Menno Simons (1496–1561). Der Glaubensgrundsatz der Mennoniten war, im Gegensatz zur Kindstaufe, nur Erwachsene zu taufen, die sich bewußt zum Christentum bekannten. Von Kirche und Staat verfolgt, wanderten die Mennoniten später nach Rußland, Zentralamerika und Kanada aus. Kulturell und ethnisch gelten die Mennoniten als Deutsche, auch ihre Sprache ist ein altertümliches Deutsch.
Die wichtigsten Kolonien der Mennoniten in Rußland befanden sich an der Volga bei Saratov und in der heutigen Ukraine bei Chortycja und Richtung Azovsches Meer, am Flüßchen Moločna.
Eine verstärkte Siedlung in Rußland begann mit der aus Deutschland stammenden Zarin Katharina der Großen. In den Jahren 1762 und 1763 erließ sie ihre berühmten Berufungsmanifeste an Ausländer, in denen sie Ärzte, Handwerker, Gelehrte, Kriegs- und Seeleute, Fabrikanten, Arbeiter und nicht zuletzt Bauern namentlich aus Deutschland dazu aufrief, nach Rußland überzusiedeln. Dafür garantierte sie ihnen eine Reihe Privilegien, zum Beispiel Freistellung vom Militärdienst, Befreiung von Steuern und vor allem die Befreiung von der Leibeigenschaft. So waren die Kolonisten bis zur Aufhebung dieser Rechte durch Zar Nikolaj II. die einzigen freien Bauern Rußlands. Diese Privilegien erzeugten bei der übrigen Bevölkerung Neid und Haß. 1871 wurden die Sonderrechte aufgehoben, 1874 die Wehrpflicht auch auf die Deutschen ausgedehnt. Diese Maßnahmen lösten eine erhebliche Auswanderungswelle aus. Besonders die Mennoniten verließen Rußland, war doch einer ihrer wichtigsten Glaubensgrundsätze die Verweigerung des Waffendienstes.
Schließlich durften die Mennoniten Ersatzdienst ohne Waffen leisten.
Während des Ersten Weltkrieges wurde Deutsch als Unterrichtssprache verboten und der Grundbesitz der Kolonisten zwangsversteigert. Im Zweiten Weltkrieg wurde den deutschen Siedlern Kollaboration mit Nazi-Deutschland vorgeworfen. Sie wurden nach Sibirien oder Zentralasien zwangsumgesiedelt oder zur ›Arbeitsarmee‹ zwangsverpflichtet. Erst im Dezember 1955 wurde die Zwangsansiedlung für die Sowjet-Deutschen aufgehoben, ein Recht zur Rückkehr in ihre alten Siedlungsgebiete war damit jedoch nicht verbunden. Eine politische Rehabilitierung erfolgte 1964.

»Da war zum Beispiel die Makrele, ein edler und kostbarer Fisch. (...) Ihr straffer Körper, so gerade und glatt wie eine Spindel, schillerte in den zartesten Tönen (...) Und wie schlau die Makrele war! Obwohl Gavrik die Fische täglich sah, (...) war er doch jedesmal aufs neue von ihrer Schönheit und Schläue entzückt.«

Valentin Kataev, ›Es blinkt ein einsam Segel‹

Am Schwarzen Meer

Odessa

»Odessa – ist das eine schöne Stadt? Waren Sie noch nicht dort? Ich fahre das erste Mal. Hmm… Sie sehen aus wie dreißig. Was haben Sie denn die dreißig Jahre gemacht, daß Sie Odessa noch nicht gesehen haben? Da ich auf die Frage nicht ausführlich antworten wollte, fragte ich ausweichend: Leben viele Menschen in Odessa? So viele sie wollen. Zwei Millionen einhundert dreiundvierzig Tausend siebzehn Menschen. Ach was?! Ist das Leben billig? Das Leben? Mit dreißig Rubeln im Monat leben Sie wie Aschkenasi! Und sind die Odessaer Frauen schön? Der Odessit breitete die Arme aus, kniff die Augen zusammen und ließ mitleidig den Kopf hängen. Da fragt er noch! Und ist das Klima gut? Das Klima? Das Klima ist so, daß Sie in einer Woche so dick und gesund wie ein Faß sein werden. Was sagen Sie – erschrak ich mich – Ich will doch abnehmen. Na gut. Sie werden so dünn wie ein Stock sein. Tun Sie mir den Gefallen. Aber wenn Sie wüßten, was für ein Bier wir in Odessa haben, und Restaurants! Das heißt, ich verliere nichts, wenn ich nach Odessa fahre? Das haben sie schon verloren! Sie haben dreißig Jahre ihres Lebens verloren.« – So der Feuilletonist Arkadij Averčenko (1881–1925).

Witz, Originalität, ein nicht zu überbietender Lokalpatriotismus und eine gewisse Respektlosigkeit, das ist Odessa (ukr.: Одеса/ russ.: Одесса). In der Stadt am Schwarzen Meer leben 1,2 Millionen Menschen: Ukrainer, Russen, Juden,

Am Strand von Odessa

Das Hotelschiff ›Taras Ševčenko‹

Moldauer, Bulgaren, Polen, Griechen sowie einige Deutsche. Sie sind weltoffen und kosmopolitisch, und sie haben ihren eigenen Dialekt – lakonisch das ›achte Weltwunder‹ genannt.

Eine wichtige Rolle im Leben der Stadt spielt der Hafen. Er zog seit eh und je Handelstreibende, Fremde, Abenteurer an und gab der Stadt ihr eigenes Fluidum. »Hier atmet man ganz Europa«, beschreibt Puschkin das schillernde Hafenleben, »Dort blieb der Himmel lange blau, dort hißt geschäftig seine Segel ein Handel reich an Überfluß«.

Daran hat sich bis heute nichts geändert. Mit dem benachbarten Hafen von Illičivs'k ist Odessas Hafen einer der wichtigsten Umschlagplätze in Europa. Der modernisierte Hafen mit seinen Werften, Schwimmdocks und weitläufigen Lagerhallen wird auch im Winter eisfrei gehalten. Auf dem aktuellen Tagesplan der Stadt steht die Forderung nach einer freien Handelszone, die es auch im letzten Jahrhundert einmal gab. Dank relativ guter Wirtschaftskraft und weitreichender Handelsbeziehungen hofft man ausländische Investoren anzulocken. Doch dazu sind größere Autonomierechte für die Stadt nötig. Ganz Odessit, rief der bekannte Schriftsteller, Humorist und Satiriker M. Švaneckij vor einigen Jahren zur Gründung einer Freistadt, einem kleinen Singapur am Schwarzen Meer, auf.

In Odessa kann man sich wohlfühlen, vor allem nach einer anstrengenden Reise durch die ukrainische Provinz. Was man dort vermißt hat, wird sich hier gleich mehrmals finden – Restaurants, Cafés, Hotels für jeden Anspruch und Geschmack. Touristeninformationen, Wegweiser oder Zeitungsstände mit internationalem Angebot gehören zum alltäglichen Stadtbild. Das Zentrum von Odessa erstreckt sich zwischen Bahnhof und Hafen. Es läßt sich gut zu Fuß erlaufen. Odessa verfügt über ein gut funktionierendes öffentliches Verkehrsnetz. Die Trolleybusse 4 und 10 verbinden Bahnhof und Hafen. Über Jahre konnten die Odessiten ihren öffentlichen Nahverkehr zum Nulltarif genießen, alle anfallenden Kosten wurden vom Stadthaushalt übernommen. Heute fahren wieder Schaffner in den Bussen, Trolleybussen und Straßenbahnen mit, und die Bewohner müssen für eine Fahrt bezahlen. Auch die Strände von Odessa sind gut mit Schiff, Bus oder Straßenbahn zu erreichen. Allerdings sind sie an heißen Sommertagen hoffnungslos überfüllt.

Geschichte der Stadt

Odessa ist eine fröhliche Stadt, und sie ist jung. Archäologische Funde weisen auf eine erste Siedlung hin, die im 11. Jahrhundert allerdings von den Polovcern zerstört wurde. Im 13. Jahrhundert siedelten sich Slawen an und gründeten einen Hafen. 1540 wurde die Siedlung von Osmanen erobert, 1764 gründeten sie eine Festung, diese wurde 1789 von Russen und Kosaken okkupiert und an ihre Stelle 1792/93 eine neue – russische – Festung gebaut. 1794 kam ein neuer Kriegs- und Handelshafen hinzu. Katharina II. bestätigte 1794 einen Plan zum Ausbau der Stadt Odessa, der jedoch bald verändert wurde. Er prägt noch heute das Stadtbild.

Die besten Architekten Europas wurden gerufen, und sie folgten dem Ruf, denn es galt, eine neue Stadt zu schaffen. Der Name der neuen Stadt geht auf eine alte griechische Kolonie zurück, die sich im sechsten Jahrhundert vor Christi an der nordwestlichen Küste des Schwarzen Meeres befunden haben soll, dort wo heute die bulgarische Stadt Varna liegt. 1803 wurde Emmanuel Richelieu (1766–1822) zum Gouverneur Odessas ernannt. Der junge Franzose war vor der Revolution in seinem eigenen Land geflohen. In Odessa nahm er wesentlichen Anteil am Aufblühen der Stadt und dem sich rasch entwickelnden Handel. Von 1819 bis 1849 war Odessa Freihafen und Transithandelsplatz für ausländische Waren und gleichzeitig größter russischer Hafen für Getreide.

Odessa wurde seit jeher von einem bunten Völkergemisch belebt, das sicherlich auch viel zum Ruf der Stadt beigetragen hat. Bis etwa 1795 war Odessa in verschiedene Viertel aufgeteilt. So siedelten die Griechen im Gebiet der heutigen Griechischen Straße, die Juden in der Gegend der Jüdischen Straße, die Italiener in der Italienischen Straße und die türkischstämmige Bevölkerung in der Arnautovs'ka-Straße. Das Gebiet zwischen Hafen und Börse wurde vor allem von reichen Gutsbesitzern aus Rußland und Polen bevölkert. 1894 gab es in Odessa 50 orthodoxe Kirchen, eine katholische und drei protestantische Kirchen sowie elf Synagogen.

Im Juni 1905 brach im Gefolge der Petersburger Arbeiterunruhen in Odessa ein Generalstreik aus, dem sich meuternde Matrosen des Panzerkreuzers Potemkin anschlossen. Der Aufstand wurde von zaristischen Truppen blutig niedergeschlagen. Im März 1918 besetzten österreichische Truppen die Stadt und im gleichen Jahr wurde sie Operationsbasis einer Armee der Weißen unter Denikin, die jedoch im März 1920 der Roten Armee weichen mußte. In den 30er Jahren wüteten wie

Im Hof des Heimatkundemuseums

im ganzen Land stalinistische Repressionen. Vom 5. August 1941 an wurde Odessa durch Rumänen und Deutsche belagert. Odessa wurde Hauptstadt des Gebiets ›Transnistrien‹ und der rumänischen Regierung übergeben. An einem einzigen Tag, dem 23. Oktober 1941, fielen 19 000 Odessaer Juden im Hafen der Stadt den Nazis zum Opfer. Danach begannen die Deportationen in die Lager Transnistriens. Am 10. April 1944 konnte Odessa durch die Rote Armee von der deutschen Besatzung befreit werden.

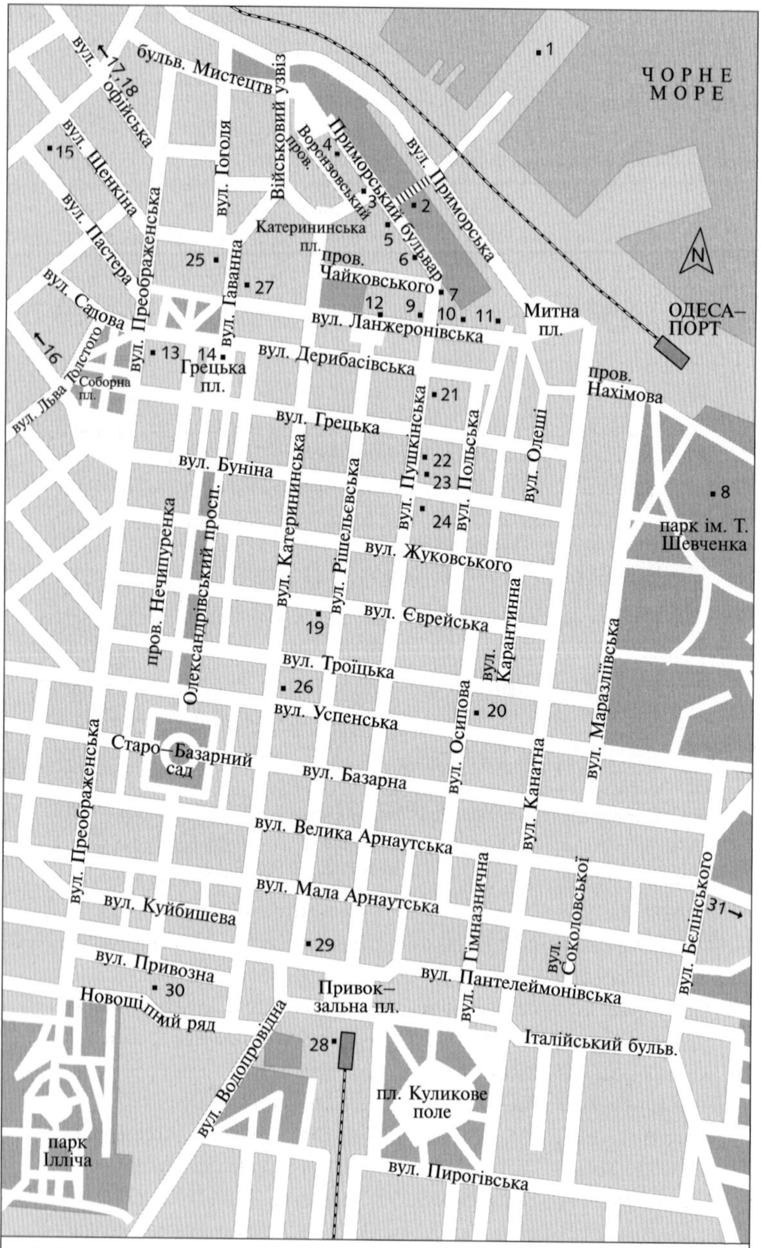

ЧОРНЕ МОРЕ
ОДЕСА–ПОРТ
бульв. Мистецтв
Військовий узвіз
вул. Софійська
17, 18
вул. Щенкіна
вул. Пастера
вул. Садова
вул. Льва Толстого
16
15
вул. Преображенська
вул. Гоголя
вул. Гаванна
Воронцовський пров.
Приморський бульвар
вул. Приморська
Катерининська пл.
пров. Чайковського
вул. Ланжеронівська
вул. Дерибасівська
Грецька пл.
Соборна пл.
Митна пл.
пров. Нахімова
вул. Грецька
вул. Буніна
вул. Пушкінська
вул. Польська
вул. Олеші
парк ім. Т. Шевченка
пров. Нечипуренка
Олександрівський просп.
вул. Катерининська
вул. Рішельєвська
вул. Жуковського
вул. Єврейська
вул. Карантинна
вул. Троїцька
вул. Маразліївська
вул. Успенська
вул. Осипова
Старо–Базарний сад
вул. Базарна
вул. Канатна
вул. Велика Арнаутська
вул. Мала Арнаутська
вул. Гімназична
вул. Соколовської
вул. Бєлінського
вул. Куйбишева
вул. Привозна
Новощіпний ряд
вул. Пантелеймонівська
Привокзальна пл.
Італійський бульв.
вул. Водопровідна
пл. Куликове поле
парк Ілліча
вул. Пирогівська
1
2
3
4
5
6
7
8
9
10
11
12
13
14
19
20
21
22
23
24
25
26
27
28
29
30
31
N
0
250
500 m

Odessa

Auf die Vergangenheit schaut so mancher Odessit mit melancholisch verklärtem Blick, gleicht seine Stadt doch immer mehr einer typischen Sowjetstadt, provinziell und vernachlässigt, am Rande des riesigen russischen Imperiums, fernab der großen Zentren Moskau und St. Petersburg. Um so mehr wollen die Odessiten wieder ein Zentrum des wirtschaftlichen und kulturellen Lebens werden, so wie in den guten alten Zeiten, als das glänzende Odessa allemal mit dem düsteren Petersburg im Norden konkurrieren konnte. Odessa ist berühmt für sein mildes Klima. Die Sommer dauern hier von Mai bis Oktober. Der Einfluß des Meeres mildert die Sommerhitze, und so ist es auch im Hochsommer erträglich.

Legende

1 Hafen (порт), Hotelschiff ›Taras Ševčenko‹ (готель ›Тарас Шевченко‹), Nikolajkirche (Свято-Микільський храм)
2 Potemkin-Treppe (Потемкінські сходи)
3 Richelieu-Denkmal (Пам'ятник А.Е. Рішельє)
4 Voroncov-Palast (Палац Воронцова)
5 Kulturhaus der Seeleute (Палац культури моряків)
6 Hotel ›Londons'kyj‹ (готель ›Лондонський‹)
7 Stadtregierung (Одеська митниця)
8 Ševčenko-Park (парк ім. Шевченка)
9 Museum der Schwarzmeerflotte (Музей морського флоту)
10 Archäologisches Museum (Археологічний музей)
11 Literaturmuseum (Літературний музей)
12 Oper (Академічний театр опери та балету)
13 Passage (пасаж)
14 Hotel ›Velykyj Moskovs'kyj‹ (готель ›Великий Московський‹)
15 Bibliothek (бібліотека)
16 Zirkus (цирк)
17 Gemäldegalerie (Художній музей)
18, 19, 20 Synagogen (синагоги)
21 Museum für westeuropäische und orientalische Kunst (Музей західного та східного мистецтва)
22 Puschkin-Museum (музей Пушкіна)
23 Hotel ›Červonyj‹ (готель ›Червоний‹)
24 Philharmonie (Філармонія)
25 Heimatkundemuseum (Історико-краєзнавчий музей)
26 Dreieinigkeitskirche (Храм святої Трійці)
27 Griechisches Museum (Музей історії організації грецьких патріотів)
28 Bahnhof (вокзал)
29 Panteleimon-Kloster (Свято-Пантеліївський монастир)
30 Markt ›Pryvoz‹ (ринок ›Привоз‹)
31 Paustovskij-Museum (музей Паустовського)

Panzerkreuzer Potemkin

1958 wurde der sowjetische Film ›Panzerkreuzer Potemkin‹ (eigentlich ›Potjomkin‹) auf der Brüsseler Weltausstellung von der internationalen Filmkritik als ›bester Film aller Zeiten‹ ausgezeichnet. Arbeiter und fortschrittliche Intelligenz feierten den Film, politische Gegner belegten ihn mit Provokation und Verleumdung. Das Meisterwerk des Filmregisseurs und Filmtheoretikers Sergej Eisenstein (1898–1948) wird bis heute in den Kinos der Welt gezeigt.
›Panzerkreuzer Potemkin‹ entstand 1925 als Auftragswerk der sowjetischen Regierung anläßlich des 20. Jahrestages der ersten russischen Revolution. Dem Regisseur Sergej Eisenstein kam es dabei weniger auf Detailtreue der historischen Ereignisse an: »Wichtig ist die emotionale Überzeugungskraft und nicht die dokumentarische Genauigkeit!«
Der russisch-japanische Krieg in den Jahren 1904/05 brachte schwere ökonomische Belastungen mit sich, die zu einer Verschärfung der inneren Situation Rußlands führten. Es kam zu Streiks und Demonstrationen, auf die der Zar am 9. Januar 1905 mit einem Massaker antwortete, das als ›Blutsonntag‹ in die russische Geschichte eingegangen ist. Damit löste er eine große Streikbewegung im ganzen Land aus. Dem Zaren konnten schließlich Zugeständnisse abgerungen werden. Als diese ignoriert wurden, kam es zum bewaffneten Dezemberaufstand. Nach dessen blutiger Niederschlagung herrschte in Rußland bis 1917 eine besonders brutale zaristische Reaktion.
Die Streikwelle von 1905 erreichte auch Odessa. Eisenstein nahm die Ereignisse in der Schwarzmeerflotte zum Anlaß für seinen Film: Ein Flottenaufstand war bereits seit 1904 geplant, es brodelte unter den Matrosen, die willkürlicher Schikane und Repressionen seitens der zaristischen Offiziere ausgesetzt waren. Auf dem Panzerkreuzer ›Fürst Potemkin von Taurien‹ sollten dreißig Matrosen erschossen werden, die sich geweigert hatten, verdorbenes Fleisch zu essen.
Die Schiffswache widersetzte sich jedoch dem Erschießungsbefehl, und es kam zur Revolte, in deren Verlauf der Panzerkreuzer in die Hände der Matrosen fiel.
Inzwischen war auch in Odessa ein Aufstand ausgebrochen.
»Und plötzlich – auf einer Treppe marschieren schwere Stiefel – Gewehre schießen – eine Frau bewegt erschreckt den Kopf – Menschen laufen in panischer Angst die Treppe herunter – der Krüppel springt hohe Stufen hinab – die Soldaten treiben die Menschen die Treppe hinunter – Menschen laufen auseinander –

Sergej Eisenstein, Zeichnung von Jurij Annenkov

Beine knicken ein – ein Mann überschlägt sich – ein Mann fällt – zwei Männer fallen, ein Kind setzt sich zwischen sie – die Treppe – das Kind hält sich die Ohren zu – die Treppe – die Menschen – die Soldaten marschieren – Menschen laufen auseinander – Soldatenstiefel gehen über Leichen – Menschen laufen die Stufen hinab – zwei verstecken sich hinter Steinen – ein alter Mann sinkt getroffen zusammen – die Soldaten schießen – einer wird getroffen – über einen Greis springt jemand hinweg – Menschen fallen durcheinander – die Frau mit dem Kind flüchtet – Gewehre schießen – der Junge stürzt – die Mutter läuft weiter. Sie merkt, daß das Kind fehlt. Sie… – dreht sich um, schreit – Menschen flüchten – sie greift sich an den Kopf – das Kind – das entsetzte Gesicht der Mutter – Menschen rasen die Treppe hinunter – die Beine des Kindes. Jemand geht darüber hinweg – die Treppe …«, so beschreibt das Filmprotokoll im vierten Akt das Blutbad auf der Odessaer Treppe. Grausamkeit, verzerrte Gesichter, sich bewegende Massen; in Bruchteilen von Sekunden fing die Kamera die Tragödie ein.

»Dieser Film aber ist ideologisch ausbetoniert, richtig in allen Einzelheiten kalkuliert wie ein Brückenbogen. Je kräftiger die Schläge darauf niedersausen, desto schöner dröhnt er. Nur wer mit behandschuhten Fingerchen daran klopft, der hört und bewegt nichts«, preist Walter Benjamin den ›Panzerkreuzer Potemkin‹.

Ein Rundgang durch Odessa

Im Hafen herrscht hektisches Treiben, Passagierschiffriesen nehmen die Menschen mit auf ferne Reisen. Wer in Odessa bleibt, aber die Schiffsatmosphäre nicht missen will, kann im Hafen auf dem komfortablen Hotelschiff ›Taras Ševčenko‹ nächtigen. Die modernen Hafengebäude bieten alles, was Reisende benötigen: Geldautomaten, Informationsstände, Restaurants. Nur Tickets für eine der vielen Schiffsrouten sind hier nicht zu haben – die gibt es nur in den Reiseagenturen der Stadt. Von einem der Seitenstege fahren Schiffe an die benachbarten Strände. An das äußerste Ende des Passagierhafens schmiegt sich eine kleine Kirche. Sie ist dem heiligen Nikolaj, dem Beschützer der Reisenden und Seeleute geweiht. Eine Nikolauskirche gab es in Odessa schon seit der Stadtgründung. Sie befand sich in der Nähe der Potemkin-Treppe. In den 30er Jahren fiel sie der Atheismuskampagne zum Opfer. Der heutige Standort der Kirche hat rein finanzielle Ursachen. Um die hohe Pachtgebühr für städtisches Land zu vermeiden, stellte der Leiter des Hafengeländes einen Anlegesteg zur Verfügung. 1994 konnte die neue Kirche eingeweiht werden. Und obwohl sie wie jede andere orthodoxe Kirche mit Ikonostas und Ikonen ausgeschmückt ist, erinnert sie eher an einen modernen Büroraum.

192 Stufen führen nach Odessa: 142 Meter lang und 30 Meter hoch ist die legendäre Potemkin-Treppe, das Wahrzeichen der Stadt. Das architektonische

Im Hafen

Meisterwerk wurde 1837 bis 1841 nach Plänen Boffos und Melnikovs konstruiert. Die 192 Stufen sind in zehn Treppenabsätze unterteilt, von oben nach unten ständig breiter werdend, von 12,5 Meter auf 21,6 Meter. Damit gelingt eine geniale optische Täuschung, von unten sind nur die Stufen, von oben die gleichmäßigen Absätze sichtbar. Anfänglich hatte die Treppe 200 Stufen; acht Stufen gingen durch Aufschüttungen beim Bau des Hafens und der vul. Prymors'ka (вул. Приморська) verloren. Die Treppen bestanden ursprünglich aus Triester Sandstein und örtlichem Muschelkalkstein, nach einer Rekonstruktion 1933 wurden sie durch Granitstufen ersetzt. Der Aufstieg wird durch den herrlichen Ausblick auf das funkelnde Meer und den Hafen mit seinen unzähligen Kränen und Ozeanriesen gekrönt.

Die Treppe mündet auf den Prymors'kyj bul. (Приморський бул.). Ohne ihn wäre Odessa nicht vorstellbar. Das reizvolle klassizistische Bauensemble des halbrunden Platzes entstand 1827/28. Im Mittelpunkt steht ein Denkmal für Emmanuel Richelieu (1766–1822), den ersten Stadtverwalter von Odessa. Richelieu ist in einer altrömischen Toga dargestellt, in einer Hand hält er eine Rolle, die andere weist auf das Meer. Am Postament sind Reliefs mit Sujets aus der griechisch-römischen Mythologie angebracht: Merkur als römischer Gott des Handels, des Warenverkehrs und Gewinns, dazu gesellt sich die römische Göttin des Getreides und Ackerbaus, Ceres, und die griechische Göttin Themes soll Rechtsordnung und Gerechtigkeit wahren helfen.

Michail Voroncov

Hinter dem Richelieu-Denkmal öffnet sich der pl. Katerynyns'ka (пл. Катерининська) mit einem monumentalen Denkmal für die revoltierenden Matrosen, das aus dem Ausstattungsmaterial des Eisenstein-Films ›Panzerkreuzer Potemkin‹ gebaut wurde.

Am Anfang der Prunkstraße, Prymors'kyj bul. 1 (Приморський бул.), steht die ehemalige Residenz des Grafen Voroncov (1782–1856), die heute als Kulturhaus genutzt wird. Das Gebäude mit seiner imposanten Säulenfassade gehört zu den hervorragendsten klassizistischen Bauten der Stadt. Voroncov war von 1823 bis 1844 Generalgouverneur Südrußlands. Die Odessiten haben sein Engagement für die Stadt in Erinnerung behalten. Mit seiner Unterstützung wurden drei Zeitungen herausgegeben, zwei Bibliotheken eröffnet und drei wissenschaftliche Gesellschaften gegründet, und er nahm Einfluß auf die städtebauliche Entwicklung.

In dem aus dem Jahre 1880 stammenden Gebäude Prymors'kyj bul. 9 befindet sich das Kulturhaus der Seemänner. Die schattige Allee führt vorbei am Hotel ›Londons'kyj‹, klein aber fein, zur ehemaligen Börse, die heute als Sitz der Odessaer Stadtregierung dient. Das Gebäude wurde 1829 erbaut, unterlag mehreren Umbauten und besticht immer noch durch eine nicht zu übersehende doppelte Säulenreihe. Über den Säulen blieb eine alte Uhr erhalten. Vor dem Gebäude steht seit 1888 ein Puschkin-Denkmal. Die Kanone daneben ist ein Beutestück aus dem Krimkrieg (1854–1856).

Im Ševčenko-Park sind Überreste der Festung von 1793 zu sehen. Ab 1803 wurde die Festung als Quarantänestation genutzt. Das ganze Territorium wurde in Zonen eingeteilt und von einer Steinmauer in Form von Bogengängen umgeben. Erhalten geblieben sind ein Turm und Fragmente der Mauer.

In der vul. Lanžeronivs'ka 6 (вул. Ланжеронівська) befindet sich das Museum der Schwarzmeerflotte. Vor dem Gebäude des Archäologischen Museums, vul. Lanžeronivs'ka 4, stehen römische und griechische Skulpturen, die in dieser Gegend ausgegraben wurden. Dazu gesellt sich eine seltene Kopie der antiken Laokoon-Statue. In der griechischen Sage ist Laokoon ein trojanischer Priester Apollons, der die Trojaner davor warnte, das hölzerne Pferd in die Stadt zu lassen. Die Trojaner schenkten ihm keinen Glauben und zogen das Pferd zu ihrem eigenen Verderben in die Stadt. Die Plastik stellt den Todeskampf Laokoons dar. Der hatte auf das hölzerne Pferd eine Lanze geworfen, worauf er und seine beiden Söhne von Schlangen umwunden und getötet wurden. Das Original wurde 1506 gefunden, es wird im Vatikanmuseum in Rom ausgestellt. Im Archäologischen Museum Odessas ist die Geschichte des nördlichen Schwarzmeergebietes anhand von Ausgrabungen seit mehr als 160 Jahren gut zu verfolgen. Kostbarkeiten aus dem Alten Ägypten, aus Griechenland, Rom und Zypern, unikale bemalte Vasen, Marmor- und Terrakottastatuen ergänzen die Sammlung. Eine numismatische Sammlung umfaßt 50 000 Münzen.

Aller guten Dinge sind drei: In der vul. Lanžeronivs'ka 2 (вул. Ланжеронівська) befindet sich das Literaturmuseum Odessas. Seit 1984 wird in zahlreichen Sälen die Entwicklung des literarischen Lebens der Stadt seit ihrer Gründung 1794 bis zur Gegenwart dargestellt. Die Exposition beinhaltet seltene Veröffentlichungen, Handschriften, persönliche Gegenstände und Photografien von über dreihundert Schriftstellern. Die Museumsführung beginnt im ›Goldenen Saal‹. Der erhielt seinen Namen von den kristallenen Lüstern und den goldenen Wandornamenten. Ende des vorigen Jahrhunderts trafen sich hier die Mitglieder der literarisch-künstlerischen Gesellschaft zu literarisch-musikalischen Abenden. Dieser Tradition treu bleibend, wird der ›Goldene Saal‹ auch heute noch für die

Kopie der Laokoon-Gruppe vor dem Archäologischen Museum

unterschiedlichsten kulturellen Veranstaltungen genutzt. Feierlich grün-weiß, mit alten Möbeln ausgestattet, läßt er das Flair eines adligen Literatursalons zu Puschkins Zeiten spüren. In den Wandvitrinen werden Werke bekannter Dekabristen gezeigt, die in den zwanziger Jahren des 19. Jahrhunderts in Odessa ein Zentrum des Freidenkertums bildeten. Das literarische Leben Odessas der 1830er und 40er Jahre präsentiert sich im Gewand der ›Knižnaja lavka‹, dem für diese Zeit typischen kleinen Buchladen. Er besaß meist einen kleinen Lesesaal und war somit Vorläufer der öffentlichen Bibliotheken. Die Oktoberrevolution, der Bürgerkrieg und die Aufbauphase der 1920er und 30er Jahre sind in einem dritten Ausstellungsteil thematisiert. Gezeigt werden Werke von Autoren aus Odessa wie Valentin Kataev (1897–1986), Jurij Oleša (1899–1960) oder Eduard Bagrickij (1895–1934), deren künstlerisches Schaffen in Odessa begann. Im Expositionsteil der 20er Jahre glänzen bekannte Namen wie Isaak Babel (1894–1941), Ilja I'lf (1897–1937), Evgenij Petrov (1903–1942) und Konstantin Paustovskij (1893–1968).

In der vul. Pastera

Nur einige hundert Meter entfernt befindet sich eines der prächtigsten Opernhäuser der Welt. Nachdem das alte Operngebäude 1873 durch einen Brand zerstört worden war, schufen die Wiener Architekten Fellner und Helmer 1884 bis 1887 ein neues Haus der Musik. Beim Gestalten der Fassade von Odessas Opernhaus verwendeten sie vorwiegend Elemente der klassischen Architektur: im Erdgeschoß die toskanische, im Obergeschoß die ionische Ordnung. Eine Skulpturengruppe über dem Haupteingang zeigt Motive der griechischen Mythologie. Die Fassade zieren Büsten von Griboedov, Gogol, Puschkin und Glinka. Noch prächtiger sind die Innenräume gestaltet. Große Hallen, Foyers und Treppen sind mit Pilastern, Säulen und Balustraden geschmückt. Der Saal ist berühmt für seine gute Akustik. Namhafte Musiker und Künstler wirkten an der Oper zu Odessa: Tschaikovskij, Rimski-

Korsakov, Glazunov und Schaljapin, um nur einige zu nennen. Karten zu Konzert- und Ballettvorführungen sind in der hauseigenen Kasse oder in der Theatervorverkaufskasse in der vul. Rišel'jevs'ka 3 (вул. Рішельєвська) zu haben. Die Oper hat die Adresse vul. Čajkovs'koho 3 (вул. Чайковського). In der Nähe der Oper befindet sich ein Wachsfigurenmuseum.

In der nächtlichen Stille der vul. Derybasivs'ka (вул. Дерибасівська) hallen noch heute die eiligen Schritte Puschkins, des noch jungen, noch ohne Backenbart, doch schon in ganz Rußland bekannten Poeten. Der breite Fußgängerboulevard, von riesigen Kastanienbäumen gesäumt, ist die Touristenmeile Odessas. Hier reihen sich Cafés und Restaurants aneinander, gesellt sich zur westlich eleganten Boutique der einfache ukrainische Gemüseladen. Hier konkurrieren Fassaden der verschiedensten Stilrichtungen miteinander: Neo-Gotik, Klassizismus, Barock und Jugendstil. Die Straße wurde zu Ehren des Vizeadmirals und Gründers von Odessa I. M. De-Ribas (1749–1800) benannt und war schon immer eine beliebte Wohnadresse. An den Hauswänden der Straße weisen mehrere Tafeln auf ihre ehemaligen Bewohner hin: In der Nr. 16 lebte 1825 der polnische Dichter Adam Mickiewicz (1798–1855), in der Nr. 17 wohnte 1901 der russische Maler Vasilij Kandinskij (1866–1944), und in der Nr. 18 befand sich das Odessaer Richelieu-Lyzeum, an dem von 1855 bis 1856 der Chemiker Dmitrij I. Mendeleev (1834–1907) unterrichtet hat.

Auch wenn einige Fassaden an der vul. Derybasivs'ka brüchig geworden sind, hat die Straße nichts von ihrer alten Pracht eingebüßt. Augenfällig drängt sich eine Fassade neben der anderen in den Vordergrund und verdeutlicht den ehemaligen Reichtum der Stadt. Denn wo ließ es sich besser spazieren, wo besser einkaufen, als in den Kaufhäusern der vul. Derybasivs'ka und der herrschaftlich eleganten Passage in der vul. Derybasivs'ka 33. Die überdachten Ladenstraßen, in denen man bei jedem Wetter elegant flanieren konnte und die möglichst zwei Straßen miteinander verbinden sollten, waren Anfang des 20. Jahrhunderts in ganz Europa in Mode gekommen.

Die Odessaer Passage verbindet die vul. Derybasivs'ka mit der vul. Preobražens'ka (вул. Преображенська). Mit ihren Atlanten und Nymphen aus Stuck verbreitet sie eine sommerliche Leichtigkeit und Frische. Ihren Eingängen gegenüber erstrecken sich ausgedehnte Parkanlagen. Seit kurzem haben sich hier bunte Souvenir- und Kunstmärkte angesiedelt. An den Ständen finden Touristen alles, was ihr Herz begehrt oder dem Klischee vom ukrainischen Mitbringsel entspricht. Dazu gibt es heitere Musik, und auch Wahrsagerinnen bieten ihre Künste an.

Unweit der Passage befindet sich das Hotel ›Velikyj Moskovs'kyj‹. Es wurde 1903 im zur damaligen Zeit modernen Jugendstil erbaut. In dem Roman ›Das goldene Kalb‹ (1931) hat das Schriftstellerduo I. I'lf und E. Petrov die Innenausstat-

In der Passage

tung des Hauses festgehalten. Während des Bürgerkrieges war im Hotel eine Kommission zur Lebensmittelverteilung untergebracht, in der I'lf als Buchhalter arbeitete: »In den Ein-Rubel-Zimmern im dritten Stock… standen Blechwaschständer. In den etwas besseren Zimmern, in denen Billardkönige und dramatische Provinzmimen zu kampieren pflegten… standen Kleiderschränke mit Spiegeltüren, rötliches Linoleum auf dem Fußboden. In den Luxuszimmern mit Bad und Alkoven… standen noch immer blöde vergoldete Kleinsofas, es gab Teppiche und Nachttische mit Marmorplatte. In manchen Alkoven standen sogar harnischartig blinkende Nickelbetten mit Kugeln«.

Die vul. Derybasivs'ka führt zur vul. Preobražens'ka (вул. Преображенська), auf deren anderen Seite sich der Kathedralenplatz, der pl. Soborna (пл. Соборна), anschließt. Die Kathedrale von Odessa ist nicht erhalten geblieben, und auch der Platz hat seine einstige Bedeutung eingebüßt. Vom Platz führen die Straßen in ein Wohnviertel, in dem sich ein Hauch der alten Zeit erhalten hat. Durch die Hofeinfahrten eröffnet sich der Blick in das alltägliche Leben der Odessiten, das sich, durch das milde Klima bedingt, mehr draußen als drinnen abspielt. In der vul. Pastera 13 (вул. Пастера) befindet sich die Hauptbibliothek der Stadt. Etwas bergab in Meeresrichtung ist eine kleine orthodoxe Kirche zu besichtigen. In der vul. Pastera 42 lebte 1935 der deutsche Dramaturg und Antifaschist Friedrich Wolf (1888–1953). Zwei Straßen weiter, in der vul. Koblevs'ka (вул. Коблевська) steht unscheinbar das alte Zirkusgebäude.

»Die Viertel am Meer… sie waren für mich die ersten Erscheinungen dieser Welt. Dafür bin ich dem Schicksal dankbar. Das Wirrwarr der kleinen Gassen, die blühenden Sträucher, die Holztreppen, die Giebel der Dächer, die Dachfenster, das alte Holz der Treppenstufen, das sich nicht von der Schwärze des Regens absetzt – das alles hat mich träumen gelehrt«. So erinnert sich Jurij Oleša (1899–1960) in seinem ›Brief aus Odessa‹.

Der Prosaiker und Dramatiker Jurij Oleša verlebte in Odessa seine Kindheit und Jugend. Und er war fasziniert vom bunten Treiben der Zirkuswelt. Sein ganzes Leben lang schrieb er voller Begeisterung über den Zirkus: »Der Zirkus übte in der Kindheit einen kolossalen Eindruck auf mich aus: Manchmal möchte ich fast meinen, daß die gelbe Arena des Zirkus die Wurzel meines Lebens ist. Eben die Wurzel meines Lebens, denn, wenn ich zurückschaue in die Vergangenheit, in die Tiefe, dann sehe ich um so deutlicher diesen gelben Kreis und den sich darüber zerstreuenden Figuren der Menschen und Tiere…«. Die Zirkusvorstellungen in der vul. Koblevs'ka 25 (вул. Коблевська) begannen Ende 1894 in einem Saal, in dem 2300 Zuschauer bequem Platz fanden und den Jurij Oleša in seinem autobiographischen Buch ›Keinen Tag ohne eine Zeile‹ (postum 1965 erschienen) folgendermaßen skizziert hat: »…ein Plüschgeheimnis… ein Paradies aus Marmor, Stufen, Gold, matten Lampen, Erkern, Korridoren, mit Echo,

Gelächter, glänzenden Augen, Parfümduft, Absatzgeklapper und wer weiß, was nicht noch alles«.

An der vul. Preobražens'ka (вул. Преображенська), gegenüber der Passage, liegt die Haltestelle der Straßenbahnlinien 2 und 3, mit denen es zur Gemäldegalerie in der vul. Sofijs'ka 5 (вул. Софійська) schneller geht. Die Galerie gibt einen guten Einblick in das Schaffen russischer und ukrainischer Künstler vom 17. Jahrhundert bis zur Gegenwart.

In der vul. Odarija (вул. Одарія) steht eine der Synagogen von Odessa. Sie ist ebenfalls von der Passage aus mit den Straßenbahnen 2 und 3 zu erreichen, dazu muß man an der Haltestelle vul. Suvorova (вул. Суворова) aussteigen und durch die Brücke gehen, einige Meter die vul. Moskovs'ka (вул. Московська) entlang; die erste Querstraße rechts ist die vul. Odarija. Von der Synagoge kann nur noch der vordere Teil genutzt werden, der hintere ist eine Ruine.

Eine weitere Synagoge steht im Zentrum der Stadt. Sie befindet sich auf halbem Weg zwischen Hafen und Bahnhof. In einem Architekturführer aus dem Jahre 1894 wird über die Synagoge an der Ecke vul. Jevrejs'ka/vul. Rišel'jevs'ka (вул. Єврейська/вул. Рішельєвська) berichtet, daß sie außergewöhnlich einfach aus lokalem Stein ausgeführt wurde. Die Fassade und auch die innere Ausgestaltung sind im florentinischen Stil gehalten und mit romanischen Elementen bereichert. Eine weitere Synagoge befindet sich in der vul. Osypova 21 (вул. Осипова).

Der Anteil der jüdischen Bevölkerung wird in Odessa auf etwa zehn Prozent geschätzt. Doch vielen Juden ist der Irrsinn der Umbruchzeit, gepaart mit Antisemitismus, zu viel geworden. Sie sind entweder in die Vereinigten Staaten oder nach Israel ausgewandert. Die anderen Verbleibenden eint das Bedürfnis nach eigener Kultur. Das Wissen hierüber ist in der älteren Generation noch vorhanden und kann noch weitergegeben werden. Die jüdische Gesellschaft Odessas sieht ihre vornehmlichste Aufgabe in der Pflege dieser reichen jüdischen Kultur. Ein Zentrum und ein jüdisches Theater sollen gebaut werden; und eine jüdische Tageszeitung wird herausgegeben. In der populären Tageszeitung wurden in den letzten Jahren in verschiedenen Artikeln die alten jüdischen Feiertage vorgestellt, Ghetto-Gedichte und Erinnerungen an die Jahre 1941 bis 1944 abgedruckt, es wurde an den Massenmord an den Odessaer Juden durch die Nationalsozialisten erinnert. Berichtet wurde auch über die Zeit des Spätstalinismus, als alle bekannten jüdischen Schriftsteller Odessas mehrere Jahre im Gefängnis oder in Lagern verbrachten.

Im Gebäude der vul. Rišel'jevs'ka 17 befindet sich ein Buchladen, in dem man auf der Suche nach Literatur über Odessa findig werden kann. In den Jahren 1905 bis 1924 lebte in diesem Haus der jüdische Schriftsteller Isaak Babel (1894–1941).

Eine der angenehmsten Straßen Odessas ist die vul. Puškins'ka (вул. Пушкінська). Eine großartige Treppe führt in das Museum für westeuropäische und orientalische Kunst in der vul. Puškins'ka 9. Durch ein prunkvolles Vestibül, über gemusterte Böden, unter mit Malerei und Stuck verzierten Decken, entlang an Wänden mit reichhaltiger Ornamentik wird ein Ausflug in die Malerei, Bildhauerei und Angewandte Kunst des 16. bis 19. Jahrhunderts geboten. Werke von Lucas van Leyden, Michelangelo da Caravaggio und Frans Hals sind neben Vasen und Statuen aus dem alten Griechenland sowie Kunst aus China, Japan, Iran und Indien zu finden.

Das Haus in der vul. Puškins'ka 11 wurde in der Mitte der 30er Jahre des 19. Jahrhunderts für einen Kaufmann nach einem Projekt des Architekten Boffo erbaut. Während des Bürgerkrieges in der Ukraine beherbergte es die sogenannte JugROSTA, eine Agentur, die satirische Plakate, Bilder und Bildergeschichten herstellte und verbreitete. Ihr Ziel war es, der Bevölkerung, die damals etwa zur

Schneiderei in der Innenstadt

Hälfte aus Analphabeten bestand, das aktuelle Zeitgeschehen nahezubringen. Dabei knüpfte man an die Tradition der Volksbilderbögen an. Zunächst wurden die ROSTA-Fenster in Moskau eingerichtet. Nach ihrem großen Erfolg wurden auch in anderen Städten ähnliche Agenturen organisiert, wie die JugROSTA (die südlichen ROSTA-Fenster) in Odessa. An den JugROSTA arbeitete seit Mai 1920 der ukrainische Lyriker V. I. Narbut (1888–1938) mit. Paustovskij hat in seiner Erzählung ›Die Zeit der großen Erwartungen‹ einen Auftritt Narbuts in Odessa beschrieben: »…Auf der Bühne erschien der Poet V. Narbut – einarmig, mit klugem, bitterem Gesicht… Narbut begann seine Gedichte mit bedrohlicher, erbarmungsloser Stimme vorzutragen…«

Der Lebenslauf Narbuts steht exemplarisch für unzählige Schicksale seiner Generation. Er wurde 1888 im Černihiver Gouvernement geboren. Er studierte an der Petersburger Universität Philologie und konnte 1910 seinen ersten Gedichtband publizieren. Zwei Jahre später schloß er sich dem Kreis der Akmeisten an. Er begrüßte den bolschewistischen Umsturz, wurde Mitglied der Kommunistischen Partei und nahm am Bürgerkrieg in der Ukraine teil. Anfang der zwanziger Jahre lebte er in der Ukraine, wo er unter anderem die JugROSTA leitete. 1922 siedelte er nach Moskau über, wo er den Verlag ›Boden und Fabrik‹ gründete. 1928 wurde er aus der Partei ausgeschlossen und 1936 wegen konterrevolutionärer Tätigkeit zu Lagerhaft verurteilt. Im Lager wurde er, Nadežda Mandel'štams Bericht zufolge, mit anderen Gefangenen ertränkt.

Als 1821 in der Italienischen Straße, der heutigen vul. Puškins'ka 13, ein zweistöckiges Haus erbaut wurde, dachte niemand an den literarischen Ruhm, der diesem so typischen Haus einmal zuteil werden sollte. Denn das Gebäude war schlicht und einfach ein Hotel – allerdings ging es nachts lebhaft zu, wenn sich die Oberschicht traf. Hierher war der Dichter Alexander Puschkin 1823/24 von der zaristischen Regierung verbannt worden. Es war ihm bestimmt, als Angestellter in der Kanzlei des Generalgouverneurs Voroncov zu dienen. Die Arbeit bedrückte Puschkin sehr, ein Konflikt mit dem Grafen war unumgänglich. »Voroncov ist ein Vandale, ein Hofflegel und kleinlicher Egoist«, schrieb Puschkin 1824 an A. Turgenev. »Er sah in mir einen Kollegiensekretär, aber ich muß zugeben, ich denke anders über mich«. Ungeachtet der Schwierigkeiten war es für Puschkin eine fruchtbringende Zeit. Die Verbannung brachte ungeahnte neue Eindrücke mit sich, die sich in seinen Poemen und seiner Lyrik widerspiegeln. Innerhalb von dreißig Monaten schrieb er mehr als dreißig Gedichte, beendete das Poem ›Die Fontäne von Bachtschissarai‹ und begann die Arbeit an den ›Zigeunern‹. In Odessa schrieb er auch die ersten Kapitel des Versromans ›Evgenij Onegin‹. Im heutigen Puschkinmuseum sind Ausgaben seiner Werke, Briefe, Kopien von Handschriften, Graphiken, Bilder und Gegenstände des 19. Jahrhunderts, vor allem der Puschkinzeit, gesammelt.

Alexander Puschkin

Der Eingang des Hotels ›Červonyj‹ in der vul. Puškins'ka 15 wird von zwei Karyatiden getragen. Gleich um die Ecke in der vul. Bunina (вул. Буніна) bietet das Reiseunternehmen ›Londons'-ka‹ Schiffstouren in die ganze Welt an, so auch von Odessa über das Schwarze Meer nach Istanbul.

In Odessa gibt es ein Gebäude, in dem früher Geschäfte gemacht wurden – die Börse. Es ist eines der schönsten Bauwerke der Stadt. Damals, als in Odessa ein derartiges Haus dringend benötigt wurde, riefen Bankiers und Exporteure einen Italiener, den Architekten Bernadazzi, zu Hilfe. »Bernadazzi«, sagten sie zu ihm, »eine Börse brauchen wir, mit einem Saal, der keine Akustik hat. Wenn zwei Menschen miteinander sprechen, darf kein dritter daneben Stehender etwas von dem Gespräch hören. So muß es sein, wenn man Geschäfte machen will.« Und Bernadazzi baute einen Saal ohne Akustik und erhielt 50 000 Rubel. Aber, kaum zu glauben, heute hat genau hier die Philharmonie ihren Sitz. Das Gebäude in der vul. Bunina 15 besitzt eine ungewöhnlich starke Ausdruckskraft. Die Fassaden sind mit monumentalen Rennaissance-Elementen, die Innenräume mit künstlichem Marmor und Naturstein geschmückt. Der schon erwähnte Saal, von immerhin 900 Quadratmetern Größe, hat verkleidete Wände und eine geschnitzte Kassettendecke.

Wer noch mehr über Odessa erfahren möchte, sollte dem Heimatkundemuseum in der vul. Havanna 4 (vul. Gavanna) einen Besuch abstatten. Gegenüber befindet sich die kleine Kirche des heiligen Peter. Sie beherbergte einst die einzige katholische Kirchengemeinde in Odessa, wurde 1913 eingeweiht und war vor allem für die zahlreichen Seeleute und Gäste der Stadt gedacht. Deshalb befindet sie sich auch in einer der zentralen Straßen, die zum Hafen führen.

Auch die Deutschen waren vor der gewaltsamen Umsiedlung während des Zweiten Weltkrieges mit etwa fünf Prozent Anteil an der Bevölkerung eine der großen Minderheiten in Odessa. Heute sind sie eine kleine Gruppe von ein paar hundert Menschen. Seit Jahren bemühen sie sich, die in den 1970er Jahren bis auf die Grundmauern abgebrannte deutsche lutherische Kirche in der vul. Nižyns'ka 68 (вул. Ніжинська) wiederaufzubauen. Die lutheranische Kirche des heiligen Paul wurde 1824 nach einem Projekt des Architekten Boffo erbaut.

Eine griechisch-orthodoxe Kirche steht in der vul. Katerynyns'ka 55 (вул. Катерининська). Noch vor der eigentlichen Gründung Odessas lebten in Chadschibej Griechen. Als eine der ersten Kirchen des neuen Odessa wurde 1795 die griechische Dreieinigkeitskirche gegründet. Schon wenige Jahre später, 1808, wurde mit dem Bau einer neuen Steinkirche begonnen. Das ganze 19. Jahrhundert zeichnete sich durch Veränderungen und Umbauten aus. So wurden an die Basilika zwei Altarräume angebaut. Die Kirche verfügte nun über einen kreuzförmigen byzantinischen Grundriß. Im Süden wurde 1840 ein weiterer Altarraum errichtet und 1875 folgte im Norden ein Altarraum. Der Kirche war eine Schule angegliedert. Aber auch die griechische Kirche blieb von den Zerstörungen des 20. Jahrhunderts nicht verschont. Erst in den letzten Jahren konnte an der Stelle eines alten ein neuer Glockenturm in die Höhe gezogen werden. An die griechische Bevölkerung erinnert auch das liebevoll behütete Museum in der vul. Lanžeronivs'ka 24a (вул. Ланжеронівська). Hier hatte sich 1914 ein Geheimbund gegründet, der den Befreiungskampf der Griechen gegen die Osmanische Herrschaft unterstützte und der schließlich 1921 zur Befreiung Griechenlands führte.

Auf dem Bahnhofsvorplatz ist immer etwas los. Wer ein Zimmer sucht, ist hier richtig. Vor allem Pensionäre bieten auf Schildern vor dem Bauch Unterkünfte an. Diese sind in der ganzen Stadt gelegen, vom Komfort sehr verschieden, aber billig. Es ist auf jeden Fall eine gute Möglichkeit, wenig Geld auszugeben und obendrein die Odessiten kennenzulernen.

»Ich weiß nicht, wer schuld ist. Die Sonne, das Meer, der Himmel, unter dieser Sonne, an diesem Meer, unter diesem Himmel werden besondere Menschen geboren. Vielleicht ist Puschkin schuld? Vielleicht hat er in Odessa dieses besondere poetische Fluidum gelassen? … Ach, die Odessaer Jungs! Sie gehen nicht, sie rennen. Sie sprechen nicht, sie singen. Mit ihrem Temperament, ihrer Musikalität, ihren poetischen Herzen können sie die ganze Welt nicht schlechter ernähren, als andere mit Brot«, schwärmt L. O. Utesov.

Im Bahnhof am Pryvokzal'na pl. (Привокзальна пл.) können Fahrkarten am Tage der Abfahrt gekauft werden. Hier gibt es Wartesäle, Verkaufsstände, eine Information. Auch die Fahrkarten ins Ausland müssen hier gekauft werden. Inlandtickets für die nächsten Tage müssen umständlicherweise in der Vorverkaufskasse, vul. Seredn'ofontans'ka 36 (вул. Середньофонтанська), erworben werden; die Kassen befinden sich in der ersten Etage. Aber auch viele Agenturen im Stadtzentrum bieten Bahntickets im Vorverkauf an.

Nur wenige Schritte vom Bahnhof entfernt befindet sich der Markt ›Pryvoz‹ (Привоз), dessen Leben dem hektischen Treiben im Bahnhof in nichts nachsteht. Ihm gegenüber, auf dem Territorium des heutigen Parkes Ylliča (парк Илліча),

Isaak Babel – ›Was sich abseits findet, was tiefer liegt …‹

»Geboren wurde ich 1894 in Odessa, in der Moldawanka, als Sohn eines jüdischen Händlers. Auf Verlangen meines Vaters studierte ich bis zu meinem sechzehnten Lebensjahr Hebräisch, die Bibel, den Talmud. Zu Hause hatte ich ein schweres Leben, ich mußte mich von früh bis spät mit vielen Wissenschaften beschäftigen. Ausruhen tat ich mich in der Schule.«
In unruhigen Zeiten änderte sich Isaak Babels Leben drastisch, und er wurde Kriegskorrespondent in 'Budjonnys Reiterarmee: »Ich habe hier zwei Wochen völliger Verzweiflung hinter mir, das kam von der rasenden Grausamkeit, die hier nicht eine Minute verhält, und davon, daß ich deutlich begriffen habe, wie ungeeignet ich für das Werk der Zerstörung bin, wie schwer es mir wird, mich vom Alten zu lösen, (…) jetzt komme ich wieder zu mir, was soll da weiter sein – die Einen werden die Revolution machen, und ich werde singen, was sich abseits findet, was tiefer liegt …«, schrieb Babel in einem Brief vom 13. August 1920. Sein Kriegstagebuch wurde die Grundlage für sein späteres Werk über die Reiterarmee, einem Bild von Bedrängnis und Untergang. Babel, der jüdische Intellektuelle, der sich vor seinen Kameraden hinter dem russischen Pseudonym Kirill Ljutov, ›der Grausame‹, versteckt, richtete seinen Blick auf die Zerstörung und den beginnenden Untergang der jüdischen Welt Osteuropas. Babels ›Reiterarmee‹ erschien 1923. Der Reitergeneral Budjonny selbst griff auf das Erscheinen des Buches hin zur Feder und schrieb Gorkij einen offenen Brief. Er beschimpfte den Verfasser als Erotomanen, der sich dem Weiberklatsch hingebe und Schmutz über die besten Kommandeure und Kommunisten ausschütte. Zu jener Zeit war Gorki mächtiger als der pittoreske Haudegen Budjonny und er parierte: »Semen Michajlovič, Sie urteilen über die Höhe der Kunst nicht von der Höhe der Kunst, sondern von der Höhe eines Pferderückens.«
In den ›Odessaer Erzählungen‹, die 1931 erschienen, erklärt Babel Odessa seine Liebe. Sie sind in dem Jargon seiner Heimatstadt geschrieben, wo sich Literatursprache und ukrainische und jiddische Elemente zu einem Knäuel eigentlich unübersetzbarer Wörter verbinden.
Als 1936 Gorkij starb, soll Babel gesagt haben: »Jetzt läßt man auch mich nicht am Leben.« Er wurde zu einem der unzähligen Opfer der Stalinistischen Säuberungsaktionen – am 15. Mai 1939 wurde er verhaftet, am 26. Januar 1940 vom Militärkollegium des Obersten Gerichts verurteilt. Der Tag seines Todes war der 17. März 1941.

Die Theatervorverkaufskasse

befand sich der alte Friedhof, auf dem bedeutende Persönlichkeiten der Stadt begraben wurden.

Kaum einer wird sich dem Lebensstrom am Bahnhof und auf dem Markt entziehen können. Vielleicht wird er seinen Blick auf die silbernen Kuppeln der Panteleimon-Kathedrale richten. Sie wurde 1895 errichtet und war Ruheort für Pilgerer auf ihrem Weg zum heiligen Athosberg. Obwohl die Kathedrale mehr als 30 Jahre als Planetarium genutzt wurde, sind noch alte Fresken erhalten geblieben.

Die wenigsten der eilig Vorbeihastenden werden das unscheinbare Gebäude mit seinem schlichten Kreuz an der vul. Preobražens'ka/Ecke vul. Mala Arnauts'ka (вул. Преображенська/вул. Мала Арнаутська) bemerken. Nur wer genau hinsieht, erkennt am schäbigen Mauerwerk das westliche Tor der 1911 vollendeten und in den 30er Jahren zerstörten Maria-Schutz-Kirche der Altgläubigengemeinde Odessas. Die Altgläubigen spalteten sich Mitte des 17. Jahrhunderts von der orthodoxen Kirche ab, da sie den Reformen des Patriarchen Nikon, der eine Annäherung an das griechische Vorbild forderte, nicht folgen wollten. Sie praktizierten über Jahrhunderte eine Beibehaltung der alten nationalkirchlichen Riten und entwickelten sich nach der anfänglichen grausamen Verfolgung zu einer

Randgruppe, die meist in Opposition zu den Entwicklungen in Kirche und Staat stand. Mit den Altgläubigen verbanden sich lange Zeit oft nur Bilder von religiösen Fanatikern, von ganzen Dörfern, die sich in den Zeiten der Kirchenspaltung selbst verbrannten, von finsteren Männern mit langen Bärten, die sich mit zwei Fingern bekreuzigen und sich allen neuen Sitten widersetzen. Aber dadurch erhielten sie in Zeiten der Auflösung und Verwirrung auch immer wieder neuen Zulauf, und durch ihr Festhalten an alten Traditionen hat sich vieles bewahrt, was sonst der Vergangenheit anheimgefallen wäre.

Eine der längsten Straßen Odessas ist die vul. Staroportofranivs'ka (вул. Старопортофранівська). Die Straße verläuft westlich des Stadtzentrums durch das am Hafen gelegene Viertel bis in die Nähe des Bahnhofs, in die Moldavanka, das Armeleuteviertel, das den in Odessa lebenden Moldaviern seinen Namen verdankt. In der Moldavanka lebten die Menschen auf engstem Raum zusammen. Ein Schlager aus den zwanziger Jahren besingt die gangsterreiche Moldavanka: »Wie geht's dir Murka, wie geht es dir, mein Schatz? Du hast den Bullen unsern besten Dieb verkauft, und meine Knarre singt dir jetzt das Wiegenlied.« Die vul. Staroportofranivs'ka wurde nach einer Freihandelszone benannt, dem sogenannten ›Porto-Franko‹, über den ausländische Waren zollfrei in die Stadt gelangten.

In der vul. Staroportofranivs'ka 137 verlebte der Prosaiker Il'ja Il'f (1897–1937) seine Kindheit. In Moskau machte er 1925 Bekanntschaft mit dem ebenfalls aus Odessa stammenden Evgenij Petrov (1903–1942). Gemeinsam begannen sie an dem Roman ›Die zwölf Stühle‹ (1928) zu arbeiten. In dem satirischen Schelmenroman schildern die Verfasser die Jagd nach zwölf über ganz Rußland verstreuten Stühlen. In einem der alten Stühle befindet sich ein Juwelenschatz, der von einer alten Dame während der Oktoberrevolution versteckt wurde. Das beichtet sie vor ihrem Tod einem Popen. Gemeinsam mit drei gerissenen Gaunern macht sich dieser nun auf die Suche nach den zwölf Stühlen. Auf ihrer Reise durch das Rußland zur Zeit der ›Neuen Ökonomischen Politik‹ treffen sie mit Menschen sehr unterschiedlichen Schlags zusammen. Am Ende des Romans wird der Schatz gefunden und für den Bau eines Klubhauses verwendet. Die neue Welt geht als Sieger hervor. Ebenso amüsant liest sich ihr nächster gemeinsamer Roman ›Das goldene Kalb‹ (1931), in dem der ermordete Held der ›Zwölf Stühle‹, Ostap Bender, wieder aufersteht. Doch als Hochstapler und Spitzbube mißfällt ihm die Welt des Sozialismus. Er träumt davon, als Millionär in Rio de Janeiro zu leben. Ob ihm das gelingt…?

In ihrer ›Doppelten Autobiografie‹ verbinden die beiden Autoren – Il'f und Petrov – ihre Erinnerungen an Il'fs Adresse in der vul. Staroportofranivs'ka zu folgender Aussage: »Zu der Zeit, als eine Hälfte der Autoren in den Windeln strampelte, war die andere Hälfte sechs Jahre alt und kletterte über den Zaun des Friedhofs, um Flieder zu pflücken«.

Die Strände und ihre Umgebung

Odessa bietet nicht nur Sehenswertes, sondern auch Erholsames. Dazu gehören mehrere Strände, die sich über vierzig Kilometer an der Odessaer Bucht entlangziehen. Vom Ševčenko-Park gelangt man in wenigen Minuten zum Strand ›Lanžeron‹ (Ланжерон). Am hohen Steilufer verläuft die vul. Čornomors'ka (вул. Чорноморська), in der sich seit 1998 ein neues Museum befindet. Es ist dem Leben und Schaffen des russischen Schriftstellers Konstantin Paustovskij (1892–1968) gewidmet. Die kleine Sammlung befindet sich in den sorgsamen Händen der Mitarbeiter des Odessaer Literaturmuseums. Das Museum befindet sich in einem kleinen Gebäude an der vul. Čornomors'ka 8.

Die Straße ist besonders idyllisch über dem steilen Ufer des Schwarzen Meeres gelegen und lohnt einen Abstecher auf dem Weg zum Strand. Und sie verfügt über eine interessante Geschichte, die sich aus einer Reihe von Zufällen und in der Literatur bekannten Namen zusammensetzt. Im Sommer 1913 verbrachte im Haus Nr. 13 die Nichte von Lev Tolstoj einige Zeit – Sof'ija, die zukünftige Ehefrau des russischen Dichters Sergej Esenin. Die Ankunft der Verwandten von Tolstoj erregte Aufsehen, und so berichteten die ›Odessaer Neuigkeiten‹ vom 24. Juli 1913: »… die Ehefrau von A. L. Tolstoj, Ol'ga Konstantinovna und deren Tochter Sof'ija Andreevna kamen gestern besuchsweise in Odessa an. Die Tolstojs haben Quartier genommen bei den Ditrichstejns…«.

Eine Odessaer Verwandte der Tolstojs heiratete den Arzt und Kunstliebhaber G. F. Comakion, dessen Mutter eine Freundin von V. G. Korolenko war, und die auf dessen Rat hin biographische Skizzen über Kramskoj und Puschkin verfaßte. Bei seinem Aufenthalt in Odessa traf sich Korolenko mit ihr in der vul. Čornomors'ka 21. Später befand sich in diesem Gebäude die Nervenklinik von Landesman, über die Paustovskij in seiner autobiographischen Erzählung ›Der Beginn eines unruhigen Zeitalters‹ bemerkte: »… Auf der kleinen und menschenleeren Straße vul. Čornomors'ka, die sich am Abhang über dem Meer entlangzieht, befand sich das private Sanatorium für Nervenkranke des Doktor Landesman…«. Paustovskij kannte die Straße und die Klinik, denn im Februar 1920 zog er in das damals leerstehende Klinikgebäude ein: »Die Heizung im Sanatorium funktionierte nicht. Ich hatte ein sehr hohes Zimmer mit breiten Fenstern, und da der kleine Kanonenofen sich keine Mühe gab, gelang es mir niemals, das Zimmer zu erwärmen«. Fast zwei Jahrzehnte später lebte in diesem Gebäude der Schriftsteller Arkadij Gajdar (1904–1941). Doch noch bevor Gajdar ankam, wurde das Sanatorium geschlossen. Man befürchtete einen Bergrutsch. Und wahrscheinlich kam 1923 Il'ja Il'f das letzte Mal in die idyllische Straße, vor seiner Abreise, um sich vom Meer zu verabschieden. Die Häuser an der meerzugewandten Straßenseite sind längst einem Bergrutsch zum Opfer gefallen.

Das Schwarze Meer

Das Klima am Schwarzen Meer (Čorne More – Чорне Море) reicht von gemäßigt im Bereich Odessa bis zu subtropischen und tropischen Abschnitten an der Krimküste und in Georgien. Die Badesaison ist sehr lang und geht von Mai bis Oktober, wobei der Herbst besonders reizvoll ist, dann sind auch die Strände nicht mehr so überfüllt.
Das Schwarze Meer ist über Bosporus und Dardanellen mit dem Mittelmeer verbunden und damit auch ein Teil des Atlantiks. In erdgeschichtlicher Vorzeit erstreckte sich das Urmeer Thesis noch weiter nach Osten bis zum Kaspischen Meer. Heute sind beide Meere durch den Kaukasus getrennt. Das Čorne More trägt den Namen Meer durchaus zu Recht, immerhin beträgt die größte Ausdehnung in Ost-West-Richtung 1150 Kilometer, und als größte Tiefe wurden vor Jalta 2240 Meter gemessen. Flächenmäßig ist es um ein Fünftel größer als Deutschland. In das Meer fließen die ukrainischen Flüsse Dnepr und Dnistr und außerdem die georgischen Flüsse Rioni und Inguri.
Als Salzwassernachschub fungiert die Tiefenströmung durch den Bosporus – der Salzgehalt ist in den oberen Wasserschichten aber relativ gering.
Am und im Meer gibt es einige Besonderheiten – so fehlen zum Beispiel Inseln und Buchten fast völlig, die Küste ist wenig gegliedert und fällt steil ab. Die Flüsse bilden bei der Mündung ins Meer häufig

Am Schwarzen Meer gibt es viele Steilküstenabschnitte

sogenannte Limane – lagunenartige seichte Seen.
In den oberen Wasserschichten leben viele Tiere: vom Delphin bis zum Seeteufelchen und Thunfisch ist alles vertreten. In den unteren Schichten dagegen ist kaum Leben zu finden, über die Ursachen streiten die Wissenschaftler noch.

Der schönste Strand Odessas heißt Arkadija (Аркадія), zu dem vom Hafen ein kleiner Dampfer tuckert, der die Sonnenhungrigen direkt am Strand auslädt und später wieder einsammelt. Für die Tour benötigt er etwa vierzig Minuten. Dabei legt er an den Stränden Lanžeron (Ланжерон), Vidrada (Відрада) und Del'fin (Дельфін) einen kurzen Zwischenstopp ein. Zum Strand Arkadija (Аркадія) fährt auch die Straßenbahn 5 ab Bahnhof sowie der Trolleybus 5 ab pl. Grečes'ka (пл. Гречеська). In der Nähe der Endhaltestelle der Straßenbahn 5, auf einem Pla-

teau oberhalb des Strandes, auf dem Gagarins'ke plato (Гагарінське плато), wurde 1993 der Grundstein für eine armenische Kirche gelegt.

Sehr beliebt ist auch der Strand ›Zolotyj bereg‹ (Золотий берег) im Süden der Stadt. Zum sogenannten ›Goldenen Strand‹ fährt ab pl. Kulykove Pole (пл. Куликове Поле) die Straßenbahn 18 bis zur Endhaltestelle. Die Fahrzeit beträgt etwa vierzig Minuten. Von der Haltestelle ist auch das im 18. Jahrhundert gegründete Maria-Entschlafens-Kloster in der prov. Majakovyj 6 (пров. Маяковий) zu erreichen.

All das ist Odessa, und wer sich in diese Stadt aus ›Tausendundeiner Nacht‹ verliebt und bleiben möchte, dem verrät Isaak Babel ein Geheimnis: »Jeder Jüngling in Odessa möchte, solange er noch unverheiratet ist, die Meere befahren. Die Schiffe, die bei uns im Hafen anlegen, entzünden in unseren Herzen die Sehnsucht nach wunderbaren und neuen Ländern – doch zu unserem Kummer: Wir in Odessa heiraten mit einer sagenhaften Hartnäckigkeit.«

Informationen sind in den Touristenbüros der Stadt zu erhalten: vul. Rišel'jevs'ka 4 (вул. Рішельєвська), Tel. 22 34 36 und vul. Derybasivs'ka 13, (вул. Дерибасівська) Tel. 22 39 83.

Das Hauptpostamt findet man in der vul. Sadova 10 (вул. Садова).

Der zentrale Bahnhof befindet sich am Pryvokzal'na pl. (Привокзальна пл.). Hier können Fahrkarten ins Ausland gekauft werden. An den Schaltern gibt es auch Inlandsfahrkarten für den Abfahrtstag. Der Vorverkauf findet in der vul. Seredn'ofontans'ka 36 (вул. Средньофонтанська) statt, vom Bahnhof zu erreichen mit den Trolleybussen 1 und 2 sowie den Straßenbahnen 1 und 23. Im Stadtzentrum haben sich viele Agenturen auf den Verkauf von Bahn-, Flug- und Schiffstickets spezialisiert: vul. Derybasivs'ka 14 (вул. Дерибасівська) und prov. Majakovs'koho 1 (пров. Маяковського), täglich von 9 bis 20 Uhr.

Der Busbahnhof ist in der vul. Kolontajivs'ka 58 (вул. Колонтаївська), etwa drei Kilometer westlich vom Bahnhof und mit der Straßenbahn 5 zu erreichen.

Schiffstickets gibt es im Reisebüro ›Londons'ka‹, vul. Bunina (вул. Буніна), täglich von 10 bis 13 Uhr und 14 bis 18 Uhr und in den Touristenbüros. Am halbrunden Platz oberhalb der Potemkin-Brücke, am bul. Prymors'kyj (бул. Приморський) befindet sich die Black Shipping Company (Черноморське пароходство). Tickets nach Istanbul, nach Piraeus (Griechenland) und für Kreuzfahrten können hier erworben werden. Nähere Auskünfte sind unter Tel. 25 35 39 zu erhalten, so über die aktuellen Fahrpreise, den Fahrplan, über Autotransfer etc.

Am Bahnhof stehen – meist ältere – Leute und bieten Privatunterkünfte an. Es empfiehlt sich, ein Zimmer im Stadtzentrum oder in Meeresnähe zu nehmen. Die Zimmer sind vom Komfort sehr unterschiedlich, auf jeden Fall aber billig.

Die Hotels in Odessa passen sich allmählich dem westlichen Standard an, aber auch die Preise ziehen nach.

Hotel ›Londons'kyj‹ (›Лондонський‹), Prymors'kyj bul. 11 (Приморський бул.), Tel. 25 53 70, klein, aber fein; pro Nacht kostet ein Zimmer 140 Euro.

Hotel ›Červonyj‹ (›Червоний‹), vul. Puškins'ka 15 (вул. Пушкінська), Tel. 25 85 20, ca. 70 Euro pro Nacht und Zimmer.

Hotelschiff ›Taras Ševčenko‹, im Hafen, ca. 70 Euro pro Nacht.

Hotel ›Spartak‹ (›Спартак‹), vul. Derybasivs'ka 25 (вул. Дерибасівська), Tel. 26 89 24, zentral und preiswert, pro Nacht ca. 25 Euro.

Etwa zehn Kilometer nördlich vom Zentrum befindet sich der Campingplatz ›Del'fin‹ (›Дельфін‹), Pivdena doroha 307

(Південа дорога), Tel. 55 52 50. Zu erreichen ist der Campingplatz mit dem Bus 130, 160 und 170 vom pl. Grec'ka (пл. Грецька). Pro Person sind in einem Bungalow 6 bis 12 Euro zu veranschlagen.

Die meisten Restaurants und Cafés befinden sich auf der vul. Derybasivs'ka (вул. Дерибасівська): Fast Food, Gourmetküche, Nachtbars, ukrainische und internationale Küche.

Restaurant ›Alye Parusa‹ (›Алые паруса‹), vul. Derybasivs'ka 16.

Café-Restaurant ›Kartopljanyky‹, vul. Katerynyns'ka 2 (вул. Катерининська). Das Essen schmeckt, es ist ukrainisch und preiswert. Hierher gehen die Odessiten und essen die Torte ›Napoleon‹ – ein kulinarisches Heiligtum!

In der vul. Rišel'jevs'ka 69 (вул. Рішельєвська) werden Pelmeni gereicht, täglich 8.30 bis 20.30 Uhr.

Viele Tage sind nötig, um alle Museen kennenzulernen. Die Wahl fällt schwer. Die wichtigsten seien hier genannt:

Archäologisches Museum, vul. Lanžeronivs'ka 4 (вул. Ланжеронівська) Di bis So von 11 bis 18 Uhr.

Museum der Schwarzmeerflotte, vul. Lanžeronivs'ka 6, Fr bis Mi von 10 bis 15 Uhr.

Literaturmuseum, vul. Lanžeronivs'ka 2, Di bis So von 10 bis 17 Uhr.

Museum für westliche und orientalische Kunst, vul. Puškins'ka 9 (вул. Пушкінська), Do bis Di von 9 bis 16.30 Uhr.

Gemäldegalerie, vul. Sofijs'ka 5a (вул. Софійська), Mi bis Mo von 10 bis 17 Uhr.

Heimatkundemuseum, vul. Gavanna 4 (вул. Гаванна), Sa bis Do von 10 bis 17 Uhr.

Das Opernhaus der Stadt ist meistens ausverkauft. Deshalb ist gut beraten, wer sich rechtzeitig ein Ticket besorgt, am besten direkt in der Oper, vul. Čajkovs'koho 3 (вул. Чайковського).

Philharmonie, vul. Bunina 15 (вул. Буніна).

Theater, vul. Pastera 4 (вул. Пастера).

Eine Theatervorverkaufskasse ist in der vul Rišel'jevs'ka (вул. Рішельєвська) zu finden.

Odessa ist ein Einkaufsparadies. Und das nicht nur für westliche Touristen. Die Läden bieten vieles an, vor allem aber in einer für Europäer gewohnten Ordnung. Auf ausländische Besucher sind die Antiquitätenläden spezialisiert, die sich an jeder Ecke befinden. Das Haus des Buches befindet sich in der vul. Derybasivs'ka 27 (вул. Дерибасівська). Zum Flanieren empfiehlt sich die Passage vul. Derybasivs'ka 33. Ukrainische Souvenirs können auf den Märkten erworben werden. Ein CD-Laden mit umfangreicher Auswahl befindet sich in der vul. Katerynyns'ka 17 (вул. Катерининська), täglich von 10 bis 21 Uhr.

Die Halbinsel Krim

Die Perle der Schwarzmeerküste, die Halbinsel Krim, liegt im Süden der Ukraine. Die Krim wird von zwei Meeren umgeben, dem Asovschen Meer im Nordosten und dem Schwarzen Meer im Westen und Süden. Die lediglich acht Kilometer breite Landenge von Perekop im Norden bildet die Verbindung zum ukrainischen Festland.

Trockene Steppen im Norden, dichte Wälder und Berge im Süden, steile Küsten und flache Strände im Westen prägen die einzigartige Landschaft der Krim. Kein Wunder also, daß die Krim zu den beliebtesten Ferienzielen der russischen Zaren zählte. Doch lange bevor russische Zaren ihre Hand nach der Krim ausstreckten, zog sie zahlreiche Völker an. Niemals wurde die Krim von nur einer Kultur oder einem Volk beherrscht. Die ersten Bewohner der Krim waren Kimmerier und Taurier. Daher stammt auch der alte Name für die Krim: Taurien. Es folgten nomadische Skythen, Griechen, Goten. Im Zuge der Völkerwanderung geriet sie unter Einfluß von Hunnen, Chazaren, Kumanen. Spätestens seit dem 9. Jahrhundert gehörten Teile der Krim zum Byzantinischen Reich. Mit dem Entstehen der Kiever Rus' im 9. Jahrhundert, dem ersten ostslawischen Staat, aus dem sich Jahrhunderte später unter anderem das Moskauer Reich herausbildete, wuchs die Bedeutung der Krim als Umschlagplatz für Handelswaren, welche über den Dnepr nach Byzanz und weiter in den Mittelmeerraum gelangten. 1237 drangen Mongolen ein, sie gaben der Halbinsel ihren Namen. ›Krim‹ bedeutet im Mongolischen Festung.

1475 wurde die Krim von Türken erobert, 1783 von Rußland annektiert. Die Halbinsel wurde Teil des Gouvernements ›Neurußland‹. Als Katharina II. 1787 das neu annektierte Gebiet bereiste, entstanden die berühmten Potemkinschen Dörfer. Der Gouverneur und Favorit der Zarin, Fürst Potemkin, ließ angeblich entlang der Reiseroute Katharinas II. ganze Häuser- und Dorfattrappen errichten, um seiner Zarin Bevölkerung und Wohlstand des Landes vorzutäuschen.

Auch in unserem Jahrhundert geriet die Krim nicht nur einmal in den Blickpunkt der Weltöffentlichkeit. Nach der Oktoberrevolution wurde im März 1918 in Sevastopol' die ›Sowjetische Sozialistische Republik Tavrida‹ ausgerufen. Im Zweiten Weltkrieg wurde die Krim zum Schauplatz blutiger Schlachten. In den Jahren 1941 bis 1944 okkupierte die deutsche Wehrmacht Teile der Krim. Hitler plante, die Halbinsel, die er ›Gotenland‹ nennen wollte, per Autobahn mit dem Reich zu verbinden und dort Südtiroler anzusiedeln. Die Rote Armee bereitete diesen wahnwitzigen Plänen ein Ende, indem sie unter großen Verlusten die Krim 1944 von den deutschen Truppen befreite. Im Februar 1945 geriet die Krim in den Blickpunkt der Welt, als sich Churchill, Roosevelt und Stalin dort zur Konferenz von Jalta trafen, um über die weiteren Ziele nach dem Sieg über das nationalsozialistische Deutschland zu beraten.

Aus Anlaß des 300. Jahrestages des Anschlusses der Ukraine an Rußland übertrug Nikita Chruščev 1954 die Halbinsel an die Ukraine, angeblich als Zeichen der ›brüderlichen sozialistischen Verbundenheit‹, im Grunde jedoch aus politischem Kalkül.

Im November 1990 schlossen die Ukraine und Rußland ein Abkommen, in dem unter anderem die Unverletzbarkeit der Grenzen beider Unionsrepubliken vereinbart wurde. Die letzten Jahre haben aber gezeigt, daß es immer wieder zu Auseinandersetzungen zwischen Kiev und Moskau kam. Ein wichtiger Streitpunkt ist die Schwarzmeerflotte.

Simferopol'

Die Hauptstadt der Krim und ihr kulturelles und wirtschaftliches Zentrum ist Simferopol' (Сімферополь). Fast in der geographischen Mitte der Halbinsel zwischen Steppen- und Bergregion gelegen, ist Simferopol' auch der Verkehrsknotenpunkt. Hier laufen die wichtigsten Straßen zusammen, von hier aus ist die Krim an die Ukraine und Rußland angeschlossen. Simferopol' besitzt den einzigen Flughafen der Krim und ist häufig nur Durchgangsstation von Touristen auf ihrem Weg zur Südküste. Zu Unrecht, denn gerade diese Stadt vermittelt einen Eindruck vom Alltagsleben auf der Krim, das bei weitem mehr Facetten aufweist als Urlaubsstimmung und Sanatoriumsatmosphäre in den Kurorten.

Im Vergleich zu Städten wie Kerč, Feodosija und Jevpatorija ist Simferopol' eine sehr junge Stadt: Sie wurde 1784, ein Jahr nach der Angliederung der Krim an Rußland, zeitgleich mit Sevastopol' gegründet. Jedoch siedelten in der näheren Umgebung der Stadt bereits Steinzeitmenschen, Taurier und Skythen. Auf dem Plateau der Petrovskije Skaly am südwestlichen Stadtrand haben sich einige Reste der Skythenstadt Neapolis erhalten. Sie sind am besten vom Kino ›Mir‹, der Trolleybusstation 2 und 4 in der vul. Kyjivs'ka (вул. Київська) zu erreichen.

In den achtziger Jahren des 19. Jahrhunderts begann die ›Taurische wissenschaftliche Archivkomission‹ mit dem Aufbau eines Museums über die Geschichte der Krim. Im Jahre 1887 eröffnete sie das erste Museum über das Altertum, seitdem wurde es schrittweise erweitert. Das heutige Heimatmuseum befindet sich in der vul. Puškina 18 (вул. Пушкіна). Simferopol' verfügt zudem über ein Kunstmuseum, in dem Werke russischer Maler aus dem 18. und 19. Jahrhundert ausgestellt werden. In der vul. Šmidta (вул. Шмідта) befindet sich ein Exkursionsbüro, das Tagesausflüge in verschiedene Orte der Krim anbietet.

Die längste Trolleybusstrecke mit 85 Kilometern Oberleitung führt von Simferopol' durch das Krimgebirge zur Südküste, bis nach Jalta. Als erste Küstenstadt erreicht der Trolleybus nach 50 Kilometern Alušta. Seit 100 Jahren lebt die Bevöl-

Nachmittag im Inselinneren

kerung der Küstenstadt von Weinanbau- und kelterei, Tabak- und Obstanbau sowie der Herstellung landwirtschaftlicher Geräte.

Die Südküste und Jalta

Einst der Modekurort von Zarenaristokratie und aufstrebendem Bürgertum, ist die Stadt Jalta (Ялта) und mit ihr der Bezirk Groß-Jalta heute der touristische Mittelpunkt der Südküste. Groß-Jalta erstreckt sich über 80 Kilometer entlang der Küste, von Foros im Westen bis Gurzuf und Aju-Dag im Osten. Vom kleinen Dorf im 19. Jahrhundert entwickelte sich Jalta, im Schatten des Ai-Petri und eingerahmt von den beiden Flüssen Vodopadnaja und Bystraja, zum mondänen Kurort. Heute ist Groß-Jalta mit rund 90 000 Einwohnern Anlaufpunkt der in- und ausländischen Touristen. Die Berge schützen es vor nördlichen Winden, und im Sommer lindert das Schwarze Meer die drückende Hitze und erzeugt so ein einzigartig mildes Klima mit Juli-Durchschnittstemperaturen von 25 °C.

Unweit von Jalta, etwa zehn Kilometer entfernt, erstreckt sich einer der bedeutendsten botanischen Gärten der Welt. Im weitläufigen Botanischen Garten von Nikita wachsen allein 11 000 verschiedene Zierpflanzen, unter ihnen auch die ›Rote Krimrose‹, deren Rosenöl sich nicht nur als Souvenir großer Beliebtheit erfreut; es ist neben dem Krimsekt das kostbarste Exportgut der Krim, die beträchtliche Mengen davon ausführt. In dem weit ausgedehnten Park kann man stundenlang die Vielfalt der Natur genießen: Durch den zum Meer hin in malerischen Terrassen abfallenden Park führen kleine Wege, die von erklärenden Tafeln gesäumt sind. Der Obere Park ist neben den Rosen vor allem von Pinien, Kiefern, Fruchteiben, Bambus, Zedern und Mammutbäumen geprägt. Von mehreren Aussichtsplattformen bietet sich ein phantastischer Blick auf die Berg- und Küstenlandschaft von Jalta.

Graf Voroncov war ab 1823 Gouverneur von Neurußland, zu dem auch Jalta und die ganze Halbinsel gehörten. Er ließ den Ort 1838 zur Stadt erklären und veranlaßte den Bau einer Straße, die Jalta mit Simferopol' im Norden verbinden sollte. Binnen weniger Jahre entwickelte sich Jalta zum Verwaltungszentrum der gesamten Südküste. Villen, Adelspaläste und die ersten Hotels entstanden – kurz: Jalta erlebte seinen ersten Bauboom. Rasch entwickelte sich die Küstenstadt zum Refugium für Noblesse und wohlhabende Intelligenz. Auch die Namen zahlreicher berühmter Schriftsteller wie Anton Čechov und Nikolaj Nekrasov sind mit dem Ort Jalta verbunden. Im nahegelegenen Livadija ließ sich die Zarenfamilie eine der größten Sommerresidenzen bauen, und der in dem Dorf Massandra angebaute Wein errang bald Weltbedeutung.

Die Uferpromenade zwischen dem Leninplatz und dem Hotel ›Oreanda‹ ist heute Mittelpunkt der Stadt. In der Hochsaison aalen sich hier tagsüber die Sonnenhungrigen auf wenigen Metern Strand neben dem Hafen, und abends beginnt der Wettlauf um einen freien Platz in den zahlreichen Cafés und Restaurants. Westlich schließt sich der offizielle städtische Strand an, für den Eintritt erhoben wird. Zwischen der Uferpromenade und der vul. Sadova (вул. Садова) befindet sich die Talstation einer Seilbahn. Mit dieser kann man in wenigen Minuten auf den Darsan-Hügel gelangen. Von hier fällt der Blick in östlicher Richtung auf eine armenische Kirche in der vul. Zahorodna (вул. Загородна), die erst in den Jahren 1909 bis 1915 gebaut wurde. In der vul. Čechova 10 (вул. Чехова) steht die evangelisch-lutherische Marienkirche. Wer sich dem touristischen Treiben der Uferpromenade entziehen will, findet in der vul. Kirova noch das schöne und alte Jalta. Versteckt in einer Seitenstraße liegt eine kleine griechisch-orthodoxe Kirche, die 1885 erbaut wurde.

Der berühmte Schriftsteller Anton Čechov, der an Tuberkulose litt, kam 1888 zum ersten Mal nach Jalta. Čechov beschrieb diesen Kurort als einen »Bastard von irgend etwas Europäischem, das an die Ansichten von Nizza erinnert, mit etwas kleinbürgerlich Marktähnlichem«. Als sich seine Gesundheit verschlechterte, erwarb er 1898 am Stadtrand von Jalta ein kleines Stück Land, baute ein Haus und ließ sich hier nieder. Hier entstand und spielt Čechovs späte Erzählung »Die Dame mit dem Hündchen«, die von der Liebschaft eines Casanovas mit einer gelangweilten und unausgefüllten Provinzschönheit handelt. Nach einigen Jahren nahm Čechov sein schlechtes Urteil über den Ort zurück: »Jalta ist besser und sauberer

Badestrand an der Promenade von Jalta

als Nizza.« Im Jahre 1921 wurde das Haus in ein Čechovmuseum umgewandelt, das Čechovs Schwester Maria bis zu ihrem Tod 1957 persönlich leitete.

Von Jalta aus nehmen Ausflugsschiffe ihren Kurs zum Kap Air-Todor (Айр-Тодор), bei Mišor (Мишор), einem hübschen kleinen Kurort, gelegen. Als sich Jalta im vorigen Jahrhundert zum beliebten Kurort entwickelte, erwarb eine betuchte Moskauer Dame das Anwesen, welches sich auf dem Kap befand und baute ein kleines Schlößchen auf den Felsen. Der spätere Besitzer, ein Ölmagnat aus Baku, ließ 1911 das Schloß für seine Geliebte komplett umbauen, und so ent-

Das Schwalbennest

stand ein zierliches Märchenschloß im Stil gotischer Rheinburgen. Heute ist das ›Schwalbennest‹, das 40 Meter über dem Meer waghalsig am Felsen klebt, das Wahrzeichen der Südküste.

Bachčisaraj

35 Kilometer von Simferopol' entfernt in Richtung Sevastopol' liegt Bachčisaraj (Бахчісарай), die ehemalige Hauptstadt der Krimtataren. Noch heute erinnert die Stadt am Fluß Suruk-Su mit dem Khanspalast, den Moscheen und den typisch türkischen Bauten mit ihren flachen roten Ziegeldächern an die Märchen aus 1001 Nacht. Die Architektur der Khansresidenz ist eine Mischung verschiedener Baustile, da sich die Bauzeit über 200 Jahre erstreckte, und die Baumeister, die aus Rußland und Italien, der Türkei und der Ukraine kamen, jeweils Elemente ihrer nationalen Kunst einbrachten. Beeindruckend wirkt die erhabene Größe der altehrwürdigen Khan-Dschami-Moschee. Muslimische Romantik und dennoch keine verschwenderischen und überladenen Ausschmückungen prägen das Aussehen. Die Innenräume werden durch Fenster aus farbigen Gläsern mit tatarischen Ornamenten in buntes Licht getaucht, und nach außen schmücken zierliche, Minarettartige Türmchen sowie aufwendige Schnitzereien die Palastgebäude. Als Puschkin nach Bachčisaraj kam, beeindruckte ihn besonders der Tränenbrunnen, den Khan Girai 1764 hatte errichten lassen. Aus einer marmornen Blume, die einem Auge gleicht, fallen langsam aber stetig einzelne Wassertropfen von Schale zu Schale. Unaufhörlich, Tag für Tag, Monat für Monat, Jahr für Jahr... Dem Poem ›Bachčisarajskij Fontan‹ von Puschkin hat es der Palast zu verdanken, daß er nach der Deportation der Krimtataren auf Stalins Befehl 1944 nicht ebenso zerstört wurde wie alle anderen krimtatarischen Kulturdenkmäler. An Puschkins Ruhm wagte auch der Stalinismus nicht zu kratzen.

Im Bergland zwischen Bachčisaraj und Sevastopol' liegt auf mehreren Hochplateaus ein Kreis geheimnisvoller Höhlenstädte. Es sind Überreste mittelalterlicher Städte, Festungen und Klöster. Die Bewohner der Städte lebten in der Regel nicht, wie man vermuten könnte, in den Höhlen, sondern in Häusern, die auf den Felsplateaus, also oberhalb der Höhlen, gebaut waren. Die Höhlen selber hingegen wurden als Vorratskammern, Kasematten, Kirchen, Kapellen und Gruften genutzt. Da die Höhlen nach und nach überwucherten, während ihre Baustruktur unversehrt blieb, schien es den Reisenden des 18. und 19. Jahrhunderts, als seien es ehemalige Unterkünfte der Bevölkerung. So entstand die verwirrende Bezeichnung ›Höhlenstädte‹. Einige der Orte, wie Eski-Kermen, Mangup-Kale, Kyz-Kermen und Tschufut-Kale, entwickelten sich im Laufe der Zeit zu flächenmäßig großen Städten, zu Zentren von Handwerk und Handel.

Der Voroncov-Palast

Sevastopol'

›Heldenstadt‹ und Hauptstützpunkt der vormals sowjetischen Schwarzmeerflotte – in kaum einer anderen Stadt auf dem Gebiet der ehemaligen Sowjetunion sind die letzten 200 Jahre russischer Geschichte so präsent wie in Sevastopol' (Севастополь). Mit fast 400 000 Einwohnern und einer ausgeprägten Fischerei- und Schiffsindustrie hat Sevastopol' neben seiner militärischen Bedeutung auch eine wichtige wirtschaftliche Funktion für die Krim und den Süden der Ukraine. Als wichtiger Flottenstützpunkt war Sevastopol' noch bis vor kurzem eine geschlossene Stadt, in die auch die Krimbewohner nur mit einem Passagierschein gelangen konnten. Für den westlichen Touristen gibt es heute die Möglichkeit, über eines der vielen Touristenbüros eine eintägige Exkursion zu buchen. Beehrt wird der Besucher dann von unendlich vielen Kriegsdenkmälern, einem Stadtzentrum, das eines der wenigen Beispiele gelungener stalinistischer Prunkarchitektur darstellt und in den Außenbezirken von trostlosen Plattenbauten kontrastiert wird. Eine Anlaufstelle für viele Touristen ist das ›Panorama‹, ein rundes Gemälde mit einer Gesamtlänge von 140 Metern, das sehr eindrucksvoll Szenen aus dem Krimkrieg darstellt.

Einen Ausflug wert sind die Ausgrabungen von Chersonnes, die südwestlich der Stadt an einer malerischen Bucht liegen. Die Siedlung wurde von den Griechen im 5. Jahrhundert vor Christus gegründet und erst im 14. Jahrhundert von der Goldenen Horde zerstört. Chersones war somit eine der dauerhaftesten Städte des Altertums. Um 1820 begannen russische Archologen mit den Ausgrabungen, wobei ganze Straßenzüge freigelegt wurden.Die im 19. Jahrhundert errichtete Vladimir-Kathedrale wurde in den letzten Jahren restauriert, im dazugehörigen Kloster ist heute ein archäologiches Museum untergebracht.

Von Mai bis Oktober bietet ›Air Ukraine International‹ wöchentlich Flüge von Frankfurt/M. direkt nach Simferopol' an, von Juni bis August zweimal wöchentlich. Außerdem besteht ganzjährig die Möglichkeit, mit der ›Lufthansa‹ nach Kiev zu fliegen und von dort aus per Flugzeug oder Bahn weiter auf die Krim zu gelangen.

Eine weitere Möglichkeit besteht darin, den ganzen Weg mit der Bahn zurückzulegen. Man fährt zunächst nach Kiev, um dort in einen Zug nach Simferopol' umzusteigen. Einmal wöchentlich gibt es eine Direktverbindung Berlin–Simferopol'.

In Simferopol' ist auf Ausländer lediglich das Hotel ›Moskva‹ in der vul. Kyjivs'ka 2 (вул. Київська) vorbereitet, Tel. 23 21 13. Notfalls lohnt auch ein Weg zum Hotel ›Ukrajina‹ neben dem zentralen Postamt. Außerdem besteht am Bahnhof von Simferopol' eine Zimmervermittlung. In Jalta sind in der Hauptsaison in der Regel alle Hotels ausgebucht. Auch auf der Krim gilt, daß Pauschalarrangements über spezialisierte Reiseveranstalter sehr viel günstiger sind als eine Hotelbuchung auf eigene Faust. Die drei Hotels, die heute für Pauschalreisende aus Deutschland in Frage kommen, sind das Hotel ›Jalta‹, das Hotel ›Oreanda‹ und das Hotel ›Palace‹: Das ›Jalta‹ liegt am östlichen Stadtrand, etwa drei Kilometer vom Zentrum entfernt, in der vul. Drachins'koho 50 (вул. Драхінського), Tel. 32 55 94. Zur Anlage gehört ein eigener Strand. Im Hotel ist auch eine Vertretung des Reiseveranstalters DERTOUR zu finden. Das Hotel ›Oreanda‹ liegt direkt an der Uferpromenade in der vul. Lenina 35 (вул. Леніна), Tel. 32 82 86. Das Hotel ›Palace‹ befindet sich in der vul. Čechova 8 (вул. Чехова), Tel. 32 57 31. Dort ist auch das Touristenbüro ›Krymtour‹ untergebracht.

Für diejenigen, die wenig Wert auf Komfort legen, ist die private Zimmervermittlung am Busbahnhof, vul. Moskovs'ka 8 (вул. Московська), eine Anlaufstelle. Hier warten Privatleute, oft ältere Frauen, mit Wohnraumangeboten. Ferner befindet sich vier Kilometer von der Stadtmitte Jaltas entfernt der Campingplatz ›Märchenwiese‹. Ihm ist ein Motel mit 100 Betten angeschlossen. Tel./Fax 39 74 39.

Reisetips von A bis Z

Anreise mit dem Flugzeug
Der internationale Flughafen Boryspil' bei Kiev (Бориспіль) wird mehrmals täglich von fast allen großen westeuropäischen Städten aus angeflogen. Die ukrainische Fluggesellschaft Ukraine International Airlines bietet Direktflüge nach Kiev, Odessa und L'viv an. Der Flug von Berlin aus dauert etwa zwei Stunden, von München, Frankfurt/Main, Wien und Zürich aus etwa drei Stunden.

Anreise mit der Eisenbahn
Beschwerlicher, doch viel aufregender ist die Fahrt mit der Eisenbahn. Von Berlin besteht eine Direktverbindung nach Kiev (etwa 25 Stunden). Die Fahrt bietet eine gute Einstimmung auf das ukrainische Leben. Eine Fahrkarte gibt es nur in Verbindung mit einer Bettkarte. Eine Bettreservierung für die Rückfahrt ist nur in der Ukraine möglich und sollte in der Hauptreisezeit rechtzeitig erfolgen. Die einfache Fahrt von Berlin nach Kiev kostet ca. 100 Euro.
Ab Prag gibt es einen Abendzug nach Kiev über L'viv. Nach 24 Stunden ist man in L'viv; in Kiev kommt der Zug gegen zwei Uhr in der Nacht an. Von Polen gibt es ab Wrocław, Warschau, Krakau und Przemysl Züge nach L'viv.

Anreise mit dem Auto
Reisen mit dem Auto in die Ukraine bietet im besonderen Maße die Möglichkeit, Land und Leute kennenzulernen. Wer nicht auf öffentliche Verkehrsmittel angewiesen ist, kann viel Zeit sparen. Allerdings muß man mit schlechten Straßenverhältnissen und karger Ausschilderung rechnen. Grenzübergänge für Autotouristen gibt es von Polen aus in Ljuboml' (Любомль), Rava-Rus'ka (Рава-Руська), Šehyni (Шегині) und Krakovec (Краковец). Der Übergang in Krakovec ist neu gebaut worden und soll den Übergang in Šehyni entlasten. Er ist von polnischer Seite nicht gut ausgeschildert (in Radymo von der E 40 nach links abbiegen) und wird noch wenig benutzt. Von der Slowakei aus gibt es neben den bekannten Übergängen Užhorod (Ужгород) und Čop (Чоп), nördlich von Užhorod, einen neuen in Malyj Bereznyj (Малий Березний). Von Süddeutschland aus ist die Anreise über die Slowakei und Ungarn nach Užhorod kürzer (München – Užhorod etwa 1000 Kilometer), ansonsten ist die Anfahrt über Südpolen (Wrocław – Krakau – Przemysl) nach Krakovec oder Rava-Rus'ka und weiter nach L'viv zu empfehlen. Für die Strecke Berlin-L'viv sind 950 Kilometer zu veranschlagen.

Apotheken
In allen Städten werden in Apotheken gängige Medikamente verkauft, die zum großen Teil aus dem westlichen Ausland stammen und entsprechend teuer sind. Wer regelmäßig Medikamente benötigt, sollte

sich einen entsprechenden Vorrat mitbringen.

Ärztliche Hilfe

Die Schnelle Medizinische Hilfe ist landesweit unter der Rufnummer 03 zu erreichen. Ausländer haben vor Visaerteilung eine (praktisch nutzlose) Versicherung mit der ukrainischen Krankenkasse abzuschließen (siehe Einreise). Damit ist die medizinische Versorgung im Notfall auch für Ausländer kostenlos, ansonsten muß der Besuch eines Arztes oder Zahnarztes bezahlt werden. Es empfiehlt sich dringend, eine Auslandskrankenversicherung (mit Rücktransport!) abzuschließen, da zwischen der Ukraine und der Bundesrepublik Deutschland kein Krankenversicherungsabkommen besteht.
Die hygienischen Bedingungen und die Ausstattung mit Medikamenten sind in den meisten Krankenhäusern und Arztstationen mangelhaft.
Eine ausreichende Reiseapotheke (einschließlich Einwegspritzen und Verbandsmaterial) sollte zur Grundausstattung gehören.
Bei der Einreise sollte ein gültiger Impfschutz gegen Diphterie, Tetanus und Polio vorliegen, darüber hinaus wird auch ein Impfschutz gegen Hepatitis A empfohlen. In den Sommermonaten ist es insbesondere in den südlichen Landesteilen schon zu Fällen von Cholera gekommen. Hier sollte auf Nahrungsmittelhygiene geachtet werden.

Autofahren

Reisende, die mit dem Auto in die Ukraine fahren, müssen einen internationalen Führerschein und Fahrzeugpapiere bei sich führen.
Es empfiehlt sich, die Fahrzeugpapiere übersetzen zu lassen, wenn Fahrer und Halter nicht identisch sind. Eine beglaubigte Übersetzung ist in den diplomatischen Vertretungen oder an der Grenze erhältlich.
Es ist Vorschrift, einen Feuerlöscher mitzuführen.
Das Tankstellensystem ist in den letzten Jahren gut ausgebaut worden, so daß man überall bleifreies Benzin und Diesel erhalten kann. Bleifreies Benzin ist durch die Oktanzahlen 98 oder 95 gekennzeichnet. Die Preise für Benzin und Diesel liegen bei etwa 40 bis 50 Cent je Liter.
In der ganzen Ukraine besteht für Autofahrer Gurtpflicht. In geschlossenen Ortschaften beträgt die Höchstgeschwindigkeit 60 Stundenkilometer, außerhalb 90 Stundenkilometer. Das teilweise rücksichtslose Verkehrsverhalten ukrainischer Autofahrer fordert zu besonders umsichtigem Fahren auf. Erhöhte Geschwindigkeit, schlechte Straßenmarkierungen und alkoholisierte Fahrzeuglenker können das Fahren auf ukrainischen Straßen zum Abenteuer werden lassen. Von Nachtfahrten wird abgeraten.
An wichtigen Ausfallstraßen und Verkehrsknotenpunkten befinden sich Polizeiposten, die sogenannten

Ukrainische Tankstelle

DAJI (ДАЇ). Es besteht Haltepflicht am Stoppschild, oft fordern die Polizisten ohne Kontrolle zur Weiterfahrt auf. Wer von den Verkehrspolizisten angehalten wird, muß sich mit Geduld wappnen. Fahrzeugpapiere werden kontrolliert, und es kommt nicht selten vor, daß man neugierig ausgefragt wird, woher und wohin und wieviel der Wagen in Deutschland kostet. Auf jeden Fall sollte man die Ruhe bewahren, da man in der Ukraine gegen die Polizei nichts ausrichten kann. Und man sollte damit rechnen, immer wieder angehalten zu werden, was dann wahrscheinlich am ausländischen Nummernschild liegt oder einem erhofften Bestechungsgeld.
In Kiev und anderen größeren Städten besteht die Möglichkeit, sich einen Wagen zu mieten. Die Mietzentralen befinden sich meist in den großen, teuren Hotels. Die Mietpreise sind sehr hoch und die Konditionen oft ungünstig, deshalb sollte man sich vorher genau erkundigen.

Bahn

Die Ukraine verfügt über ein weitreichendes Eisenbahnnetz. Größere Distanzen können mit Nachtzügen überwunden werden.
Die Wagen der ukrainischen Eisenbahn teilen sich in vier Kategorien ein: ›Ljuks‹, zwei Betten in einem Abteil, ist die teuerste; in der Kategorie ›Kupe‹ teilen sich vier Personen ein Abteil; hinter ›Plackartnyj‹ verbirgt sich ein offener Schlafwagen, der relativ preiswert ist, für längere Strecken aber auch sehr anstrengend

sein kann; ›Obščyj‹ ist ebenfalls ein offener Schlafwagen, den alle benutzen, die nur eine kurze Strecke reisen. Zu Zeiten, in denen die Bahn ausverkauft ist, finden sich alle Zuspätgekommenen ohne Reservierung hier ein, bis kein Platz mehr ist. In heißen Sommermonaten kann das Reisen im obščyj vagon zur Qual werden. In den ersten drei Kategorien wird Bettwäsche (etwa ein Euro) vom Schaffner vermietet. Er sammelt auch die Fahrkarten bei Reisebeginn ein, um Reisende rechtzeitig benachrichtigen oder wecken zu können. Jeder Waggon verfügt über einen Samovar, und die Schaffner reichen Tee.
Von jeder größeren Stadt fahren Vorort- oder Nahverkehrszüge ab. In den Bahnhöfen hängen die Streckenpläne aus, die auch einen Überblick über die Preiskategorien geben, die nach Kilometerzonen unterteilt sind.
Eine Fahrkarte zu kaufen kann durchaus zum Problem werden. Lange Schlangen am Schalter, schlechte Verständigung und unfreundliches Verkaufspersonal sind nicht selten. Deshalb sollte man stets rechtzeitig an die Rückfahrkarten denken.
Für Transitzüge werden Fahrkarten erst kurz vor Ankunft des Zuges verkauft, wenn die Anzahl der freien Plätze bekannt ist. In großen Städten gibt es Vorverkaufskassen, in denen alle Fahrkarten verkauft werden. Nur am Abfahrtstag sind die Kassen in den Bahnhöfen zuständig.

Bus

Zu einem gebräuchlichen Verkehrsmittel gehört in der Ukraine der Bus. Die Busse fahren weite Strecken und verbinden große Städte miteinander. Bei der Reiseplanung sollte man beachten, daß das Busnetz zentralistisch organisiert ist. Die Busse fahren also von den großen Städten in mittelgroße Städte oder umgekehrt. Zwei benachbarte mittelgroße Städte sind oft nur über den Umweg über die große Stadt zu erreichen. Reisen braucht in der Ukraine eben Zeit.
Die Busse fahren so manchen Umweg oder halten an, um an der Straße Leute mitzunehmen. Die Bustickets kann man entweder im Voraus an den Vorverkaufskassen oder am Abreisetag kaufen. Für Transitbusse, die von außerhalb kommen, werden die Tickets nach Maßgabe freier Plätze erst bei Ankunft des Busses verkauft. Die Tickets sollten bis zum Ende der Fahrt für mögliche Kontrollen verwahrt werden. Seit einiger Zeit bieten auch Privatfirmen bequeme Langstreckenverbindungen an.

Cafés

Sie sind überall zu finden, vor allem die vielen Sommercafés. In den Cafés werden Kleinigkeiten zum Essen und Getränke angeboten, die preiswerter sind als in den Restaurants. Es gibt allerdings nicht immer Toiletten!

Camping

Feste Campingplätze gibt es nur sehr wenige im Land. Dafür ist das Campen in freier Natur kein Problem, Naturschutzgebiete ausgenommen. Man sollte auch die Nähe der großen Verkehrsstraßen und größerer Wohnorte meiden; Zelten oder Campen in einem kleinen Dorf kann dagegen zu einem Erlebnis werden.

Diplomatische Vertretungen

in Deutschland:
Botschaft der Ukraine
Albrechtstr. 26
10117 Berlin
Tel. 030/28 88 72 20
Fax 030/288 88 72 19
www.botschaft-ukraine.de

Generalkonsulat
Lessingstr. 14
80336 München
Tel. 089/552737-0
Fax 089/55273755

Generalkonsulat
Rheinhöhenweg 101
53424 Remagen
Tel. 02 28/94 18 60
Fax 02 28/94 18 63

in Österreich:
Botschaft
Naaffgasse 23
1180 Wien
Tel. 01/479 71 72
Fax 01/479 71 72

in der Schweiz:
Botschaft
Feldeggweg 5
3005 Bern
Tel. 031/352 23 16
Fax 031/351 64 16
www.ukremb.ch

Vertretungen in der Ukraine:
Deutsche Botschaft
01901 Kiev
vul. Bohdana Chmel'nyc'koho 25
(вул. Богдана Хмельницького 25)
Tel. aus Deutschland
00 38/044/247 68 00
Tel. aus der Ukraine
8/044/247 68 00
Fax 8/044/247 68 18

Botschaft der Republik Österreich
01030 Kiev
vul. Ivana Franka 33
(вул. Івана Франка)
Tel. 8/044/220 57 59/244 39 42
Fax 8/044/227 54 65

Botschaft der Schweiz
01901 Kiev
vul. Ivana Fedorova 12
(вул. Івана Федорова)
Tel. 8/044/220 54 73/220 53 86
Fax 8/044/246 65 13

Einkaufen

Die Geschäfte haben in der Ukraine täglich, außer an Sonn- und Feiertagen, meist von 9 oder 10 Uhr bis 20 Uhr geöffnet. Dafür muß man auch in den Großstädten eine Mittagspause, meistens von 14 bis

15 Uhr, einplanen. Lebensmittelgeschäfte sind auch am Sonntag geöffnet. Die umständliche Einkaufsprozedur in ukrainischen Läden erfordert etwas Geduld. Hat man sich für eine Ware entschieden und sie abwiegen beziehungsweise sich den Preis nennen lassen, muß man zur Kasse eilen, den Preis ansagen und bezahlen. Mit dem Kassenbon geht man wieder zur Verkaufstheke und erhält seine Ware. Mittlerweile gibt es aber auch immer mehr Selbstbedienungsläden. Eine gute Alternative zu den Läden stellen die Verkaufsstände auf den Straßen und die Märkte dar.

Einreise und Ausreise

Deutsche, Österreicher und Schweizer benötigen für die Einreise in die Ukraine einen Reisepaß, der mindestens noch sechs Monate gültig ist, sowie ein Visum. Bei der Beantragung eines Visums müssen der Reisepaß, ein Paßfoto, der Zahlungsbeleg (Original) über die entrichteten Visagebühren und der ausgefüllte Visaantrag vorliegen (siehe auch Individualreisen). Unbedingt erforderlich für die Einreise ist eine medizinische Versicherung durch SAVG ›Ukrinmedstrach‹. In Deutschland kann die Versicherung über AXA Colonia Krankenversicherung abgeschlossen werden (München, Tel. 089/50 07 02 28 und Berlin, Tel. 030/20 16 51 40, Kosten ca. 6 Euro). Der Versicherungsschein muß zusammen mit den Visa-Unterlagen abgegeben werden. Bei Gruppenreisen übernehmen die Reisebüros in der Regel die Visaformalitäten. Es empfiehlt sich, das Visum rechtzeitig zu beantragen, mindestens drei Wochen vor Reisebeginn. Der Antrag wird auf Wunsch von der Botschaft zugeschickt. Folgende Gebühren werden derzeit

verlangt: Touristenvisa 45 Euro, Geschäftsvisa 50 Euro, Expreßbearbeitung jeweils der doppelte Tarif. Die Registration wird an der Grenze vorgenommen, bei Aufenthalten, die länger als 6 Monate dauern, muß man sich bei der zustädigen Meldebehörde registrieren lassen. Bei Aufenthalten von über 3 Monaten muß ein negativer HIV-Test vorgelegt, bzw. im Land vorgenommen werden.

Elektrizität

Die Stromversorgung wird in der Ukraine ebenfalls mit 220 V Wechselstrom betrieben. Allerdings werden häufig andere Steckdosen als in Deutschland verwendet, so daß ein Universal- oder Zwischenstecker mitgenommen werden sollte.

Feiertage

1. Januar – Neujahrstag

7. Januar – Weihnachten
Das orthodoxe Weihnachtsfest wird nach dem alten Julianischen Kalender gefeiert. Nach der Oktoberrevolution wurde das Weihnachtsfest abgeschafft und durch das Neujahrsfest ersetzt. Erst seit 1992 ist der 7. Januar wieder offizieller Feiertag. In den Kirchen finden Gottesdienste statt, doch für die meisten Menschen hat sich der letzte Dezembertag als Weihnachtsfest etabliert.

8. März – Internationaler Frauentag
Die ukrainischen Frauen erhalten von ihren männlichen Mitbürgern einen Blumenstrauß. Dann wird gefeiert, wobei die Frauen sich um das kulinarische Vergnügen kümmern und die Männer sich derweil am Wodka festhalten.

Ostern
Das Osterfest ist der höchste Feiertag der orthodoxen Kirche. Neben der geistlichen Bedeutung – in den langen Gottesdiensten wird die Auferstehung Jesu Christi als hoffnungsvolle Botschaft verkündet – verbinden sich mit dieser Zeit in der Ukraine viele rituelle Handlungen wie das Backen von Osterkuchen, das Bemalen von Ostereiern, Tänze und ähnliches.

Troica – Fest der Dreieinigkeit
Das Fest der Dreieinigkeit entspricht unserem Pfingstfest. Während in der Vergangenheit zwar das Brauchtum erhalten, aber der kirchliche Bezug oft als mit dem Sozialismus unvereinbar angesehen wurde, gehört nun der Besuch des Gottesdienstes wieder zum Bestandteil der entsprechenden Feste.

9. Mai – Tag des Sieges
Das Ende des Zweiten Weltkrieges – am 9. Mai 1945 kapitulierte die deutsche Wehrmacht in Berlin – ist vor allem für die Kriegsveteranen ein besonderes Ereignis. Die Stadt wird festlich geschmückt, Kundgebungen finden statt, und die Veteranen treffen sich an verschiedenen Plätzen der Stadt.

24. August – Tag der Unabhängigkeit
Am 24. August 1991 erklärte die Ukraine ihre Unabhängigkeit.

7./8. November – Jahrestag der Oktoberrevolution
Übernahme der Macht durch die Bolschewiki in Petrograd (dem heutigen St. Petersburg) am 7. November 1917 (nach dem in Rußland damals gültigen Julianischen Kalender 25. Oktober, deshalb als Oktoberrevolution bezeichnet).

Fotografieren
Es ist verboten, Militär- und Industrieanlagen, Flughäfen, Bahnhöfe und Brücken zu fotografieren. In Museen muß in der Regel eine Foto- beziehungsweise Videoerlaubnis gekauft werden. In Kirchen und Kathedralen ist Fotografieren unerwünscht, in bedeutenden Klosteranlagen benötigt man eine Fotogenehmigung.
Filmmaterial aus westlicher Produktion wird in Kiev und den anderen größeren Städten in Kaufhäusern und Fachgeschäften angeboten. Das Filmmaterial ist etwas teurer als in Deutschland. In der Regel werden Farbfilme verkauft, während Diafilme und sehr lichtempfindliche Filme seltener im Angebot sind.

Geld
Die Ein- und Ausfuhr von Hryvnja in die Ukraine ist nicht erlaubt. Frei konvertierbare Währungen dürfen uneingeschränkt eingeführt werden, müssen bei der Einreise jedoch auf der Zolldeklaration vermerkt werden, ebenso Zahlungspapiere für ausländische Währungen und Edelmetalle. Bei der Ausreise muß die Zolldeklaration vorgelegt werden, und Devisen und Wertsachen dürfen

Geldschein aus dem Jahre 1919

nur bis zur Höhe der bei der Einreise deklarierten Beträge ausgeführt werden.
Bargeld kann in allen größeren Hotels, in allen Banken und den vielen Wechselstellen getauscht werden. Bargeld sollte in Euro und US-Dollar mitgeführt werden, bei allen anderen Währungen könnte man vor allem in kleineren Städten auf Schwierigkeiten treffen. Außerdem sollte man darauf achten, daß die mitgeführten Scheine gut erhalten sind. Hartgeld wird selten gewechselt.
Reiseschecks und die gebräuchlichsten Kreditkarten wie American Express, EuroCard und Visa werden in großen Banken und Hotels und einer zunehmenden Zahl von Restaurants und Geschäften akzeptiert.
Im März 2004 bekam man etwa 6,5 Hryvnja für 1 Euro und 4,17 Hryvnja für 1 SFr.

Individualreisen

Wenige Individudalreisende wagen sich in die Ukraine. Dabei ist die Ukraine ein Land der Gastfreundschaft, und es gibt vieles zu entdecken, besonders abseits der klassischen Reiserouten. Die Ukraine kennt keinen Massentourismus, ist kein Land, in dem Rucksacktouristen das Straßenbild prägen. Wahrscheinlich sind die meisten von den Pressemeldungen oder vom fremden kyrillischen Alphabet abgeschreckt worden. Englische Sprachkenntnisse sind außerhalb großer Hotels praktisch nutzlos, auf Polnisch kann man sich dagegen recht gut verständigen.
Seit Juni 2000 braucht man keine Einladung ukrainischer Gastgeber mehr, sondern kann ein Privatvisum direkt bei der Ukrainischen Botschaft beantragen (siehe unter Diplomatische Vertretungen).
Die Kosten dafür betragen zur Zeit 45 Euro. Einige deutsche Reisebüros haben sich darauf spezialisiert, Visa auch für Individualreisende zu beschaffen (siehe unter Reiseveranstalter).

Informationen im Internet

Eine Vielzahl von Informationen über die Ukraine kann man auch über das Internet erhalten. Die Informationsmenge ist beachtlich groß, neben der Schwierigkeit, die gewünschten Informationen herauszufiltern, ergibt sich jedoch noch das Sprachproblem. Viele Seiten werden allerdings von Ukrainern im Ausland, vor allem aus den USA und Kanada, betreut und sind deshalb in Englisch abgefasst.
Im folgenden soll eine kleine Auswahl an interessanten Seiten aufgeführt werden, meist werden Verweise auf andere Seiten gegeben, so daß dem Surfen nichts im Wege steht.
In Kiev und anderen größeren Städten gibt es bereits Internetcafés, in Kiev beispielsweise im Turm neben dem Stadion. Mit dem Fahrstuhl erreicht man das futuristische Café. Für wenig Geld und von kundigem

Personal betreut kann man ausgiebig e-mails versenden und im Internet surfen.

www.botschaft-ukraine.de
Internetauftritt der Ukrainischen Botschaft, aktuelle Informationen zu Visaangelegenheiten, Handelskontakten, kulturellem Austausch und vieles mehr.

www.tabibito.de/ukraine/kiew.html
Interessante Informationen über das Land und einzelne Städte.

www.infoukes.com
Seiten über Politik, Kultur der Ukraine.

www.krimreise.de
Seiten über die Ukraine und die Halbinsel Krim.

www.isgeo.kiev.ua
Ukraine- und Kievkarten online.

www.chsu.cv.ua
Seite über Czernowitz.

www.kharkov.net/home/welcome.htm
Gute Seite über Charkiv.

www.odessa.de/seite/my-odessa/odessa-frame.html
Seite über Odesa.

www.bukovinasociety.org
Homepage der amerikanischen Bukowina Gesellschaft.

www.uni-giessen.de
Verbindung zum Institut für osteuropäische Geschichte.

Klima und Reisezeit

Die beste Reisezeit sind die Sommermonate, allerdings ist zu bedenken, daß die Temperaturen schnell über 30 °C klettern und im August bereits wieder auf 5 °C sinken können. Auf jeden Fall sollten Sonnencreme und -brille sowie regenfeste Kleidung im Gepäck mitgeführt werden. Die ukrainischen Winter sind kalt und schneereich, so daß eine Reise in den Wintermonaten zu einem unvergeßlichen Erlebnis werden kann.

Kriminalität

Es gibt keinen Grund zu übertriebener Furcht. Die Kriminalitätsrate in Kiev und den anderen Städten unterscheidet sich nicht von der anderer europäischer Städte.
Allgemein bekannte Vorsichtsmaßnahmen sollten hier ebenso beachtet werden wie anderswo. Schmuck sollte nicht auffällig getragen und Geld sorgfältig verstaut werden.
In der Nacht sollte man weniger beleuchtete Straßen meiden und auf die Benutzung von Schwarztaxis verzichten. Pressemeldungen in westeuropäischen Zeitungen beziehen sich häufig auf die Machenschaften der Mafia, die im Chaos der Wirtschaftsreformen eine gut durchorganisierte Kraft darstellt, von deren Treiben Touristen jedoch normalerweise nicht betroffen sind.

Märkte

Auf den Märkten bieten Bauern aus allen Regionen des Landes ihre Produkte an. Sie offerieren ein reichhaltiges Angebot an Gemüse, Obst, Fleisch und Geflügel. Die Preise sind für den normalverdienenden Ukrainer jedoch sehr hoch. Er wird hier nur zu besonderen Anlässen einkaufen kommen. Märkte sind in allen Städten zu finden und bieten sich ausgezeichnet zur Selbstversorgung an.

Museen

In jeder Stadt wird man mehrere Museen besuchen können, eine Auswahl kann schwerfallen. Die Öffnungszeiten sind in den entsprechenden Kapiteln angegeben. Dabei sollte man unbedingt beachten, daß die Kassen mindestens eine Stunde vor der angegebenen Zeit schließen. Meist wird man eine Ausschilderung oder begleitende Kommentare in einer westeuropäischen Sprache vermissen. In bekannteren Museen, die regelmäßig von ausländischen Touristen besucht werden, gibt es für Ukrainer und Ausländer gesonderte Preise. Doch auch die Ausländertarife sind preiswert.

Nachtleben

Die Nächte haben sich in den letzten Jahren belebt. Es gibt Nachtbars, Diskotheken und Clubs. Eintritt und Getränke sind oft teuer, entsprechend setzt sich auch das Publikum zusammen: Touristen und wohlhabende Ukrainer. Ein normalverdienender Ukrainer oder gar Student wird sich hier nicht verabreden. Konzerte und Theaterveranstaltungen können in den größeren Städten besucht werden. Aber auch Ballettabende und Folkorekonzerte können empfohlen werden.

Notrufe

Feuerwehr: 01
Polizei: 02
Notarzt: 03

Öffentliche Verkehrsmittel

Das öffentliche Verkehrsnetz in Kiev und den anderen Städten ist relativ gut ausgebaut. Metro (in Kiev und Charkiv), Busse, Trolleybusse und Straßenbahnen verkehren täglich von 6 Uhr morgens bis 24 Uhr nachts. Das schnellste Verkehrsmittel ist die Metro. Die Stationen sind durch ein beleuchtetes ›M‹ zu erkennen. Am Eingang hängen Pläne des Streckennetzes aus. An den Kassen werden Wertmünzen verkauft, die man sodann in den Schlitz der Absperrung steckt. Man kann das Metronetz nun solange benutzen, wie man es nicht verläßt, also auch beliebig oft umsteigen. Rolltreppen führen zu den Bahnsteigen hinunter. Die Züge fahren im Fünf-Minuten-Takt.
In den meisten Städten verkaufen mitfahrende Schaffner Fahrscheine. Busse, Trolleybusse und Straßenbahnen fahren nicht immer regelmäßig, selten nach Fahrplan und sind in den Spitzenzeiten hoffnungslos überfüllt. Das Verkehrsnetz einer Stadt in Kürze zu überschauen ist selten möglich, da Übersichtspläne nicht existieren, überaltet sind oder sich Straßennamen geändert haben.

Orientierung

In den größeren Städten können meistens Stadtpläne erworben werden. Dabei sollte man darauf achten, daß die Bezeichnung von Straßen und Plätzen in ukrainischer Sprache erfolgt. Russische Stadtpläne sind meist veraltet. Sie weisen in der Regel die alten Straßenbezeichnungen auf und sind somit unbrauchbar.

Post und Kommunikationsmittel

Postämter gibt es in jedem Ort, und auch in den großen Hotels bieten Postschalter ihren Service an. Briefkästen für Sendungen außerhalb des Stadtgebietes sind blau. Möchte man innerhalb der Ukraine einen Brief verschicken, so muß auf dem Briefumschlag die Empfängeradresse in der folgenden Reihenfolge verzeichnet werden: Postleitzahl, Ort, Bezirk oder Kreis, Straße, Haus- und Wohnungsnummer und der Name des Adressaten. Postkarten und Briefe in das Ausland können auf dem Landweg oder mit der Luftpost verschickt werden. Die Postlaufzeiten sind sehr unterschiedlich. Eine Luftpostsendung von Kiev nach Deutschland benötigt etwa eine Woche. Die Gebühren für Auslandssendungen haben sich den westlichen Postgebühren angeglichen. Bis vor kurzem war das Telefonieren innerhalb von Ortschaften kostenlos, mittlerweile hat sich ein neues System etabliert. In den meisten Städten kauft man spezielle Telefonkarten, die jedoch nicht in anderen ukrainischen Städten benutzbar sind. Ein Gespräch außerhalb der Ortsgrenzen beginnt man mit dem Wählen von einer 8 und wartet auf das Freizeichen. Dann fährt man fort mit Vorwahl und Rufnummer. Auslands- und Ferngespräche sind über diese Kartentelefone nicht möglich, sondern nur von den Telegrafenämtern, die sich meistens neben der Post befinden, oder von Privatanschlüssen aus. Auslandsgespräche sind in der Ukraine wesentlich teurer als in Deutschland. Man sollte sich vorher über die Tarife informieren. Ein günstiger und vor allem allerorts anzutreffender Anbieter ist UTEL. Die entsprechenden Telefonkarten können in Hotels, Kiosken und Telegraphenämtern erworben werden. Die UTEL-Karten gelten in der gesamten Ukraine, man kann damit auch nach Deutschland und Polen telefonieren.

Zaporižžja	06 12
(bei sechsstelligen Rufnummern)	
	061 22
(bei fünfstelligen Rufnummern)	

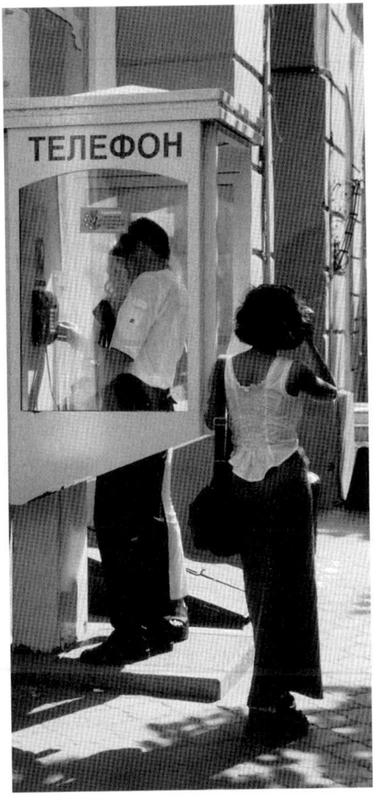

Vorwahlen ukrainischer Städte innerhalb der Ukraine:

Bilgorod-Dnistrovs'kyj	048 49
Boryspil'	044 95
Brody	032 66
Dnipropetrovs'k	05 62
Donec'k	06 22
Drogobyč	032 44
Zolotonoša	047 37
Ivano-Frankivs'k	03 42
(bei sechsstelligen Rufnummern)	
	034 22
(bei fünfstelligen Rufnummern)	
Kam'janeck'-Podil's'kyj	038 49
Kaniv	047 36
Kiev	044

L'viv	03 22
Myrhorod	053 55
Mukačeve	031 31
Odessa	04 82
Perejaslav-Chmel'nyc'kyj	044 67
Poltava	05 32
(bei sechsstelligen Rufnummern)	053 22
(bei fünfstelligen Rufnummern)	
Užhorod	03 12
(bei sechsstelligen Rufnummern)	031 22
(bei fünfstelligen Rufnummern)	
Charkiv	05 72
Cherson	05 52
Čerkasy	04 72
Černivci	03 72
(bei sechsstelligen Rufnummern)	037 22
(bei fünfstelligen Rufnummern)	
Černihiv	04 62
(bei sechsstelligen Rufnummern)	046 22
(bei fünfstelligen Rufnummern)	
Čop	031 37

Internationale Gespräche können in der Ukraine direkt durchgewählt werden, auch von Privattelefonen.

Vorwahl von der Ukraine nach Deutschland: 8-10 49-Vorwahl-Rufnummer, (z. B. von Kiev nach Berlin: 8-10 49-30-Rufnummer)
nach Österreich: 8-10 43-Vorwahl-Rufnummer
in die Schweiz: 8-10 41-Vorwahl-Rufnummer
Vorwahl in die Ukraine von Deutschland, Österreich und der Schweiz: 00 38 (z. B. nach Kiev: 0038-044-Rufnummer)

Reiseveranstalter

CVJM Reisedienst
20099 Hamburg
An der Alster 40
Tel. 0 40/28 40 95 70
www.cvjm-russlandreisen.de

DERTOUR
60439 Frankfurt am Main
Emil-von-Behring-Str. 6
Tel. 0 18 05/33 76 66 (0,12 Euro/Min.)
www.dertour.de

GoEast Reisen
(Flüge, Sprachkurse, Visaservice, Individuelle Reisearrangements)
22761 Hamburg
Bahrenfelder Chaussee 53
Tel. 040/896 90 90
www.go-east.de

Ukraine Aeroservice GmbH
Friedrich-Ebert-Anlage 3
60327 Frankfurt am Main
Tel. 0 69/75 60 79-0
Fax 0 69/75 60 79-11
www.ukraine-aeroservice.com

Olympia-Reisen
(Städtereisen nach Kiev)
53229 Bonn
Siegburger Str. 49
Tel. 02 28/40 00 30
www.olympia-reisen.de

Perelingua-Reisen
(Sprachreisen nach Jalta, Kiev und

L'viv, Visaservice)
12159 Berlin
Varziner Str. 5
Tel. 030/851 80 01
www.perelingua.de

Ukraine Touristik Service GmbH
(Flüge in die Ukraine, Inlandsflüge, Bahnreisen, Geschäftsreisen)
50999 Köln
Sürther Hauptstr. 61–69
Tel. 022 36/96 69 66

Ventus Reisen
(Städtereisen Kiev und Odessa)
10555 Berlin
Krefelder Str. 8
Tel. 030/39 10 03 32
www.ventus.com

VOSTOK Reisen
(Sprach-, Bildungs-, Individual- und Gruppenreisen, Hotels, Privatunterkünfte, Bahn- und Flugtickets, Visa)
10119 Berlin
Weinbergsweg 2
Tel. 030/30 87 10 20
www.vostok.de

Wigwam Naturreisen Expeditionen
87448 Waltenhofen/Allgäu
Lerchenweg 2
Tel. 083 79/9 20 60
www.wigwam-tours.de

Easy-Travel & Services
CH 8640 Kempraten
Weinhaldenstr. 45
Tel. +41/55 210 80 87
Fax +41/55 210 80 89
www.easytravel.ch

Kira Reisen
CH 5400 Baden
Mellingerstr. 6
Tel. +41/5 6 2 00 19 00
Fax +41/56 222 77 24
www.kiratravel.ch

Restaurants
Die Ukraine ist kein Land für Feinschmecker. Selbst in Restaurants gehobener Kategorie kommen Gourmets nur selten auf ihre Kosten, dabei sind die Preise häufig sogar recht hoch. In einfacheren Restaurants ist das Essen oft preisgünstiger. In ukrainischen Restaurants wird zu jedem Essen auch ohne Bestellung Brot gereicht. Tee und Kaffee bilden immer den Abschluß einer Speisenfolge: wer einen Tee oder Kaffee bestellt hat, wird ihn erst nach dem Essen serviert bekommen, es sei denn, er weist ausdrücklich darauf hin, das heiße Getränk sofort zu bekommen. In vielen Restaurants spielen am Abend Musikkapellen zum Tanz auf.
Eine preiswerte Möglichkeit zu speisen bieten die Cafés und die Idal'nja (Iдальня), die Selbstbedienungsrestaurants. Letztere haben nur bis 19 Uhr geöffnet und bieten eine einfache, sehr volkstümliche Küche an.

Schiffahrten
In Kiev und Odessa werden von kleineren Anlegestellen Rundfahrten

entlang des Dnepr bzw. auf dem Schwarzen Meer angeboten.
Zu einem unvergeßlichen Erlebnis kann eine Schiffahrt auf dem Dnepr werden. Tickets werden im Ričkovyj vokzal (Річковий вокзал) verkauft. Die Schiffe verkehren von Juni bis Oktober.

Taxi
Wer in der Ukraine Taxi fahren möchte, sollte wissen, daß er, einmal als Ausländer erkannt, einen Fahrpreis bezahlen wird, der höher als in Mitteleuropa ist. Ein Taxameter wird in der Regel nicht eingeschaltet.
Am besten man handelt vor dem Besteigen des Taxis einen Fahrpreis aus. Besonders vor den Flughäfen und den größeren Hotels muß man damit rechnen, übers Ohr gehauen zu werden. Taxis können an den Straßen angehalten werden, dabei sollte man sich nicht wundern, wenn auch Privatfahrzeuge anhalten. Die Fahrer fragen nach dem gewünschten Ziel und sollte es in ihrer Richtung liegen, nehmen sie Fahrgäste auf, um so die Benzinkosten zu verringern.

Toiletten
Es gibt sie im öffentlichen Raum nur selten, auch in Cafés fehlen sie häufig. Besonders in kleineren Städten kann das zum Problem werden. An Busbahnhöfen und Bahnhöfen sind zwar immer Toiletten zu finden, aber die hygienischen Bedingungen sind sehr gewöhnungsbedürftig.
Oft befinden sich mehrere Toilettenbecken in einem Raum ohne Zwischenwände. Toilettenpapier gibt es nicht, man sollte es immer bei sich führen! In den großen Städten sind in letzter Zeit Pachttoiletten entstanden, die sauber gehalten werden und schon eher zu empfehlen sind.
Neben den üblichen Symbolen erkennt man die Toiletten auch an den kyrillischen Anfangsbuchstaben für Frauen (Ж) und Männer (russ. M/ukr. Ч).

Unterkunft
Das Hotelangebot in den größeren Städten ist sehr vielfältig. Die bekannten und größeren Hotels sind ziemlich teuer, ohne den entsprechenden Service zu bieten. Bei Buchung über einen Reiseveranstalter kommt man in der Regel preiswerter davon.
Bei der Ankunft erhält man eine Hotelkarte, auf der Anreise- und Abreisedatum vermerkt sind und die zum Betreten des Hotels berechtigt. Auf der Zimmeretage erhält man gegen Vorlage des Hotelausweises seinen Zimmerschlüssel. Meist steht auf jeder Etage ein Samovar bereit. In kleineren Städten beschränkt sich das Hotelangebot meist auf ein Haus. Jugendherbergen sind sparsam ausgestattet und die Sanitäranlagen sind oft hoffnungslos veraltet, Duschen sind eher selten. Um so mehr kann man Leute kennenlernen, und das Personal steht den Gästen sehr aufgeschlossen gegenüber.

Heißes Wasser spendet ein Samovar, und auf Nachfrage läßt sich auch meist ein Platten-kocher finden. Allmählich entwickelt sich ein System privater Zimmervermittlung. Manchmal bieten Rentner an Bahnhöfen oder Hotels Unterkünfte an.

Zeit

Es gilt: Mitteleuropäische Zeit (MEZ) plus eine Stunde.

Zollbestimmungen

In die Ukraine dürfen die für den persönlichen Gebrauch bestimmten Gegenstände zollfrei eingeführt werden. Sowohl bei der Einreise als auch bei der Ausreise muß eine Zollerklärung ausgefüllt werden. Die Einreiseerklärung wird bis zum Ende der Reise aufgehoben und bei der Ausreise abgegeben. Deklariert werden müssen alle Devisen, Schmuck- und Wertgegenstände. Man sollte möglichst genaue Angaben zu machen, um bei der Ausreise keine Schwierigkeiten zu bekommen. Verboten ist die Ausfuhr von Antiquitäten und Kunstgegenständen, man kann sich aber um eine spezielle Erlaubnis beim Kultusministerium bemühen.

Noch ein paar Dinge …

Die öffentlichen Gebäude, Verkehrsmittel, Unterführungen und ähnliches sind in der Regel nicht behindertengerecht ausgestattet – ein Problem auch für Reisende mit Kinderwagen.

Frauen begegnet man höflich. Oft wird Frauen bei der Begrüßung nicht die Hand gereicht. Das geht auf eine alte Tradition zurück. Die Männer zeigten mit dem Handschlag, daß sie unbewaffnet waren. Frauen werden dagegen nicht durch die Hand eines fremdes Mannes berührt. Das ist also nicht unhöflich gemeint.

Glossar

Apside
Meist halbkreisförmiger östlicher Abschluß des Kirchenraums, von einer Halbkuppel überdeckt und in der Regel Standort des Altars

Archimandrit
Vorsteher eines großen und bedeutenden Klosters

Babinez
Frauenraum in der orthodoxen Kirche

Bojaren
Ursprünglich höchster Adelsstand in Altrußland, Ursprung der Bezeichnung wahrscheinlich vom türkischen Wort ›bajar‹: vornehmer, reicher Mann

Fresko
Wandmalerei auf frischem, feuchten Kalkputz, zumeist mit Sekko-Technik gemischt, mit der sie im Verlaufe des Trocknungsprozesses eine sehr haltbare Verbindung eingeht

GULag
Abkürzung für russisch Glavnoje Upravlenie Lagerej, Hauptverwaltung der Straflager

Hajdamake
Bezeichnung ukrainischer Widerstandskämpfer, abgeleitet aus dem Türkischen

Hetmanat
Von B. Chmel'nyc'kyj und den Dnepr-Kosaken 1649 begründeter Herrschaftsverband in der Ukraine

Ikonostas
In orthodoxen Kirchen eine mit Ikonen geschmückte Wand aus Holz mit drei Türen, die den Altarraum vom Laienraum trennt

Kanneluren
Senkrechte, rinnenförmige Auskehlungen am Schaft von griechischen Säulen

Kapitell
Kopf einer architektonischen Stütze

Karnis
Ziergiebel mit s-förmig gekrümmten Profil

Karyatide
Mädchengestalt mit korb- oder polsterförmigem Kopfputz, die anstelle von tektonischen Stützen ein Gebälk trägt

Lawra
Kloster ersten Ranges

Lisene
Senkrechter, hervortretender Mauerstreifen ohne Basis und Kapitell

Metropolit
Stellvertreter des Patriarchen, des Oberhauptes der orthodoxen Kirche

Narthex
Vorhalle einer Kirche

Paterikon
Erbauliches Buch mit Erzählungen aus dem Mönchsleben der Ostkirchen

Pilaster
An Außen- und Innenwänden flach aufliegender Wandpfeiler, der im Gegensatz zur Lisene aus Basis, Schaft und Kapitell besteht

Rustika
Mauerwerk aus grob zugehauenen Werksteinquadern

Sejm
Reichstag in Polen-Litauen

Szlachta
Adel in Polen-Litauen

Trommel
Zylinderförmiger, ovaler oder polygoner Baukörper, der zwischen Kuppelträger und Kuppel eines Gebäudes gesetzt ist und meist von Fenstern oder Lichtöffnungen durchbrochen ist

Tympanon
Bogenförmiges Feld über dem Türsturz eines Portals, meist mit einem Relief oder Mosaik ausgefüllt

Typikon
a) Klosterstatut, b) Buch, das die liturgischen Regeln enthält

Volute
Spiralförmig eingerolltes Bauglied, vor allen an Kapitellen, vermittelt zwischen waagrechten und senkrechten Bauteilen

Zentral-Rada
Im März 1917 begründete nationalukrainische Organisation (bis April 1918), mit einem Generalsekretariat als Exekutive

Lesetips

Belletristik und Lyrik

Andrée, Othmar: Czernowitzer Spaziergänge. Annäherungen an die Bukowina, Rose Ausländer-Stiftung 1997

Ausländer, Rose: Mutterland Wort, Buch zur Ausstellung, Rose-Ausländer-Stiftung 1996

Babel, Isaak: So wurde es in Odessa gemacht. Reclam

Brusatti, Otto; Lingg, Christoph: Apropos Czernowitz, Böhlau Verlag Wien Köln Weimar 1999

Bulgakow, Michail: Die Tage der Turbins, Verlag Volk & Welt, Berlin 1993

Bulgakow, Michail: Die weiße Garde, Verlag Volk & Welt, Berlin 1992

Celan, Paul: Todesfuge, Rimbaud 1999

Celan, Paul: Die Hand voller Stunden. Gedichte, dtv/KNO 1999

Chalfen, Israel: Paul Celan. Eine Biografie seiner Jugend, Frankfurt am Main 1979

Corbea-Hoisie, Andrei: Czernowitz. Jüdisches Städtebild, Jüdischer Verlag im Suhrkamp Verlag, Frankfurt am Main 1998

Franzos, Karl: Erzählungen aus Galizien und Bukowina, Langen-Müller/VVA 1996

Göbner, Rolf (Hg.): Eine beispiellose Hochzeit. Ukrainische Erzählungen aus neun Jahrzehnten, Verlag Volk und Welt Berlin 1980

Granach, Alexander: Da geht ein Mensch. Roman eines Lebens, Piper, München 1997

Hilsenrath, Edgar: Jossel Wassermanns Heimkehr, München 1993

Horbatsch, Anna-Halja (Hg.): Ein Brunnen für Durstige und andere ukrainische Erzählungen, Horst Erdmann Verlag 1970

Horbatsch, Anna-Halja (Hg.): Die Ukraine im Spiegel ihrer Literatur, Brodina Verlag 1997

Horbatsch, Anna-Halja (Hg.): Stimmen aus Tschernobyl, Brodina Verlag 1996

Kohlbauer-Fritz, Gabriele (Hg.): In an Schtodt woss starbt. In einer Stadt, die stirbt. Jidische Lyrik aus Wien, Wien 1995

Kostenko, Lina: Grenzsteine des Lebens, Brodina Verlag 1996

Kurkow, Andrej: Picknick auf dem Eis, Diogenes Verlag 2000

Manger, Itzik: Ich, der Trobadur, Edition Dodo 1999

Manger, Itzik: Das Buch vom Paradies, Verlag Volk & Welt, Berlin 1982

Rymaruk, Ihor: Goldener Regen, Brodina Verlag 1996

Rosenkranz, Moses: Bukowina. Gedichte 1920–1997, Rimbaud 1998

Roth, Josef: Werke in 6 Bänden, Köln/Amsterdam 1990

Sacher-Masoch von, Leopold: Galizische Erzählungen, Berlin 1991

Schewtschenko, Tarasa: Kobsar, Verlag für fremdsprachige Literatur, Moskau 1951
Scholem Alejchem: Tewje der Milchmann und andere Erzählungen, Berlin 2000
Schulz, Bruno: Die Zimtläden, München 1962
Ulitzkaja, Ljudmila: Medea und ihre Kinder, Berlin 1997
Wichner, Ernst: In der Sprache der Mörder. Eine Literatur aus Czernowitz, Bukowina. Ein Lesebuch, Das Arsenal/Bugrim 1995
Wieser, Lojze: Galizien. Reihe Europa erlesen, Wieser Verlag Klagenfurt 1998
Wynnytschenko, Wolodymyr: Der schiefnäsige Mephisto, Berlin 1994

Geschichte, Kunst- und Kulturgeschichte

Bartfeld-Feller, Margit: Nicht ins Nichts gespannt. Von Czernowitz nach Sibirien deportiert – jüdische Schicksale 1941–1997, Hartung-Gorre 1998
Conquest, Robert: Ernte des Todes. Stalins Holocaust in der Ukraine, München 1988
Dohrn, Verena: Reise nach Galizien. S. Fischer, Frankfurt/Main 1991
Faensen, H.: Kirchen und Klöster im alten Rußland, Leipzig 1982
Fäßler, Peter u. a.: Lemberg–Lwow–Lviv. Eine Stadt im Schnittpunkt europäischer Kulturen, Köln Weimar Wien 1993
Franko, Iwan: Beiträge zur Geschichte und Kultur der Ukraine. Schriften 1882–1915, Berlin 1963
Ginsburg, Jurij u. a. (Hg.): Odessa. Die Stadt und ihr Traum, Berlin 1999
Haumann, Heiko: Geschichte der Ostjuden, dtv München 1991
Haumann, Heiko: Von Luftmenschen und rebellischen Töchtern. Zum Wandel ostjüdischer Lebenswelten im 19. Jahrhundert, Böhlau Köln/KNO 1999
Hewryk, Titus D.: The lost architecture in Kiev, New York 1982
Hootz, Reinhardt (Hrsg.): Ukraine und Moldawien. Kunstdenkmäler der Sowjetunion, Deutscher Kunstverlag 1984
Kappeler, Andreas: Kleine Geschichte der Ukraine, Beck'sche Reihe 1059, München 1994
Lüdemann, Ernst: Ukraine, Beck'sche Reihe 860, München 1995
Miljaeva, Ludmilla: Die ukrainische Ikone, Aurora Verlag, St. Petersburg 1996
Chan-Magomedow, S.O.: Pioniere der sowjetischen Architektur, Verlag der Kunst, Dresden 1983
Rasina, Tatjana u. a. (Hg.): Volkskunst der Sowjetunion, DuMont, Köln 1990
Umanskij, Semjon: Jüdisches Glück. Bericht aus der Ukraine 1933–1944, Fischer Verlag, Frankfurt/Main 1998
Vishniac, Roman: Wo Menschen und Bücher lebten. Bilder aus der ostjüdischen Vergangenheit, München 1993

Warkentin, Johann (Hg.): Rußlanddeutsche – Woher? Wohin?, Aufbau Taschenbuch Verlag, Berlin 1992
Wiesel, Elie: Die Juden in der UdSSR, München 1967
Wischenbart, Rüdiger: Karpaten. Die dunkle Seite Europas, Wien 1992

Karten

Ukraine (1:750 000) mit Ortsregister; Ravenstein 1993
Ukraine (1:1 200 000) mit Ortsregister; Freytag & Berndt

Die Autoren

Evelyn Scheer ist Slawistin und Historikerin mit dem Schwerpunkt Ukraine und Weißrußland. Sie lebt und arbeitet in Berlin.

Gert Schmidt lebt in Halsbrücke bei Freiberg/Sachsen und arbeitet an der TU Bergakademie Freiberg. In seiner Freizeit beschäftigt er sich mit der Ukraine, die er vor allem durch ausgedehnte Reisen kennengelernt hat.

Danksagung

Die Autoren möchten allen danken, die am Entstehen des Buches Anteil genommen haben und unsere Arbeit durch Anregungen und Verständnis unterstützten.

Besonderer Dank gilt Hans Christian Heinz, Andrej Jendrusch und Simone Schabbach, deren Beiträge über die Deutschen in Ostgalizien, über jüdisches Leben in der Ukraine und den russischen Schriftsteller Nikolaj Gogol das Buch bereichern. Herr Josif Šajkin in Kiev stellte uns seine umfangreiche Sammlung zur Geschichte der Juden und der Stadt Kiev zur Verfügung und gab unserer Arbeit in anregenden Gesprächen neue Impulse. Frau Larissa Cybenko und Frau Tanja Berehzna sei für die Tips und Korrekturen im L'viv- bzw. Černivci-Kapitel gedankt.

Ein herzliches Dankeschön möchten wir Frau Ludmilla Pogrebinskaja und ihrer Familie aussprechen, die uns in Kiev aufgenommen hat und uns viele Hürden mit Humor nehmen ließ.

Vielen Dank auch an den Reiseveranstalter Easy Travel, vertreten durch Frau Oeschger, dessen großzügige Unterstützung den Autoren und dem Verlag eine große Hilfe war.

Personen- und Sachregister

Ortsregister